Les préjudices émotionnels autonomes

Étude comparée
des droits français et anglais

Logiques Juridiques

Fondée par Gérard Marcou
Dirigée par Thomas Perroud

Le droit n'est pas seulement un savoir, il est d'abord un ensemble de rapports et pratiques que l'on rencontre dans presque toutes les formes de sociétés. C'est pourquoi il a toujours donné lieu à la fois à une littérature de juristes professionnels, produisant le savoir juridique, et à une littérature sur le droit, produite par des philosophes, des sociologues ou des économistes notamment.

Parce que le domaine du droit s'étend sans cesse et rend de plus en plus souvent nécessaire le recours au savoir juridique spécialisé, même dans des matières où il n'avait jadis qu'une importance secondaire, les ouvrages juridiques à caractère professionnel ou pédagogique dominent l'édition, et ils tendent à réduire la recherche en droit à sa seule dimension positive. À l'inverse de cette tendance, la collection « Logiques juridiques » des éditions L'Harmattan est ouverte à toutes les approches du droit. Tout en publiant aussi des ouvrages à vocation professionnelle ou pédagogique, elle se fixe avant tout pour but de contribuer à la publication et à la diffusion des recherches en droit, ainsi qu'au dialogue scientifique sur le droit. Comme son nom l'indique, elle se veut plurielle.

Dernières parutions

Louis KARCENTY, *Le Conseil constitutionnel, juge de l'impôt, État des lieux de 15 ans*, 2025.
Solitris LYTRAS, *La notion de sanction dans l'univers répressif européen. De sa naissance à sa consécration*, 2025.
Carlo IANELLO, *L'État du pouvoir. Politique et droit dans l'ère de la post-liberté*, 2025.
Jean-Sébastien BODA, *La notion de bloc de constitutionnalité*, 2025.
Fabienne QUILLERÉ-MAJZOUB, Tarek MAJZOUB, *Égypte-eaux du Nil : je t'aime... moi non plus ! Les relations juridiques de l'Égypte au* vade-mecum *de notre héritage*, 2025.
Jean-Pierre BÉNARD, *Nos redoutables paranoïas de gouvernance, Un impensé lourd de conséquences*, 2025.
Myriam CARESSA et Christophe DOUBOVETZKY (dir.), *Langue(s) et droit(s). Enjeux et paradoxes en France*, 2025.
Gabrielle BEGUIN, Nina LASBLEIZ et Jérôme PRÉVOST-GELLA (dir.), *Standard contre standards, Réflexions sur une catégorie juridique en droit public*, 2025.
Brune-Laure DUGOURD, *Les organismes de titrisation*, 2025.
Christophe DELATTRE, *Le ministère public et la prévention des difficultés des entreprises*, 2025.

Barthélemy Taÿ-Pamart

Les préjudices émotionnels autonomes

Étude comparée des droits français et anglais

Préface d'Olivier Gout

L'Harmattan

5-7, rue de l'École-Polytechnique - 75005 Paris
www.editions-harmattan.fr

ISBN : 978-2-336-58133-0
EAN : 9782336581330

Dépôt legal : février 2026

SOMMAIRE

Première Partie : Le constat de la divergence des solutions des droits français et anglais s'agissant des préjudices émotionnels.. 45

Titre 1 : Les préjudices nés de la confrontation à un risque de dommage...47

Chapitre 1 : L'exposition à un risque de dommage.................... 49
Chapitre 2 : La non-révélation d'un risque de dommage.............87

Titre 2 : Les préjudices nés de la confrontation directe à la mort......127

Chapitre 1 : Les préjudices de la victime directe confrontée à la mort...129
Chapitre 2 : Les préjudices de la victime par ricochet confrontée à la mort...169

Seconde Partie : La possible convergence conceptuelle des droits français et anglais s'agissant des préjudices émotionnels.........209

Titre 1 : La coexistence de deux conceptions du dommage au sein des préjudices émotionnels..211

Chapitre 1 : La mise en évidence d'une distinction au sein du dommage en matière de préjudices émotionnels...................... 213
Chapitre 2 : L'identification des dommages indemnisés par les préjudices émotionnels à l'aune de la distinction..................251

Titre 2 : La dualité du dommage, voie de rationalisation de l'indemnisation des préjudices émotionnels..............................289

Chapitre 1 : La rationalisation conceptuelle de l'indemnisation des préjudices émotionnels... 291
Chapitre 2 : La rationalisation pratique de l'indemnisation des préjudices émotionnels..327

PRINCIPALES ABRÉVIATIONS

§	Paragraphe
AC	Appeal Cases Law Reports
All ER	All England Reports
App Cas	Appeal Cases
ass. plén.	assemblée plénière
C.L.J.	Cambridge Law Journal
Contra.	opinion contraire
D.	Recueil Dalloz
dir.	sous la direction de
Edin. L.R.	Edinburgh Law Review
et s.	et suivants
EWCA Civ	England and Wales Court of Appeal, Civil Division
EWCC	England and Wales Crown Court
EWHC	England and Wales High Court
ex.	exemple
Gaz. Pal.	La Gazette du Palais
HCA	High Court of Australia
HL Cas	House of Lords Cases
Ibid.	*Ibidem*
J.E.T.L.	Journal of European Tort Law
J.P.I.L.	Journal of Personal Injury Law
J.P.L.	Journal of Planning and Environmental Law
JCP G	La Semaine Juridique Édition Générale
KB	King's Bench Division Law Reports
L.Q.R.	Law Quarterly Review
L.T.	Legal Theory
Lloyd's Rep	Lloyd's Law Reports
LPA	Les Petites Affiches

M.L.R.	Modern Law Review
Melb. U.L. Rev.	Melbourne University Law Review
n°	numéro
N.L.J.	New Law Journal
O.J.L.S.	Oxford Journal of Legal Studies
op. cit.	*opere citato*
P.N.	Professional Negligence
QB	Queen's Bench Division Law Reports
R.J.O.	Revue Juridique de l'Ouest
RDC	Revue des Contrats
Resp. civ. et assur.	Responsabilité civile et assurances
RGD	Revue Générale du Droit de l'Université d'Ottawa
RLDC	Revue Lamy Droit Civil
RTD Civ.	Revue Trimestrielle de Droit Civil
S.J.L.S.	Singapore Journal of Legal Studies
SCC	Supreme Court of Canada
SGCA	Singapore Court of Appeal
spéc.	spécialement
T.L.J.	Torts Law Journal
UKHL	United Kingdom House of Lords
UKSC	United Kingdom Supreme Court
v.	voir
vol.	volume
WLR	Weekly Law Reports

PRÉFACE

Il m'est tout particulièrement agréable de présenter la thèse de Monsieur Taÿ-Pamart que les éditions l'Harmattan lui font l'honneur de publier.

Le parcours d'étudiant de M. Taÿ-Pamart, qui l'a conduit à suivre une partie de ses études à l'Université d'Oxford, explique son appétence pour le droit anglais et plus généralement pour le droit comparé. Désireux de lier pratique et réflexion, il a effectué ses recherches doctorales dans le cadre d'une convention CIFRE (convention industrielle de formation par la recherche) le conduisant ainsi à travailler dans un cabinet d'avocats international en même temps qu'il préparait sa thèse. Ce point mérite absolument d'être souligné en ce qu'il rend le travail de Monsieur Taÿ-Pamart d'autant plus méritant et remarquable que cela n'a en rien atténué la qualité de l'étude doctorale effectuée. L'expérience du praticien a même apporté une plus-value indéniable à la réflexion.

Cette thèse propose une approche comparée, avec le droit anglais de la *tort law*, des préjudices en droit français de la responsabilité dans le domaine extrapatrimonial. Il ne s'agit toutefois pas de présenter une énième étude sur le préjudice moral, mais plutôt de tenter d'identifier ceux qui ont récemment émergé au sein du droit de la responsabilité civile, c'est-à-dire qui ont fait leur apparition postérieurement à la nomenclature Dintilhac, qui sert aujourd'hui de référence pour les juristes français depuis 2005. L'idée initiale était en effet de voir si le mouvement de multiplication de chefs de préjudices moraux, auquel on semble assister en France, était spécifique à ce pays ou si on pouvait le rencontrer dans d'autres systèmes juridiques et en particulier en droit anglais. Personne n'ignore que l'imagination des juristes est sans fin, ce qui conduit les défenseurs de victimes à solliciter l'indemnisation de nouveaux chefs de préjudice destinés à compenser les souffrances les plus diverses et non incluses dans la nomenclature Dintilhac, qui rappelons-le est indicative et ouverte, de manière tout à fait justifiée pour les uns et incontrôlée par les autres. Il en ressort une nouvelle classification, ou plutôt un nouveau groupe de préjudices moraux : « les préjudices émotionnels autonomes », pour reprendre l'expression de l'auteur, coexistant désormais, en droit français, avec les préjudices moraux nommés issus de la nomenclature précitée. Quoi qu'il en soit, et pour mener à bien l'étude ici présentée, la méthode comparatiste fonctionnelle a été mobilisée afin de permettre d'identifier et de comparer les préjudices entre les droits français et anglais, le premier ayant la réputation d'être particulièrement ouvert à la différence du second.

Dans une première partie de son travail, Monsieur Taÿ-Pamart a étudié les uns après les autres les préjudices qu'il a identifiés comme relevant de son champ de recherche. Il a ainsi fort judicieusement, et de manière convaincante pour l'auteur de ces quelques lignes, suggéré de distinguer les préjudices nés de la confrontation à un risque (préjudices d'angoisse et d'anxiété, d'impréparation) des préjudices nés de la confrontation à la mort (le préjudice d'angoisse de mort imminente, le préjudice situationnel d'angoisse, le préjudice situationnel d'attente et d'inquiétude, et le préjudice moral de l'enfant conçu mais non encore né au moment du décès d'un proche). Il relève que la divergence avec le droit anglais est particulièrement forte s'agissant du premier groupe de préjudices et moins prononcée s'agissant du second groupe.

Pour autant Monsieur Taÿ-Pamart suggère, dans une deuxième partie, de relativiser les divergences et tente de montrer que les deux droits convergent en recourant à la distinction, qui constitue le cœur de son étude, entre « le dommage-détérioration » d'une part, - conçu comme une détérioration par rapport à une situation antérieure - et « le dommage-interférence » d'autre part - conçu comme une simple interférence avec un intérêt protégé sans conséquence concrète pour le demandeur. C'est sans doute dans cette distinction que l'on trouve la partie la plus intéressante du travail, même si l'auteur formule par ailleurs beaucoup de propositions qui doivent également retenir l'attention. Cette convergence conceptuelle rendrait la comparaison non seulement possible mais aussi particulièrement enrichissante. Elle permet en tout cas à l'auteur de proposer en droit français et en droit anglais des améliorations allant jusqu'à porter un regard renouvelé sur les limites de la notion de dommage et sur l'indemnisation du dommage corporel.

Loin de se limiter à la description de deux systèmes, Monsieur Taÿ-Pamart propose un vrai travail de comparaison et permet surtout au juriste français, qui souhaite découvrir le droit anglais, de disposer d'une étude complète et bien menée. La thèse comble même un vide dans la mesure où en droit comparé on s'était surtout intéressé jusqu'alors aux conditions de la responsabilité mais pas aussi directement aux préjudices indemnisables, ce qui est encore l'un des mérites incontestables de cette thèse. Il a même été soulevé, par un membre du jury, que ce travail comblait une lacune du droit anglais, qui n'avait pas suffisamment creusé la notion même de dommage avec des réflexions précieuses sur les « *torts* » et les groupes d'intérêts protégés.

En plus d'être un sujet d'actualité, le travail proposé correspond incontestablement à des préoccupations contemporaines et constitue de fait une contribution importante au droit comparé du droit de la responsabilité. On pourra, il est vrai, ne pas toujours être convaincu par certaines idées à contre-courant sur les dérives de l'indemnisation défendues par Monsieur Taÿ-Pamart. Pour autant les analyses sont solides, font réfléchir et surtout la thèse propose une rationalisation du droit existant tant en droit français qu'en droit anglais.

De surcroît il est également important de préciser, pour se convaincre de la qualité des travaux ici présentés, que la thèse est bien écrite et claire comme cela a été relevé par tous les membres du prestigieux jury de soutenance composé des Professeurs Jonas Knetsch, Simon Taylor, Sophie Hocquet-Berg et Stéphanie Porchy-Simon.

Il ne fait pas de doute que cette étude deviendra incontournable pour tous ceux qui entendront réfléchir sur un thème qui est loin d'être épuisé.

C'est d'ailleurs tout ce que l'on peut souhaiter à un jeune chercheur : voir ses travaux reconnus par ses pairs, participer à l'enrichissement de la connaissance, nourrir le débat et inspirer de nouvelles réflexions.

Nous ne doutons pas qu'il en sera ainsi s'agissant de la thèse de Monsieur Taÿ-Pamart.

Olivier Gout,
Professeur à l'Université Jean Moulin- Lyon 3
Doyen de la Faculté de droit

INTRODUCTION GÉNÉRALE

« *Au-dessus de ceux-là s'élève un pouvoir immense et tutélaire, qui se charge seul d'assurer leur jouissance et de veiller sur leur sort. […] Il pourvoit à leur sécurité, prévoit et assure leurs besoins, facilite leurs plaisirs, conduit leurs principales affaires, dirige leur industrie, règle leurs successions, divise leurs héritages ; que ne peut-il leur ôter le trouble de penser et la peine de vivre ?* »[1]

Il existe une tradition philosophique ancienne remontant à La République de Platon[2] que l'on retrouve de nos jours dans le genre littéraire de la dystopie. Elle consiste à tenter d'imaginer les formes et les ambitions d'un régime politique perverti. Tocqueville s'inscrit dans cet usage lorsqu'il cherche à décrire les travers potentiels de la démocratie. Il conçoit alors un État tout puissant dont le seul rôle est de permettre à ses sujets d'exister à l'écart les uns des autres, chacun se complaisant dans son individualisme et la recherche de ses plaisirs au détriment de la vie de la communauté. Pour l'auteur, cette perversion pourrait conduire l'État libéral à une ambition démesurée, voire totalitaire : celle de faire disparaître toute peine humaine par l'œuvre du droit. Un esprit critique pourrait percevoir dans l'essor de la psychologisation du droit, et plus spécifiquement dans la multiplication des préjudices moraux, la réalisation de cette prophétie et l'expression de cette ambition[3]. Pour d'autres, cet essor est d'abord une réponse à un besoin d'indemnisation exprimé dans un moment de détresse et puise une partie de sa légitimité dans les progrès de la médecine. Il y aurait en effet dans la réparation de la souffrance morale dans toute sa diversité un acte humaniste et salvateur[4]. Face à ces deux perspectives sans doute radicales, il convient de s'interroger sur la vocation du droit de la responsabilité : doit-il répondre à tous les tourments de l'esprit et de l'âme ? C'est l'une des questions essentielles suscitées par l'analyse comparée des préjudices émotionnels autonomes du droit français.

---

1 A. de TOCQUEVILLE, *De La Démocratie en Amérique*, 1848, t. II, IVème Partie, chap. 6.

2 PLATON, *La République*, Flammarion, 2016.

3 En ce sens, v. par ex. : Ph. LE TOURNEAU (dir.), *Droit de la responsabilité et des contrats*, Dalloz, coll. Action, 13ème éd., 2023, spéc. n° 0124.19. L'auteur identifie en toile de fond de l'indemnisation de multiples préjudices une logique de marché selon laquelle « *tout vaut tant* », et estime que cette tendance se trouve à la rencontre entre le libéralisme économique et un « *humanitarisme dissolvant* ».

4 Y. LAMBERT-FAIVRE, S. PORCHY-SIMON, *Droit du dommage corporel, Systèmes d'indemnisation*, Dalloz, coll. Précis, 9ème éd., 2022, spéc. n° 36.

L'indemnisation du préjudice extrapatrimonial ou moral est un acquis du droit français[1] même si des débats entourent encore le principe de cette indemnisation et que des auteurs y demeurent opposés[2]. Ce principe n'est pas partagé par le droit anglais qui connaît le concept de préjudice moral mais n'indemnise que certains préjudices moraux dans des circonstances définies[3]. Beaucoup a déjà été écrit sur le préjudice moral, notion protéiforme du droit français dont il est parfois difficile de saisir l'élément clé[4]. Il ne s'agit pas ici d'étudier la notion dans son ensemble mais bien d'en évoquer des figures particulières qui ont « émergé » au sein du droit de la responsabilité civile pour y prendre une place particulière. En droit français, les préjudices émotionnels autonomes sont des préjudices indemnisables que la jurisprudence a doté d'un nom et de spécificités en les distinguant du préjudice moral d'une part et d'autres préjudices nommés d'autre part. Ces préjudices on pour point commun essentiel d'avoir en leur cœur une référence à l'état émotionnel réel ou supposé du demandeur qui s'en prévaut. Le préjudice d'angoisse de mort imminente renverrait « *au désespoir, au chagrin, à l'horreur* »[5], voire à une « *crainte existentielle* »[6]. Les préjudices d'anxiété et d'angoisse - sous toutes leurs formes - répondraient quant à eux à un « *sentiment d'inquiétude* »[7], « *de détresse, de panique* »[8], à la « *crainte* »[9] et à la « *peur* »[10]. Le préjudice d'impréparation serait une

---

[1] F. TERRÉ, Ph. SIMLER, Y. LEQUETTE, F. CHÉNÉDÉ, *Droit Civil, Les Obligations*, Dalloz, coll. Précis, 13ème éd., 2022, spéc. n° 937 ; Ph. LE TOURNEAU (dir.), *loc. cit.*, spéc. n° 2125.11 et s. ; P. JOURDAIN, G. VINEY, S. CARVAL, *Traité de droit civil - Les Conditions de la responsabilité*, L.G.D.J., 4ème éd., 2013, spéc. n° 253 et s. ; Ph. BRUN (dir.), *Le Lamy Droit de la Responsabilité* [en ligne], Wolters Kluwer, spéc. n° 222-43 et s. ; Y. LAMBERT-FAIVRE, S. PORCHY-SIMON, *loc. cit.*, spéc. n° 34 et s.

[2] Ph. LE TOURNEAU (dir.), *loc. cit.*, spéc. n° 2125.11. Pour une critique contemporaine en droit administratif, v. par ex. : S. HOURSON, « L'indemnisation de la douleur morale », *AJDA* 2018, p. 2062.

[3] Pour une perspective comparée des droits français et anglais sur la question, v. notamment : G. VINEY, B. MARKESINIS, *La Réparation du dommage corporel, Essai de comparaison des droits anglais et français*, Economica, 1985, spéc. n° 45 et s.

[4] Sur ce point, v. récemment : H. GALI, *Le préjudice moral : étude de droit de la responsabilité civile*, thèse, Dalloz, Nouvelle Bibliothèque des Thèses, 2021.

[5] G. WESTER, « L'angoisse de mort imminente et le préjudice d'attente et d'inquiétude, deux nouveaux postes de préjudices consacrés par la Cour de cassation », *RLDC* 2022, n° 203.

[6] P. JOURDAIN, « L'autonomie consacrée du préjudice d'angoisse de mort imminente des victimes directes et du préjudice d'attente et d'inquiétude des victimes par ricochet », *JCP G* 2022, 513.

[7] P. JOURDAIN, « Les préjudices d'angoisse », *JCP G* 2015, doctr. 739.

[8] C. CORGAS, « Le préjudice d'angoisse : état des lieux », *R.J.O.*, n° spécial 2014, actes du colloque du 3 octobre 2014, p. 29-34.

[9] A. VIGNON-BARRAULT, « L'anxiété : le regard du civiliste », *Resp. civ. et assur.* 2019, étude 4 ; M. BACACHE, « Le préjudice d'anxiété : à la conquête de nouvelles expositions professionnelles », *JCP G* 2019, 1024.

[10] *Ibid.* V. aussi : S. PORCHY-SIMON, « L'indemnisation des préjudices d'angoisse en droit français », *RGD* 2020, n° 50(2), p. 407-422.

reconnaissance de la « *crainte* »[1], du « choc »[2] et du « *ressentiment* »[3] du demandeur. Enfin, le préjudice moral de l'enfant conçu mais non encore né au moment du décès d'un proche indemniserait une « *souffrance* »[4] voire un « *traumatisme* »[5]. Les noms donnés à ces préjudices font référence à un état émotionnel négatif du demandeur qui devrait être indemnisé. L'omniprésence du vocabulaire des émotions et du ressenti est une caractéristique centrale de ces préjudices, et vient puissamment légitimer leur indemnisation aux yeux de nombreux juristes. En même temps, ce vocabulaire est indéniablement caractérisé par une grande imprécision. Les termes utilisés par le droit ont des sens différents dans le langage courant, dans le langage psychanalytique et dans le langage plus large de la médecine[6]. Comme point de départ, on peut constater que l'émotion peut être définie comme un « *(t)rouble subit, agitation passagère causés par un sentiment vif de peur, de surprise, de joie, etc.* »[7] Il s'agit donc d'un événement transitoire, parfois court et bénin, en lien avec un sentiment, et ayant une dimension à la fois psychologique et corporelle. C'est donc un terme polysémique décrivant des réalités très variables. Au regard de cette définition, ces préjudices ne peuvent pas seulement être qualifiés de préjudices « *purement moraux* »[8], comme on les définit parfois. Les préjudices émotionnels autonomes forment donc un objet d'étude cohérent marqué par une ambiguïté quant à ce qu'ils indemnisent. Ils suscitent de nombreuses interrogations légitimes sur les limites pouvant être posées à leur indemnisation. Les préjudices étudiés sont le préjudice d'anxiété et le préjudice d'angoisse, le préjudice d'impréparation, le préjudice d'angoisse de mort imminente, le préjudice situationnel d'angoisse, le préjudice situationnel d'attente et d'inquiétude et le préjudice moral de l'enfant conçu mais non encore né au moment du décès d'un proche.

Les préjudices émotionnels autonomes étudiés ont été distingués de la notion de préjudice moral et ils participent en cela d'une certaine « *désintégration* » du préjudice moral[9]. Ils ont également été distingués d'un

---

[1] M. BACACHE, « Le défaut d'information sur les risques de l'intervention : quelles sanctions ? Pour une indemnisation au-delà de la perte de chance », *D.* 2008, p. 1908.

[2] O. GOUT, « Responsabilité civile », *D.* 2013, p. 40.

[3] Cass. civ. 1ère, 12 juill. 2012, n° 11-17.510, *JCP G* 2012, 1036, obs. P. SARGOS ; *ibid.*, doctr. 1224, obs. STOFFEL-MUNCK ; *D.* 2013, p. 40, chron. O. GOUT ; *ibid.*, p. 2277, comm. M. BACACHE.

[4] A. GUÉGAN, « Le préjudice d'affection ouvert à l'enfant né après le décès de son père dès lors qu'il était conçu au jour de ce décès », *D.* 2018, p. 2153.

[5] L. DUPIN, « Toi, le grand-père que je n'ai jamais eu... », *Droit de la famille* 2021, comm. 70.

[6] V. par ex. : P.-P. COSTANTINI, A. ABELHAUSER, « Anxiété, peur, angoisse : point de vue psychopathologique », *R.J.O.* 2014, n° spécial, p. 49-55.

[7] « *Émotion* », dans Dictionnaire Larousse en ligne, consulté le 24 septembre 2025.

[8] M. FABRE-MAGNAN, *Droit des obligations t. 2 - Responsabilité civile et quasi-contrats*, PUF, 5ème éd., 2021, spéc. n° 154 et s.

[9] J. KNETSCH, « La désintégration du préjudice moral », *D.* 2015, p. 443.

groupe de préjudices moraux nommés, les préjudices de la nomenclature Dintilhac[1]. Certains d'entre eux sont en effet apparus « *au-delà* » de celle-ci[2], en étant expressément distingués des préjudices qui la composent. Cette nomenclature est un outil méthodologique issu des travaux du groupe mené par Monsieur Dintilhac, alors président de la deuxième chambre civile de la cour de cassation, rendus en juillet 2005 à la demande du Secrétaire d'État aux droits des victimes[3]. Ce rapport fait suite à un premier rapport rendu en 2003 par le groupe de travail présidé par le Professeur Lambert-Faivre[4]. La nomenclature des préjudices issue de ce rapport est un outil de droit souple qui vise à faire la liste des préjudices pouvant découler d'une atteinte corporelle[5]. Elle distingue les préjudices patrimoniaux des préjudices extrapatrimoniaux, ainsi que les préjudices temporaires et les préjudices permanents. Elle constitue un cadre méthodologique permettant au juge de prendre en considération l'ensemble des conséquences d'un dommage corporel et de respecter ainsi le principe de réparation intégrale[6]. Elle a acquis au fil du temps une certaine normativité au point de devenir « *l'outil incontournable de détermination des préjudices nés du dommage corporel.* »[7] La jurisprudence applique avec rigueur les définitions de la nomenclature[8], et ne s'en écarte que rarement, sans pour autant avoir consacré l'usage de l'outil lui-même dans son ensemble. En effet, la nomenclature demeure seulement indicative[9], et il est donc resté possible

---

[1] Le dictionnaire Larousse en ligne définit entre autre le verbe « émerger » comme suit : « *Se distinguer d'un ensemble, d'un groupe par sa qualité* ».

[2] M. BACACHE-GIBEILI, *Les obligations : la responsabilité civile extracontractuelle, t. 5*, Economica, 4ème éd., 2021, n° 447 et s.

[3] J.-P. DINTILHAC (dir.), *Rapport du groupe de travail chargé d'élaborer une nomenclature des préjudices corporels*, 2005.

[4] Y. LAMBERT-FAIVRE (dir.), *Rapport sur l'indemnisation du dommage corporel*, 2003.

[5] Sur la nomenclature Dintilhac en général, v. notamment : M. ROBINEAU, « Le statut normatif de la nomenclature Dintilhac des préjudices », *JCP G* 2010, doctr. 612 ; J.-C. BIZOT, « Quelle typologie des postes de préjudices ? La nomenclature des postes de préjudices : point de vue du juge judiciaire », *Resp. civ. et assur.* 2010, dossier 9 ; H. ADIDA-CANAC, « Le contrôle de la nomenclature Dintilhac par la Cour de cassation », *D.* 2011, p. 1497 ; M. BACACHE, « La nomenclature : une norme ? », *Gaz. Pal.* 27 déc. 2014, n° 202u5, p. 7 ; Ph. PIERRE, « La nomenclature : une dynamique ? », *Gaz. Pal.* 27 déc. 2014, n° 203e6, p. 11 ; F. LAMBOLEZ, M. DEGUERGUE, « La nomenclature : un outil d'uniformisation des jurisprudences civile et administrative ? », *Gaz. Pal.* 27 déc. 2014, n° 203e7, p. 16 ; S. PORCHY-SIMON, « L'articulation des postes de préjudice », *Gaz. Pal.* 27 déc. 2014, n° 203e8, p. 24 ; C. COUSIN, « Les nomenclatures des préjudices corporels : comment ressusciter l'esprit du rapport Dintilhac ? », *RLDC* 2017, n° 147. Pour une étude plus générale de la question des nomenclatures, v. notamment : E. AUGIER-FRANCIA, *Les nomenclatures de préjudices en droit de la responsabilité civile*, Institut Francophone pour la Justice et la Démocratie, 2021.

[6] Y. LAMBERT-FAIVRE, S. PORCHY-SIMON, *loc. cit.*, spéc. n° 45.

[7] *Ibid.*, spéc. n° 158.

[8] M. FABRE-MAGNAN, *loc. cit.*, spéc. n° 131 ; P. JOURDAIN, G. VINEY, S. CARVAL, *loc. cit.*, spéc. n° 261 et s. ; M. BACACHE, « La nomenclature : une norme ? », *loc. cit.*

[9] *Ibid.*, spéc. n° 50.

d'imaginer de nouveaux préjudices[1]. Cela a permis aux juges de laisser libre-cours à leur inventivité en réponse à l'expression de nouveaux besoins d'indemnisation en matière extrapatrimoniale, dans la mesure où la description de la souffrance humaine peut prendre des formes très variées[2]. C'est ainsi que des préjudices extrapatrimoniaux sont apparus en dehors de la nomenclature Dintilhac, laquelle jouera un rôle essentiel dans notre étude. Les préjudices étudiés s'inscrivent dans le contexte plus large du droit du dommage corporel puisqu'ils sont apparus à la faveur d'un dommage corporel ou d'un risque de dommage corporel[3] et ont été distingués des préjudices subis par le demandeur-personne physique. Ils ont émergé peu à peu au sein de la jurisprudence et n'ont jamais fait l'objet d'une analyse commune et systématique[4], ni d'une rationalisation. Ils ont été créés aux frontières du dommage corporel et visent à indemniser des atteintes émotionnelles apparues dans des circonstances spécifiques. À la faveur des analyses du droit anglais, notre étude des préjudices émotionnels autonomes nous conduira également à explorer la question de l'indemnisation du traumatisme psychique de la victime par ricochet. Celle-ci vient interroger la limite entre la réparation de l'émotion et une notion voisine, le traumatisme médicalement identifiable. Par ailleurs, malgré une forte poussée en leur faveur, les juridictions françaises ont aussi refusé d'indemniser certains préjudices émotionnels de manière autonome, et ces refus seront évoqués[5]. En toute hypothèse, on peut estimer que les préjudices émotionnels autonomes se sont développés dans des situations de fait où le droit n'identifiait jusque-là aucun dommage réparable et n'offrait donc pas de réparation aux demandeurs. Ils répondent à de nouvelles demandes d'indemnisation, lesquelles posent des problèmes juridiques particuliers, tant en droit français qu'en droit anglais.

---

[1] J.-P. DINTILHAC (dir.), *loc. cit.*, spéc. p. 41.

[2] Sur les difficultés de définir précisément certaines expressions de la souffrance morale, v. par ex. : P.-P. COSTANTINI, A. ABELHAUSER, *op. cit.* ; E. CAILLON, « Deuil normal et deuil pathologique : aspects médico-légaux », *Gaz. Pal.* 29 déc. 2009, n° 363, p. 33 ; E. CAILLON, « Les troubles psycho-traumatiques chez l'adulte », *Gaz. Pal.* 15 févr. 2015, n° 213k8, p. 14.

[3] M. FABRE-MAGNAN, *loc. cit.*, spéc. n° 156, sur le lien entre préjudice d'anxiété et dommage corporel.

[4] Ces préjudices ont pu faire l'objet d'analyses approfondies dans des cadres plus large. V. par ex. : H. GALI, *loc. cit.* Certains d'entre eux ont aussi pu être étudiés un par un. V. par ex. : L. NADAL, *L'indemnisation de la peur de mourir*, thèse, Université Toulouse 1 Capitole, 2020 ; M. VIGLINO, *L'indemnisation des préjudices en cas de décès de la victime directe*, thèse, Université Savoie Mont-Blanc, 2020 ; A. MORIN TRUDELLE, *Le préjudice d'anxiété*, thèse, Université d'Angers, 2022.

[5] V. par ex., sur la question du préjudice d'avilissement : Y. LAMBERT-FAIVRE, S. PORCHY-SIMON, *loc. cit.*, spéc. n° 230.

En droit anglais, la *tort law* est le pendant du droit de la responsabilité civile français[1]. Elle a été confrontée à des situations similaires à celles qui ont conduit à l'émergence de nouveaux préjudices émotionnels autonomes. Face à ces nouvelles demandes et à ces nouvelles questions de droit, les juges anglais ont opté pour l'approche incrémentale du « précédent » comme le veut la tradition de la *common law*[2]. Les réponses de la *tort law* ont pu prendre plusieurs formes dans la mesure où ce droit n'est pas unitaire, à l'inverse de la responsabilité civile. Il se fonde sur une diversité d'actions en justice[3] qui ont chacune leurs spécificités et il n'existe pas - à première vue - de principe général de responsabilité applicable à n'importe quelle situation juridique[4]. Pourtant, la possibilité d'une comparaison réside notamment dans le fait que ce principe d'éclatement de la responsabilité doit aujourd'hui être relativisé[5]. Le *tort of negligence* se comporte en effet comme une *pseudo*-clause générale de responsabilité. Il a donc le potentiel pour saisir les nouvelles situations juridiques prises en compte en droit français par les préjudices émotionnels autonomes[6]. En même temps, en droit anglais, « *une émotion humaine normale* »[7], même si elle est négative, ne saurait constituer un dommage réparable. Il faudra donc d'abord analyser comment ces besoins nouveaux d'indemnisation ont pris forme dans le contexte spécifique du droit anglais, ce qui nous permettra ensuite de jeter une lumière nouvelle sur les choix du droit français.. La comparaison des deux systèmes de droit devrait nous permettre d'identifier les spécificités de chacun d'eux mais aussi leurs points communs. Notre analyse se concentrera sur les préjudices identifiés récemment par le droit français. Le droit anglais a lui aussi identifié de nouvelles situations dommageables en *negligence* inconnues du droit français[8], mais ces solutions dépassent le champ de notre étude dans la

---

[1] *Ibid.*, spéc. n° 104. V. aussi : G. VINEY, B. MARKESINIS, *loc. cit.*, spéc. n° 4. Comme le souligne ces auteurs, les deux droits ne recouvrent pas la même étendue et approchent les concepts fondamentaux avec des approches différentes.

[2] M. FROMONT, T. PERROUD, *Grands systèmes de droit étrangers*, Dalloz, coll. Mémentos, 9ème éd., 2023, spéc. p. 120-121.

[3] R. MULHERON, *Principles of Tort Law*, CUP, 2ème éd., 2020, spéc. §1.2. Selon cet auteur, il existe au moins 33 *torts* différents en droit anglais.

[4] G. VINEY, B. MARKESINIS, *loc. cit.*, spéc. n° 5 et s.

[5] Sur les difficultés qui persistent dans la comparaison de la clause générale et de la *negligence* : *ibid.*, spéc. n° 12.

[6] D. NOLAN, « Damage in the English Law of Negligence », *J.E.T.L.* 2013, n° 4(3), p. 259-281, spéc. p. 261-262 ; J.-S. BORGHETTI, « Principes généraux de responsabilité ou droit des délits ? », *RDC* 2019, n° 116n0, p. 347 ; M. FABRE-MAGNAN, *loc. cit.*, spéc. n° 104.

[7] *Hicks v Chief Constabulary of South Yorkshire* [1992] PIQR 433, spéc. p. 436, Lord Bridge : « *It is perfectly clear law that fear by itself, of whatever degree, is a normal human emotion for which no damages can be awarded.* » (notre traduction)

[8] Sur ce point v. par ex. : D. NOLAN, « New Forms of Damage in Negligence », *M.L.R.* 2007, n° 70(1), p. 59-88 ; M. FORDHAM, « The protection of personal interests - Evolving form of damage in negligence », *SAcLJ* 2015, n° 27, p. 643.

mesure où elles mêlent souvent des considérations de droit privé et de droit public[1].

La multiplication des préjudices en droit français ne s'est pas limitée aux seuls préjudices émotionnels autonomes. Il faut d'abord évoquer le préjudice de perte de chance. Il est connu de longue date en droit français[2] et encore contesté en droit anglais[3]. Il possède deux caractéristiques nous conduisant à l'écarter du champ de notre étude. D'abord, il ne soulève pas de nouveau problème juridique car le débat entourant son indemnisation est ancien. Ensuite, il s'agit en quelque sorte d'une forme détériorée de préjudice dans la mesure où il vient indemniser la « *disparition de la probabilité d'un événement favorable* »[4], c'est-à-dire qu'il vient indemniser la perte de chance de réaliser un gain ou d'éviter un dommage. Le préjudice de perte de chance n'est donc pas à proprement parler un préjudice unique mais il prend les caractéristiques de la chance perdue, notamment lorsqu'il s'agit de la chance d'éviter un préjudice émotionnel. C'est à ce seul titre qu'il pourra être étudié. Il faut aussi évoquer l'avènement d'un préjudice écologique consacré par la jurisprudence[5] puis par la loi[6]. Ce préjudice vise à réparer une atteinte à un intérêt collectif comme le précise l'article 1247 du Code civil, et ne concerne pas spécifiquement une personne physique et une atteinte émotionnelle. Nous n'en ferons pas l'étude, sauf dans la mesure où il a pu être saisi par l'intermédiaire d'un préjudice émotionnel comme l'anxiété[7]. Enfin, le préjudice moral découlant d'une atteinte à un droit de la personnalité, une figure du préjudice moral apparue en droit français à la fin des années 1990 aux marges de la responsabilité civile[8], n'entre pas dans le champ de notre étude. S'il s'agira d'un point de référence utile, ce préjudice n'a pas été distingué du préjudice moral et nommé. Le langage de l'émotion n'y prend aucune part puisqu'il est pensé de façon plus désincarnée. Il ne revête donc pas les même spécificités que les préjudices émotionnels autonomes étudiés. Il s'agit tout de même d'une notion voisine qui sera évoquée au profit de certaines réponses du droit anglais face à l'expression de nouveaux besoins d'indemnisation.

---

[1] *Ibid.* Dans cet article, l'auteur évoque notamment la question du dommage subi par le demandeur ayant fait l'objet d'une détention injustifiée ou encore la question du dommage subi par le demandeur n'ayant pas reçu de soins particuliers au sein d'un établissement public d'éducation.

[2] P. JOURDAIN, G. VINEY, S. CARVAL, *loc. cit.*, spéc. n° 280 et s.

[3] J. GOUDKAMP, D. NOLAN, *Winfield & Jolowicz on Tort*, Sweet & Maxwell U.K., 20ème éd., 2020, spéc. n° 7-019 et s.

[4] C. SINTEZ, « La perte de chance, une notion en quête d'unité », *LPA* 31 oct. 2013, n° PA201321801, p. 9.

[5] Cass. crim., 25 sept. 2012, n° 10-82.938. Sur ce point, v. notamment : F. TERRÉ, Ph. SIMLER, Y. LEQUETTE, F. CHÉNÉDÉ, *loc. cit.*, spéc. n° 941.

[6] V. la Loi n° 2016-1087 du 8 août 2016 et le code civil aux art. 1246 et s.

[7] C. DELAHAIS, « L'éco-anxiété face à l'urgence écologique : nouvelle source de préjudice d'angoisse ? », *Revue juridique de l'environnement* 2022, n° spécial, p. 117-132.

[8] T. AZZI, « Les relations entre la responsabilité civile délictuelle et les droits subjectifs », *RTD Civ.* 2007, p. 227.

L'objectif de notre approche comparée des préjudices émotionnels autonomes sera de déterminer si la multiplication de préjudices nouveaux est un phénomène spécifiquement français, ou s'il trouve également des expressions dans un autre système juridique, la *common law*, et plus particulièrement en droit anglais. Il s'agira également, par la comparaison, de s'efforcer de mieux définir le sens de la condition de dommage dans le droit de la responsabilité civile, car confronter les vocabulaires permet de les clarifier[1]. Nous tenterons de démontrer par l'analyse comparée des préjudices émotionnels autonomes que les droits français et anglais adoptent une définition double du dommage. Celui-ci serait en effet compris soit comme la détérioration d'une situation de fait, soit comme une interférence avec un intérêt. Cette mise en lumière nous permettra d'apprécier la place et les modalités d'indemnisation des préjudices émotionnels dans les deux droits. Avec la sortie du Royaume-Uni de l'Union Européenne, la question d'une harmonisation des droits français et anglais a perdu sa pertinence. À notre sens, il s'agit donc moins d'évoquer de potentielles voies de rapprochement des deux systèmes juridiques que d'améliorer la compréhension que nous avons de notre droit et du droit anglais. Nous souhaiterions favoriser ainsi les échanges entre des juristes issus de traditions différentes, mais situés dans une même aire géographique et culturelle. Nous tenterons d'identifier les points de divergence et de convergence des deux droits autour d'un phénomène récent, la multiplication des préjudices émotionnels, ancré dans des situations de fait communes. Ces situations engendrent en effet des enjeux communs et partagés comme la question de la place de la souffrance psychologique au sein du dommage corporel, le problème de la place des droits fondamentaux en responsabilité civile ou la question des contentieux de grande ampleur. Face aux défis posés par notre monde moderne, les droits français et anglais peuvent apprendre l'un de l'autre, à condition que les principes juridiques mis en œuvre par chaque droit soient compris dans leurs contextes respectifs. C'est le défi que nous tenterons de relever.

L'étude des préjudices émotionnels autonomes dans une perspective comparée nécessite d'abord que soit évoqué le contexte dans lequel les besoins d'indemnisation auxquels ils répondent se sont exprimés en France et en Angleterre, puis les enjeux attachés à ces demandes.

Ces préjudices sont apparus récemment en jurisprudence mais leur émergence s'inscrit dans un contexte juridique et politique et social plus ancien qui peut contribuer à éclairer ces solutions.

Contexte juridique. L'émergence de nouveaux préjudices en droit français et la question de l'extension de la définition du dommage en *tort law* se placent d'abord dans un contexte juridique favorable, dans la mesure

[1] Sur ce point, v. : O. DESHAYES, « L'importance de la terminologie dans le droit de la responsabilité civile », *RDC* 2019, n° 116n0, p. 342.

où le champ de la responsabilité a été régulièrement élargi dans les deux droits.

Évolution du droit français. Le droit français de la responsabilité civile demeure structuré autour du triptyque fait générateur-causalité-dommage[1] mais a connu des évolutions profondes des conditions de sa mise en œuvre au cours des XIXème et XXème siècle. On peut constater qu'il a existé plusieurs expansions successives de la responsabilité civile en droit français. Le premier mouvement a naturellement touché au fait générateur qui a longtemps concentré l'essentiel du travail de la doctrine en la matière. Le fait générateur classique de la responsabilité civile en droit français est la faute[2], mais ce fondement a rapidement été considéré comme insuffisant et la jurisprudence a pris le parti d'innover[3] en s'appuyant notamment sur la théorie du risque[4]. L'expansion de la responsabilité civile en matière de fait générateur s'est ancrée dans deux approches distinctes : d'une part l'avènement de nouveaux faits générateurs distincts de la faute, désignés par les termes de responsabilité sans faute ou de responsabilité objective[5] ; et d'autre part l'objectivation de la faute elle-même, qui n'a plus à être moralement imputable au demandeur[6], ce qui permet l'indemnisation des dommages causés par les enfants et les personnes dont le discernement est aboli. Cette extension se caractérise aussi par la multiplication des régimes spécifiques d'indemnisation, en matière d'accident du travail[7] ou encore d'accident de la circulation[8] par exemple, qui constituent des mises en œuvre de la théorie du risque[9]. Cela a constitué la première vague d'expansion de la responsabilité civile qui a consisté à élargir le champ des personnes pouvant être responsables et les fondements de cette responsabilité. On peut identifier une deuxième vague d'expansion plus récente qui a porté sur la question du lien de causalité. Elle porte la marque de la théorie de la garantie[10], mais aussi de la question de la responsabilité dans le temps[11] et des théories de la

---

[1] P. JOURDAIN, G. VINEY, S. CARVAL, *op. cit.*, spéc. n° 246.

[2] F. TERRÉ, Ph. SIMLER, Y. LEQUETTE, F. CHÉNÉDÉ, *op. cit.*, spéc. n° 907 ; Ph. LE TOURNEAU (dir.), *op. cit.*, spéc. n° 0111.11 et s.

[3] P. JOURDAIN, G. VINEY, S. CARVAL, *op. cit.*, spéc. n° 438.

[4] F. TERRÉ, Ph. SIMLER, Y. LEQUETTE, F. CHÉNÉDÉ, *op. cit.*, spéc. n° 908-909 ; Ph. LE TOURNEAU (dir.), *op. cit.*, spéc. n° 0121.11 et s.

[5] On peut évidemment citer ici la responsabilité du fait des choses et la responsabilité pour autrui : P. JOURDAIN, G. VINEY, S. CARVAL, *op. cit.*, spéc. n° 627 et s. et n° 788 et s. V. aussi : Y. LAMBERT-FAIVRE, S. PORCHY-SIMON, *op. cit.*, spéc. n° 25.

[6] M. FABRE-MAGNAN, *op. cit.*, spéc. n° 90 et s. ; P. JOURDAIN, G. VINEY, S. CARVAL, *op. cit.*, spéc. n° 444 et s.

[7] Loi du 9 avril 1898 sur les accidents du travail.

[8] Loi n° 85-677 du 5 juillet 1985 sur les accidents de la circulation.

[9] Ph. LE TOURNEAU (dir.), *op. cit.*, spéc. n° 0123.20 et s.

[10] Sur ce point, v. notamment : B. STARCK, *Essai d'une théorie générale de la responsabilité civile considérée en sa double fonction de garantie et de peine privée*, thèse, Université de Paris, 1947. Boris Starck introduit dans ses travaux la théorie de la garantie selon laquelle chacun a un droit à la sûreté. Cette théorie justifierait une approche prospective de la responsabilité civile, sans qu'un dommage ne se soit réalisé.

[11] F. TERRÉ, Ph. SIMLER, Y. LEQUETTE, F. CHÉNÉDÉ, *op. cit.*, spéc. n° 915 et s.

responsabilité d'Hans Jonas ou de Paul Ricœur[1]. Une partie de la doctrine a en effet défendu l'idée de la nécessité d'une responsabilité qui ne soit pas que pour le passé mais aussi pour l'avenir[2]. Cette expansion a pris plusieurs formes. D'abord, on a assisté à un appel à une appréciation plus souple de l'exigence de causalité *via* la mise en avant du principe de précaution[3] ou d'autres techniques[4], conformément à l'idée qu'il vaut mieux prévenir que guérir[5]. Ensuite, la notion de perte de chance a permis d'ouvrir plus largement le champ de la responsabilité en simplifiant l'appréciation de la causalité[6] en raccourcissant le lien causal à démontrer entre la faute et le dommage. Il semble que l'on soit désormais au coeur d'une troisième vague d'expansion du champ de la responsabilité centrée sur les notions de dommage et de préjudice[7]. Plusieurs éléments contribuent à cette expansion. La jurisprudence a en effet admis la possibilité d'indemniser un demandeur pour une simple atteinte à un droit de la personnalité[8], ce qui a constitué un élargissement frappant du champ de l'indemnisation. D'autre part, on constate une multiplication des dommages indemnisables, puisqu'il n'existe pas de liste fermée des dommages réparables[9]. Les préjudices émotionnels autonomes se trouvent au cœur de cette troisième vague d'expansion. Il s'agit en effet, en jouant sur l'exigence de dommage ou de préjudice, d'élargir le champ de la responsabilité et ainsi d'assurer l'indemnisation des demandeurs dans des situations nouvelles. L'objectif de cette expansion est aussi de renforcer la dimension prospective de la responsabilité civile[10]. Les

---

[1] Pour une courte histoire du concept philosophique de responsabilité d'un point de vue juridique, v. par ex. : M. FABRE-MAGNAN, *op. cit.*, spéc. n° 59.

[2] C. THIBIERGE, « Libre-propos sur l'évolution du droit de la responsabilité civile (vers un élargissement de la fonction de la responsabilité civile ?) », *RTD Civ.* 1999, p. 561. V. aussi : C. RADÉ, « Réflexions sur les fondements de la responsabilité civile, 1. L'impasse », *D.* 1999, p. 313 ; C. RADÉ, « Réflexions sur les fondements de la responsabilité civile, 2. Les voies de réforme : la promotion du droit à la sûreté », *D.* 1999, p. 323. *Contra.* : Ph. LE TOURNEAU (dir.), *op. cit.*, spéc. n° 0124.17. Cet auteur soutient notamment que la responsabilité civile est une technique juridique, et que les auteurs favorables à une définition plus large de la responsabilité confondent cette technique avec le concept philosophique de responsabilité.

[3] Ph. LE TOURNEAU (dir.), *op. cit.*, spéc. n° 0111.31.

[4] A. SIMON, « Sanctionner la mise en danger grâce aux jeux de la causalité - Perspectives comparées des responsabilités civile et pénale en matière sanitaire », *RTD Civ.* 2019, p. 477.

[5] M. FABRE-MAGNAN, *op. cit.*, spéc. n° 42.

[6] J.-S. BORGHETTI, « La perte de chance, rapport introductif », *LPA* 31 oct. 2010, n° PA201321801, p. 3. Sur le lien entre perte de chance et causalité, v. aussi : J.-S. BORGHETTI, « Peut-on se passer de la causalité en droit de la responsabilité ? », *in Quel avenir pour la responsabilité civile ?*, Y. Lequette et N. Molfessis (dir.), Dalloz, 2015, p. 11-22, spéc. p. 14 et 15.

[7] L. CADIET, « Les Métamorphoses du préjudice », *in Les métamorphoses de la responsabilité*, L.G.D.J., 1998, P. Michaux (dir.), p. 37-64, spéc. p. 37.

[8] M. FABRE-MAGNAN, *op. cit.*, spéc. n° 109 ; P. JOURDAIN, G. VINEY, S. CARVAL, *op. cit.*, spéc. n° 256 et s.

[9] *Ibid.*, spéc. n° 110.

[10] P. JOURDAIN, G. VINEY, S. CARVAL, *op. cit.*, spéc. n° 247-2 et 247-3.

préjudices étudiés s'inscrivent ainsi dans une évolution plus générale du droit français.

Avènement de la distinction du dommage et du préjudice. En droit français, l'émergence des préjudices émotionnels autonomes se produit dans un contexte marqué par la reconnaissance de plus en plus large en doctrine de la pertinence de la distinction du dommage et du préjudice malgré des réticences initiales. Traditionnellement, on ne distinguait pas en droit français le dommage du préjudice[1]. On estimait que ces deux concepts étaient synonymes et on constatait qu'une telle distinction ne figurait pas au sein du Code civil[2]. Pourtant, à la faveur du récent regain d'intérêt pour la notion de dommage, qui contraste avec le désintérêt des XIXème et XXème siècles[3], une partie de plus en plus large de la doctrine se prononce en faveur de la distinction[4], qui est devenue un sujet d'étude important dans le droit contemporain de la responsabilité civile[5]. Dans cette perspective, et à ce stade, nous définirons la notion de dommage comme l'atteinte initiale subie par le demandeur, et la notion de préjudice comme toutes les conséquences patrimoniales et extrapatrimoniales qui découlent du dommage et qui font l'objet d'une indemnisation. La faveur grandissante de la doctrine pour cette distinction provient d'abord du constat de sa pertinence pour décrire la

---

[1] Ph. LE TOURNEAU (dir.), *op. cit.*, spéc. n° 2122.11.

[2] B. DUBUISSON, « Dommage ou préjudice : le poids des mots dans les réformes du droit français et du droit belge de la responsabilité civile », *in Mélanges en l'honneur du professeur Suzanne Carval*, IRJS Éditions, 2021, p. 329-350, spéc. p. 331.

[3] *Ibid.*, spéc. p. 330. V. aussi : Ph. LE TOURNEAU (dir.), *op. cit.*, spéc. n° 2122.00 ; P. JOURDAIN, G. VINEY, S. CARVAL, *op. cit.*, spéc. n° 247-3.

[4] Ph. LE TOURNEAU (dir.), *op. cit.*, spéc. n° 2122.24 ; Ph. BRUN (dir.), *op. cit.*, spéc. n° 214-5 ; F. TERRÉ, Ph. SIMLER, Y. LEQUETTE, F. CHÉNEDÉ, *op. cit.*, spéc. n° 921 ; Y. LAMBERT-FAIVRE, S. PORCHY-SIMON, *op. cit.*, spéc. n° 32 ; L. CADIET, *op. cit.* ; M. POUPARD, « La distinction entre le dommage et le préjudice », *R.J.O.*, 2005-2, p. 187-223 ; J.-S. BORGHETTI, « Les intérêts protégés et l'étendue des préjudices réparables en droit de la responsabilité civile extra-contractuelle », *in Etudes offertes à Geneviève Viney*, L.G.D.J., 2008, p. 145-171, spéc. p. 149 et s. Des auteurs reconnaissent la pertinence logique de la distinction mais estiment que son utilité demeure limitée : M. FABRE-MAGNAN, *op. cit.*, spéc. n° 107 ; P. JOURDAIN, G. VINEY, S. CARVAL, *op. cit.*, spéc. n° 246-1 ; M. MEKKI, « La place du préjudice en droit de la responsabilité civile », *in Le préjudice : entre tradition et modernité, Journées franco-japonaises*, t. 1, D. Mazeaud, M. Mekki et N. Kanayama (dir.), Larcier, Bruylant, 2015, p. 9, spéc. n° 3. Pour une perspective comparée sur la question, v. notamment : D. LECZYKIEWICZ, « Le préjudice et sa réparation de le projet de réforme de la responsabilité civile », *RDC* 2019, n° 116n0, p. 223 ; P. SIRENA, « Les concepts de "dommage" dans les droits français et italien de la responsabilité civile », *RDC* 2019, n° 116n0, p. 235.

[5] Il existe de nombreuses études sur la question, et notamment : L. CADIET, *Le préjudice d'agrément*, thèse, Université de Poitiers, 1983 ; S. ROUXEL, *Recherches sur la distinction du dommage et du préjudice en droit civil français*, thèse, Grenoble II, 1994 ; X. PRADEL, *Le préjudice dans le droit de la responsabilité civile*, thèse, L.G.D.J., 2004 ; A. BASCOULERGUE, *Les caractères du préjudice réparable*, thèse, PUAM, 2014. V. notamment, pour un point de vue comparé : C. CALFAYAN, *Essai sur la notion de préjudice : Étude comparative en tort law et en droit français de la responsabilité civile délictuelle*, thèse, Université Paris I, 2007.

réalité[1], à tel point qu'elle existerait déjà en droit positif selon un auteur[2]. Elle s'ancre aussi dans l'avènement d'une méthodologie plus riche de l'indemnisation du dommage corporel qui a conduit à formaliser par une technique le constat selon lequel d'un dommage peut découler de nombreuses conséquences juridiques[3] qu'il semble nécessaire de prendre en compte. Enfin, certains auteurs comme le Professeur Borghetti soulignent le potentiel d'une telle distinction dans l'optique de réguler l'ampleur du préjudice réparable[4]. En toute hypothèse, la distinction gagne du terrain, au point que plusieurs projets de réforme de la responsabilité civile se proposent de la consacrer[5]. Notre analyse des préjudices émotionnels autonomes d'un point de vue comparé tentera de s'inscrire dans cette tendance favorable à la distinction du dommage et du préjudice.

L'expansion du champ de la responsabilité n'est pas une spécificité française. Le droit anglais connaît une évolution comparable.

Évolution du droit anglais. Le droit anglais de la responsabilité civile est marqué lui aussi par une évolution résolument en faveur des demandeurs[6], bien que celle-ci se fasse sans doute plus lentement qu'en droit français. Monsieur Weir constate ainsi l'existence d'une litanie d'élargissements des catégories de demandeurs pouvant faire l'objet d'une action en responsabilité, et des faits pour lesquels ces demandeurs peuvent agir en justice[7]. L'auteur cite notamment la possibilité d'agir contre le défendeur décédé dans l'accident que celui-ci a causé, la possibilité d'agir contre l'État pour la faute qu'il a commise ou encore la possibilité d'agir contre le *Chief Constable*, l'équivalent du préfet, pour le dommage causé par ses agents. Cet élargissement semble constant depuis le milieu du XIXème siècle, mais il a gagné en intensité à partir des années 1930 avec l'avènement et la généralisation de la *negligence*. Deux arrêts ont consacré les élargissements les plus importants de l'indemnisation[8] : *Donoghue v*

---

1 F. BLANCO, D. CHENU, « La distinction du dommage et du préjudice », *in Droits privé et public de la responsabilité extracontractuelle*, N. Albert-Moretti, F. Leduc et O. Sabard (dir.), LexisNexis, 2017, p. 81-100, spéc. p. 82 et s. *Contra.* : F. LEDUC, « Faut-il distinguer le dommage et le préjudice ? : point de vue privatiste », *Resp. civ. et assur.* 2010, dossier 3. Cet auteur souligne que la distinction ne permet pas de décrire l'ensemble des situations dommageables en droit français.

2 J.-S. BORGHETTI, « Le préjudice économique pur et l'atteinte au cours normal des choses », *in Mélanges en l'honneur du professeur Suzanne Carval*, IRJS Éditions, 2021, p. 113-140, spéc. p. 116-119.

3 Y. LAMBERT-FAIVRE (dir.), *Rapport sur l'indemnisation du dommage corporel*, 2003.

4 J.-S. BORGHETTI, « Les intérêts protégés et l'étendue des préjudices réparables en droit de la responsabilité civile extra-contractuelle », *loc. cit.*, spéc. p. 151 et s

5 L'article 1235 du Projet de réforme de la responsabilité civile de mars 2017 le prévoyait : « *Est réparable tout préjudice certain résultant d'un dommage et consistant en la lésion d'un intérêt licite, patrimonial ou extrapatrimonial.* » (Nous soulignons.) La proposition de loi sénatoriale « portant réforme de la responsabilité civile » du 29 juillet 2020 utilisait une formulation comparable à son article 1233.

6 T. WEIR, *Tort Law*, OUP, 2002, spéc. p. 3-4.

7 *Ibid.*, p. 3.

8 *Ibid.*, p. 4.

Stevenson d'une part[1] et *Hedley Byrne & Co v Heller and Partners* d'autre part[2]. Ce dernier arrêt a largement étendu le champ de l'indemnisation du préjudice économique pur en *negligence*, tandis que le premier a posé le principe de la possibilité d'agir en *negligence* pour un comportement déraisonnablement dangereux ayant causé un dommage. L'arrêt *Donoghue v Stevenson* mérite que l'on s'y arrête quelques instants. Les faits sont simples. Alors qu'elle buvait une bouteille de bière de gingembre dans un café de Paisley en Écosse, Madame Donoghue a constaté la présence dans la bouteille d'un escargot décomposé et s'est sentie malade. Le produit avait été fabriqué par Monsieur Stevenson. Elle agit contre ce-dernier sur le fondement de la *negligence*. Lord Atkin pose alors le principe selon lequel « *il faut prendre soin de ne pas commettre les actes ou les omissions dont il est raisonnablement prévisible qu'ils pourraient causer un dommage à son prochain* »[3]. Le dommage découlant du manquement par un défendeur à son devoir de prudence peut être indemnisé. Cela a conféré au *tort of negligence* un champ d'application très large[4] et en a fait la clé de voûte de la responsabilité civile anglaise contemporaine.

Structure de la *negligence*. La question de la structure de la *negligence* est épineuse parce qu'il est impossible de dégager une unanimité d'avis sur le sujet en jurisprudence ou en doctrine. L'étude de la question est souvent découpée en plusieurs tranches dont le nombre varie selon les arrêts et les auteurs[5]. On peut dégager quelques lignes communes. D'abord, le demandeur doit démontrer l'existence d'un *duty of care*, que nous traduirons par les termes de devoir de prudence. Cette exigence, dont la pertinence est parfois contestée pour sa complexité et parce qu'elle concentre plusieurs concepts[6], se divise en différentes composantes. Les juges ont parfois tenté de créer des tests généraux d'identification du devoir en droit et en fait mais ces tests font l'objet de critiques récurrentes pour leur trop grande rigidité[7].

---

[1] *Donoghue v Stevenson* [1932] AC 562.

[2] *Hedley Byrne & Co v Heller and Partners* [1963] 2 All ER 575.

[3] *Donoghue v Stevenson* [1932] AC 562, spéc. Lord Atkin, p. 580 : « *You must take reasonable care to avoid acts or omissions which you can reasonably foresee would be likely to injure your neighbour.* » (Notre traduction).

[4] T. WEIR, *loc. cit.*, spéc. p. 29.

[5] Un auteur sépare par exemple l'analyse en quatre étapes : le devoir de prudence ; le *breach of duty*, ou fait générateur ; le dommage causé par le fait générateur ; et la prévisibilité - v. R. MULHERON, *op. cit.*, spéc. p. 35. V. aussi : G. VINEY, B. MARKESINIS, *op. cit.*, spéc. n° 12.

[6] C. WITTING, « Duty of Care : An Analytical Approach », *O.J.L.S.* 2005, n° 25(1), p. 33-63 ; D. NOLAN, « Deconstructing the duty of care », *L.Q.R.* 2013, n° 129, p. 559-588.

[7] Sur ce point, v. les arrêts : *Caparo Industries v Dickman* (1990) 2 AC 605, [1990] UKHL 2, [1990] 1 All ER 568 ; *Anns v Merton London Borough Council* [1978] AC 728, [1977] 2 All ER 492, [1977] 2 WLR 1024 ; *Khan v Meadows* [2021] UKSC 21, [2022] AC 852, [2021] 3 WLR 147. V. notamment les critiques suite à ce dernier arrêt : C.P. McGRATH, « A Khan of worms : The scope of medical advice », *C.L.J.* 2021, n° 80(3), p. 440-443 ; D. NOLAN, J. PLUNKETT, « Keeping negligence simple », *L.Q.R.* 2022, n° 138(Apr.), p. 175-181 ; D. HOWARTH, « Six questions in search of a tort : has the Supreme Court transformed negligence ? », *C.L.J.* 2022, n° 81(1), p. 20-24.

En pratique, on estime généralement que le demandeur doit démontrer l'existence d'un *duty in law*, un devoir en droit, c'est-à-dire un devoir exprimé en des termes généraux et qui ne serait pas propre aux faits de l'espèce. En général, en la matière, les juges raisonneront à partir de cas similaires pour déterminer l'existence d'un devoir de prudence. Par exemple, en cas d'acte positif qui causera un dommage corporel ou matériel, il sera aisé de démontrer l'existence d'un devoir en droit parce que tout homme doit à ses prochains de ne pas les exposer négligemment par un acte positif à un risque de blessure physique ou de perte matérielle. La question du devoir en droit doit être exprimée dans des termes aussi généraux que ceux-là. Le demandeur devra ensuite démontrer l'existence du *duty in fact*, un devoir en fait, c'est-à-dire prouver que le défendeur en question lui devait bien un devoir de prudence dans les faits de l'espèce. Le demandeur doit démontrer que le dommage qu'il subit est la réalisation du risque rendant le comportement du demandeur négligent en droit. On parle parfois ici de prévisibilité ou de *remoteness*. Le demandeur devra ensuite démontrer plusieurs éléments. D'abord, il faut un *breach of duty*, c'est-à-dire une faute, un comportement ne satisfaisant pas au standard de prudence requis[1]. Ensuite, il faut démontrer l'existence d'un dommage. Enfin, il faut prouver le lien de causalité, qu'on divise parfois entre la causalité factuelle et la causalité légale. Les juges étudieront ensuite les éventuelles défenses qui s'appliquent à la situation de fait. La question des préjudices émotionnels autonomes et de leurs éventuels équivalents anglais nous conduit à étudier principalement les notions de devoir de prudence - notamment le *duty in law* - et de dommage dans la mesure où c'est à ces difficultés particulières que se heurtent généralement les nouveaux besoins d'indemnisation. En effet, il faudra déterminer en droit anglais si le besoin porte sur un élément constituant effectivement un dommage et, si c'est le cas, si le défendeur avait un devoir de prudence à l'égard du demandeur de ne pas lui causer ce dommage. À l'image du droit français, la question de la causalité pourra également jouer un rôle en la matière.

Dommage et préjudice. En droit anglais, la distinction du dommage et du préjudice n'est pas formalisée et ne fait pas l'objet d'une analyse spécifique. Cela tient notamment au fait que les juristes anglais n'ont pas tendance à multiplier les différents préjudices[2]. Toutefois, ils demeurent conscients de la différence existante entre le dommage comme fondement de l'action en responsabilité et les conséquences du dommage faisant l'objet d'une indemnisation[3], c'est-à-dire d'une distinction entre l'atteinte initiale et ses conséquences. En droit anglais, la notion de dommage est tantôt traduite par les termes *damage*, *harm*, *loss* ou *injury*. Nous préférerons ici le mot

---

[1] R. MULHERON, *op. cit.*, spéc. §6.1. En principe, le standard de prudence est un concept assez juridique, mais il tend à s'assouplir : D. NOLAN, « Varying the standard of care in negligence », *C.L.J.* 2013, n° 72(3), p. 651-688.

[2] J. GOUDKAMP, D. NOLAN, *op. cit.*, spéc. n° 23-005.

[3] H. COOPER, « The minimum actionable physical damage in negligence », *T.L.J.* 2019, n° 25, p. 128-151, spéc. p. 129-130.

damage qui a le mérite d'être à la fois le plus proche du terme utilisé en droit français, et le plus général[1]. Les termes *harm*, *loss* ou *injury* font tous référence à une perte ou une détérioration, ce qui paraît trop précis à ce stade. L'équivalent du préjudice sera sans doute la notion de *head of damages*. Le terme *damages* désigne les dommages et intérêts, et les *heads of damages* sont les labels que l'on donne à chaque indemnité pour désigner les conséquences du dommage qu'elles visent à indemniser[2], c'est-à-dire les préjudices. Pour éviter toute confusion entre les droits français et anglais et parce que la comparaison nous conduit à préférer des termes plus généraux, nous ne distinguerons pas les concepts de préjudice, de poste de préjudice et de chefs de préjudice[3]. Ce dernier terme semble une traduction plus proche du concept de *heads of damages*, mais il n'apporte pas, à notre sens, de précision particulière dans les circonstances que nous étudions. Ajoutons ici qu'en droit anglais les termes de *special damages* et de *general damages* font référence au « *caractère précisément quantifiable ou non du préjudice* »[4] ce qui renvoie selon les auteurs français à la distinction des préjudices patrimoniaux et extrapatrimoniaux[5]. Plus concrètement, la question de l'expansion du champ de la responsabilité civile en droit anglais contemporain s'exprime dans l'intérêt renouvelé pour la question de la définition de la condition de dommage[6] comme le montrent la jurisprudence[7] et la doctrine[8]. La question du préjudice en tant que tel ne fait que rarement

---

[1] Sur ce point, v. notamment : D. NOLAN, « Rights, Damage and Loss », *op. cit.*, spéc. p. 257.

[2] J. GOUDKAMP, D. NOLAN, *op. cit.*, spéc. n° 23-070 et s.

[3] *Contra.* : A. VIGNON-BARRAULT, « Quelle typologie des postes de préjudices ? La notion de poste de préjudice », *Resp. civ. et assur.* 2010, dossier 5. L'auteur cherche à démontrer que les notions de poste et de chef de préjudice ne sont pas équivalentes, notamment en droit de la sécurité sociale.

[4] G. VINEY, B. MARKESINIS, *op. cit.*, spéc. n° 38.

[5] Y. LAMBERT-FAIVRE, S. PORCHY-SIMON, *op. cit.*, spéc. n° 159 et n° 204.

[6] Deux auteurs ont constaté que ce concept avait longtemps été négligé : J. GOUDKAMP, D. NOLAN, *op. cit.*, spéc. n° 7-003.

[7] On peut citer quelques arrêts ayant eu un retentissement particulier : *Cartledge v E. Jopling & Sons Ltd* [1963] AC 758, [1963] 1 All ER 341 ; *Gregg v Scott* [2005] 2 WLR 268, [2005] 2 AC 176 ; *Rothwell v Chemical and Insulating Co* [2008] 1 AC 281, [2007] 4 All ER 1047 ; *Dryden v Johnson Matthey plc* [2018] UKSC 18, (2018) 161 BMLR 1.

[8] Pour une approche générale de la question, v. par ex. : J. GOUDKAMP, D. NOLAN, *op. cit.*, spéc. n° 7-003 et s. Le renouveau de l'intérêt pour la notion remonte à la fin des années 1980, avec deux arrêts du Professeur Stapleton : J. STAPLETON, « The gist of negligence : Part 1 Minimal actionable damage », *L.Q.R.* 1988, n° 104(Apr), p. 213-238 ; J. STAPLETON, « The gist of negligence : Part 2 The relationship between "damage" and causation », *L.Q.R.* 1988, n° 104(Jul), p. 389-409. Depuis, cet intérêt demeure intact, comme le montre la vitalité de la doctrine : C. WITTING, « Physical Damage in Negligence », *C.L.J.* 2002, n° 61(1), p. 189-207 ; K. AMIRTHALINGAM, « The Changing Face of the Gist of Negligence », *in Emerging Issues in Tort Law*, J. Neyers, S. Pitel et E. Chamberlain (dir.), Bloomsbury, 2007, p. 467-486 ; D. NOLAN, « Damage in the English Law of Negligence », *op. cit.* ; D. NOLAN, « Rights, Damage and Loss », *O.J.L.S.* 2017, n° 37(2), p. 255-275 ; J. MORGAN, « The outer limits of "personal injury" », *C.L.J.* 2018, n° 77(3), p. 461-464.

fait que rarement l'objet d'une analyse particulière[1]. Notre étude permettra de mieux éclairer la notion de dommage dans les deux droits dans la mesure où il s'agit du concept commun qui en constitue le cœur.

L'apparition des nouveaux besoins d'indemnisation auxquels répondent les préjudices émotionnels autonomes se place dans deux dynamiques comparables d'expansion du champ de la responsabilité civile en droit français et en droit anglais. Les deux droits portent désormais une attention particulière à la notion de dommage. En France et en Angleterre, on constate aussi un essor du souci de protéger la santé mentale.

Contexte politique et social. L'émergence de nouveaux préjudices moraux se situe plus largement dans un contexte politique et social, que nous n'évoquerons que rapidement ici, marqué par une plus grande attention à la souffrance psychologique.

Dans les sociétés contemporaines occidentales, la question de la santé mentale et psychologique semble avoir pris une place toute particulière à tel point qu'elle est désormais un sujet d'attention, autant pour les spécialistes que pour les concepteurs de politiques publiques ou les employeurs. Cela mène des chercheurs au constat d'une « *psychologisation de la société* »[2]. La quête de l'équilibre psychologique et d'une certaine paix psychique semble irriguer le monde contemporain. Celle-ci s'incarne à la fois dans des tendances innocentes comme la pratique du yoga ou de la méditation, mais prend aussi des formes bien plus inquiétantes, comme en témoigne par exemple la crise des opiacés aux États-Unis qui cause chaque année des milliers de morts par surdose. L'inquiétude pour la santé mentale s'exprime aussi à chaque événement traumatisant par la mise en place de cellules de soutien psychologique aux victimes, une pratique remontant au début des années 1990[3]. L'attrait social pour la santé mentale s'accompagne de la revendication d'une certaine « *sécurité psychologique* »[4]. Celle-ci peut avoir des expressions juridiques, notamment en conjonction avec la théorie de la garantie pouvant conduire à l'expression d'un droit à la sécurité psychologique. En droit français de la responsabilité civile, il y a ainsi le constat d'une certaine « *psychologisation du dommage* »[5] qui s'exprime dans la multiplication des préjudices extrapatrimoniaux. En droit anglais, on constate une intensification des débats sur l'importance de la souffrance

[1] Cette tendance fait l'objet de critiques, et on peut noter une thèse récente étudiant la question du préjudice extrapatrimonial avec une perspective comparée : A. GUTIÉRREZ RAYMONDOVA, *The Taxonomy of non-pecuniary losses in English Tort Law*, thèse, Université d'Edimbourg, 2020. V. aussi : J. A. DIAZ, *Non-Physical Damage : A Comparative Perspective*, thèse, Université de Canterbury, 2010.

[2] F. BENSLAMA, G. DANA, P. DELION, E. ROUDINESCO, « La souffrance psychique aujourd'hui », *Le Débat* 2016, n° 188, p. 157-167, spéc. p. 157.

[3] *Ibid.*

[4] *Ibid.*

[5] N. MOLFESSIS, « La psychologisation du dommage », *in Quel avenir pour la responsabilité civile ?*, Y. Lequette et N. Molfessis (dir.), Dalloz, 2015, p. 39-55.

psychologique depuis le début des années 1990[1]. En droit anglais, il demeurait jusque récemment une certaine méfiance envers la souffrance psychologique, et au moins la conviction que cette souffrance était d'importance secondaire par rapport au dommage physique[2]. Cette position est désormais battue en brèche par les défenseurs d'une indemnisation plus large de la souffrance psychologique.

Comment expliquer cet essor de l'attention pour la santé mentale dans la société et en droit ? Plusieurs pistes potentielles peuvent aider à expliquer cette tendance. Ce mouvement s'ancre dans l'avènement au début du XXème siècle de la psychanalyse. Plus largement, l'apparition de la psychologie et de la psychiatrie en tant que véritables branches de la médecine les a placées sous les projecteurs et au cœur du débat public. Il existe une tendance, présente notamment chez les juristes de *common law*, à souhaiter adapter le droit aux connaissances scientifiques en la matière, afin que celui-ci conserve sa légitimité[3]. Ainsi, deux auteurs évoquant la question du dommage psychologique, ont noté que « *la sophistication relativement récente de cette branche de la science médicale explique en partie l'immaturité du droit* »[4] en la matière. L'identification du syndrome de stress post-traumatique a par exemple attiré l'attention des juristes[5]. Notons tout de même que l'attention trop prononcée des pouvoirs publics pour celui-ci suscite parfois des critiques de la part de psychologues qui déplorent que les maladies psychologiques chroniques ne fassent pas l'objet de la même attention[6]. Cette remarque pourrait s'avérer pertinente en droit, où le traumatisme psychique attire plus facilement l'attention des juges que la maladie psychique au long cours. Enfin, l'attrait social pour la psychologie s'exprime aussi dans les prétoires par l'expression de plus en plus fréquente d'un besoin d'indemnisation, et dans l'intérêt de la doctrine pour la question[7]. En France, l'acceptation de la souffrance comme une part inévitable de la vie dans une approche philosophique ou religieuse a

---

[1] Sur ce point, v. l'ouvrage de deux auteurs australiens : N. MULLANY, P. HANDFORD, *Tort Liability for Psychiatric Damage*, Law Book Company, 1993.

[2] V. par ex. : T. WEIR, *op. cit.*, spéc. p. 47-48.

[3] Sur ce point, v. notamment : N. MULLANY, P. HANDFORD, *loc. cit.*, spéc. p. 2 et p. 24-42 ; R. MULHERON, « Rewriting the requirement for a "recognized psychiatric injury" in negligence claims », *O.J.L.S.* 2012, n° 32 (1), p. 77-112 ; R. ORR, « Speaking with different voices: the problems with English law and psychiatric injury », *L.S.* 2016, n° 36(4), p. 547-565.

[4] N. MULLANY, P. HANDFORD, *loc. cit.*, spéc. p. 308 : « *The relatively recent sophistication of this branch of medical science provides part of the explanation for the immaturity of the law* » (notre traduction).

[5] V. par ex. : T. BINGHAM, « Post traumatic stress disorder: the claims of primary and secondary victims », *J.P.I.L.* 2000, p. 108-122.

[6] F. BENSLAMA, G. DANA, P. DELION, E. ROUDINESCO, *loc. cit.*, spéc. p. 157.

[7] V. récemment : Y. QUISTREBERT, *Pour un statut fondateur de la victime psychologique en droit de la responsabilité civile*, thèse, Université Rennes 1, 2018.

longtemps été valorisée, mais elle tend désormais à s'effriter[1]. Cela semble moins vrai en Angleterre[2], même si la méfiance à l'égard de la souffrance psychique est également en recul. En tous cas, cela conduit à la fois à l'augmentation des demandes en la matière et à une plus grande propension des juges à accepter ces demandes.

Les nouveaux besoins d'indemnisation de la souffrance morale s'expriment dans un même contexte d'attention particulière à la santé mentale en France et en Angleterre, qui trouve des expressions en droit. Le contexte de l'émergence de ces besoins d'indemnisation nous renseigne sur les enjeux qui y sont attachés.

Par ailleurs, l'émergence des préjudices émotionnels autonomes et de leurs équivalents anglais suscite des interrogations à la fois théoriques et politiques qu'il faut identifier.

Enjeu théorique de la définition du dommage. Les préjudices émotionnels autonomes accordent aux demandeurs une indemnisation dans des circonstances où le droit ne reconnaissait jusque-là aucun dommage spécifique pouvant fonder une action en responsabilité civile. Dans la mesure où ces préjudices sont indemnisés de manière autonome, il semble nécessaire d'identifier le dommage qui fonde l'action[3] dans la perspective de la distinction du dommage et du préjudice. Cela suppose de s'appuyer sur une définition satisfaisante de la notion de dommage.

Le dommage est souvent décrit comme une notion de fait. Cette affirmation est pourtant contestable en droit français et en droit anglais.

Définition. Le dommage est l'une des trois conditions de la responsabilité civile mais ce constat ne suffit pas à éclairer le sens de la notion[4]. La distinction avec le préjudice permet de clarifier ce qu'est un dommage. Le préjudice, s'il n'est plus l'équivalent du dommage, devient alors secondaire puisque c'est le constat d'un dommage qui permet de former l'action en responsabilité civile. Le dommage a pour certains auteurs,

---

[1] V. WESTER-OUISSE, « Le dommage anormal », *RTD Civ.* 2019, p. 531 : « *l'idée, par trop puritaine, que l'on doit accepter de souffrir, cesser de se plaindre et porter sa croix, n'est guère recevable* ».

[2] N. MULLANY, P. HANDFORD, *loc. cit.*, spéc. p. 308 : « *the more telling reason is society's failure to appreciate, or refusal to admit, that serious disruption of peace of mind is no less worthy of community and legal support than physical injury to the body* ». Notre traduction : « *la raison plus frappante [de l'immaturité du droit] est l'incapacité de la société à apprécier, ou son refus d'admettre, qu'une atteinte sérieuse à la paix de l'esprit ne mérite pas moins d'attention de la communauté et du droit qu'une blessure corporelle* ».

[3] Le dommage est en effet un élément nécessaire de la responsabilité civile : P. JOURDAIN, G. VINEY, S. CARVAL, *op. cit.*, spéc. n° 247.

[4] On peut tout de même s'étonner que même dans des ouvrages qui reconnaissent la pertinence de la distinction entre le dommage et le préjudice, ce premier concept ne fasse pas l'objet d'une définition claire - au-delà de la notion d'atteinte initiale - et que l'essentiel des développements soient attachés à la notion de préjudice. V. par ex. Ph. LE TOURNEAU (dir.), *op. cit.*, n° 2121.11 et s. ; Ph. BRUN (dir.), *op. cit.*, n° 214-1 et s.

au vu de la distinction, un caractère factuel[1]. En effet, il est le pendant du préjudice qui serait une notion juridique. Les différents préjudices découlant d'un dommage correspondent selon cette approche aux conséquences patrimoniales et extrapatrimoniales du dommage. Le dommage est alors une « *notion première, factuelle et objective* »[2] tandis que le préjudice consiste quant à lui en la « *lésion d'un intérêt* »[3]. La distinction du dommage et du préjudice conduit alors à « *rejeter le dommage hors de la sphère juridique.* »[4] Cette affirmation a des racines en droit romain puisque le *damnum*, équivalent du dommage, n'était pas une notion juridique[5]. En droit anglais, malgré la faible étude de la distinction du dommage et du préjudice, on peut faire le même constat du caractère généralement factuel du dommage comme fondement de l'action en responsabilité[6]. Le Professeur Nolan écrit ainsi : « *(l)a forme la plus évidente du dommage est l'atteinte physique à la personne ou à la propriété du demandeur* »[7]. Dans la grande majorité des cas, un constat de fait suffit à qualifier l'existence d'un dommage. Toutefois, le caractère factuel du dommage n'a jamais été présenté comme un élément de sa définition.

Considérer le dommage comme factuel permet de doter la notion d'une définition simple et souple pouvant saisir une grande diversité de situations. Cette conception du dommage tient sans doute au fait que dans la grande majorité des cas, il suffit de constater l'existence d'un dommage sans qu'il soit nécessaire d'aller plus loin dans l'analyse du concept[8]. Par exemple, dans l'hypothèse d'un bras cassé ou d'une voiture détruite, le dommage à réparer tombe sous le sens puisqu'il est constitué par la lésion à l'intégrité physique ou à un bien matériel. Il en va de même pour les atteintes à l'intégrité psychique ou encore au sentiment[9]. Cette conception du dommage a aussi pour mérite d'établir une différence de nature entre le dommage et le préjudice, et donc de renforcer la pertinence de la distinction et la simplicité de son utilisation. Enfin, l'analyse du dommage comme une notion de fait

[1] Y. LAMBERT-FAIVRE (dir.), *Rapport sur l'indemnisation du dommage corporel*, 2003, spéc. p. 5 ; Y. LAMBERT-FAIVRE, S. PORCHY-SIMON, *op. cit.*, spéc. n° 32 ; P. JOURDAIN, G. VINEY, S. CARVAL, *op. cit.*, spéc. n° 246-1 ; F. BLANCO, D. CHENU, *op. cit.*, spéc. p. 83, n° 136 ; F. ROUVIÈRE, « Le préjudice, notion de fait ou de droit ? », *RTD Civ.* 2022, p. 760. C'est aussi l'une des prémisses des travaux de Monsieur Bourdoiseau : J. BOURDOISEAU, *L'influence perturbatrice du dommage corporel en droit des obligations*, thèse, L.G.D.J., 2010.

[2] F. LEDUC, *op. cit.*, spéc. n° 2.

[3] Ph. BRUN, « Personnes et préjudices », *RGD* 2003, n° 33(2), p. 187-209, spéc. p. 196.

[4] Ph. BRUN (dir.), *Le Lamy Droit de la Responsabilité, op. cit.*, spéc. n° 214-5.

[5] Ph. LE TOURNEAU (dir.), *op. cit.*, spéc. n° 2122.12. *Contra.* : M. FABRE-MAGNAN, *op. cit.*, spéc. n° 107

[6] D. NOLAN, « Damage in the English Law of Negligence », *op. cit.*, spéc. p. 260.

[7] *Ibid.*, spéc. p. 263 : « *The most obvious forms of damage are physical damage to the claimant's person or property, and most negligence cases concern routine forms of harm of these types* » (notre traduction).

[8] C. PAILLARD, « Faut-il distinguer le dommage et le préjudice ? : point de vue publiciste », *Resp. civ. et assur.* 2010, dossier 4, spéc. n° 5.

[9] M. MEKKI, *op. cit.*

permet de classifier aisément les dommages en fonction du siège de l'atteinte. On parle traditionnellement de dommage matériel, de dommage corporel et de dommage moral[1]. Toutefois, cette analyse purement factuelle du dommage semble se heurter à la diversité des situations dommageables indemnisées *via* les préjudices émotionnels autonomes, tant en droit français qu'en droit anglais.

Limites de la définition. Une définition purement factuelle semble incapable de saisir l'ensemble des dommages réparés dans les situations ayant conduit à l'apparition des préjudices émotionnels autonomes et au-delà de ces situations pour au moins deux raisons. La première peut être trouvée dans une critique de la pertinence de la distinction du dommage et du préjudice. Le Professeur Leduc constate en effet que la distinction ne permet pas de décrire les situations où le siège de l'atteinte n'a pas d'existence physique[2]. Il cite ainsi plusieurs cas comme la rupture fautive des pourparlers, la concurrence déloyale, ou l'atteinte à la vie privée. Dans ces hypothèses, il estime qu'il est impossible de distinguer le dommage du préjudice dans la mesure où il est nécessaire d'émettre dans ces cas un jugement de valeur et donc de faire un « *choix normatif* ». Cela fait écho à l'idée d'un dommage socialement construit existant chez le Professeur Witting en droit anglais[3] et semble trancher avec l'idée d'un dommage nécessairement factuel et objectivement constatable. En effet, la nécessité d'émettre un jugement de valeur suppose de définir juridiquement le dommage réparé, de définir un standard juridique fondant le caractère réparable du dommage. Le dommage existe car le droit estime que la situation est dommageable, alors qu'une analyse de pur fait n'aurait pas permis d'identifier ce dommage. Comme l'écrit un auteur, « *(l)a juridicité du dommage s'exprime (...) différemment selon la nature de l'intérêt lésé* »[4]. Dans certains cas, la juridicité du dommage se fait très discrète de telle sorte qu'on peut ne pas la remarquer ou l'ignorer. Dans d'autres cas, la juridicité du dommage s'impose avec plus d'évidence. Si on estime que les préjudices caractérisés sans atteinte physique résultent nécessairement d'un dommage, conformément à la distinction, ce dommage ne peut pas être défini de façon

[1] En droit français : M. FABRE-MAGNAN, *op. cit.*, spéc. n° 112 ; Ph. LE TOURNEAU (dir.), *op. cit.*, spéc. n° 2122.32. Comme le souligne le Professeur Fabre-Magnan, cette division classique « *n'était cependant pas une summa divisio, dans la mesure où les dommages corporels ont une dimension matérielle mais aussi morale.* » Notons que cet auteur distingue au sein des « atteintes à la personne » le dommage corporel du dommage purement morale. Des auteurs ajoutent parfois à ces trois types de dommages le dommage environnemental : F. TERRÉ, Ph. SIMLER, Y. LEQUETTE, F. CHÉNÉDÉ, *op. cit.*, spéc. n° 941. D'autres en font une atteinte matérielle : M. FABRE-MAGNAN, *op. cit.*, spéc. n° 118. Certains auteurs anglais distinguent aussi le dommage matériel, le dommage corporel et le dommage moral : H. COOPER, *op. cit.*, spéc. p. 133. D'autres auteurs anglais citent le dommage personnel, *i.e.* la *personal injury*, le dommage matériel, et la perte de chance : J. GOUDKAMP, D. NOLAN, *op. cit.*, spéc. n° 7-009 et s.

[2] F. LEDUC, *op. cit.*

[3] C. WITTING, « Physical Damage in Negligence », *op. cit.*

[4] H. GALI, *op. cit.*, spéc. n° 153 et 154.

purement factuelle. Par ailleurs, la seconde raison de l'insuffisance de la définition naturaliste tient au fait que le dommage réparable revêt nécessairement, même lorsqu'il est observable, certains « caractères »[1]. Cette exigence imposant de satisfaire à certains standards juridiques semble incompatible avec une vision purement factuelle et objective du dommage. Un auteur belge a ainsi pu constater que la notion de dommage étant soumise à des conditions juridiques, il serait vain de la concevoir comme une notion de pur fait[2]. La définition naturaliste du dommage semble donc insuffisante.

En droit anglais, l'incomplétude d'une définition uniquement factuelle du dommage semble certaine au moins pour deux raisons. D'une part, le dommage, qui est souvent qualifié de « clé de l'action »[3] en *negligence* n'est jamais un pur constat factuel puisqu'il est nécessaire d'apprécier s'il satisfait à l'adage « *de minimis non curat praetor* ». Cet adage suppose que le dommage constaté satisfasse à un seuil de gravité minimum qui fera nécessairement l'objet d'une appréciation juridique[4]. Le dommage est alors socialement - et juridiquement - construit[5] puisque les juges se prononcent sur la base de valeurs sociales plutôt que sur la base d'une détérioration factuelle. En tant qu'élément fondateur de l'action en *negligence*, le dommage serait juridique par essence. D'autre part, il existe en *tort law*, en dehors de la *negligence*, l'hypothèse des *torts actionable per se*, c'est-à-dire des *torts* ne nécessitant pas la preuve d'une détérioration factuelle mais seulement la preuve d'une atteinte. C'est le cas par exemple de la *defamation* qui vise à protéger l'intérêt à la réputation[6]. Dans ce cas, il faudra démontrer que les conditions de l'action sont réunies, notamment une atteinte à la réputation dans le cas de la diffamation. La doctrine n'est pas unanime sur le fait qu'on puisse évoquer un dommage en matière de *torts actionable per se*. Toutefois, si on définit le dommage comme l'élément permettant de fonder une action en *tort law*, alors celui-ci ne peut pas être défini de façon purement factuelle en matière de *tort actionable per se*. Ces deux éléments démontrent selon nous que le concept de dommage comme fondement de

---

[1] Sur les caractères du préjudice, v. notamment : F. TERRÉ, Ph. SIMLER, Y. LEQUETTE, F. CHÉNÉDÉ, *op. cit.*, spéc. n° 922 et s. ; Ph. LE TOURNEAU (dir.), *op. cit.*, spéc. n° 2123.00 et s. ; M. FABRE-MAGNAN, *op. cit.*, spéc. n° 171 et s. Il n'existe pas d'avis unanime en doctrine sur le sens exact de la notion de « caractère » du dommage. On cite ainsi toujours les caractères certain et personnel et plus rarement les caractères direct et légitime. Le caractère direct du dommage est souvent considéré comme une expression de la nécessité de prouver le lien de causalité - v. par ex. : F. TERRÉ, Ph. SIMLER, Y. LEQUETTE, F. CHÉNÉDÉ, *op. cit.*, spéc. n° 927. On ne parle pas toujours de caractère certain du dommage mais de la nécessité de prouver son existence - v. par ex. : P. JOURDAIN, G. VINEY, S. CARVAL, *op. cit.*, spéc. n° 275.

[2] B. DUBUISSON, *op. cit.*, spéc. p. 340.

[3] J. STAPLETON, « The gist of negligence : Part 1 Minimal actionable damage », *op. cit.* C'est ainsi qu'on peut traduire l'expression « *the gist of the action* ».

[4] Sur ce point, v. notamment : J. STAPLETON, « The gist of negligence : Part 1 Minimal actionable damage », *op. cit.* ; H. COOPER, *op. cit.*

[5] C. WITTING, « Physical Damage in Negligence », *op. cit.*, spéc. p. 194.

[6] Sur ce point, v. par ex. : E. DESCHEEMAEKER, « Protecting Reputation : Defamation and Negligence », *O.J.L.S.* 2009, n° 29(4), p. 603-641, spéc. p. 610 à 617.

l'action en justice doit nécessairement avoir une définition juridique en droit anglais. Notons enfin qu'une partie de la doctrine anglaise de plus en plus influente, désignée sous les termes de *rights theorists*, estime que toute action en *tort law* vise à protéger un droit[1]. Elle conçoit donc le dommage de façon juridique comme une atteinte à un droit[2].

Définir le dommage comme une notion factuelle et objective semble insatisfaisant car cette définition est insuffisante. Nous lui préférerons donc une définition juridique qui vient aussi interroger la définition du préjudice.

Il est possible de définir juridiquement un dommage comme une atteinte à un intérêt protégé en droit français et en droit anglais. Cette définition nous semble être une étape nécessaire mais intermédiaire pour éclairer le sens du dommage indemnisé en droit français et en droit anglais dans les situations concernées par les préjudices émotionnels autonomes.

Droit anglais. Il est difficile de découvrir une définition générale du dommage en droit anglais. Cela s'explique notamment par la diversité des *torts* existant en droit anglais, et donc par la difficulté de donner une définition unique du concept permettant de fonder une action en *tort law*. Il existe toutefois un certain consensus autour de la notion d'intérêt juridiquement protégé[3]. En effet, il est souvent affirmé que les différents *torts* visent à protéger et à hiérarchiser des intérêts protégés[4]. L'atteinte à un intérêt semble donc être l'élément central. On trouve ainsi la définition suivante dans un ouvrage de référence de la *tort law* : « *Le concept juridique de dommage se réfère à la notion plus intangible d'interférence avec les intérêts protégés d'une personne* »[5]. Cette définition, très générale, servira de fondement à notre raisonnement et est comparable à la définition du dommage qui nous semble la plus satisfaisante en droit français.

Incertitude en droit français. En droit français, la notion d'intérêt légitime juridiquement protégé a gagné sa place et son importance en matière de responsabilité civile[6]. Elle renvoie parfois, dans l'esprit du juriste,

---

[1] L'une des expressions les plus emblématiques de cette frange de la doctrine se trouve dans un ouvrage du Professeur Robert Stevens : R. STEVENS, *Torts and Rights*, OUP, 2007.

[2] Il existe des débats au sein des *rights theorists* quant à la nécessité du dommage mais un auteur a relevé qu'il était difficile de se passer du concept de dommage : D. NOLAN, « Rights, Damage and Loss », *op. cit.*, spéc. p. 256 et s.

[3] D. NOLAN, « Rights, Damage and Loss », *op. cit.*, spéc. p. 255 ; v. aussi : A. TETTENBORN, « What is a Loss ? », *in Emerging Issues in Tort Law*, J. Neyers, S. Pitel et E. Chamberlain (dir.), Bloomsbury, 2007, p. 442-466.

[4] J. MURPHY, « Tort's hierarchy of protected interests », *C.L.J.* 2022, n° 81(2), p. 356-383. *Contra* : E. DESCHEEMAEKER, « Protecting Reputation : Defamation and Negligence », *loc. cit.*, spéc. p. 604. L'auteur écrit que la *negligence* n'a pas vocation à protéger un intérêt, ce qui la distingue des autres *torts*.

[5] J. GOUDKAMP, D. NOLAN, *op. cit.*, spéc. n° 7-006 : « *the legal concept of damage refers to the more intangible notion of an interference with a person's protected interests* », (notre traduction). V. aussi : C. FINKELSTEIN, « Is Risk a Harm ? », *U.P.L.R.* 2003, n° 151(3), p. 963-1001, spéc. p. 972-973 ; G. C. KEATING, « The Priority of Respect over repair », *L.T.* 2012, n° 18(3), p. 293-337, spéc. p. 332 et s.

[6] M. DUGUÉ, *L'intérêt protégé en droit de la responsabilité civile*, thèse, L.G.D.J., 2019.

à une jurisprudence archaïque et moralisatrice[1]. Pourtant, la notion dépasse largement la seule question du caractère légitime du dommage. En effet, elle figure à plusieurs reprises dans les projets de réforme de la responsabilité civile et permet d'illustrer la façon dont le concept est reçu par la doctrine. On constate que l'idée d'une lésion d'un intérêt protégé ou d'une atteinte à un intérêt juridiquement protégé est utilisée alternativement pour définir le dommage ou le préjudice. Le projet de la Chancellerie prévoyait à son article 1235 : « *Est réparable tout préjudice certain résultant d'un dommage et consistant en la lésion d'un intérêt licite, patrimonial ou extrapatrimonial.* » C'est donc le préjudice qui était qualifié de lésion d'un intérêt licite dans ce cas. Cela contraste avec l'article 8 du projet Terré qui prévoyait que « *(c)onstitue un dommage toute atteinte certaine à un intérêt de la personne reconnu et protégé par le droit.* » La notion d'intérêt juridiquement protégé se référait ici à la notion de dommage plutôt qu'à celle de préjudice. On peut regretter cette incertitude.

Résolution de l'incertitude. Il nous semble préférable, à l'image de ce que propose le projet Terré, de définir le dommage, et non le préjudice, comme une atteinte à un intérêt juridiquement protégé. Récemment, un auteur québécois a fait ressortir le lien profond existant entre les notions de dommage et d'intérêt[2]. Selon cet auteur, « *la violation d'un droit ou d'un intérêt stable et légitime conditionne l'apparition d'un dommage et donne lieu à réparation* »[3]. On serait donc arrivé au « *dommage assimilé à une lésion d'un intérêt juridiquement protégé* »[4]. Le Professeur Borghetti avait défendu dans un article de 2008 que le préjudice était constitué par la lésion d'un intérêt légitime juridiquement protégé[5]. En 2021, dans un nouvel article, il modifie sa position et écrit : « *(l)a notion d'intérêt licite, utilisée par le projet de réforme de la Chancellerie pour définir le préjudice, nous semble donc devoir être utilisée avant tout pour définir le dommage* »[6]. Ce glissement vers une définition du dommage comme une atteinte à un intérêt juridiquement protégé prend racine dans le constat de la juridicité de la notion de dommage. Lorsque la responsabilité civile reconnaît l'existence d'un dommage et en assure l'indemnisation, elle accepte de protéger l'intérêt d'un justiciable. Si le justiciable n'avait pas d'intérêt sur la chose, le sentiment, ou même sur son propre corps, le droit ne pourrait pas l'indemniser. En matière d'atteinte corporelle, et même d'atteinte matérielle,

---

[1] L'interdiction pour la concubine d'obtenir l'indemnisation de son préjudice d'affection, à laquelle l'arrêt Dame Dangereux a mis fin : Cass. ch. mixte, 27 févr. 1970, n° 68-10.276, Bull. crim. n° 82 p.183.

[2] M. LACROIX, « Le dommage en matière de responsabilité civile extracontractuelle : *continuum* de la lésion d'un intérêt à la lésion d'un droit », *Revue juridique Thémis de l'Université de Montréal* 2012, n° 46(2), p. 293-332.

[3] *Ibid.*, spéc. p. 297.

[4] *Ibid.*

[5] J.-S. BORGHETTI, « Les intérêts protégés et l'étendue des préjudices réparables en droit de la responsabilité civile extra-contractuelle », *op. cit.*, spéc. p. 155 et s.

[6] J.-S. BORGHETTI, « Le préjudice économique pur et l'atteinte au cours normal des choses », *op. cit.*, spéc. p. 121. Dans le même sens, v. : D. LECZYKIEWICZ, *op. cit.*

la question de l'intérêt n'est que rarement soulevée car l'existence de cet intérêt est bien souvent évidente[1]. Toutefois, cette évidence peut laisser place à une certaine incertitude, notamment dans les cas concernés par les préjudices émotionnels autonomes qui visent des situations proches du dommage moral pur[2]. Le lien entre la notion d'intérêt légitime et la notion de dommage en droit français nous paraît alors particulièrement pertinent pour explorer l'indemnisation dans ces circonstances. Cette définition permet de refaire du dommage l'élément premier, c'est-à-dire la lésion conditionnant une action en responsabilité civile, et du préjudice la conséquence de cette lésion. Définir le dommage comme une atteinte à un intérêt protégé semble être une approche satisfaisante.

Insuffisance de la définition. Le dommage peut selon nous être défini autant en droit français qu'en droit anglais comme une atteinte à un intérêt protégé. Cette définition très large peut s'appliquer à toutes les situations visées par les préjudices émotionnels autonomes. Toutefois, cette largeur se fait au prix d'une certaine imprécision. La notion d'intérêt légitime est en effet plutôt une notion fonctionnelle, « *un instrument ajusté à une fin* »[3], difficile à définir précisément et à manier[4]. La seule définition du dommage comme « atteinte à un intérêt protégé » ne suffit pas à éclairer tout à fait les causes de l'indemnisation et de l'accueil de nouveaux préjudices[5]. Il faudra tenter d'explorer d'autres définitions plus précises de la notion de dommage pour identifier les dommages indemnisés dans les situations visées par ces préjudices.

L'un des enjeux de l'étude des préjudices émotionnels autonomes et de leurs équivalents anglais sera ainsi de tenter de donner une définition plus précise du dommage venant éclairer l'indemnisation de ces préjudices.

Enjeu de politique juridique. Aux côtés de l'enjeu théorique d'une meilleure définition de la notion de dommage, il existe un enjeu de politique juridique à l'étude des préjudices émotionnels autonomes dans une perspective comparée. Ces nouvelles situations viennent en effet interroger les limites et le sens de l'indemnisation.

Multiplication des préjudices extrapatrimoniaux. Le constat d'une multiplication des préjudices extrapatrimoniaux réparables est un fait

---

[1] La protection de l'intégrité du corps humain et de sa dignité ont été inscrit dans le code civil aux articles 16 et suivants, et ont une valeur constitutionnelle - Conseil Constitutionnel, Décision n° 94-343/344 DC du 27/07/1994.

[2] M. FABRE-MAGNAN, *op. cit.*, spéc. n° 154 et s. Cet auteur qualifie notamment le préjudice d'anxiété de préjudice « *intermédiaire* », entre le dommage moral pur et le dommage corporel.

[3] M. LACROIX, « Une théorisation du préjudice sous le prisme des intérêts protégés en droit privé québécois », *Les Cahiers Portalis* 2022, n° 9, p. 57-74, spéc. p. 60.

[4] M. DUGUÉ, *op. cit.* Sur les notions fonctionnelles, v. notamment : M.-T. CALAIS-AULOY, « Des discours et des notions juridiques (notion fonctionnelles et conceptuelles) », *LPA* 9 août 1999, n° 157, p. 4 ; G. TUSSEAU, « Critique d'une métanotion fonctionnelle », *RFDA* 2009, p. 641.

[5] A. BASCOULERGUE, *op. cit.*

marquant du droit de la responsabilité civile contemporain[1]. Les termes utilisés pour décrire ce phénomène témoignent d'une certaine inquiétude[2] : la doctrine évoque « *l'émiettement* » du préjudice[3], sa « *désintégration* »[4], sa « *prolifération* »[5], ou encore une « *inflation nominaliste* »[6]. Cette tendance va au-delà des préjudices émotionnels autonomes que nous allons étudier[7]. Toutefois, tous les préjudices consacrés par les juges ne demeurent pas en jurisprudence, et seuls certains préjudices ont reçu un nom et ont fait l'objet d'une étude détaillée par la doctrine. Le préjudice d'anxiété des personnes exposées à l'amiante est sans doute le plus emblématique de ces préjudices émotionnels autonomes, et il est souvent analysé dans les ouvrages sur la responsabilité civile[8]. Cette étude s'accompagne désormais d'une réflexion plus large sur le préjudice d'angoisse qui a été qualifié de « *forme la plus achevée du mouvement jurisprudentiel en faveur de la diversification des préjudices extrapatrimoniaux* »[9]. Le préjudice d'impréparation[10] et le préjudice d'angoisse de mort imminente[11] font aussi parfois l'objet d'une attention particulière. Les préjudices situationnels des victimes directes ou par ricochet sont quant à eux issus de rapports rendus récemment[12]. Enfin, les questions du traumatisme psychique des victimes par ricochet et du préjudice de l'enfant conçu mais non encore né au moment du décès d'un proche sont parfois évoquées en parallèle du préjudice d'affection[13]. Chacun

---

[1] Ph. LE TOURNEAU (dir.), *op. cit.*, spéc. n° 2122.21 ; P. JOURDAIN, G. VINEY, S. CARVAL, *op. cit.*, spéc. n° 261 et n° 270 et s. ; M. FABRE-MAGNAN, *op. cit.*, spéc. n° 160 ; F. TERRÉ, Ph. SIMLER, Y. LEQUETTE, F. CHÉNÉDÉ, *op. cit.*, spéc. n° 937 et s. ; Ph. BRUN (dir.), *op. cit.*, spéc. n° 214-15 ; L. CADIET, « Les Métamorphoses du préjudice », *op. cit.*

[2] Cette inquiétude n'est pas partagée par tous et des auteurs évoquent simplement la « *diversité* » de ces préjudices : P. JOURDAIN, G. VINEY, S. CARVAL, *op. cit.*, spéc. n° 270.

[3] Ph. LE TOURNEAU (dir.), *op. cit.*, spéc. n° 2122.21.

[4] J. KNETSCH, « La désintégration du préjudice moral », *D.* 2015, p. 443.

[5] L. CADIET, « Les Métamorphoses du préjudice », *op. cit.*, spéc. p. 50.

[6] M. FABRE-MAGNAN, « Le dommage existentiel », *D.* 2010, p. 2376.

[7] *Ibid.*, spéc. n° 270-3. V. aussi : M. FABRE-MAGNAN, *Droit des obligations t. 2 - Responsabilité civile et quasi-contrats, op. cit.*, spéc. n° 160 ; Ph. LE TOURNEAU (dir.), *op. cit.*, spéc. n° 2125.361.

[8] M. FABRE-MAGNAN, *Droit des obligations t. 2 - Responsabilité civile et quasi-contrats, op. cit.*, spéc. n° 156 ; P. JOURDAIN, G. VINEY, S. CARVAL, *op. cit.*, spéc. n° 270-1 ; Ph. LE TOURNEAU (dir.), *op. cit.*, spéc. n° 6321.13.

[9] P. JOURDAIN, « Les préjudices d'angoisse », *JCP G* 2015, doctr. 739, spéc. n° 2.

[10] P. JOURDAIN, G. VINEY, S. CARVAL, *op. cit.*, spéc. n° 270-2 ; Ph. LE TOURNEAU (dir.), *op. cit.*, spéc. n° 2125.364 ; M. FABRE-MAGNAN, *Droit des obligations t. 2 - Responsabilité civile et quasi-contrats, op. cit.*, spéc. n° 179.

[11] M. FABRE-MAGNAN, *Droit des obligations t. 2 - Responsabilité civile et quasi-contrats, op. cit.*, spéc. n° 170 ; Ph. LE TOURNEAU (dir.), *op. cit.*, spéc. n° 2125.182.

[12] « Livre Blanc sur les préjudices subis lors des attentats », Barreau de Paris, nov. 2016 ; S. PORCHY-SIMON (dir.), « L'indemnisation des préjudices situationnels d'angoisse des victimes directes et de leurs proches. Rapport du groupe de travail dirigé par Stéphanie Porchy-Simon », févr. 2017.

[13] P. JOURDAIN, G. VINEY, S. CARVAL, *op. cit.*, spéc. n° 266 et s.

de ces préjudices est indemnisé *via* une indemnité spécifique. Ce mouvement de multiplication des préjudices contraste avec la pratique du droit anglais[1]. Cela est d'abord frappant quant à la méthodologie d'indemnisation. En effet, les juges anglais n'indemnisent que deux chefs de préjudices extrapatrimoniaux en cas de *personal injury* : le *pain and suffering* d'une part et le *loss of amenity* d'autre part[2]. Souvent, ces deux éléments sont joints dans une seule indemnité[3]. Il est aussi frappant quant au dommage réparé puisque les juges anglais ne semblent pas avoir reconnu formellement la possibilité d'indemniser tous ces éléments mis en lumière par le droit français dans ces nouveaux préjudices. Cette différence d'approche interroge sur le rapport des deux droits à la question des limites de l'indemnisation.

Limites de l'indemnisation. La multiplication des préjudices nommés n'est qu'un aspect de la question des limites de l'indemnisation. Borner l'indemnisation suppose en effet d'identifier le champ d'application de ces nouveaux préjudices. Par exemple, le préjudice d'angoisse semble susceptible de s'appliquer à une grande diversité de situations de fait[4]. Ce préjudice serait donc « *difficilement maîtrisable face à des demandes qui risquent de se multiplier et se diversifier* »[5]. Cela fait planer le risque d'une responsabilité illimitée, sans borne précise. En outre, le mouvement de psychologisation du dommage paraît désordonné ce qui renforce sans doute l'inquiétude d'une partie de la doctrine[6]. Plusieurs auteurs critiquent l'absence de limite au champ de la responsabilité mais leurs positions diffèrent. Certains estiment que l'absence de limites est le résultat d'un processus de déstructuration de la responsabilité civile. Pour le Professeur Cadiet, cette situation résulte de la pression d'une idéologie de la réparation qui a conduit à une dissolution des conditions attachées au dommage[7]. D'autres auteurs suggèrent que, sur la question de l'identification du dommage, le droit français n'a jamais été armé pour refuser une indemnisation[8]. Le Professeur Fabre-Magnan souligne que celui-ci est « *très mal équipé pour refuser de transformer en indemnisation les aléas de*

---

[1] G. VINEY, B. MARKESINIS, *op. cit.*, p. 4 et s.

[2] J. GOUDKAMP, D. NOLAN, *op. cit.*, spéc. n° 23-071 à 23-073.

[3] *Ibid.*, spéc. n° 23-071.

[4] Ph. PIERRE, « Du traumatisme psychique, de l'angoisse et autres souffrances morales », *RLDC* 2015, n° 132 ; A. VIGNON-BARRAULT, « L'anxiété : le regard du civiliste », *Resp. civ. et assur.* 2019, étude 4, spéc. n° 1 et n° 3.

[5] C. CORGAS, « Le préjudice d'angoisse : état des lieux », *R.J.O.*, n° spécial 2014, actes du colloque du 3 octobre 2014, p. 29-34, spéc. p. 33.

[6] N. MOLFESSIS, *op. cit.*, spéc. p. 48.

[7] L. CADIET, « Les Métamorphoses du préjudice », *op. cit.*, spéc. p. 39. Sur ce point, v. aussi : L. CADIET, « Sur les faits et méfaits de l'idéologie de la réparation », *in Le Juge entre deux millénaires, Mélanges offerts à Pierre Drai*, Dalloz, 2000, p. 495-510.

[8] Il existe tout de même quelques hypothèses de dommages non-réparables en droit français. La naissance d'un enfant et la perte de vie ne sont pas des préjudices réparables : M. FABRE-MAGNAN, *Droit des obligations t. 2 - Responsabilité civile et quasi-contrats*, *op. cit.*, spéc. n° 161 et s.

l'existence »[1]. Le Professeur Borghetti estime quant à lui qu'un aspect frappant du droit civil français serait « *l'absence de mécanismes destinés à encadrer la responsabilité* »[2]. La question des limites de la responsabilité civile est un impensé du droit français, en dehors d'une doctrine minoritaire. À l'inverse du droit français, la question de la limitation du champ de la responsabilité civile est au cœur des préoccupations des juges en *tort law*. Comme le souligne un auteur, « *un thème qui traverse le droit est l'inquiétude de restreindre le nombre de personnes pouvant se plaindre d'un comportement défini* »[3]. Les juges anglais s'inquiètent des trois indéterminations décrites dans l'arrêt américain *Ultramares Corp. v Touche*[4] : un montant indéterminé pour une durée indéterminée à l'égard d'une classe indéterminée. Cette inquiétude est particulièrement présente lorsque le dommage est désincarné, en matière de préjudice économique pur et de préjudice psychiatrique pur[5], et cela pousse les juges à poser des limites à l'indemnisation. En outre, le champ de l'indemnisation semble naturellement limité par le fait que la non-responsabilité est le principe, et la responsabilité l'exception[6]. Les deux droits adoptent donc des perspectives radicalement différentes sur le rapport aux limites de l'indemnisation. En droit français, il existe un enjeu à concevoir des limites au champ de l'indemnisation tandis qu'en droit anglais, il faut que ces limites demeurent compréhensibles sans être arbitraires pour que le droit reste légitime[7]. Les préjudices émotionnels autonomes et leurs équivalents anglais viennent questionner ces limites et les déplacer. Nous estimons que la question des limites du champ de l'indemnisation doit faire l'objet d'une réflexion, moins pour des raisons économiques que pour donner du sens à l'indemnisation.

Pertinence des arguments économiques. L'absence de limite à la responsabilité fait parfois l'objet de critiques sur la base d'arguments économiques, notamment du point de vue de l'assurance. L'influence de cette problématique est indéniable en droit anglais puisque le refus d'une responsabilité indéterminée tient notamment au souhait de protéger la viabilité du système assurantiel[8]. Ce constat a conduit certains auteurs à

---

[1] *Ibid.*, spéc. n° 160 et 162. Dans le même sens, v. : J. KNETSCH, *op. cit.* : l'auteur précise que le Code civil n'offre « *guère de prise textuelle à un tel cantonnement* ».

[2] J.-S. BORGHETTI, « Les intérêts protégés et l'étendue des préjudices réparables en droit de la responsabilité civile extra-contractuelle », *op. cit.*, spéc. p. 145.

[3] T. WEIR, *op. cit.*, spéc. p. 27 : « *A theme which runs through the law is a concern to restrict the number of persons who can complain of any particular conduct* » (notre traduction).

[4] *Ultramares Corp. v Touche* 174 N.E. 441 (1932).

[5] R. MULHERON, *Principles of Tort Law*, *op. cit.*, spéc. §2.13.

[6] *Donoghue v Stevenson* [1932] AC 562, spéc. Lord Buckmaster, p. 575 : « *A man is entitled to be as negligent as he pleases towards the whole world if he owes no duty to them.* » Notre traduction : « *Une personne est en droit d'être aussi négligent qu'il le souhaite à l'égard du monde entier s'il n'a pas de devoir à son égard.* »

[7] J. STAPLETON, « In Restraint of Tort », *in Frontiers of Liability*, P. Birks (éd.), OUP, 1994, p. 83-102.

[8] J. MORGAN, « Tort, Insurance and Incoherence », *M.L.R.* 2004, n° 67(3), p. 384-401, spéc. p. 400-401.

chercher à identifier les traces de la lutte d'influence menée par les sociétés d'assurance dans le droit[1] et à contester la théorie selon laquelle il existerait une idéologie de la réparation qui mettrait en péril le système économique[2]. En droit français, l'argument selon lequel notre régime d'indemnisation pourrait peser sur notre système économique et assurantiel a parfois été avancé[3]. Il a pu être argué que l'essor de l'assurance a joué un rôle dans la multiplication des chefs de préjudice. Il n'existe cependant pas à notre connaissance d'étude systématique permettant de démontrer le poids de l'extension du droit de la responsabilité civile français sur le système économique, comme l'avait souligné un auteur[4]. Plusieurs auteurs ont même constaté que la multiplication des préjudices n'entraînait pas nécessairement une hausse des indemnités accordées mais simplement le morcellement de celles-ci[5]. L'argument économique ne semble donc pas déterminant en matière de préjudices émotionnels autonomes, même s'il pourra avoir sa pertinence dans certaines hypothèses[6]. C'est surtout au sens de l'indemnisation qu'il faut s'attacher.

Sens de l'indemnisation. S'il existe un enjeu à poser des limites cohérentes et satisfaisantes au champ de l'indemnisation, c'est parce que celles-ci influent sur le sens donné à l'indemnisation. Aujourd'hui, l'indemnisation toujours plus large de nouveaux préjudices en droit français conduit une partie de la doctrine à s'inquiéter de ce que de « *légères contrariétés constamment éprouvées dans la vie courante* » soient indemnisées[7], et un auteur souligne qu'il y aurait « *folie à admettre que les aléas de la vie et le tourment d'exister puissent se résoudre en dommages-*

[1] R. LEWIS, « Insurers and Personal Injury Litigation : Acknowledging the elephant in the living room », *J.P.I.L.* 2005, n° 1, p. 1-11 ; D. De SAULLES, « Nought plus nought plus nought equals nought : rhetoric and the asbestos wars », *J.P.I.L.* 2006, n° 4, p. 301-336.

[2] Sur ce point, v. notamment : A. MORRIS, « Spiralling or Stabilising ? The Compensation culture and our propensity to claim damages for personal injury », *M.L.R.* 2007, n° 70(3), p. 349-378 ; J. HAND, « The Compensation Culture : Cliché or cause for concern ? », *Journal of Law and Society* 2010, n° 37(4), p. 569-591 ; K. PATTEN, « Compensation, culture and the mythologising of justice », *C.J.Q.* 2020, n° 39(2), p. 163-179.

[3] J. KNETSCH, *op. cit.*

[4] J.-S. BORGHETTI, « Les intérêts protégés et l'étendue des préjudices réparables en droit de la responsabilité civile extra-contractuelle », *op. cit.*, spéc. p. 146-147. Il existe tout de même quelques études, par ex. : M. BOURRIÉ-QUENILLET, « Droit du dommage corporel et prix de la vie humaine », *JCP G* 2004, doctr. 136.

[5] M. FABRE-MAGNAN, « Le dommage existentiel », *op. cit.* Sur le contraste entre la faiblesse des montants mobilisés par rapport à l'importance des principes mis en avant, v. : J.-S. BORGHETTI, « Le préjudice d'impréparation en matière médicale : grands principes et petits montants », *RDC* 2017, n° 114c9, p. 231.

[6] Sur un autre sujet, celui du préjudice économique pur, un auteur a justement rappelé que « *le contenu de la règle de droit ne saurait être déterminé par les seules considérations économiques* » : J. TRAULLÉ, « La réparation du préjudice économique pur en question », *RTD Civ.* 2018, p. 285, spéc. n° 8.

[7] P. JOURDAIN, G. VINEY, S. CARVAL, *op. cit.*, spéc. n° 270-3.

intérêts »[1]. Cela vient poser la question de la place du droit dans nos sociétés, et de la capacité du droit à répondre effectivement aux aléas de la vie, question que les juges anglais traitent fréquemment. Il nous semble que tenter de faire du droit de la responsabilité civile une réponse à tous les malheurs de l'Homme est vain dans la mesure où le droit est incapable de faire le bonheur[2]. Donner une dimension patrimoniale à la souffrance existentielle porte aussi le risque de dégrader ce questionnement humain, et d'atteindre le principe de dignité humaine en plaçant la souffrance humaine sur un marché[3]. En outre, comme l'a illustré l'affaire Perruche[4], les décisions de justice disent quelque chose de la façon dont nos sociétés conçoivent l'être humain, ce qu'il ne faut pas omettre[5]. Par conséquent, avec le Professeur Borghetti[6], nous estimons que le droit doit faire preuve d'une certaine humilité quant à son champ d'application, en ce qu'il n'est qu'une réponse profondément imparfaite aux questions existentielles qui tenaillent

---

[1] M. FABRE-MAGNAN, *Droit des obligations t. 2 - Responsabilité civile et quasi-contrats*, *op. cit.*, spéc. n° 160.

[2] Sur le lien entre le droit et le bonheur, v. par ex. : F. TERRÉ, « Droit et Bonheur », *D.* 2010, p. 26 ; C. ESSERT, « Tort Law and Happiness », *Queen's Law Journal* 2010, n° 36(1), p. 1-30.

[3] Sur la question de la patrimonialisation en droit de la responsabilité, v. par ex. : Y. LAMBERT-FAIVRE, « Le droit et la morale dans l'indemnisation des dommages corporels », *D.* 1992, p. 165 ; Ph. LE TOURNEAU (dir.), *op. cit.*, spéc. n° 2122.31. *Contra.* : S. HOCQUET-BERG, « La douleur des proches », *in Mélanges en l'honneur du professeur Suzanne Carval*, IRJS Éditions, 2021, p. 417-431. Selon cet auteur, dans une société où ce qui n'est pas évalué n'a pas de valeur, il est nécessaire d'indemniser, par exemple, la douleur des proches pour démontrer le soutien qu'on leur accorde. Dans le même sens, v. : J.-B. PRÉVOST, « La perte de vie », *Gaz. Pal.* 29 déc. 2009, n° 363, p. 16. Cet auteur considère l'argument éthique comme une barrière légitime mais qui ne serait pas infranchissable.

[4] M. FABRE-MAGNAN, *Droit des obligations t. 2 - Responsabilité civile et quasi-contrats*, *op. cit.*, spéc. n° 165 et s. ; P. JOURDAIN, G. VINEY, S. CARVAL, *op. cit.*, spéc. n° 249-4 et s. Pour une perspective comparée sur cette affaire, v. : B. MARKESINIS, « Réflexions d'un comparatiste anglais sur et à partir de l'arrêt Perruche », *RTD Civ.*, 2001, p. 77.

[5] Sur ce point, v. par ex. : J.-S. BORGHETTI, « Les intérêts protégés et l'étendue des préjudices réparables en droit de la responsabilité civile extra-contractuelle », *op. cit.*, spéc. p. 169 : l'auteur évoque une « *violence symbolique* ». V. aussi : J.-S. BORGHETTI, « Le préjudice de vie handicapée et les nouvelles fonctions de la responsabilité civile », *D.* 2010, p. 419. Pour une autre illustration de l'utilisation de cet argument dans une approche inverse de celle du Professeur Borghetti, v. : P.-Y. GAUTIER, « "Les distances du juge" à propos d'une débat éthique sur la responsabilité civile », *JCP G* 2001, doctr. 287.

[6] *Ibid.*, spéc. p. 169. Sur l'affaire Perruche, le Professeur Borghetti écrit qu'il « *ne s'agit pas d'affirmer qu'il n'y a pas là de préjudice, mais de dire, humblement, qu'il y a des demandes auxquelles le droit de la responsabilité ne peut répondre.* » (Nous soulignons).

tenaillent l'Homme[1]. En même temps, il est nécessaire, et c'est également un enjeu de dignité, de s'assurer que les demandes méritantes sont indemnisées. D'un point de vue juridique, ce débat va s'incarner en droit français et en droit anglais dans la question des fonctions de la responsabilité civile[2] et dans celle du sens des dommages et intérêts. En droit anglais, ce débat met aux prises les partisans de la justice corrective et ceux estimant que la *tort law* est aussi un lieu d'expression de la justice distributive[3]. À la suite du Professeur Lambert-Faivre, il s'agira de rechercher un équilibre entre la nécessité de protéger les victimes dans des situations nouvelles et le besoin d'éviter une patrimonialisation de la souffrance humaine[4]. C'est à notre sens l'enjeu central de l'analyse des situations indemnisées par les préjudices émotionnels autonomes dans une perspective comparée.

Analyse comparée. Notre étude consiste à analyser les situations juridiques auxquelles répondent les préjudices émotionnels autonomes *via* les points de vue du droit français et du droit anglais. Pour cela, nous faisons le choix d'une approche simple et empirique, d'une « *démarche* » plutôt que d'une méthode[5]. Il faudra d'abord identifier les situations auxquelles répondent les préjudices émotionnels autonomes, puis déterminer les concepts utilisés par le droit anglais pour répondre aux problèmes juridiques que ces situations posent. Il s'agit d'une approche comparable à la méthode fonctionnelle puisque nous chercherons d'abord à identifier des institutions juridiques ayant des fonctions équivalentes dans les deux droits. Cela devrait nous permettre de déterminer plus précisément quelles sont les spécificités de chaque droit. En même temps, pour mieux comprendre leurs dynamiques

---

[1] Cette réflexion s'inspire de l'idée de non-droit chère à Jean Carbonnier : J. CARBONNIER, « L'hypothèse du non-droit », *in Flexible Droit*, L.G.D.J., 2001, p. 25-47. Sur ce point, v. plus spécifiquement : M. FABRE-MAGNAN, « Le dommage existentiel », *op. cit*. Enfin, un exemple littéraire nous semble plus parlant que des arguments conceptuels : J.-P. DUBOIS, *Tous Les Hommes n'habitent pas le monde de la même façon*, Editions de L'Olivier, 2019. Dans cet ouvrage, l'auteur présente le personnage de Kieran Read, un *loss adjuster* chargé par les compagnies d'assurance d'estimer avec précision la somme à verser à la famille d'un défunt. L'auteur le décrit par un contraste saisissant entre sa grande humanité et la froideur du droit et de la méthode qu'il applique. En cela, il exprime le paradoxe qui existe aujourd'hui, dans le traitement du dommage corporel, entre la volonté humaniste de réparation et la réalité froide de la mécanique juridique doublée de son approche patrimoniale, qui semble inévitable, et que le juriste aurait tort de ne pas prendre en compte.

[2] Sur ce point, v. par ex. : M. FABRE-MAGNAN, *Droit des obligations t. 2 - Responsabilité civile et quasi-contrats*, *op. cit.*, spéc. n° 39 et s.

[3] Sur la justice corrective, v. surtout l'ouvrage du professeur canadien Ernest Weinrib : E. WEINRIB, *The Idea of Private Law*, Harvard University Press, 1995. Pour des positions plus nuancées, v. : J. STEYN, « Perspectives of corrective and distributive justice in tort law », *Irish Jurist* 2002, n° 37, p. 1-15 ; H. SHEINMAN, « Tort Law and Corrective justice », *Law and Philosophy* 2003, n° 22(1), p. 21-73 ; J. GOUDKAMP, J. MURPHY, « The Failure of universal theories of tort law », *L.T.* 2015, n° 21(2), p. 47-85.

[4] Y. LAMBERT-FAIVRE, « Le droit et la morale dans l'indemnisation des dommages corporels », *loc. cit.*

[5] E. LEMAIRE, *Risques sanitaires sériels et responsabilité civile : étude comparée des droits français et anglais*, thèse, L'Harmattan, Logiques Juridiques, 2021, spéc. n° 14.

respectives, nous souhaitons étudier les institutions juridiques utilisées d'un point de vue conceptuel, au-delà de leurs seules fonctions. *In fine*, l'objectif de cette étude est de pouvoir identifier des concepts remplissant des rôles équivalents dans les droits français et anglais et de les comparer entre eux, pour clarifier le sens de ces concepts et identifier des points de divergence et de convergence entre les deux droits.

Plan. Les préjudices émotionnels autonomes sont des réponses à de nouveaux besoins d'indemnisation, mais aussi à des problèmes juridiques nouveaux. En les comparant avec les concepts équivalents utilisés en droit anglais, nous souhaitons démontrer que ces préjudices ont vocation à offrir au demandeur une indemnisation dans les cas où la société estime que celui-ci a subi une interférence avec un intérêt qui est trop injuste pour ne pas être indemnisée. Nous chercherons à montrer que ces préjudices ne visent pas d'abord à réparer la détérioration d'une situation de fait, mais plutôt à reconnaître une atteinte à un intérêt. Les préjudices étudiés ont la particularité de ne pas s'inscrire dans une approche classique de la responsabilité civile, ce qui explique la réticence du droit anglais à adopter des solutions comparables à celles du droit français. Cette démonstration supposera d'abord de constater la divergence des solutions des droits français et anglais concernant les préjudices émotionnels autonomes (Première Partie), avant d'identifier les ressorts d'une potentielle convergence conceptuelle des droits français et anglais autour de ces préjudices (Seconde Partie).

PREMIÈRE PARTIE : LE CONSTAT DE LA DIVERGENCE DES SOLUTIONS DES DROITS FRANÇAIS ET ANGLAIS S'AGISSANT DES PRÉJUDICES ÉMOTIONNELS

Objet de la partie. La jurisprudence française a fait preuve de souplesse ces vingt dernières années pour répondre à de nouveaux besoins d'indemnisation exprimés au sein de la société. Cette souplesse s'est incarnée juridiquement dans l'apparition de nombreux préjudices autonomes indemnisables dans des conditions particulières. Confronté à des demandes comparables, le droit anglais s'est avéré bien moins disposé à adapter le droit applicable, sans pour autant demeurer immobile. Dans ce premier temps de la démonstration, nous souhaitons établir le constat que les droits français et anglais de la responsabilité civile tendent à diverger quant aux solutions qu'ils adoptent : il s'agira de montrer que le droit anglais s'avère bien plus réticent à répondre à de nouvelles demandes d'indemnisation et à créer de nouveaux préjudices que le droit français. Cette divergence s'ancre dans des compréhensions différentes et parfois irréconciliables de concepts communs. Partant des préjudices émotionnels autonomes en droit français, nous chercherons à identifier les situations qu'ils indemnisent et les conditions de cette indemnisation. Nous identifierons ensuite la réponse qu'apporte le droit anglais à chacune de ces demandes d'indemnisation. La comparaison de ces réponses permettra de constater l'existence de la divergence décrite et de dégager des pistes d'explication.

Notre démonstration s'organisera autour de deux groupes de préjudices. L'indemnisation de certains des préjudices émotionnels autonomes ne s'ancre pas dans une atteinte physique indemnisable. Il s'agit des préjudices nés d'une confrontation à un risque de dommage. Ces préjudices sont distincts de ceux de la nomenclature Dintilhac. C'est le cas des préjudices d'angoisse et d'anxiété ainsi que du préjudice d'impréparation. D'autres demandes se situent à la marge de la nomenclature Dintilhac dans la mesure où elles s'ancrent dans une atteinte physique initiale. Il s'agit des préjudices nés d'une confrontation directe à la mort. Dans ce cas, les préjudices extrapatrimoniaux étudiés auront été distingués des préjudices de la nomenclature Dintilhac à travers un travail de la jurisprudence. C'est le cas du préjudice d'angoisse de mort imminente, du préjudice situationnel d'angoisse, du préjudice situationnel d'attente et d'inquiétude, et du préjudice moral de l'enfant non encore né au moment du du décès d'un proche. Ces groupes de préjudices posent des questions de droit différentes. Il faudra dégager les réponses respectives des droits français et anglais aux problèmes de droit posés par ces demandes d'indemnisation.

Intérêt. Démontrer la divergence des droits français et anglais nous permettra d'identifier les limites du champ de l'indemnisation dans chacun des deux droits et les raisons théoriques et pratiques qui expliquent ces limites. Nous pourrons aussi décrire la tendance de l'évolution du champ de l'indemnisation dans chaque droit. Les droits anglais et français de la responsabilité civile sont organisés autour de concepts comparables. Le constat d'une divergence des pratiques d'indemnisation des droits français et anglais peut éclairer le sens de ces concepts communs et aider à préciser la place de la notion de préjudice au sein de l'analyse. Les préjudices émotionnels autonomes se trouvent aux marges du champ de l'indemnisation, et sont donc au cœur de discussions doctrinales sur le sens de la notion de dommage.

Plan. La divergence des solutions des droits français et anglais est nettement perceptible dans l'indemnisation des préjudices nés d'une confrontation à un risque (**Titre 1**) et demeure réelle, quoique moins radicale, dans l'indemnisation des préjudices nés d'une confrontation directe avec la mort (**Titre 2**).

Titre 1 : Les préjudices nés de la confrontation à un risque de dommage

Objet du titre. Le risque s'est affirmé comme une notion clé de la responsabilité civile au cours de la deuxième moitié du XXème siècle[1] à la faveur de l'avancée des connaissances scientifiques mais aussi du constat de leurs lacunes. Les situations de confrontation d'un demandeur à un risque peuvent se produire dans le cas d'une exposition à un risque ou dans le cas de la non-révélation d'un risque. Le demandeur qui est confronté à un risque d'atteinte physique n'est en tous cas pas directement confronté à l'atteinte elle-même. Dans le premier cas, le demandeur aura par exemple été exposé à une substance dangereuse et sera susceptible de subir une atteinte physique dans le futur. Dans le second cas, un médecin ayant l'obligation de révéler l'existence d'un risque d'atteinte physique potentielle avant tout acte médical omet de le faire. Dans ces hypothèses, les préjudices réparant un dommage corporel sont inadaptés dans la mesure où il n'y a pas d'atteinte physique causée par la faute du défendeur. La jurisprudence a donc fait preuve de créativité en droit français. Les demandeurs exposés à un risque pourront demander l'indemnisation de leur préjudice d'angoisse, tandis que les demandeurs auxquels un risque n'a pas été révélé dans un contexte médical verront leur préjudice d'impréparation indemnisé. En *tort law*, l'influence de la notion de risque est moins forte. L'identification de concepts équivalents aux préjudices d'angoisse et d'impréparation est donc difficile. La notion de *nervous shock* demeure le fondement clé pour indemniser une atteinte psychique en *negligence*. Il s'agira de démontrer que la divergence pratique des droits français et anglais est particulièrement prononcée dans le contexte de ces préjudices. Dans ces hypothèses, le droit français est influencé par la volonté d'assurer une indemnisation au demandeur, tandis que les voies d'indemnisation potentielles en droit anglais paraissent inadaptées.

Intérêt. Le constat et l'analyse de la divergence des droits français et anglais dans l'hypothèse d'une confrontation à un risque permet de mettre en lumière les limites de l'indemnisation de la souffrance psychologique en droit français et en droit anglais. Il s'agira de déterminer pourquoi chaque droit choisit ou non d'indemniser les préjudices ne résultant pas directement d'une atteinte physique. Un demandeur sollicitant l'indemnisation de sa confrontation à un risque ne peut pas s'appuyer sur une atteinte physique

---

[1] En responsabilité civile, on peut évoquer l'influence de la théorie du risque : M. BACACHE-GIBEILI, *Les obligations : la responsabilité civile extracontractuelle*, t. 5, Economica, 4ème éd., 2021, spéc. n° 17 et s. ; Ph. MALAURIE, L. AYNÈS, Ph. STOFFEL-MUNCK, *Droit des obligations*, L.G.D.J., 12ème éd., 2022, spéc. n° 48 et s. ; M. FABRE-MAGNAN, *Droit des obligations t. 2 - Responsabilité civile et quasi-contrats*, PUF, 5ème éd., 2021, spéc. n° 47.

pour fonder son action. Il faut identifier un préjudice indemnisable qui ait été causé par la faute du défendeur. Le problème qui se pose est donc celui de l'existence d'un préjudice. Il se pose en des termes comparables en droit français et en droit anglais.

Plan. Nous étudierons d'abord l'hypothèse de l'exposition à un risque (Chapitre 1) puis le cas de la non-révélation d'un risque dans le contexte médical (Chapitre 2).

Chapitre 1 :
L'exposition à un risque de dommage

Objet du chapitre. À partir du milieu des années 2000, des demandeurs exposés à une substance dangereuse, à des produits potentiellement défectueux ou à un risque de dommage futur dans le cadre professionnel ont sollicité des juges l'indemnisation de la souffrance morale qu'ils subissaient. Ces demandes se sont développées alors que les personnes exposées ne subissaient pas encore d'atteinte physique du fait de leur exposition et alors même que l'apparition future de ces atteintes physiques demeurait incertaine. Le préjudice moral consécutif à un dommage corporel ne pose pas de difficultés en droit français et en droit anglais mais ces nouvelles demandes d'indemnisation ont obligé les juges à définir les préjudices qu'ils acceptaient d'indemniser en l'absence d'une atteinte corporelle. Les juges français ont peu à peu créé au sein du droit commun de la responsabilité civile plusieurs préjudices moraux d'angoisse[1] pour répondre à ces demandes nées dans des circonstances particulières. Les juges anglais ont répondu à ces demandes d'indemnisation dans le cadre du *tort of negligence*, malgré les difficultés conceptuelles que ces préjudices sans atteinte physique suscitaient. Leur accueil s'est donc avéré bien plus mitigé. Nous chercherons à montrer que les réponses des droits français et anglais à ces demandes ont divergé en pratique. Cette divergence prend racine dans des principes juridiques comparables et dans des positions de politique juridique divergentes.

Intérêt. L'étude des réponses données aux demandes d'indemnisation faisant suite à une exposition à un risque nous permet tout d'abord de procéder à un état des droits français et anglais après une longue période d'évolution. Cela nous permettra de mieux définir les contours du concept de préjudice. En droit anglais, de véritables limites à cette notion apparaissent. L'étude des préjudices d'angoisse et d'anxiété ne permet pas de percevoir les limites du champ d'indemnisation en droit français mais permet tout de même de mieux éclairer le sens de ces préjudices et de la notion plus large de dommage. La difficulté théorique et pratique soulevée par l'indemnisation de l'exposition à un risque de dommage est l'absence de réalisation du

[1] P. JOURDAIN, « Les préjudices d'angoisse », *JCP G* 2015, doctr. 739.

risque au moment de l'indemnisation[1]. Or l'existence d'un dommage est nécessaire pour fonder l'action en droit français[2] et en droit anglais[3]. En principe, le préjudice indemnisable revêt un caractère certain ce qui signifie que le dommage s'est déjà réalisé ou se réalisera de façon certaine dans le futur[4]. Par conséquent, le principe de l'indemnisation d'une exposition à un risque n'est pas évident. L'incertitude consubstantielle au risque oblige les juges à s'interroger sur les conditions de l'indemnisation de l'exposition à un risque. Les droits français et anglais ne répondent pas de la même manière à ces difficultés touchant au caractère certain du dommage.

Plan. La mise en évidence de la divergence des droits français et anglais quant à l'indemnisation d'une exposition à un risque suppose tout d'abord de s'interroger sur le principe de l'indemnisation d'une exposition à un risque (Section 1) avant d'en étudier les conditions (Section 2).

Section 1 : Le principe de l'indemnisation d'une exposition à un risque

Objet de la section. Les droits français et anglais de la responsabilité approchent de manières différentes le principe de l'indemnisation d'une exposition à un risque de dommage. Cette différence s'ancre dans des conceptions divergentes de la notion de préjudice moral et interroge les limites de l'indemnisation d'une exposition à un risque de dommage.

---

[1] De manière générale sur la distinction entre le risque et le dommage : C. FINKELSTEIN, « Is Risk a Harm ? », *U.P.L.R.* 2003, n° 151(3), p. 963-1001 ; J. OBERDIEK, « Towards a right against risking », *Law and Philosophy* 2009, n° 28(4), p. 367-392 ; J. OBERDIEK, « The moral significance of risking », *L.T.* 2012, n° 18(3), p. 339-356 ; A. PLACANI, « When the risk of harm harms », *Law and Philosophy* 2017, n° 36(1), p. 77-100. Plus spécifiquement, dans le contexte d'une exposition à un risque de dommage : P. JOURDAIN, « Les anciens salariés qui perçoivent l'allocation de préretraite amiante (ACAATA) peuvent-ils solliciter la réparation de leurs pertes de revenus ? », *RTD Civ.* 2010, p. 564 ; C. BERNARD, « La recherche des préjudices des salariés "préretraités amiante" à l'aune du droit commun de la responsabilité civile », *D.* 2010, p. 2048. Comme l'écrit le Professeur Gout : « *le spectre du préjudice hypothétique plane sur l'indemnisation de l'angoisse* » : O. GOUT, « Reconnaissance d'un préjudice spécifique d'anxiété du fait de l'exposition à l'amiante », *D.* 2011, p. 35.

[2] G. VINEY, P. JOURDAIN, S. CARVAL, *Les conditions de la responsabilité*, L.G.D.J., 4ème éd., 2013, spéc. n° 246-1 ; Ph. LE TOURNEAU (dir.), *Droit de la responsabilité et des contrats*, Dalloz, coll. Action, 13ème éd., 2023, spéc. n° 2121-11.

[3] J. STAPLETON, « The gist of negligence : Part 1 Minimal actionable damage », *L.Q.R.* 1988, n° 104(Apr), p. 213-238 ; J. GOUDKAMP, D. NOLAN, *Winfield & Jolowicz on Tort*, Sweet & Maxwell U.K., 20ème éd., 2020, n° 7-003. Ce constat se retrouve dans plusieurs arrêts : *Admiralty Commissioners v Owners of the SS Amerika* [1917] AC 38 ; *Sidaway Board of Governors of the Bethlem Royal Hospital* [1985] AC 871 (HL) 883 ; *Chester v Afshar* [2004] UKHL 41, [2005] 1 AC 134 ; *Gregg v Scott* [2005] UKHL 2, [2005] 2 AC 176 ; *Rothwell v Chemical & Insulating Co Ltd* [2007] UKHL 39, [2008] 1 AC 281 ; *R (Lumba) v Secretary of State for the Home Department* [2011] UKSC 12, [2012] 1 AC 245.

[4] Ph. BRUN (dir.), *Le Lamy Droit de la Responsabilité* [en ligne], Wolters Kluwer, n° 218-9.

Plan. L'apparition d'une demande d'indemnisation de l'exposition à un risque a reçu des accueils qu'il faut contraster en droit français et en droit anglais (§1). La comparaison de ces deux réactions nous permettra de mieux cerner les justifications données à l'indemnisation d'une exposition à un risque (§2).

§1. L'accueil de l'indemnisation du préjudice résultant d'une exposition à un risque

Il sera démontré que le principe de l'indemnisation de l'exposition à un risque dans le cadre d'un préjudice moral est parfaitement acquis en droit français en dehors d'une atteinte physique. Cette position contraste avec l'approche intermédiaire du droit anglais.

Droit français. À partir du milieu des années 2000, en France, des demandeurs ont commencé à se prévaloir d'un préjudice lié à la crainte de subir un dommage futur après avoir été exposés à un risque. Ces demandes sont apparues à propos de plusieurs risques différents alors que les demandeurs n'avaient pas encore développé de pathologie physique liée à leur exposition. Le préjudice moral indemnisé, d'abord innommé, a été baptisé « préjudice d'angoisse » ou « préjudice d'anxiété » par la doctrine et la jurisprudence. Ces termes recouvrent encore aujourd'hui des situations variées d'exposition de demandeurs à un risque de dommage.

Indemnisation de l'angoisse avant 2010. L'angoisse sans atteinte physique a pour la première fois été indemnisée de façon autonome dans le cadre du contentieux des sondes-cardiaques. Les demandeurs avaient été informés que les sondes cardiaques qu'ils portaient étaient susceptibles de défaillir à tout moment du fait d'un défaut de conception, ce qui les exposaient à un risque de décès soudain. Par un arrêt du 25 novembre 2004, la cour d'appel de Lyon avait refusé d'indemniser les demandeurs[1]. Certains d'entre eux avaient fait le choix de faire explanter ces sondes à leurs propres frais pour ne pas être exposés au risque de dommage. D'autres demandaient l'indemnisation d'un préjudice moral lié à la crainte de voir la sonde qu'ils portaient être défectueuse et donc de subir une atteinte physique. En 2006, la première chambre civile de la Cour de cassation cassait ces arrêts d'appel pour défaut de réponse à conclusions concernant « *l'existence d'un dommage lié à l'annonce de la défectuosité du type de sonde posée et à la crainte de subir d'autres atteintes graves jusqu'à l'explantation de sa propre*

[1] CA Lyon, 25 nov. 2004, n° 2004/06334.

sonde »[1]. Statuant à nouveau, la cour d'appel de Paris a jugé en 2008 que le préjudice moral des demandeurs lié à la conscience du risque de défaut et à l'angoisse nécessairement subie était réparable[2]. Ce préjudice répare la crainte des demandeurs causée par un risque objectif et certain de dommage futur. Dans le cadre de ce contentieux, la Cour de cassation n'a pas directement validé la possibilité d'indemniser un préjudice lié à l'exposition à un risque de dommage. En ne l'écartant pas, elle a laissé les juges du fond statuer souverainement sur son existence.

Un autre préjudice d'angoisse est apparu dans les années 2000 dans le contexte du contentieux des antennes-relais. La cour d'appel de Versailles[3] a indemnisé l'angoisse ressentie par des riverains résidant à proximité d'une antenne-relais. Dans cette affaire des habitants de Tassin-La-Demi-Lune dans le Rhône demandaient l'indemnisation de leur préjudice d'angoisse et la cessation d'un trouble du voisinage *via* le démantèlement d'une antenne-relais installée sur la commune par un opérateur téléphonique. Après avoir établi que l'antenne fonctionnait dans le respect de la règlementation en vigueur, la cour rappelle fort justement que ce seul constat ne permet pas d'écarter la qualification de trouble de voisinage[4]. Elle juge alors qu'un trouble existe car les demandeurs ne peuvent se voir « *garantir une absence de risque sanitaire* » ce qui est la source d'une « *crainte légitime* ». Ce trouble est pour la cour nécessairement anormal dans la mesure où le risque est d'ordre sanitaire. La cour d'appel ordonne alors le démontage de l'antenne sous astreinte et octroie à chaque couple de demandeurs sept mille euros en réparation du préjudice subi caractérisé par un « *sentiment d'angoisse* ». Cet arrêt très commenté a nourri un contentieux spécifique[5]. Là encore, la Cour de cassation n'a pas eu l'occasion de se prononcer sur la possibilité d'indemniser le préjudice lié à une exposition à un risque de dommage. Quelques années plus tard le Tribunal des conflits a en effet jugé

---

[1] Cass. civ. 1ère, 19 déc. 2006, n° 05-15.716, 05-15.717, 05-15.718, 05-15.719, 05-15.720, 05-15.721, 05-15.722, 05-15.723 et 05-15.733, *RTD Civ.* 2007, p. 352, obs. P. JOURDAIN ; *Resp. civ. et assur.* 2007, comm. 64, obs. C. RADÉ. Les demandeurs ayant agi suite à l'explantation de leurs sondes étaient définitivement déboutés dans la mesure où ils n'avaient subi, d'après la Cour de cassation, aucun dommage. Cette position sera remise en cause par un nouvel arrêt de la Cour d'appel de Lyon : CA Lyon 6 déc. 2007, n° 06/02154. Cette question ne concerne pas directement le préjudice d'angoisse mais pose la question de la fonction de cessation de l'illicite de la responsabilité civile. Sur ce point, v. : C. BLOCH, *La cessation de l'illicite. Recherche sur une fonction méconnue de la responsabilité civile extra-contractuelle*, thèse, Université d'Aix-Marseille, 2008.

[2] CA Paris, 12 sept. 2008, n° 07/05802, *JCP E* 2008, 2253, obs. D. BANDON-TOURRET et A. GORNY.

[3] CA Versailles, 4 févr. 2009, n° 08/08775, *Bouygues Télécom c/ Lagouge*, *JCP G* 2009, act. 83, obs. C. BLOCH ; *JCP E* 2009, 1336, obs. J.-V. BOREL ; *AJDA* 2009, p. 712, obs. S. BOURILLON ; *D.* 2009, p. 819, obs. M. BOUTONNET ; *Environnement* 2009, repère 3, obs. C. HUGLO ; *ibid.*, comm. 51, obs. M. LE PRAT et L. VERDIER ; *RTD Civ.* 2009, p. 327, obs. P. JOURDAIN ; *LEDIU* avr. 2009, n° EDUC-308107-30904, p. 4, obs. V. MERCIER ; *RLDC* 2009, n° 61, obs. B. PARANCE.

[4] G. VINEY, « Le contentieux des antennes-relais », *D.* 2013, p. 1489.

[5] V. par ex. : CA Montpellier, 16 juin 2011, n° 10/04612.

que la compétence en matière de démantèlement d'antennes-relais revenait aux juridictions de l'ordre administratif[1]. Cette décision a mis fin à l'indemnisation du préjudice d'angoisse par les cours d'appel en la matière. Elle a tari le contentieux civil et les juridictions administratives ont refusé d'indemniser un préjudice d'angoisse dans ces circonstances[2]. Au début des années 2010, la notion de préjudice d'angoisse n'était donc pas encore consolidée.

Préjudice spécifique d'anxiété. C'est dans un arrêt de la chambre sociale du 11 mai 2010 que la Cour de cassation a accueilli l'indemnisation d'un « *préjudice spécifique d'anxiété* » autonome pour la première fois dans le cadre du contentieux de l'amiante[3]. La Cour juge que des travailleurs exposés à l'amiante dans le cadre de leur emploi se trouvent dans une « *situation d'inquiétude permanente face au risque de déclaration à tout moment d'une maladie liée à l'amiante* ». Les demandeurs étaient les bénéficiaires d'un régime de pré-retraite pour les salariés exposés à l'amiante, l'Allocation de Cessation Anticipée d'Activité des Travailleurs de l'Amiante (ACAATA) créé par l'article 41 de la loi n° 98-1194 du 23 décembre 1998. Ce mécanisme vise à compenser la perte d'espérance de vie du salarié par un départ à la retraite anticipé. Deux conditions sont attachées au régime de l'ACAATA. D'abord, l'établissement dans lequel a été salarié le postulant doit avoir été inscrit sur une liste publiée par décret. Ensuite, le postulant doit avoir l'âge requis, c'est-à-dire l'âge de soixante ans diminué d'un tiers du temps déjà travaillé dans l'établissement inscrit, sans que cet âge puisse être inférieur à cinquante ans. Si le postulant remplit ces conditions, il bénéficiera d'une pré-retraite par le maintien de soixante cinq pour cent de son salaire jusqu'à la liquidation totale de ses droits de retraite. Dans l'affaire en cause, les demandeurs sollicitaient l'indemnisation de deux préjudices distincts. Ils demandaient d'abord la réparation de leur préjudice économique lié au caractère partiel de leur maintien de salaire. Ils avançaient ensuite que leur exposition à l'amiante pendant une longue durée avait suscité en eux une inquiétude qui constituait un préjudice réparable. La Cour rejette la demande d'indemnisation du préjudice économique mais indemnise le préjudice spécifique d'anxiété des demandeurs. Ensuite, la Cour de cassation a continué à indemniser le préjudice spécifique d'anxiété des demandeurs remplissant les conditions pour bénéficier de l'ACAATA et a intégré l'article 41 de la loi n° 98-1194 du 23 décembre 1998 au visa de ses

---

[1] T. confl., 14 mai 2012, C3844.

[2] G. VINEY, *loc. cit.* ; M. BACACHE, « Ondes électromagnétiques : une surveillance renforcée », *RTD Civ.* 2014, p. 176. Les juridictions judiciaires conservent une compétence pour l'indemnisation des préjudices subis et peuvent toujours indemniser la crainte liée à une exposition à un risque de dommage. Le contentieux c'est cependant tari après la décision du Tribunal des conflits du fait de l'impossibilité pour le juge judiciaire d'ordonner le démantèlement d'une antenne-relais.

[3] Cass. soc., 11 mai 2010, n° 09-02.241, *D.* 2010, p. 2048, obs. C. BERNARD ; *ibid.* 2011, p. 35, obs. O. GOUT ; *ibid.* 2012, p. 901, obs. P. LOKIEC et J. PORTA ; *RTD Civ.* 2010, p. 564, obs. P. JOURDAIN ; *Dr. soc.* 2010, p. 389, obs. J. DUPLAT ; *JCP S* 2010, 1261, obs. G. VACHET.

décisions à partir de 2015[1]. Cela a conduit la Cour de cassation à seulement indemniser les demandeurs pouvant bénéficier du dispositif ACAATA et à rejeter toutes les autres demandes de travailleurs dont l'établissement ne figurait pas sur les listes ACAATA ou ayant été exposés à d'autres substances que l'amiante. Cette situation a perduré jusqu'à une série de revirements en 2019.

Préjudice d'angoisse aujourd'hui. Dans un arrêt du 5 avril 2019, l'Assemblée plénière de la Cour de cassation a considérablement élargi la catégorie des salariés pouvant demander l'indemnisation de leur préjudice d'anxiété[2] et ainsi posé le premier jalon d'une unification des préjudices d'angoisse. Dans cette affaire, la Cour devait statuer sur l'indemnisation du préjudice d'anxiété des salariés de la société EDF, laquelle n'était pas inscrite sur les listes ACAATA. Les demandeurs avaient été exposés à de l'amiante dans le cadre de leur emploi. La cour d'appel avait accepté de réparer ce préjudice malgré la jurisprudence constante de la Cour de cassation, dans un contexte de rébellion judiciaire[3]. La Cour de cassation rappelle alors qu'elle avait limité la réparation du préjudice d'anxiété aux seuls bénéficiaires du dispositif ACAATA. La Cour constate ensuite que de nombreux salariés d'entreprises non-inscrites ont pu être exposés à des poussières d'amiante. Elle juge que « *dans ces circonstances, il y a lieu d'admettre, en application des règles de droit commun régissant l'obligation de sécurité de l'employeur, que le salarié qui justifie d'une exposition à l'amiante, générant un risque élevé de développer une pathologie grave, peut agir contre son employeur, pour manquement de ce dernier à son obligation de sécurité, quand bien même il n'aurait pas travaillé dans l'un des établissements mentionnés à l'article 41 de la loi du 23 décembre 1998 modifiée* »[4]. Par cette décision, la Cour de cassation admet l'indemnisation du préjudice d'anxiété des demandeurs exposés à l'amiante en dehors du dispositif ACAATA. La chambre sociale de la Cour de cassation a adopté ce raisonnement dans plusieurs arrêts successifs[5].

Dans un arrêt du 11 septembre 2019, la chambre sociale de la Cour de cassation a participé à l'élargissement de l'indemnisation en accordant la

---

[1] Cass. soc., 2 juill. 2014, n° 13-10.644 - Cass. soc., 3 mars 2015, n° 13-26.175, Cass. soc., 3 mars 2015, n° 13-20.474, *RTD Civ.* 2015, p. 393, obs. P. JOURDAIN ; *D.* 2015, p. 1384, obs. E. WURTZ ; *ibid.* 2016, p. 35, obs. O. GOUT.

[2] Cass. ass. plén., 5 avr. 2019, n° 18-17.442, *AJ Contrat* 2019, p. 307, obs. C.-E. BUCHER ; *JCP G* 2019, 423, obs. N. DEDESSUS-LE MOUSTIER ; *D.* 2019, p. 2058, obs. A. GUÉGAN ; *ibid.* 2020, p. 40, obs. Ph. BRUN ; *Revue droit du travail* 2019, p. 340, obs. G. PIGNARRE.

[3] M. KEIM-BAGOT, « La cohérence retrouvée du préjudice d'anxiété », *SSL* 2019, n° 1857.

[4] Cet arrêt se fonde sur l'obligation de sécurité de l'employeur, ce qui constitue un revirement important, mais qui dépasse cependant le champ de notre étude. Sur la pertinence du rétablissement de l'obligation de sécurité de l'employeur comme fondement de l'indemnisation du préjudice d'anxiété, v. notamment : A. DEJEAN DE LA BÂTIE, « Préjudice d'anxiété : le retour en force de l'obligation de sécurité - Vers une consécration de la culture de la prévention », *CLCSE* 2019, n° 197 ; X. AUMERAN, « Le préjudice d'anxiété à l'ère de l'obligation de sécurité de l'employeur », *Dr. Soc.* 2020, p. 58.

[5] Cass. soc., 19 juin 2019, n° 18-17.442 - Cass. soc., 11 sept. 2019, n° 17-25.300.

possibilité de se prévaloir du préjudice d'anxiété à des mineurs de fond employés par les Houillères du bassin de Lorraine. La cour d'appel avait refusé d'indemniser les mineurs en avançant que la réparation du préjudice d'anxiété n'était admise que pour les salariés bénéficiant de l'ACAATA. Cet argument avait deux dimensions. D'une part, les salariés n'avaient pas été employés dans un établissement inscrit sur les listes ACAATA. D'autre part, les mineurs ne se fondaient pas sur une exposition à l'amiante mais sur leur exposition à d'autres substances dangereuses. La chambre sociale casse l'arrêt d'appel et reconnaît à ces salariés la possibilité d'agir en indemnisation de leur préjudice d'anxiété sans avoir été exposés à de l'amiante. Elle ouvre ainsi l'indemnisation du préjudice d'anxiété plus largement. Ce mouvement d'élargissement de l'indemnisation du préjudice d'angoisse est aussi perceptible dans son évocation de plus en plus fréquente par des demandeurs dans des contentieux variés. Ce préjudice a connu plusieurs applications en matière de produits de santé défectueux devant les juridictions civiles et administratives[1]. Un préjudice d'angoisse autonome a été reconnu à des femmes exposées au Distilbène[2]. Le principe de l'indemnisation du préjudice d'anxiété a été admis dans l'affaire du Médiator[3] et dans l'affaire du chlordécone[4], même si les demandeurs ont été déboutés. Il pourrait aussi trouver une application en matière d'atteintes à l'environnement[5]. Le principe de l'indemnisation de l'anxiété née d'une exposition à un risque de dommage est admis de façon générale.

Après une période de tâtonnement et de foisonnement, le préjudice d'anxiété semble se consolider en une figure unique. Le droit anglais n'a pas connu de mouvement d'élargissement comparable et continue de distinguer différents types d'atteintes morales suite à une exposition à un risque.

Droit anglais. En Angleterre, en *negligence*, l'angoisse du demandeur causée par une exposition à un risque de dommage qui n'a pas une dimension pathologique ne peut pas être indemnisée. Si le demandeur démontre qu'il souffre d'une pathologie psychique, il peut en principe être indemnisé. Au-delà de la *negligence*, des pistes d'indemnisation existent mais ne sont pour le moment pas suivies en droit anglais.

Angoisse consécutive à une atteinte physique. Le droit anglais ne pose pas de restriction à la réparation de préjudices moraux consécutifs à une

---

[1] Sur le préjudice d'anxiété en droit administratif : M. BARTOLUCCI, « Le préjudice d'anxiété en droit public », *RFDA* 2018, p. 153.

[2] Cass. civ. 1ère, 2 juill. 2014, n° 10-19.206 - Cass. civ. 1ère, 5 juin 2019, n° 18-16.236, Cass. civ. 1ère, 19 juin 2019, n° 18-10.612, Cass. civ. 1ère, 19 juin 2019, n° 18-10.380, *Resp. civ. et assur.* 2020, chron. 2, obs. S. HOCQUET-BERG.

[3] S. HOCQUET-BERG, « Prise de Médiator : référé-provision engagé par plusieurs demandeurs aux fins d'indemniser leur préjudice d'anxiété », *Resp. civ. et assur.* 2016, comm. 160.

[4] TA Paris, 24 juin 2022, n° 2006925/6-2, 2107178/6-2 et 2126538/6-2.

[5] C. DELAHAIS, « L'éco-anxiété face à l'urgence écologique : nouvelle source de préjudice d'angoisse ? », *Revue juridique de l'environnement* 2022, n° spécial, p. 117-132.

atteinte physique. Toutes les conséquences prévisibles du manquement à un devoir de prudence sont réparables[1]. Il suffira que l'atteinte initiale soit prévisible pour que tous les préjudices qui en découlent soient réparables[2]. Par conséquent, à chaque fois qu'une atteinte physique sera constatée en violation d'un devoir de prudence, l'ensemble de ses conséquences seront indemnisables, y compris les conséquences morales. Or, l'existence du devoir de prudence dans le cas d'une atteinte physique ne fait pas débat. En effet, en cas d'acte positif[3] causant une atteinte physique, l'existence d'un devoir de prudence est systématiquement reconnue par les juridictions anglaises depuis *Donoghue v Stevenson*[4]. L'angoisse consécutive à une atteinte physique est donc réparable en droit anglais si l'existence d'une atteinte physique pouvant fonder une action en *negligence* est démontrée.

Angoisse non-consécutive à une atteinte physique. En revanche, en principe, le droit anglais ne répare pas les atteintes morales non-consécutives à un dommage corporel[5]. Cette position a été exprimée dès le milieu du XIXème siècle et se maintient encore aujourd'hui. Lord Wensleydale écrivait déjà en 1861 : « *le droit ne peut pas évaluer et ne prétend pas réparer la souffrance et l'anxiété mentale lorsque l'acte fautif ne cause que cela* »[6]. Le refus du droit anglais d'indemniser une atteinte morale non pathologique a été répétée à de nombreuses reprises au cours du XXème siècle. Par exemple, dans l'arrêt *Hinz v Berry*, Lord Denning a indiqué à propos du préjudice moral d'une victime par ricochet qu'en droit anglais « *aucun dommage et intérêt n'est alloué pour le deuil et la tristesse causé par la mort d'une personne* »[7]. Un peu plus tard, dans l'arrêt *McLoughlin v O'Brian*, Lord Bridge a précisé que ce refus concernait notamment « *la détresse émotionnelle que toute personne normale expérimente* » ce qui inclut notamment selon ce juge le deuil, la détresse, la dépression et l'anxiété[8]. Dans l'arrêt *Rothwell v Chemical Insulating Co*[9], le demandeur agissait pour

[1] *Overseas Tankship (UK) Ltd v Morts Dock and Engineering Co Ltd (The Wagon Mound n°1)* [1961] UKPC 2, [1961] AC 388 ; [1961] 1 All ER 40.

[2] *Smith v Leech Brain & Co* (1962) 2 QB 405.

[3] Par opposition à une omission dont le traitement est bien plus complexe en droit anglais. Sur ce point, v. par ex. : R. MULHERON, *Principles of Tort Law*, CUP, 2ème éd., 2020, spéc. §3.9 et s. ; T. WEIR, *Tort Law*, OUP, 1ère éd., 2002, spéc. p. 52-54.

[4] *Donoghue v Stevenson* [1932] AC 562.

[5] N. MULLANY, P. HANDFORD, *Tort Liability for Psychiatric Damage*, Law Book Company, 1993, notamment p. 15 et s.

[6] *Lynch v Knight* (1861) 9 HL Cas 577 ; 11 ER 854 : « *mental pain and anxiety the law cannot value, and does not pretend to redress, when the unlawful act complained of causes that alone* » (notre traduction).

[7] *Hinz v Berry* [1970] 2 QB 40, spéc. Lord Denning MR, p. 42-43 : « *In English law no damages are awarded for grief and sorrow caused by a person's death* » (notre traduction). Il ajoute dans les lignes suivantes : « *No damages are to be given for the worry about the children, or for the financial strain or stress, of the difficulties of adjusting to a new life.* »

[8] *McLoughlin v O'Brian* (1983) 1 AC 410, spéc. Lord Bridge, p.431 : « *The common law gives no damages for the emotional distress which any normal person experiences.* » (notre traduction).

[9] *Rothwell v Chemical and Insulating Co* [2007] UKHL 39 ; [2008] 1 AC 281.

obtenir l'indemnisation de son exposition à l'amiante à la suite de laquelle des plaques pleurales étaient apparues sur ses poumons. La demande est rejetée et Lord Hoffman écrit : « *(l)e risque de dommage futur ou l'anxiété de voir ce risque se réaliser ne constituent pas [non plus] un dommage dans le but de faire naître une action* »[1]. Le droit anglais ne connaît donc pas d'équivalent au préjudice d'angoisse entendu comme la souffrance morale liée à l'exposition à un risque de dommage[2]. Ce préjudice n'est pas indemnisable.

Angoisse pathologique. À l'inverse de l'angoisse non-pathologique, l'angoisse pathologique peut constituer un dommage fondant une action en *negligence*. Dès 1901, dans l'arrêt *Dulieu v White & Sons*[3], la Chambre des Lords a établi que le dommage causé à un demandeur par la crainte pour sa propre vie est réparable même en l'absence de dommage corporel. Au vu des faits, les juges avaient reconnu l'existence d'un devoir de prudence et réparé le dommage psychologique subi. Cet arrêt statuait sur l'action d'une femme enceinte qui travaillait dans une *public house* lorsqu'un van tiré par deux chevaux à traversé la cloison de l'établissement, provoquant chez elle un grand effroi. Sa crainte pour sa propre vie fut telle que cela provoqua une fausse couche. Cette décision reste loin des raffinements futurs de la jurisprudence mais utilise pour la première fois les termes de « *nervous shock* » qui restent d'actualité aujourd'hui. Il n'est pas certain qu'à ce stade de la jurisprudence il s'agissait d'indemniser un préjudice psychiatrique pur dans la mesure où le choc nerveux était alors considéré par la science médicale comme une atteinte physique[4]. En toute hypothèse, le caractère pathologique de l'atteinte était déjà un élément essentiel à l'existence de l'action et à son succès.

En droit anglais, seules les atteintes qui vont au-delà du sentiment désagréable sont indemnisables. La jurisprudence a insisté sur la nécessité d'une pathologie identifiable, une « *recognisable psychiatric illness* »[5], au cours du XXème siècle. Dans l'arrêt *McLoughlin v O'Brian*, Lord Bridge écrit avec clarté : « *(l)a première barrière que doit franchir le demandeur qui se prévaut de ce type de dommage est d'établir qu'il souffre d'une maladie psychiatrique identifiée, et pas seulement d'un deuil, de détresse ou de toute*

---

[1] *Rothwell v Chemical and Insulating Co* [2008] 1 AC 281, spéc. Lord Hoffman, p. 288 : « *Proof of damage is an essential element in a claim in negligence and in my opinion the symptomless plaques are not compensatable damage. Neither do the risk of future illness or anxiety about the possibility of that risk materialising amount to damage for the purpose of creating a cause of action* » (notre traduction).

[2] Sur ce point, v. : E. LEMAIRE, « The Fear of Future Illness : An Analytical Comparison of English and French Law », *J.E.T.L.* 2016, n° 7(1), p. 1-31 ; G. TURTON, « Defining Damage in the House of Lords », *M.L.R.* 2008, n° 71(6), p. 1009-1014, spéc. p. 1011 et s.

[3] *Dulieu v White & Sons* (1901) 2 KB 669.

[4] I. GOOLD, C. KELLY, « Who's afraid of imaginary claims ? », *L.Q.R.* 2022, n° 138(Jan), p. 58-78.

[5] *Hinz v Berry* [1970] 2 QB 40, spéc. Lord Denning MR, p. 42-43 ; *McLoughlin v O'Brian* (1983) 1 AC 410, spéc. Lord Bridge, p. 431.

autre émotion normale »[1]. Cette déclaration décrit aujourd'hui encore l'état du droit malgré des critiques[2]. Il ne s'agit pas d'indemniser une simple atteinte aux sentiments, mais bien une atteinte psychique ayant des conséquences pathologiques. Dans le cas d'une exposition à une substance dangereuse, le demandeur pourrait en principe développer une maladie psychique car il craint pour son existence future. Le droit anglais pourra alors éventuellement indemniser cette maladie dans le cadre de la *negligence* sur le fondement du *nervous shock*. Il faudra que le demandeur démontre qu'il souffre d'une pathologie identifiable et que les conditions d'une action en *negligence* sont réunies. En revanche, la crainte d'une maladie future n'est pas indemnisable par elle-même[3]. Par conséquent, il devra démontrer que le défendeur lui devait un devoir de prudence ou *duty of care* et que le manquement du défendeur à ce devoir a causé la pathologie dont il se prévaut. Les juges anglais ont eu plusieurs occasions de se prononcer sur des demandes faisant suite à une exposition à un risque de dommage.

Exposition à une substance dangereuse et angoisse pathologique. Les juges anglais se sont prononcés une première fois sur l'indemnisation de patients exposés à une substance dangereuse dans le cadre du contentieux de l'hormone de croissance[4]. Entre 1959 et 1985, deux mille enfants atteints de nanisme se sont vus prescrire de l'hormone de croissance humaine qui les exposait au risque de contracter la maladie de Creutzfeldt-Jakob du fait des conditions d'extraction de l'hormone[5]. Ce programme de recherche était géré jusqu'en 1977 par le *Medical Research Council* puis directement par le *Department of Health*. Les demandeurs avançaient qu'ils subissaient une atteinte psychique pathologique du fait de leur exposition à un risque de dommage futur. Le juge Morland en charge de l'affaire a accepté d'indemniser les demandeurs qui avaient démontré qu'ils souffraient d'une pathologie identifiable causée par le manquement du défendeur à son devoir

---

[1] *McLoughlin v O'Brian* [1983] AC 410, spéc. Lord Bridge, p. 431 : « *the first hurdle which a plaintiff claiming damages of the kind in question must surmount is to establish the he is suffering, not merely grief, distress or any other normal emotion, but a positive psychiatric illness* » (notre traduction).

[2] R. MULHERON, « Rewriting the requirement for a "recognized psychiatric injury" in negligence claims », *O.J.L.S.* 2012, n° 32 (1), p. 77 ; R. ORR, « Speaking with different voices: the problems with English law and psychiatric injury », *L.S.* 2016, n° 36(4), p. 547-565. Dans un cas qui ne reflète pas l'état du droit une atteinte morale non-pathologique a pu faire l'objet d'une indemnisation : *Whitmore v Euroways Express Coaches Ltd*, The Times, 4 May 1984.

[3] M. HOGG, « Re-estabilishing orthodoxy in the realm of causation », *Edin. L. R.* 2007, n° 11(1), p. 8-30, spéc. p. 27.

[4] *Group B Plaintiffs v Medical Research Council* [1997] 41 BMLR 157 (QB) ; *Creutzfeld Jakob Disease Litigation : Newman and Others v Medical Research Council and Another* [1997] EWCA Civ 2749, [2000] Lloyds Law Rep (Medical) 161. Sur le même sujet, en droit français, v. par ex. : F. VIALLA, « Détermination des responsabilités résultant des dommages causés par l'hormone de croissance extractive », *JCP G* 2002, 10158.

[5] M. MILDRED, « The human growth hormone (Creutzfeldt Jakob disease) litigation », *J.P.I. Lit.* 1998, p. 251-270.

de prudence[1]. Cette décision de première instance n'avait cependant pas vocation à faire jurisprudence. Dans l'arrêt *Grieves v FT Everard & Sons Ltd*[2], la Cour d'appel a eu à se prononcer sur l'indemnisation de la dépression diagnostiquée chez un demandeur après qu'il ait découvert son exposition à l'amiante et le risque de dommage futur pesant sur lui[3]. Cette exposition à l'amiante s'était notamment matérialisée par l'apparition de plaques pleurales sur ses poumons, une condition qui n'avait aucun effet direct sur sa santé et qui n'a pas été considérée comme une atteinte physique par les juges[4]. La Cour d'appel a refusé d'indemniser la pathologie de Monsieur Grieves en jugeant que son employeur ne lui devait aucun devoir de prudence. Par conséquent, la simple constatation de l'existence d'une pathologie identifiable liée à une exposition à un risque de dommage ne suffit pas à permettre une indemnisation de l'exposition à un risque en *negligence*. Reste que le principe de l'indemnisation d'une atteinte pathologique causée par une exposition à un risque de dommage n'est pas écarté.

Au-delà de la *negligence*. L'exposition à un risque de dommage peut-elle être indemnisée en dehors de la *negligence* en *tort law* ? En principe, toutes les conséquences découlant d'un *tort* peuvent faire l'objet d'une indemnisation. Par exemple, la souffrance morale consécutive à la diffamation ou à la *nuisance*, qui constituent des *torts* particuliers, sera indemnisable y compris dans le cas d'une souffrance morale causée par l'exposition à un risque de dommage futur[5]. L'indemnisation de la souffrance morale causée par l'exposition à un risque est envisageable en matière de *nuisance* ou en se fondant sur l'action de *Rylands v Fletcher*[6]. Ces actions sont comparables aux troubles du voisinage en droit français. Il existe cependant une limite à la proposition d'une indemnisation de l'exposition à un risque de dommage futur *via* ces actions. Il faudra satisfaire aux conditions de ces *torts* qui n'ont pas pour fonction première

---

[1] Par exemple : *Andrews v Secretary of State for Health*, non-publié, 19 juin 1998 QBD. Cité dans : D. NOLAN, « Psychiatric injuries at the crossroads », *J.P.I.L.* 2004, n° 1, p. 1-20.

[2] *Grieves v FT Everard and Sons Ltd* [2007] UKHL 39 ; [2008] 1 AC 281.

[3] Il s'agit d'une réponse des juges anglais sur la question de la souffrance morale causée par l'exposition à l'amiante, mais cette réponse s'inscrit dans le contentieux de l'amiante, qui est plus large : A. McKENNA, « An overview of the legal landscape of negligently inflicted asbestos related conditions », *J.P.I.L.* 2011, n° 4, p. 205-238.

[4] Il s'agissait en cela d'un revirement par rapport à trois décisions des années 1980 : *Church v Ministry of Defence* [1984] 134 N.L.J. 623 ; *Sykes v Ministry of Defence* The Times, March 23, 1984 ; *Patterson v Ministry of Defence* [1987] CLY 1194. Cette position peut être contrastée avec celle exprimée par un auteur français qui défend que les plaques pleurales constituent un dommage corporel : M. KEIM-BAGOT, « Indemnisation du préjudice d'anxiété du travailleur contaminé par l'amiante », *JCP G* 2025, 1116.

[5] E. DESCHEEMAEKER, « Rationalising recovery for emotional harm », *L.Q.R.* 2018, n° 134(Oct.), p. 602-626.

[6] C. PUGH, B. CRIDDLE, « Environmental claims and personal injury - an overview », *J.P.I.L.* 2004, n° 2, p. 111-119. L'arrêt *Rylands v Fletcher* créé un régime de responsabilité sans faute dans l'hypothèse où des choses dangereuses émanant d'une propriété cause à une propriété voisine un dommage. *Rylands v Fletcher* [1868] UKHL 1, (1868) LR 3 HL 330.

d'indemniser une atteinte à la personne et sont conçus pour protéger les atteintes à la propriété[1]. Ces actions ne seront pas pertinentes dans l'hypothèse d'une exposition à un risque de dommage dans le contexte professionnel ou dans le cas d'un produit de santé défectueux. Or, ces situations sont celles ayant suscité l'essentiel du contentieux. C'est pour cette raison que cette voie est demeurée un cas d'école jusqu'à aujourd'hui, même si l'indemnisation de l'atteinte morale, pathologique ou non, causée par l'exposition à un risque dans ces hypothèses semble envisageable.

Transition. Le développement des préjudices d'angoisse et d'anxiété au cours des années 2000 et 2010 en droit français n'a connu qu'un écho très limité en droit anglais. Confrontés à des demandes d'indemnisation nées de scandales sanitaires comparables, les droits français et anglais ont choisi deux voies divergentes. En droit français, le principe de l'indemnisation de la souffrance née de l'exposition à un risque de dommage a été peu à peu élargi. Le droit anglais a maintenu le principe d'une distinction entre les atteintes aux sentiments et les atteintes pathologiques et refuse toujours d'indemniser les premières de manière autonome. Cette divergence de principe est ancrée dans des approches techniques et politiques propres à chaque droit.

§2. La justification de l'indemnisation de l'exposition à un risque de dommage

Les droits français et anglais de la responsabilité se fondent sur des justifications théoriques et de politique juridique comparables pour appuyer les principes qu'ils ont adoptés vis-à-vis de l'indemnisation d'une exposition à un risque de dommage. Il ressortira de l'étude de ces divergences que chaque droit maintient une approche cohérente. La proximité des arguments avancés autorisera leur évaluation au regard de ce qu'avance l'autre droit.

Justifications théoriques. Le droit français et le droit anglais ne conçoivent pas de la même manière théorique la notion de préjudice moral et la possibilité de l'indemniser. Ceci conduit à une délimitation différente du champ de l'indemnisation des atteintes psychiques et psychologiques. Cela permet d'expliquer leurs traitements divergent de l'exposition à un risque de dommage.

En droit français. En matière d'exposition du demandeur à un risque de dommage, le préjudice causé par la confrontation au risque est autonome du risque lui-même et est réparé. La nature morale de ce préjudice ne fait aucun doute[2]. Les juridictions parlent d'inquiétude permanente[3] en matière

---

[1] *Ibid.*

[2] C. BERNARD, « La recherche des préjudices des salariés "préretraités amiante" à l'aune du droit commun de la responsabilité civile », *op. cit.* ; P. JOURDAIN, « Comment traiter le dommage potentiel ? », *Resp. civ. et assur.* 2010, dossier 11 ; P. JOURDAIN, « Une nouvelle présomption de causalité, au profit cette fois des victimes du DES ou distilbène », *RTD Civ.* 2010, p. 111.

[3] Cass. soc., 11 mai 2010, n° 09-02.241

d'amiante et de crainte dans le contentieux des antennes-relais[1], du Distilbène[2], et des sondes cardiaques[3]. Or, le droit français répare en principe tous les préjudices moraux, quels qu'ils soient. Le temps des controverses menées par Ripert[4], Esmein[5], ou Morange[6] contre ce type de préjudice est loin et le droit français de la responsabilité civile ne limite plus l'indemnisation de la souffrance morale[7]. La possibilité d'indemniser un préjudice moral se fonde sur la généralité absolue de l'article 1240 du Code civil, lequel ne distingue pas entre les différents types de dommages ou de préjudices[8]. Conformément à l'adage « *ubi lex non distinguit nec nos distinguere debemus* », le droit français n'opère pas de distinction entre les dommages de différentes natures et les indemnise tous dès lors que leur existence a été prouvée. Cette indistinction de principe des dommages a été identifiée et mise en lumière dans une récente thèse par Madame Wester[9]. Selon cet auteur, il existe des principes de généralité et d'équivalence qui « *disposent que toutes les natures de préjudice sont a priori réparables, sans discrimination ni hiérarchie quant à leur nature* »[10]. La véracité de cette affirmation est généralement admise en matière de préjudice moral. Elle est renforcée en droit prospectif par la réaffirmation de la généralité de ce principe dans l'article 1235 de la proposition de loi sénatoriale du 29 juillet 2020, qui demeure le dernier état en date du projet de réforme de la responsabilité civile. Ce texte déclare réparable « *tout préjudice certain résultant d'un dommage* ». Le principe de l'indemnisation du préjudice moral est acquis en droit français. La possibilité d'indemniser le préjudice moral né d'une exposition à un risque est établie.

Une des difficultés théoriques à laquelle le principe de l'indemnisation des préjudices d'angoisse peut se heurter est le principe de réparation intégrale. Ce principe majeur de la réparation en droit français[11] oblige le juge à réparer l'intégralité du dommage et se rapproche en cela du principe d'équivalence. Il revêt aussi une dimension négative. En effet, le principe de réparation intégrale « *engendre non seulement une exigence de réparation de la totalité du dommage, mais également une exigence d'exclusivité, puisque seul le dommage effectivement survenu ou dont le juge est sûr qu'il*

---

[1] CA Versailles, 4 févr. 2009, n° 08/08775, *Bouygues Télécom c/ Lagouge*.

[2] Cass. civ. 1ère, 2 juill. 2014, n° 10-19.206.

[3] Cass. civ. 1ère, 19 déc. 2006, n° 05-15.719.

[4] G. RIPERT, « Le prix de la douleur », *D.* 1948, chron. 1.

[5] P. ESMEIN, « La commercialisation du dommage moral », *D.* 1954, 19.

[6] G. MORANGE, « A propos d'un revirement de jurisprudence… La réparation de la douleur morale par le Conseil d'État », *D.* 1962, chron. 15.

[7] N. MOLFESSIS, « La réparation du préjudice extrapatrimonial », *in Les Limites de la réparation du préjudice*, F. Ewald (dir.), Dalloz, 2009, p. 395-443.

[8] J. KNETSCH, « Qu'est-ce qu'un dommage corporel ? », *D.* 2022, p. 1815.

[9] G. WESTER, *Les principes de la réparation confrontés au dommage corporel*, thèse, L.G.D.J., coll. Thèses, 2023.

[10] *Ibid.*, n° 29.

[11] *Ibid.* ; C. CORGAS-BERNARD, « Le préjudice d'angoisse : état des lieux », *R.J.O.*, n° spécial 2014, actes du colloque du 3 octobre 2014, p. 29-34.

surviendra pourra être réparé »[1]. Sur ce point, la jurisprudence est constante en droit français depuis 1954[2]. Par conséquent, le préjudice moral suscité par l'exposition du demandeur à un risque de dommage ne sera pas indemnisé s'il est déjà indemnisé par ailleurs, *via* un autre préjudice inclus dans la nomenclature Dintilhac par exemple. En l'occurence, cette exigence ne pose *a priori* pas de difficulté dans la mesure où la nomenclature Dintilhac n'a vocation à jouer que dans l'hypothèse où le risque causant l'angoisse s'est effectivement réalisé et où un dommage corporel a été subi. Par exemple, dans le contexte du Distilbène, des demanderesses ont obtenu l'indemnisation de leur infertilité *via* les préjudices de la nomenclature Dintilhac et l'indemnisation autonome de l'angoisse subie du fait d'une exposition à un risque de cancer[3], les deux atteintes étant considérées comme distinctes.

En droit anglais. Le rejet de l'indemnisation autonome du préjudice moral en *negligence* est ancien mais son fondement reste difficile à identifier. Il est possible de l'expliquer par une hiérarchisation des intérêts protégés. En effet, le principe d'équivalence entre les dommages n'existe pas en droit anglais, comme en atteste l'accueil du principe de hiérarchisation des dommages. Si elle n'est pas exprimée aussi clairement qu'en droit allemand[4], la hiérarchie des intérêts protégés demeure un trait caractéristique du droit anglais[5]. Elle est perceptible à la fois entre les différents *torts* et au sein de la *negligence* elle-même. Il s'agit là d'une hiérarchisation classique et acceptée. Ainsi, dans un ouvrage de référence de *tort law*, on peut constater qu'après quelques courtes généralités quant à la notion de dommage, les auteurs préfèrent évoquer tour à tour les différentes formes de dommage[6] pour en évoquer les spécificités et expliquer pourquoi et comment chacun est réparable ou non. Pour justifier le refus de l'indemnisation du préjudice économique pur, le juriste anglais fera valoir qu'il s'agit d'un intérêt qui ne mérite pas une protection aussi importante que d'autres, de telle sorte que sa réparation est écartée. La hiérarchisation des intérêts protégés sera ainsi perceptible dans les conditions d'indemnisation plus ou moins ouvertes ou limitées de chaque type d'intérêt. Même si le contenu et l'ordonnancement de la hiérarchie fait l'objet de débats, son existence ne fait aucun doute[7]. C'est cet argument qui pourrait justifier la prohibition de la réparation de l'angoisse non-pathologique et des atteintes émotionnelles. Selon les Professeurs Handford et Mullany, c'est

---

[1] Ph. BRUN (dir.), *Le Lamy Droit de la Responsabilité* [en ligne], *op. cit.*, spéc. n° 218-13.

[2] Cass. civ. 2ème, 28 oct. 1954, *JCP G* 1955, II, p. 8769, note R. SAVATIER.

[3] Cass. civ. 1ère, 5 juin 2019, n° 18-16.236. *Contra* : Cass. civ. 2ème, 11 déc. 2014, n° 13-27.440 - Cass. civ. 2ème, 2 juill. 2015, n° 14-19.481.

[4] Une liste des intérêts protégés figure à l'article §823, alinéa 1er du *BGB*.

[5] J. MURPHY, « Tort's hierarchy of protected interests », *C.L.J.* 2022, n° 81(2), p. 356-383.

[6] J. GOUDKAMP, D. NOLAN, *op. cit.*, spéc. n° 7-003 et s.

[7] V. par ex. : R. STEVENS, *Torts and Rights*, OUP, 2007, spéc. chap. 3 : « *Loss* », p. 20-55. Et pour une critique de cette hiérarchie et plus généralement de la thèse de l'ouvrage : J. MURPHY, « Rights, Reductionism and Tort Law », *O.J.L.S.* 2008, n° 28(2), p. 393-407.

l'explication la plus satisfaisante de cette prohibition. Ils écrivent : « *si quelqu'un observe les priorités de l'indemnisation, l'atteinte émotionnelle est classée plus bas sur la liste que l'atteinte physique causée par un impact et la maladie psychique reconnue qui est le sujet des arrêts sur le choc nerveux* »[1]. Cela offre également un fondement pour expliquer à l'inverse la possibilité d'indemniser l'angoisse pathologique née de l'exposition à un risque de dommage.

La distinction entre l'atteinte morale pathologique et l'atteinte morale non-pathologique pourrait aussi se trouver dans l'adage « *de minimis non curat lex* ». Selon cet adage, les dommages dérisoires ou minimes ne peuvent pas fonder une action en droit[2]. Ce principe joue en *negligence* pour délimiter le champ de l'indemnisation. Le préjudice considéré comme *de minimis* pourra être indemnisé lorsqu'il est consécutif à un dommage pouvant fonder une action mais ne pourra pas fonder une action par lui-même. Ce principe vaut autant pour les atteintes corporelles[3] que pour les atteintes à la propriété[4]. La mise en œuvre de ce principe est particulièrement complexe dans la mesure où il s'agit d'une question de degré, sujette à l'appréciation souveraine des juges[5]. L'acceptation de l'indemnisation de l'atteinte pathologique et le refus d'indemniser l'atteinte non-pathologique pourrait être une formalisation plus claire de ce principe reposant sur le refus d'indemniser les atteintes de la vie courante comme le fait de se prévaloir d'une souffrance morale après avoir été coincé dans un ascenseur par exemple[6].

Critique des arguments théoriques. Comment apprécier les arguments théoriques mis en avant par les droits français et anglais pour accueillir ou refuser l'indemnisation du préjudice d'angoisse ? Tout d'abord, la mise en évidence des fondements théoriques de l'accueil ou du refus de l'indemnisation du préjudice d'angoisse en droit français et en droit anglais permet d'identifier leur grande proximité. Tous les deux sont fondés sur la question de la délimitation du champ du préjudice réparable. Le droit français ne pose pas de limite au préjudice réparable tandis que le droit anglais écarte du champ de l'indemnisation certaines catégories de préjudices. La divergence des droits français et anglais quant à l'indemnisation d'une exposition à un risque de dommage paraît inéluctable lorsque l'on contraste le principe de la hiérarchisation des intérêts protégés

---

1 N. MULLANY, P. HANDFORD, *op. cit.*, p. 44 : « *if one looks at the priorities for compensation, emotional distress ranks lower down the list than physical harm caused by impact and the recognised psychiatric damage that is the subject of nervous shock cases* » (notre traduction).

2 *Rothwell v Chemical and Insulating Ltd* [2007] UKHL 39, [2008] 1 AC 281, spéc. Lord Hope et Lord Hoffman.

3 *Cartledge v E Jopling & Sons Ltd* [1963] A.C. 758 ; *Durham v BAI (Run Off) Ltd* [2010] EWCA Civ 1096, [2011] 1 All ER 605.

4 *Hunter v Canary Wharf Ltd* [1996] 1 All ER 482.

5 J. STAPLETON, *op. cit.* ; D. NOLAN, « Damage in the English Law of Negligence », *J.E.T.L.* 2013, n° 4(3), p. 259-281.

6 *Reilly v Merseyside Area Health Authority* (1995) 6 Med LR 246.

au principe d'équivalence. La divergence des droits français et anglais est cohérente au vu de leurs cadres théoriques respectifs.

Les deux cadres théoriques peuvent faire l'objet de critiques. En droit français, plusieurs auteurs ont souligné que le principe d'équivalence n'est pas absolu et qu'il est parfois écarté au profit d'une forme de hiérarchisation des intérêts protégés[1]. Cela pourrait fonder une approche inspirée de l'approche anglaise. Selon le Professeur Borghetti, « *il existe d'ores et déjà plusieurs exceptions au caractère également réparable de tous les types de préjudices* »[2]. Il cite notamment différents régimes spéciaux, comme la loi Badinter sur les accidents de la circulation qui distingue entre les atteintes à l'intégrité physique et les atteintes aux biens, ou la responsabilité du fait des produits défectueux qui fait de même. On peut ajouter la loi du 4 mars 2002 relative aux droits des malades et à la qualité du système de santé, qui affirme qu'il n'existe pas d'intérêt à ne pas naître en droit français dans son article premier[3]. Les projets de réforme de la responsabilité civile proposent de protéger spécifiquement le dommage corporel, ce qui peut être considéré comme un aménagement du principe d'équivalence[4]. On constate pourtant que l'essentiel des exemples proposés par les Professeurs Borghetti et Quézel-Ambrunaz sont exceptions légales au principe d'équivalence. Or, si le fondement de ce principe est notamment à trouver dans l'adage « *ubi lex non distinguit* », il n'est pas surprenant que la loi puisse y déroger. Reste que le principe demeure l'équivalence entre les différentes catégories de dommages et qu'il n'est *a priori* pas possible d'écarter la réparation du préjudice moral lié à l'exposition à un risque de dommage. Ce principe est appliqué avec clarté de façon systématique en matière de préjudice moral malgré les critiques.

Le principe de la non-indemnisation de l'angoisse non-pathologique en *negligence* peut quant à lui s'entendre au regard d'une certaine hiérarchisation des intérêts protégés. Pourtant, l'impossibilité de définir précisément la liste de ces intérêts en droit anglais[5] conduit à douter de la dimension conceptuelle de cet argument. La hiérarchie des intérêts protégés

---

[1] J.-S. BORGHETTI, « Les intérêts protégés et l'étendue des préjudices réparables en droit de la responsabilité civile extra-contractuelle », *in Etudes offertes à Geneviève Viney*, L.G.D.J., 2008, p. 145-171 ; C. QUÉZEL-AMBRUNAZ, « La responsabilité civile et les droits du titre I du livre I du code civil - A la découverte d'une hiérarchisation des intérêts protégés », *RTD Civ.* 2012, p. 251 ; C. QUÉZEL-AMBRUNAZ, « Fault, Damage, and the Equivalence Principle in French Law », *J.E.T.L.* 2012, n° 3, p. 21 ; J.-S. BORGHETTI, « Le préjudice économique pur et l'atteinte au cours normal des choses », *in Mélanges en l'honneur du professeur Suzanne Carval*, IRJS Éditions, 2021, p. 113-140.

[2] J.-S. BORGHETTI, « Les intérêts protégés et l'étendue des préjudices réparables en droit de la responsabilité civile extra-contractuelle », *loc. cit.*, spéc. p. 166.

[3] C. QUÉZEL-AMBRUNAZ, « Fault, Damage, and the Equivalence Principle in French Law », *loc. cit.*, spéc. p. 35.

[4] Proposition de loi n° 68 du 29 juill. 2020 portant réforme de la responsabilité civile, plus spéc. : « Sous-section 1 : Règles particulières à la réparation des préjudices résultant d'un dommage corporel », Art. 1269 et s.

[5] J. MURPHY, « Tort's hierarchy of protected interests », *op. cit.*

a évolué au fil du temps et cette classification est généralement le reflet de l'évolution des inquiétudes sociales. Elle n'est pas figée ni gravée dans le marbre. Ainsi, comme l'écrit le Professeur Fordham, « *les catégories du dommage réparable se sont étendues au-delà de la blessure physique paradigmatique pour embrasser le dommage qui est purement économique ou psychiatrique par nature* »[1]. Cette souplesse est également illustrée par le fait que les juridictions canadiennes ont accepté de revenir sur la non-réparabilité des atteintes émotionnelles[2]. Dès lors, le refus par le droit anglais d'indemniser les atteintes non-pathologiques semble, si ce n'est discrétionnaire, du moins ancré dans des arguments de politique juridique. C'est la pertinence de ces arguments qui justifiera la pertinence du principe de non-indemnisation des atteintes morales plus qu'une approche conceptuelle. Quant à l'appréciation du caractère négligeable ou non d'une atteinte, elle semble relever de l'appréciation souveraine des juges selon les faits de l'espèce. Par conséquent, l'établissement d'un principe écartant l'indemnisation de toutes les atteintes morales non-pathologiques paraît ici arbitraire, tant la gravité d'une souffrance morale peut s'avérer variable.

Les positions des droits français et anglais de la responsabilité civile quant à l'indemnisation de l'exposition à un risque de dommage sont cohérentes par rapport à leurs contextes théoriques respectifs.

Justifications de politique juridique. La position française d'indifférenciation des préjudices semble conceptuellement plus satisfaisante. Les principes anglais laissent la place à une justification fondée sur des arguments de politique juridique qu'il faut identifier et apprécier.

Contexte de l'indemnisation. La question de l'indemnisation de l'exposition à un risque de dommage a été soulevée autant dans des contentieux de masse que dans des circonstances de plus faible ampleur. Le contexte de l'indemnisation mais aussi les réactions des pouvoirs publics ont joué un rôle sur l'accueil ou non de nouvelles demandes d'indemnisation. Ces contentieux ont été d'ampleurs différentes. Par exemple, le contentieux de l'hormone de croissance concernait au Royaume-Uni deux mille enfants ayant reçu ce produit entre 1959 et 1985. Deux-cent mille femmes se seraient vu prescrire du Distilbène en France entre 1951 et 1977. L'exemple le plus frappant demeure celui de l'amiante.

Le scandale de l'amiante est particulièrement exceptionnel. Les premières traces de la nocivité de l'amiante ont été identifiées à la fin du XIXème siècle en Angleterre. Dès 1955, le lien entre exposition à l'amiante et cancer du poumon est établi. Dans les années 1980, des associations ont commencé à alerter le public de l'ampleur du drame. En 1997, par le décret n° 96-1133 du 24 décembre 1996, la France a interdit définitivement l'usage de ce

---

[1] M. FORDHAM, « The protection of personal interests - Evolving form of damage in negligence », *SAcLJ* 2015, n° 27, p. 643-665, spéc. p. 643-644 : « *the categories of recoverable harm have expanded beyond the paradigm physical injury to embrasse damage which is both purely economic and psychiatric in nature* » (notre traduction).

[2] Au Canada : *Saadati v Moorhead* 2017 SCC 28 ; [2017] 1 S.C.R. 543.

matériau. Face à la dangerosité de l'amiante, le Royaume-Uni a réagi en interdisant l'utilisation d'amiante marron et bleue dès 1985. En 1999, un second arrêté a interdit l'importation et l'utilisation d'amiante blanche. Le nombre de décès d'ouvriers imputables à l'amiante est considérable. En France, les estimations de l'INSERM oscillent entre soixante cinq mille et cent mille décès de 2005 et 2025. Au Royaume-Uni, la *Health & Safety Executive* estime que cinq mille décès par an sont imputables à une exposition à l'amiante. Face à l'ampleur du désastre, l'Etat a organisé la protection et l'indemnisation des personnes touchées déclarant des maladies tant en France qu'en Angleterre. En France, outre l'ACAATA, l'article 53 de la loi du 23 décembre 2000 a créé le Fonds d'indemnisation des victimes de l'amiante (FIVA). Ce fonds vise à indemniser intégralement les victimes de maladies professionnelles et de préjudices liés à l'amiante, dans le cas où le risque de maladie s'est réalisé. Au Royaume-Uni, plusieurs systèmes d'indemnisation ayant vocation à indemniser les victimes de l'amiante dont la maladie s'est déclarée ont été mis en place pour pallier l'impécuniosité de certains employeurs[1]. Par conséquent, les demandes d'indemnisation des personnes exposées à un risque de dommage sont à la fois très nombreuses et d'ordre secondaire par rapport aux demandes des personnes ayant effectivement déclaré une maladie.

Fonction indemnitaire. Face à l'ampleur de la situation, les réactions française et anglaise ont différé. Les juges français se sont appuyés sur l'importance particulière de la fonction indemnitaire de la responsabilité civile et sur l'opportunité que représentait le principe d'équivalence pour indemniser les personnes exposées à l'amiante. Le préjudice d'anxiété peut alors être compris comme un palliatif à l'impossibilité d'indemniser le préjudice économique des demandeurs[2]. Ce constat ne signifie pas que l'admission de ce préjudice moral n'était pas justifiée mais souligne l'importance et la force donnée à la fonction indemnitaire en droit français. À l'inverse, en droit anglais, les juges se sont attachés à pallier les limites des règles de la *negligence* dans l'hypothèse où le demandeur avait déclaré une maladie liée à l'amiante[3]. La situation des demandeurs seulement exposés à l'amiante n'a pas été considérée comme suffisamment importante pour justifier d'adapter les principes en jeu.

Argument des *floodgates*. La masse du contentieux potentiel et le caractère plus négligeable des préjudices dont les demandeurs se prévalent

---

[1] Par ordre d'apparition : *Pneumoconiosis etc... (Worker's Compensation) Act 1979* ; le *Child Maintenance and Other Payments Act 2008* qui créé le *Diffuse Mesothelioma Payment* ; le *Mesothelioma Act 2014*.

[2] C. BERNARD, « La recherche des préjudices des salariés « préretraités amiante » à l'aune du droit commun de la responsabilité civile », *op. cit.* ; M. KEIM-BAGOT, « Préjudice d'anxiété : la Cour de cassation referme la boîte de Pandore », *Dr. soc.* 2015, p. 360 ; G. VACHET, « Indemnisation des victimes de l'amiante : réparation du préjudice d'anxiété », *JCP S* 2010, 1261.

[3] *Fairchild v Glenhaven Funeral Services Ltd & others* [2002] UKHL 22, [2003] 1 AC 32, [2002] Lloyds Rep Med 361, [2002] 3 All ER 305 ; *Barker v Corus (UK) Ltd* [2006] UKHL 20, [2006] 2 AC 572.

sont l'une des justifications du refus des juges anglais d'offrir une indemnisation aux demandeurs. Les juges anglais craignent en effet une ouverture des vannes de l'indemnisation qui submergerait les tribunaux[1]. C'est l'argument des *floodgates*. Selon cet argument, avant de reconnaître une nouvelle forme de dommage pouvant fonder une action en responsabilité, il faut déterminer s'il n'existe pas un risque que les juridictions soient dépassées par le nombre de demandes. Cette crainte est fréquemment exprimée en matière de « *nervous shock* »[2] mais il est difficile d'en déterminer précisément le contenu. Les juges semblent craindre un afflux de demandes portant sur un préjudice dont il serait difficile d'apprécier la réalité et donc l'indemnisation de demandes non-méritantes[3]. Il s'agirait d'un argument pratique ancré dans des considérations de preuve et de méthodologie d'indemnisation. La pertinence de l'argument est contestée[4], et ce même parmi les juges. Dans l'arrêt *McLoughlin v O'Brian*, Lord Bridge écrit ainsi que l'argument des *floodgates* « *est très exagéré comme il l'a toujours été* »[5]. L'argument est critiqué parce qu'il peut conduire à écarter des demandes méritantes pour des raisons pratiques mais aussi parce qu'il possède un sous-jacent moraliste puisant dans le stoïcisme. Il se fonderait sur l'idée qu'il existerait une culture de l'indemnisation qui serait par définition néfaste[6]. Or la pertinence de cet argument et son actualité sont battues en brèche tant en Angleterre[7] qu'en France. La réalité du risque d'expansion incontrôlée de l'indemnisation semble particulièrement faible[8]. En effet, le droit français a adopté une conception bien plus ouverte de la notion de préjudice moral et cela n'a pas conduit les

---

[1] Pour une mise en œuvre de l'argument en matière de préjudice économique pur : *Spartan Steel & Alloys Ltd v Martin & Co (Contractors) Ltd* [1973] QB 27.

[2] *Alcock v Chief Constable of South Yorkshire* [1991] 4 All ER 907, [1991] UKHL 5, [1992] 1 AC 310 ; *McLoughlin v O'Brian* [1983] AC 410, [1982] UKHL 3, [1982] 2 All ER 298, [1982] 2 WLR 982.

[3] I. GOOLD, C. KELLY, *op. cit.*

[4] Par ex. : P. HANDFORD, N. MULLANY, « Hillsborough replayed », *L.Q.R.* 1997, n° 113(Jul), p. 410-417.

[5] *McLoughlin v O'Brian* [1983] AC 410, spéc. Lord Bridge, p. 442 : « *[the argument] is, as it always has been, greatly exaggerated* » (notre traduction).

[6] Pour une défense mesurée de cette position, v. : R. MULLENDER, « Negligence law and blame culture : a critical response to a possible problem », *P.N.* 2006, n° 22(1), p. 2-31. Le débat existe également en droit français, où il n'a pas la même influence : L. CADIET, « Sur les faits et méfaits de l'idéologie de la réparation », *in Le Juge entre deux millénaires, Mélanges offerts à Pierre Drai*, Dalloz, 2000, p. 495-510.

[7] Pour une critique : A. MORRIS, « Spiralling or Stabilising ? The Compensation culture and our propensity to claim damages for personal injury », *M.L.R.* 2007, n° 70(3), p. 349-378 ; J. HAND, « The Compensation Culture : Cliché or cause for concern ? », *Journal of Law and Society* 2010, n° 37(4), p. 569-591 ; K. PATTEN, « Compensation, culture and the mythologising of justice », *C.J.Q.* 2020, n° 39(2), p. 163-179.

[8] Selon un auteur, ce risque a été mis en avant par les assureurs à travers des campagnes médiatiques visant à faire craindre une « américanisation » de la *tort law* afin de limier leurs engagements en matière d'amiante : D. DE SAULLES, « Nought plus nought plus nought equals nought : rhetoric and the asbestos wars », *J.P.I.L.* 2006, n° 4, p. 301-336.

juridictions à être submergées. L'argument des *floodgates* n'est pas une justification convaincante du refus d'indemniser les atteintes morales non-pathologiques.

Conclusion de section. Les droits français et anglais ont adopté des principes divergents quant à l'indemnisation de l'exposition à un risque de dommage. Le droit français accepte d'indemniser un préjudice moral d'angoisse ou d'anxiété lorsque le demandeur a été exposé à un risque de dommage. Le champ de l'indemnisation a été petit à petit élargi en droit français au cours des années 2010. En droit anglais, l'atteinte morale seule ne peut pas faire l'objet d'une indemnisation et par conséquent il n'est pas envisageable d'indemniser un préjudice d'angoisse équivalent à celui du droit français. En revanche, un demandeur exposé à un risque de dommage et subissant une pathologie psychique identifiable peut agir en justice pour obtenir une indemnisation en *negligence*. Le mouvement divergent des droits français et anglais semble orthodoxe puisqu'il est cohérent avec les principes applicables dans chacun des deux droits. Les fondements de politique juridique de la non-indemnisation de l'atteinte morale simple en droit anglais paraissent cependant fragiles. Pourtant, le principe même de cette non-indemnisation n'est presque pas contesté. Il s'agit au fond d'une donnée de la *common law*.

Transition. Si les droits français et anglais ont adopté des principes partiellement divergents en matière d'indemnisation d'une exposition à un risque de dommage, leurs pratiques respectives de l'indemnisation divergent plus encore.

Section 2 : Les conditions de l'indemnisation des préjudices résultant d'une exposition à un risque

Objet de la section. La demande d'indemnisation d'une exposition à un risque est ancrée dans un contexte de profonde incertitude. La notion de risque suppose non seulement que le dommage final ne se soit pas encore produit mais aussi qu'il puisse ne jamais se produire. En outre, les juges se heurteront nécessairement à des difficultés scientifiques pour apprécier la réalité du risque et prouver le lien entre risque et atteinte morale. La dimension morale du préjudice est aussi porteuse d'incertitude dans la mesure où l'atteinte est désincarnée et difficilement objectivable. L'indemnisation de l'exposition à un risque de dommage en droit français et en droit anglais suppose donc de poser des principes juridiques permettant de dépasser cette désincarnation.

Plan. Le demandeur devra tout d'abord démontrer qu'il a été exposé à un risque avéré de dommage (§1). Il faudra ensuite qu'il démontre qu'il subit une atteinte morale réparable, ce qui sera plus difficile en droit anglais qu'en droit français (§2).

§1. Le risque de dommage

Définir la place du risque dans l'analyse du préjudice d'angoisse n'est pas chose aisée puisqu'il touche à la fois au fait générateur de responsabilité et au dommage sans se confondre avec l'un ou l'autre. En effet, c'est la création du risque qui constitue la faute de l'employeur ou du laboratoire pharmaceutique et c'est l'angoisse du demandeur exposé à un risque de dommage futur qui constitue le préjudice réparable. En fait, le risque doit être apprécié deux fois : d'abord, il faut déterminer si le risque invoqué est avéré et, ensuite, il faut déterminer si le demandeur y a effectivement été exposé.

Risque avéré. L'indemnisation de l'atteinte morale née d'une exposition à un risque de dommage suppose d'abord que l'existence de ce risque soit avérée. Ce principe est inscrit en droit anglais dans l'exigence de prévisibilité du dommage. En droit français cette exigence est appréciée de façon autonome.

Risque et prévisibilité en droit anglais. En *negligence*, seul le dommage prévisible peut fonder une action. Cela signifie qu'un demandeur n'est responsable que des conséquences prévisibles de son acte[1]. Il ne doit un devoir de prudence qu'aux personnes dont il pouvait prévoir qu'elles subiraient un dommage de son fait[2]. Dans l'affaire américaine *Palsgraf*, qui est l'autorité sur la question, une femme attendait sur le quai d'une gare tandis que deux hommes tentaient de monter précipitamment dans un train à l'autre bout du quai. L'un d'eux, alors qu'il était aidé d'un contrôleur, lâche le paquet qu'il portait. Le paquet rempli de feux d'artifices explose et une échelle située à l'autre bout du quai chute et heurte la femme. Celle-ci agit contre la société de chemins de fer pour la *negligence* de son préposé. Le juge Cardozo rédige l'opinion majoritaire de la cour d'appel et juge qu'il n'était pas prévisible que la chute d'un paquet d'un côté du quai cause un dommage à Madame Palsgraf à l'autre bout du quai. Il décide qu'aucun devoir de prudence ne lui était dû. De là, on peut affirmer qu'un devoir de prudence n'est dû à un demandeur que pour les dommages qui sont prévisibles. Ce principe s'inscrit dans la logique relationnelle de la *negligence*[3]. Ajoutons tout de même qu'une fois que le demandeur a subi un dommage qui était prévisible, tous les préjudices résultant de ce dommage peuvent être indemnisés même s'ils résultent d'une fragilité ou d'une prédisposition particulière du demandeur[4]. C'est le principe de la *eggshell skull rule*.

---

[1] *Palsgraf v Long Island Railroad* 162 NE 2d 99, 1928 New York.

[2] *Caparo Industries v Dickman* (1990) 2 AC 605.

[3] *Donoghue v Stevenson* [1932] AC 562, v. notamment l'opinion majoritaire de Lord Atkin qui se fonde sur le « principe du prochain ». Pour une analyse plus large sur la dimension relationnelle du droit privé en *common law*, v. : E. WEINRIB, *The Idea of Private Law*, Harvard University Press, 1995.

[4] *Smith v Leech Brain & Co* (1962) 2 QB 405.

En matière de *nervous shock*, la notion de prévisibilité prend un sens particulier[1]. Il existe en droit anglais un débat quant au sens de cette exigence en matière d'atteinte psychologique. Pour certains, c'est l'atteinte psychique qui doit être prévisible[2]. Pour d'autres, il suffit qu'une atteinte physique quelconque soit prévisible pour qu'un devoir de prudence existe, y compris sur le fondement du *nervous shock*[3]. En toute hypothèse, il faudra que le dommage soit prévisible pour une personne de résilience normale[4]. Par conséquent, le risque devra être avéré[5]. Si le risque n'est pas avéré, le défendeur peut faire valoir qu'il n'était pas prévisible que la découverte par un demandeur de son exposition à un risque purement hypothétique lui cause une maladie psychique liée à la crainte de contracter cette maladie. Le caractère avéré du risque joue donc un rôle au stade de la détermination de l'existence d'un devoir de prudence. Même lorsque le risque est avéré, la condition de prévisibilité n'est pas nécessairement satisfaite. Par exemple, dans le contexte d'une exposition à l'amiante, les juges anglais ont estimé que la dépression subie par le demandeur lorsqu'il a appris le risque de développer des maladies graves n'était pas prévisible au vu de la façon dont cela lui avait été annoncé[6].

Des demandeurs ayant été exposés à un risque de dommage dans le contexte professionnel ont cherché à se prévaloir d'arrêts établissant des règles de prévisibilité particulières dans le contexte du stress au travail. Dans l'arrêt *Walker*, la juridiction statuait sur le cas d'un travailleur social ayant été arrêté plusieurs fois pour surmenage[7]. Les juges décident qu'un employeur a un devoir de prudence à l'égard de ses salariés, notamment lorsqu'il a connaissance de leur fragilité particulière. Par conséquent, le

---

[1] *Bourhill v Young* (1943) AC 92.

[2] S. BAILEY, D. NOLAN, « The Page v Smith saga : a tale of inauspicious origins and unintended consequences », *C.L.J.* 2010, n° 69(3), p. 495-528. Cette position s'appuie sur plusieurs décisions : *Alcock v Chief Constable of South Yorkshire* [1992] 1 AC 310 ; *Bourhill v Young* (1943) AC 92.

[3] C'est la position tenue par la majorité dans l'arrêt *Page v Smith* : *Page v Smith* [1996] AC 55.

[4] *Bourhill v Young* (1943) AC 92. Dans cet arrêt, Lord Porter précise ainsi que le dommage causé doit avoir été prévisible chez une personne de résilience normale - Lord Porter, p. 116-117. *Contra.* : R. MULHERON, *Principles of Tort Law*, *op. cit.*, spéc. §5.23. Cet auteur estime que l'exigence de résilience normale ne s'applique pas aux victimes primaires.

[5] Cette exigence a été affirmée avec plus de clarté mais sur le même fondement de la prévisibilité au Canada : *Mustapha v Culligan of Canada Ltd.* 2008 SCC 27, [2008] 2 SCR 114. Un homme particulièrement attaché à son hygiène avait trouvé une mouche morte dans une bouteille d'eau minérale. Cela avait déclenché chez lui une angoisse irrationnelle et une dépression. La Cour Suprême du Canada rejette sa demande et déclare notamment qu'il n'a pas été exposé à un risque réel de dommage. Sur cet arrêt, v. notamment : M. H. OGILVIE, « The Fly in the bottle and psychiatric damage in consumer law », *J.B.L.* 2010, n° 2, p. 85-100. Sur le caractère avéré du risque, v. aussi : C. HILSON, « Let's Get Physical: Civil Liability and the Perception of Risk », *Journal of Environmental Law* 2009, n° 21(1), p. 33-57.

[6] *Grieves v FT Everard and Sons Ltd* [2007] UKHL 39 ; [2008] 1 AC 281.

[7] *Walker v Northumberland County Council* [1995] PIQR P521, [1994] EWHC QB 2, [1995] ICR 702, [1995] 1 All ER 737, [1995] IRLR 35.

demandeur a pu obtenir l'indemnisation de sa maladie psychique à compter de son deuxième arrêt de travail dans la mesure où rien n'avait été fait pour alléger sa charge de travail. Cette solution a été approuvée à plusieurs reprises[1]. Pour établir qu'un devoir de prudence existe, les juges doivent se demander s'il était prévisible que l'employé en question subisse le dommage[2]. Il s'agit donc d'une approche subjective permettant d'écarter la référence à la résilience normale lorsque l'employeur connaissait la situation du salarié[3]. Dans *Grieves*, ce fondement a été écarté car il n'était pas prévisible pour l'employeur que son ancien employé subisse une pathologie psychique du fait de son exposition trente ans après les faits[4].

La notion de prévisibilité permet de contrôler le caractère certain du risque auquel le demandeur a été exposé en droit anglais. Les juges anglais analysent rigoureusement la réalité et la nature du risque en question. L'indemnisation de l'exposition à un risque de dommage est donc rare.

Incertitude initiale en droit français. La preuve du caractère certain du risque n'a pas toujours été nécessaire en droit français. La certitude du risque a deux dimensions : il faut pouvoir définir le dommage redouté et le pourcentage de chance qu'il se réalise[5]. Le risque hypothétique est donc le risque qui n'est pas scientifiquement avéré, ce qui signifie que le dommage redouté, sa probabilité ou les deux ne sont pas scientifiquement établis. L'indemnisation de l'anxiété née de la proximité avec des antennes-relais a conduit des auteurs à s'interroger sur l'indemnisation du préjudice d'angoisse face à des risques hypothétiques[6]. En effet, l'effet néfaste des ondes magnétiques sur la santé humaine n'est pas scientifiquement avéré et la communauté scientifique est divisée sur ce point. L'indemnisation du préjudice d'anxiété des riverains consistait donc à indemniser l'angoisse d'un demandeur face à un risque potentiel de dommage, ce qui a conduit à questionner l'exigence de certitude du risque.

Influence du principe de précaution. En droit français, la notion de risque renvoie à la fonction préventive de la responsabilité civile plutôt qu'à la fonction plus classique de réparation. Pour le Professeur Thibierge, le

---

[1] *Hatton v Sutherland* (2002) 68 BMLR 115, [2002] EWCA Civ 76, [2002] 2 All ER 1, [2002] PIQR P21 ; *Barber v Somerset County Council* [2004] UKHL 13, [2004] 1 WLR 1089, [2004] 2 All ER 385, [2004] WLR 1089, [2004] ELR 199, (2004) 77 BMLR 219, [2004] IRLR 475, [2004] ICR 457, [2004] PIQR P31.

[2] *Hatton v Sutherland* (2002) 68 BMLR 115, spéc. Lady Hale, n° 23.

[3] R. MULHERON, *Principles of Tort Law*, *op. cit.*, spéc. §5.49.

[4] *Grieves v FT Everard and Sons Ltd* [2008] 1 AC 281, spéc. Lord Hoffman, p. 294. Sur ce point, v. par ex. : D. LECZYKIEWICZ, « Pleural plaques, the concept of damage and liability for psychiatric injury », *L.Q.R.* 2008, n° 124(Oct.), p. 548-553.

[5] C. QUÉZEL-AMBRUNAZ, « Antennes-relais : distinguer risque, trouble et préjudice sur fond de principe de précaution », *RLDC* 2009, n° 59.

[6] Y. QUISTREBERT, « La spécificité du préjudice d'angoisse face aux risques hypothétiques », *R.J.O.*, n° spécial 2014, actes du colloque du 3 octobre 2014, p. 57-90 ; M. BARY, « Vers la consécration du préjudice d'angoisse face aux risques hypothétiques par la responsabilité civile ? », *R.J.O.*, n° spécial 2014, actes du colloque du 3 octobre 2014, p. 93-114.

risque est le fondement possible d'une approche purement préventive de la responsabilité civile fondée sur les théories d'Hans Jonas et consistant à saisir autant l'avenir que le passé[1]. Ce fondement vise à prévenir la réalisation de dommages *via* la précaution, puisque selon cet auteur « *la précaution est l'une des clés de l'éthique de la responsabilité* ». La précaution va même au-delà de la simple prévention puisqu'elle concerne le risque potentiel et pas seulement le risque avéré[2]. Cette poussée doctrinale vise à conférer une dimension prospective à la responsabilité civile[3], et porterait du fruit dans le droit positif[4]. L'indemnisation du préjudice d'angoisse en matière d'antennes-relais dans le cas d'un risque hypothétique s'ancre dans cette dimension préventive. En 2009, la cour d'appel de Versailles s'est ainsi référée directement au principe de précaution pour justifier en l'espèce l'indemnisation du préjudice d'angoisse et l'injonction sous astreinte de démanteler l'antenne litigieuse. Pourtant, la place du principe de précaution en droit de la responsabilité civile est contestée. Il ressort par exemple d'un arrêt du 18 mai 2011 de la troisième chambre civile que le principe de précaution ne modifie pas directement les règles de la responsabilité civile[5]. Selon un auteur, cet arrêt signifie que « *le principe de précaution n'a [donc] pas vocation à intégrer les mécanismes de la responsabilité civile* »[6]. Il est cependant difficile d'être aussi catégorique. Le principe de précaution joue un rôle en responsabilité civile et il existe une tendance à conférer à la responsabilité civile une dimension préventive[7] mais ce principe demeure une référence plutôt qu'une règle contraignante.

Notons qu'en droit anglais, le principe de précaution ne joue aucun rôle en droit positif[8]. Cela permet d'éclairer la sensibilité moindre des juristes anglais aux difficultés d'indemnisation de l'exposition à un risque de dommage.

Réaffirmation du caractère certain. L'indemnisation du préjudice d'angoisse né d'un risque incertain a suscité de nombreuses critiques en

---

[1] C. THIBIERGE, « Libre-propos sur l'évolution du droit de la responsabilité civile (vers un élargissement de la fonction de la responsabilité civile ?) », *RTD Civ.* 1999, p. 561.

[2] C. QUÉZEL-AMBRUNAZ, « Antennes-relais : distinguer risque, trouble et préjudice sur fond de principe de précaution », *loc. cit.*

[3] C. RADÉ, « Réflexions sur les fondements de la responsabilité civile, 1. L'impasse », *D.* 1999, p. 313, et « Réflexions sur les fondements de la responsabilité civile, 2. Les voies de réforme : la promotion du droit à la sûreté », *D.* 1999, p. 323.

[4] V. par ex. : G. VINEY, « Principe de précaution et responsabilité civile des personnes privées », *D.* 2007, p. 1542 ; P. JOURDAIN, « Comment traiter le dommage potentiel ? », *op. cit.*

[5] Cass. civ. 3ème, 18 mai 2011, n° 10-17.645.

[6] M. BARY, « Le principe de précaution et la responsabilité civile : à propos de champs électromagnétiques », *Resp. civ. et assur.* 2011, étude 11.

[7] V. par ex. : O. GOUT, « Les avancées discrètes du principe de précaution », *Resp. civ. et assur.* 2006, étude 11.

[8] M. LEE, « Pollution and personal injury : problems and prospects », *Env. L. Rev.* 2001, n° 3(1), 15-28. V. aussi : E. LEMAIRE, *Risques sanitaires sériels et responsabilité civile : étude comparée des droits français et anglais*, thèse, L'Harmattan, Logiques Juridiques, 2021, spéc. n° 585 et s.

doctrine. Selon certains auteurs, il s'agirait d'une instrumentalisation de la notion de troubles anormaux du voisinage afin d'atteindre un objectif de prévention malgré l'absence de risque réel[1]. Cette analyse est notamment partagée par un auteur favorable à une approche préventive de la responsabilité civile mais préférant que celle-ci s'exprime dans le cadre d'une action spécifique[2]. En dehors du cas particulier des antennes-relais, la nécessité de démontrer la réalité du risque est admise[3]. Cette exigence a été réaffirmée par l'arrêt du 11 septembre 2019[4]. Selon cet arrêt, pour pouvoir agir contre son employeur un salarié doit justifier d'une « *exposition à une substance nocive ou toxique générant un risque élevé de développer une pathologie grave* »[5]. La Cour procède au « désamiantage » du préjudice d'anxiété en permettant son indemnisation dans le cas d'une exposition du demandeur à une substance dangereuse[6]. Cela soulève la question de l'identification de ce qui constitue une exposition à une substance nocive ou toxique et un risque élevé de développer une pathologie grave. La toxicité ou la nocivité de certaines substances ne font pas de doute, comme l'amiante par exemple. D'autres substances poseront plus de difficultés. Pour le professeur Bloch[7] une première approche consisterait à étudier le règlement européen REACH relatif à l'enregistrement, l'évaluation et l'autorisation des substances chimiques. Il contient une liste des substances extrêmement préoccupantes qui pourra servir de référence. La liste des maladies professionnelles pourra également être utilisée[8]. Reste qu'en cas de doute, la question de l'application du principe de précaution reviendra sans doute. A l'image des usages en matière de causalité, il serait possible d'envisager l'utilisation de présomptions graves, précises et concordantes[9].

Pour que l'exposition à un risque de dommage en droit français et en droit anglais soit indemnisée, encore faut-il que le risque en question soit avéré. Cette exigence se rattache à l'existence d'un devoir de prudence et donc à l'exigence de prévisibilité. Celle-ci est très difficile à satisfaire. En droit français, il a été question de réparer le préjudice moral né d'une exposition à un risque hypothétique mais cette possibilité a été écartée. En

---

[1] Y. QUISTREBERT, *loc. cit.*, p. 85 et s. ; P. JOURDAIN, « Comment traiter le dommage potentiel ? », *op. cit.*

[2] M. BARY, « Vers la consécration du préjudice d'angoisse face aux risques hypothétiques par la responsabilité civile ? », *op. cit.*, p. 105 et s.

[3] P. JOURDAIN, « Les préjudices d'angoisse », *op. cit.* ; A. VIGNON-BARRAULT, « L'anxiété : le regard du civiliste », *Resp. civ. et assur.* 2019, étude 4.

[4] Cass. soc., 11 sept. 2019, n° 17-25.300.

[5] *Ibid.*

[6] L. BLOCH, « Le "désamiantage" du préjudice d'anxiété par la chambre sociale », *Resp. civ. et assur.* 2019, étude 11.

[7] *Ibid.*

[8] D. ASQUINAZI-BAILLEUX, « Préjudice d'anxiété des travailleurs d'établissements non classés : l'avancée jurisprudentielle », *Dr. Soc.* 2019, p. 456.

[9] Ph. BRUN, « Causalité juridique et causalité scientifique », *RLDC* 2007, n° 40 - Cass. civ. 1ère, 19 juin 2019, n° 18-10.380, *LEDA* sept. 2019, n° 112c4, p. 3, obs. T. DOUVILLE ; *Dalloz actualité* 10 juill. 2019, obs. S. HORTALA.

toute hypothèse, le demandeur devra également démontrer une exposition au risque.

Exposition au risque. Après avoir démontré le caractère avéré du risque de dommage futur, le demandeur doit ensuite démontrer qu'il a effectivement y été exposé pour obtenir l'indemnisation de son atteinte morale en droit français et en droit anglais.

Zone de danger et exposition en droit anglais. En principe, un demandeur ne peut agir sur le fondement du *nervous shock* en tant que victime primaire pour la crainte née de son exposition à un risque de dommage que s'il a effectivement été exposé à ce risque[1]. Dans l'arrêt *White*, des policiers avaient prêté assistance à des personnes ayant été écrasées dans un mouvement de foule à Hillsborough, un stade de football situé à Sheffield. Ils agissaient contre leur employeur pour ses manquements dans l'organisation de l'évènement qui les avait conduits à être exposés à des scènes effroyables. La Chambre des Lords rejette leur action en estimant qu'ils n'avaient à aucun moment été mis en danger et n'avaient pas craint pour leur propre vie. En droit anglais, la zone de risque est l'espace dans lequel une personne pourrait effectivement être blessée par le comportement du responsable. Cette notion permet de distinguer les victimes primaires des victimes secondaires[2]. Une victime primaire est un demandeur qui se situe dans la zone de danger et qui a donc pu craindre pour sa vie tandis qu'une victime secondaire a craint pour la vie d'un proche ou d'une personne qu'elle a vu souffrir[3]. Cette notion permet également d'écarter l'action d'un demandeur qui souffre d'une maladie psychique alors même qu'il n'a pas été réellement exposé à un risque de dommage. Par exemple, dans l'arrêt *McFarlane v EE Caledonia*[4], il s'agissait de déterminer s'il existait un devoir de prudence en faveur d'un homme qui avait assisté, depuis un bateau de secours, au feu de la plateforme pétrolière *Piper Alpha* en mer du Nord qui a fait 167 morts le 6 juillet 1988. Celui-ci avançait qu'il avait subi un syndrome de stress post-traumatique alors même qu'il n'avait jamais été dans la zone de danger et qu'il ne courrait aucun risque depuis le navire où il se trouvait. Les juges ont écarté sa demande en estimant qu'une personne de résilience normale n'aurait pas subi dans de telles circonstances de dommage

---

[1] *White v Chief Constable of South Yorkshire Police & others* [1999] 1 All ER 1, [1999] 2 AC 455, [1998] UKHL 45, [1999] ICR 216, [1998] 3 WLR 1509, [1999] IRLR 110, (1999) 45 BMLR 1.

[2] Et cela malgré des critiques, comme celle des Professeurs Nolan et Bailey qui estiment que le critère de distinction ne devrait pas être le fait que le demandeur se trouva ou non dans la zone de danger, mais plutôt celui de savoir si le demandeur a souffert d'une atteinte psychique du fait de la crainte pour sa propre vie ou du fait de sa crainte pour la vie d'un proche : S. BAILEY, D. NOLAN, *op. cit.* Pour des développements supplémentaires sur la distinction entre victime primaire et secondaire, v. *infra* p. 184 et s.

[3] Conformément au critère établi dans : *Alcock v Chief Constable of South Yorkshire* [1991] 4 All ER 907, [1991] UKHL 5, [1992] 1 AC 310 ; *Page v Smith* [1995] UKHL 7, [1995] 2 All ER 736.

[4] *McFarlane v EE Caledonia Ltd* [1994] 2 All E.R. 1.

psychique et que le défendeur ne lui devait pas de devoir de prudence. Dans l'hypothèse où le demandeur agit en réparation de la pathologie psychique née de son exposition à une substance dangereuse, il devra aussi démontrer que son exposition était d'une importance suffisante[1].

Preuve de l'exposition en droit français. L'arrêt du 11 septembre 2019 de la chambre sociale de la Cour de cassation précise que le demandeur doit avoir été exposé à une substance dangereuse. La preuve de l'exposition est donc naturellement une condition de l'indemnisation. En l'espèce, plusieurs régimes coexistent.

En matière de préjudice spécifique d'anxiété, la preuve du fait générateur a été facilitée par l'établissement d'une équivalence entre inscription de l'établissement sur les listes ACAATA et exposition à l'amiante du travailleur. Un auteur, citant un arrêt de la chambre sociale[2], précise qu'aucune « *preuve de l'exposition personnelle du salarié à l'amiante au sein de l'établissement listé ne pouvait être exigée, la chambre sociale cassant un arrêt de cour d'appel qui, s'agissant d'un employé administratif, avait "ajouté la condition de la preuve d'une exposition personnelle du salarié à l'amiante".* »[3] L'inscription sur les listes ACAATA permet donc de présumer irréfragablement l'exposition du salarié à l'amiante et le caractère fautif de cette exposition, même s'il était avéré que le demandeur n'exerçait pas un emploi le mettant au contact de l'amiante[4]. Des employés administratifs d'entreprises inscrites qui n'étaient en aucun cas au contact d'amiante ont ainsi pu obtenir la réparation de leur préjudice d'anxiété[5].

Depuis les arrêts de 2019, l'indemnisation du préjudice d'anxiété des demandeurs ne bénéficiant pas du régime ACAATA suppose la preuve d'une exposition effective à un risque[6]. Cette preuve est systématiquement exigée dans les différentes circonstances où les préjudices d'angoisse et d'anxiété se développent[7]. Dans certains cas, la preuve de l'exposition ne s'avèrera pas difficile. En matière d'amiante par exemple, le demandeur pourra attester par des bulletins de salaire ou un contrat de travail qu'il a été employé sur un site où de l'amiante était utilisée. Dans d'autres hypothèses pourtant, la preuve de l'imputation de l'exposition au risque à un défendeur sera bien plus complexe. Dans l'affaire du Distilbène par exemple, les expositions

---

[1] *Bannister v Freemans Plc* [2020] EWHC 1256 (QB) ; [2020] 5 WLUK 272 (QBD). Sur ce point, v. par ex. : S. KILVINGTON, « When is a risk of death trivial ? Causation in mesothelioma claims », *J.P.I.L.* 2020, n° 4, p. 244-250.

[2] Cass. soc. 2 juill. 2014, n° 13-10.644.

[3] X. AUMERAN, « Préjudice d'anxiété des travailleurs : un nouveau départ », *JCP S* 2019, 1126.

[4] L. BLOCH, *loc. cit.*

[5] M. VOXEUR, « Le préjudice d'anxiété de salariés exposés à l'amiante n'a pas à être prouvé : en sera-t-il de même pour d'autres préjudices récemment invoqués ? », *JCP E* 2013, 1061.

[6] D. ASQUINAZI-BAILLEUX, *op. cit.*

[7] Sur le Médiator : CE, 9 nov. 2016, n° 393108, n° 393902 et n° 393904. Sur cet arrêt, v. notamment : S. HOCQUET-BERG, *op. cit.* ; L. BLOCH, « Médiator : vers de nouveaux effets indésirables », *Resp. civ. et assur.* 2017, étude 1.

remontent à l'époque de la grossesse des mères des demanderesses. Retrouver les ordonnances pour établir que du Distilbène leur a été prescrit sera difficile, et une seconde difficulté plus grande encore sera d'établir quel médicament aura été utilisé pour définir le fabricant responsable[1]. Dans cette hypothèse, la preuve peut dans les faits être simplifiée par le recours aux présomptions, notamment lorsque l'exposition au Distilbène est la seule cause possible du dommage[2]. Plus largement, la preuve de l'exposition au risque dépendra des circonstances de l'espèce et de la nature du risque auquel le demandeur aura été exposé, ce qui ne remet pas en cause le mouvement d'unification du préjudice d'anxiété.

Transition. En droit français comme en droit anglais, l'indemnisation de la souffrance morale née d'une exposition à un risque de dommage suppose d'abord que soit prouvé l'exposition du demandeur au risque. Cette exigence peut être particulièrement contraignante mais permet au préjudice de mieux s'incarner dans la mesure où il s'ancre dans une situation réelle. Il faut ensuite que le demandeur prouve qu'il subit une atteinte morale réparable.

§2. L'indemnisation d'une atteinte morale

Le demandeur exposé à un risque de dommage devra prouver qu'il souffre d'une atteinte morale résultant de son exposition. L'évaluation des dommages et intérêts ayant vocation à indemniser le préjudice causé par une exposition à un risque différera considérablement en droit français et en droit anglais.

Preuve de l'atteinte morale. La preuve de l'atteinte morale est différente en droit français et en droit anglais dans la mesure où l'objet de cette preuve n'est pas le même. En droit français il faudra prouver l'existence d'un préjudice moral, tandis qu'en droit anglais il faudra démontrer que le demandeur souffre d'une pathologie psychique identifiable.

Cohabitation de deux régimes en matière d'amiante. En France, le régime du préjudice spécifique d'anxiété apparu en 2010 a été conçu pour faciliter l'indemnisation des travailleurs ayant été employés par des entreprises inscrites sur les listes ACAATA. La preuve de la faute, du dommage et du lien de causalité a ainsi été concentrée dans la seule inscription de l'établissement sur les listes ACAATA. Dans l'affaire de 2010, la cour d'appel avait rappelé la nécessité de prouver un préjudice et estimé que la preuve du préjudice d'anxiété n'était pas rapportée. La chambre sociale casse cet arrêt, laissant entendre qu'un préjudice se présume nécessairement de l'exposition, elle même présumée de l'inscription de l'établissement sur les listes ACAATA[3]. Par conséquent, toute la réparation est concentrée autour du concept unique d'exposition. Cela a conduit un

[1] S. HOCQUET-BERG, « Exposition *in utero* au Distilbène », *Resp. civ. et assur.* 2014, comm. 312.

[2] S. HOCQUET-BERG, « L'affaire dite du distilbène, figure de proue de l'indemnisation des victimes de produits de santé ? », *Resp. civ. et assur.* 2019, étude 10.

[3] Cass. soc., 11 mai 2010, n° 09-02.241.

auteur à affirmer que nous étions en train de passer d'un préjudice d'anxiété, subjectif, à un préjudice d'exposition, objectif[1]. Monsieur Develay écrit : « *(l)es conditions posées à l'indemnisation du préjudice spécifique d'anxiété pourraient (...) se résumer à la seule condition de l'exposition au risque.* » Suite à quatre arrêts du 3 mars 2015[2], seuls les demandeurs ayant travaillé comme salariés dans un établissement figurant sur la liste ACAATA pouvaient obtenir l'indemnisation de leur préjudice spécifique d'anxiété. Les autres travailleurs ne pouvaient pas demander l'indemnisation de leur préjudice spécifique d'anxiété[3]. Madame Keim-Bagot écrit alors : « *L'inscription d'un établissement sur une liste devient l'alpha et l'oméga de la réparation. De présomption d'exposition au risque, elle devient condition exclusive du droit à réparation.* »[4] Le régime du préjudice spécifique d'anxiété issu de l'ACAATA est donc un régime spécial dont il faut souligner le caractère discriminant[5]. Un retour à des conditions plus standards du préjudice d'anxiété s'avérait nécessaire pour assurer un traitement équitable des demandeurs et se conformer au principe d'équivalence.

Dans son arrêt du 5 avril 2019[6], confirmé depuis[7], l'Assemblée plénière de la Cour de cassation exige la preuve du préjudice d'anxiété. La cour d'appel s'était conformée à une jurisprudence constante et avait jugé qu'elle ne pouvait pas exercer de contrôle de l'existence même du préjudice du fait de son caractère intangible et personnel. Depuis 2012, les juridictions du fond ne pouvaient pas exiger du demandeur qu'il se soit soumis à des contrôles médicaux et présumaient l'existence d'un préjudice moral[8]. L'assemblée plénière opère un revirement en contrôlant la réalité et l'existence du préjudice moral allégué. Cet arrêt est donc un véritable tournant en ce qu'il restaure les différentes conditions de la responsabilité civile[9]. Il rétablit une conception orthodoxe du préjudice d'anxiété conçu comme le mode de réparation d'un préjudice moral classique et non comme un préjudice d'exposition objectif. Le régime développé par la Cour de cassation sur le fondement de l'ACAATA évoquait les atteintes aux droits de

---

[1] M. DEVELAY, « Du préjudice d'angoisse au préjudice d'exposition », *RLDC* 2013, n° 103 ; M. KEIM-BAGOT, « Préjudice d'anxiété : sortir de l'impasse », *Cah. soc.* mai 2018, n° 123d0, p. 13.

[2] Cass. soc., 3 mars 2015, n° 13-26.175 - Cass. soc., 3 mars 2015, n° 13-20.474.

[3] Cass. soc., 26 avr. 2017, n° 15-19.037.

[4] M. KEIM-BAGOT, « Préjudice d'anxiété : la Cour de cassation referme la boîte de Pandore », *op. cit.*

[5] P. JOURDAIN, « Préjudices d'anxiété des travailleurs de l'amiante : d'étranges disparités », *RTD Civ.* 2015, p. 393 ; X. AUMERAN, « Le préjudice d'anxiété des travailleurs à la croisée des chemins », *Dr. soc.* 2017, p. 935.

[6] Cass. ass. plén., 5 avr. 2019, n° 18-17.442.

[7] Cass. soc., 2 juin 2021, n° 19-15.572 - Cass. soc., 2 juin 2021, n° 19-15.574 et 19-15.577 - Cass. soc., 2 juin 2021, n° 19-15.575 et 19-15.579.

[8] Cass. soc., 4 déc. 2012, n° 11-26.294.

[9] C. COURCOL-BOUCHARD, Avis oral du Premier Avocat Général, cité dans X. AUMERAN, « Préjudice d'anxiété des travailleurs : un nouveau départ », *op. cit.*

la personnalité, et notamment l'atteinte au droit à la vie privée[1] ou au droit à l'image[2]. L'arrêt d'Assemblée du 5 mars 2019 avait pour ambition de restaurer le préjudice d'anxiété au sein de la responsabilité civile[3]. Le refus de concentrer les conditions de la réparation du préjudice d'anxiété au sein du seul élément de l'atteinte marque le retour à une conception orthodoxe du préjudice d'anxiété, même si les régimes issus de l'ACAATA et de l'arrêt du 5 mars 2019 ont vocation à coexister[4].

Unification du préjudice d'angoisse. L'arrêt d'assemblée du 5 mars 2019 s'inscrit dans la démarche d'unification du préjudice d'angoisse autour de la figure d'un préjudice moral subjectif[5]. Les demandeurs ne peuvent plus s'appuyer sur une présomption de préjudice moral mais doivent prouver son existence dans les circonstances de l'espèce. Ils doivent prouver leur exposition d'une part[6], et prouver leur préjudice d'anxiété d'autre part[7]. La preuve du préjudice moral est un exercice nécessairement difficile tant la souffrance dont le demandeur se prévaut est intime. Pourtant, en faisant du préjudice d'angoisse une figure de droit commun et en s'écartant de la figure du préjudice d'exposition, le rétablissement de l'exigence de preuve était une nécessité. Cela rapproche le préjudice d'anxiété lié à une exposition professionnelle du préjudice d'anxiété lié à une exposition à un produit dangereux où la preuve du préjudice moral est exigée[8].

Cette restauration de l'exigence de preuve fait l'objet de critiques dans la mesure où elle créerait une situation de discrimination entre les demandeurs selon qu'ils bénéficient du régime de l'ACAATA ou non[9]. En outre, selon des auteurs les demandeurs risquent de se heurter à une preuve trop difficile, ce qui justifierait de créer un système de présomption du préjudice d'anxiété

---

1 Cass. civ. 1ère, 5 nov. 1996, n° 94-14.798 ; Cass. Civ. 2ème, 18 mars 2004, n° 02-12.743 ; selon ces arrêts : « *la seule constatation de l'atteinte à la vie privée ouvre droit à réparation* ».

2 Cass. civ. 1ère, 5 juill. 2006, n° 05-14.738 : selon cet arrêt « *la seule constatation de l'atteinte à l'image ouvre droit à réparation* ».

3 A. VIGNON-BARRAULT, « Préjudice d'anxiété des travailleurs de l'amiante : la Cour de cassation au milieu du gué ? », *Resp. civ. et assur.* 2019, étude 6.

4 Cass. soc., 15 déc. 2021, n° 20-11.046.

5 En faveur de cette unification, v. notamment : A. BOURGOIN, *Le traitement du dommage extracontractuel non encore survenu*, thèse, Université de Tours, 2019, spéc. n° 113.

6 Cass. soc., 4 sept. 2024, 22-20.917, *Resp. civ. et assur.* 2024, comm. 230, obs. L. BLOCH.

7 Cass. soc., 29 mars 2023, n° 21-13.988, n° 21-13.989, n° 21-13.990, n° 21-13.991, n° 21-13.993, n° 21-13.994, n° 21-13.995, n° 21-13.996, n° 21-13.997, n° 21-13.998, n° 21-13.999, n° 21-14.000, n° 21-14.001, n° 21-14.002, n° 21-14.003, n° 21-14.004, n° 21-14.005, n° 21-14.006, n° 21-14.007, n° 21-14.008, n° 21-14.009, n° 21-14.010, n° 21-14.011, n° 21-14.013, et n° 21-14.014, *Resp. civ. et assur.* 2023, comm. 154, obs. L. BLOCH.

8 Pour le Distilbène : Cass. civ. 1ère, 11 janv. 2017, n° 15-16.282, *JCP G* 2017, doctr. 257, obs. M. BACACHE ; *Gaz. Pal.* 6 juin 2017, n° 296r2, p. 64, obs. D. TAPINOS. Dans l'affaire du Médiator : CE, 9 nov. 2016, n° 393108, n° 393902 et n° 393904. Dans l'affaire du chlordécone : TA Paris, 24 juin 2022, n° 2006925/6-2, 2107178/6-2 et 2126538/6-2.

9 A. GUÉGAN, « Le préjudice d'anxiété des salariés exposés à l'amiante : vers de nouveaux horizons au prix d'une réparation plus incertaine », *D.* 2019, p. 2058.

lorsque l'exposition du demandeur à une substance nocive est avérée[1]. Pourtant, il ne paraît pas nécessaire que les juges français rétablissent immédiatement des facilités de preuve en faveur des demandeurs exposés à un risque de dommage. La nécessité de prouver le préjudice moral ne paraît pas insurmontable dans la mesure où elle peut être satisfaite par tout moyen. En outre, elle permet de mieux incarner la réparation et de renforcer la dimension subjective du préjudice d'angoisse. Les juridictions pourront faire ponctuellement bénéficier le demandeur d'une présomption au fondement objectif selon les circonstances de l'espèce[2]. Cela semble préférable à l'établissement de nouvelles présomptions irréfragables qui heurtent la nature morale et subjective du préjudice d'angoisse. Plus largement, même s'il n'existe pas de fondement théorique permettant de limiter le champ de l'indemnisation pour en exclure le préjudice d'angoisse, la preuve demeure un moyen efficace de régulation du contentieux. À trop vouloir faciliter l'indemnisation des salariés bénéficiant du régime de l'ACAATA, la chambre sociale s'était enfoncée dans un régime spécifique contestable. Au fond, il s'agit d'une autre expression de l'argument anglais des *floodgates*. Face à la masse du contentieux et à l'ouverture des vannes de l'indemnisation, la chambre sociale a été contrainte de créer un droit insatisfaisant mais efficace. Les difficultés de preuve semblent constituer une limite naturelle à l'indemnisation moins arbitraire et donc plus satisfaisante[3].

En droit anglais, l'indemnisation d'une pathologie psychique identifiable suppose d'abord que cette pathologie soit démontrée mais aussi qu'elle ait été causée par un choc nerveux. Au fond, il s'agit d'ancrer l'indemnisation de l'exposition à un risque de dommage dans le réel et de l'incarner.

Preuve de l'atteinte en droit anglais. Pour espérer obtenir l'indemnisation de l'atteinte pathologique causée par une exposition à un risque de dommage, le demandeur doit démontrer qu'il souffre d'une pathologie identifiable. Des auteurs ont contesté cette exigence[4]. Ce standard de preuve peut sembler élevé et donc trop discriminant envers les demandeurs. Le Professeur Mulheron insiste notamment sur le fait que les atteintes émotionnelles et psychiques ont une étiologie comparable. Ces atteintes sont de degrés différents plutôt que de natures différentes. Par conséquent, la pratique de la distinction serait particulièrement difficile. Selon le même auteur, cette exigence a créé un certain chaos en *negligence*.

---

[1] M. BACACHE, « Le préjudice d'anxiété lié à l'amiante : une victoire en demi-teinte », *JCP G* 2019, 508 ; L. BLOCH, « Le "désamiantage" du préjudice d'anxiété par la chambre sociale », *op. cit.*

[2] J. TRAULLÉ, « Le renouveau des présomptions en droits de la responsabilité civile », *D.* 2021, p. 360.

[3] N. MOLFESSIS, « La psychologisation du dommage », *in Quel avenir pour la responsabilité civile ?*, Y. Lequette et N. Molfessis (dir.), Dalloz, 2015, p. 39-55, spéc. p. 55.

[4] E. LEMAIRE, « The Fear of Future Illness : An Analytical Comparison of English and French Law », *op. cit.* ; R. MULHERON, « Rewriting the requirement for a "recognized psychiatric injury" in negligence claims », *op. cit.*

Il a fallu reformuler et replacer les requêtes pour atteintes émotionnelles dans d'autres catégories du droit puisqu'on ne pouvait pas les indemniser de façon autonome[1]. Cet auteur défend donc l'abandon de l'exigence d'une pathologie diagnostiquée. Pour Madame Lemaire, l'exigence de prouver l'existence d'une pathologie reconnue est « *un niveau de preuve excessivement contraignant* »[2] qui ne lui paraît pas nécessaire au vu de l'existence d'autres mécanismes de contrôle en droit anglais. Il n'est pourtant pas question de remettre en cause ce principe.

La preuve d'une pathologie psychique identifiable suppose d'établir des outils de preuve utilisables par les juges afin de vulgariser l'art médical. Les juges anglais s'appuient pour cela sur les nomenclatures de l'*American Psychiatric Association* et de l'Organisation Mondiale de la Santé, intitulées DSM-V et ICD-10. Des auteurs proposent une modification des standards de preuve médicale utilisés par les cours anglaises. Ces nomenclatures ne seraient pas adaptées aux besoins spécifiques des juridictions. En effet, les experts médicaux peuvent atteindre des diagnostics très différents sur la base des mêmes nomenclatures qui seraient par conséquent trop souples. Selon un autre auteur, le passage de la nomenclature DSM-IV à DSM-V de l'*American Psychiatric Association* va renforcer l'incertitude des diagnostics puisque la nouvelle nomenclature est beaucoup plus souple que l'ancienne. Elle élargit la notion de pathologie en y intégrant de nouvelles situations[3]. Cet auteur défend donc la création d'une nomenclature des maladies psychiques spécifique aux juridictions et construite par des juges et des médecins pour les besoins des actions en *nervous shock*. Pour le Professeur Mulheron, le standard ne devrait pas être le diagnostic médical. Elle écrit qu'il ne s'agit pas de déterminer si la personne a été diagnostiquée conformément à l'ICD-10 ou au DSM-IV mais « *si le demandeur a souffert d'une réaction psychologique anormale, par opposition à une émotion humaine normale (...), pour démontrer un dommage réparable* »[4]. Les juges devraient donc se détacher d'une preuve spécifiquement médicale, ce qui reviendrait à vrai dire à ne plus fonder la distinction des atteintes morales réparables ou non sur leur caractère pathologique.

Preuve d'un choc nerveux. Il existe traditionnellement une condition supplémentaire d'indemnisation en matière de *nervous shock*. C'est la nécessité de prouver un choc ayant causé le dommage. Pour qu'un devoir de

---

[1] Ce qui a pu conduire un auteur à défendre que les atteintes émotionnelles étaient systématiquement indemnisées en droit anglais, sauf lorsqu'elles étaient autonomes : E. DESCHEEMAEKER, *op. cit.*

[2] E. LEMAIRE, « The Fear of Future Illness : An Analytical Comparison of English and French Law », *op. cit.*, spéc. p. 26 : « *an excessively stringent level of proof* » (notre traduction).

[3] R. ORR, *op. cit.*

4 R. MULHERON, « Rewriting the Requirement for a "recognized psychiatric injury" in negligence claims », *op. cit.*, spéc. p. 77 : « *whether the claimant has suffered some abnormal psychological reaction, as opposed to ordinary human emotions (...) to constitute actionable damage* » (notre traduction).

prudence existe en la matière, il faudrait un choc qui cause une atteinte psychique d'ordre pathologique. Lord Oliver explique en effet dans *Alcock* qu'il faut démontrer que le dommage a été causé par « *le choc soudain et inattendu du système nerveux du demandeur* »[1]. Il faut donc que le demandeur soit exposé au risque directement et qu'il soit marqué par cette intrusion soudaine du risque dans son existence. Cette exigence est très critiquée en doctrine[2]. La notion de choc est contingente, limitative, et mal définie. *A priori*, le concept de choc vise à satisfaire l'exigence de prévisibilité du dommage[3]. Le choc remplit ce rôle de prévisibilité parce qu'il permet d'incarner le caractère risqué du comportement du défendeur. Son rôle a cependant tendu à diminuer au fil du temps, jusqu'à être clairement écarté en 2024 dans l'arrêt *Paul*[4]. Cette exigence n'est pas compatible avec l'indemnisation de l'angoisse pathologique face à un risque de dommage. En cas d'exposition durable à une substance dangereuse, il serait difficile d'identifier le choc qui aurait déclenché la maladie psychologique.

Le droit du *nervous shock* pourrait conceptuellement servir de cadre à l'indemnisation de l'angoisse pathologique causée par l'exposition à un risque de dommage futur mais il est assorti de conditions trop exigeantes pour que cette indemnisation soit possible[5]. En droit français, la preuve du préjudice est désormais exigée en dehors du cas particulier du préjudice spécifique d'anxiété. Au fond, les droits français et anglais avancent tous les deux dans la direction d'une plus grande incarnation de l'atteinte morale née de l'exposition à un risque de dommage. Une fois les conditions d'indemnisation satisfaites, il faut en assurer l'indemnisation.

Indemnisation du préjudice. Les modalités d'indemnisation du préjudice né de l'exposition à un risque de dommage diffèrent en droit français et en droit anglais du fait de leurs définitions divergentes de ce qui constitue l'atteinte morale.

En droit français. Le préjudice d'anxiété est un préjudice moral qui vise à indemniser l'angoisse non-pathologique du demandeur née de son exposition à une substance dangereuse. Dans une série d'arrêts du 25

---

[1] *Alcock v CC of South Yorkshire* (1992) 1 AC 310, spéc. Lord Oliver, p. 411 : « *the sudden and unexpected shock to the plaintiff's nervous system* » (notre traduction).

[2] M. FORDHAM, « Psychiatric injury, secondary victims and the "sudden shock" requirement », *S.J.L.S.* July 2014, p. 41-58 ; D. NOLAN, « Psychiatric injury at the crossroads », *op. cit.*

[3] V. *supra* p. 69 et s. Un auteur préfère écarter la condition de choc au profit de la notion de prévisibilité : D. NOLAN, « Horrifying events and their consequences: clarifying the operation of the Alcock criteria », *P.N.* 2014, p. 176-179.

[4] *Paul v Royal Wolverhampton NHS Trust* [2024] UKSC 1 ; [2024] 2 WLR 417 (*Paul* (SC)), spéc. Lord Leggatt et Lady Rose, §71-74. Cette exigence a également été clairement écartée en droit australien : F.A. TRINDADE, « Reformulation of the nervous shock rules », *L.Q.R.* 2003, n° 119(Apr.), p. 204-210.

[5] M. FORDHAM, « Risk and Anxiety - Defining damage in the tort of negligence : Rothwell v Chemical & Insulating Co. Ltd & Anor. », *S.J.L.S.* July 2008, p. 193-204.

septembre 2013, la Cour de cassation a jugé que « *l'indemnisation accordée au titre du préjudice d'anxiété répare l'ensemble des troubles psychologiques, y compris ceux liés au bouleversement dans les conditions d'existence, résultant du risque de déclaration à tout moment d'une maladie liée à l'amiante* »[1]. Les cours d'appel dont les arrêts étaient en débat s'étaient inspirées du préjudice spécifique de contamination et de ses particularités pour distinguerroot deux composantes du préjudice d'anxiété par deux indemnités[2]. Il s'agissait de réparer d'une part le préjudice d'anxiété constitué par la souffrance morale induite par la conscience du risque de dommage et d'autre part les répercussions de cette contamination sur la qualité de leur vie sociale et familiale. Ce deuxième élément recouvrait la perte de sérénité dans la manière d'envisager l'avenir et la nécessité de prendre en compte le risque de dommage dans les orientations de leurs existences. Deux auteurs ont contesté l'existence d'une telle composante au préjudice d'anxiété[3]. Rappelant qu'à la différence des bénéficiaires du préjudice spécifique de contamination, tous les bénéficiaires du préjudice d'anxiété ne tomberont pas malade, ces auteurs estiment qu'il serait abusif d'estimer que le projet de vie des demandeurs est nécessairement compromis par un risque dont la réalisation demeure incertaine. Les cours d'appel avaient accordé deux indemnités, ce qui concrètement conduisait à doubler la réparation accordée. La Cour de cassation casse ces arrêts sur le fondement du principe de réparation intégrale en arguant que le préjudice d'anxiété intègre déjà les troubles dans les conditions d'existence. Cette conception unitaire du préjudice d'anxiété qui intégrerait d'une part les souffrances morales endurées du fait de l'exposition au risque et d'autre part le déficit fonctionnel causé par l'exposition ne semble pas avoir été remise en cause par les arrêts de 2019.

Par conséquent, les juridictions accordent une unique indemnité visant à réparer le préjudice d'anxiété. Dans le contexte de contentieux de masse, les juridictions tendent même à accorder une indemnité identique à tous les demandeurs malgré le caractère personnel du préjudice et le principe d'indemnisation individuelle. Par exemple, les 727 mineurs de charbon lorrains concernés par l'arrêt de la Cour de cassation du 11 septembre 2019 ont tous reçu une indemnité de dix mille euros en réparation de leur préjudice d'anxiété. De même, deux cents anciens agents EDF ont également reçu dix mille euros chacun en réparation de leur préjudice d'anxiété. On est loin de l'idéal d'une réparation individualisée et personnalisée d'un préjudice subjectif.

---

[1] Cass. soc. 25 sept. 2013, n° 12-20.157. V. aussi : Cass. soc. 25 sept. 2013, n° 12-17.667 - Cass. soc., 2 avr. 2014, n° 12-28.616 - Cass. soc., 3 mars 2015, n° 13-20.474.

[2] V. notamment CA Paris, 1er déc. 2011, n° 10/04605, *SA ZF Masson*. Sur le préjudice spécifique de contamination, v. par ex. : B. WALTZ, « Réflexions autour de la notion de préjudice spécifique de contamination », *Resp. civ. et assur.* 2013, étude 5.

[3] J. COLONNA, V. RENAUX-PERSONNIC, « Préretraite amiante : le bouleversement dans les conditions d'existence, nouveau préjudice indemnisable ? », *JCP E* 2012, 1302.

Critique de la globalisation. Certains auteurs ont critiqué cette méthode d'évaluation qui contreviendrait au principe de réparation intégrale[1]. Parmi les plus virulents, Madame Guégan-Lécuyer se félicite d'abord du fait que la Cour de cassation refuse d'opérer un contrôle sur l'existence même de l'angoisse. L'auteur y voit une manière plus satisfaisante et efficace de réparer un préjudice subjectif au sein d'un contentieux de masse. Elle conteste ensuite l'intégration par la Cour de cassation des troubles dans les conditions d'existence au sein du préjudice d'anxiété. Elle estime qu'il s'agit d'une globalisation qui n'est pas conforme à la distinction traditionnellement opérée entre les souffrances endurées et le déficit fonctionnel dans la nomenclature Dintilhac. On peut cependant contester l'analyse de Madame Guégan-Lécuyer selon laquelle une telle distinction doit nécessairement être respectée en matière d'exposition à l'amiante. En matière de blessure, de maladie physique ou de maladie psychiatrique, les troubles dans les conditions d'existence expriment un affaiblissement fonctionnel. En matière de préjudice d'anxiété, la dimension fonctionnelle est contestable puisqu'il est généralement admis que cette exposition a des conséquences matérielles très faibles jusqu'à la déclaration des très graves maladies pouvant en découler. Il paraît alors difficile, de façon concrète, de distinguer la souffrance psychologique elle-même de ses effets souvent diffus sur l'existence de la personne. Il s'agirait moins alors d'une globalisation que d'une indemnité unique pour un préjudice unique.

Comment distinguer la souffrance psychologique du demandeur exposé à l'amiante des conséquences de l'angoisse dans son existence ? Les troubles dans les conditions d'existence désignent, à notre sens, des difficultés fonctionnelles plutôt qu'une crainte de l'avenir. Madame Guégan-Lécuyer propose une solution alternative inspirée de la jurisprudence des juridictions administratives consistant à évaluer concrètement les troubles dans les conditions d'existence en fonction de la situation de la victime. Elle cite une cour administrative d'appel qui a considéré que les souffrances endurées sont toujours réparables tandis que la réparation des troubles dans les conditions d'existence supposent que ceux-ci soient prouvés, notamment par la preuve d'un suivi médical par exemple[2]. Il s'agirait donc d'indemniser systématiquement l'angoisse du demandeur dès lors que son préjudice d'anxiété est démontré, et d'indemniser en outre les troubles dans les conditions d'existence s'ils sont prouvés. Cette solution médiane paraît convaincante. Les arrêts de 2019 sont revenus à des conditions classiques de la responsabilité civile en matière de préjudice d'anxiété. Or si le préjudice d'anxiété indemnise l'angoisse non-pathologique causée par l'exposition et non l'exposition seulement, toutes les conséquences de ce dommage doivent

---

[1] A. GUÉGAN-LECUYER, « La consécration du droit à réparation d'un préjudice spécifique d'anxiété globalisé au profit des salariés exposés à l'amiante », *D.* 2013, p. 2954 ; M. KEIM-BAGOT, « Préjudice d'anxiété : la Cour de cassation referme la boîte de Pandore », *op. cit.* ; X. AUMERAN, « Le préjudice d'anxiété des travailleurs à la croisée des chemins », *op. cit.*

[2] CAA Marseille, 13 déc. 2011, n° 11MA00739.

être indemnisées[1]. Cette distinction du préjudice d'anxiété et des troubles dans les conditions d'existence ne reflète pas la pratique des cours qui maintiennent une approche unitaire du préjudice d'anxiété[2].

En droit anglais. L'indemnisation de l'atteinte psychique pathologique se fait de la même façon que l'indemnisation d'une atteinte physique. Le demandeur pourra obtenir l'indemnisation de ses préjudices patrimoniaux et extrapatrimoniaux, ou *special et general damages*. Les *general damages* sont les dommages et intérêts que la loi fait découler mécaniquement du manquement. A l'inverse, les *special damages* sont les dommages et intérêts découlant spécifiquement des circonstances de l'espèce et qui doivent être demandés lors du procès. Cette distinction a une pertinence particulière en matière d'atteinte à la personne. Les *special damages* sont calculés de telle manière qu'ils représentent le plus exactement possible le dommage patrimonial du demandeur. L'objectif est de remettre la partie blessée dans la position où elle aurait été si la faute n'avait pas été commise[3]. C'est le principe de la *restitutio in integrum*, qui n'a de sens, selon le droit anglais, qu'en matière de dommages patrimoniaux. Les *special damages* incluent peu ou prou les mêmes éléments que ceux figurant dans la nomenclature Dintilhac, c'est-à-dire : les dépenses de santé[4], les frais divers[5], les pertes de gains professionnels actuels[6], les frais de logement adapté[7], les frais de véhicule adapté[8], l'assistance de tierce personne[9], et les préjudices économiques liés à la situation de la victime soit l'incidence professionnelle et le préjudice scolaire[10]. Les *general damages* se résument quant à eux à un seul chef de préjudice globalisé, le *pain and suffering and loss of amenities*. C'est un préjudice composite qui visera à indemniser notamment le *loss of enjoyment of life*[11], c'est-à-dire la perte d'agrément. Plus spécifiquement, cela indemnise la perte de la possibilité d'exercer certains sports ou certaines activités[12]. Les juges prendront également en compte les conséquences esthétiques du dommage[13] et ses conséquences sexuelles[14].

---

[1] M. KEIM-BAGOT, « Préjudice d'anxiété : la Cour de cassation referme la boîte de Pandore », *op. cit.* : selon cet auteur, on peut déplorer une globalisation « *alors que les évolutions du droit du dommage corporel en construction tendent toutes vers une identification des préjudices poste par poste* ».

[2] A.-M. GRIVEL, « Où l'on reparle du préjudice d'anxiété », *Dr. soc.* 2021, p. 59.

[3] *Livingstone v Rawyards Coal Co* (1880) 5 App Cas 25 ; *Liesbosch Dredger v SS Edison* [1933] AC 449 ; *Lim Poh Choo v Camden and Islington AHA* [1980] AC 174.

[4] *Shearman v Foland* (1950) 2 KB 43.

[5] *Daly v General Steam Navigation Ltd* (1981) 1 WLR 120.

[6] *Phillips v L & SW Ry* (1879) 5 C.P.D. 280.

[7] *George v Pinnock* (1973) 1 WLR 118 ; *Roberts v Johnstone* (1989) QB 878.

[8] *Hoffman v Sofaer* [1982] 1 WLR 1350.

[9] *Roach v Yates* (1938) 1 KB 256.

[10] *Smith v Manchester Corp* (1974) 17 K.I.R. 1, CA.

[11] *H. West & Son v Shepard* [1964] 326.

[12] *Heaps v Perorate Ltd* [1937] 2 All ER 60.

[13] *Taylor v Chuck (RV) (Transport)* (1963) 107 S.J. 910.

[14] *Cook v JL Kier & Co* [1970] 1 WLR 774.

Pour indemniser les conséquences de la pathologie psychique, les juges se référeront aux *Judicial College Guidelines*, un barème d'indemnisation des *general damages* établi selon la nature d'une atteinte. Le chapitre quatre de ces recommandations évoque le cas du dommage psychiatrique ou psychologique[1]. Dans ce chapitre, la première section évoque le dommage psychiatrique en général et liste les éléments que les juges doivent prendre en compte au moment de l'évaluation. Il s'agit notamment de la capacité du demandeur à mener sa vie quotidienne, des effets sur ses relations, de l'efficacité potentielle d'un traitement, du risque d'évolution future. Cela mêle des éléments purement moraux et des éléments fonctionnels. Les recommandations prévoient quatre échelons de gravité du dommage, allant de faible à sévère. Pour un dommage faible, le demandeur recevra entre £1.440 et £5.500 de *general damages*[2]. Ces sommes sont de plus en plus importantes pour atteindre entre £51.460 et £108.620 pour les cas les plus sévères[3]. Les juges anglais auront donc une certaine liberté pour fixer les *general damages* en cas d'angoisse pathologique et pourront même s'affranchir de ces recommandations en cas de dommage particulièrement grave.

Il ressort de cette présentation de la méthodologie de l'indemnisation du *nervous shock* que le droit anglais ne lui confère pas de traitement particulier au stade de l'évaluation. Il s'agit d'indemniser une pathologie comme une autre.

Conclusion de section. En *negligence*, le problème posé par la désincarnation de l'atteinte causée par une exposition à un risque de dommage a été dépassé par l'établissement de conditions d'indemnisation permettant d'ancrer la réparation dans les circonstances particulières de l'atteinte. Le demandeur devra démontrer qu'il a été effectivement exposé à un risque de dommage avéré et que cette exposition lui a causé une pathologie psychique identifiable. Cependant, les règles du *nervous shock* en matière de prévisibilité ne sont pas adaptées à l'indemnisation d'une exposition du demandeur à un risque de dommage dans le futur. Cela conduit à un renforcement de la divergence pratique avec le droit français dans la mesure où l'indemnisation de l'atteinte morale liée à une exposition à un risque de dommage paraît presque systématiquement impossible en l'état. À l'inverse, le droit français a d'abord créé un régime spécifique au préjudice d'anxiété en matière d'amiante s'accommodant du caractère désincarné du préjudice moral. Les limites posées à ce régime se sont cependant avérées arbitraires. La généralisation et l'unification du préjudice d'angoisse sont passés par un meilleur ancrage de son indemnisation dans le préjudice moral subjectif effectivement subi par le demandeur. Le maintien de cette tendance jurisprudentielle demeure incertain dans la mesure où une partie de la

---

[1] *Judicial College Guidelines*, 15ème éd.

[2] Soit entre 1.661€ et 6.345€ (taux au 5 sept. 2025).

[3] Soit entre 59.365 € et 125.293 € (taux au 5 sept. 2025).

doctrine appelle à faciliter la preuve des conditions de l'indemnisation et dans la mesure où l'évaluation du préjudice semble demeurer forfaitaire - à rebours du caractère intime et subjectif du préjudice d'angoisse.

Conclusion de chapitre. L'étude comparée de l'indemnisation de l'exposition à un risque de dommage en droit français et en droit anglais nous permet de mettre en lumière des positions *a priori* opposées. Le droit français a peu à peu unifié sa définition du préjudice d'angoisse pour permettre l'indemnisation de tous les demandeurs se prévalant d'une souffrance morale liée à leur exposition à un risque de dommage. Le droit anglais refuse quant à lui en toute hypothèse d'indemniser l'angoisse non-pathologique en l'absence d'une atteinte physique. Dès lors, seuls les demandeurs souffrant d'une pathologie psychique liée à leur exposition à un risque de dommage pourront être indemnisés. Il y a donc une divergence des deux droits quant à la définition du champ du préjudice indemnisable. Cette divergence s'explique par des principes théoriques et de politiques juridiques différents. Chaque droit est cohérent vis-à-vis des principes généraux qui lui sont propres. Cette divergence peut cependant être relativisée dans la mesure où les deux droits semblent souhaiter assurer un meilleur ancrage de l'indemnisation de l'atteinte morale à la fois dans la situation subjective du demandeur et dans les circonstances objectives de l'exposition. Cela conduit le droit anglais à poser et à appliquer des conditions d'indemnisation et des standards de preuve exigeants rendant l'indemnisation de l'atteinte morale née d'une exposition à un risque de dommage très rare. S'il fait preuve de cohérence, il fait montre aussi d'un manque de souplesse à l'égard de nouvelles demandes d'indemnisation. Le droit français tend quant à lui depuis le milieu des années 2010 à rétablir des conditions plus classiques d'indemnisation, notamment en matière de preuve. Pour conclure, on constate une divergence pratique des droits français et anglais qui tend à se renforcer dans la mesure où le droit anglais maintient sa position traditionnelle tandis que le droit français élargit le champ de l'indemnisation. On peut cependant percevoir une ébauche de convergence dans l'intention des droits français et anglais de donner tout son sens à la réparation d'une souffrance morale liée à une exposition à un risque de dommage.

Chapitre 2 :
La non-révélation d'un risque de dommage

Objet du chapitre. Le devoir d'information médicale a été consacré dans les droits français et anglais à partir du milieu du XXème siècle. Depuis, ses fondements et son champ d'application n'ont pas cessé d'évoluer[1]. L'évolution de ce droit s'inscrit dans un contexte sociétal de remise en cause du paternalisme médical et de mise en avant de l'autonomie du patient qui serait le seul à pouvoir prendre des décisions concernant sa santé. Depuis les années 1990, la jurisprudence s'interroge non seulement sur l'étendue du devoir d'information médicale mais aussi sur l'identification des préjudices subis par le patient dans l'hypothèse où il n'a pas été informé d'un risque inhérent à un acte médical. De nouveaux besoins d'indemnisation ancrés dans cette perception renouvelée de la relation entre médecin et patient sont donc apparus. Les juges ont cherché à établir un équilibre entre la protection du consentement du patient et l'activité des médecins qui relève de l'intérêt général[2]. Le droit français fait coexister un préjudice de perte de chance avec l'indemnisation d'un préjudice moral qui est désormais qualifié de préjudice d'impréparation[3]. Le droit anglais indemnise toutes les conséquences de l'atteinte physique subie par le patient dans l'hypothèse exceptionnelle où celle-ci a été causée par le défaut d'information. Le caractère exceptionnel de cette indemnisation a poussé les juristes anglais à s'interroger sur la possibilité d'indemniser un dommage spécifique d'atteinte à l'autonomie dont le contenu reste incertain. Nous chercherons à démontrer que les droits français et anglais divergent quant aux solutions qu'ils adoptent mais que cette tendance doit être nuancée. Cette divergence s'ancre à la fois dans le désintérêt de la *negligence* pour la fonction punitive de la responsabilité civile et dans un rapport différent à la notion de droit subjectif.

Intérêt. L'analyse comparée du préjudice d'impréparation nous permettra d'éclairer la façon dont les droits français et anglais usent la notion de préjudice pour résoudre des difficultés causales. Il s'agira de montrer que les

---

[1] En droit français il s'agit d'une obligation légale inscrite aux articles L. 1111-1 à L. 1111-9 du Code de la santé publique issus de la loi n° 2003-303 du 4 mars 2002.

[2] F. ALT-MAES, « La réparation du défaut d'information médicale : Métamorphose et effets pervers », *JCP G* 2013, doctr. 547. Sur l'équilibre de la relation patient/ médecin en droit anglais, v. : M. BRAZIER, « Do no harm - Do patients have responsibilities too ? », *C.L.J.* 2006, n° 65(2), p. 397-422.

[3] Cass. civ. 1ère, 23 janv. 2014, n° 12-22.123, *JCP G* 2014, 446, obs. A. BASCOULERGUE ; *ibid.* 2014, 553, obs. G. VINEY ; *RDC* 2014, n° 110s6, p. 368, obs. A. GUÉGAN ; *Dalloz actualité* 05 février 2014, obs. N. KILGUS ; *Journal de Droit de la Santé et de l'Assurance Maladie* 2014, p. 62, obs. S. WELSCH ; *Gaz. Pal.* 20 mars 2014, n° 170s9, p. 8, obs. B. PARANCE ; *ibid.* 14 avr. 2014, n° 174g0, obs. M. MEKKI ; *Contrats Concurrence Consommation* 2014, comm. 86, obs. L. LEVENEUR ; *RTD Civ.* 2014, p. 379, obs. P. JOURDAIN ; *D.* 2015, p. 124, obs. O. GOUT.

droits français et anglais sont confrontés à des difficultés similaires pour indemniser le défaut d'information médicale mais ne disposent pas des mêmes outils pour y répondre. Les réponses données à la question de l'identification du préjudice en matière de non-révélation d'un risque éclairent les rapports qu'entretiennent droits fondamentaux et responsabilité civile dans chacun des deux droits. Elles permettent aussi de mettre en lumière la souplesse relative de la *negligence* qui contraste avec celle de la responsabilité civile face à de nouvelles demandes d'indemnisation. Enfin, il faudra établir si la sanction du manquement au devoir d'information est autonome de la réalisation du risque en droit français et en droit anglais. Il est généralement difficile d'établir un lien de causalité entre la faute du médecin qui ne révèle pas un risque de dommage et la réalisation de ce risque. La situation de coïncidence entre le manquement du médecin à son devoir d'information et l'atteinte physique subie par le demandeur oblige les droits français et anglais à s'interroger sur ce qui constitue le préjudice indemnisable dans ces circonstances[1]. La comparaison des deux droits nous permettra de démontrer le caractère hybride du préjudice d'impréparation. Ces positions divergentes pourraient tendre à se rapprocher *via* l'indemnisation de l'atteinte à l'autonomie en droit anglais qui illustre le lien entre droit subjectif et défaut d'information.

Plan. L'analyse des contextes d'indemnisation du défaut d'information en matière médicale permet de mettre en lumière que le préjudice d'impréparation a été conçu comme un palliatif à une indemnisation limitée (Section 1). Le préjudice d'impréparation constitue une synthèse entre deux approches que l'on retrouve distinctement en droit anglais, entre atteinte psychologique et atteinte à un droit subjectif (Section 2).

Section 1 : Le contexte de l'indemnisation du préjudice d'impréparation

Objet de la section. L'apparition du préjudice d'impréparation a été le fruit d'un long processus juridictionnel visant à répondre de la manière la plus satisfaisante possible aux demandes d'indemnisation d'un défaut d'information médicale. Il s'agira d'éclairer les difficultés causales soulevées par l'indemnisation du défaut d'information médicale et d'analyser les outils successivement adoptés par le droit français. Nous pourrons alors déterminer si un objet équivalent existe en droit anglais. Cet éclairage contextuel permettra de mieux comprendre le sens donné en droit français au préjudice d'impréparation et éclairera les choix anglais.

Plan. Il existe une volonté de sanction du défaut d'information médicale qui est contrariée par le difficile établissement d'un lien causal entre la réalisation du risque et le défaut d'information (§1). Pour répondre à cette

[1] R. STEVENS, « An Opportunity to reflect », *L.Q.R.* 2005, n° 121, p. 189-194.

difficulté, les juges anglais et français ont exploré des préjudices alternatifs qui ne se sont pas avérés satisfaisants (§2).

§1. La difficile sanction du défaut d'information médicale

Le devoir d'information médicale a une place particulière en droit français et en droit anglais qui justifie l'existence d'une volonté de sanction. Pourtant cette volonté est contrariée par les difficultés liées à l'établissement d'un lien causal entre le manquement et l'atteinte physique liée au risque.

Extension du devoir d'information. La relation entre le patient et son médecin a longtemps été marquée par un paternalisme assumé selon lequel le médecin était libre de déterminer seul, ou au moins au vu du consensus médical établi, ce dont il souhaitait informer son patient[1]. En droit français, le devoir d'information du médecin a émergé avec l'arrêt *Teyssier* du 28 janvier 1942[2]. Il a été étendu pour couvrir les risques graves et fréquents conformément à l'article L. 1111-2 du Code de la santé publique[3]. Il concerne aussi les risques exceptionnels selon la jurisprudence[4]. Il s'agit d'une obligation particulièrement étendue qui pèse sur le médecin mais aussi sur les fabricants de produits médicaux[5]. En droit anglais, l'extension du devoir d'information a été plus lente. Le médecin doit informer le patient d'un risque matériel. Pour déterminer ce qu'est un risque matériel, les juges anglais se sont appuyés pendant un temps sur le test présenté dans l'arrêt *Bolam*[6], repris en matière de défaut d'information dans l'arrêt *Sidaway*[7]. Selon cette décision, un médecin n'est dans l'obligation de révéler à son patient que les risques que des professionnels estimeraient suffisamment graves. Cette approche a été adaptée dans l'arrêt *Pearce*[8] où il a été précisé qu'un risque significatif est celui qui aurait une influence sur la décision d'un patient raisonnable. L'approche a ensuite été entièrement renouvelée dans l'arrêt *Montgomery v Lanarkshire Health Board*[9]. Le test de la

---

[1] T. ELLIOTT, « A break with the past ? Or more of the same ? », *P.N.* 2015, n° 31(3), p. 190-194.

[2] Cass. req., 28 janv. 1942, *Teyssier* : DC 1942, p. 63 ; *Gaz. Pal.* 1942, n° 1, p. 177.

[3] Avant la loi du 4 mars 2002, l'information ne devait porter que sur les risques graves conformément à une jurisprudence constante : Cass. civ. 1ère, 27 mai 1998, n° 96-19.161.

[4] Cass. civ. 1ère, 7 oct. 1998, n° 97-10.267 ; Cass. civ. 1ère, 7 oct. 1998, n° 97-12-185.

[5] Sur ce point, v. par ex. : J.-S. BORGHETTI, « La responsabilité du fabricant d'un médicament pour défaut de mise en évidence d'une modification de sa composition », *JCP G* 2022, 480 ; L. BLOCH, « Le producteur condamné dans l'affaire du Levothyrox : petite défaite et petite victoire », *Resp. civ. et assur.* 2022, repère 5.

[6] *Bolam v Friern Hospital Management Committee* [1957] 1 WLR 582.

[7] *Sidaway v Board of Governors of the Bethleem Royal Hospital and the Maudsley Hospital* [1985] 1 All ER 643, [1985] 2 WLR 480, [1985] AC 871, [1985] UKHL 1.

[8] *Pearce v United Bristol Healthcare NHS Trust* [1999] E.C.C. 167 ; [1999] PIQR P53.

[9] *Montgomery v Lanarkshire Health Board* [2015] 2 WLR 768, [2015] 2 All ER 1031, [2015] 1 AC 1430, 143 BMLR 47. Sur l'influence de la notion d'autonomie sur l'application du principe de l'arrêt Bolam : K. MASON, D. BRODIE, « Bolam, Bolam - wherefore are thou Bolam ? », *Edin. L.R.* 2005, n° 9(2), p. 298-306.

matérialité du risque a été adapté pour devenir entièrement subjectif, ce qui signifie que le médecin doit essayer de se mettre à la place du patient en question pour déterminer quels risques doivent lui être révélés[1]. Il y a donc eu un important élargissement du devoir d'information en droit français et en droit anglais qui coïncide avec la mise en avant du fondement éthique du devoir.

Fondement éthique. Le devoir d'information du médecin est ancré dans la nécessité d'informer le patient et d'obtenir son consentement avant de porter atteinte à son intégrité physique. Dès l'arrêt *Teyssier* de 1942, le droit français souligne que l'obligation d'obtenir le consentement du patient avant tout acte médical est « *imposée par le respect de la personne humaine* » de telle sorte que le manquement du médecin constitue une « *atteinte grave aux droits du malade* ». Le fondement éthique du devoir d'information médicale se perçoit dans son ancrage à la fois constitutionnel[2] et conventionnel[3] ainsi que dans la décontractualisation de la relation médicale. L'arrêt *Mercier* avait ancré la relation entre le patient et le médecin dans le contrat[4]. Par trois arrêts successifs[5], la Cour de cassation a écarté le fondement contractuel et fondé les actions des demandeurs dans la responsabilité civile délictuelle, dans le principe de protection de l'intégrité corporelle énoncé à l'article 16-3 du Code civil depuis la loi du 29 juillet 1994 et dans les règles issues de la loi du 4 mars 2002. Cet ancrage délictuel souligne l'importance du devoir d'information « *qui ne peut être tributaire des aléas et accommodements contractuels* » selon Monsieur Sargos[6]. C'est à cause de ce fondement éthique que le défaut d'information médicale est parfois qualifié de « *faute d'humanisme* »[7].

Le fondement éthique du devoir d'information avait été évoqué en droit anglais avant 2015, notamment par Lord Scarman qui faisait référence à un droit à l'auto-détermination dans l'arrêt *Sidaway*[8]. Dans l'arrêt *Chester v Afshar*, les juges avaient souligné la nécessité de protéger le devoir

---

[1] Cette position avait déjà été défendue par Lord Scarman dans l'arrêt *Sidaway* : *Sidaway v Board of Governors of the Bethleem Royal Hospital and the Maudsley Hospital* [1985] AC 871, spéc. p. 888-889.

[2] Cass. civ. 1ère, 9 oct. 2001, n° 00-14.564.

[3] CEDH, 2 juin 2009, n° 31675/04, *Codarcea c/ Roumanie* ; art. 5 de la Convention d'Oviedo sur les droits de l'homme et la bio-médecine ; art. 3-2 de la Charte des droits fondamentaux de l'Union Européenne.

[4] Cass. civ., 20 mai 1936, *Mercier*.

[5] Cass. civ. 1ère, 6 déc. 2007, n° 06-19.301 - Cass. civ. 1ère, 28 janv. 2010, n° 09-10.992 - Cass. civ. 1ère, 3 juin 2010, n° 09-13.591.

[6] G. VINEY, P. SARGOS, « Le devoir d'information du médecin », *RDC* 2012, n° 3, p. 1104.

[7] V. par ex. : S. PORCHY-SIMON, « Lien causal, préjudices réparables et non-respect de la volonté du patient », *D.* 1998, p. 379 ; M. BACACHE, « Le défaut d'information sur les risques de l'intervention : quelles sanctions ? Pour une indemnisation au-delà de la perte de chance », *D.* 2008, p. 1908 ; S. HOCQUET-BERG, « Responsabilité civile », *Resp. civ. et assur.* 2019, chron. 2.

[8] *Sidaway v Board of Governors of the Bethleem Royal Hospital and the Maudsley Hospital* [1985] AC 871, spéc. p. 882.

d'information en utilisant l'expression « *vindication* »[1] qui renvoie à la reconnaissance d'un droit subjectif[2]. Il a finalement été affirmé avec clarté dans l'arrêt *Montgomery v Lanarkshire Health Board*[3]. Dans l'affaire en question, une femme diabétique et de petite stature était enceinte d'un enfant plus grand que la norme. Apprenant cela, elle s'inquiète des risques liés à un accouchement par voie basse. Le médecin ne l'informe pas qu'il existe un risque de 9 à 10% de dystocie osseuse chez l'enfant lorsque la mère est diabétique. Cela signifie que les épaules de l'enfant sont susceptibles de ne pas pouvoir passer par le pelvis. Le risque en question se réalise et l'enfant naît handicapé. Se pose alors la question de savoir si elle aurait dû être informée de ce risque. Les juges anglais décident en sa faveur en soulignant la dimension éthique du devoir d'information. Ils notent que le patient est une personne ayant des droits qui doivent être protégés[4]. Comme le souligne Lord Kerr et Lord Reed, « *(l)es évolutions sociales et légales (...) appellent à s'écarter du modèle de relation entre le docteur et le patient basé sur le paternalisme médical* »[5]. *Montgomery*, qui s'inspire d'une décision australienne[6], parachève l'ancrage du devoir d'information dans un fondement éthique[7].

Dignité et autonomie. Il paraît pertinent à ce stade de souligner une différence entre les droits français et anglais quant au fondement éthique du devoir médical d'information. En droit français, le fondement philosophique des textes consacrant le devoir d'information est le principe de dignité humaine. Cela est particulièrement perceptible dans la référence à l'article 16-3 du Code civil. Cet article est une extension de l'article 16 du Code civil qui dispose que « *(l)a loi assure la primauté de la personne, interdit toute atteinte à la dignité de celle-ci et garantit le respect de l'être humain dès le commencement de sa vie* ». Il s'agit d'une consécration du principe de dignité en droit privé. A l'inverse, en droit anglais, le devoir d'information

---

1 *Chester v Afshar* [2004] 4 All ER 587, [2004] UKHL 41, [2005] AC 134, [2004] 3 WLR 927. V. particulièrement : *Chester v Afshar* [2005] AC 134, spéc. Lord Bingham, p. 139.

2 J. VARUHAS, « The Concept of vindication in the Law of Torts : Rights, Interests and Damages », *O.J.L.S.* 2014, n° 34(2), p. 253-293.

3 *Montgomery v Lanarkshire Health Board* [2015] 2 WLR 768, [2015] UKSC 11, [2015] 2 All ER 1031, [2015] 1 AC 1430.

4 *Montgomery v Lanarkshire Health Board* [2015] 1 AC 1430, spéc. Lord Kerr, p. 1459.

5 *Ibid.*, spéc. Lord Kerr, p. 1461 : « *The social and legal developments which we have mentioned point away from a model of the relationship between the doctor and the patient based on medical paternalism* » (notre traduction). Ces juges font notamment référence à l'avènement du *Human Rights Act 1998* après *Sidaway* et à son influence sur le droit médical.

6 *Rogers v Whitaker* (1992) 175 CLR 479.

7 L. JOHNSTON, « Informed consent and the lingering shadow of Chester v Afshar : Part 1 », *S.L.T.* 2015, n° 19, p. 81-84 ; L. JOHNSTON, « Informed consent and the lingering shadow of Chester v Afshar : Part 2 », *S.L.T.* 2015, n° 20, p. 85-89 ; L. SUTHERLAND, « Montgomery : myths, misconceptions and misunderstanding », *J.P.I. Lit.* 2019, n° 3, p. 157-167.

s'ancre dans le principe d'autonomie de la personne humaine[1]. Ces deux notions sont proches et ont pu être utilisées de façon interchangeable[2] mais elles ne sont pas pour autant équivalentes.

Le principe de dignité est un principe moral ancien[3] qui a connu depuis la fin de la Seconde Guerre mondiale des expressions juridiques de plus en plus nombreuses[4]. Le sens de la notion fait l'objet d'un constant débat et sa définition se trouve au cœur de controverses de société[5]. Certains adoptent une approche kantienne de la dignité fondée sur l'idée d'une valeur intrinsèque de l'être humain, inaliénable, inaltérable et partagée par tous quel que soit son état. D'autres font de l'autonomie de la volonté la clé de voûte de la définition de la dignité, de telle sorte qu'une personne n'est digne qu'en ce qu'elle est autonome. Ces deux conceptions sont difficilement réconciliables et conduisent à donner au principe de dignité une équivocité en faisant un fondement fragile à une théorie juridique[6]. La notion d'autonomie renvoie elle uniquement à la faculté de l'être humain à agir par soi-même en se donnant ses propres règles. Il s'agit d'un élément sous-jacent du principe de dignité qui est également limité par lui puisque l'individu autonome ne peut se fixer ses propres règles que dans la mesure où il respecte la dignité de son prochain. On peut débattre de son étendue et par exemple de la question de savoir si un choix autonome doit être raisonnable ou s'il faut toujours respecter la décision d'un patient même lorsqu'elle est irrationnelle et le met en danger[7]. Reste que le caractère univoque de

---

[1] R. MULHERON, *Principles of Tort Law*, CUP, 2ème éd., 2020, spéc. §3.3 ; *Montgomery v Lanarkshire Health Board* [2015] 1 AC 1430, spéc. Lady Hale, p. 1468 ; cette position est comparable à celle du droit italien : M. GIRER, L. KLESTA, « L'obligation d'information du médecin en France et en Italie », *RDSS* 2015, p. 853.

[2] V. par ex. : *Daaka v Carmel Hospital* [1999] CA 2781/93, une décision israélienne souvent citée en droit anglais, spéc. Juge Or, n° 21 : « *the violation of human dignity and right to autonomy caused by the performance of a medical procedure on a person without his or her informed consent entitles him or her to compensatory damages under tort law.* » Notre traduction : « *la violation de la dignité humaine et du droit à l'autonomie causée par l'exécution d'un acte médical sur une personne sans qu'elle n'y ait consenti de manière éclairée lui ouvre droit à des dommages et intérêts compensatoires en tort law.* »

[3] Il a été énoncé notamment par Emmanuel Kant à travers l'impératif catégorique dans sa formulation suivante : « *Agis de façon telle que tu traites l'humanité, aussi bien dans ta personne que dans toute autre, toujours en même temps comme fin, et jamais simplement comme moyen* », v. : E. KANT, *Fondations de la métaphysique des mœurs*, *in Métaphysique des mœurs*, I, Fondation - Introduction, trad. A. RENAUT, p. 108.

[4] Pour une évocation critique des expressions juridiques du principe de dignité : M. FABRE-MAGNAN, « Le Statut juridique du principe de dignité », *Droits* 2013, n° 58, p. 167-196.

[5] Par exemple, dans le contexte du débat sur l'euthanasie, les militants en faveur du changement de la loi et les partisans du *statu quo* se revendiquent tous de la notion de dignité humaine, malgré des positions opposées.

[6] V. cependant : V. CORBETT, « The promotion of human dignity : a theory of tort law », *Irish Jurist* 2017, n° 58, p. 121-152. Dans cet article, l'auteur présente la tension existant au sein de la notion de dignité avant de proposer une théorie du droit fondée sur une approche relationnelle du principe de dignité. V. aussi : M. FABRE-MAGNAN, *loc. cit.*

[7] En faveur de cette position en droit anglais, v. : J. COGGON, J. MIOLA, « Autonomy, Liberty, and Medical Decision-Making », *C.L.J.* 2011, n° 70(3), p. 523-547.

l'autonomie en fait un concept plus praticable en droit, ce qui explique sans doute que le droit anglais lui ait donné sa préférence[1]. Le principe de dignité au sens kantien agit plutôt comme le fondement de droits fondamentaux que comme un droit fondamental en soi[2]. Au fond, c'est parce que la conception kantienne de la dignité a notre préférence qu'il ne nous paraît souhaitable d'y inscrire trop directement le devoir d'information médicale.

Le devoir d'information a connu une forte extension en droit français et en droit anglais qui s'explique par son fondement éthique. Pourtant la sanction du défaut d'information s'avère difficile, faute de pouvoir établir un lien de causalité entre la faute du médecin et le dommage corporel subi par le demandeur.

Absence de palliatif au problème causal. La réparation d'un dommage est subordonnée à la preuve de l'existence d'un lien de causalité entre le fait générateur de responsabilité et le dommage[3]. Avec la reconnaissance de l'existence du devoir d'information, des demandeurs ont agi sur ce fondement pour obtenir l'indemnisation d'une atteinte physique dans l'hypothèse où aucune faute technique n'avait été commise par le médecin mais où un risque inhérent à l'acte s'était réalisé. Il s'agit alors d'utiliser la faute éthique comme un palliatif à l'absence d'indemnisation en matière d'aléa thérapeutique[4]. Cependant, la sanction du manquement du médecin à son obligation d'information se heurte à l'absence de relation causale entre le fait que le professionnel ne se soit pas acquitté de son devoir d'information et la réalisation du risque[5]. La blessure du demandeur et la faute du défendeur sont coïncidentes sans qu'il n'existe de lien de causalité entre elles : l'atteinte physique aurait pu se produire sans qu'il n'existe de faute et inversement. On peut tout de même affirmer que le défaut d'information a causé le dommage dans l'hypothèse où il est prouvé que le patient aurait refusé l'acte médical s'il avait eu connaissance du risque qui s'est réalisé. Néanmoins, cette preuve s'avère par nature difficile dans la mesure où l'acte médical proposé est souvent nécessaire pour restaurer la

---

[1] D. NOLAN, « Negligence and Autonomy », *S.J.L.S.* 2022, p. 356-383, spéc. p. 382. L'auteur note que jusque dans les années 1970, l'analyse du devoir d'information passait par une discussion du principe de dignité. Cela s'explique également par la plus grande influence de la philosophie libérale au Royaume-Uni incarnée par John-Stuart Mill au XVIIIème siècle et par Gerald Dworkin aujourd'hui.

[2] M. FABRE-MAGNAN, *loc. cit.*, spéc. p. 175.

[3] F. TERRÉ, Ph. SIMLER, Y. LEQUETTE, F. CHÉNÉDÉ, *Droit Civil, Les Obligations*, Dalloz, coll. Précis, 13ème éd., 2022, spéc. n° 1089 et s. ; J. GOUDKAMP, D. NOLAN, *Winfield & Jolowicz on Tort*, Sweet & Maxwell U.K., 20ème éd., 2020, spéc. n° 7-024 et s.

[4] S. PORCHY-SIMON, *op. cit.*

[5] Y. LAMBERT-FAIVRE, S. PORCHY-SIMON, *Droit du dommage corporel, Systèmes d'indemnisation*, Dalloz, coll. Précis, 9ème éd., 2022, spéc. n° 851 ; M. BACACHE, « L'information médicale et la fonction punitive de la responsabilité civile », *in Mélanges en l'honneur du professeur Suzanne Carval*, IRJS Éditions, 2021, p. 71-83, spéc. p. 73 et s. ; R. STEVENS, « An Opportunity to reflect », *op. cit.* ; C. MILLER, « Negligent failure to warn : why is it so difficult ? », *P.N.* 2012, n° 28(4), p. 266-280.

santé du patient. L'aménagement de la causalité semble être une nécessité pour permettre la sanction du défaut d'information.

Arrêt *Chester*. Pour illustrer les palliatifs à l'absence de causalité envisagés par les droits français et anglais, l'arrêt *Chester* et les interprétations qu'il a suscité est un point d'appui intéressant. Un chirurgien avait recommandé à une femme de se faire opérer de la colonne vertébrale sans lui préciser qu'il existait un risque de 1 à 2% qu'elle souffre du syndrome de la queue de cheval. Cette pathologie touche les nerfs du bas du dos et peut entraîner des dysfonctionnements moteurs des membres inférieurs. Le risque de dommage s'est réalisé. La spécificité de cet arrêt provient du fait que la femme n'arguait pas que, correctement informée, elle aurait refusé l'opération. Elle faisait plutôt valoir qu'elle aurait pris son temps, aurait pu demander une seconde opinion et aurait étudié les alternatives à la chirurgie. Les juges constatent que la femme ne démontre pas qu'elle aurait refusé toute opération et décident qu'elle ne satisfait pas au *but-for test*. Néanmoins, ils statuent en sa faveur en jugeant qu'il est possible d'assouplir l'exigence de causalité pour protéger le droit de la demanderesse. Il ne s'agit pas pour autant d'appliquer une approche de la causalité fondée sur le « bon sens » comme l'ont fait les juges australiens[1]. Des auteurs favorables à la solution adoptée en ont critiqué le fondement en avançant qu'elle aurait pu être atteinte sans s'écarter des règles classiques de la causalité[2]. En effet, selon ces auteurs, le simple fait que la demanderesse ait démontré qu'elle n'aurait pas subi l'opération à la date où elle l'a subie suffisait à satisfaire à l'exigence de causalité. Pour eux, même si elle avait été exposée au risque de dommage à une autre date, ce risque ne se serait probablement pas réalisé de telle sorte que le lien causal pouvait être établi de façon orthodoxe. Cette position est cependant minoritaire et ne représente pas l'état du droit[3]. Comment alors analyser *Chester* ? Cet arrêt s'inscrit dans un ensemble de décisions fondées sur des considérations de politique juridique et ayant pour ambition de « *combler le fossé probatoire* »[4] dans l'hypothèse où la preuve du lien de causalité s'avère difficile[5]. Le pas de côté causal des juges dans *Chester* peut être analysé comme l'application d'une

---

[1] *Chappell v Hart* [1998] HCA 55 ; [1998] 195 CLR 232. Sur cet arrêt : M. STAUCH, « Taking the consequences of failure to warn of medical risks », 2000, *M.L.R.* n° 63(2), p. 261-267.

[2] J. STAPLETON, « Occam's Razor reveals an orthodox basis for Chester v Afshar », *L.Q.R.* 2006, n° 122 (Jul), p. 426-448 ; C. PURSHOUSE, « Causation, coincidences and Chester v Afshar », *P.N.* 2017, n° 33(3), p. 220-224.

[3] L. KHOURY, « Chester v Afshar : Stepping further away from causation », *S.J.L.S.* 2005, p. 246-260, spéc. p. 251. V. notamment : *Meikeljohn v St George's Healthcare NHS Trust & Homerton University Hospital NHS Foundation Trust* [2014] EWCA Civ 120 ; *Crossman v St George's Healthcare NHS Trust* [2016] EWHC 2878 (QB).

[4] « *Bridging the evidentiary gap* », une expression britannique évocatrice.

[5] Dans cette tendance, v. par ex. : *Fairchild v Glenhaven Funeral Services Ltd & others* [2002] UKHL 22, [2003] 1 AC 32 ; *Barker v Corus (UK) Ltd* [2006] UKHL 20, [2006] 2 AC 572.

approche finaliste de la responsabilité civile passant par l'utilisation d'une présomption de causalité.

Approche finaliste en droit anglais. Une approche finaliste de la responsabilité civile est une approche qui vise à assurer l'effectivité d'un principe, malgré les embûches existantes. En droit anglais, un fondement potentiel à l'arrêt *Chester* est celui du champ du devoir de prudence ou « *scope of duty* ». Selon ce principe, seul le dommage se trouvant dans le champ de l'information qui aurait dû être prodiguée et se réalisant doit être indemnisé. Cette règle a été posée en matière de défaut d'information dans l'arrêt *SAAMCO*[1]. C'est dans cet arrêt que Lord Hoffman propose l'exemple du médecin et de l'alpiniste. Un alpiniste vient consulter un médecin pour vérifier que son genou va bien et qu'il est apte à faire de la montagne. Il part avec l'assentiment du médecin et est emporté dans une avalanche. Il s'avère que le genou de l'alpiniste n'était pas suffisamment réparé pour lui permettre de partir en montagne. S'il l'avait su, il ne serait pas parti et n'aurait pas été emporté par l'avalanche mais cela ne signifie pas pour autant que le médecin est responsable du dommage subi. En effet, le risque qui s'est réalisé n'est pas celui qui rendait son comportement négligent. Selon des auteurs, *Chester* ne serait qu'une application inverse de ce principe[2]. Il faudrait déduire de l'arrêt une règle générale : lorsqu'un risque se trouvant dans le champ de l'information se réalise, le dommage doit être indemnisé[3]. Cette position permettrait de mieux protéger le droit à l'information du patient.

Cette lecture de *Chester* est contestable pour plusieurs raisons. D'abord, les tenants de cette position omettent de préciser qu'il est nécessaire de démontrer que l'acte du défendeur a augmenté le risque auquel le demandeur était exposé pour qu'un lien de causalité soit établi en *negligence*, conformément au principe de *remoteness*[4]. La coïncidence entre la faute du médecin et la réalisation du dommage signifie que le demandeur qui ne démontre pas qu'il aurait renoncé à l'acte médical ne démontre pas que le risque auquel il était exposé a augmenté[5]. Ensuite, à l'image de la relativité

---

[1] *South Australia Asset Management Corporation Respondents v York Montague Ltd* [1996] UKHL 10, [1997] AC 191, [1996] 3 All ER 365. Pour une application récente en matière médicale : *Khan v Meadows* [2021] UKSC 21, [2022] AC 852, [2021] 3 WLR 147. Ce principe n'est qu'une extension du principe d'indemnisation du seul dommage prévisible aux devoirs d'information. Sur ce point, v. : D. NOLAN, J. PLUNKETT, « Keeping negligence simple », *L.Q.R.* 2022, n° 138(Apr.), p. 175-181

[2] K. AMIRTHALINGAM, « Medical non-disclosure, causation and autonomy », *L.Q.R.* 2002, n° 118(Oct), p. 540-544 ; K. AMIRTHALINGAM, « Causation and the gist of negligence », *C.L.J.* 2005, n° 64(1), p. 32-35 ; M. HOGG, « Duties of care, causation, and the implications of Chester v Afshar », *Edin. L.R.* 2005, n° 9(1), p. 156-167 ; M. ROBSON, K. SWIFT, « Risk disclosure, causation and the role of Chester », *P.N.* 2019, 35(4), p. 207-229.

[3] K. AMIRTHALINGAM, « Medical non-disclosure, causation and autonomy », *loc. cit.* ; E. GRIGG, « Of Mountaineers and men : the extension of SAAMCO to medical negligence », *P.N.* 2019, n° 35(4), p. 254-259.

[4] T. CLARK, D. NOLAN, « A critique of Chester v Afshar », *O.J.L.S.* 2014, n° 34(4), p. 659-692, spéc. p. 665.

[5] R. STEVENS, « An Opportunity to reflect », *op. cit.* ; T. CLARK, D. NOLAN, *loc. cit.*, spéc. p. 666-667.

aquilienne, le principe du champ du devoir vise à limiter l'indemnisation aux seuls dommages que le devoir de prudence devait permettre d'éviter et non l'inverse[1]. Son utilisation inversée est inorthodoxe et serait un principe nouveau. Une troisième critique réside dans l'incohérence de cette approche par rapport à la tendance du droit anglais. Comme l'a noté un auteur, ce principe nouveau serait un retour aux règles du *tort of battery* dans lequel s'ancrait la sanction du défaut d'information avant la *negligence*[2]. Or cette solution a été limitée aux cas les plus graves, dans l'hypothèse d'une faute particulièrement lourde du médecin vidant le consentement de son contenu pour éviter de faire peser sur le médecin une responsabilité trop large. Enfin, penser que *Chester* pose un principe nouveau contraste avec les termes utilisés par les juges. Lord Steyn indique par exemple que la décision n'est qu'une « *déviation modeste et limitée des principes traditionnels de la causalité* »[3]. Ainsi, au vu de la particularité des faits en cause et de ces critiques, on peut voir dans *Chester* une anomalie du droit anglais visant à éviter que le devoir d'information ne se vide de tout contenu[4] plutôt qu'un arrêt posant un principe nouveau en *common law*.

Une présomption en droit français. *Chester* a pu être analysé par des juristes français comme fondant une présomption de lien de causalité lorsque le risque qui aurait dû être révélé s'est réalisé[5]. Comme nous l'avons montré, cette analyse doit être relativisée dans la mesure où l'ambition des juges dans *Chester* était bien plus humble. Cette analyse traduit l'intérêt du droit français pour l'utilisation d'une présomption en matière de devoir d'information médicale. Cette logique était-elle celle de l'arrêt *Teyssier* du 28 janvier 1942 ? Selon Monsieur Sargos, *Teyssier* n'était qu'une application de la théorie de l'équivalence des conditions[6]. On peut contester cette analyse au vu du caractère coïncident de la faute et du dommage. En tous cas, force est de constater que cet arrêt permettait une indemnisation totale de l'atteinte physique subie lorsque celle-ci constituait la réalisation du risque dont le demandeur devait être informé. Nous préférons y voir l'application d'une présomption de lien de causalité. En tout état de cause, cette position a été répétée dans l'arrêt *Michel* de 1986[7] et a été maintenue

---

[1] Cela est exprimé avec clarté dans un arrêt australien. *Wallace v Kam* [2013] HCA 19, spéc. : « *The scope of liability in negligence normally does not extend beyond liability for the occurrence of such harm the risk of which it was the duty of the negligent party to exercise reasonable care and skill to avoid.* » Notre traduction : « *Le champ de la responsabilité en négligence ne s'étend normalement pas au-delà de la responsabilité pour le dommage qui risquait de se produire si le fautif n'appliquait pas une prudence raisonnable à l'éviter.* »

[2] K. A. CHOONG, « Form and substance in the House of Lords », *P.N.* 2005, n° 21(2), p. 119-122.

[3] *Chester v Afshar* [2005] AC 134, spéc. Lord Steyn, p. 146 : « *a narrow and modest departure from traditional causation principles* » (notre traduction).

[4] T. CLARK, D. NOLAN, *loc. cit.*, spéc. p. 23-26.

[5] G. VINEY, P. SARGOS, *op. cit.* ; M. BACACHE, « L'information médicale et la fonction punitive de la responsabilité civile », *op. cit.*, spéc. p. 83.

[6] G. VINEY, P. SARGOS, *op. cit.*

[7] Cass. civ. 1ère, 11 févr. 1986, n° 84-10.756.

jusqu'au revirement de l'arrêt *Jugnet* de 1990[1]. La doctrine appelle parfois de ses vœux un retour à cette approche[2]. Les raisons de son abandon ne sont pas claires. Le droit français accepte relativement aisément d'aménager la preuve du lien causal[3] et l'utilisation de présomptions est fréquente. Par exemple, en matière de devoir d'information médicale, la faute du médecin est présumée et charge à lui de prouver qu'il s'est acquitté de son obligation[4]. Dès lors, le maintien d'une présomption en la matière n'aurait pas été surprenant. Cependant, comme nous l'avons déjà noté[5], une présomption s'avère plus acceptable dans l'hypothèse où elle se fonde sur une réalité statistique[6]. Dans l'hypothèse d'un défaut d'information en matière médicale, on constate qu'un demandeur n'aura souvent que peu de choix de se soumettre à l'acte médical proposé par le médecin. Les jurisprudences française et anglaise considèrent que dans la majorité des cas la révélation du risque n'aurait pas eu d'influence sur la décision du demandeur. C'est pour cela que l'usage d'une présomption serait artificiel dans une telle hypothèse. Par conséquent, le droit français a préféré à juste titre ne plus aménager la preuve du lien causal entre le défaut d'information du médecin et le dommage corporel.

Transition. La difficulté que représente l'établissement du lien causal en matière de défaut d'information semble difficilement dépassable. Pourtant, la place élevée de ce devoir en droit français et en droit anglais justifie que les deux droits aient recherché des alternatives pour sanctionner le défaut d'information médicale. Ils ont cherché à formuler des préjudices alternatifs satisfaisants.

§2. La recherche de préjudices alternatifs satisfaisants

Pour satisfaire leur volonté d'indemnisation du défaut d'information médicale, les droits anglais et français ont évalué la possibilité de recourir à des préjudices de substitution. La perte de chance s'est avéré être un outil limité et la question de l'accueil d'un préjudice moral s'est posée.

Perte de chance. Pour établir un lien de causalité entre le défaut d'information et un préjudice, les droits français et anglais se sont interrogés

---

[1] Cass. civ. 1ère, 7 févr. 1990, n° 88-14.797.

[2] M. BACACHE, « Responsabilité médicale : évolution ou régression ? », *D.* 2012, p. 2277 ; G. VINEY, « L'indemnisation due par le médecin en cas de manquement à son devoir d'information », *JCP G* 2014, doctr. 553.

[3] V. par ex. G. CANSELIER, « De l'explication causale en droit de la responsabilité civile délictuelle », *RTD Civ.* 2010, p. 41. L'appel à distinguer la causalité scientifique et la causalité juridique existe aussi en droit anglais : P. CANE, « A Warning about causation », *L.Q.R.* 1999, n° 115(Jan), p. 21-27 ; J. STAPLETON, « Cause in fact and the scope of liability for consequences », *L.Q.R.* 2003, n° 119 (Jul), p. 388-425.

[4] Cass. civ. 1ère, 25 févr. 1997, n° 94-19.685. Cette jurisprudence a été codifiée dans l'article L. 1111-2 du Code de la Santé Publique par la loi n° 2002/303 du 4 mars 2002.

[5] V. *supra* p. 79.

[6] J. TRAULLÉ, « Le renouveau des présomptions en droits de la responsabilité civile », *D.* 2021, p. 360.

sur la possibilité de se tourner vers la perte de chance. Les modalités d'indemnisation de celle-ci en font cependant un outil insuffisant.

Principe acquis en droit français. L'indemnisation de la perte de chance est un palliatif utilisé fréquemment dans les hypothèses où l'établissement du lien de causalité est difficile en droit français[1]. Le principe de l'indemnisation de la perte de chance dans le cas d'un défaut d'information médicale a été posé dans l'arrêt *Jugnet*[2]. Dans cet arrêt, la première chambre civile revient sur le principe de l'indemnisation intégrale du dommage corporel et juge que le manquement du médecin à son obligation d'information a seulement fait perdre au demandeur une chance d'éviter la survenance du dommage corporel en prenant une décision mieux informée. La justification de ce revirement a interrogé Monsieur Sargos[3]. Il faut sans doute la trouver dans le caractère artificiel de la présomption de causalité établie entre la faute éthique du médecin et le dommage corporel du demandeur. Cette absence de lien de causalité explique aussi le recours à la perte de chance. Il s'agit en effet d'un préjudice « *de substitution* »[4] ou « *intermédiaire* »[5] qui vise à restaurer le lien causal entre la faute du défendeur et la situation du demandeur en reformulant le préjudice subi[6]. Dès lors, on pourrait parler d'un préjudice « fonctionnel » dans la mesure où il est généralement reconnu par les juges dans le but d'assurer une indemnisation dans des hypothèses où un lien de causalité ne peut pas être établi[7]. Comme tout préjudice orthodoxe, une perte de chance doit revêtir les caractères certain et personnel[8]. L'indemnisation de la perte de chance en matière de défaut d'information médicale suppose ainsi bien entendu que le demandeur prouve que le défaut d'information du médecin lui a

---

[1] C. SINTEZ, « La perte de chance, une notion en quête d'unité », *LPA* 31 oct. 2013, n° PA201321801, p. 9.

[2] Cass. civ. 1ère, 7 févr. 1990, n° 88-14.797, *Jugnet*. Le Conseil d'État a aligné sa jurisprudence sur l'arrêt Jugnet : CE, 5 janv. 2000, *Telle*, Lebon p. 5.

[3] P. SARGOS, « Deux arrêts historiques en matière de responsabilité civile médicale générale et de responsabilité particulière liée au manquement d'un médecin à son devoir d'information », *D.* 2010, p. 1522, spéc. n° 6 et s. ; G. VINEY, P. SARGOS, *op. cit.*

[4] M. BACACHE, « Le défaut d'information sur les risques de l'intervention : quelles sanctions ? Pour une indemnisation au-delà de la perte de chance », *op. cit.*, spéc. n° 5.

[5] M. PENNEAU, « Le défaut d'information en médecine », *D.* 1999, p. 46.

[6] D. SINDRES, « Exposition à un risque et perte de chance : un couple mal assorti ? », *RTD Civ.* 2016, p. 25, spéc. n° 16. Pour une critique de cette approche en matière de défaut d'information : J.-S. BORGHETTI, « Manquement du médecin à son obligation d'information : quel préjudice réparable ? », *RDC* 2008, n° RDCO2008-3-019, p. 769.

[7] C. SINTEZ, *loc. cit.* ; Ph. BRUN, « Perte de chance : les risques de dévoiement », *LPA* 31 oct. 2013, n° PA201321809, p. 49. Pour des critiques de cette dimension fonctionnelle : J.-S. BORGHETTI, « La perte de chance, rapport introductif », *LPA* 31 oct. 2010, n° PA201321801, p. 3 ; F. LEDUC, « La perte de chance : rapport de synthèse », *LPA* 31 oct. 2013, n° PA201321801, p. 51.

[8] A. GUÉGAN-LÉCUYER, « Les conditions de réparation de la perte de chance », *LPA* 31 oct. 2013, n° PA201321801, p. 15 ; pour une application en matière de défaut d'information : C. DESCORPS DECLÈRE, « La cohérence de la jurisprudence de la Cour de cassation sur la perte de chance consécutive à une faute du médecin », *D.* 2005, p. 742.

effectivement fait perdre une chance[1]. L'utilisation du préjudice de perte de chance en matière de défaut d'information médicale est donc classique en droit français.

Rejet en *negligence*. Une telle affirmation n'est pas vraie en *negligence*. La perte de chance est connue du droit anglais et son indemnisation est possible en matière patrimoniale[2]. C'est le cas de la perte de chance de participer à une loterie[3] ou de gagner un procès[4]. Un fondement possible de la réparabilité de ces pertes de chance est à chercher du côté du droit des contrats. Le défendeur s'était engagé à conférer au demandeur un gain éventuel et sa faute a privé le demandeur de la possibilité de bénéficier du gain éventuel. Toutefois, en négligence médicale le recours à la perte de chance est impossible[5]. Ce principe a été établi dans les arrêts *Hotson v East Berkshire Area Health Authority*[6] et surtout *Gregg v Scott*[7]. Dans ces deux arrêts, les juges anglais ont refusé d'identifier une perte de chance et préféré analyser les faits sous l'angle du *but-for test*.

Dans l'arrêt *Gregg v Scott*, un homme avait indiqué à son médecin l'apparition d'un kyste au niveau de son aisselle. Celui-ci lui avait répondu que ce kyste ne présentait pas de danger mais, un an plus tard, on diagnostiquait au demandeur un lymphome non-Hodgkinien. Du fait de l'erreur de diagnostic du médecin généraliste et du délai qui avait suivi, les chances de survie du demandeur avaient chuté de quarante-deux pour cent à vingt-cinq pour cent. Le demandeur arguait que la faute de diagnostic du médecin lui avait causé une perte de chance. Le juge de première instance avait écarté l'argument sur le fondement de *Hotson*, en estimant que dans tous les cas le demandeur ne satisfaisait pas au *but-for test* car ses chances de survie initiales étaient inférieures à cinquante pour cent. La *House of Lords* confirme cette analyse, en se fondant notamment sur le fait que près de dix ans après les faits, le demandeur était encore en vie, alors même que la notion de guérison exprimée au départ désignait le fait de survivre dix ans à ce lymphome. Il apparaissait notamment que le demandeur avait eu la chance de faire partie des vingt-cinq pour cent de patients qui avaient guéri. Ainsi, sa perte de chance de survie n'avait pas à proprement constitué un dommage. Les juges ont donc décidé que la perte de meilleures chances de guérison ne constituait pas un dommage réparable. Dans leurs opinions dissidentes, Lord Hope et Lord Nicholls soulignent que cela signifie que

[1] Cass. civ. 1ère, 29 juin 1999, n° 97-14.254.

[2] H. McGREGOR, « Loss of chance: where has it come from and where is it going? », *P.N.* 2008, n° 24(1), p. 2-12.

[3] *Chaplin v Hicks* [1911] 2 KB 786.

[4] *Kitchen v Royal Air Force Association* [1958] 1 W.L.R. 563 ; *Allied Maples Group Ltd v Simmons & Simmons (A firm)* [1995] 1 WLR 1602.

[5] Sur la distinction entre la perte de chance en matière patrimoniale et extrapatrimoniale : T. WEIR, *Tort Law*, OUP, 1ère éd., 2002, spéc. p. 75-77 ; D. NEUBERGER, « Loss of a chance and causation », *P.N.* 2008, n° 24(4), p. 206-214.

[6] *Hotson v East Berkshire Area Health Authority* [1987] AC 750, [1987] 2 All ER 909, [1988] UKHL 1.

[7] *Gregg v Scott* [2005] 2 WLR 268, [2005] 2 AC 176, [2005] UKHL 2.

l'erreur de diagnostic ne peut jamais être sanctionnée dans le cas où les chances de survie du demandeur sont inférieures à cinquante pour cent au moment où elle se produit. Des auteurs se sont positionnés en faveur de l'indemnisation de la perte de chance en y voyant un dommage comme les autres[1]. L'arrêt *Gregg* a aussi provoqué des tensions dans les juridictions inférieures[2]. Le refus de l'indemnisation de la perte de chance en matière médicale a pourtant été réaffirmée par la cour d'appel[3].

La doctrine opposée à la réparation de la perte de chance dans le contexte de la négligence médicale avance deux arguments. D'abord, l'adoption de la perte de chance conduirait à une rupture définitive avec le *but-fort test.* Il s'agirait d'adopter une approche inorthodoxe de la causalité, comme dans les arrêts *Chester* et *Fairchild.* Ajouter à ces arrêts successifs reviendrait à rompre avec la conception anglaise du lien de causalité[4] dans le but de faciliter l'indemnisation en matière de négligence médicale[5]. Ensuite, cette rupture conduirait à abandonner la réparation intégrale[6]. En effet, si lorsque le *but-for test* n'est pas satisfait on applique une réparation partielle, alors pourquoi accorder au demandeur une réparation intégrale dès lors que la probabilité que le défendeur ait causé le dommage est supérieure à cinquante pour cent ? Dans *Gregg v Scott*, le demandeur avait reconnu que l'argument de la réparation partielle ne pouvait que s'appliquer en toutes circonstances. La réparation serait donc toujours partielle. L'adoption d'une approche entièrement probabiliste de la *negligence* ne paraît pas forcément plus juste, et risque de conduire à des débats de plus en plus complexes en matière de preuve. L'admission de la perte de chance pourrait conduire à réparer la chance perdue même en l'absence de réalisation du dommage corporel puisque cette chance perdue serait considérée comme un bien en soi, ce qui n'est pas souhaitable[7]. Par conséquent, et malgré ses mérites potentiels[8], le droit anglais ne souhaite pas se tourner vers la perte de chance en matière de défaut d'information médicale. Si la solution de l'arrêt *Gregg* semble particulièrement sévère pour le patient, les arguments de principe à l'encontre de la perte de chance nous semblent convaincants.

---

[1] J. STAPLETON, « The gist of negligence : Part 2, The relationship between damage and causation », *L.Q.R.* 1988, n° 104(Jul), p. 389-409 ; K. AMIRTHALINGAM, « Loss of chance : Lost cause or remote possibility ? », *C.L.J.* 2003, n° 62(2), p. 253-255 ; S. FULHAM-McQUILLAN, « Judicial belief in statistics as fact : loss of chance in Ireland and England », *P.N.* 2014, n° 30(1), p. 9-31.

[2] R. MULHERON, *Principles of Tort Law, op. cit.*, spéc. §8.29.

[3] *Wright v Cambridge Medical Group* [2011] EWCA Civ 669 ; [2013] QB 312.

[4] M. FORDHAM, « Loss of chance - A lost opportunity ? », *S.J.L.S.* 2005, p. 204-217 ; J. R. SPENCER, « Damages for Lost Chances : Lost for Good ? », *C.L.J.* 2005, n° 65(2), p. 282-285.

[5] D. NOLAN, « Causation and The Goals of Tort Law », in *The Goals of Private Law*, A. Robertson and H. W. Tang (dir.), Oxford, Hart, 2009, p. 165-190, spéc. p. 184 et s.

[6] J. GOUDKAMP, D. NOLAN, *op. cit.*, spéc. n° 7-022.

[7] J. STAPLETON, « The gist of negligence : Part 2, The relationship between damage and causation », *loc. cit.*

[8] L. KHOURY, *op. cit.*

Indemnisation limitée. La critique émise à l'encontre de l'indemnisation de la perte de chance par la doctrine anglaise trouve un écho tout particulier lorsqu'on se penche sur l'indemnisation de la perte de chance causée par un défaut d'information en droit français. Le demandeur devra prouver sa perte de chance, ce qui s'avère souvent difficile. Dans de nombreuses hypothèses les juges estimeront qu'aucune chance n'a été perdue dans la mesure où le geste médical subi était inévitable ce qui signifie que l'indemnisation sera inexistante[1]. Dans les rares cas où une chance sera prouvée, son indemnisation ne sera que partielle[2]. Cette double réalité de la rareté de l'indemnisation et de sa faiblesse ont conduit des auteurs à s'interroger sur l'utilité et la pertinence de l'indemnisation d'un tel préjudice[3]. Ce questionnement a été renforcé à la suite de la mise en place d'un régime spécifique d'indemnisation des accidents médicaux, des affections iatrogènes, et des infections nosocomiales par la loi du 3 mars 2002. L'objet de cette loi est de permettre la prise en charge par la solidarité nationale d'un certain nombre de situations. Elle a créé l'Office National d'Indemnisation des Accidents Médicaux (ONIAM) qui a notamment pour compétence d'indemniser les cas les plus graves de réalisation d'un aléa thérapeutique[4]. Cela a conduit à diminuer la demande pour une indemnisation de l'aléa thérapeutique *via* le défaut d'information médicale. La perte de chance fait plus encore figure de palliatif dans une telle hypothèse, et n'a vocation qu'à indemniser des cas limités.

On a assisté dans les années 2000 à un « *recul de la sanction* » du défaut d'information médicale[5] en droit français et au maintien d'une indemnisation rare en droit anglais. Cela a conduit les droits français et anglais à s'interroger sur l'indemnisation d'un préjudice moral spécifique au défaut d'information médicale.

Volonté d'indemnisation et de sanction. Le défaut d'information médicale est rarement indemnisé. En droit français, il se limite en outre à la seule chance perdue. Il existe pourtant une volonté d'indemnisation et de sanction des manquements de la faute éthique des médecins. Dans *Chester*, les juges de la majorité ont mis en avant un argument de politique juridique à deux faces en faveur d'une indemnisation plus large du défaut d'information médicale. La première face de cet argument puise sa source dans le caractère fondamental du droit à l'information et la nécessité de lui offrir une

---

[1] O. GOUT, « L'obligation d'information du médecin à nouveau sur le devant de la scène juridique », *RLDC* 2014, n° 115.
[2] Cass. civ. 1ère, 9 févr. 2012, n° 10-25.915.
[3] V. WESTER-OUISSE, « Les méandres de la perte de chance en droit médical », *RLDC* 2013, n° 100 ; pour un regard comparé sur la question, v. : L. KHOURY, « Causation and risk in the highest courts of Canada, England and France », *L.Q.R.* 2008, n° 124(Jan), p. 103-131.
[4] Art. L. 1142-1 du Code de la Santé Publique. Le taux d'atteinte permanente à l'intégrité physique ou psychique doit être supérieur à 24%.
[5] P. JOURDAIN, « Obligation d'information médicale : le recul de la sanction », *RTD Civ.* 2003, p. 98.

protection[1]. Il s'agit d'indemniser le demandeur de l'atteinte à un droit subjectif, ce qui est une position largement partagée par une partie de la doctrine française[2]. Cette face de l'argument se concentre sur le demandeur et sur la fonction de réparation de la responsabilité civile. La seconde face de l'argument se concentre sur la fonction punitive de la responsabilité civile et sur le fait qu'en l'absence de toute sanction, le devoir d'information médicale ne serait qu'une coquille vide. Comme l'écrit Lord Hope, sans sanction « *ce devoir serait vide, débarrassé de toute force pratique et dénué de tout contenu* »[3]. Cette crainte est aussi partagée par la doctrine française[4]. En droit anglais, cet argument a été critiqué en ce qu'il ne prenait pas en compte les éventuelles sanctions d'autres natures comme celle de la justice ordinale[5] et en ce qu'il était au fond un argument en faveur d'une fonction punitive de la responsabilité, même en l'absence de dommage[6]. Pour éviter la problématique de l'absence de dommage, les juges anglais et français se sont tournés vers la question du préjudice moral.

Principe de l'indemnisation d'un préjudice moral. A partir de la fin des années 1960, plusieurs décisions ont accepté d'indemniser le demandeur de son préjudice moral dans le cas d'un défaut d'information médicale en droit français[7]. Pourtant, l'indemnisation d'un tel préjudice moral est demeurée rare et soumise à la réalisation du risque non-révélé. Cette jurisprudence conduit à réduire la question du consentement du patient à celle de la protection de son intégrité physique[8]. L'intérêt essentiel de l'indemnisation du préjudice moral consiste dans la possibilité de contourner la difficulté de l'absence de lien causal entre la faute éthique et l'atteinte

---

[1] *Chester v Afshar* [2005] AC 134, spéc. Lord Steyn p. 138, et Lord Hope, p. 162.

[2] S. PORCHY-SIMON, *op. cit.* ; S. HOCQUET-BERG, « La sanction du défaut d'information en matière médicale », *Gaz. Pal.* 1998, n° 2, p. 1121 ; M. BACACHE, « Le défaut d'information sur les risques de l'intervention : quelles sanctions ? Pour une indemnisation au-delà de la perte de chance », *op. cit.* ; P. JOURDAIN, « Devoir d'information du médecin et préjudice moral », *RTD Civ.* 2008, p. 303.

[3] *Chester v Afshar* [2005] AC 134, spéc. Lord Hope, p. 162-163 : « *Unless this is done the duty is a hollow one, stripped of all practical force and devoid of all content.* » (Notre traduction).

[4] P. JOURDAIN, « Obligation d'information médicale : le recul de la sanction », *loc. cit.* ; M. BACACHE, « Le défaut d'information sur les risques de l'intervention : quelles sanctions ? Pour une indemnisation au-delà de la perte de chance », *op. cit.*

[5] On peut aussi trouver cet argument en droit français - v. par ex. : L. BERNARD DE LA GATINAIS, « Obligation d'information du médecin : la clarification », *D.* 2014, p. 584 ; F. ARHAB-GIRARDIN, « Le préjudice né du défaut d'information médicale : l'infléchissement de la Cour de cassation », *RDSS* 2014, p. 295.

[6] T. CLARK, D. NOLAN, *op. cit.*, spéc. p. 672-676.

[7] Cass. civ. 1ère, 17 nov. 1969, *JCP* 1970, II, n° 16507, note R. SAVATIER - Cass. civ. 1ère, 14 févr. 1973, *Gaz. Pal.* 1973, n° 1, p. 342, obs. P.-J. DOLL - Cass. civ. 1ère, 9 mai 1983, *D.* 1984, Jur. p. 121, obs. J. PENNEAU - Cass. civ. 1ère, 22 déc. 1994, *Médecine et droit* 1996, n° 18, p. 23.

[8] S. PORCHY-SIMON, *op. cit.*, spéc. n° 4.

corporelle et ainsi d'élargir le champ de l'indemnisation dans la mesure où le préjudice moral est indépendant de l'atteinte physique[1].

Pourtant, par un arrêt du 1er décembre 2007[2] la Cour de cassation avait affirmé que « *(l)e seul préjudice indemnisable à la suite du non-respect de l'obligation d'information du médecin, laquelle a pour objet d'obtenir le consentement éclairé du patient, est la perte de chance d'échapper au risque qui s'est finalement réalisé* ». Cet arrêt a été interprété comme l'affirmation que le défaut d'information ne peut jamais être la source d'un préjudice moral[3]. Cela a suscité au moins trois critiques. D'abord, cette position conduirait à écarter systématiquement l'indemnisation d'un certain type de préjudice dans une situation donnée sans que les juges ne puissent en apprécier la réalité, ce qui serait contraire au principe posé par l'article 1382 du Code civil, lequel a valeur constitutionnelle[4]. Ensuite, cela laisserait la faute éthique sans réparation et conduirait à refuser d'indemniser une atteinte à un droit fondamental du patient[5]. Enfin, l'existence d'un préjudice moral d'impréparation constitué par le traumatisme né de la constatation d'un dommage inattendu serait indéniable[6]. Face à ces critiques, le Professeur Borghetti souligne à juste titre que la sanction d'une atteinte à un droit fondamental *via* la responsabilité civile demeure l'exception en droit français[7], malgré des appels récurrents à une systématisation de ce mécanisme[8]. Il analyse cet arrêt sous l'angle de l'idée de relativité selon laquelle l'objet du devoir d'information est de protéger le consentement de telle sorte que seul le préjudice résultant du manquement à cet objet peut être indemnisé. Cette approche peu conventionnelle en droit français peine toutefois à convaincre. Cet arrêt révèle surtout à notre sens la volonté qu'avait la Cour de cassation de maintenir un contrôle du préjudice moral

---

[1] M. PENNEAU, *op. cit.* ; A.-É. CRÉDEVILLE, « Le défaut d'information sur les risques de l'intervention : quelles sanctions ? Non à la dérive des préjudices », *D.* 2008, p. 1914 ; F. ALT-MAES, *op. cit.*

[2] Cass. civ. 1ère, 6 déc. 2007, n° 06-19.301, *Dalloz actualité* 17 déc. 2007, obs. I. GALLMEISTER ; *RTD Civ.* 2008, p. 272, obs. J. HAUSER ; *ibid.*, p. 303, obs. P. JOURDAIN ; *RDC* 2008, n° RDCO2008-3-019, p. 769, comm. J.-S. BORGHETTI ; *D.* 2008, p. 192, comm. P. SARGOS ; *ibid.*, p. 2894, chron. P. JOURDAIN ; *ibid.*, p. 804, obs. L. NEYRET ; *RLDC* 2008, n° 50, obs. C. CORGAS-BERNARD.

[3] I. GALLMEISTER, « Conséquences du manquement à l'obligation d'information en matière médicale », *Dalloz actualité* 17 déc. 2007.

[4] P. SARGOS, « L'information du patient et de ses proches et l'exclusion contestable du préjudice moral », *D.* 2008, p. 192.

[5] P. JOURDAIN, « Devoir d'information du médecin et préjudice moral », *loc. cit.* ; L. NEYRET, « La Cour de cassation neutralise l'obligation d'information de certains professionnels », *D.* 2008, p. 804.

[6] P. JOURDAIN, *ibid.*

[7] J.-S. BORGHETTI, « Manquement du médecin à son obligation d'information : quel préjudice réparable ? », *op. cit*

[8] S. PORCHY-SIMON, *op. cit.* ; S. HOCQUET-BERG, « La sanction du défaut d'information en matière médicale », *loc. cit.* ; M. BACACHE, « Le défaut d'information sur les risques de l'intervention : quelles sanctions ? Pour une indemnisation au-delà de la perte de chance », *op. cit.*

afin d'éviter un afflux des actions[1]. Cette volonté a été remise en question par le revirement opéré par la première chambre civile de la Cour de cassation le 3 juin 2010, qui pose le principe de l'indemnisation d'un préjudice moral que « *le juge ne peut laisser sans réparation* »[2], et qui ouvre donc largement la possibilité d'indemniser celui-ci.

Principe de l'indemnisation d'une atteinte à l'autonomie. Le concept de préjudice moral n'existe pas à proprement parler en droit anglais. Pourtant, en matière de défaut d'information, les données du problème sont quelque peu différentes. Dans l'arrêt *Chester*, Lord Hoffman a évoqué et écarté dans son opinion dissidente la possibilité d'accorder au demandeur un « *modeste réconfort* » sous la forme d'une somme symbolique visant à reconnaître l'atteinte à l'autonomie subie[3]. Cette position s'inspire de l'arrêt *Rees v Darlington* de la Chambre des Lords[4]. Cet arrêt traitait d'un cas de stérilisation ratée. Une femme souffrait d'un handicap lourd de la vue et estimait qu'elle ne pourrait jamais s'occuper d'un enfant de telle sorte qu'elle a souhaité se faire stériliser. Un médecin l'a opéré mais a commis une faute et la femme a conçu un enfant en bonne santé. La demanderesse agit contre le médecin pour obtenir l'indemnisation des coûts liés à l'éducation de l'enfant. Le droit anglais l'interdit[5] mais les juges de la majorité décident d'accorder à la demanderesse la somme de £15.000[6] en considération de l'atteinte à l'autonomie qu'elle a subi. Notons d'abord que, comme le souligne Lord Steyn, cette indemnité *sui generis* est une première en droit anglais[7]. La nature indemnitaire de cette somme est incertaine dans la mesure où les juges de la majorité n'ont pas réussi à s'accorder sur le sens à lui donner[8]. Il s'agit en tout cas de reconnaître l'atteinte à l'autonomie du demandeur. Cette option n'a pas été retenue dans *Chester*, ce qui peut se comprendre par le caractère inhabituel d'une telle indemnité et par la présence dans le panel de jugement des deux juges ayant émis une opinion dissidente dans *Rees*, Lord Steyn et Lord Hope. Surtout, la juridiction dans *Chester* a estimé que l'exception causale aménagée était une solution plus

---

[1] A.-É. CRÉDEVILLE, *loc. cit.*

[2] Cass. civ. 1ère, 6 juin 2010, n° 09-13.591, *Resp. civ. et assur.* 2010, comm. 222, comm. S. HOCQUET-BERG ; *RTD Civ.* 2010, p. 571, comm. P. JOURDAIN ; *JCP G* 2010, 788, obs. S. PORCHY-SIMON ; *RDC* 2010, n° RDCO2010-4-010, p. 1235, comm. J.-S. BORGHETTI ; *RLDC* 2010, n° 75, comm. C. CORGAS-BERNARD ; *AJDA* 2010, p. 2169, comm. C. LANTERO ; *D.* 2010, p. 1522, comm. P. SARGOS.

[3] *Chester v Afshar* [2005] AC 134, spéc. Lord Hoffman, p. 147 : « *I can see that there might be a case for a modest solatium in such cases.* » Notre traduction : « *Je peux concevoir qu'une modeste indemnité symbolique soit justifié dans de tels cas* ». Cette voie a été suivie en droit israélien dans l'arrêt *Daaka v Carmel Hospital*.

[4] *Rees v Darlington Memorial Hospital NHS Trust* [2004] 1 AC 309, [2003] 3 WLR 1091, [2003] UKHL 52, [2003] 4 All ER 987.

[5] *McFarlane v Tayside Health Board* [2000] 2 AC 59, [1999] UKHL 50, [1999] 4 All ER 961.

[6] Soit environ 17.300€ (taux au 5 sept. 2025).

[7] *Rees v Darlington Memorial Hospital NHS Trust* [2004] 1 AC 309, spéc. Lord Steyn, p. 327-328.

[8] *Ibid.*, spéc. Lord Hope, p. 334-335.

satisfaisante que cette indemnité *sui generis*. En revanche, la proposition selon laquelle l'atteinte à l'autonomie doit être indemnisée spécifiquement dans le contentieux de la fertilité gagne du terrain à la faveur de décisions étrangères[1]. La doctrine s'est donc interrogée sur la possibilité d'indemniser spécifiquement une atteinte à l'autonomie en matière de défaut d'information médicale[2].

Conclusion de la section. Le devoir d'information médicale a gagné une place particulière au sein de la *negligence* et du droit de la responsabilité civile du fait de son rattachement à un droit fondamental. Cette élévation dans la hiérarchie des normes contraste cependant avec la faiblesse et la rareté de la sanction de la faute éthique du médecin. Celle-ci se heurte dans les deux droits à l'établissement difficile d'un lien de causalité entre la faute du médecin et l'atteinte physique résultant du risque. Les juges ont adopté une approche fonctionnelle de la causalité et du dommage pour sanctionner la faute éthique du médecin, mais cette démarche s'est heurtée à des difficultés conceptuelles et probatoires. Par conséquent, afin de satisfaire à un besoin d'indemnisation de plus en plus pressant, le droit français a formellement reconnu la possibilité d'indemniser un préjudice moral. Le droit anglais s'est interrogé sur la pertinence de l'indemnisation d'un préjudice moral qui ne semble plus totalement exclue en la matière. Le sens de ce préjudice devra toutefois être précisée tant en droit français qu'en droit anglais.

Transition. Le contexte de l'apparition du préjudice d'impréparation permet de mettre en lumière son lien à un devoir d'information ancré dans des droits fondamentaux et à une atteinte physique. Cela permet d'éclairer pourquoi le préjudice d'impréparation constitue une synthèse d'approches différentes de la notion de préjudice moral dont on retrouve des traces en droit anglais.

Section 2 : Le préjudice d'impréparation, une synthèse

Objet de la section. À partir de l'affirmation du principe de l'indemnisation du préjudice moral lié au défaut d'information en droit français en 2010, la jurisprudence a œuvré pour définir ce préjudice, ses conditions et ses modalités d'indemnisation. Il s'agira de montrer à travers l'étude de cette jurisprudence et de la comparaison avec les solutions envisagées par le droit anglais que le préjudice d'impréparation est un préjudice hybride. En droit anglais, il sera montré qu'un préjudice d'impréparation n'est pas envisageable en l'état mais que l'atteinte à

---

[1] V. notamment l'arrêt singapourien : *ACB v Thompson Medical Pte Ltd* [2017] SGCA 20, [2017] 1 SLR 918. V. aussi, sur la question de l'atteinte à l'autonomie et à la liberté de conscience : T. KEREN-PAZ, « Liability for consequences, duty of care and the limited relevance of specific reliance : new insights on Bhamra v Dubb », *P.N.* 2016, n° 32(1), p. 50-67.

[2] T. CLARK, D. NOLAN, *op. cit.*, spéc. p. 689-690.

l'autonomie causée par la faute éthique du médecin pourrait être indemnisée en tant que telle.

Plan. Le droit français a consacré un préjudice moral *sui generis* « *inhérent au droit violé* »[1] avant de lui préférer le préjudice d'impréparation (§1) mais l'influence de ce préjudice moral *sui generis* demeure persistante sur les modalités d'indemnisation du préjudice d'impréparation (§2).

§1. Du préjudice moral *sui generis* à l'impréparation

En nous inspirant du titre d'une note de Monsieur Bascoulergue[2], nous allons chercher à démontrer que le préjudice inhérent au droit violé était un préjudice hétérodoxe tant en droit français qu'en droit anglais, et que l'adoption du préjudice d'impréparation, que nous distinguons de ce préjudice inhérent au droit violé, constitue un retour à l'orthodoxie qui pourrait inspirer le droit anglais.

Accueil du préjudice moral *sui generis*. Dans un arrêt qualifié d'historique[3] du 3 juin 2010, la Cour de cassation a jugé que « *le non-respect du devoir d'information (...) cause à celui auquel l'information était légalement due, un préjudice, qu'en vertu du dernier des textes susvisés, le juge ne peut laisser sans réparation* »[4]. Un patient fait l'objet d'une adénomectomie prostatique et se plaint d'impuissance à la suite de l'opération. Ce risque connu ne lui avait pas été révélé et il agit contre le médecin. La cour d'appel constate la faute du médecin mais juge que le demandeur aurait en toute hypothèse accepté l'opération, de telle sorte que la faute ne lui a causé aucun préjudice. La première chambre civile casse l'arrêt d'appel pour violation de la loi au visa des articles 16, 16-3 et 1382 du Code civil. Elle opère un revirement par rapport à son arrêt du 6 décembre 2007 et pose une présomption irréfragable de préjudice. Elle procède ainsi à une véritable révolution copernicienne quant à la sanction du défaut d'information médicale. Comme le relève un auteur, la Cour ne précise pas la nature du préjudice en question[5], qui est tout de même un préjudice moral[6]. Cet arrêt a reçu un accueil extrêmement favorable d'une partie de la doctrine qui y a vu la consécration d'un préjudice moral inhérent à la

---

[1] S. CARVAL, *La Responsabilité civile dans sa fonction de peine privée*, thèse, L.G.D.J., 1995, p. 30, cité dans : S. PORCHY-SIMON, « Lien causal, préjudices réparables et non-respect de la volonté du patient », *op. cit.*

[2] A. BASCOULERGUE, « Réparation du défaut d'information en matière médicale : retour à l'orthodoxie », *JCP G* 2014, 446.

[3] P. SARGOS, « Deux arrêts historiques en matière de responsabilité civile médicale générale et de responsabilité particulière liée au manquement d'un médecin à son devoir d'information », *op. cit.* ; v. aussi : S. HOCQUET-BERG, « Devoir d'information », *Resp. civ. et assur.* 2010, comm. 222. L'auteur évoque un « *grand arrêt de la jurisprudence médicale* ».

[4] Cass. civ. 1ère, 6 juin 2010, n° 09-13.591.

[5] S. PORCHY-SIMON, « Revirement de la Cour de cassation quant à la sanction du défaut d'information du patient », *JCP G* 2010, 788.

[6] *Ibid.*

violation d'un droit fondamental dont la réparation serait obligatoire[1] et marquerait « *définitivement la fin de l'ère du paternalisme médical* »[2]. D'autres auteurs ont été plus prudents quant à l'interprétation de cet arrêt et du préjudice moral qu'il reconnaît. A-t-il tranché l'incertitude entre préjudice d'impréparation et préjudice inhérent au droit violé ? Certains n'en étaient pas sûrs, même si le préjudice inhérent au droit violé semblait avoir la faveur de la Cour[3]. D'autres auteurs enfin soulignaient la détresse morale qu'est susceptible de causer la découverte d'un handicap inattendu au réveil à la suite d'une opération et pointaient déjà dans la direction d'un préjudice d'impréparation[4]. En tout état de cause, la Cour de cassation a réaffirmé sa jurisprudence quelques temps plus tard sans plus la préciser[5]. S'il s'agissait bien d'indemniser un préjudice inhérent au droit violé, cette approche n'est pas exempte de tout reproche et suscite des difficultés.

Difficultés soulevées. L'indemnisation d'un préjudice inhérent à la violation du devoir d'information médicale soulève plusieurs difficultés notamment relevées par le Professeur Borghetti[6]. On peut évoquer une première difficulté conceptuelle de laquelle découle une seconde difficulté de nature plutôt pratique. Elles ont justifié la prise de distance avec le préjudice moral inhérent au droit violé en matière de défaut d'information médicale.

La difficulté conceptuelle identifiée est celle de la création d'un préjudice nécessaire découlant de la seule constatation d'un manquement au devoir d'information. Cette approche conduit à concentrer ensemble les trois conditions de la responsabilité civile que sont la faute, le préjudice et le lien de causalité. En effet, le préjudice est caractérisé par l'atteinte au droit subjectif, atteinte qui constitue aussi la faute du défendeur. Dès lors, la faute et le dommage se confondent et il est inutile de rechercher un lien de causalité. Cette création n'est pas révolutionnaire. Une telle approche a déjà cours en matière de droits de la personnalité[7]. Par exemple, la Cour de cassation juge que « *la seule constatation de l'atteinte à la vie privée ouvre*

---

[1] P. SARGOS, « Deux arrêts historiques en matière de responsabilité civile médicale générale et de responsabilité particulière liée au manquement d'un médecin à son devoir d'information », *op. cit.*

[2] S. HOCQUET-BERG, « Devoir d'information », *op. cit.*

[3] S. PORCHY-SIMON, « Revirement de la Cour de cassation quant à la sanction du défaut d'information du patient », *loc. cit.* ; P. JOURDAIN, « Le manquement au devoir d'information médicale cause un préjudice qui doit être réparé (revirement de jurisprudence) », *RTD Civ.* 2010, p. 571 ; C. CORGAS-BERNARD, « L'autonomie de l'obligation d'information du médecin », *RLDC* 2010, n° 75.

[4] C. CORGAS-BERNARD, *ibid.*

[5] Cass. civ. 1ère, 12 juin 2012, n° 11-18.327, *Dalloz actualité* 25 juin 2012, obs. J. MARROCCHELLA ; *JCP G* 2012, 756, obs. F. VIALLA.

[6] J.-S. BORGHETTI, « La sanction de la violation par le médecin de son devoir d'information ou les limites de la réparation intégrale et systématique », *RDC* 2010, n° RDCO2010-4-010, p. 1235.

[7] P. JOURDAIN, G. VINEY, S. CARVAL, *Traité de droit civil - Les Conditions de la responsabilité*, L.G.D.J., 4ème éd., 2013, spéc. n° 247-3.

droit à réparation »[1]. Pour le Professeur Bacache, il serait possible d'indemniser le manquement au devoir d'information mais dans une telle hypothèse, il ne s'agirait « *plus de réparer le préjudice moral de non-préparation au risque réalisé* » mais une « *atteinte au sentiment de dignité, à la liberté de choix, à la préservation de l'autonomie du patient* »[2]. Les liens entre droits de la personnalité et responsabilité civile restent pourtant flous[3] et une telle approche ne peut être qualifiée d'orthodoxe tant elle modifie l'approche des conditions de la responsabilité. En outre, il ne paraît pas possible de considérer que toute atteinte à un droit constitue un préjudice[4]. Le préjudice ainsi formulé serait insaisissable, désincarné, et son appréciation entièrement objective.

De cette désincarnation du préjudice découle une difficulté pratique. Si le préjudice moral inhérent au droit violé est effectivement indemnisable automatiquement, alors son indemnisation est indépendante de la réalisation du risque non-révélé[5]. Le simple fait que le médecin ait exposé le demandeur à un risque dont il n'avait pas connaissance suffit à caractériser le préjudice. Pourtant, la jurisprudence ne considère pas que le défaut d'information vicie le consentement du demandeur. Les juges doivent apprécier l'influence du défaut d'information sur le consentement au moment de définir si le demandeur a subi une perte de chance et considèrent très souvent qu'aucune chance n'a été perdue[6]. En droit anglais non plus, les juges n'estiment pas que le consentement a été entièrement vicié car dans une telle hypothèse le demandeur pourrait se fonder sur la *battery*[7]. Or, offrir une indemnisation dans l'hypothèse où le risque ne s'est pas réalisé pose plusieurs problèmes. D'abord, cela risquerait de conduire à une multiplication d'actions en justice peu méritantes. Ensuite, cela contribuerait à déséquilibrer la relation entre le médecin et le patient en faisant peser sur le premier une charge trop importante et aléatoire[8]. Enfin, cela conduirait à indemniser un préjudice

---

1 Cass. civ. 1ère, 5 nov. 1996, n° 94-14.798.

2 M. BACACHE, « Le défaut d'information sur les risques de l'intervention : quelles sanctions ? Pour une indemnisation au-delà de la perte de chance », *op. cit.*, spéc. n° 21.

3 Sur ce point : G. VINEY, « Les relations entre responsabilité civile et protection des droits subjectifs », *JCP G* 1997, doctr. 4025 ; T. AZZI, « Les relations entre la responsabilité civile délictuelle et les droits subjectifs », *RTD Civ.* 2007, p. 227 ; J.-C. SAINT-PAU, « Qualification de droits subjectifs », *in Droits de la personnalité*, J.-C. Saint-Pau (dir.), LexisNexis, Traités, 2013, p. 227-272.

4 J.-S. BORGHETTI, « Manquement du médecin à son obligation d'information : quel préjudice réparable ? », *op. cit.* ; P. JOURDAIN, « Le manquement au devoir d'information médicale cause un préjudice qui doit être réparé (revirement de jurisprudence) », *loc. cit.* ; A. BASCOULERGUE, *op. cit.*

5 P. JOURDAIN, « Le manquement au devoir d'information médicale cause un préjudice qui doit être réparé (revirement de jurisprudence) », *loc. cit.* Pour une contestation de l'existence pratique d'un tel risque : A. BASCOULERGUE, *op. cit.*

6 C. CORGAS-BERNARD, « L'autonomie de l'obligation d'information du médecin », *loc. cit.*

7 K. A. CHOONG, *op. cit.*, spéc. p. 122 ; T. CLARK, D. NOLAN, *op. cit.*, spéc. p. 686-689.

8 L. BERNARD DE LA GATINAIS, *op. cit.*

parfaitement objectif et désincarné et donc inévitablement à évaluer celui-ci *in abstracto*.

Rejet en droit anglais. Il est certain que les juges ayant siégé dans l'affaire *Chester* avaient à l'esprit la question de l'autonomie et estimaient que l'aménagement de la causalité proposé dans cette affaire permettait de défendre cet intérêt. L'affaiblissement progressif de *Chester* et le refus de l'étendre à d'autres situations[1] en ont cependant fait une décision d'opportunité au champ modeste qui pourrait *in fine* disparaître[2]. Face à cette tendance qui diminue la protection de l'autonomie des demandeurs et au renforcement des considérations d'autonomie avec *Montgomery*, le débat concernant l'indemnisation spécifique de l'atteinte à l'autonomie a ressurgi. En juin 2017, la *High Court* a jugé que la combinaison des arrêts *Chester* et *Montgomery* ne posait pas le principe de l'existence d'un préjudice inhérent à une atteinte à l'autonomie[3]. Dans l'arrêt *Shaw v Kovac & Others* rendu en juillet de la même année, la cour d'appel confirme le refus d'indemniser s l'atteinte à l'autonomie en matière de défaut d'information médicale[4]. Dans cette affaire, un homme de quatre-vingt-six ans est décédé à la suite d'une opération du cœur. Il souffrait d'une sclérose de la valve aortique et les défendeurs lui ont proposé un nouveau type d'opération afin de le guérir. Les alternatives étaient une opération à cœur ouvert ou un traitement des symptômes sans opération. Peu de temps après l'opération, l'homme est décédé d'une hémorragie de l'aorte. Sa fille avance que s'il avait été informé des risques liés au nouveau procédé médical, il aurait refusé l'opération et aurait préféré une solution plus traditionnelle. Elle expose qu'une indemnité devrait être accordée pour l'invasion illégitime des droits de son père et pour l'atteinte à son autonomie. Les juges ont constaté que de tels dommages et intérêts n'avaient jamais été accordés. Pour eux, l'atteinte à l'autonomie était déjà indemnisée au sein des *general damages* dans le cas où il existerait une atteinte physique réparable de telle sorte qu'il n'y avait pas de raison d'accorder une indemnité spécifique à visée compensatoire. Il n'existe pas non plus de principe en droit anglais selon lequel une atteinte à un droit fondamental doit être indemnisée[5] de sorte que l'indemnité ne pouvait pas

---

[1] V. par ex. : *Meiklejohn v St George's Healthcare NHS Trust & Homerton University Hospital NHS Foundation Trust* [2014] EWCA Civ 120, spéc. Lady Rafferty, n° 34 ; *Correia v University Hospital of North Staffordshire NHS Trust* [2017] EWCA Civ 356 ; *Diamond v Royal Devon and Exeter NHS Foundation Trust* [2017] EWHC 1495 (QB), [2017] 6 WLUK 489 (QBD).

[2] F. McDONALD, « Consent, remoteness, and the prolonged death of the Chester exception: Diamond v Royal Devon & Exeter NHS Foundation Trust », *J.P.I.L.* 2017, n° 4, p. 212-216.

[3] *Diamond v Royal Devon and Exeter NHS Foundation Trust* [2017] EWHC 1495 (QB), spéc. n° 54 et s.

[4] *Shaw v Kovac & Others* [2017] EWCA Civ 1028. Sur cet arrêt, v. : N. TAVARES, « Shaw v Kovac », *J.P.I. Law* 2017, n° 4, p. 218-222.

[5] *R. (Lumba) v Secretary of State for the Home Department* [2011] UKSC 12, [2012] 1 AC 245.

non plus avoir une dimension purement vindicatoire[1], c'est-à-dire vocation à indemniser une atteinte à un droit fondamental[2]. Le rejet du droit anglais a donc deux fondements. D'une part, il n'existe pas de principe en droit anglais permettant d'indemniser une atteinte à un droit en soi. D'autre part, l'atteinte à l'autonomie ne constitue pas un préjudice autonome en *negligence*. Sur ce second point, les juges anglais auraient pu faire preuve de plus de souplesse. Cependant, les considérations pratiques soulevées en droit français ont inquiété les juges et une partie de la doctrine anglaise[3] qui a craint de devoir alors offrir une indemnisation en cas de défaut d'information même lorsque le risque ne s'est pas réalisé.

L'arrêt du 3 juin 2010 et l'arrêt *Chester* ont conduit les doctrines française et anglais à réfléchir au caractère orthodoxe du préjudice inhérent à la violation du droit à l'information médicale. Le droit anglais écarte cette possibilité. Le droit français a hésité à adopter cette approche mais lui a finalement préféré un préjudice visant à indemniser le défaut de préparation aux risques de l'opération, c'est-à-dire le préjudice d'impréparation, ce qui constitue un retour à l'orthodoxie.

Glissement vers l'impréparation. La Cour de cassation a pris parti en faveur du préjudice d'impréparation en cas de défaut d'information médicale dans un arrêt du 12 juillet 2012[4]. Elle y juge que le défaut d'information médicale « *entraîne un préjudice moral, résultant d'un défaut de préparation psychologique aux risques encourus et du ressentiment éprouvé à l'idée de ne pas avoir consenti à une atteinte à son intégrité corporelle* ». Elle confirme la possibilité d'indemniser un préjudice moral résultant du défaut d'information conformément à l'arrêt du 3 juin 2010 tout en précisant le sens de ce préjudice[5]. La définition de l'impréparation qu'elle adopte se limite à la détresse psychologique résultant de la réalisation du risque dont le demandeur aurait dû être informé. Le Professeur Penneau avait conféré deux aspects au préjudice d'impréparation : d'une part le défaut d'information empêche le patient de prendre des précautions d'ordres patrimoniales ; d'autre part le patient n'a pas été mis en mesure de se préparer psychologiquement au risque[6]. La Cour ne prend pas acte de cette distinction. Reste qu'elle souligne que le préjudice moral indemnisé est lié à une souffrance psychologique qui n'est pas définie de façon objective, et

---

[1] Sur le concept de « *vindication* », v. : A. GUTIÉRREZ RAYMONDOVA, *The Taxonomy of non-pecuniary losses in English Tort Law*, thèse, Université d'Edimbourg, 2020, spéc. p. 143-150.

[2] *R. (Lumba) v Secretary of State for the Home Department* [2011] UKSC 12, spéc. Lady Hale, p. 59-60.

[3] D. NOLAN, « Negligence and Autonomy », *op. cit.*, spéc. p. 368-371.

[4] Cass. civ. 1ère, 12 juill. 2012, n° 11-17.510, *JCP G* 2012, 1036, obs. P. SARGOS ; *ibid.*, doctr. 1224, obs. STOFFEL-MUNCK ; *D.* 2013, p. 40, chron. O. GOUT ; *ibid.*, p. 2277, comm. M. BACACHE.

[5] M. BACACHE, « Responsabilité médicale : évolution ou régression ? », *op. cit.*

[6] M. PENNEAU, *op. cit.* ; v. aussi : A. BASCOULERGUE, *op. cit.*

s'éloigne donc en cela du préjudice inhérent au droit violé. Il faut désormais prouver l'existence d'un préjudice, ce qui constitue un « *retour aux fondamentaux de la responsabilité civile* »[1]. Dans un arrêt du 10 octobre 2012, le Conseil d'État reconnaît lui aussi l'existence du préjudice d'impréparation et précise que l'indemnisation est conditionnée à la réalisation du risque de dommage[2]. La Cour de cassation procède à cette « *clarification* »[3] par un arrêt du 23 janvier 2014 en adoptant la même position[4]. Comme a pu le souligner un auteur, le préjudice d'impréparation est alors apparu comme la solution idéale pour « *subordonner la sanction du défaut d'information médicale à l'atteinte corporelle résultant de l'acte médical* »[5]. Son attrait pour les juges et la doctrine résidait sans doute dans le fait qu'il permettait de répondre à la principale critique dont le préjudice moral *sui generis* avait fait l'objet. Le préjudice d'impréparation a ainsi été décrit comme la « *seule solution praticable* » en la matière[6]. Cette seconde décision rompt plus fortement avec l'analyse du préjudice d'impréparation comme un préjudice inhérent au droit violé[7]. Dans un arrêt du 25 janvier 2017[8], la Cour de cassation a précisé que, pour être indemnisé, le préjudice d'impréparation devait être demandé ce qui constitue une nouvelle rupture avec la notion de préjudice objectif[9]. Le glissement d'un préjudice moral *sui*

[1] L. LEVENEUR, « D'importantes précisions sur le préjudice causé par le manquement du médecin à son devoir d'information », *Contrats Concurrence Consommation* 2014, comm. 86.

[2] CE 10 oct. 2012, n° 350426, *JCP G* 2012, 1252, obs. F. VIALLA ; *JCP A* 2012, 2369, obs. V. VIOUJAS ; *AJDA* 2012, p. 2231, comm. C. LANTERO ; *D.* 2013, p. 40, chron. O. GOUT ; *ibid.*, p. 2658, obs. M. BACACHE ; *RDSS* 2013, p. 92, comm. D. CRISTOL.

[3] O. GOUT, « L'obligation d'information du médecin à nouveau sur le devant de la scène juridique », *op. cit. Contra* : M. BACACHE, « Réparation du défaut d'information médicale : revirement ou affinement de jurisprudence? », *D.* 2014, p. 590. Dans cet article, l'auteur défend que l'arrêt du 23 janvier 2014 est un revirement de jurisprudence.

[4] Cass. civ. 1ère, 23 janv. 2014, n° 12-22.123.

[5] A. GUÉGAN, « Le préjudice d'impréparation, ou comment subordonner la sanction du défaut d'information médicale à l'atteinte corporelle résultant de l'acte médical », *RDC* 2014, n° 110s6, p. 368.

[6] P. JOURDAIN, « Préjudice réparable en cas de défaut d'information médicale : la Cour de cassation réoriente sa jurisprudence », *RTD Civ.* 2014, p. 379.

[7] Y. LAMBERT-FAIVRE, S. PORCHY-SIMON, *op. cit.*, spéc. n° 731.

[8] Cass. civ. 1ère, 25 janv. 2017, n° 15-27.898, *JCP G* 2017, doctr. 257, obs. M. BACACHE ; *RDC* 2017, n° 114c9, p. 231, obs. J.-S. BORGHETTI ; *RDSS* 2017, p. 716, obs. D. CRISTOL ; *Gaz. Pal.* 25 avr. 2017, n° 293c8, p. 22, obs. S. GERRY-VERNIÈRES ; *ibid.* 6 juin 2017, n° 296p5, p. 65, obs. A. DELHAYE ; *LPA* 19 avr. 2017, n° 125s3, p. 10, obs. A.-L. FABAS SERLOOTEN ; *D.* 2018, p. 35, chron. O. GOUT ; *Resp. civ. et assur.* 2017, comm. 115, comm. S. HOCQUET-BERG ; *RTD Civ.* 2017, p. 403, obs. P. JOURDAIN ; *Dalloz actualité* 13 février 2017, obs. N. KILGUS ; *Contrats Concurrence Consommation* 2017, comm. 71, obs. L. LEVENEUR ; *LEDC* mars 2017, n° 110n1, p. 5, obs. O. SABARD.

[9] J. AMOURIC, « Retour sur les préjudices réparables en cas de défaut d'information médicale », *RLDC* 2016, n° 143 ; D. CRISTOL, « Le préjudice d'impréparation né du défaut d'information médicale : une consolidation de l'édifice jurisprudentiel », *RDSS* 2017, p. 716 ; A.-L. FABAS SERLOOTEN, « Défaut d'information du patient sur les risques d'un acte médical. Confirmation des préjudices réparables et fin de l'indemnisation d'office », *LPA* 19 avr. 2017, n° 125s3, p. 10.

generis hétérodoxe à un préjudice d'impréparation est désormais ancré en jurisprudence[1].

Un préjudice autonome. La Cour de cassation a conçu le préjudice d'impréparation comme un préjudice moral autonome distinct des préjudices extrapatrimoniaux de la nomenclature Dintilhac et des autres préjudices pouvant être causés par un défaut d'information médicale. L'indépendance des préjudices de perte de chance et d'impréparation est affirmée dans l'arrêt du 23 janvier 2014. Elle a été précisée dans un arrêt du 25 janvier 2017[2]. Le demandeur agissait à la fois pour obtenir l'indemnisation de son préjudice de perte de chance et de son préjudice d'impréparation. La cour d'appel accueille sa demande et la Cour de cassation confirme l'arrêt d'appel au motif que « *ces préjudices distincts étaient caractérisés et pouvaient être, l'un et l'autre, indemnisés* » sans contrevenir au principe de réparation intégrale. Cette position est au premier abord compréhensible dans la mesure où l'objet des deux préjudices n'est pas le même[3]. Dans un arrêt du 23 janvier 2019, la Cour de cassation précise aussi que l'indemnisation du préjudice d'impréparation faisant suite à un défaut d'information peut « *se cumuler avec la réparation du dommage corporel consécutif à l'intervention fautive* »[4]. Ce cumul intervient dans l'hypothèse où le médecin a commis une faute éthique mais également une faute technique ayant causé une atteinte physique. L'atteinte physique en question est donc la conséquence de la faute technique et pas la réalisation d'un aléa thérapeutique. Dans le cas d'un accouchement, la Cour distingue aussi le préjudice d'impréparation de la mère des atteintes corporelles de l'enfant[5]. Il faut bien sûr relativiser l'autonomie de l'indemnisation du préjudice d'impréparation par rapport à l'atteinte corporelle. Comme nous l'avons déjà précisé, une condition de l'indemnisation du préjudice d'impréparation est la réalisation du risque. L'indemnisation de l'impréparation n'est pas indépendante de l'atteinte corporelle car cette atteinte est une condition nécessaire de la survenance du préjudice. Comment le demandeur pourrait-il souffrir du choc de se découvrir handicapé si le risque ne s'est pas réalisé ? Reste que le préjudice d'impréparation et l'atteinte corporelle ne se confondent pas dans la mesure où l'impréparation est un préjudice moral qui a son propre objet. On peut donc affirmer que ce préjudice est autonome.

---

1 Cass. civ. 1ère, 14 nov. 2018, n° 17-27.980 et 17-28.529 - Cass. civ. 1ère, 23 janv. 2019, n° 18-10.706 - Cass. civ. 1ère, 9 déc. 2020, n° 19-22.055.

2 Cass. civ. 1ère, 25 janv. 2017, n° 15-27.898.

3 O. GOUT, « L'obligation d'information du médecin à nouveau sur le devant de la scène juridique », *op. cit.*

4 Cass. civ. 1ère, 23 janv. 2019, n° 18-11.982, *JCP G* 2019, doctr. 1173, obs. M. BACACHE ; *Gaz. Pal.* 16 avr. 2019, n° 346s0, p. 31, obs. J. TRAULLÉ.

5 Cass. civ. 1ère, 23 janv. 2019, n° 18-10.706, *JCP G* 2019, doctr. 1173, obs. M. BACACHE ; *ibid.* doctr. 1275, obs. N. ANCIAUX ; *LEDA* avril 2019, n° 111w2, p. 2, obs. T. DOUVILLE ; *Dalloz actualité* 21 févr. 2019, obs. A. HACENE ; *LPA* 12 avr. 2019, n° 143t4, p. 15, obs. S. HORTALA ; *RDC* 2019, n° 116b7, p. 17, obs. J. KNETSCH ; *LEDC* mars 2019, n° 112d4, p. 6, obs. O. SABARD ; *Gaz. Pal.* 16 avr. 2019, n° 346s0, p. 31, obs. J. TRAULLÉ.

***Negligence* et impréparation.** Le préjudice moral inhérent à l'atteinte à l'autonomie est une notion trop étrangère au droit anglais pour y trouver sa place. Serait-il envisageable que les juges anglais acceptent l'indemnisation d'un préjudice comparable à l'impréparation ? L'argument a déjà été formulé devant un juge anglais de la *High Court* dans l'arrêt *Diamond v Royal Devon and Exeter NHS Foundation Trust*. La demanderesse souffrait de douleurs récurrentes au dos et a subi une opération chirurgicale, une fusion vertébrale. Ses douleurs sont demeurées persistantes et une hernie post-opératoire est apparue. Elle est alors opérée une deuxième fois un an plus tard pour une réparation abdominale puis une troisième fois deux ans plus tard. Cette situation l'a conduite à développer une dépression et de l'anxiété. Surtout, elle apprend après la troisième opération qu'elle ne peut plus avoir d'enfant naturellement. Elle n'avait pas été informée que les deux premières opérations qu'elle avait subies rendaient une grossesse plus dangereuse. Son conseil avance alors plusieurs arguments dont celui du préjudice d'impréparation. Il estime que la demanderesse peut obtenir une indemnisation pour le choc qu'elle a subi en apprenant qu'elle ne pourrait pas porter d'enfant et parce que ce choc aurait exacerbé ses pathologies psychiques[1]. Il s'agit d'un argument subsidiaire dans l'hypothèse où le juge estimerait que la demanderesse aurait tout de même accepté la réparation abdominale en étant informée du risque. Le juge souligne l'ingéniosité de l'argument mais l'écarte en trois temps. Il rappelle d'abord que le choc seul ne peut être indemnisé. Ensuite, il juge que l'obligation du deuxième médecin n'était pas d'informer la demanderesse qu'elle ne pouvait pas avoir d'enfant mais que cela lui était fortement déconseillé. L'impossibilité d'avoir un enfant ne résultait que de l'aggravation subséquente de son état. Le choc d'apprendre qu'elle ne pouvait pas avoir d'enfant n'était pas une conséquence prévisible du manquement au devoir d'information du deuxième médecin. Enfin, il estime qu'on ne peut identifier de pathologie psychologique indemnisable qui résulterait du manquement au vu de l'état antérieur de la demanderesse. Par conséquent, le juge inscrit le préjudice d'impréparation dans le cadre théorique du préjudice psychiatrique pur, ou *nervous shock*, en droit anglais, et juge que les conditions de son indemnisation ne sont pas réunies.

Cette décision défavorable est lourdement influencée par les faits de l'espèce et a été décidée par une juridiction de première instance. On ne peut donc pas affirmer que le préjudice d'impréparation a été rejeté en droit anglais. Quels sont les obstacles à l'indemnisation de l'impréparation en droit anglais ? Pour être indemnisé de son préjudice psychiatrique pur, le demandeur devra d'abord démontrer qu'il souffre d'une pathologie psychique[2]. Il s'agit d'une exigence plus élevée que celle du préjudice moral en droit français mais cela ne semble pas constituer un obstacle

---

[1] *Diamond v Royal Devon and Exeter NHS Foundation Trust* [2017] EWHC 1495 (QB), spéc. n° 50 à 53.

[2] R. MULHERON, *op. cit.*, spéc. §5.2 à §5.4.

indépassable. Comme le montre l'arrêt *Diamond*, la question de l'état antérieur se posera dans certaines hypothèses. *Quid* de l'exigence d'un choc ? La notion de *nervous shock* a été conçue dans les hypothèses d'évènements particulièrement traumatisants susceptibles de causer un choc chez le demandeur du fait de la violence des scènes auxquelles il a été exposé[1]. Impréparation et choc ne sont pas incompatibles. Cette exigence a cependant été formulée en droit anglais dans des situations très différentes d'un réveil à l'hôpital, de telle sorte qu'on peut imaginer qu'il existerait une certaine résistance des juges à étendre le champ de la notion. Toutefois, comme nous avons déjà pu l'évoquer[2], l'exigence d'un choc a été expressément écartée dans l'arrêt *Paul* pour les victimes par ricochet[3]. Il ne s'agit donc plus d'un obstacle majeur. Il y aura deux autres difficultés à l'application du *nervous shock* en matière d'impréparation. D'abord, la notion de victime primaire fait référence à la notion de zone de danger et s'inscrit dans la logique d'une exposition à un événement tragique. En matière médicale, cette approche de la notion ne paraît pas adaptée. Le concept d'évènement tragique a cependant déjà été élargi en matière d'exposition à un risque de dommage[4]. Récemment, les juges de la *Supreme Court* ont insisté sur la nécessité d'un « accident », ce qui pourrait s'avérer contraignant[5]. Ensuite, comme en matière de *fear of future illness*, la difficulté principale résidera dans les questions de la prévisibilité de l'atteinte et de la *remoteness*, c'est-à-dire du lien entre la faute éthique et l'atteinte psychiatrique. Il faudra qu'une juridiction décide que le devoir d'information médicale a notamment pour objet de permettre au patient de se préparer à la réalisation du risque de dommage pour faciliter l'indemnisation du préjudice psychiatrique pur résultant du défaut d'information médicale. C'est une évolution qui ne paraît pas impossible dans la mesure où, en matière de devoir de conseil et d'information, les juridictions procèdent à une analyse de plus en plus détaillée du champ du devoir de prudence du professionnel depuis l'arrêt *SAAMCO*[6]. L'impréparation ne semble donc pas être un concept étranger au droit anglais, même si le chemin jusqu'à sa prise en compte suppose de lever un certain nombre d'obstacles.

Transition. Le droit français a opéré un glissement d'une indemnisation de la perte de chance seule à l'indemnisation de celle-ci aux côtés d'un préjudice moral inhérent au droit violé puis d'un préjudice d'impréparation.

---

[1] V. par ex. les faits de l'arrêt *White*, *supra* p. 74.

[2] V. *supra* p. 81-82.

[3] Elle aurait été écartée antérieurement pour les victimes primaires : R. MULHERON, *op. cit.*, spéc. §5.24. Cette analyse se fonde sur les arrêts de la High Court suivants : *YAH v Medway NHS Foundation Trust* [2018] EWHC 2964 (QB) ; *Zeromska-Smith v United Lincolnshire Hospital NHS Trust* [2019] EWHC 980 (QB).

[4] V. *supra* p. 58-59.

[5] *Paul v Royal Wolverhampton NHS Trust* [2024] UKSC 1 ; [2024] 2 WLR 417 (*Paul* (SC)), spéc. Lord Leggatt et Lady Rose, §104-117.

[6] V. par ex. récemment en matière de responsabilité médicale : *Khan v Meadows* [2021] UKSC 21, [2022] AC 852, [2021] 3 WLR 147.

Le droit anglais s'est interrogé sur la sanction du manquement au devoir d'information *via* l'indemnisation de l'atteinte à l'autonomie ou *via* la réparation d'un préjudice psychiatrique pur. Aucune des deux solutions ne s'impose avec la force de l'évidence mais elles permettent de souligner la différence profonde qui existe entre un préjudice inhérent à un droit violé et un préjudice d'impréparation. Le concept d'un préjudice inhérent à un droit violé continue à exercer une influence sur l'indemnisation du préjudice d'impréparation en droit français.

§2. L'influence persistante du préjudice moral *sui generis* sur l'impréparation

L'analyse de certaines caractéristiques du préjudice d'impréparation et la comparaison avec le droit anglais permettent de constater qu'il s'agit d'un préjudice mixte. Cette mixité nous conduit à nous interroger sur l'existence d'une certaine confusion quant à l'objet de ce préjudice.

Un préjudice mixte. Au moment de son apparition, le préjudice d'impréparation a été distingué du préjudice moral inhérent au droit violé. Pourtant, il continue à revêtir certains des atours de ce-dernier.

Lien aux droits subjectifs. Dès la création du préjudice d'impréparation, la jurisprudence précisait qu'il résultait de la lésion d'un droit subjectif « *accessoire au droit à l'intégrité physique* ». Le caractère accessoire à l'intégrité physique du droit à l'information médicale a vocation à justifier l'impossibilité d'indemniser un préjudice moral en matière de défaut d'information sans que le risque ne se réalise. En effet, si le droit à l'information est accessoire au droit à l'intégrité corporelle, alors une atteinte à ce droit n'est indemnisable en soi que si l'atteinte corporelle se produit effectivement. Pourtant, cette précision de la jurisprudence ne fait que rendre la situation plus confuse. En effet, le préjudice d'impréparation suppose par définition la réalisation du risque. Le demandeur argue qu'il n'a pas pu se préparer à la réalisation du risque. Indemniser l'impréparation ne nécessite pas de faire référence à l'importance du droit à l'information, puisque son existence suffit. Cette mention s'explique sans doute par le fait qu'il n'y a pas eu à proprement parler de rupture ferme avec l'idée d'un préjudice moral résultant d'une atteinte à un droit subjectif lorsque la jurisprudence a indemnisé le préjudice d'impréparation. La Cour de cassation n'a plus fait référence aux droits subjectifs jusqu'à deux arrêts du 23 janvier 2019 rendus au visa des articles 16 et 16-3 du Code civil, c'est-à-dire du principe de dignité[1]. La Cour a réitéré ce visa à plusieurs reprises dans un arrêt du 9 décembre 2020[2]. Comme l'écrit le Professeur Bacache, « *l'option prise en*

---

[1] Cass. civ. 1ère, 23 janv. 2019, n° 18-10.706 - Cass. civ. 1ère, 23 janv. 2019, n° 18-11.982. Avant cela, des juridictions du fond avaient pu prendre la même position. V. par ex. : CA Toulouse, 13 nov. 2017, n° 16/00155, *Gaz. Pal.* 16 janv. 2018, n° 310z5, p. 29, obs. M. MEKKI.

[2] Cass. civ. 1ère, 9 déc. 2020, n° 19-22.055 - Cass. civ. 1ère, 6 juill. 2022, n° 21-12.138.

faveur du préjudice d'impréparation n'a pas signifié l'abandon de toute référence au droit à l'information »[1].

Cette mise en avant d'un droit subjectif interroge sur le sens du préjudice d'impréparation. En droit anglais, les *rights theorists*, une frange de la doctrine analysant le droit de la responsabilité sous le prisme de la notion de droits individuels, estiment que la *negligence* n'a pas pour fonction première de protéger l'ensemble des droits subjectifs nommés. Elle opère une protection large d'un certain nombre d'intérêts et est susceptible de protéger des droits subjectifs de façon secondaire. Par exemple, comme le relève le Professeur Nolan, si l'autonomie ne fait pas encore l'objet d'une indemnisation directe en *negligence*, l'indemnisation d'un dommage corporel conduit à protéger de façon indirecte et secondaire l'intérêt d'autonomie[2]. En appliquant cette logique au droit français, peut-on voir dans les références aux droits subjectifs en matière d'impréparation la suggestion que ce préjudice a pour fonction primaire de protéger un droit subjectif ? Ou cette protection n'est-elle que la conséquence secondaire de l'indemnisation d'une souffrance morale ? Tout le cheminement du droit français l'ayant mené au préjudice d'impréparation semble indiquer que la sanction d'un manquement au droit subjectif à l'information médicale est l'objet de ce préjudice.

Un préjudice présumé. La persistance d'un lien entre préjudice d'impréparation et préjudice moral inhérent au droit violé est aussi perceptible dans la façon dont la Cour de cassation apprécie les conditions d'indemnisation d'un tel préjudice. Dans son arrêt du 23 janvier 2014, la Cour de cassation précise que le manquement du médecin à son devoir d'information médicale cause au patient un préjudice d'impréparation « *que le juge ne peut laisser sans réparation* »[3]. Par la suite, la formulation change légèrement puisqu'un arrêt précise que le manquement au devoir d'information médicale cause un préjudice d'impréparation qui « *dès lors qu'il est invoqué, doit être réparé* »[4], puis un autre précise que le manquement cause un préjudice d'impréparation et « *qu'il incombe aux juges du fond d'en apprécier l'étendue au regard des circonstances et des éléments de preuve soumis* »[5]. Il semble que la position de la Cour de cassation sur l'existence et la preuve du préjudice d'impréparation est devenue de plus en plus souple. La première formulation évoque le préjudice nécessaire, c'est-à-dire le modèle des préjudices découlant d'atteintes aux

---

[1] M. BACACHE, « Responsabilité civile », *JCP G* 2019, doctr. 1173 ; v. aussi : N. ANCIAUX, « Droit des personnes », *JCP G* 2019, doctr. 1275.

[2] D. NOLAN, « Negligence and Autonomy », *op. cit.*, spéc. p. 357-358. *Contra* sur la spécificité de la protection de l'intégrité corporelle par rapport à l'autonomie : J. HERRING, J. WALL, « The nature and significance of the right to bodily integrity », *C.L.J.* 2017, n° 76(3), p. 566-588.

[3] Cass. civ. 1ère, 23 janv. 2014, n° 12-22.123.

[4] Cass. civ. 1ère, 25 janv. 2017, n° 15-27.898.

[5] Cass. civ. 1ère, 23 janv. 2019, n° 18-10.706 - Cass. civ. 1ère, 23 janv. 2019, n° 18-11.982 - Cass. civ. 1ère, 9 déc. 2020, n° 19-22.055.

droits de la personnalité. La deuxième formulation signifie que le juge ne doit indemniser le préjudice d'impréparation que dans la mesure où cette indemnisation a été demandée par la victime. Dans la mesure où il faut que le risque se réalise pour que le préjudice d'impréparation soit indemnisable[1], nous ne sommes plus en présence d'un « *préjudice moral pur* »[2]. La troisième formulation rappelle que si le juge dispose d'une certaine liberté pour apprécier « *l'étendue* » du préjudice d'impréparation, son existence est quant à elle affirmée : le défaut d'information médicale cause un préjudice d'impréparation. L'existence du préjudice d'impréparation est affirmée et son indemnisation est rendue obligatoire. Si nous ne sommes pas en présence d'un préjudice nécessaire, on se trouve au moins en présence d'un préjudice présumé[3]. Cela participe à un faisceau d'indices permettant de constater que le préjudice moral inhérent au droit violé continue d'exercer une influence sur l'indemnisation du préjudice d'impréparation.

Nature incertaine. Le préjudice d'impréparation est présumé et s'ancre dans un droit subjectif. Sa nature demeure donc incertaine malgré la supposée clarification de 2014. La Cour de cassation peine à s'extirper de l'alternative existant entre le préjudice d'impréparation et le préjudice moral inhérent au droit violé. À la suite de l'arrêt du 12 juillet 2012, des auteurs ont proposé de voir dans la formule utilisée par la Cour de cassation à cette époque un système hybride[4]. La Cour jugeait que le préjudice résultait à la fois du « *ressentiment éprouvé à l'idée de ne pas avoir consenti à une atteinte à son intégrité corporelle* » et du « *défaut de préparation aux risques encourus* »[5]. Le Professeur Bacache voit dans ces deux mentions une synthèse des deux approches. La première formule fait référence au droit subjectif ce qui se traduit par une dimension automatique tandis que la seconde formule a vocation à prendre en compte la situation de chaque demandeur. Le préjudice d'impréparation serait donc un préjudice moral « *hybride* »[6], de synthèse, concentrant à la fois la sanction d'une atteinte à un droit subjectif et l'indemnisation des conséquences spécifiques au demandeur de son défaut de préparation. Il nous semble que malgré la volonté affirmée d'une clarification et d'une simplification, la situation

[1] Cass. civ. 1ère, 14 nov. 2018, n° 17-27.980 et 17-28.529

[2] J. AMOURIC, *op. cit.*

[3] M. BACACHE, « Dommage corporel », *D.* 2017, p. 2224. Le Conseil d'État a aussi consacré une présomption en matière de préjudice d'impréparation : CE, 16 juin 2016, n° 382479, *D.* 2016, p. 1501, obs. F. VIALLA ; *ibid.*, p. 2187, obs. M. BACACHE.

[4] M. BACACHE, « Responsabilité médicale : évolution ou régression ? », *op. cit.*, spéc. n° 7 ; O. GOUT, « Responsabilité civile », *D.* 2013, p. 40. Pour une critique de cette approche, notamment parce qu'elle ne satisferait pas au *plerumque fit* : J.-S. BORGHETTI, « Le préjudice d'impréparation en matière médicale : grands principes et petits montants », *RDC* 2017, n° 114c9, p. 231.

[5] Cass. civ. 1ère, 12 juill. 2012, n° 11-17.510.

[6] J. MATTIUSSI, « L'impréparation aux risques de l'accouchement par voie basse », *D.* 2019, p. 976.

actuelle est comparable à celle de 2012[1]. Le préjudice moral inhérent au droit violé continue à exercer une influence persistante sur la jurisprudence.

Cette incertitude quant à la nature de l'impréparation est aussi perceptible quant à la dimension extrapatrimoniale ou non de ce préjudice. Comme l'avaient souligné les Professeurs Penneau puis Jourdain[2], le préjudice d'impréparation peut permettre d'indemniser les conséquences patrimoniales et extrapatrimoniales d'un défaut d'information. La Cour de cassation n'y a jamais expressément fait référence, même si la mention de la capacité du juge d'en apprécier l'étendue laisse entendre que des éléments patrimoniaux peuvent être souverainement pris en compte au moment de l'évaluation. Reste que la Cour continue à qualifier le préjudice d'impréparation de préjudice moral[3]. Ce refus de consacrer cette double nature peut selon nous s'interpréter en un refus d'affaiblir la dimension profondément morale du préjudice d'impréparation afin de ne pas couper le lien avec le préjudice moral inhérent à un droit violé[4]. Cela contraste avec la position du Conseil d'État qui semble avoir plus résolument pris parti en faveur d'un préjudice d'impréparation à la fois patrimonial et extrapatrimonial[5].

Contraste avec le droit anglais. Cette synthèse fragile contraste aussi nettement avec les options qui s'offraient au droit anglais. Nous avons présenté les deux options qui s'offrait à lui. D'une part, le droit anglais peut faire le choix d'indemniser le droit fondamental à l'autonomie en soi à travers une action spécifique dont la fonction était seulement de protéger ce droit. D'autre part, il peut estimer que l'impréparation peut être indemnisée dans le cadre du *nervous shock* si le demandeur prouve l'existence d'une pathologie psychique spécifique causée par le défaut d'information médicale. L'intérêt d'autonomie serait alors protégé de manière secondaire. Le droit anglais n'envisage en aucun cas une action hybride et on peine à voir sur quel fondement théorique celle-ci pourrait exister. Soit l'action en question a vocation à réparer une atteinte psychique, soit elle vise à protéger un droit spécifique. Au regard de cette approche, la position française semble plus confuse.

---

[1] V. par ex. : Cass. civ. 1ère, 6 juill. 2022, n° 21-12.138. L'arrêt évoque le préjudice moral « *résultant d'un défaut de préparation à l'éventualité que ce risque survienne* » mais précise que ce préjudice résulte de l'article 16 du code civil et donc du principe de dignité. On constate encore la coexistence des deux approches.

[2] M. PENNEAU, *op. cit.* ; P. JOURDAIN, « Obligation d'information médicale : le recul de la sanction », *op. cit.*

[3] J.-S. BORGHETTI, « Le préjudice d'impréparation en matière médicale : grands principes et petits montants », *loc. cit.*

[4] Le critère d'extrapatrimonialité est traditionnellement lié à la notion de préjudice moral, même s'il est vrai que ce critère est insuffisant et que la patrimonialité a fait intrusion dans le champ de la notion de préjudice moral. Sur ce point, v. : H. GALI, *Le préjudice moral : étude de droit de la responsabilité civile*, thèse, Dalloz, Nouvelle Bibliothèque des Thèses, 2021, spéc. n° 313 et s.

[5] D. CRISTOL, « Défaut d'information dans les établissements publics de santé : une nouvelle pierre à l'édifice jurisprudentiel », *RDSS* 2013, p. 92.

Le choix entre un préjudice inhérent au droit violé et le préjudice d'impréparation emporte en principe des conséquences différentes sur les modalités d'indemnisation du préjudice[1] et le droit anglais nous éclaire sur cette distinction. Pourtant, le droit français a fait le choix de la synthèse. Cela peut nourrir une certaine confusion sur le sens du préjudice d'impréparation et de son indemnisation.

Un préjudices confus. La nature incertaine du préjudice d'impréparation influe sur le lien entre impréparation et intégrité corporelle et explique une influence persistante d'une volonté punitive en la matière. Cela interroge sur la place de ce préjudice au sein de la responsabilité civile.

Évaluation et intégrité corporelle. La question du lien du préjudice d'impréparation à l'atteinte à l'intégrité corporelle se pose au stade de l'évaluation. L'autonomie entre préjudice d'impréparation et atteinte à l'intégrité corporelle suppose que la prise en compte de l'atteinte physique dans l'évaluation soit indirecte. L'indemnisation du préjudice d'impréparation a connu sur ce point des errements jurisprudentiels. Par exemple dans son arrêt du 12 juillet 2012, la Cour de cassation avait confirmé un arrêt d'appel qui avait validé l'évaluation du préjudice moral résultant du défaut d'information médicale à 50% des préjudices résultant de l'atteinte à l'intégrité physique. Cette approche du préjudice d'impréparation, encore très rudimentaire, a heureusement été rapidement abandonnée car elle revenait à traiter un préjudice moral comme une perte de chance[2]. La doctrine s'inquiète désormais à l'inverse d'une indemnisation qui pourrait ne devenir que symbolique. Le préjudice d'impréparation est désormais présumé et autonome. Le juge est dans l'obligation de l'indemniser, puisqu'il ne peut pas constater l'existence d'un préjudice sans l'indemniser[3]. En principe, cette indemnisation ne peut pas être uniquement symbolique mais doit s'opérer *in concreto*, comme l'exige le principe de réparation intégrale[4]. Pourtant, l'utilisation d'une présomption tend à pousser les juges vers une approche forfaitaire de l'indemnisation[5]. L'incertitude entourant le sens du préjudice d'impréparation, sa nature et son lien à l'atteinte corporelle rend plus difficile encore une évaluation *in concreto*. La gravité de l'atteinte physique résultant de la réalisation du risque non révélé est éventuellement un élément pertinent pour apprécier le ressentiment du demandeur né du défaut de préparation, mais l'évaluation de ce préjudice ne se confond pas pour autant avec l'atteinte corporelle ou avec la chance

[1] P. JOURDAIN, « Préjudice réparable en cas de défaut d'information médicale : la Cour de cassation réoriente sa jurisprudence », *op. cit.* ; A. BASCOULERGUE, *op. cit.*

[2] M. BACACHE, « Responsabilité médicale : évolution ou régression ? », *op. cit.*, spéc. n° 9.

[3] M. BACACHE-GIBEILI, *Les obligations : la responsabilité civile extracontractuelle, t. 5*, Economica, 4ème éd., 2021, spéc. n° 375.

[4] G. WESTER, *Les principes de la réparation confrontés au dommage corporel*, thèse, L.G.D.J., coll. Thèses, 2023, spéc. n° 69 et s.

[5] J.-S. BORGHETTI, « Le préjudice d'impréparation en matière médicale : grands principes et petits montants », *loc. cit.*

perdue[1]. En matière de détresse psychologique, l'évaluation ne peut que demeurer un sujet épineux puisque la subjectivité de chaque demandeur doit être prise en compte.

Autonomie et intégrité corporelle. Le lien avec l'atteinte à l'intégrité corporelle pose aussi la question de l'autonomie réelle du préjudice d'impréparation. La possibilité de cumuler l'indemnisation d'une perte de chance ou d'une atteinte physique et du préjudice d'impréparation peut surprendre.

Une grande partie de la doctrine n'a pas relevé de difficulté à cumuler l'indemnisation de la perte de chance avec celle du préjudice d'impréparation, puisqu'il s'agirait d'une conséquence logique de l'autonomie de deux préjudices[2] qui seraient d'ailleurs de natures différentes[3]. Madame Ferrié a toutefois relevé une incompatibilité logique entre le préjudice d'impréparation et la perte de chance[4]. Elle reconnaît que les préjudices sont bien distincts de telle sorte que l'argument du pourvoi selon lequel la perte de chance absorbe le préjudice d'impréparation ne pouvait pas prospérer. Cependant, elle note qu'ils « *ne peuvent jamais être tous deux retenus car ils postulent deux situations antagonistes* »[5]. La perte de chance suppose qu'une chance a été perdue et que le dommage aurait pu être évité tandis que le préjudice d'impréparation suppose que le patient aurait accepté l'opération mais y aurait été mieux préparé. Cumuler les deux préjudices conduit donc les juges à procéder à deux analyses contre-factuelles incompatibles. Dans une telle hypothèse, Madame Ferrié souligne que, logiquement, les juges devraient indemniser une perte de chance et une perte de chance de se préparer à la réalisation du risque. Une telle solution ne serait pas souhaitable car elle confinerait à la « *divination* »[6]. Cette analyse a éveillé la curiosité de la doctrine[7] et nous semble convaincante. Le simple fait que deux préjudices soient autonomes ne signifie pas nécessairement que leur indemnisation peut être simultanée. Le fait que cette indemnisation simultanée suppose que les juges prennent en compte tous les préjudices existant dans toutes les situations contre-factuelles possibles nous paraît constituer un pas de trop dans la voie d'une désintégration toujours plus grande du préjudice moral.

---

[1] S. HOCQUET-BERG, « Obligation d'information : préjudices réparables en cas de non-respect », *Resp. civ. et assur.* 2017, comm. 115.

[2] D. CRISTOL, « Le préjudice d'impréparation né du défaut d'information médicale : une consolidation de l'édifice jurisprudentiel », *op. cit.* ; A.-L. FABAS SERLOOTEN, *op. cit.* ; L. LEVENEUR, « Le préjudice d'impréparation se porte bien ! », *Contrats Concurrence Consommation* 2017, comm. 71.

[3] S. HOCQUET-BERG, « Obligation d'information : préjudices réparables en cas de non-respect », *loc. cit.*

[4] S.-M. FERRIÉ, « Quelle sanction pour la violation du devoir d'information médicale ? », *D.* 2017, p. 555.

[5] *Ibid.*

[6] *Ibid.*

[7] P. JOURDAIN, « Défaut d'information médicale : cumul possible de la réparation d'une perte de chance et d'un préjudice moral d'impréparation », *RTD Civ.* 2017, p. 403.

De la même façon, la possibilité de cumuler l'indemnisation du préjudice d'impréparation et d'un dommage corporel interroge. Là encore, la doctrine n'a dans sa majorité pas relevé de difficulté dans la mesure où les deux atteintes sont autonomes[1]. De façon plus originale, un auteur a soutenu que la double finalité de l'obligation d'information justifiait une double indemnisation[2]. Le Professeur Knetsch a toutefois relevé que l'indemnisation de la faute technique conduit en principe à replacer le demandeur dans la position qui aurait été la sienne si la faute n'avait pas été commise[3]. Par conséquent, l'indemnisation d'un préjudice d'impréparation semble incohérente avec ce retour au *statu quo ante*. La réparation intégrale de l'ensemble des préjudices découlant de l'atteinte corporelle couvrirait déjà l'impréparation. Cet argument, formulé dans le cas d'un accouchement par voie basse nous paraît cependant moins convaincant dans cette hypothèse puisque le préjudice d'impréparation de la mère et l'atteinte corporelle de l'enfant sont très clairement distincts. *In fine*, la question du cumul du préjudice d'impréparation avec la perte de chance ou avec le dommage corporel est épineuse car le lien entre le préjudice d'impréparation et l'atteinte corporelle n'est pas défini avec clarté.

Préjudices anglais potentiels et intégrité corporelle. Les deux positions potentielles du droit anglais contrastent avec la confusion française. En effet, pour indemniser un défaut d'information médicale, il est possible soit de consacrer une action spécifique pour indemniser une atteinte à l'autonomie, soit d'indemniser le préjudice psychiatrique pur du demandeur. Dans les deux cas, il existe évidemment un lien entre le préjudice subi et l'atteinte à l'intégrité corporelle. Toutefois, ce lien est défini plus précisément que dans la situation hybride du droit français. L'action spécifique à l'atteinte à l'autonomie s'apparente à un préjudice moral inhérent au droit violé. L'absence de lien avec l'atteinte à l'intégrité corporelle pose question car cela permet théoriquement une indemnisation même sans réalisation du risque[4]. Cette absence de lien découle toutefois de la définition du préjudice. L'évaluation de l'atteinte à l'autonomie a eu lieu en droit anglais à travers des dommages et intérêts symboliques dans l'arrêt *Rees*, et c'est ainsi que l'évaluation avait été envisagée dans l'arrêt *Chester*[5]. Puisque ce préjudice

[1] M. BACACHE, « Responsabilité civile », *JCP G* 2019, doctr. 1173 ; A. HACENE, « Accouchement : portée de l'obligation d'information et conséquences de son inexécution », *Dalloz actualité* 21 févr. 2019 ; S. HORTALA, « Le préjudice d'impréparation et sa réparation, nouvelle précision jurisprudentielle », *LPA* 12 avr. 2019, n° 143t4, p. 15.

[2] J. TRAULLÉ, « La définition du préjudice né d'un manquement à l'obligation d'information, la Cour de cassation maintient le cap », *Gaz. Pal.* 16 avr. 2019, n° 346s0, p. 31. Pour cet auteur, le devoir d'information médicale a pour finalité de permettre au demandeur d'éviter l'atteinte corporelle mais aussi de s'y préparer. Dès lors, les deux préjudice devraient être indemnisés lorsqu'ils se réalisent. Notons que cette analyse finaliste est relativement inhabituelle en responsabilité civile et qu'elle peine à convaincre en l'état.

[3] J. KNETSCH, « Quelle autonomie pour le préjudice d'impréparation en matière de responsabilité médicale ? », *RDC* 2019, n° 116b7, p. 17.

[4] D. NOLAN, « Negligence and Autonomy », *op. cit.*, spéc. p. 367-368.

[5] *Chester v Afshar* [2005] AC 134, spéc. Lord Hoffman, p. 147

moral inhérent au droit violé aurait plutôt vocation à sanctionner le médecin qu'à indemniser le demandeur, la doctrine s'interroge pour savoir si l'importance du risque omis ou le caractère intentionnel du manquement pourrait influer sur le *quantum*[1], sans s'interroger sur le lien entre *quantum* et gravité du risque qui s'est réalisé. L'action fondée sur le *nervous shock* viserait quant à elle à indemniser une atteinte psychique ou psychiatrique. L'atteinte à l'intégrité corporelle serait alors la cause de ce préjudice mais serait distinct de lui. L'évaluation pourrait alors être fondée sur une expertise médicale pour indemniser toutes les conséquences de la maladie psychique subie. Plus largement, au vu de leur lien indirect à l'atteinte corporelle, ces préjudices seraient alors compatibles et pourraient être indemnisés ensemble, si d'aventure ils étaient déclarés indemnisables. La position anglaise d'une séparation claire des deux approches contraste avec la position française de confusion au sein du préjudice d'impréparation.

Influence continue de la fonction punitive. L'hybridité du préjudice d'impréparation peut se comprendre à la lumière de l'influence continue qu'exerce la fonction punitive de la responsabilité civile sur lui. Cette influence continue s'ancre dans la crainte que le devoir d'information médicale soit vide de sens s'il n'est pas sanctionné. En outre, la mise en place d'un régime spécial d'indemnisation de l'aléa thérapeutique *via* la solidarité nationale a diminué le besoin d'indemnisation mais a conduit à souligner et à mettre en avant la dimension punitive des préjudices liés au défaut d'information médicale. Le préjudice résultant du défaut d'information médicale est ainsi encore utilisé comme un outil de sanction. Cela est apparu récemment dans l'affaire du Levothyrox[2]. La Cour de cassation accepte l'indemnisation d'un « *préjudice moral temporaire* » de patients qui n'avaient pas été informés d'un changement de formule du produit. Le défaut d'information médicale permet à la Cour d'indemniser les patients sans avoir à s'interroger sur la défectuosité du produit[3]. Ce préjudice « *s'apparente à un préjudice d'impréparation* »[4] pour un auteur, alors qu'il est plus proche du préjudice moral inhérent au droit violé pour un autre[5]. Il s'agit certainement d'une décision d'opportunité et la Cour n'a pas souhaité donner trop de précisions sur l'objet de l'indemnisation en l'espèce. Reste

[1] D. NOLAN, « Negligence and Autonomy », *op. cit.*, spéc. p. 369-370.

[2] Cass. civ. 1ère, 16 mars 2022, n° 20-19.786, *Resp. civ. et assur.* 2022, repère 5, obs. L. BLOCH ; *LEDA* avril 2022, n° DAS200p5, obs. T. DOUVILLE ; *RTD Civ.* 2022, p. 397, obs. P. JOURDAIN ; *Gaz. Pal.* 17 mai 2022, n° GPL435x9, obs. J. TRAULLÉ.

[3] L. BLOCH, « Le producteur condamné dans l'affaire du Levothyrox : petite défaite et petite victoire », *Resp. civ. et assur.* 2022, repère 5.

[4] P. JOURDAIN, « Le fabricant du Levothyrox devait informer les consommateurs du changement dans la composition du médicament et réparer le préjudice moral résultant du défaut d'information », *RTD Civ.* 2022, p. 397. *Contra* : L. BLOCH, « Le producteur condamné dans l'affaire du Levothyrox : petite défaite et petite victoire », *loc. cit.* Cet auteur y voit plutôt un préjudice d'anxiété qui ne dit pas son nom.

[5] J. TRAULLÉ, « Affaire du Lévothyrox : la Cour de cassation définit le fait générateur de responsabilité et trace les contours du préjudice réparable », *Gaz. Pal.* 17 mai 2022, n° GPL435x9.

que la confusion qui entoure encore la nature exacte du préjudice d'impréparation donne l'opportunité aux juges d'utiliser le défaut d'information médicale comme fondement d'une indemnisation de circonstances. L'utilisation fonctionnelle du préjudice moral consécutif à un défaut d'information est perçu comme une solution aux cas où l'indemnisation est rendue difficile par les conditions de la responsabilité civile comme en matière de vaccin contre l'hépatite B[1].

L'influence continue de la fonction punitive de la responsabilité civile sur la sanction du droit à l'information médicale s'ancre dans le caractère fondamental de ce droit[2]. Des auteurs s'interrogent pourtant sur la pertinence de cette volonté de sanction qui advient au prix de multiples torsions[3]. Les principes manipulés sont d'une importance capitale mais ils sont malmenés et mis au service d'une indemnisation souvent très faible, ce qui conduit à les affaiblir. On en vient à s'interroger sur la place d'un tel produit hybride au sein de la responsabilité civile[4]. Entre deux eaux, ce préjudice peut être vu comme un exemple particulièrement frappant de la souplesse et de l'adaptabilité du droit de la responsabilité civile qui contraste avec la rigueur des catégories de la *negligence*. Toutefois, la confusion qui entoure le préjudice d'impréparation montre aussi les limites d'une telle souplesse. Plus de dix ans après son accueil en droit français, le préjudice moral découlant d'un défaut d'information médicale a déjà changé plusieurs fois de nature et de sens au point que le débat sur l'existence d'un préjudice moral inhérent au droit violé est rouvert à chaque nouvel arrêt[5].

Conclusion de section. Après 2012, la jurisprudence a affirmé sa préférence pour le préjudice d'impréparation plutôt que pour le préjudice moral inhérent au droit violé. En droit anglais, les juges ont brièvement envisagé la possibilité d'indemniser une atteinte à l'autonomie en soi pour sanctionner le manquement au devoir d'information. Le débat pourrait revenir sur le devant de la scène judiciaire à la faveur de l'indemnisation de l'atteinte à l'autonomie en matière de contentieux de la fertilité. L'argument du préjudice d'impréparation a aussi été évoqué mais n'a pas encore fait l'objet de commentaire par la doctrine. Un tel préjudice s'inscrirait au sein du *nervous shock* en droit anglais et cette branche du droit est connue pour son manque de souplesse et ses catégories parfois arbitraires. Le droit

---

[1] S. HOCQUET-BERG, « Troubles graves causés à un enfant par le vaccin contre l'hépatite B dénommé Engerix B », *Resp. civ. et assur.* 2019, comm. 51. Sur ce point, v. aussi : M. BACACHE, « Responsabilité civile », *JCP G* 2019, doctr. 407.

[2] M. BACACHE, « L'information médicale et la fonction punitive de la responsabilité civile », *op. cit.* ; C. LANTERO, « Réflexions sur la fondamentalisation des droits des patients. L'exemple de la violation du consentement », *RDSS* 2022, p. 216.

[3] J.-S. BORGHETTI, « Le préjudice d'impréparation en matière médicale : grands principes et petits montants », *op. cit.* ; C. LANTERO, *ibid.*

[4] J.-S. BORGHETTI, « La sanction de la violation par le médecin de son devoir d'information ou les limites de la réparation intégrale et systématique », *op. cit.*

[5] Suite à l'arrêt du 25 janv. 2017, v. : J. KNETSCH, « Quelle autonomie pour le préjudice d'impréparation en matière de responsabilité médicale ? », *loc. cit.* ; S.-M. FERRIÉ, *loc. cit.* Suite aux arrêts du 23 janv. 2019, v. : J. MATTIUSSI, *op. cit.*

anglais n'indemnise donc pas pour le moment de préjudice moral ou psychique à la suite d'un défaut d'information médicale. L'analyse du préjudice d'impréparation français semble révéler une certaine confusion autour de la nature et du sens de ce préjudice. L'hybridité de l'impréparation est un témoignage de la capacité d'adaptation du droit de la responsabilité civile à de nouveaux besoins d'indemnisation mais aussi un marqueur de la confusion conceptuelle qui peut régner en la matière. La clarté du régime de l'impréparation pâtit de cette confusion. Par contraste, les catégories anglaises apparaissent plus rigides mais aussi plus pures : le droit anglais n'envisage pas de faire cohabiter au sein d'un même concept des éléments relevant de l'indemnisation d'un droit subjectif et d'autres éléments plus orthodoxes.

Conclusion de chapitre. Les droits français et anglais sont confrontés de la même façon à la fondamentalisation du droit à l'information médicale du patient et à la difficulté d'établir un lien de causalité entre la faute éthique du médecin et un préjudice. Ils ont tous deux cherché une solution du côté de la notion de préjudice moral. Cette solution semble évidente au droit français mais celui-ci peine à maintenir une approche claire et cohérente de la notion de préjudice d'impréparation. Il indemnise donc un objet hybride, entre sanction d'un droit fondamental et réparation d'un préjudice psychologique, et dont le lien avec l'atteinte physique interroge. Le droit anglais a envisagé ces deux chemins mais n'en a pour le moment suivi aucun. D'une part, la sanction d'un droit fondamental paraît relativement étrangère au droit anglais et, d'autre part, les barrières à l'indemnisation d'une atteinte psychologique sont trop nombreuses. Les deux droits paraissent donc diverger mais aucun ne semble à notre sens avoir trouvé de solution satisfaisante au problème de la sanction du défaut d'information en matière médicale.

Conclusion de titre. L'indemnisation de la confrontation à un risque de dommage a suscité en droits français et anglais d'importants débats théoriques et de politique juridique. Le droit français a pris le parti d'élargir peu à peu les circonstances dans lesquelles l'indemnisation d'un préjudice d'angoisse était possible en cas d'exposition à un risque de dommage futur. Il a également choisi d'indemniser un préjudice d'impréparation en cas de non-révélation d'un risque de dommage. Dans les deux cas, il s'est interrogé sur la possibilité d'indemniser un préjudice qui serait inhérent à l'atteinte subie par le demandeur. Il en ressort une certaine hybridité des préjudices indemnisés, entre réparation d'une souffrance morale et reconnaissance de l'atteinte subie. Le droit anglais a quant à lui, dans le cadre de la *negligence*, étudié la possibilité d'indemniser la souffrance pathologique causée par une exposition à un risque de dommage *via* le concept du *nervous shock*, mais celui-ci s'est avéré particulièrement rigide et inadapté. Pour indemniser la non-révélation d'un risque de dommage, il a été question de créer un préjudice inhérent à l'atteinte à l'autonomie. Cette hypothèse a pour le moment été écartée. Le droit anglais reste donc attaché à l'indemnisation de la souffrance morale dans les seuls cas où le demandeur souffre d'une pathologie et, même dans ce cas, il maintient des limites strictes à l'indemnisation. Il s'agit de n'indemniser que les atteintes à certains intérêts identifiés. Le principe d'équivalence français laisse plus de place à la créativité des juges pour découvrir un préjudice dans le cas où le demandeur a été confronté à un risque de dommage. Dans leur souci de limiter l'indemnisation ou de l'élargir, les droits français et anglais tendent à mettre sous tension leurs principes généraux et les concepts utilisés, en les élargissant ou en les restreignant de façon arbitraire. Toutefois on constate dans les deux droits une certaine hybridité de la notion de préjudice, au carrefour des fonctions de réparation et de reconnaissance de la responsabilité civile.

Les droits français et anglais divergent fortement dans leur traitement des préjudices sans lien avec une atteinte physique. Ils divergent moins fortement quant aux préjudices liés à une confrontation directe à la mort et qui ont été distingués des préjudices indemnisant une atteinte physique. Les spécificités de chacun des droits en la matière demeurent frappantes.

Titre 2 : Les préjudices nés de la confrontation directe à la mort

Objet du titre. Dans plusieurs situations, le droit français a fait le choix d'indemniser des préjudices autonomes spécifiques alors qu'une atteinte physique était déjà réparée par ailleurs. Il s'agit d'étudier des préjudices résultant d'une atteinte physique mais ayant été distingués des préjudices de la nomenclature Dintilhac, et de les comparer avec des concepts remplissant un rôle comparable en droit anglais. La nomenclature Dintilhac est devenue le noyau dur de l'indemnisation en matière de dommage corporel. Il s'agira donc d'évoquer les préjudices émotionnels se trouvant dans le premier cercle autour de ce noyau. Ces préjudices ont été créés *via* un processus de distinction par rapport aux préjudices de la nomenclature. Par exemple, le préjudice d'angoisse de mort imminente a été distingué des souffrances endurées et du déficit fonctionnel permanent. De la même façon, le préjudice moral de l'enfant conçu mais non-encore né au moment du décès d'un proche a été distingué du préjudice d'affection. En parallèle de ces nouveaux préjudices autonomes liés à la situation de la victime, le droit français a réaffirmé le fait que l'indemnisation du traumatisme psychique était autonome. Le droit anglais indemnise quant à lui le traumatisme psychique de manière indépendante depuis le début du XXème siècle. Il se refuse en revanche à multiplier les préjudices spécifiques en cas d'atteinte physique ou psychique déjà indemnisable et s'en tient aux seules conséquences directes du traumatisme psychique. Nous chercherons à démontrer que les droits français et anglais de la responsabilité s'appuient sur des concepts comparables, mais qu'ils ne définissent pas de la même manière le champ de l'indemnisation concernant les préjudices nés d'une confrontation directe à la mort.

Intérêt. Cette démonstration permettra de mettre en lumière la proximité structurelle des droits français et anglais, mais aussi leurs différences fondamentales quant au traitement des atteintes morales non pathologiques. L'utilité de la démonstration est de souligner la différence d'adaptabilité des deux droits. Il s'agira d'insister sur la complexité du droit anglais en matière d'atteinte psychologique et sur le manque de souplesse qui en résulte. Il existe en droit français une volonté de dépasser les limites existantes du droit pour assurer l'indemnisation de certaines situations spécifiques. Le processus de distinction de nouveaux préjudices par rapport aux préjudices de la nomenclature Dintilhac interroge. Il faudra déterminer pourquoi le droit français a ressenti le besoin de créer de nouveaux concepts juridiques dans ces hypothèses, alors que le droit anglais se satisfaisait des structures existantes. Cela signifie qu'il faudra trouver une justification théorique et pratique à cette divergence à partir de concepts communs.

Plan. Nous étudierons d'abord les préjudices émotionnels liés à la situation de la victime directe (Chapitre 1) puis les préjudices émotionnels liés à la situation de la victime par ricochet (Chapitre 2).

Chapitre 1 :
Les préjudices de la victime directe confrontée à la mort

Objet du chapitre. L'intrusion d'une violence inattendue dans un quotidien paisible est une expérience particulièrement traumatisante. La plus grande médiatisation des accidents collectifs et la multiplication des attentats terroristes en Europe depuis la fin des années 1980 ont été l'occasion d'une prise de conscience de la gravité des atteintes psychiques occasionnées par ce genre d'événements. La question de l'indemnisation des victimes dans ces circonstances est désormais sur le devant de la scène juridique. En droit anglais, le développement du *nervous shock* a été marqué par des arrêts sur des catastrophes comme l'incendie de la plateforme pétrolière *Piper Alpha* le 6 juillet 1988[1] ou le drame du stade d'Hillsborough du 15 avril 1989[2]. L'évolution du droit français en la matière a quant à elle été orientée par les décisions de juridictions du fond sur le drame de la passerelle du Queen Mary II du 22 décembre 2003[3], l'accident d'Allinges du 2 juin 2008[4], et le crash d'un A310-300 de la Yemenia le 30 juin 2009[5]. Dans de telles circonstances, la Cour de cassation accepte d'indemniser un préjudice d'angoisse de mort imminente depuis le début des années 2010[6]. L'autonomie de ce préjudice n'a été définitivement consacrée que par un arrêt de chambre mixte du 25 mars 2022[7]. Cela n'épuise toutefois pas la question de l'indemnisation de la confrontation du demandeur à une mort violente. Ainsi, à la suite des attentats de Paris et Saint-Denis du 13 novembre 2015, cent soixante-quinze avocats du Barreau de Paris ont publié un « Livre blanc sur les préjudices subis lors des attentats » proposant de consacrer l'autonomie de préjudices situationnels d'angoisse pour les

---

[1] *McFarlane v EE Caledonia Ltd* [1994] 2 All ER 1.

[2] *Alcock v Chief Constable of South Yorkshire* [1991] 4 All ER 907, [1991] UKHL 5, [1992] 1 AC 310 ; *White v Chief Constable of South Yorkshire Police & others* [1999] 1 All ER 1, [1999] 2 AC 455.

[3] TGI Saint-Nazaire, 11 févr. 2008 n° 377/2008, confirmé par Rennes, 2 juill. 2009, n° 1166/2009.

[4] T. corr. Thonon-les-Bains, 26 juin 2013, n° 683/2013.

[5] CA Aix-en-Provence, 30 juin 2016, n° 2016/290.

[6] Cass. crim., 23 oct. 2012, n° 11-83.770, *AJ Pénal* 2012, p. 657, obs. P. COMBLES DE NAYVES ; *Droit pénal* 2012, comm. 166, comm. A. MARON et M. HAAS ; *RTD Civ.* 2013, p. 125, obs. P. JOURDAIN.

[7] Cass. ch. mixte, 25 mars 2022, n° 20-15.624, *Hebdo édition privée* 31 mars 2022, n° 900, obs. A.-L. LONNÉ-CLÉMENT ; *Dalloz actualité* 5 avril 2022, obs. A. CAYOL ; *LEDA* mai 2022, n° DAS200r0, obs. T. DOUVILLE ; *Gaz. Pal.* 10 mai 2022, n° GPL435u7, obs. A. GUÉGAN ; *ibid.* 17 mai 2022, n° GPL435y5, obs. Z. JACQUEMIN ; *ibid.* 7 juin 2022, n° GPL436v5, obs. C. LIENHARD ; *AJ Pénal* 2022, p. 262, obs. C. LACROIX ; *Resp. civ. et assur.* 2022, chron. 2, chron. L. BLOCH ; *D.* 2022, p. 1934, chron. M. BACACHE ; *ibid.* 2023, p. 34, chron. Ph. BRUN ; *JCP G* 2022, 513 obs. P. JOURDAIN ; *ibid.*, doctr. 1310, chron. J. KNETSCH ; *Droit administratif* 2022, alerte 62, note C. ROUX.

victimes directes et les victimes par ricochet. Ces propositions ont fait l'objet d'un rapport sur « L'indemnisation des préjudices situationnels des victimes directes et de leurs proches » rendu en février 2017 dont la rédaction a été dirigée par le Professeur Porchy-Simon. La Cour de cassation ne s'est jamais prononcée sur la distinction entre le préjudice situationnel d'angoisse de la victime directe et le préjudice d'angoisse de mort imminente. En droit anglais, l'indemnisation de la confrontation à la mort suit les règles classiques de la *negligence*, même si celles-ci ont pu faire l'objet d'aménagements pour mieux saisir l'indemnisation des atteintes psychiques occasionnées par une confrontation avec la mort. Les modalités de l'indemnisation des préjudices des victimes directes ayant été confrontées à un risque grave et imminent de décès restent inabouties dans les deux droits.

Intérêt. La comparaison du principe et des modalités de l'indemnisation de la confrontation à la mort en droit français et en droit anglais permettra de mieux comprendre le sens donné aux préjudices de souffrances endurées de la nomenclature Dintilhac et au préjudice d'angoisse de mort imminente. Les situations de confrontation à la mort sont à la marge des atteintes physiques et psychiques, tant d'un point de vue temporel que quant à leur gravité. Par conséquent, l'adaptation des règles de la responsabilité civile à des circonstances exceptionnelles interroge. La question centrale soulevée par l'indemnisation du préjudice d'angoisse de mort imminente est celle de la justification de la création d'un préjudice autonome supplémentaire dans un contexte où des outils d'indemnisation existent déjà. L'analyse comparée des modalités de l'indemnisation de la confrontation à la mort en droit français et en droit anglais démontre qu'il est difficile d'identifier la spécificité du préjudice d'angoisse de mort imminente.

Plan. Le préjudice d'angoisse de mort imminente s'inscrit dans le contexte plus large de l'indemnisation de la confrontation à la mort de la victime directe tant en droit français qu'en droit anglais (Section 1). L'autonomie du préjudice d'angoisse de mort imminente suppose qu'il revête une spécificité qu'il faudra identifier (Section 2).

Section 1 : L'indemnisation de la confrontation à la mort de la victime directe

Objet de la section. L'indemnisation autonome d'un préjudice d'angoisse de mort imminente en droit français s'inscrit dans le contexte plus large de l'indemnisation de la confrontation à la mort de la victime directe. La description de ce contexte commun et la comparaison des droits français et anglais sur ce point permet de mieux saisir pourquoi l'apparition du préjudice d'angoisse de mort imminente est surprenante.

Plan. Le décès de la victime directe n'est pas un préjudice indemnisable en droit français et en droit anglais (§1). Le principe de l'indemnisation de la confrontation de la victime à la mort est toutefois acquis (§2).

§1. Le contexte de l'indemnisation : le rejet du *pretium mortis*

Le refus de l'indemnisation du *pretium mortis* en droit français et en droit anglais vaut autant pour l'indemnisation directe de la mort que pour son indemnisation indirecte. Ce refus a suscité l'existence d'un besoin d'indemnisation que le préjudice d'angoisse de mort imminente pourrait satisfaire.

Refus de l'indemnisation directe de la mort. Le principe selon lequel la mort ne peut pas en soi constituer un dommage fondant une action en droit est justifié par des considérations théoriques et pratiques en droit français et en droit anglais.

Principe partagé. La réparation de l'angoisse de mort imminente s'inscrit dans le cadre des préjudices réparés en cas de décès de la victime, catégorie sur laquelle plane l'ombre du *pretium mortis*, c'est-à-dire du préjudice né du décès lui-même. En droit français, le *pretium mortis* ne constitue pas un préjudice indemnisable[1]. Ce principe est constant et son sens est clair : la mort en elle-même ne cause pas de préjudice à la victime directe.

En droit anglais, la prohibition de l'indemnisation du *pretium mortis* se fonde sur le principe inscrit dans l'arrêt *Baker v Bolton*[2] de 1808. Lord Ellenborough y énonce que « *(d)ans une instance civile, la mort d'un être humain ne peut pas être le dommage fondant une action* »[3]. Ce principe a été souvent réitéré en droit anglais[4], notamment dans l'arrêt *Admiralty Commissioners v Owners of S.S. Amerika*[5]. Cette règle avait à l'origine deux branches. D'une part, ce principe inclut l'adage *actio personalis moritur cum persona*, connu aussi en droit français. Cela fonde le rejet de la réparabilité du *pretium mortis* : si une action est née, elle a en toute hypothèse disparue avec la victime. D'autre part, le principe empêche l'existence de l'action d'une personne qui avait un intérêt dans le fait qu'une autre reste en vie. Le demandeur ne peut pas subir de dommage du fait décès d'une autre personne[6]. La prohibition de l'indemnisation du *pretium mortis* est profondément inscrite dans la *common law*, depuis le début du XIXème siècle. Selon un auteur : « *(l)es juges semblent penser que le droit refuse par principe de reconnaître l'intérêt d'une personne dans le cas du décès d'une*

---

[1] G. VINEY, P. JOURDAIN, S. CARVAL, *Les conditions de la responsabilité,* L.G.D.J., 4ème éd., 2013, spéc. n° 265-5.

[2] *Baker v Bolton* (1808) 1 Camp. 493.

[3] *Ibid.*, spéc. Lord Ellenborough : « *In a civil court, the death of a human being could not be complained of as an injury* » (notre traduction). Cité dans : F. CONWAY, « Damages for shortened life », *Fordham Law Review* 1941, n° 10(2), p. 219-233, spéc. p. 222. V. aussi : H. R. PRESTON, « A Bit of legal history », *The Virginia Law Register* 1896, n° 2(1), p. 3-8.

[4] V par ex. *Osborne v Gillet* [1873] LR, 8 Ex., 88 ; *Clark v London General Omnibus Co.* [1906] 2 KB 648.

[5] *Admiralty Commissioners v Owners of S.S. Amerika* [1917] AC 38.

[6] W. S. HOLDSWORTH, « The origin of the rule in Baker v Bolton », *L.Q.R.* 1916, n° 32(4), p. 431-437.

autre »[1]. Le rejet du *pretium mortis* semble relever de l'évidence pour les juges anglais.

Justification éthique. Le refus de réparer le *pretium mortis* a d'abord un fondement éthique. Il s'inscrit dans le refus de mettre un prix sur la vie humaine qui a ses racines dans les philosophies morales aristotélicienne, thomiste et kantienne ainsi que dans la théologie chrétienne. On peut trouver une actualisation de l'argument éthique traditionnelle dans l'œuvre du philosophe américain néo-aristotélicien Michael J. Sandel. Cet auteur voit dans les dommages et intérêts un prix lorsqu'ils sont établis sur des bases purement objectives[2]. La dimension objective du *pretium mortis* est inévitable : si la mort, en tant qu'événement objectif est réparable, sans prendre en compte ses circonstances ou les blessures qui l'ont précédée, il devient nécessaire de la réparer par une somme forfaitaire. Accorder des indemnités différentes pour un fait similaire, le décès d'un être humain, serait contraire au principe de dignité. Selon certains auteurs dont Derrida cette équivalence permet d'assurer entre chacun une égalité de traitement par le paiement de dommages et intérêts[3], ce qui a conduit Monsieur Gali à avancer que « *la fixation de valeurs pécuniaires est une condition de la garantie de l'égale dignité de chacun* »[4]. La position du Professeur Sandel est parfaitement opposée à celle-ci : pour cet auteur, les dommages et intérêts évalués sur une base objective sont comparables à un prix. Il conçoit donc ces dommages et intérêts comme le vecteur de la patrimonialisation du droit qu'ils permettent de conserver ou de restaurer, et donc le ressort de sa mise sur un marché. Cela ne pose pas de difficulté lorsque le droit en question a vocation à avoir une valeur. Toutefois, lorsque ce droit est extrapatrimonial par essence, comme le droit à la vie, cela conduit à le dénaturer et à en affaiblir la protection[5]. Nous souscrivons volontiers à l'approche du Professeur Sandel. Cette position éthique va au-delà de la seule difficulté pratique qui existerait à mettre un prix sur la vie : il s'agit d'un interdit fondé sur le principe catégorique de dignité[6]. Une difficulté ne tenant qu'au *quantum* ne suffirait pas à fonder le refus d'indemnisation[7]. La justification éthique nous paraît nécessairement plus importante que la difficulté technique à mettre un prix sur la vie.

---

[1] *Allahabad Law Journal* 1907, n° 4, p. 7 : « *Their Lordships seem to think that the policy of law refuses to recognise the interest of one person in the death of another* » (notre traduction).

[2] M. J. SANDEL, *What Money Can't Buy, The moral limits of markets*, FSG, 2012.

[3] H. GALI, *Le préjudice moral : étude de droit de la responsabilité civile*, thèse, Dalloz, Nouvelle Bibliothèque des Thèses, 2021, spéc. n° 535.

[4] *Ibid.*, spéc. n° 536.

[5] On peut comparer cette position à celle tenue par le Professeur Fabre-Magnan concernant le principe de dignité en droit : M. FABRE-MAGNAN, « Le Statut juridique du principe de dignité », *Droits* 2013, n° 58, p. 167-196.

[6] Selon un auteur, ce constat s'applique plus largement aux atteintes au corps humain et à la personne humaine : A. GAYTE-PAPON DE LAMEIGNÉ, *La notion de préjudice corporel*, thèse, Université Clermont Auvergne, 2018, spéc. n° 463.

[7] V. par ex. : C. QUÉZEL-AMBRUNAZ, « Errances jurisprudentielles au Royaume d'Hadès », *RLDC* 2018, n° 158.

Une autre considération éthique est mise en avant par le Professeur Lambert-Faivre et joue un rôle important en droit anglais[1]. Selon cet auteur, la réparation doit nécessairement profiter à la victime elle-même. Elle ne doit pas permettre un enrichissement injustifié de ses proches[2]. Cet argument tient aussi au refus de la patrimonialisation de la personne humaine[3]. Le Professeur Lambert-Faivre écrit notamment : « *il y a une inacceptable patrimonialisation de la personne lorsque le droit à indemnisation des préjudices physiologiques, de la souffrance ou du préjudice d'agrément est dévolu aux héritiers* »[4]. Elle offre ici une justification à l'adage de droit romain *actio personalis moritur cum persona* en matière de préjudices corporels extrapatrimoniaux. Il s'agit d'éviter que ça ne soit pas la victime qui profite de l'indemnisation pour un préjudice qui était pourtant personnel à la victime directe. L'auteur reconnaît l'utilité, dans certains cas, de transmettre à l'héritier un droit portant sur des préjudices patrimoniaux[5] mais rappelle aussi que si le droit du dommage corporel conduit à évaluer l'inestimable, cela doit être fait sans effet pervers. Il pourrait sembler que la possibilité de transmettre la créance de réparation aux héritiers, tant en droit français[6] qu'en droit anglais[7], remette en cause cet argument éthique. A l'inverse, pour le Professeur Lambert-Faivre cela doit pousser la jurisprudence à faire preuve de mesure et de rigueur en la matière. L'indemnisation du *pretium mortis*, qui ne profiterait par définition qu'aux ayants droit de la victime et pas à la victime elle-même, ne serait dès lors pas souhaitable.

Justification théorique. Le refus d'indemniser le *pretium mortis* est aussi ancré en droits français et anglais sur un fondement technique. Il est d'usage de dire que le préjudice de mort ne naît qu'avec la mort elle-même, de telle sorte qu'une action n'aurait pas l'occasion d'entrer dans le patrimoine de la victime[8]. Il s'agit d'un argument fondé sur la notion de patrimoine et sur son rattachement à la personne qui fait écho à l'adage *actio personalis moritur cum persona.* Cet argument a fait l'objet de critiques

---

[1] W. S. HOLDSWORTH, *loc. cit.*

[2] Y. LAMBERT-FAIVRE, « Le droit et la morale dans l'indemnisation des dommages corporels », *D.* 1992, p. 165 ; Y. LAMBERT-FAIVRE, « L'éthique de la responsabilité », *RTD Civ.* 1998, p. 1.

[3] A. GAYTE-PAPON DE LAMEIGNÉ, *loc. cit.*, spéc. n° 486 et s.

[4] Y. LAMBERT-FAIVRE, « L'éthique de la responsabilité », *loc. cit.*

[5] Y. LAMBERT-FAIVRE, « Le droit et la morale dans l'indemnisation des dommages corporels », *loc. cit.*

[6] Cass. ch. mixte, 30 avr. 1976, n° 74-90.280, Bull. crim. ch. mixte 1976, n° 136 - Cass. ch. mixte, 30 avr. 1976, n° 73-93.014, Bull. crim. ch. mixte 1976, n° 135, *D.* 1977, p. 185, note M. CONTAMINE-RAYNAUD.

[7] Conformément au *Law Reform (Miscellaneous Provisions) Act* 1934, s1(1).

[8] C. PELLEGRINI, « Le préjudice d'angoisse de mort imminente », *Resp. civ. et assur.* 2015, étude 9.

récurrentes[1] mais tient encore devant les juridictions[2]. Des auteurs ont pu formuler ces critiques ainsi : « *quant au préjudice dû au décès lui-même, il n'est pas postérieur, mais concomitant à la mort : la créance d'indemnité ne naît pas sur la tête d'un mort, mais sur la tête d'un vivant parce qu'il meurt. Les héritiers ne demandent donc pas la réparation d'un préjudice subi par un mort, mais par un vivant en mourant, du fait de sa mort. L'action devrait leur être transmise* »[3]. Cet argumentaire semble toutefois insatisfaisant : le préjudice de mort naîtrait dans le patrimoine d'un vivant parce qu'il meurt. Pourtant, il est indéniable que le préjudice de perte de vie est une conséquence de la mort. Le préjudice n'existe pas sans la mort de la personne : même concomitant, c'en est la conséquence, la suite logique, et la mort le précède puisqu'elle en est la cause. S'il est possible d'arguer que le préjudice ne suit pas la mort, et donc le dernier instant de vie, temporellement, mais qu'il intervient au même moment, il la suit nécessairement logiquement : tant que le vivant est vivant, le préjudice de mort n'est pas constitué. On voit donc mal comment un tel argumentaire pourrait prospérer, tant il paraît insatisfaisant logiquement. Ce fondement reste néanmoins profondément technique et s'appuie sur une construction juridique qu'il est toujours possible de modifier[4]. Il est en effet habituel d'étendre le champ de la personnalité dans le temps, par l'intervention de la règle *infans conceptus*[5] par exemple, ou par la mise en œuvre des règles consistant à protéger le corps humain après sa mort[6]. Ainsi, le sujet de droit peut exceptionnellement bénéficier d'une action alors même que sa personnalité juridique n'existe pas encore ou n'existe plus. Le fondement technique proposé, solide, paraît donc sujet à des modifications si la contestation de la règle d'irréparabilité du *pretium mortis* s'avérait suffisamment convaincante.

---

[1] A. SOURDAT, *Traité général de la responsabilité ou de l'action en dommages-intérêts en dehors des contrats*, t. I, Marchal et Billard, 5ème éd., 1902, spéc. n° 56 bis ; R. SAVATIER, *Traité de la responsabilité civile en droit français*, t. II, L.G.D.J., Anthologie du droit, 2016, spéc. n° 543. Plus récemment, v. notamment : C. QUÉZEL-AMBRUNAZ, « Errances jurisprudentielles au Royaume d'Hadès », *loc. cit.*

[2] V. notamment : Cass. crim., 30 oct. 1979, n° 78-93.267 - Cass. civ. 1ère, 13 mars 2007, n° 05-19.202 - Cass. crim., 26 mars 2013, n° 12-82.600 - Cass. civ. 2ème, 10 déc. 2009, n° 09-10.296 - Cass. civ. 2ème, 23 nov 2017, n° 16-13.948.

[3] H., L. et J. MAZEAUD, F. CHABAS, *Leçons de droit civil, Obligations, Théorie générale,* t. II, 1er vol., Montchrestien, 9ème éd., 1998, spéc. n° 607.

[4] C. QUÉZEL-AMBRUNAZ, « Errances jurisprudentielles aux frontières du royaume d'Hadès », *loc. cit.*

[5] Ainsi récemment, la Cour de cassation a confirmé la réparabilité du préjudice causé par le décès d'un de ses proches pour un enfant déjà conçu au moment du décès. V notamment : Cass. civ. 2ème, 11 févr. 2021, n° 19-23.525 - Cass. civ. 2ème, 11 mars 2021, n° 19-17.384 - Cass. civ. 2ème, 11 mars 2021, n° 19-17.385. V. aussi : P. JOURDAIN, « Le préjudice moral de l'enfant né après le décès d'un parent (suite) », *RTD Civ.* 2021, p. 415.

[6] Sur ce point, v. : X. LABBÉE, *La condition juridique du corps humain avant la naissance et après la mort : contribution à l'étude des droits de la personnalité*, thèse, Université Lille 2, 1986.

Le *pretium mortis* n'est pas directement indemnisable en droit français et en droit anglais. Toutefois, ce principe fait l'objet de critiques de telle sorte qu'une indemnisation indirecte a été envisagée.

Critique du principe. Le principe du rejet du *pretium mortis* semble s'être considérablement affaibli ces dernières années en droit français. La reconnaissance de la transmissibilité des actions en réparation des préjudices extrapatrimoniaux a conduit à affaiblir la portée de l'argument éthique selon lequel il ne faudrait pas que la réparation ne bénéficie qu'aux ayants droit de la victime plutôt qu'à la victime elle-même. L'un des fondements importants du principe s'en est trouvé bousculé. Cela a ouvert la voie à des arguments favorables à une approche plus souple, centrée sur le besoin d'indemnisation de la victime. Pour le Professeur Hocquet-Berg, l'irréparabilité du *pretium mortis* est paradoxale, dans la mesure où « *toutes les conséquences préjudiciables d'une atteinte à l'intégrité corporelle sont réparables à l'exception de la perte de vie alors qu'elle en est l'ultime et la plus grave conséquence* »[1]. Un autre auteur estime même que cette position du droit est absurde[2]. Ajoutons que les arguments éthiques paraissent surannés à certains auteurs[3]. Le besoin d'indemnisation de la perte de vie se fonde sur l'idée que le fait de ne pas nommer et de ne pas indemniser isolément un préjudice signifie non seulement qu'il n'est pas réparé mais encore que sa gravité n'est pas reconnue[4]. En l'espèce, la perte de vie n'est effectivement pas indemnisée en tant que telle. Toutefois, c'est la gravité même du *pretium mortis* qui fonde l'argument éthique, et ce contre-argument paraît donc insuffisant. D'un point de vue théorique, les défenseurs du *pretium mortis* le rattachent au droit à la vie, reconnu notamment par la Convention des droits de l'homme et des libertés fondamentales à son article premier. Il s'agit d'un droit nommé et inscrit dans un texte élevé dans la hiérarchie des normes. Par conséquent, le Professeur Hocquet-Berg s'étonne de ce que « *la lésion d'un droit aussi fondamental ne fait pas naître un préjudice réparable* »[5]. Il faudrait donc indemniser un préjudice objectif de perte de vie qui serait conçu pour réparer une atteinte à un droit fondamental. Un auteur souligne ainsi qu'il est étonnant de ne pas indemniser une atteinte à un droit si aisé à

[1] S. HOCQUET-BERG, « Mort par noyade d'un enfant de quatre ans », *Resp. civ. et assur.* 2018, comm. 32.

[2] J.-B. PREVOST, « La perte de vie », *Gaz. Pal.* 29 déc. 2009, n° 363, p. 16.

[3] C. QUÉZEL-AMBRUNAZ, « L'espérance de vie de la victime. Des spécificités de l'indemnisation du dommage corporel », Université Savoie Mont Blanc - Projet ANR RCSR; Université Savoie Mont Blanc - Master 2 Droit du dommage corporel; Groupe de Recherche Européen sur la Responsabilité Civile et les Assurances (Grerca), déc. 2016, Chambéry, France ; V. WESTER-OUISSE, « Le dommage anormal », *RTD Civ.* 2019, p. 531.

[4] V par ex. : C. BERNFELD, « L'exigence de conscience pour reconnaître actuellement le préjudice d'angoisse de mort imminente », *Gaz. Pal.* 6 déc. 2016, n° 281s6, p. 71 ; C. BERNFELD, E. DINPARAST, « Préjudice d'angoisse et souffrances endurées, soignons les motivations », *Gaz. Pal.* 7 nov. 2017, n° 306h5, p. 68.

[5] S. HOCQUET-BERG, *loc. cit.*

constater[1]. Ces critiques s'ajoutent donc aux arguments d'ordre technique selon lesquels un préjudice peut être né dans le patrimoine de la victime avant son décès.

En droit anglais, le principe de l'irréparabilité du *pretium mortis* établi par *Baker v Bolton* semble acquis. La prohibition de toute action des ayants-droit de la victime directe a fait l'objet de critiques. Ce principe a en effet longtemps fait l'objet d'une application très stricte qui conduisait notamment à refuser la réparation du préjudice d'affection et l'action patrimoniale des victimes par ricochet. Cela pouvait placer des demandeurs victimes par ricochet dans une position difficile après le décès d'un proche qui pourvoyait aux besoins de la famille par exemple. Un auteur a donc contesté les fondements techniques et de politique juridique de ce principe[2] en constatant notamment que son application manquait de rigueur dans la mesure où des actions avaient pu être exceptionnellement acceptées pour la souffrance morale et patrimoniale liée à la disparition d'un proche[3]. Ces critiques ont fini par faiblir à la faveur de l'assouplissement de la réparation du préjudice des proches en cas de décès de la victime directe réalisé dans le *Fatal Accidents Act 1846*[4]. Le refus d'indemniser le *pretium mortis* a également fait l'objet de critiques dans la mesure où il n'aurait pas eu de fondement satisfaisant. Des auteurs ont ainsi constaté que le refus d'indemnisation se fondait à l'origine sur le fait que, dans l'arrêt *Baker v Bolton*, une action pénale pouvait être intentée. Selon Lord Wright, c'est parce que l'action pénale absorbait l'action civile que Lord Ellenborough avait pu refuser d'indemniser le *pretium mortis* dans *Baker*[5]. Dès lors que les faits de l'espèce ne pouvaient pas faire l'objet d'une qualification pénale, le *pretium mortis* aurait dû être indemnisable pour cet auteur. Cet argument n'a cependant pas été suivi. Le refus d'indemniser le *pretium mortis* ne fait plus l'objet de contestation sérieuse aujourd'hui en droit anglais.

Proposition de contournement. Le rejet du préjudice de perte de vie étant ferme, on a vu se développer en droit français des argumentaires défendant l'existence de préjudices se distinguant subtilement du *pretium mortis*. Des pourvois ont ainsi avancé l'existence d'un préjudice de perte de chance de vie ou de perte d'espérance de vie. En demandant la réparation d'un « préjudice de perte de chance de vie » ou « de survie », les plaideurs ont cherché à imaginer un préjudice pourvu de trois caractéristiques. D'abord, ce préjudice se devait d'être constitué avant le décès, de telle sorte qu'il serait entré dans le patrimoine de la victime et serait transmissible à ses

---

[1] M. VIGLINO, *L'indemnisation des préjudices en cas de décès de la victime directe*, thèse, Université Savoie Mont-Blanc, 2020, spéc. n° 56.

[2] W. S. HOLDSWORTH, *op. cit.*

[3] *Clark v London General Omnibus Co.* [1906] 2 KB 648 ; T. HALLAM, « Les dommages et intérêts indirects en cas de décès en droit anglais », *Gaz. Pal.* 29 déc. 2009, p. 39.

[4] Sur la genèse de ce texte, v. notamment : P. HANDFORD, « Lord Campbell and the Fatal Accidents Act », *L.Q.R.* 2013, n° 129, p. 420. Cette loi a été plusieurs fois réformée depuis, notamment en 1976.

[5] *Rose v Ford* [1937] AC 826, spéc. Lord Wright, p. 846, cité dans : F. CONWAY, *op. cit.*

proches[1]. Ensuite, il devait prendre en compte le caractère incertain de la durée de la vie humaine : le passage de la perte de vie, dont le moment est incertain, à la perte de chance, préjudice certain, devait alors ouvrir la voie à la réparabilité de ce préjudice[2]. Enfin, il devait s'inscrire dans une lignée jurisprudentielle existante, reconnaissant la réparabilité d'une perte de chance de survie dans le cas particulier d'une erreur médicale ou de diagnostic[3]. Il n'y aurait eu qu'à étendre cette jurisprudence plus largement. Conçu ainsi, ce préjudice devait permettre d'indemniser la victime en cas de décès en déplaçant le moment de la réalisation du préjudice réparable et en en modifiant la nature. Le préjudice de perte de chance de vie était donc une manière de se décaler du préjudice de perte de vie pour ne pas se fonder sur la vie perdue mais sur la perte de ce qui aurait dû être vécu. Ce pas de côté est une utilisation relativement classique de la notion de perte de chance[4]. Le préjudice de perte d'espérance de vie reprenait également ces différents éléments. En effet, il s'agissait aussi de réparer non pas le décès lui-même mais les années que la victime aurait pu vivre sans l'accident.

Rejet en droit français. À plusieurs reprises, la Cour de cassation a déclaré que de tels préjudices ne pouvaient pas être indemnisés[5]. Elle a refusé de réparer la perte de chance de vie en jugeant que « *le droit de vivre jusqu'à un âge statistiquement déterminé n'est pas suffisamment certain au regard des aléas innombrables de la vie quotidienne et des fluctuations de l'état de santé de toute personne, pour être tenu pour un droit acquis, entré dans le patrimoine de celle-ci de son vivant* » et « *qu'aucun préjudice résultant de son propre décès n'a pu naître, du vivant de la victime, dans son patrimoine et être ainsi transmis à ses héritiers* »[6]. Un auteur a souligné que les droits subjectifs « *ne sont qu'en tant qu'ils ont été consacrés par une*

[1] A. BARRELLIER, « Préjudice d'angoisse et perte de vie : la première chambre civile s'exprime aussi », *Gaz. Pal.* 21 janv. 2020, n° 368t2, p. 68.

[2] J. BOURDOISEAU, « Perte de chance de vie », *JCP G* 2013, 531.

[3] V. : Cass. civ. 1ère, 21 nov. 2006, n° 05-15.674 - Cass. civ. 1ère, 14 oct. 2010, n° 09-69.195, *D.* 2011, p. 35, obs. O. GOUT.

[4] P. BRUN, « Perte de chance : les risques de dévoiement », *LPA* 31 oct. 2013, n° PA201321809, p. 49.

[5] V. notamment : Cass. civ. 1ère, 13 mars 2007, n° 05-19.020, *Resp. civ et assur.* 2007, comm. 207, note S. HOCQUET-BERG ; *RTD civ.* 2007, p. 785, obs. P. JOURDAIN - Cass. crim., 26 mars 2013, n° 12-82.600, *Resp. civ et assur.* 2013, comm. 167, comm. L. BLOCH ; *JCP G* 2013, 675, note D. BAKOUCHE ; *ibid.*, 531, obs. J. BOURDOISEAU ; *D.* 2013, p. 1993, note J. PRADEL ; *Gaz. Pal.* 21-22 juin 2013, n° 135t1, obs. C. BERNFELD ; *RTD civ.* 2013, p. 614, obs. P. JOURDAIN - Cass. civ. 2ème, 10 déc. 2009, n° 09-10.296 - Cass. civ. 2ème, 18 avr. 2013, n° 12-18.199 - Cass. civ. 2ème, 23 nov 2017, n° 16-13.948, *Dalloz actualité* 15 décembre 2017, obs. A. HACÈNE ; *Gaz. Pal.* 16 janvier 2018, n° 310z4, p. 25, obs. M. MEKKI ; *LEDA* février 2018, n° 111a7, p. 2, obs. T. DOUVILLE ; *LPA* 6 mars 2018, n° 134d5, p. 15, obs. R. LAULIER ; *ibid.* 19 avr. 2018, n° 134a7, p. 10, obs. A.-L. FABAS-SERLOOTEN ; *Resp. civ et assur.* 2018, comm. 32, obs. S. HOCQUET-BERG ; *D.* 2018, p. 2153, obs. M. BACACHE ; *ibid.* 2019, p. 38, obs. O. GOUT.

[6] Cass. crim., 26 mars 2013, n° 12-82.600.

règle de droit objectif »[1]. Par conséquent, le fait qu'en pratique l'exercice de ce droit posait des difficultés n'aurait pas dû être pris en compte. En l'espèce, il paraissait évident à l'auteur qu'il existait une espérance légitime à vivre plus longtemps ce qui constitue la probabilité d'un événement favorable et donc une « chance » au sens du droit. Reste que la Cour de cassation a refusé d'indemniser ces préjudices de perte d'espérance de vie et de perte de chance de vie. Elle a substitué à l'indemnisation de ces préjudices par des cours d'appel l'indemnisation d'un préjudice autonome d'angoisse de mort imminente. Par exemple, la chambre criminelle a pu indiquer : « *en faisant droit, dans son principe, à la demande présentée au titre d'une "perte de chance de survie" par les héritiers de Jonathan Y..., les juges du second degré ont entendu réparer (...) la douleur morale ayant résulté pour Jonathan Y..., qui s'est débattu un certain temps avant de se noyer, de la conscience de sa mort imminente.* »[2] La Cour de cassation procède donc à un contrôle de qualification pour s'assurer que les cours d'appel n'indemnisent pas la perte de chance de vie ou la perte d'espérance de vie.

Rejet en droit anglais. La réparation du préjudice de perte d'espérance de vie est spécifiquement prohibée par la loi en droit anglais[3]. La section (1)(1)(a) de l'*Administration of Justice Act* de 1982 le précise : « *Dans le cadre d'une action en indemnisation d'un dommage corporel en droit anglais, gallois et nord-irlandais — (a) aucun dommage et intérêt ne peut être recouvré pour toute perte d'espérance de vie causée à la personne blessée par ses blessures* »[4]. Le droit anglais a écarté, par l'intervention du législateur, la réparabilité d'un préjudice de perte de chance de vie ou d'espérance de vie. Il s'agissait en l'espèce de revenir sur la possibilité pour les juges d'indemniser un préjudice de perte d'espérance de vie. Ce préjudice pouvait être indemnisé depuis l'arrêt *Flint v Lovell*[5]. Celui-ci avait été confirmé par l'arrêt *Rose v Ford*[6], lequel précisait que le préjudice de perte d'espérance de vie pouvait être indemnisé y compris dans l'hypothèse où la personne blessée était décédée. Un arrêt de 1941 avait toutefois

---

[1] J. BOURDOISEAU, « Perte de chance de vie », *loc. cit.* ; v aussi : P. JOURDAIN, « L'angoisse d'une mort imminente, une souffrance morale réparable », *RTD Civ.* 2013, p. 125.

[2] Cass. crim., 29 avr. 2014, n° 13-80.693.

[3] J. EDELMAN (dir.), *McGregor on Damages*, Sweet & Maxwell U.K., 21ème éd., 2021, spéc. n° 83 ; J. GOUDKAMP, D. NOLAN, *Winfield & Jolowicz on Tort*, Sweet & Maxwell U.K., 20ème éd., 2020, spéc. n° 23-072.

[4] *Administration of Justice Act 1982*, section (1)(1)(a) : « *In an action under the law of England and Wales or the law of Northern Ireland for damages for personal injuries—(a) no damages shall be recoverable in respect of any loss of expectation of life caused to the injured person by the injuries* » (notre traduction).

[5] *Flint v Lovell* [1935] 1 KB 354, [1934] All ER 200. Sur cet arrêt, v. notamment : F. A. BERWIN, « Loss of expectation of life », *The Canadian Bar Review* 1938, n° 16, p. 119-131 ; F. CONWAY, *op. cit.*

[6] *Rose v Ford* [1937] AC 826, [1937] 3 All ER 359.

souligné que l'indemnité accordée devait demeurer modeste[1]. L'indemnisation de ce préjudice soulevait de nombreuses difficultés quant au respect du principe indemnitaire. En effet, l'indemnisation de la perte d'espérance de vie débordait sur l'indemnisation d'autres préjudices indemnisant la perte fonctionnelle ou la disparition de joies de l'existence[2]. Par conséquent, son indemnisation a été abolie, notamment car les dommages et intérêts étaient « *sans grande signification pour le demandeur vivant* »[3]. Cette position semble satisfaisante dans la mesure où on peine à concevoir la différence entre l'indemnisation de la perte d'espérance de vie et les différents éléments de la réparation de l'atteinte physique. Les juges ne disposent plus sur ce point d'aucune marge de manœuvre, comme c'est le cas lorsqu'un principe est posé par la loi en droit anglais[4]. La prohibition de l'indemnisation du *pretium mortis* a donc désormais un fondement légal en droit anglais.

Transition. Le droit français et le droit anglais refusent, dans l'hypothèse où la victime directe décède, d'indemniser un préjudice de perte de vie ou de perte de chance de vie. Si une indemnisation doit avoir lieu, elle sera fondée sur la confrontation de la victime directe à la mort. Le principe d'une telle indemnisation est-il acquis en droit français et en droit anglais ?

§2. Le principe de l'indemnisation de la confrontation à la mort

Une victime directe peut être confrontée à la mort à l'occasion d'un événement lui causant une atteinte physique ou sans qu'elle ne subisse une telle atteinte. Dans ces deux hypothèses, les droits français et anglais peuvent en principe indemniser le demandeur pour la souffrance psychologique née de cette confrontation.

Droit français hors du préjudice d'angoisse de mort imminente. Le principe de l'indemnisation de la confrontation du demandeur à la mort semble acquis dans l'hypothèse où il a subi une atteinte physique, qu'il survive ou non à cette atteinte. L'indemnité couvrira la souffrance morale éprouvée pendant la période postérieure à l'accident. Toutes les chambres de la Cour de cassation s'accordent sur la possibilité d'indemniser la souffrance morale résultant de la confrontation à la mort. Cela est évident pour la

[1] *Benham v Gambling* [1941] AC 157.

[2] F. A. BERWIN, *loc. cit.* Cette position du droit anglais contraste avec la position d'un auteur français qui souligne que la perte d'espérance de vie serait différente de ces préjudices et devrait être indemnisée seule : C. QUÉZEL-AMBRUNAZ, « L'espérance de vie de la victime. Des spécificités de l'indemnisation du dommage corporel », *op. cit.*

[3] G. VINEY, B. MARKESINIS, *La Réparation du dommage corporel, Essai de comparaison des droits anglais et français*, Economica, 1985, spéc. n° 45.

[4] V par ex. *Cartledge v E. Jopling & Sons Ltd* [1963] AC 758, [1963] 1 All ER 341. Dans cet arrêt, la Chambre des Lords identifie un dommage mais constate et déplore être tenue par le *Limitation Act 1939* qui en définit l'apparition au moment de l'atteinte et non au moment où ses effets sont ressentis.

chambre criminelle qui accepte d'indemniser un préjudice autonome d'angoisse de mort imminente depuis 2012[1].

Cela était aussi la position de la deuxième chambre civile avant même les arrêts de la chambre mixte de mars 2022 consacrant l'autonomie du préjudice d'angoisse de mort imminente. La deuxième chambre civile estimait alors qu'il existait une souffrance morale causée par la confrontation à la mort et acceptait déjà de l'indemniser. Par exemple, dans un arrêt du 15 décembre 2011, la deuxième chambre civile de la Cour de cassation statuait sur le cas d'une personne blessée à la main lors de l'explosion d'une bombe le 25 novembre 1999 dans les locaux de l'URSSAF d'Ajaccio où celle-ci travaillait[2]. La Cour a jugé que le retentissement psychiatrique causé par l'attentat avait été spécifiquement pris en compte dans le calcul du taux d'incapacité permanente (IPP) réparé ensuite *via* le déficit fonctionnel permanent. Rien ne justifiait donc la mise en œuvre d'un préjudice spécifique selon la chambre. La deuxième chambre civile de la Cour de cassation a répété cette position maintes fois[3]. Si on ignore à ce stade la question de l'autonomie d'un préjudice spécifique d'angoisse de mort imminente, la deuxième chambre civile de la Cour de cassation rappelait dans ces arrêts une évidence : toutes les conséquences découlant d'une atteinte physique peuvent faire l'objet d'une indemnisation. Cela inclut la souffrance morale née de la confrontation à la mort, que la victime directe survive ou non à l'atteinte. Selon la deuxième chambre civile, cette indemnisation se faisait *via* les préjudices de souffrances endurées et le déficit fonctionnel permanent, aussi nommé préjudice d'atteinte à l'intégrité physique et psychique, qui sont inclus dans la nomenclature Dintilhac. Si la deuxième chambre civile n'indemnisait pas la souffrance morale de façon autonome, il serait néanmoins erroné de prétendre qu'elle estimait qu'aucune souffrance morale liée à la confrontation à la mort n'était indemnisable[4].

La première chambre civile avait quant à elle adopté une position intermédiaire sur la question de l'autonomie du préjudice d'angoisse de mort imminente mais avait clairement reconnu que ce préjudice était indemnisable

---

1 Cass. crim., 23 oct. 2012, n° 11-83.770.

2 Cass. civ. 2ème, 15 déc. 2011, n° 10-26.386.

3 Cass. civ. 2ème, 16 sept. 2010, n° 09-69.433, *D.* 2011, p. 632, obs. H. ADIDA-CANAC et S. GRIGNON-DUMOULIN - Cass. civ. 2ème, 20 oct. 2016, n° 14-28.866 - Cass. civ. 2ème, 2 févr. 2017, n° 16-11.411 - Cass. civ. 2ème, 29 juin 2017, n° 16-17.228 - Cass. civ. 2ème, 14 sept. 2017, n° 16-22.013. V. aussi : Cass. civ. 2ème, 23 nov. 2017, n° 16-13.948.

4 Rapport du Conseiller SAMUEL, Arrêt n° 289 du 25 mars 2022, Chambre mixte, pourvoi n° 20-15.624 ; P. JOURDAIN, « L'autonomie consacrée du préjudice d'angoisse de mort imminente des victimes directes et du préjudice d'attente et d'inquiétude des victimes par ricochet », *JCP G* 2022, 513. *Contra* : Z. JACQUEMIN, « Quand la deuxième chambre civile ne craint pas la mort... », *Gaz. Pal.* 25 avr. 2017, n° 293c9, p. 23 ; C. BERNFELD, L. PRIOU-ALIBERT, « A la frontière du dommage corporel », *Gaz. Pal.* 4 mai 2021, n° 421h5.

dans son principe[1]. En droit français, la souffrance morale résultant de la confrontation à la mort peut en effet indéniablement être indemnisée en cas d'atteinte physique pour la période suivant l'accident.

Droit anglais. En droit anglais, l'ensemble des conséquences, physiques, psychiques et morales d'une atteinte physique sont toujours réparables[2]. Cette règle conduit à une réparation systématique de préjudices qui ne pourraient pas faire l'objet d'une indemnisation de manière autonome. Le Professeur Descheemaeker écrit ainsi : « *Derrière ce qui paraissait être au premier abord une jungle d'instances particulières, le droit anglais montre qu'il s'approche de ce qui est en fait un modèle remarquablement simple : les conséquences émotionnelles d'une atteinte sont par principe indemnisables.* »[3] L'auteur définit largement l'atteinte émotionnelle dans cet article, évoquant la peur, l'horreur, le deuil, la tristesse et la solitude, la honte et l'humiliation, la colère et la vexation, la déception et la frustration, la crainte et l'anxiété. La souffrance morale liée à la confrontation à la mort est donc réparable lorsqu'elle est consécutive à un dommage corporel.

Ce principe est d'ailleurs affirmé dans la section (1)(1)(b) de l'*Administration of Justice Act* de 1982 qui précise que « *si l'espérance de vie de la personne blessée a été réduite par ses blessures, la juridiction, lorsqu'elle évalue les dommages et intérêts pour les souffrances endurées causées par les blessures, doit tenir compte de toutes les souffrances causées ou susceptibles d'être causées au blessé par la conscience que son espérance de vie a été réduite* »[4]. La souffrance morale qui découle de la conscience de la perte d'espérance de vie est donc bien prise en compte en droit anglais. Il s'agit d'une façon de saisir la souffrance morale liée à la confrontation à la mort. À l'image du droit français, la perte d'espérance de vie elle-même ne saurait être réparée de manière autonome car elle ne peut être distinguée du *pretium mortis*. La souffrance morale liée à la conscience de cette perte d'espérance de vie est toutefois prise en compte au moment d'évaluer les préjudices du demandeur. La possibilité d'indemniser la souffrance morale liée à la conscience du raccourcissement de son existence au titre de l'*Administration of Justice Act* a été confirmée par la Chambre des

---

[1] Cass. civ 1ère, 26 sept. 2019, n° 18-20.924, *Gaz. Pal.* 21 janv. 2020, n° 368t2, p. 68, obs. A. BARRELLIER ; *Resp. civ. et assur.* 2019, comm. 288, obs. Y. QUISTREBERT ; *JDA* 2019, comm. 6, comm. A. CAYOL ; *D.* 2019, p. 2459, note G. HILGER ; *JCP G* 2020, doctr. 503, obs. M. BACACHE.

[2] V. par ex. *Smith v Leech Brain & Co* (1962) 2 QB 405.

[3] E. DESCHEEMAEKER, « Rationalising recovery for emotional harm in tort law », *L.Q.R.* 2018, n° 134(Oct.), p. 602-626, spéc. p. 602 : « *Behind what first appeared as a wilderness of single instances, English law shows itself to be closely approximating what is in reality a remarkably simple model : the emotional consequences of a wrong are compensable as a matter of principle.* » (Notre traduction).

[4] *Administration of Justice Act 1982*, section (1)(1)(b) : « *if the injured person's expectation of life has been reduced by the injuries, the court, in assessing damages in respect of pain and suffering caused by the injuries, shall take account of any suffering caused or likely to be caused to him by awareness that his expectation of life has been so reduced* » (notre traduction).

Lords dans *Kadir v Mistry*[1]. La souffrance morale liée à la confrontation à la mort sera indemnisée au sein du poste de *pain and suffering* qui vise à indemniser la souffrance subjective du demandeur[2]. L'évaluation des *pain and suffering* se fera *via* les *Judicial College Guidelines*, un barème quasi-officiel[3], comme le veut l'usage en droit anglais[4]. Dans l'hypothèse où le demandeur subit une atteinte physique, la souffrance morale causée par sa confrontation avec la mort sera indemnisée autant en droit français qu'en droit anglais.

Préjudice d'angoisse de mort imminente. Le droit français indemnise un préjudice particulier dans le cas d'une confrontation à la mort pour la période située entre l'accident et le décès de la victime : le préjudice d'angoisse de mort imminente. Ce préjudice a été défini comme « *la souffrance psychique résultant d'un état de conscience suffisant pour envisager sa propre fin* »[5]. Par un arrêt du 25 mars 2022[6], la chambre mixte de la Cour de cassation a définitivement consacré l'autonomie de ce préjudice qui n'existe que dans le cas du décès de la victime. Dans cette affaire, un homme avait été attaqué au couteau à Papeete, et avait été transporté sévèrement blessé mais conscient à l'hôpital par ses proches. La cour d'appel avait indemnisé de façon autonome le préjudice de souffrances endurées de la nomenclature Dintilhac d'une part et le préjudice d'angoisse de mort imminente d'autre part. Se fondant sur la jurisprudence de la deuxième chambre civile, le pourvoi du Fonds de Garantie des victimes des actes de terrorisme et d'autres infractions (FGTI) avançait que cette double indemnisation contrevenait au principe de réparation intégrale. La chambre mixte a jugé que « *c'est, dès lors, sans indemniser deux fois le même préjudice que la cour d'appel, tenue d'assurer la réparation intégrale du dommage sans perte ni profit pour la victime, a réparé, d'une part, les souffrances endurées du fait des blessures, d'autre part, de façon autonome, l'angoisse d'une mort imminente.* » Le préjudice indemnisé a deux particularités. D'abord, il n'existe que pour la période située entre l'accident et la mort si celle-ci intervient rapidement[7]. Ensuite, l'indemnisation du préjudice d'angoisse de mort imminente suppose que le demandeur ait été conscient de l'imminence de sa mort à la suite de l'accident[8].

Le droit anglais n'indemnise pas de préjudice spécifique pour la période située entre l'accident et le décès de la victime directe. Toutefois, la survie consciente de la victime après l'accident fait partie des éléments pris en

---

[1] *Kadir v Mistry* [2014] EWCA Civ 1177.
[2] J. GOUDKAMP, D. NOLAN, *op. cit.*, n° 23-072.
[3] Ph. PIERRE, « La réparation intégrale en Europe », *RLDC* 2013, n° 110.
[4] V. *supra* p. 84-85.
[5] Cass. crim. 23 oct. 2012, n° 11-83.770.
[6] Cass. ch. mixte, 25 mars 2022, n° 20-15.624.
[7] P. JOURDAIN, « Une restriction temporelle à la réparation du préjudice d'angoisse de mort imminente », *RTD Civ.* 2019, p. 877.
[8] L. BLOCH, « Reconnaissance de l'autonomie des préjudices d'angoisse de mort imminente et préjudice d'attente et d'inquiétude », *Resp. civ. et assur.* 2022, comm. 120.

compte dans les *Judicial College Guidelines* au moment d'évaluer le préjudice de *pain and suffering*. Le premier chapitre des *Guidelines* s'intitule « *Injuries resulting in death* ». Dans l'introduction de ce premier chapitre, il est notamment écrit : « *Dans un tel cas il faut se référer aux dommages et intérêts prévus pour les blessures sous-jacentes, adéquatement ajustés pour refléter le fait (le cas échéant) que le demandeur sait que sa mort approche, et la période de souffrance.* »[1] La conscience de la victime de son état dans le court intervalle entre l'accident et la mort est donc prise en compte au stade de l'évaluation des dommages et intérêts. Ce document précise les éléments à prendre en compte en cas de dommage ayant entraîné le décès de la victime, ce qui inclut notamment la conscience du demandeur de sa mort prochaine[2]. Les sections A à D de ce premier chapitre constituent ainsi une échelle des dommages et intérêts en fonction de l'état de conscience de la victime : la section A vise le cas de la victime pleinement puis alternativement consciente de son état jusqu'à son décès intervenant dans les trois mois ; la section B vise le cas de la victime pleinement consciente pendant une courte période avant de tomber inconsciente jusqu'à son décès intervenant rapidement ; la section C vise le cas de l'inconscience immédiate de la victime qui meurt quelques semaines plus tard ; la section D vise le cas de la victime immédiatement inconsciente qui meurt rapidement. La souffrance morale ressentie pour la période située entre l'accident et le décès n'est donc pas indemnisée de manière autonome en droit anglais mais est tout de même prise en compte au moment d'évaluer les préjudices subis par le demandeur.

Le principe de l'indemnisation de la confrontation à la mort dans le cas d'une atteinte physique est relativement évident en droit français et en droit anglais. L'indemnisation de la confrontation à la mort en l'absence d'atteinte physique s'avère plus problématique.

Confrontation à la mort sans atteinte physique. La confrontation à la mort en l'absence d'atteinte physique vise plusieurs types de situations. Il y a d'une part la souffrance morale antérieure à l'atteinte physique lorsque le demandeur réalise que l'accident va se produire. Il y a d'autre part les cas où le demandeur a échappé à une atteinte physique mais a légitimement cru que celle-ci allait se réaliser. L'indemnisation de ces circonstances suit des principes classiques en droit anglais. La situation a été rendue moins lisible

---

[1] *Judicial College Guidelines*, 2020, 15ème éd., chap. 1 : « *In such cases reference should be made to the awards for the underlying injuries or condition, suitably adjusted to reflect the fact (if it be the case) that the claimant knows that death is approaching, and the period of suffering.* » (Notre traduction).

[2] *Ibid.* : « *Factors that inform the level of general damages include the nature and extent of the injury, the claimant's awareness of his impending death, the extent of pain and suffering, or, in cases where the claimant is unconscious for all or part of the period, loss of amenity* ». Notre traduction : « *Les facteurs qui déterminent le niveau des dommages et intérêts généraux incluent la nature et l'étendue de la blessure, la conscience du demandeur de l'imminence de sa mort, l'intensité de la souffrance ou, dans les cas où le demandeur est inconscient pour une partie ou l'ensemble de la période concernée, le déficit fonctionnel.* »

en droit français par l'indemnisation spécifique du préjudice d'angoisse de mort imminente.

Droit anglais. Le droit anglais ne dispose pas de règles spéciales pour indemniser la souffrance morale causée par une confrontation à la mort en l'absence d'atteinte physique. Cela est affirmé dans l'arrêt *Hicks v Chief Constabulary of South Yorkshire*[1]. Dans cet arrêt, la Chambre des Lords statuait sur l'action transmises par deux jeunes filles décédées lors de la catastrophe d'Hillsborough. Les autorités de police avaient reconnu leur responsabilité et le débat devant la Chambre portait donc seulement sur la question de savoir si les jeunes filles avaient subi un dommage et des préjudices indemnisables avant leur décès. Cette question était, selon la Chambre une question de fait, et la juridiction d'appel avait jugé que les parents Hicks n'avaient pas réussi à démontrer qu'elles avaient subi un dommage au-delà de leur décès. Les éléments de preuve démontraient que les jeunes filles étaient décédées par asphyxie du fait d'une compression de leur cage thoracique. Dans un tel cas, les médecins précisaient que la victime tombe inconsciente en quelques secondes, et meurt dans les cinq minutes suivantes. Les analyses médicales n'avaient révélé aucune autre blessure physique sur les deux jeunes filles qui aurait précédé leur mort, voire l'aurait causée, et aurait pu servir d'appui à l'indemnisation de leur souffrance morale. Lord Bridge, qui a rédigé le seul jugement dans cet arrêt, écrit en conclusion : « *Il est parfaitement clair en droit que la peur seule, quelle que soit son degré, est une émotion humaine normale pour laquelle aucun dommage et intérêt ne peut être accordé. Ceux qui ont été pris dans l'écrasement à Hillsborough et qui ont eu la chance d'en réchapper sans blessures n'ont pas d'action pour la souffrance qu'ils ont ressenti dans une situation qui a dû être vraiment terrifiante. Par conséquent, la peur de mort imminente ressentie par la victime décédée avant son décès ne peut pas par elle-même fonder une action qui lui survivrait au profit de ses ayants droit.* »[2] Lord Bridge, suivi par ses quatre collègues, rejette l'appel des sœurs *Hicks*. Par conséquent, le droit anglais ne reconnaît pas d'action autonome pour une angoisse de mort imminente, sous les termes de « *fear of impending death* ». Cette irréparabilité se fonde sur le refus des juridictions de réparer une atteinte émotionnelle seule. Les juridictions anglaises appliquent les principes classiques de la *negligence* à l'indemnisation de l'angoisse de mort imminente en l'absence d'atteinte physique.

Dans ces circonstances, pour déterminer si le demandeur dispose d'une action en *negligence*, il conviendra d'établir l'existence d'un dommage et

---

[1] *Hicks v Chief Constabulary of South Yorkshire* [1992] PIQR 433.

[2] *Ibid.*, spéc. p. 436, Lord Bridge : « *It is perfectly clear law that fear by itself, of whatever degree, is a normal human emotion for which no damages can be awarded. Those trapped in the crush at Hillsborough who were fortunate enough to escape without injury have no claim in respect of the distress they suffered in what must have been a truly terrifying experience. It follows that fear of impending death felt by the victim of a fatal injury before that injury is inflicted cannot by itself give rise to a cause of action which survives for the benefit of the victim's estate.* » (notre traduction)

d'un devoir de prudence. Il faudra s'appuyer pour cela sur les principes applicables au préjudice psychiatrique pur, aussi appelé *nervous shock*. La souffrance morale née d'une confrontation à la mort sera réparable si elle présente une dimension pathologique[1]. Le *nervous shock* nous avait paru mal adapté à l'indemnisation de l'angoisse née de l'exposition à un risque de dommage[2] ou à l'indemnisation de la souffrance morale causée par la non-révélation d'un risque dans le contexte médical[3]. Le *nervous shock* semble toutefois bien mieux adapté à l'indemnisation de la souffrance morale liée à la confrontation à la mort. En effet, ce concept est apparu dans le contexte d'accidents de la circulation[4] et s'est développé à la faveur d'arrêts concernant des accidents ferroviaires[5] ou des catastrophes collectives de grande ampleur[6]. Le stress post-traumatique est ainsi la forme de pathologie la plus susceptible de déclencher une indemnisation en *nervous shock*[7]. Les victimes directes placées dans une situation de danger particulière seront considérées comme des victimes primaires dans la mesure où elles auront été exposées directement à un risque de dommage[8]. Les exigences de proximité de temps et de lieu seront aussi aisément satisfaites dans la mesure où il s'agit d'indemniser une victime directe présente sur les lieux du drame. Par conséquent, l'indemnisation de la confrontation à la mort se fera en droit anglais par la réparation de la pathologie psychique née de cette confrontation. En droit anglais, la souffrance morale née de la confrontation à la mort qui n'a pas une dimension pathologique ne sera en revanche pas indemnisée. Il est nécessaire de démontrer l'existence d'un traumatisme psychique.

Droit français. En principe, rien ne semble s'opposer à l'indemnisation de la souffrance morale née de la confrontation à la mort en l'absence d'atteinte physique en droit français. En effet, le principe d'équivalence implique que toute souffrance morale constatée peut être indemnisée[9]. En outre, dans un arrêt du 21 octobre 2014, la Cour de cassation avait reconnu la possibilité d'indemniser le traumatisme psychique d'un demandeur sans

---

[1] *Hinz v Berry* [1970] 2 QB 40, spéc. Lord Denning MR, p. 42-43 ; *McLoughlin v O'Brian* (1983) 1 AC 410, spéc. Lord Bridge, p. 431.

[2] V. *supra* p. 55 et s.

[3] V. *supra* p. 113 et s.

[4] *Dulieu v White & Sons* [1901] 2 KB 669 ; *Bourhill v Young* [1943] AC 92 ; *McLoughlin v O'Brian* [1983] AC 410 ; *Page v Smith* [1995] UKHL 7, [1995] 2 All ER 736.

[5] *Chadwick v British Railways Board* [1967] 1 WLR 912, [1967] 2 All ER 945.

[6] *Alcock v Chief Constable of South Yorkshire* [1991] 4 All ER 907, [1991] UKHL 5, [1992] 1 AC 310 ; *McFarlane v EE Caledonia Ltd* [1994] 2 All E.R. ; *White v Chief Constable of South Yorkshire Police & others* [1999] 1 All ER 1, [1999] 2 AC 455.

[7] T. BINGHAM, « Post traumatic stress disorder: the claims of primary and secondary victims », *J.P.I.L.* 2000, p. 108-122.

[8] *Page v Smith* [1995] UKHL 7, [1995] 2 All ER 736 ; D. NOLAN, « Taking stock of nervous shock », *K.C.L.J.* 1999, n° 10, p. 112.

[9] V. *supra* p. 60-62.

qu'il ait subi d'atteinte physique[1]. Un gendarme avait subi un violent stress post-traumatique après avoir été pris pour cible par un malfaiteur qui avait fait feu dans sa direction. La cour d'appel avait seulement indemnisé un préjudice moral sans définition précise. La Cour de cassation l'avait indemnisé sur la base des préjudices de la nomenclature Dintilhac. Par conséquent, la souffrance morale causée par sa confrontation à la mort pourrait être indemnisée dans le cadre de la réparation de son traumatisme psychique, et ce même dans le cas où il n'y a pas d'atteinte physique mais seulement une exposition à un risque immédiat et certain de dommage. Cette approche serait comparable à celle du *nervous shock* anglais. Toutefois, le fait que le préjudice d'angoisse de mort imminente ne soit indemnisable que dans le cas où le demandeur subit un dommage suscite en la matière une certaine confusion[2]. La jurisprudence a précisé que le préjudice d'angoisse de mort imminente existait dans la période située entre l'accident et le décès, ce qui exclut du champ de l'indemnisation la souffrance morale ressentie avant l'accident lorsqu'il est certain que celui-ci va se produire[3] et la souffrance morale née du fait d'avoir réchappé à un accident[4]. Cela signifie-t-il que la souffrance morale née de la confrontation à la mort dans ces circonstances ne peut pas faire l'objet d'une indemnisation ? Une telle lecture serait surprenante et contraire au principe d'équivalence. Cette indemnisation ne se fait toutefois pas dans le cadre du préjudice d'angoisse de mort imminente. La spécificité temporelle de ce préjudice interroge néanmoins sur sa définition.

Conclusion de section. Le préjudice d'angoisse de mort imminente s'inscrit dans un cadre plus large d'indemnisation de la souffrance morale née d'une confrontation à la mort. Les approches française et anglaise sont comparables. Les deux droits rejettent l'indemnisation du *pretium mortis* ou de ses équivalents fondés sur la notion de perte de chance. Les deux droits acceptent le principe de l'indemnisation de la souffrance morale née de la confrontation à la mort en cas d'atteinte physique ou de traumatisme psychique. Ils ont des positions moins tranchées en cas de souffrance psychique simple. L'indemnisation d'un préjudice d'angoisse de mort imminente autonome est toutefois propre au droit français et ce concept tient une place temporelle surprenante.

Transition. La position intermédiaire et particulière du préjudice d'angoisse de mort imminente interroge dans un contexte d'indemnisation

---

[1] Cass. crim., 21 oct. 2014, n° 13-87.669, *Dalloz actualité* 7 novembre 2014, obs. L. PRIOU-ALIBERT ; *Gaz. Pal.* 7 janv. 2015, p. 4, obs. A. GUÉGAN-LÉCUYER ; *D.* 2015, p. 2283, obs. S. PORCHY-SIMON ; *RTD Civ.* 2015, p. 140, obs. P. JOURDAIN.

[2] P. JOURDAIN, « Une restriction temporelle à la réparation du préjudice d'angoisse de mort imminente », *op. cit.*

[3] Sur ce point : Cass. crim. 14 mai 2019, n° 18-85.616. V. notamment : A. BARRELLIER, « Vers la reconnaissance d'un préjudice de confrontation à la mort ? », *Gaz. Pal.* 8 oct. 2019, n° 360q9, p. 78.

[4] Y. QUISTREBERT, « L'indemnisation conditionnée du préjudice d'angoisse de mort imminente », *Resp. civ. et assur.* 2019, étude 9.

plutôt unifié et comparable en droit français et en droit anglais. Il faut donc identifier la spécificité de ce préjudice qui justifierait son autonomie.

Section 2 : La spécificité du préjudice d'angoisse de mort imminente

Objet de la section. Le préjudice d'angoisse de mort imminente est un préjudice moral autonome mais il est difficile de mettre le doigt sur ce qui fait sa particularité. Il sera démontré, notamment *via* la comparaison avec le droit anglais, que le préjudice d'angoisse de mort imminente se situe en fait à la croisée de plusieurs concepts.

Plan. L'autonomie du préjudice d'angoisse de mort imminente pourrait être justifiée par la spécificité de la souffrance morale ressentie mais cela semble contestable (§1). Cette spécificité paraît plutôt être ancrée dans la situation de la victime (§2).

§1. La spécificité contestable de la souffrance morale ressentie

L'autonomisation du préjudice d'angoisse de mort imminente serait justifiée par la spécificité de la souffrance morale ressentie. Le préjudice distingué des souffrances endurées est un préjudice moral qui serait éminemment subjectif.

Distinction d'avec les souffrances endurées. La Cour de cassation a distingué le préjudice d'angoisse de mort imminente des souffrances endurées de la nomenclature Dintilhac suite à un débat jurisprudentiel impliquant trois chambres. La possibilité d'une telle distinction est bien établie en droit français.

Débat jurisprudentiel. Avant l'arrêt de chambre mixte du 25 mars 2022, les première et deuxième chambres civiles de la Cour de cassation et la chambre criminelle ont toutes les trois reconnu l'existence et la réparabilité de l'angoisse de mort imminente. Elles ne s'accordaient pas sur l'autonomie de la notion.

La chambre criminelle a la première reconnu l'existence d'un préjudice d'angoisse de mort imminente autonome. Dans son arrêt du 23 octobre 2012, elle juge que la cour d'appel « *a justifié sa décision, dès lors que, sans procéder à une double indemnisation, elle a évalué séparément les préjudices distincts constitués par les souffrances endurées du fait des blessures et par l'angoisse d'une mort imminente* »[1]. Dans un autre arrêt du 15 octobre 2013[2], un homme a été victime d'un accident de la circulation dont il est décédé. L'arrêt est rendu au visa du principe de réparation intégrale. Il était demandé à la cour d'appel de réparer d'une part les souffrances endurées et d'autre part le préjudice lié à la conscience de sa disparition prochaine. La cour d'appel avait refusé de réparer ce second préjudice, estimant qu'il était intégré dans l'appréciation globale du *pretium*

---

[1] Cass. crim. 23 oct. 2012, n° 11-83.770.

[2] Cass. crim. 15 oct. 2013, n° 12-83.055.

doloris. La chambre criminelle casse l'arrêt d'appel. Elle ne propose pas de justification technique à la distinction qu'elle opère entre angoisse de mort imminente et souffrances endurées si ce n'est le caractère exceptionnel de l'angoisse de mort imminente. Elle opère en revanche un contrôle de qualification pour rendre aux termes utilisés par les juges du fond leur pleine portée juridique, notamment en supprimant les références à une perte de chance de survie[1] ou à un préjudice de vie abrégée[2], notions parfois confondues avec l'angoisse de mort imminente.

De son côté, la deuxième chambre civile de la Cour de cassation a longtemps refusé d'indemniser un préjudice d'angoisse de mort imminente de façon autonome, et préférait l'inclure dans les souffrances endurées et dans le déficit fonctionnel permanent de la nomenclature Dintilhac. Dans un arrêt lié à un accident de la circulation, un demandeur agissait pour la réparation distincte de ses souffrances physiques et psychologiques liées à l'accident[3]. La chambre confirme la décision d'appel. Elle constate que la victime a effectivement subi des souffrances physiologiques et a eu conscience de la gravité de son état. Elle refuse toutefois de réparer de façon distincte les souffrances endurées et l'angoisse de mort imminente. Elle a aussi pu juger, avec beaucoup de clarté, que « *le préjudice moral lié aux souffrances psychiques et aux troubles qui y sont associés étant inclus dans le poste de préjudice temporaire des souffrances endurées, quelle que soit l'origine desdites souffrances, le préjudice lié à la conscience de sa mort prochaine, qualifié dans l'arrêt de préjudice d'angoisse de mort imminente, ne peut être indemnisé séparément* » de telle sorte que « *la cour d'appel a réparé deux fois le même préjudice* »[4]. La deuxième chambre civile opère donc un contrôle de qualification sur la base d'une définition de la nomenclature Dintilhac.

La première chambre civile de la Cour de cassation a tenté d'adopter une position réconciliant celles des deux autres chambres dans un arrêt du 26 septembre 2019[5]. Dans cette affaire, une femme était décédée au cours d'une opération chirurgicale et les praticiens avaient été déclarés responsables d'une perte de chance de survie, comme cela est possible en matière médicale. Les ayant-droits de la victime ont fait grief à l'arrêt d'appel d'avoir rejeté leur demande au titre de l'indemnisation du *pretium mortis*, se décomposant en un préjudice d'angoisse de mort imminente et en une perte de chance de vivre jusqu'à un âge statistiquement déterminé. La première

---

[1] Cass. crim. 29 avril 2014, n° 13-80.693.

[2] L. BLOCH, « Décès de la victime : "perte de chance de vie" », *Resp. civ et assur.* 2013, comm. 167.

[3] Cass. civ 2ème, 18 avr. 2013, n° 12-18.199.

[4] Cass. civ 2ème, 2 févr. 2017, n° 16-11.411, *Dalloz actualité* 17 févr. 2017, obs. N. KILGUS ; *Gaz. Pal.* 21 mars 2017, n° 291f6, p. 38, obs. A. MÂZOUZ ; *ibid.* 25 avr. 2017, n° 293c9, p. 23, obs. Z. JACQUEMIN ; *ibid.* 6 juin 2017, n° 296p9, p. 66, obs. C. BERNFELD ; *LPA* 7 juin 2017, n° 126r1, p. 12, obs. R. LAULIER ; *Resp. civ. et assur.* 2017, comm. 127, obs. H. GROUTEL.

[5] Cass. civ 1ère, 26 sept. 2019, n° 18-20.924.

chambre civile juge alors que l'angoisse de mort imminente était incluse dans les souffrances endurées. Elle ajoute que « *la victime ne peut justifier une indemnisation distincte* » qu'à condition que l'angoisse de mort imminente ait été exclu du poste des souffrances endurées. Elle refuse donc de consacrer l'autonomie du préjudice d'angoisse de mort imminente tout en ouvrant une possibilité pour les juges d'exclure ce préjudice du champ des souffrances endurées pour le réparer séparément. Cette jurisprudence qui se veut au croisement de celles de la deuxième chambre civile et de la chambre criminelle manque de clarté. Certains auteurs ont néanmoins loué la capacité d'une telle décision à protéger les droits de la victime en rappelant que le préjudice d'angoisse de mort imminente doit toujours être réparé[1]. En effet, l'incertitude sur l'autonomie ou non de l'angoisse de mort imminente comme préjudice aurait créé pour la victime une incertitude sur le principe de l'indemnisation[2]. La première chambre s'assure que cette incertitude soit écartée en rappelant le principe de la réparabilité de l'angoisse de mort imminente.

C'est dans ce contexte et sur une saisie de la deuxième chambre civile qu'est intervenu l'arrêt de la chambre mixte consacrant l'autonomie du préjudice d'angoisse de mort imminente[3]. Il est autonome et est ajouté à la nomenclature Dintilhac[4]. Cette clarification de la ligne de la Cour de cassation ne purge toutefois pas la question de la spécificité du préjudice d'angoisse de mort imminente.

Caractère non-limitatif de la nomenclature Dintilhac. L'autonomisation du préjudice d'angoisse de mort imminente se fonde notamment sur le caractère non-limitatif de la nomenclature Dintilhac. Le rapport Dintilhac précise en effet que l'existence d'une nomenclature ne doit pas conduire « *à exclure systématiquement tout nouveau chef de préjudice sollicité dans l'avenir par les victimes* »[5], comme le rappelle de très nombreux auteurs commentant les décisions sur l'angoisse de mort

---

[1] V. notamment : G. HILGER, « Préjudice d'angoisse de mort imminente : les précisions de la première chambre civile de la Cour de cassation », *D.* 2019, p. 2459.

[2] E. AUGIER-FRANCIA, *Les nomenclatures de préjudices en droit de la responsabilité civile*, thèse, Université Jean Moulin Lyon 3, 2021, spéc. n° 346.

[3] Cass. ch. mixte, 25 mars 2022, n° 20-15.642.

[4] S. PORCHY-SIMON, « Reconnaissance de l'autonomie des préjudices d'angoisse de mort imminente de la victime principale et d'attente et d'inquiétude des proches par la chambre mixte de la Cour de cassation », *D.* 2022, p. 774. Pour une contestation de la pertinence de cette précision : L. BLOCH, « Reconnaissance de l'autonomie des préjudices d'angoisse de mort imminente et préjudice d'attente et d'inquiétude », *Resp. civ. et assur.* 2022, comm. 120.

[5] J.-P. DINTILHAC (dir.), *Rapport du groupe de travail chargé d'élaborer une nomenclature des préjudices corporels*, 2005, spéc. p. 4.

imminente[1]. Ce caractère indicatif aurait même été consacré par la chambre mixte de la Cour de cassation dans sa décision du 25 mars 2022 selon un auteur[2]. Toutefois, si le simple fait que l'existence de la nomenclature Dintilhac n'empêche pas la reconnaissance de l'autonomie du préjudice d'angoisse de mort imminente, cela ne la justifie pas pour autant[3]. Cette justification peut être trouvée au sein du principe de réparation intégrale.

Principe de réparation intégrale. Pour justifier l'indemnisation autonome du préjudice d'angoisse de mort imminente, la jurisprudence a fait référence au principe de réparation intégrale[4]. Le principe de réparation intégrale est commun aux droits français et anglais[5]. Comme le constate un auteur, ce principe « *engendre non seulement une exigence de réparation de la totalité du dommage, mais également une exigence d'exclusivité, puisque seul le dommage effectivement survenu ou dont le juge est sûr qu'il surviendra pourra être réparé* »[6]. Sur ce point, la jurisprudence est constante en droit français depuis 1954[7]. Le droit anglais utilise, dans le même sens, le principe de *restitutio in integrum* et son pendant, le retour au *statu quo ante*. Le principe signifie en droit anglais que lorsqu'un dommage est réparable, toutes ses suites, tous les préjudices qui en sont issu, le sont également, et doivent être réparés[8]. Il a ainsi pu être jugé que « *l'indemnisation devrait autant que possible replacer la partie lésée dans la position où elle aurait*

---

[1] R. LAULIER, « Le prix de l'effroi devant son propre décès : retour sur le préjudice d'angoisse de mort imminente », *LPA* 7 juin 2017, n° 126r1, p. 12 ; A. MÂZOUZ, « De l'art délicat de réparer les peurs : à propos du préjudice "d'angoisse de mort imminente" ou "lié à la conscience de sa mort prochaine" », *Gaz. Pal.* 21 mars 2017, n° 291f6, p. 38 ; A. BARRELLIER, « Vers la reconnaissance d'un préjudice de confrontation à la mort ? », *op. cit.* ; A. CAYOL, « Consécration de l'autonomie des préjudices d'attente et d'angoisse de mort imminente », *Dalloz actualité* 5 avril 2022 ; Z. JACQUEMIN, « Des préjudices d'angoisse adaptés à l'épreuve du terrorisme », *Gaz. Pal.* 17 mai 2022, n° GPL435y5 ; C. LIENHARD, « Spécificité et autonomie des préjudices d'attente, d'inquiétude et de mort imminente, et recevabilité de l'action civile », *Gaz. Pal.* 7 juin 2022, n° GPL436v5.

[2] A. GUÉGAN, « La nature indicative de la nomenclature Dintilhac consacrée par la chambre mixte de la Cour de cassation », *Gaz. Pal.* 10 mai 2022, n° GPL435u7.

[3] G. HILGER, « L'angoisse de mort imminente et les souffrances endurées : éléments de réflexion pour une indemnisation efficiente des victimes », *Gaz. Pal.* 4 sept. 2018, n° 329u7, p. 13 ; M. MEKKI, « Le préjudice lié à l'imminence de la mort : "Je suis un mort encore vivant !" », *Gaz. Pal.* 16 janv. 2018, n° 310z4, p. 25.

[4] Cass. crim. 15 oct. 2013, n° 12-83.055 - Cass. ch. mixte, 25 mars 2022, n° 20-15.642.

[5] G. VINEY, B. MARKESINIS, *op. cit.*, spéc. n° 29 et s.

[6] Ph. BRUN, *Le Lamy Droit de la Responsabilité*, [en ligne], Wolters Kluwer, spéc. n° 218-13.

[7] Cass. civ. 2ème, 28 oct. 1954, JCP G 1955, II, p. 8769, note R. SAVATIER.

[8] *Graham v Egan* 15 La. Ann. 97 (1860).

été si elle n'avait pas subi la faute »[1]. Ce principe n'autorise pas que les dommages et intérêts soient adaptés à l'éventuelle culpabilité morale du fautif ou à la gravité de sa faute. Ainsi, en droit anglais, le juge n'est pas autorisé à accorder des dommages et intérêts punitifs en *negligence* quand bien même cela lui serait autorisé pour d'autres *torts*[2]. Si les droits français et anglais partagent le principe de réparation intégrale, comment expliquer que l'un accepte l'autonomie du préjudice d'angoisse de mort imminente et pas l'autre ? Il y a évidemment des considérations sur l'indemnisation du préjudice moral à prendre en compte. Toutefois, ces considérations n'ont pas cours dans le cas de l'indemnisation de la souffrance morale née d'une confrontation à la mort en cas d'atteinte physique[3]. En l'espèce, il s'agit plutôt d'interroger la méthodologie de l'indemnisation de la souffrance morale dans les deux droits.

Méthodologie de l'indemnisation. En droit français comme en droit anglais, le principe de réparation intégrale a une double dimension, quantitative et qualitative. La réparation des préjudices extrapatrimoniaux se prête mal à une application de la dimension quantitative du principe. En effet, ces préjudices portent sur des intérêts n'ayant pas de valeur patrimoniale, et l'indemnité ne se conçoit que comme une satisfaction[4]. La Cour de cassation n'exerce alors qu'un contrôle de l'évaluation des préjudices fondé sur la prohibition des dommages et intérêts symboliques ou forfaitaires. Cependant, il existe aussi une dimension qualitative au principe de réparation intégrale qui est l'exigence que toutes les conséquences d'une atteinte fassent l'objet d'une réparation. Cette double définition conduit à une confusion autour de l'applicabilité du principe de réparation intégrale aux préjudices extrapatrimoniaux. Certains auteurs estiment que le principe est donc inutile en matière extrapatrimoniale[5]. Pourtant, dans son acception qualitative, le principe a bel et bien vocation à s'appliquer aux préjudices extrapatrimoniaux et notamment aux préjudices moraux. Comme l'écrit un auteur, « *(l)e principe, en lui-même, n'implique nullement l'utilisation d'une méthode poste par poste - la plupart des autres systèmes juridiques assurent d'ailleurs son respect en évaluant de manière globale les préjudices réparables* »[6]. Cependant, cet auteur ajoute que cette méthodologie a été

---

[1] *Lim Poh Choo v Camden & Islington Area Health Authority* [1980] AC 174 : « *compensation should as nearly as possible put the party who has suffered in the same position as he would have been in if he had not sustained the wrong* » (notre traduction). V. aussi : *Livingstone v Rawyards Coal Co* (1880) 5 App Cas 25 ; *Liesbosch Dredger v SS Edison* [1933] AC 449. Pour une critique de la pertinence du principe de réparation intégrale en *tort law*, v. : J. GOLDBERG, « Ten Half-Truths about tort law », *Valparaiso University Law Review*, 2008, n° 42(4), p. 1221-1276, spéc. p. 1256-1258.

[2] E. DESCHEEMAEKER, *op. cit.*

[3] V. *supra* p. 139 et s.

[4] Y. LAMBERT-FAIVRE, « L'éthique de la responsabilité », *op. cit.*

[5] *Ibid.*

[6] G. WESTER, « L'angoisse de mort imminente et le préjudice d'attente et d'inquiétude, deux nouveaux postes de préjudices consacrés par la Cour de cassation », *RLDC* 2022, n° 203.

choisie par les juristes français et « *doit être mise en œuvre pour tous les préjudices réparables* ». En droit anglais, la méthode de l'indemnisation poste par poste est bien moins approfondie. L'évaluation des dommages et intérêts était à l'origine confiée à des jurys[1] jusqu'à l'arrêt *Ward v James*[2]. Les juges ne contrôlaient donc pas les indemnités accordées. Désormais, l'évaluation doit en principe se faire par poste[3]. Toutefois, la méthodologie de l'indemnisation du préjudice extrapatrimonial en droit anglais demeure rudimentaire puisque seuls deux préjudices sont pris en compte : le « *pain and suffering* » et les « *loss of amenities* », c'est-à-dire les souffrances endurées et le déficit fonctionnel[4]. En outre, les deux préjudices sont souvent réunis en une seule indemnité[5] sans qu'un contrôle ne soit opéré par les juridictions supérieures. Dès lors, l'absence d'autonomisation d'un préjudice d'angoisse de mort imminente en droit anglais n'est pas surprenant. En droit français, le principe de réparation intégrale exige une indemnisation poste par poste. Toutefois, la deuxième chambre civile avait elle aussi fait référence au principe de réparation intégrale dans sa dimension qualitative pour refuser l'autonomie du préjudice d'angoisse de mort imminente[6]. Elle estimait que cela conduirait à une double indemnisation[7]. La méthodologie française de la réparation intégrale n'est pas la seule manière d'appliquer ce principe et ne suffit pas à définir la spécificité du préjudice d'angoisse de mort imminente.

Le droit français permet de distinguer le préjudice d'angoisse de mort imminente des souffrances endurées. Cela serait aussi théoriquement possible en droit anglais. Toutefois, cette faculté de distinction ne nous éclaire par sur le fondement de cette distinction, qu'il faut identifier.

Fondement moral de la distinction. Comme l'écrit le Professeur Porchy-Simon, « *(l)a décision [de la chambre mixte] relative au préjudice d'angoisse de mort imminente affirme davantage comme une pétition de principe son autonomie par rapport aux souffrances endurées, qu'elle ne la justifie* »[8]. L'angoisse de mort imminente serait une souffrance morale spécifique liée à la conscience de sa mort prochaine. On peut identifier deux fondements potentiels à la distinction entre préjudice d'angoisse de mort imminente et souffrances endurées qui sont soit une différence de natures

---

[1] G. VINEY, B. MARKESINIS, *op. cit.*, spéc. n° 30.

[2] *Ward v James* [1966] QB 273.

[3] J. GOUDKAMP, D. NOLAN, *op. cit.*, spéc. n° 23-070.

[4] *Ibid.*, spéc. n° 23-071.

[5] *Heil v Rankin* [2001] QB 272.

[6] Cass. civ. 2ème, 16 janv. 2014, n° 13-10.566.

[7] La crainte qu'une indemnisation poste par poste trop fine conduise à des situations de double indemnisation est partagée par le droit anglais : J. GOUDKAMP, D. NOLAN, *op. cit.*, spéc. n° 23-070.

[8] S. PORCHY-SIMON, « Reconnaissance de l'autonomie des préjudices d'angoisse de mort imminente de la victime principale et d'attente et d'inquiétude des proches par la chambre mixte de la Cour de cassation », *loc. cit.*

entre les souffrances morales indemnisées, soit une différence de degré de souffrance. La comparaison avec le droit anglais permet de souligner que ces fondements sont toutefois insatisfaisants.

Souffrance morale de nature spécifique. D'abord, l'indemnisation autonome d'un préjudice d'angoisse de mort imminente pourrait être justifiée par le fait que la souffrance morale ressentie est d'une nature particulière. Ainsi, à l'image du préjudice d'anxiété ou du préjudice d'impréparation, le préjudice d'angoisse serait une souffrance morale « *distincte* »[1], « *particulière* »[2], qui « *présente des spécificités qui l'empêchent d'être incluse au sein d'un poste préexistant* »[3], et qui se définirait comme « *la souffrance morale liée à la conscience de sa mort prochaine* »[4]. En effet, l'exigence de la preuve de la conscience de la victime entre l'accident et la mort est constante en matière préjudice d'angoisse de mort imminente[5]. La conscience de la victime serait alors le point clé de distinction entre souffrances endurées et angoisse de mort imminente[6]. Pour un auteur, « *l'angoisse de mort correspond au désespoir, au chagrin, à l'horreur que la victime ressent en voyant la fin de sa vie survenir* »[7]. On peine toutefois à identifier en quoi l'exigence de conscience influerait sur la spécificité de la nature de l'angoisse de mort imminente. L'exigence de conscience fonde certes la spécificité du préjudice spécifique de contamination par exemple mais il s'agit de circonstances très particulières liées à la crainte d'une détérioration future de son état qui suppose de savoir que cet état de santé est susceptible de se détériorer[8]. Plus largement, en droit français, la conscience de l'existence ou non du préjudice n'a pas d'influence sur la qualification du préjudice moral. Ainsi, une victime dans un état végétatif subira en principe les mêmes préjudices qu'une victime consciente de son état[9]. L'existence de ces préjudices ne variera pas en

---

[1] A. VIGNON-BARRAULT, « L'anxiété : le regard du civiliste », *Resp. civ. et assur.* 2019, étude 4.

[2] C. QUÉZEL-AMBRUNAZ, « L'espérance de vie de la victime. Des spécificités de l'indemnisation du dommage corporel », *op. cit.*

[3] G. WESTER, « L'angoisse de mort imminente et le préjudice d'attente et d'inquiétude, deux nouveaux postes de préjudices consacrés par la Cour de cassation », *loc. cit.*

[4] A.-L. FABAS SERLOOTEN, « Victimes indirectes : quelle indemnisation pour la perte de chance de vie et la conscience de l'imminence de la mort ? », *LPA* 19 avr. 2018, n° 134a7, p. 10.

[5] Cass. crim., 23 oct. 2012, n° 11-83.770 - Cass. crim., 27 sept. 2016, n° 15-83.309 - Cass. crim., 27 sept. 2016, n° 15-84.238 - Cass. ch. mixte, 25 mars 2022, n° 20-15.624.

[6] P. JOURDAIN, « Les préjudices d'angoisse », *JCP G* 2015, doctr. 739.

[7] G. WESTER, « L'angoisse de mort imminente et le préjudice d'attente et d'inquiétude, deux nouveaux postes de préjudices consacrés par la Cour de cassation », *loc. cit.*

[8] B. WALTZ, « Réflexions autour de la notion de préjudice spécifique de contamination », *Resp. civ. et assur.* 2013, étude 5.

[9] Cass. civ. 2ème, 22 févr. 1995, n° 92-18.731 et Cass. civ. 2ème, 22 févr. 1995, n° 93-12.644, *JCP G* 1995, doctr. 3853, obs. G. VINEY ; *RTD Civ.* 1995, p. 629, obs. P. JOURDAIN ; *D.* 1996, p. 69, obs. Y. CHARTIER - Cass. crim., 5 oct. 2010, n° 09-87.385 et n° 10-81.743, *JCP G* 2011, doctr. 435, obs. C. BLOCH ; *RTD Civ.* 2011, p. 353, obs. P. JOURDAIN - Cass. crim., 26 mars 2013, n° 12-82.600, *JCP G* 2013, 675, obs. D. BAKOUCHE.

fonction de la conscience que la victime en a eu ou non[1]. La preuve de la conscience de la victime ne suffit pas pour affirmer que les souffrances morales subies sont d'une nature différente. Or, il est difficile de distinguer la souffrance morale indemnisée au titre des souffrances endurées de celle indemnisée par l'angoisse de mort imminente.

Le préjudice de souffrances endurées de la nomenclature Dintilhac inclut « *toutes les souffrances physiques et psychiques, ainsi que des troubles associés, que doit endurer la victime durant la maladie traumatique, c'est à dire du jour de l'accident à celui de sa consolidation* »[2]. Ce préjudice est défini suffisamment largement pour intégrer l'ensemble des souffrances morales résultant de l'atteinte physique ou psychique fondant l'action[3]. Notons d'ailleurs que la deuxième chambre civile adopte, au-delà du cas de l'angoisse de mort imminente, une conception large du préjudice de souffrances endurées. Elle y inclut toutes les souffrances morales découlant de l'atteinte physique ou psychique[4], y compris dans l'hypothèse du préjudice d'avilissement par exemple[5]. On peine à identifier une véritable différence de nature entre les souffrances morales indemnisées par les souffrances endurées et celles tombant dans le giron de l'angoisse de mort imminente. Cette différence pourrait éventuellement découler du caractère traumatique de l'atteinte morale subie. Plusieurs auteurs évoquent ainsi la notion d'effroi[6]. Pour les psychanalystes, ce terme désigne une souffrance morale particulière liée à une rencontre avec la mort[7]. On pourrait donc éventuellement trouver dans cette distinction d'ordre médical la spécificité de l'angoisse de mort imminente. Dans cette hypothèse, nous serions proche du *nervous shock* anglais. Il s'agirait alors d'indemniser un traumatisme psychique, une maladie psychique causée par la confrontation avec la mort. Cependant, ce n'est pas ainsi qu'est conçue l'angoisse de mort imminente qui n'est indemnisable que dans l'hypothèse du décès. La confrontation avec la mort ne suffit pas à caractériser le préjudice d'angoisse de mort imminente

---

[1] Cette position contraste avec celle du droit anglais : J. GOUDKAMP, D. NOLAN, *op. cit.*, n° 23-072 et n° 23-073.

[2] J.-P. DINTILHAC (dir.), *op. cit.*, spéc. p. 38.

[3] P. JOURDAIN, « Les préjudices d'angoisse », *loc. cit.*

[4] V. par exemple, pour le cas d'une demande de préjudice permanent exceptionnel : Cass. civ. 2ème, 16 sept. 2010, n° 09-69.433 - Cass. civ. 2ème, 11 sept. 2014, n° 13-21.506.

[5] Cass. civ. 2ème, 13 déc. 2018, n° 17-28.716, Cass. civ. 2ème, 13 déc. 2018, n° 18-10.276 et Cass. civ. 2ème, 13 déc. 2018, n° 18-10.277, *Dalloz actualité* 28 janv. 2019, obs. A. HACÈNE ; *JCP G* 2019, doctr. 407, obs. M. BACACHE ; *Resp. civ. et assur.* 2019, alerte 4, obs. L. BLOCH ; *D.* 2019, p. 2058, obs. A. GUÉGAN ; *ibid.*, p. 848, obs. N. TOUATI et C. BONHERT ; *ibid.*, p. 856, obs. M. PICHARD ; *ibid.* 2020, p. 40, obs. C. QUÉZEL-AMBRUNAZ ; *RTD Civ.* 2019, p. 341, obs. P. JOURDAIN.

[6] P. JOURDAIN, « L'angoisse d'une mort imminente, une souffrance morale réparable », *op. cit.* ; Y. QUISTREBERT, « L'indemnisation conditionnée du préjudice d'angoisse de mort imminente », *op. cit.* Pour une défense d'un « préjudice d'effroi » qui remplacerait le préjudice d'angoisse, voir notamment : L. NADAL, *L'indemnisation de la peur de mourir*, thèse, Université Toulouse 1 Capitole, 2020, spéc. n° 309 et s.

[7] E. CAILLON, « Les troubles psycho-traumatiques chez l'adulte », *Gaz. Pal.* 15 févr. 2015, n° 213k8, p. 14.

alors que la condition de conscience devrait suffire[1]. Un auteur insiste même sur le fait que le préjudice d'angoisse de mort imminente n'a pas vocation à faire l'objet d'une évaluation médicale[2]. Notons en outre que si le préjudice d'angoisse de mort imminente avait eu vocation à indemniser un traumatisme psychique, des auteurs soutiennent qu'il aurait fallu qualifier ce préjudice de dommage, et l'indemniser selon les modalités classiques de l'indemnisation d'un dommage corporel[3]. Il n'en est rien en l'espèce. Il s'agit donc plutôt d'indemniser un préjudice moral pur qu'il faut distinguer du traumatisme psychique.

Degré des souffrances morales. La spécificité du préjudice d'angoisse de mort imminente ne réside pas à notre sens dans le fait qu'il indemniserait une souffrance morale d'une nature particulière. Peut-être alors que sa spécificité tient à une différence de degré dans la souffrance morale ? Comme le souligne le Professeur Jourdain, « *(l)'angoisse de la mort n'est pas nécessairement d'une nature différente de ces souffrances psychiques. Si différence il y a, elle serait plutôt de degré car l'effroi de la représentation de sa propre fin est sans doute la douleur morale la plus intense qui se puisse ressentir.* »[4] La souffrance morale ressentie à l'approche de la mort serait si effroyable que le préjudice de souffrances endurées serait une cote mal taillée pour un préjudice d'une telle ampleur. Ce serait la conscience de l'approche de la mort qui conférerait à la souffrance morale ressentie une force particulière. La gravité de la souffrance morale éprouvée rendrait l'approche traditionnelle de la nomenclature Dintilhac inadaptée. Pourtant, cela justifie-t-il la création d'un préjudice moral *sui generis* distinct ? Ce n'est pas la position du droit anglais. Comme nous l'avons déjà noté, l'intensité de la souffrance morale ressentie par le demandeur, et notamment son état de conscience, est pris en compte dans l'évaluation des dommages et intérêts réparant des préjudices extrapatrimoniaux au sein des *Judicial College Guidelines*[5]. *A fortiori*, l'absence totale de conscience des dommages peut justifier en droit anglais le refus de l'indemnisation du préjudice de *pain and suffering*[6]. Les juridictions anglaises acceptent d'indemniser la souffrance morale liée à l'imminence de la mort résultant d'une atteinte physique sans en faire un poste de préjudice autonome, une

---

1 Y. QUISTREBERT, « L'indemnisation conditionnée du préjudice d'angoisse de mort imminente », *op. cit.*

2 G. WESTER, « L'angoisse de mort imminente et le préjudice d'attente et d'inquiétude, deux nouveaux postes de préjudices consacrés par la Cour de cassation », *op. cit.*

3 Y. QUISTREBERT, « L'indemnisation conditionnée du préjudice d'angoisse de mort imminente », *op. cit.*

4 P. JOURDAIN, « L'autonomie consacrée du préjudice d'angoisse de mort imminente des victimes directes et du préjudice d'attente et d'inquiétude des victimes par ricochet », *op. cit.* Sur ce point, v. aussi : C. PELLEGRINI, *op. cit.* ; Y. QUISTREBERT, « L'indemnisation conditionnée du préjudice d'angoisse de mort imminente », *op. cit.*

5 V. *supra* p. 142-143.

6 J. GOUDKAMP, D. NOLAN, *op. cit.*, spéc. n° 23-072. V. notamment : *Wise v Kaye* [1961] EWCA Civ 2, [1962] 1 QB 638, [1962] 1 All ER 257, [1962] 2 WLR 96.

attitude proche de celle de la deuxième chambre civile[1]. L'état de conscience est alors un élément à prendre en compte parmi d'autres au moment de l'évaluation des dommages et intérêts, sans qu'une référence à un préjudice spécifique soit utile.

Des auteurs français ont proposé de suivre une voie comparable en adaptant l'indemnité accordée au titre des souffrances endurées en fonction de l'état de conscience de la victime et de la durée de cette conscience. Un auteur relève ainsi un arrêt de la cour d'appel d'Aix-en-Provence du 22 février 2018 particulièrement intéressant[2]. Le demandeur sollicitait l'indemnisation de son préjudice d'angoisse de mort imminente et de ses souffrances endurées. La cour d'appel estime qu'en réalité « *ces demandes tendent à réparer le même préjudice, la conscience pour celui qui se voit mourir de devoir envisager sa mort imminente et l'angoisse qui en résulte n'étant qu'une des composantes psychiques du préjudice des souffrances endurées* »[3]. La cour d'appel cumule alors les deux demandes en estimant qu'elles sont les composantes d'une demande unique et évalue le préjudice de souffrances endurées à l'addition des deux montants réclamés, soit 40.000 euros. Cette approche, comparable à celle proposée par un autre auteur[4], consiste à distinguer au sein des souffrances endurées les souffrances physiques et les souffrances psychiques et a déjà pu être adoptée par la Cour de cassation[5]. Cela évite une « désintégration » plus prononcée des préjudices de la nomenclature Dintilhac[6] et donc une remise en question de leur sens tout en assurant une indemnisation mieux ajustée à la situation. Il s'agit alors de faire de la conscience de sa mort prochaine une « *variable d'indemnisation* »[7], ce qui éviterait à la fois une sous-évaluation[8] et le « *déséquilibre des échelles d'indemnisation habituellement admises* »[9]. La

---

[1] La proximité de ces deux approches est renforcée par la reconnaissance par les juges anglais que les *Judicial College Guidelines* sont l'équivalent de la nomenclature Dintilhac en droit anglais : *Wall v Mutuelles de Poitiers Assurances* [2014] EWCA Civ 138. Sur cet arrêt, v. notamment : D. MÉHEUT, « Critères d'évaluation du préjudice corporel en droit étranger », *LEDA* mai 2014, n° EDAS-614082-61405, p. 7.

[2] G. HILGER, « L'angoisse de mort imminente et les souffrances endurées : éléments de réflexion pour une indemnisation efficiente des victimes », *op. cit.*

[3] CA Aix-en-Provence, 22 févr. 2018, n° 16/23182.

[4] Y. QUISTREBERT, « Le respect du principe de la réparation intégrale assuré par la distinction des souffrances psychologiques de la victime par ricochet », *Resp. civ. et assur.* 2019, étude 5.

[5] Cass. civ. 2ème, 11 sept. 2014, n° 13-24.344.

[6] J. KNETSCH, « La désintégration du préjudice moral », *D.* 2015, p. 443.

[7] Y. QUISTREBERT, « L'indemnisation conditionnée du préjudice d'angoisse de mort imminente », *op. cit.*

[8] C. BERNFELD, « Pour la deuxième chambre civile de la Cour de cassation, le préjudice d'angoisse est inclus dans les souffrances endurées », *Gaz. Pal.* 6 juin 2017, n° 296p9, p. 66. Cet auteur juge que les difficultés d'évaluation sont l'élément clé justifiant une indemnisation autonome du préjudice d'angoisse de mort imminente.

[9] S. PORCHY-SIMON, « Reconnaissance de l'autonomie des préjudices d'angoisse de mort imminente de la victime principale et d'attente et d'inquiétude des proches par la chambre mixte de la Cour de cassation », *op. cit.*

distinction de deux préjudices l'un avec l'autre est d'ordre conceptuel, tandis que la question des modalités de l'évaluation est d'ordre méthodologique. On peine donc à comprendre en quoi une différence de degré, qui pourrait être traitée par une adaptation méthodologique, justifierait une modification conceptuelle. C'est ce que reflète la position que tenait la deuxième chambre civile de la Cour de cassation jusqu'à l'arrêt de chambre mixte. La deuxième chambre civile a préféré à plusieurs reprises adapter sa méthodologie d'indemnisation plutôt que de procéder à un aménagement conceptuel auquel elle ne trouvait pas de justification satisfaisante. Car au fond, c'est l'approche conceptuelle que nous avons des préjudices qui donne son sens à la réparation, plus que les sommes accordées, de telle sorte que l'éclatement conceptuel des souffrances endurées ne serait pas sans conséquence[1]. En tout état de cause, la différence de degré entre les souffrances endurées et le préjudice d'angoisse de mort imminente ne suffit pas à justifier l'autonomie du préjudice d'angoisse de mort imminente.

Transition. L'autonomie du préjudice d'angoisse de mort imminente peut difficilement se justifier par le caractère spécifique des souffrances morales ressenties par la victime. Il s'agit en fait à notre sens d'indemniser la situation spécifique de celle-ci.

§2. La spécificité de la situation de la victime

La victime pour laquelle on demande l'indemnisation d'un préjudice d'angoisse de mort imminente est placée dans une situation particulièrement traumatisante. La distinction d'avec les souffrances endurées semble résider dans ce caractère situationnel : la distinction entre les souffrances endurées et le préjudice d'angoisse de mort imminente est chronologique et ancre l'indemnisation du préjudice d'angoisse de mort imminente dans une situation donnée. Cela pose toutefois la question des relations entre le préjudice d'angoisse de mort imminente et un éventuel préjudice situationnel d'angoisse. Dans cette partie, le droit anglais n'interviendra plus que par petites touches mais il nous éclairera sur la spécificité du droit français en la matière.

Ancrage situationnel. Plusieurs auteurs ont souligné la possibilité de distinguer le préjudice d'angoisse de mort imminente des souffrances endurées sur une base chronologique. Les souffrances endurées sont intégrées au sein de la nomenclature Dintilhac et visent à indemniser les souffrances survenues « *durant la maladie traumatique* »[2]. Selon un auteur, « *il faut se demander si la victime, qui a agonisé du fait des multiples lésions et difficultés respiratoires durant les dix minutes précédant son décès, s'est retrouvée dans une situation de fait telle que le préjudice d'angoisse lié à la*

---

[1] C. PELLEGRINI, *op. cit.* ; V. RIVOLLIER, « L'autonomie du préjudice d'angoisse de mort imminente et du préjudice d'attente et d'inquiétude : jusqu'où aller dans la déclinaison des préjudices ? », *Hebdo édition privée*, avril 2022.

[2] J.-P. DINTILHAC (dir.), *op. cit.*, spéc. p. 38.

conscience de sa prochaine disparition se trouve constitué indépendamment des souffrances postérieures aux lésions. »[1] L'analyse chronologique du préjudice d'angoisse de mort imminente l'ancre dans une approche situationnelle. Ce qu'il s'agit d'indemniser, c'est la situation dans laquelle a été placé le demandeur. Comme le soulignent deux auteurs en commentant l'hypothèse de l'indemnisation de l'angoisse de mort imminente suite à un assassinat sur conjoint, le préjudice indemnisé « *est manifestement situationnel et non médical* »[2]. L'exigence de conscience permet alors d'attester que la victime a effectivement fait face à la situation traumatisante. Cet ancrage situationnel ressort de plusieurs analyses. Dans une critique de la position de la deuxième chambre civile, un auteur souligne que la victime peut se prévaloir d'un préjudice indépendant de l'atteinte physique elle-même, et qui ne pourra donc pas être qualifié de préjudice de souffrances endurées, lorsque l'angoisse de mort a été vécue en amont des blessures[3]. Un autre auteur souligne que l'angoisse de mort imminente est « *la conséquence du retentissement sur la victime concernée de l'aspect collectif du dommage* »[4], c'est-à-dire de la situation sociale où celle-ci se trouvait. Les faits rapportés par la chambre mixte dans son arrêt du 25 mars 2022 mettent également en lumière l'importance donnée à la situation dans laquelle se trouvait le demandeur. Le préjudice est ainsi caractérisé par « *la nature et l'importance des blessures, rapportées au temps de survie de la victime* » ainsi que par sa conscience de la « *dégradation progressive et inéluctable de ses fonctions vitales causée par une hémorragie interne et externe massive* »[5]. La justification essentielle de l'indemnisation autonome d'un préjudice d'angoisse de mort imminente semble tenir au caractère particulièrement terrifiant de la situation dans laquelle la victime a été placée plus qu'à la nature spécifique des souffrances subies. Cette justification peut se concevoir mais on constate que cette analyse se heurte aux actuelles limites théoriques et pratiques du préjudice d'angoisse de mort imminente.

Limite théorique. La justification la plus satisfaisante de l'autonomie du préjudice d'angoisse de mort imminente tiendrait dans la spécificité de la situation dans laquelle s'est trouvée la victime au moment où elle a subi une atteinte physique. Pourtant, ce n'est pas seulement ainsi que les juridictions conçoivent le préjudice d'angoisse de mort imminente à ce stade. Si c'était le cas, l'exposition à une situation particulièrement grave suscitant chez la victime directe l'angoisse de sa mort prochaine devrait toujours justifier une indemnisation. Or, en l'état actuel de la jurisprudence, l'indemnisation du préjudice d'angoisse de mort imminente demeure conditionnée à l'existence

---

[1] C. BERNFELD, « Pour la deuxième chambre civile de la Cour de cassation, le préjudice d'angoisse est inclus dans les souffrances endurées », *loc. cit.*

[2] C. BERNFELD, E. DINPARAST, *op. cit.*

[3] M. BACACHE, « Préjudice d'angoisse de mort imminente : quelle autonomie ? », *JCP G* 2017, doctr. 257.

[4] A. VIGNON-BARRAULT, « L'anxiété : le regard du civiliste », *op. cit.*

[5] Cass. ch. mixte, 25 mars 2022, n° 20-15.624.

d'une atteinte physique et au décès de la victime directe[1]. Ces deux conditions suscitent la « *perplexité* »[2] d'une partie de la doctrine. Elles ne paraissent pas liées à la façon dont est défini le préjudice d'angoisse de mort imminente. Comme l'ont souligné plusieurs auteurs, il est parfaitement possible de craindre l'imminence de la mort avant toute atteinte physique sans toutefois en subir aucune lorsqu'on est placé dans une situation de danger[3]. On peut ainsi citer l'exemple d'une personne prise en otage avec d'autres personnes dont certaines sont exécutées et en réchappant miraculeusement[4], ou celui de la personne ayant frôlé la mort[5], effleurée par une balle d'arme à feu tirée dans sa direction ou encore frôlée par un chauffard au volant de son véhicule. En outre, ce qui caractérise les préjudices d'angoisse nés d'une exposition à un risque comme le préjudice d'anxiété lié à l'amiante, c'est justement l'absence d'atteinte physique au moment de l'indemnisation du préjudice. Le préjudice d'angoisse de mort imminente fait figure d'exception puisqu'il n'est réparable qu'entre l'atteinte physique et le décès, au moment où la distinction avec les souffrances endurées est la plus contestable. Il y a donc une inadéquation entre ce qui est supposé faire la spécificité du préjudice d'angoisse de mort imminente et les hypothèses dans lesquels il est indemnisé. Cette incohérence peut-elle être justifiée, ou faut-il voir dans les conditions d'atteinte physique et de mort des mécanismes de contrôle du champ de l'indemnisation ? En cas de survie de la victime blessée, la Cour de cassation pourrait éventuellement faire valoir que le préjudice d'angoisse de mort imminente est absorbé par l'indemnisation des souffrances endurées et du déficit fonctionnel permanent. Une telle position affaiblirait toutefois encore le caractère spécifique du préjudice d'angoisse de mort imminente. Il ne semble pas y avoir de justification au refus d'indemniser l'angoisse née avant l'atteinte physique. Cela semble procéder plutôt d'une volonté arbitraire de limiter l'indemnisation comparable à celle pratiquée par les juges anglais en matière de *nervous shock*. Cette approche est contraire au principe d'équivalence si cher au droit français[6] puisque des préjudices similaires ne seraient pas indemnisés de la même façon sans justification. On constate une incohérence

---

[1] *Ibid.*

[2] P. JOURDAIN, « Une restriction temporelle à la réparation du préjudice d'angoisse de mort imminente », *op. cit.*

[3] L. BLOCH, « Reconnaissance de l'autonomie des préjudices d'angoisse de mort imminente et préjudice d'attente et d'inquiétude », *op. cit.* ; P. JOURDAIN, « L'autonomie consacrée du préjudice d'angoisse de mort imminente des victimes directes et du préjudice d'attente et d'inquiétude des victimes par ricochet », *op. cit.* ; S. PORCHY-SIMON, « Reconnaissance de l'autonomie des préjudices d'angoisse de mort imminente de la victime principale et d'attente et d'inquiétude des proches par la chambre mixte de la Cour de cassation », *op. cit.* ; V. RIVOLLIER, *loc. cit.*

[4] Z. JACQUEMIN, « Quand la deuxième chambre civile ne craint pas la mort… », *op. cit.*

[5] P. JOURDAIN, « L'autonomie consacrée du préjudice d'angoisse de mort imminente des victimes directes et du préjudice d'attente et d'inquiétude des victimes par ricochet », *op. cit.*

[6] V. notamment : G. WESTER, *Les principes de la réparation confrontés au dommage corporel*, thèse, L.G.D.J., coll. Thèses, 2023.

entre la spécificité du préjudice d'angoisse de mort imminente et la condition du décès de la victime directe qui lui est rattachée.

Influence de la fonction recognitive. Il est difficile de justifier l'autonomie du préjudice d'angoisse de mort imminente sans faire référence aux circonstances de l'atteinte physique à l'origine de la souffrance morale. Le demandeur peut obtenir une indemnité spécifique parce que la victime a été exposée à une situation terrifiante. L'origine de la tension existant entre les conditions du préjudice d'angoisse de mort imminente et son objet situationnel tient selon un auteur au fait que ce préjudice a initialement été conçu comme un palliatif à l'irréparabilité du *pretium mortis*. « *La mise en perspective du pretium mortis avec ce préjudice nouveau permet ainsi de mesurer combien la consécration du second est venue se substituer au rejet du premier.* »[1] Cette analyse nous paraît effectivement pertinente. Le préjudice d'angoisse de mort imminente pare le préjudice de perte de vie d'une dimension subjective. Il ne s'agit plus d'observer la mort d'un point de vue objectif comme une diminution de l'espérance de vie mais de saisir la souffrance morale de la victime au moment du décès. La condition de conscience rappelle ainsi l'argument de « l'instant de raison » avancé par les défenseurs du *pretium mortis*[2]. Les plaideurs ont d'ailleurs souvent demandé côte à côte la réparation de l'angoisse de mort imminente de la victime et celle de son préjudice de perte de chance de vie[3]. La jurisprudence a estimé que ces deux préjudices étaient équivalents, la perte de chance de vie pouvant s'entendre comme la souffrance morale de prendre conscience de sa mort prochaine[4]. Ces deux préjudices, issus de « *l'imagination des plaideurs* »[5], ont en commun de qualifier une même réalité, le décès de la victime, par deux objets juridiques distincts, l'un subjectif et l'autre objectif.

La recherche d'un palliatif à l'irréparabilité du *pretium mortis* s'explique sans doute par l'importance particulière de la fonction recognitive de la responsabilité civile dans les circonstances où ce préjudice apparaît. Comme nous l'avons déjà souligné, le préjudice d'angoisse de mort imminente trouve ses racines dans des catastrophes collectives ferroviaires ou aériennes traumatisantes. Plus récemment, la France a connu un regain dans l'analyse

---

[1] C. PELLEGRINI, *op. cit.* Sur ce point, v. aussi : Y. QUISTREBERT, « L'indemnisation conditionnée du préjudice d'angoisse de mort imminente », *op. cit.*

[2] H. et L. MAZEAUD et A. TUNC, *Traité théorique et pratique de responsabilité civile*, t. II, Montchrestien, 6ème éd., 1965, spéc. n° 1912, cité dans : M. et J.-D. LE ROY, F. BIBAL, *L'évaluation du préjudice corporel*, LexisNexis, 21ème éd., 2018, spéc. n° 224.

[3] Cass. crim., 23 oct. 2012, n° 11-83.770. Dans cet arrêt, le pourvoi évoquait bien « *la souffrance morale liée à la conscience qu'aurait eue la victime de la perte de son espérance de vie.* »

[4] P. JOURDAIN, « Préjudice d'angoisse ou perte d'une chance de vie ? Deux nouveaux arrêts sur la douleur morale ressentie par le blessé dont la mort est imminente », *RTD Civ.* 2013, p. 614.

[5] L. BLOCH, « Préjudices corporels : de l'imagination des plaideurs à l'empathie du juge », *Resp. civ et assur.* 2013, alerte 1.

des préjudices indemnisables en cas d'attentat[1]. L'autonomisation du préjudice d'angoisse de mort imminente s'inscrit dans la logique recognitive selon laquelle « *(l)e fait de nommer certaines grandes catégories de préjudices permet à la victime de voir que ses souffrances ont été reconnues.* »[2] Le préjudice d'angoisse de mort imminente joue un rôle symbolique qui justifierait de l'indemniser de façon autonome[3]. Comme le souligne un auteur, le préjudice d'angoisse de mort imminente comporte « *une dimension recognitive et symbolique très importante pour les victimes directes* »[4]. L'importance de la fonction recognitive de la responsabilité civile est d'autant plus forte en la matière que l'essentiel des indemnisations seront assurées non pas par les responsables eux-mêmes mais par le FGTI. L'indemnisation offerte par le FGTI est ainsi le reflet du soutien de la communauté nationale à la victime et à ses proches. L'importance de la fonction recognitive de la responsabilité civile dans la justification de l'autonomie de l'angoisse de mort imminente éclaire le choix d'indemniser de manière autonome le préjudice d'angoisse de mort imminente.

L'autonomie du préjudice d'angoisse de mort imminente semble fondée sur une volonté de reconnaître la gravité de la situation dans laquelle la victime a été placée. La dimension situationnelle du préjudice indemnisé interroge sur sa relation avec le concept de préjudice situationnel d'angoisse.

Angoisse de mort imminente et préjudice situationnel d'angoisse. La doctrine a proposé l'introduction d'un préjudice situationnel d'angoisse dont les caractéristiques seraient proches du préjudice d'angoisse de mort imminente. Il faut donc analyser la possibilité pour ces deux préjudices de coexister.

Préjudice situationnel d'angoisse. Le groupe de travail dirigé par le Professeur Porchy-Simon sur l'indemnisation des victimes du terrorisme a proposé la création du poste de préjudice situationnel d'angoisse pour les victimes directes. Il a également proposé de créer un préjudice d'attente et d'inquiétude pour les victimes par ricochet. Le préjudice situationnel d'angoisse des victimes directes est définit comme un « *préjudice autonome lié à une situation ou à des circonstances exceptionnelles résultant d'un acte soudain et brutal, notamment d'un accident collectif, d'une catastrophe, d'un attentat ou d'un acte terroriste, et provoquant chez la victime, pendant*

---

[1] J. ANDREI, « L'indemnisation des victimes du terrorisme », *AJ Pénal* 2017, p. 22 ; M. BACACHE, « Nouveaux postes de préjudice pour les victimes d'attentat », *D.* 2017, p. 2200 ; F. BIBAL, « L'impact du caractère collectif de l'évènement dommageable dans l'indemnisation individuelle », *Gaz. Pal.* 6 févr. 2019, n° 340z3, p. 17 ; A. CAYOL, « L'influence du terrorisme sur l'indemnisation du dommage corporel », *Gaz. Pal.* 29 mai 2018, n° 323q3, p. 38.

[2] M. FABRE-MAGNAN, « Le dommage existentiel », *D.* 2010, p. 2376.

[3] S. PORCHY-SIMON, « Reconnaissance de l'autonomie des préjudices d'angoisse de mort imminente de la victime principale et d'attente et d'inquiétude des proches par la chambre mixte de la Cour de cassation », *op. cit.*

[4] G. WESTER, « L'angoisse de mort imminente et le préjudice d'attente et d'inquiétude, deux nouveaux postes de préjudices consacrés par la Cour de cassation », *op. cit.*

le cours de l'événement, une très grande détresse et une angoisse dues à la conscience d'être confronté à la mort »[1]. Ce préjudice a été accueilli dans cette définition par le juge de l'indemnisation des victimes de terrorisme (JIVAT)[2]. Selon le rapport, deux éléments caractérisent ce préjudice. D'une part, il s'agit d'un préjudice situationnel qui vise à indemniser l'angoisse ressentie pendant le déroulement de l'événement, ce qui signifie qu'il est indemnisable quelle que soit l'issue de l'évènement. D'autre part, ce préjudice ne doit être indemnisé que lorsque des circonstances exceptionnelles le justifient. L'évaluation du préjudice se fait *in concreto*, sans expertise médicale. Toutefois, il est précisé que l'indemnisation doit « *être faite en fonction d'éléments objectifs, liés à la situation de chaque demandeur, et consécutifs à la manière dont chacun d'entre eux a été confronté au danger* »[3]. Le rapport souligne que, si l'évaluation ne suit pas une approche médicale, le préjudice résulte tout de même d'une atteinte à l'intégrité psychique de la personne[4]. Les critères d'évaluation proposés sont la durée de l'exposition à la situation et la proximité du danger, ainsi que d'éventuels critères spécifiques à la personne exposée. Ces critères devront être adaptés en fonction de l'évènement en question. Ce préjudice autonome aurait donc vocation à indemniser des situations particulières. Il s'agit de reconnaître la souffrance de la victime et de lui réaffirmer la solidarité de la communauté nationale, ainsi que son appartenance à celle-ci[5], voire de restaurer la victime dans sa pleine dignité.

Notons ici, en quelques mots, qu'un tel préjudice est indéniablement particulier. L'idée d'un préjudice situationnel, apprécié non pas en fonction de la souffrance ressentie par la victime mais sur la base de la situation dans laquelle elle a été placée est étranger à la *negligence*. En droit anglais, la victime exposée à des circonstances particulièrement traumatisantes devra démontrer qu'elle a subi une atteinte physique ou une pathologie psychique pour obtenir une indemnisation, même pour obtenir une indemnité de la *Criminal Injuries Compensation Authority*, équivalent anglais du FGTI. Le préjudice situationnel d'angoisse ne se focalise plus sur les conséquences de la situation pour la victime, mais sur la situation elle-même. On peut donc s'interroger sur le champ exact d'un tel préjudice.

Champ du préjudice situationnel d'angoisse. La proposition d'indemniser le préjudice situationnel d'angoisse pose la question de la

---

[1] S. PORCHY-SIMON (dir.), « L'indemnisation des préjudices situationnels d'angoisse des victimes directes et de leurs proches. Rapport du groupe de travail dirigé par Stéphanie Porchy-Simon », févr. 2017, spéc. p. 49.

[2] TGI Paris (JIVAT), 24 oct. 2019. Sur ce point, v. : S. PORCHY-SIMON, « L'indemnisation des préjudices d'angoisse en droit français », *RGD* 2020, n° 50(2), p. 407-422.

[3] S. PORCHY-SIMON (dir.), « L'indemnisation des préjudices situationnels d'angoisse des victimes directes et de leurs proches. Rapport du groupe de travail dirigé par Stéphanie Porchy-Simon », *op. cit.*, spéc. p. 50.

[4] *Ibid.*, spéc. p. 51.

[5] H. MUSCAT, « La reconnaissance des différentes victimes et la spécificité des dommages », *RDSS* 2019, p. 265.

coexistence de ce préjudice avec les éléments plus traditionnels de la responsabilité civile. Le préjudice situationnel d'angoisse pourra être indemnisé dans le cas où le demandeur a été exposé à un risque grave de dommage. Dans une telle hypothèse, il faudra distinguer ce préjudice de l'indemnisation plus large du traumatisme psychique. Comme le relève un auteur, l'angoisse créée par une situation traumatisante « *ne saurait être réduite à un préjudice moral "hors nomenclature"* »[1]. Une exposition à une situation dangereuse peut causer un traumatisme psychique qui ne saurait être indemnisé que *via* un préjudice spécifique, comme l'a déjà relevé la Cour de cassation en indemnisant le déficit fonctionnel d'un demandeur sans qu'il n'ait subi d'atteinte physique[2]. Ce point d'attention est rendu particulièrement perceptible en droit anglais par l'impossibilité d'indemniser le préjudice moral pur en l'absence d'une atteinte pathologique. En effet, cela permet de mettre en valeur la spécificité de l'indemnisation du traumatisme psychologique pathologique qui nécessite l'intervention d'un médecin. Le droit anglais a ainsi indemnisé un demandeur ayant subi une attaque cardiaque après avoir été placé dans une situation de danger imminent. L'arrêt *Donachie v Chief Constable of Greater Manchester*[3] traite du cas d'un officier de police qui a été contraint de faire plusieurs allers et retours entre un véhicule appartenant à des malfrats et l'endroit où il se cachait, car le traceur GPS qu'il devait y dissimuler ne fonctionnait pas convenablement. Exposé à chaque fois au risque de se faire repérer, il développe une pathologie psychique causée par le stress ressenti. Cette pathologie lui cause par la suite une attaque cardiaque. Dans cette hypothèse, la seule indemnisation d'un préjudice moral n'aurait pas été suffisante. Le préjudice situationnel d'angoisse, qui vise à indemniser l'exposition du demandeur à une situation dangereuse, ne doit pas masquer la nécessité de réparer plus largement le traumatisme psychique lorsque celui-ci se produit.

Le préjudice situationnel d'angoisse a aussi vocation à être distingué des souffrances endurées et du déficit fonctionnel permanent de la nomenclature Dintilhac, précisément du fait de son caractère situationnel. Selon le Professeur Porchy-Simon[4], ces préjudices se distinguent de ceux de la nomenclature dans la mesure où ils ont vocation à indemniser le vécu traumatique de la victime pendant la durée de l'événement, ont une nature situationnelle, et sont réparables du seul fait de l'exposition de la victime à ces événements. Le FGTI a accepté d'accueillir le préjudice situationnel

---

[1] P. JOURDAIN, « L'autonomie consacrée du préjudice d'angoisse de mort imminente des victimes directes et du préjudice d'attente et d'inquiétude des victimes par ricochet », *op. cit.*

[2] Cass. crim., 21 oct. 2014, n° 13-87.669.

[3] *Donachie v Chief Constable of Greater Manchester* [2004] EWCA Civ 405.

[4] S. PORCHY-SIMON, « Vingt fois sur le métier remettez votre ouvrage », *D.* 2017, p. 2265. V. aussi : P. JOURDAIN, « L'autonomie consacrée du préjudice d'angoisse de mort imminente des victimes directes et du préjudice d'attente et d'inquiétude des victimes par ricochet », *op. cit.*

d'angoisse de 2017 mais a cependant refusé d'en reconnaître l'autonomie[1]. Il a en outre décidé de désigner le préjudice situationnel d'angoisse sous les termes de « préjudice d'angoisse de mort imminente des victimes directes ». Ce vocabulaire conduit à créer une certaine confusion entre le préjudice d'angoisse de mort imminente et le préjudice situationnel d'angoisse. Cette confusion est également perceptible dans les écrits de plusieurs auteurs qui estiment que la décision du 25 mars 2022 de la chambre mixte apporte des éléments tant sur le préjudice d'angoisse de mort imminente que sur le préjudice situationnel d'angoisse[2]. Cette confusion est compréhensible dans la mesure où la chambre mixte a statué le même jour sur le préjudice d'attente et d'inquiétude des proches[3] dont la reconnaissance était aussi proposée par le rapport Porchy-Simon. Le conseiller a aussi évoqué le contexte des attentats de 2015 dans son rapport sur le préjudice d'angoisse de mort imminente[4]. Cette confusion est toutefois insatisfaisante dans la mesure où elle place d'emblée le préjudice situationnel d'angoisse au sein du droit commun avant même que ce préjudice n'ait été consacré par la Cour de cassation.

Coexistence avec le préjudice d'angoisse de mort imminente. La distinction du préjudice d'angoisse de mort imminente et du préjudice situationnel d'angoisse est-elle claire ? On peut évidemment relever que le premier insiste sur la conscience de l'imminence de la mort et prétend saisir et indemniser cet événement *in concreto* tandis que le second n'est évalué que sur des bases objectives et donc forfaitaires, comme le relève un auteur[5]. L'exigence de conscience est maintenue dans la définition du préjudice situationnel d'angoisse mais seulement dans la mesure où il s'agit de la conscience d'être exposé à la situation. C'est la situation, appréciée objectivement, qui constitue la clé de voûte de l'indemnisation. Toutefois, le caractère subjectif ou objectif de deux préjudices permet-il de justifier qu'ils sont distincts ? Prenons l'exemple du droit anglais. Le caractère subjectif ou objectif dépend souvent de la définition qui est donnée du préjudice[6]. Cela ressort de la pratique anglaise selon laquelle le *pain and suffering* serait un préjudice subjectif[7] qui suppose la conscience du demandeur tandis que le *loss of amenities* serait un préjudice objectif[8]. Les premiers visent en effet à indemniser la souffrance morale du demandeur, ce qui suppose qu'il ait eu

[1] Décision du Conseil d'administration du FGTI du 25 septembre 2017 relative aux préjudices d'angoisse et d'attente des victimes d'actes terroristes.

[2] G. WESTER, « L'angoisse de mort imminente et le préjudice d'attente et d'inquiétude, deux nouveaux postes de préjudices consacrés par la Cour de cassation », *op. cit.* ; A. GUÉGAN, « La nature indicative de la nomenclature Dintilhac consacrée par la chambre mixte de la Cour de cassation », *op. cit.*

[3] Cass. ch. mixte, 25 mars 2022, n° 20-17.072

[4] Rapport du Conseiller SAMUEL, Arrêt n° 289 du 25 mars 2022, Chambre mixte, pourvoi n° 20-15.624.

[5] V. RIVOLLIER, *op. cit.*

[6] J. GOUDKAMP, D. NOLAN, *op. cit.*, spéc. n° 23-072 et 23-073.

[7] *Wise v Kaye* [1962] 1 QB 638.

[8] *Wise v Kaye* [1962] 1 QB 638 ; *H. West & Son Ltd v Shephard* [1964] AC 326.

conscience de cette souffrance. À l'inverse, la perte fonctionnelle que représente les *loss of amenities* peut être évaluée même sans conscience, objectivement. La distinction peut trouver sa source dans le fait que deux préjudices viseraient à indemniser des conséquences différentes du dommage. Toutefois, comme l'a relevé un auteur anglais, il y a plusieurs manières alternatives d'évaluer un même préjudice extrapatrimonial[1]. Le préjudice peut être apprécié de façon personnelle, en fonction du sentiment de perte et du déficit de bonheur qu'il produit effectivement chez le demandeur, c'est-à-dire de façon subjective. Il peut aussi être apprécié de façon conceptuelle en donnant une valeur définie objectivement par barème à la souffrance ressentie ou à la fonction perdue. Une troisième approche possible consiste à donner au demandeur une somme visant pour lui à s'acheter des plaisirs qui lui permettront de se consoler de sa perte de joie de vivre, c'est-à-dire à l'intersection entre ces caractères objectif et subjectif. Le caractère subjectif ou objectif du préjudice en question devient alors une question méthodologique. Par conséquent, le fait que le préjudice d'angoisse de mort imminente soit apprécié subjectivement et que le préjudice situationnel d'angoisse soit apprécié objectivement ne suffit pas à les distinguer. Il peut s'agir de préjudices ayant le même objet, mais aux approches méthodologiques divergentes.

Les préjudices d'angoisse de mort imminente et situationnel d'angoisse ont tous deux pour objet d'indemniser la souffrance morale de la personne placée dans une situation particulièrement terrifiante[2]. Par conséquent, la question de leur coexistence se pose nécessairement. À notre sens, leur objet identique conduirait à une double indemnisation s'ils devaient tous deux être retenus. Dans l'hypothèse où il faudrait conserver une de ces deux qualifications, le préjudice situationnel d'angoisse paraît plus satisfaisant. Sa concentration sur l'évènement traumatisant permet de le distinguer plus aisément des souffrances endurées que l'angoisse de mort imminente[3]. Le fait qu'il ait vocation à être indemnisé même lorsque le demandeur a survécu, voire n'a pas été blessé, est plus cohérent avec cette attention à l'évènement lui-même. Sa portée symbolique est aussi plus importante[4]. Construit en réaction à l'irréparabilité du *pretium mortis*, le préjudice d'angoisse de mort imminente semble souffrir de limites théoriques et pratiques trop importantes. Leur coexistence est toutefois envisageable si le préjudice situationnel d'angoisse est confiné à quelques hypothèses limitées comme les attentats terroristes ou les catastrophes collectives de grande ampleur. Le préjudice d'angoisse de mort imminente aurait alors vocation à indemniser le fait d'être exposé à une situation dangereuse en droit commun

---

[1] A.I. OGUS, « Damages for lost amenities for a foot, a feeling or a function ? », *M.L.R.* 1972, n° 35(1), p. 1-17.

[2] S. PORCHY-SIMON, « Reconnaissance de l'autonomie des préjudices d'angoisse de mort imminente de la victime principale et d'attente et d'inquiétude des proches par la chambre mixte de la Cour de cassation », *op. cit.*

[3] *Ibid.*

[4] *Ibid.*

mais devrait être adapté pour mieux prendre en compte sa dimension situationnelle.

Conclusion de section. Pour justifier l'existence d'un préjudice d'angoisse de mort imminente autonome en droit français, il était nécessaire d'identifier sa spécificité par rapport aux souffrances endurées de la nomenclature Dintilhac. Le préjudice d'angoisse de mort imminente est défini comme le préjudice résultant de la souffrance morale causée par une confrontation avec la mort. Pourtant, il est difficile de trouver un fondement à sa distinction d'avec les souffrances endurées, qui ont vocation à indemniser toutes les souffrances morales résultant d'un dommage corporel. Comme nous le montre le droit anglais, la difficulté tenant à l'évaluation spécifique de l'angoisse résultant de l'imminence de la mort peut être résolue par une adaptation méthodologique plutôt que par la création d'un nouveau préjudice. La spécificité du préjudice d'angoisse de mort imminente, celle qui justifie son autonomie, se trouve dans la gravité de la situation à laquelle la victime directe a été exposée. Toutefois, la cohérence des conditions de l'indemnisation du préjudice d'angoisse de mort imminente par rapport à son objet ainsi défini sont contestables. Par conséquent, il ne paraît pas pertinent d'indemniser ce préjudice de manière autonome. Cette analyse est renforcée par la récente proposition d'indemniser un préjudice situationnel d'angoisse, préjudice objectif ayant aussi pour objet d'indemniser la souffrance morale résultant d'une exposition à une situation particulièrement grave.

Conclusion de chapitre. La confrontation des victimes directes à la mort a suscité en droit français l'apparition de nouvelles demandes d'indemnisation, malgré l'existence de concepts permettant déjà d'accueillir cette indemnisation au sein de la nomenclature Dintilhac. Le droit français a créé et accueilli successivement le préjudice d'angoisse de mort imminente et le préjudice situationnel d'angoisse. Il a fallu trouver une justification à l'indemnisation spécifique de tels préjudices. L'accueil de ces préjudices ne peut pas se fonder sur la nature spécifique de la souffrance morale ressentie ou sur son degré particulier et semble plutôt trouver son origine dans la volonté d'indemniser la conscience d'avoir été confronté à une situation exceptionnelle. Le refus d'indemniser le *pretium mortis* a aussi influé sur l'apparition et les modalités d'indemnisation du préjudice d'angoisse de mort imminente. Le caractère situationnel du préjudice d'angoisse de mort imminente n'est pas affirmé avec clarté, mais c'est cette analyse du préjudice qui nous semble la plus satisfaisante. Cette évolution du droit français contraste avec celle du droit anglais. Celui-ci prohibe aussi l'indemnisation du *pretium mortis* pour des raisons technique et éthique. Il permet l'indemnisation de la souffrance morale née de la confrontation à la mort dans le cadre de l'indemnisation d'une atteinte physique ou d'un traumatisme psychique pathologique. Dans ces hypothèses, la conscience de la mort prochaine sera prise en compte pour adapter l'indemnité accordée. Pourtant, le droit anglais n'a pas cru bon d'offrir une voie autonome d'indemnisation pour les demandeurs placés dans une situation particulière et n'a pas souhaité accorder une fonction recognitive au droit de la responsabilité civile dans ce cas. Cette position tient sans doute au fait que le droit anglais s'attache à indemniser les conséquences d'une situation mais pas l'exposition à la situation elle-même. Cette différence d'approche permet de souligner la particularité du préjudice situationnel d'angoisse et la créativité du droit français. Elle permet aussi de souligner les faiblesses et limites du préjudice d'angoisse de mort imminente qui, en se trouvant à mi-chemin entre l'indemnisation de la souffrance morale et l'indemnisation de l'exposition à une situation dangereuse, perd une part de son sens et de sa cohérence.

Chapitre 2 :
Les préjudices de la victime par ricochet confrontée à la mort

Objet du chapitre. Lorsqu'une personne est blessée, parfois mortellement, ou souffre d'un traumatisme psychique parce qu'elle a été confrontée à un risque de mort, ses proches en sont bien souvent affectés. Le droit français qualifie ces derniers de victimes par ricochet tandis que le droit anglais les appellera des « victimes secondaires »[1]. Les préjudices soufferts par ces demandeurs résultent alors du dommage subi par la victime principale, ou victime primaire en droit anglais. Les préjudices indemnisés ont donc une dimension relationnelle et le principe de leur indemnisation est acquis. La multiplication des catastrophes collectives nourrit toutefois une approche renouvelée de l'indemnisation des victimes par ricochet. En droit anglais, les juges se sont prononcés sur l'indemnisation du traumatisme psychique de la victime par ricochet, mais refusent d'indemniser un simple préjudice moral[2]. Ils ont cherché à définir clairement les demandeurs pouvant agir en cas de catastrophe collective. Cette volonté de limitation a abouti à la construction d'un droit complexe. En droit français aussi, la question de l'indemnisation du traumatisme psychique des victimes par ricochet a récemment atteint le devant de la scène juridique. Cette indemnisation est désormais autonome et se fait *via* les préjudices traditionnellement dévolus à la victime principale[3]. La jurisprudence a répondu de cette manière à de nouveaux besoins d'indemnisation. En outre, en parallèle de ce mouvement, le droit français s'est interrogé sur la nécessité de créer de nouveaux préjudices pour cette catégorie de victimes. Suivant les recommandations du « Livre blanc sur les préjudices subis lors des attentats » et du rapport Porchy-Simon sur « L'indemnisation des préjudices situationnels des victimes directes et de leurs proches » rendu en février 2017, la Cour de cassation a consacré solennellement l'indemnisation d'un préjudice situationnel d'attente et d'inquiétude dans un arrêt du 25 mars

---

[1] *Alcock v Chief Constable of South Yorkshire* (1992) 1 AC 310.

[2] V. *supra* p. 56-57.

[3] Cass. civ. 2ème, 23 mars 2017, n° 16-13.350, *Dalloz actualité* 19 avril 2017, obs. N. KILGUS ; *Gaz. Pal.* 6 juin 2017, n°296t4, p. 68, obs. A. RENELIER ; *RLDC* 2017, n° 149, obs. J. LABASSE ; *D.* 2017, p. 1409, obs. A. BASCOULERGUE ; *ibid.*, p. 2224, obs. S. PORCHY-SIMON ; *JCP G* 2017, doctr. 1174, obs. M. BACACHE ; *RTD Civ.* 2017, p. 664, obs. P. JOURDAIN.

2022[1]. Ce préjudice vise à répondre au besoin d'indemnisation des proches de victimes d'attentats placé dans une situation d'inquiétude pendant la durée de l'événement. La Cour de cassation a également créé un préjudice spécifique pour l'enfant qui était conçu mais pas encore né au moment du décès de son père ou d'un proche[2]. Il s'agira donc d'explorer les réponses données par les droits français et anglais à ces différents besoins d'indemnisation.

Intérêt. L'étude comparée des préjudices des victimes par ricochet permet d'éclairer la place renouvelée et de plus en plus centrale de l'indemnisation du traumatisme psychique en la matière. Nous pourrons constater un rapprochement des droits français et anglais autour de la figure du traumatisme psychique. En même temps, cette relative convergence théorique permet de faire ressortir les traits saillants de chaque droit. L'indemnisation spécifique du traumatisme psychique dans les deux droits et la reconnaissance de nouveaux préjudices extrapatrimoniaux des victimes par ricochet en droit français posent la question de l'agencement de l'indemnisation des préjudices des victimes par ricochet. Il s'agit ainsi de déterminer comment l'indemnisation du traumatisme psychique influe sur la notion de victime par ricochet et d'apprécier les nouveaux préjudices du droit français au regard de la distinction entre victimes principales et victimes par ricochet.

Plan. Il existe une convergence des droits français et anglais autour de l'avènement et de l'autonomisation de la notion de traumatisme psychique (Section 1). Cette convergence doit toutefois être nuancée, ce qui permet de mettre en lumière les spécificités des deux droits en matière d'indemnisation des souffrances morales des victimes par ricochet (Section 2).

---

[1] Cass., ch. mixte, 25 mars 2022, n° 20-17.072, *Hebdo édition privée* 31 mars 2022, n° 900, obs. A.-L. LONNÉ-CLÉMENT ; *Dalloz actualité* 5 avril 2022, obs. A. CAYOL ; *LEDA* mai 2022, n° DAS200r0, obs. T. DOUVILLE ; *Gaz. Pal.* 10 mai 2022, n° GPL435u7, obs. A. GUÉGAN ; *ibid.* 17 mai 2022, n° GPL435y5, obs. Z. JACQUEMIN ; *ibid.* 7 juin 2022, n° GPL436v5, obs. C. LIENHARD ; *AJ Pénal* 2022, p. 262, obs. C. LACROIX ; *Resp. civ. et assur.* 2022, chron. 2, chron. L. BLOCH ; *D.* 2022, p. 1934, chron. M. BACACHE ; *ibid.* 2023, p. 34, chron. Ph. BRUN ; *JCP G* 2022, doctr. 1310, chron. J. KNETSCH ; *ibid.*, 513, obs. P. JOURDAIN ; *Droit administratif* 2022, alerte 62, note C. ROUX.

[2] Cass. civ. 2ème, 14 déc. 2017, n° 16-26.687, *Gaz. Pal.* 23 janv. 2018, n° 311j4, p. 18, obs. M. DUPRÉ ; *AJ Famille* 2018, p. 48, obs. M. SAUTIER ; *LPA* 24 mai 2018, n° 135x8, p. 19, obs. B. de BERTIER-LESTRADE ; *JCP G* 2018, 204, obs. J.-R. BINET ; *ibid.*, doctr. 262, obs. Ph. STOFFEL-MUNCK ; *RDSS* 2018, p. 178, obs. T. TAURAN ; *RTD Civ.* 2018, p. 72, obs. D. MAZEAUD ; *ibid.*, p. 92, obs. A.-M. LEROYER ; *ibid.*, p. 126, obs. P. JOURDAIN ; *D.* 2018, p. 386, obs. M. BACACHE ; *ibid.*, p. 2153, obs. A. GUÉGAN ; *ibid.* 2019, p. 38, obs. Ph. BRUN.

Section 1 : L'indemnisation du traumatisme psychique de la victime par ricochet, source de convergence

Objet de la section. Nous allons étudier le principe de l'indemnisation du traumatisme psychique des victimes par ricochet en droit français et en droit anglais. Il s'agira de démontrer que les deux droits convergent autour d'un traitement de la victime par ricochet comparable à celui accordé traditionnellement à la victime principale

Plan. Nous évoquerons d'abord l'autonomie de l'indemnisation du traumatisme psychique de la victime par ricochet par rapport aux préjudices traditionnellement indemnisés (§1). Il s'agira ensuite de mettre en lumière les conséquences de cette indemnisation autonome du traumatisme psychique (§2).

§1. L'autonomisation de l'indemnisation du traumatisme psychique

L'indemnisation du traumatisme psychique des victimes par ricochet s'inscrit dans le contexte plus large de l'indemnisation de leur souffrance morale. Le traumatisme psychique est indemnisé dans les deux droits d'une façon autonome, distincte des préjudices indemnisant la souffrance morale des victimes par ricochet.

Indemnisation de la souffrance morale de la victime par ricochet. Le traumatisme psychique de la victime par ricochet causé par le décès d'un proche a pu être confondu avec l'indemnisation de la souffrance morale ressentie du fait de la disparition du proche. Il s'agit dans un premier temps d'analyser la façon dont cette souffrance morale est saisie par les droits français et anglais.

Définition du préjudice d'affection. En droit français, il est d'usage d'indemniser le préjudice d'affection des victimes par ricochet en cas de dommage à une victime principale. Déterminer ce que ce préjudice vise précisément à indemniser s'avère toutefois difficile. Le préjudice d'affection est inscrit dans la nomenclature Dintilhac mais celle-ci ne nous informe que très peu sur sa définition. Il s'agirait d'un « *poste de préjudice qui répare le préjudice d'affection que subissent certains proches à la suite du décès de la victime directe* »[1]. La définition proposée ici est circulaire. Que vise à indemniser le préjudice d'affection ? Il s'agit de la qualification utilisée par les tribunaux pour réparer la souffrance morale de la victime par ricochet née du décès de la victime directe. Un auteur a fait valoir que l'indemnisation du préjudice d'affection devrait se limiter aux seuls demandeurs subissant un véritable « *trouble dans les conditions d'existence* », et « *qui partagent concrètement la vie de la victime* »[2]. Le préjudice d'affection indemniserait

---

[1] J.-P. DINTILHAC (dir.), *Rapport du groupe de travail chargé d'élaborer une nomenclature des préjudices corporels*, 2005, spéc. p. 44.

[2] Y. LAMBERT-FAIVRE, « Le droit et la morale dans l'indemnisation des dommages corporels », *D.* 1992, p. 165.

alors les troubles dans les conditions d'existence de la victime par ricochet causés par la douleur de la disparition. Dans cette hypothèse, l'élément clé serait le fait de partager l'existence de la victime principale, de telle sorte que sa disparition influerait sur le quotidien de la victime par ricochet. Pour d'autres auteurs, le préjudice d'affection indemnise plutôt « *le chagrin né de la mort d'un être cher* »[1]. Il s'agit alors d'indemniser la disparition d'un lien d'affection. Il peut être réparé dans l'hypothèse du décès de la victime directe ou dans l'hypothèse de sa blessure[2]. Pour départager ces deux analyses, il faut observer le préjudice d'affection. On constate que la preuve d'un lien réel d'affection avec la victime directe est le seul élément requis de la victime par ricochet pour que le préjudice soit qualifié. Il est donc constitué par la souffrance causée par la perte de l'être aimé, la perte du lien d'affection, plutôt que par le trouble dans les conditions d'existence. On indemnise la disparition de l'affection que la victime par ricochet avait pour la victime principale. Longtemps, le demandeur devait démontrer « *l'existence d'un lien de droit entre le défunt et le demandeur en indemnisation* »[3]. Depuis l'arrêt Dangereux[4], cela n'est plus requis puisque cela reviendrait à ajouter une condition à l'article 1240 du code civil. Par conséquent, toute personne peut essayer d'apporter la preuve d'un lien réel d'affection[5]. La Cour de cassation s'est même un temps montré généreuse à l'égard des collatéraux et des proches ne profitant pas des présomptions. Il semble cependant qu'elle se soit engagée récemment dans un contrôle plus exigeant en demandant aux cours d'appel de montrer qu'elles ont vérifié la réalité du préjudice[6]. L'étude de décisions récentes confirme l'importance du lien d'affection dans la définition du préjudice en cause[7].

---

[1] S. CARVAL, P. JOURDAIN, G. VINEY, *Les effets de la responsabilité*, L.G.D.J., 4ème éd., 2017, spéc. n° 242.

[2] Cass. civ. 2ème, 12 nov. 1986, n° 85-14.486. En cas de survie de la victime directe, on parlera d'un préjudice d'accompagnement.

[3] Cass., ch. mixte, 27 févr. 1970, n° 68-10.276, Bull. crim. n° 82 p.183.

[4] *Ibid.*

[5] Ph. BRUN (dir.), *Le Lamy Droit de la Responsabilité*, [en ligne], Wolters Kluwer, spéc. n° 218-57.

[6] V. par ex. : Cass. crim. 17 mai 2011, n°10-86.159, non publié.

[7] L'insistance sur l'existence d'un « lien d'affection » pourrait laisser supposer qu'il faudrait démontrer une réciprocité dans la relation d'affection. Certaines jurisprudences le laissent penser. Par exemple, la Cour de cassation refuse d'indemniser le préjudice d'affection d'une personne divorcée, en estimant qu'il n'existe pas de lien réel d'affection - v. : Cass. civ. 2ème, 8 décembre 1993, n° 92-12781. Le divorce semble dans ce cas poser une présomption de fait de non-réciprocité, rendant la réparation du préjudice d'affection impossible. Toutefois, cette exigence n'est pas clairement posée en droit français. Une juridiction de proximité a par conséquent pu indemniser les fans d'un chanteur pour leur « préjudice d'affection » alors que la relation ne saurait dans un tel cas être réciproque - v. : TGI Orléans, 11 février 2014, « La justice française reconnaît le « préjudice affectif » des fans de Michael Jackson » *in Le Monde* [en ligne], 11 février 2014 [consulté le 17 mars 2023]. L'exigence de réciprocité nous semblerait une limite naturelle satisfaisante au préjudice d'affection qui éviterait des abus comme celui décrit. Des présomptions pourraient évidemment être établies en faveur des proches.

L'analyse du préjudice moral de l'enfant ayant perdu un proche alors qu'il était conçu mais pas encore né permet de clarifier la définition du préjudice d'affection. Selon une série de décisions récentes, un enfant qui se trouvait dans le ventre de sa mère au moment du décès ou du handicap d'un de ses proches subit un préjudice moral réparable[1]. Ce préjudice de l'enfant non-encore né est-il un préjudice d'affection, ou les deux préjudices sont-ils distincts l'un de l'autre ? Pour Madame Guégan, il ne ferait aucun doute que ces deux préjudices sont identiques. Elle affirme que le préjudice d'affection est la « *souffrance de vivre sans nos plus proches, que cette souffrance nous saisisse dès la naissance ou plus tard* »[2]. Plusieurs auteurs soulignent toutefois qu'il est nécessaire qu'un lien d'affection ait existé pour que le préjudice d'affection soit indemnisé. L'objet du préjudice d'affection serait alors bien de réparer le préjudice de la victime par ricochet constitué par la souffrance morale causée par la perte du lien d'affection la liant à un être cher. Sans ce lien il n'y aurait pas de dommage initial et pas de préjudice à indemniser. Or, cela est impossible dans le cas du préjudice moral de l'enfant non-encore né au moment du décès d'un proche car aucune relation n'a pu exister. Dans cette hypothèse, les deux préjudices seraient distincts. C'est la position qu'adopte notamment le Professeur Jourdain lorsqu'il écrit : « *S'agit-il du préjudice d'affection (...) ? Sans doute pas car l'enfant n'a jamais connu le parent victime directe et ne peut arguer de l'atteinte à un sentiment d'affection* »[3]. Cette position est partagée par plusieurs auteurs. Un auteur écrit : « *la Cour de cassation consacre ici (...) un nouveau poste de préjudice distinct du préjudice d'affection* »[4]. Un autre encore rappelle que le préjudice d'affection « *suppose la perte de l'être connu et s'apprécie au moment du décès de la victime directe* »[5]. La doctrine semble majoritairement voir dans le préjudice d'affection un préjudice subjectif devant s'apprécier *in concreto*. Cela renforce la pertinence de la définition donnée du préjudice d'affection en jurisprudence. Le préjudice d'affection est distinct du préjudice de l'enfant conçu mais non-encore né au moment de

[1] Cass. civ. 2ème, 14 déc. 2017, n° 16-26.687. V. aussi : Cass. crim., 10 nov. 2020, n° 19-87.136, *AJ Famille* 2020, p. 679, obs. L. MARY ; *LPA* 11 févr. 2021, n° 158p5, p. 7, obs. I. CORPART ; *RTD Civ.* 2021, p. 105, obs. A.-M. LEROYER - Cass. civ. 2ème, 11 févr. 2021, n° 19-23.525, *Dalloz actualité* 1er mars 2021, obs. H. CONTE ; *L'Essentiel droit de la famille et des personnes* 2021, 113p5, obs. A. GOSSELIN-GORAND ; *AJ Famille* 2021, p. 191, obs. J. HOUSSIER ; *Droit de la famille* 2021, comm. 70, obs. L. DUPIN ; *RTD Civ.* 2021, p. 388, obs. A.-M. LEROYER ; *ibid.*, p. 415, obs. P. JOURDAIN - Cass. civ. 2ème, 11 mars 2021, n° 19-17.384 et Cass. civ. 2ème, 11 mars 2021, n° 19-17.385, *Dalloz actualité* 24 mars 2021, obs. H. CONTE.

[2] A. GUÉGAN, « Le préjudice d'affection ouvert à l'enfant né après le décès de son père dès lors qu'il était conçu au jour de ce décès », *D.* 2018, p. 2153.

[3] P. JOURDAIN, « Le préjudice moral de l'enfant né après le décès de la victime directe d'un accident est désormais réparable », *RTD Civ.* 2018, p. 126.

[4] A.-M. LEROYER, « La perte d'un père est pour l'enfant un préjudice moral, même s'il ne l'a pas connu », *RTD Civ.* 2018, p. 92.

[5] M. BACACHE, « Nouveau préjudice moral pour l'enfant conçu au jour du décès accidentel de son père », *D.* 2018, p. 386.

la mort d'un proche. Il s'agit d'un préjudice indemnisant la souffrance morale subjective causée par la disparition du lien d'affection existant avec un être cher et non la disparition de l'être cher en tant que telle ou les troubles dans les conditions d'existence causés par cette disparition. La position anglaise est proche de celle-ci.

Bereavement. En *negligence*, il n'est pas possible d'indemniser une victime par ricochet pour la souffrance morale causée par le décès d'un proche en l'absence de souffrance pathologique. En effet, la souffrance morale non-pathologique n'est pas considéré comme un dommage. Nous avons déjà pu évoquer l'arrêt *Baker v Bolton*[1] et le principe selon lequel « *(d)evant une juridiction civile, la mort d'un être humain ne peut pas être considérée comme un dommage fondant une action* »[2]. Cet arrêt traitait de l'indemnisation des préjudices d'une victime par ricochet. Le demandeur exigeait réparation pour ses préjudices patrimoniaux et extrapatrimoniaux. Son préjudice moral incluait la perte du soutien, de la présence et de l'aide de son épouse, ainsi que le deuil, l'humiliation et un sentiment d'angoisse. L'indemnisation de ce préjudice moral avait été refusée. La position initiale du droit anglais était la prohibition totale de l'indemnisation des préjudices des victimes par ricochet. La multiplication des accidents ferroviaires au début du XIXème siècle a conduit à des critiques de ce principe qui s'étendait aux préjudices patrimoniaux[3]. Cette position était certes nuancée par l'existence d'un mécanisme archaïque, les *deodands*[4], mais cela s'avérait inefficace, insuffisant et inadapté aux accidents modernes. En 1846, le Parlement britannique a voté une loi « *sur l'indemnisation des familles de personnes tuées par accident* »[5], connu sous le nom de *Fatal Accidents Act* 1846. Elle ne posait pas de limite à la nature des préjudices indemnisables[6]

---

[1] V. *supra* p. 131-132.

[2] *Baker v Bolton* (1808), 170 E.R. 1033 : « *In a Civil court, the death of a human being could not be complained of as an injury* » (notre traduction).

[3] P. HANDFORD, « Lord Campbell and the Fatal Accidents Act », *L.Q.R.* 2013, n° 129, p. 420.

[4] *Ibid.*, p. 430. Les *deodands* était un mécanisme juridique permettant à la famille d'une victime d'un accident mortel de recevoir une petite indemnisation. Le dommage devait être accidentel ce qui excluait tous les dommages causés par la négligence d'une partie. Le terme *deodand* désignait la chose ayant tué la victime principale. Cette chose appartenait traditionnellement de droit à la Couronne après le décès. Toutefois, il était devenu l'usage d'évaluer la valeur de la chose et d'accorder cette valeur à la famille de la victime. La somme versée était donc évaluée sur une base relativement arbitraire et sans lien avec le préjudice subi. Cet objet juridique étrange et archaïque, déjà mal compris au XIXème siècle, a disparu avec le vote du *Deodands Abolition Act* 1846.

[5] La loi était désignée sous les termes suivants : « *An Act for compensating the Families of Persons killed by Accidents* » (notre traduction).

[6] *Fatal Accidents Act* 1846, s. 2 : « *and in every such Action the Jury may give such Damages as they may think proportioned to the Injury resulting from such Death to the Parties respectively for whom and for whose Benefit such Action shall be brought* », cité dans P. HANDFORD, *loc. cit.*, spéc. p. 420. Notre traduction : « *et dans chacune de ces actions le jury peut accorder les dommages et intérêts qu'il trouve adapté à la blessure résultant de ce décès pour les parties au profit desquels une telle action peut être engagée.* »

mais la *Queen's Bench Division* a jugé que seuls les préjudices patrimoniaux étaient indemnisables sur la base de cette loi[1]. À ce stade, l'indemnisation de la souffrance morale de la victime par ricochet du fait du décès de la victime principale demeurait impossible en droit anglais. L'indemnisation de la souffrance morale des victimes par ricochet à la suite du décès de la victime principale a été rendue possible par une seconde loi du Parlement britannique, le *Fatal Accidents Act* 1976. La section 1A(1) de ce texte prévoit qu'une « *action fondée sur cette loi peut consister en ou inclure une demande de dommages et intérêts pour le deuil* »[2]. Il s'agit d'indemniser le *bereavement*, c'est-à-dire le sentiment de deuil. Il n'y a pas d'action sur ce fondement dans le cas de la survie du proche, et donc pas d'équivalent au préjudice d'accompagnement français. Le *Fatal Accidents Act* 1976 crée donc une action spécifique visant à indemniser la souffrance morale de la victime par ricochet causée par le décès de la victime directe en dehors du cadre de la *negligence*. Il s'agit d'indemniser la perte du lien d'affection, à l'image du préjudice d'affection.

Les droits français et anglais prévoient la possibilité d'indemniser la victime par ricochet en cas de décès d'un proche. L'indemnisation du traumatisme psychique a été distinguée dans les deux droits de l'indemnisation de la souffrance morale née du décès d'un proche.

Traumatisme psychique de la victime par ricochet. L'indemnisation du traumatisme psychique est possible depuis longtemps en *negligence via* la notion de *nervous shock*. En droit français, la distinction a émergé récemment à travers la question de l'indemnisation de l'état dépressif des victimes par ricochet.

Nervous shock. Le concept de *nervous shock* est apparu en 1901 dans l'arrêt *Dulieu v White & Sons*[3]. Selon cet arrêt, le traumatisme psychique causé par le fait d'avoir été exposé à un risque immédiat de dommage est indemnisable. Lord Kennedy avait ajouté dans un *obiter dictum*[4] que le traumatisme devait résulter « *d'une peur d'un dommage corporel immédiat à soi-même* »[5]. L'arrêt *Hambrook v Stokes Brothers*[6] a pourtant consacré la possibilité d'indemniser le demandeur dont le traumatisme psychique a été causé par la mise en danger d'un proche. Madame Hambrook, enceinte, avait pour habitude de laisser ses trois enfants partir à l'école et de les regarder

[1] *Blake v Midland Railway Co.* (1852) 18 QB 95 ; 118 E.R. 35.

[2] *Fatal Accidents Act* 1976, s. 1A(1) : « *An action under this Act may consist of or include a claim for damages for bereavement* » (notre traduction).

[3] *Dulieu v White & Sons* (1901) 2 KB 669. V. *supra* p. 57.

[4] *Hambrook v Stokes Brothers* (1925) 1 KB 141, spéc. Lord Bankes, p. 149. Selon Lord Bankes, cet opinion de Lord Kennedy trouve ses fondements dans des jurisprudences antérieures à *Dulieu*.

[5] *Dulieu v White & Sons* (1901) 2 KB 669, spéc. Lord Kennedy, p. 675 : « *The shock, where it operates through the mind, must be a shock which arises from a reasonable fear of immediate personal injury to oneself* » (notre traduction).

[6] *Hambrook v Stokes Brothers* (1925) 1 KB 141.

s'éloigner. Ce jour-là, ils venaient de disparaître à l'angle de la rue lorsqu'elle a entendu le bruit d'un camion sans conducteur dévalant la rue en pente et heurtant les murs avant de voir le camion surgir de la rue où ses enfants venaient de s'engouffrer. Inquiète et agitée, elle se rend alors sur les lieux. Elle apprend que sa fille a été gravement blessée et la rejoint à l'hôpital en état de choc. L'inquiétude intense et le traumatisme causé par l'évènement ont déclenché chez elle une hémorragie dont elle décède quelques semaines plus tard après avoir perdu son fœtus. En première instance, la cour avait refusé d'indemniser le traumatisme psychique de la demanderesse qui avait ensuite causé son hémorragie en se fondant sur la déclaration de Lord Kennedy dans *Dulieu*. La cour d'appel écarte l'*obiter dictum* de Lord Kennedy comme infondé[1], réforme la décision de première instance et juge que le traumatisme psychique subi par Madame Hambrook est indemnisable. De nombreuses décisions ont ensuite confirmé le principe selon lequel le traumatisme psychique d'une victime par ricochet peut être indemnisé. On peut s'étonner avec deux auteurs du fait que cet arrêt soit considéré comme un arrêt fondateur sur le *nervous shock* alors que la demanderesse a subi une grave hémorragie[2]. L'atteinte physique a toutefois été causée par le traumatisme psychique, ce qui est l'élément pertinent en l'espèce. Aujourd'hui, la souffrance psychique pathologique de la victime par ricochet peut donc faire l'objet d'une indemnisation mais pas sa souffrance morale non-pathologique, comme pour la victime principale[3]. Ce principe a été affirmé clairement dans l'arrêt *McLoughlin v O'Brian*[4] qui concerne l'indemnisation du traumatisme psychique d'une victime par ricochet[5]. La distinction entre l'indemnisation du traumatisme psychique et du deuil, saisi par le *bereavement*, est clairement identifiée dans la mesure où ces deux souffrances sont prises en compte par des objets juridiques distincts. Le droit anglais a toujours indemnisé de façon distincte le traumatisme psychique personnellement subi par la victime par ricochet et la souffrance morale découlant du décès d'un proche.

Affirmation de la distinction en droit français. En droit français, l'identification de la distinction entre le traumatisme psychique et le préjudice d'affection est plus récente. La définition du préjudice d'affection au sein de la nomenclature Dintilhac peut expliquer cette confusion. En effet, le rapport Dintilhac précise qu'il convient d'inclure au sein du préjudice d'affection « *le retentissement pathologique avéré que le décès a pu entraîner chez certains proches.* »[6]. Cela a conduit la jurisprudence à longtemps estimer que la souffrance morale pathologique subie par la

[1] *Hambrook v Stokes Brothers* (1925) 1 KB 141, spéc. Lord Atkin, p. 157. Il se fonde sur l'arrêt *Wilkinson v Downton* [1897] 2 QB 57, [1897] 5 WLUK 14 (QBD).

[2] I. GOOLD, C. KELLY, « Who's afraid of imaginary claims ? », *L.Q.R.* 2022, n° 138(Jan), p. 58-78.

[3] V. *supra* p. 57-58.

[4] *McLoughlin v O'Brian* (1983) 1 AC 410.

[5] R. MULHERON, *Principles of Tort Law*, CUP, 2ème éd., 2020, spéc. §5.2.

[6] J.-P. DINTILHAC (dir.), *op. cit.*, p. 44.

victime par ricochet était indemnisée par le préjudice d'affection. Dans les années 2010, la Cour de cassation a commencé à distinguer le préjudice d'affection des « *souffrances psychiques* »[1], d'un « *préjudice propre pathologique* »[2] ou du « *préjudice psychologique* »[3] sans plus de précision. La distinction était en germe[4] et les juridictions du fond la pratiquaient volontiers[5] mais il demeurait un flou sémantique et juridique. Elle a été progressivement clarifiée et adoptée par la Cour de cassation. En 2008, une cour d'appel a par exemple accepté d'indemniser les souffrances endurées et l'incapacité partielle permanente d'une femme à la suite du décès de son mari en dehors du préjudice d'affection et la Cour de cassation a estimé que cela relevait de l'appréciation souveraine des juges du fond[6]. En 2011, la deuxième chambre civile de la Cour de cassation a eu à se prononcer sur les préjudices du père d'une jeune fille qui était décédée lors d'une fête[7]. Il agissait pour obtenir la réparation de son préjudice d'affection et de son préjudice économique dans la mesure où il avait été empêché de travailler par son état dépressif. La cour d'appel avait refusé d'indemniser son préjudice économique. La Cour de cassation juge que « *l'état dépressif de M. Y... était la conséquence de l'état psychologique réactionnel résultant du décès de sa fille, d'où il suit qu'il était la suite directe du traumatisme créé par l'accident* », de telle sorte qu'il pouvait être indemnisé spécifiquement[8]. On constate pour la première fois une indemnisation distincte du préjudice d'affection et des conséquences patrimoniales du traumatisme psychique causé par le décès de la victime directe. Il faut toutefois relativiser l'importance de cet arrêt qui ne concernait que les préjudices patrimoniaux

---

[1] Cass. civ. 2ème, 1er juill. 2010, n° 09-15.907.

[2] F. DELBEZ, « Préjudice extra-patrimonial en cas de survie de la victime directe : le préjudice d'affection », *Gaz. Pal.* 19 mars 2011, p. 7.

[3] Cass. crim., 16 nov. 2010, n° 09-87.211.

[4] C. BERNFELD, F. BIBAL, « Les victimes par ricochet en cas de survie de la victime directe », *Gaz. Pal.* 19 mars 2011, p. 5. Dans cet article, la distinction est clairement identifiée par les auteurs, mais le vocabulaire reste insatisfaisant.

[5] J.-G. MOORE, « Évaluation du dommage corporel et montant des réparations », *Gaz. Pal.* 19 mars 2011, p. 46.

[6] Cass. crim., 1er avr. 2008, n° 07-84.173.

[7] Cass. civ. 2ème, 28 avr. 2011, n° 10-17.380, *Dalloz actualité* 12 mai 2011, obs. G. RABU ; *RTD Civ.* 2011, p. 538, obs. P. JOURDAIN ; *D.* 2011, p. 2150, obs. H. ADIDA-CANAC, et O.-L. BOUVIER ; *Resp. civ. et assur.* 2011, comm. 241, obs. H. GROUTEL.

[8] Cette décision a été critiquée car des auteurs ont estimé que l'indemnisation du préjudice économique conduisait à indemniser une situation de double ricochet. En effet, pour certains auteurs, l'invalidité aurait été causée par le préjudice moral d'affection qui a lui été causé par le décès. Sur ce point, v. : G. RABU, « Réparation intégrale : préjudice économique né d'un préjudice moral », *Dalloz actualité* 12 mai 2011 ; P. JOURDAIN, « Dommage corporel : l'indemnisation du préjudice patrimonial d'un proche résultant d'un double ricochet », *RTD Civ.* 2011, p. 538. On peut s'étonner d'une telle approche qui consiste à découper la causalité en plusieurs séquences successives alors qu'il est possible d'estimer que le décès a causé le préjudice d'affection et l'invalidité.

de la victime par ricochet[1]. L'affirmation de la distinction du préjudice d'affection et du traumatisme psychique est advenue plus tard, dans un arrêt du 23 mars 2017 de la deuxième chambre civile[2]. Une femme demandait, à la suite de l'assassinat de son mari, l'indemnisation de son préjudice d'affection d'une part et de l'atteinte à son intégrité psychique d'autre part. Le FGTI arguait que cela constituerait une double indemnisation contraire au principe de réparation intégrale. Reprenant les motifs de la cour d'appel, les juges du droit énoncent que « *parfois les préjudices subis par les proches d'une victime peuvent être de deux ordres, les uns subis dans leur propre corps, les autres résultant du rapport à l'autre, le déficit fonctionnel permanent et les souffrances endurées relevant du premier ordre, le préjudice d'affection du second* ». En l'espèce, la demanderesse avait prouvé ses souffrances psychiques *via* des certificats médicaux tandis que le préjudice d'affection pouvait être présumé. Dès lors, la cour d'appel n'avait pas indemnisé deux fois le même préjudice et avait pu à bon droit distinguer l'indemnisation du préjudice d'affection de l'indemnisation de l'atteinte psychique de la demanderesse. Plusieurs arrêts subséquents sont venus confirmer la position de la Cour de cassation. Dans un arrêt du 18 janvier 2018, la deuxième chambre civile a confirmé l'arrêt d'appel qui indemnisait d'une part le préjudice d'affection d'un enfant dont les parents avaient été assassinés et d'autre part son atteinte à l'intégrité psychique établie constatée par un psychiatre[3]. La chambre criminelle a emboîté le pas à la deuxième chambre civile dans un arrêt du 2 avril 2019[4] tout en maintenant une certaine confusion de vocabulaire puisque l'atteinte psychique est considérée comme une « *conséquence pathologique du deuil* », ce qui vient obscurcir l'analyse[5]. La distinction entre le traumatisme psychique de la victime par ricochet et ce qu'indemnise le préjudice d'affection est désormais affirmée en droit français comme en droit anglais.

Sens de la distinction. La clarification jurisprudentielle[6] opérée par la deuxième chambre civile dans l'arrêt du 23 mars 2017 conduit à ce que le droit français rejoigne le droit anglais. Les deux droits distinguent la souffrance morale causée par le décès d'un proche de l'indemnisation du traumatisme psychique éventuellement subi par la victime par ricochet. Les

---

[1] Sur ce point : B. MÉNARD, « L'indemnisation des dommages découlant de la dépression post-traumatique de la victime indirecte », *RLDC* 2017, n° 151.

[2] Cass. civ. 2ème, 23 mars 2017, n° 16-13.350.

[3] Cass. civ. 2ème, 18 janv. 2018, n° 16-28.392, *Gaz. Pal.* 29 mai 2018, n°323r7, p. 59, obs. C. LIENHARD.

[4] Cass. crim., 2 avr. 2019, n° 18-81.917, *Gaz. Pal.* 16 avr. 2019, n° 351c0, p. 16, obs. M. DUPRÉ ; *D.* 2019, p. 1568, obs. A.-L. MÉANO ; *ibid.*, p. 2058, obs. M. BACACHE ; *RLDC* 2019, n° 171, obs. A. DORANGE ; *BJDA* 2019, comm. 18, obs. C. LORTON ; *Resp. civ. et assur.* 2020, chron. 3, obs. S. HOCQUET-BERG.

[5] M. DUPRÉ, « De la souffrance à l'affection », *Gaz. Pal.* 16 avr. 2019, n° 351c0, p. 16.

[6] S. PORCHY-SIMON, « Qualification de la qualité de victime par ricochet et de victime directe », *D.* 2017, p. 2224. *Contra.* : J. LABASSE, « Le préjudice d'affection : préjudice distinct du déficit fonctionnel permanent », *RLDC* 2017, n° 149. Cet auteur voit dans la décision un revirement de jurisprudence.

droits français et anglais semblent donner le même sens à la distinction. Dans l'ensemble des arrêts français cités, l'indemnisation de l'atteinte à l'intégrité psychique passe d'abord par son identification médicale *via* un diagnostic. Dans l'arrêt du 23 mars 2017, il est précisé que la demanderesse souffrait d'un « *syndrome dépressif majeur* » qui nécessitait un suivi par un psychiatre et un traitement médicamenteux. Dans les arrêts du 18 janvier 2018 et du 2 avril 2019, c'est aussi l'intervention d'un diagnostic psychiatrique qui a justifié la distinction. Les éléments de preuve demeurent à l'appréciation des juges du fond et la seule production d'un certificat médical ne suffira pas toujours à prouver l'existence d'un deuil pathologique[1]. C'est le caractère pathologique qui permet de fonder la distinction du traumatisme psychique avec le préjudice moral[2]. Cela est comparable à la nécessité de prouver l'existence d'une souffrance psychique pathologique en droit anglais. Par contraste, le préjudice d'affection et l'action pour *bereavement* visent à indemniser la disparition d'une relation d'affection, d'un rapport à l'autre tandis que l'atteinte à l'intégrité psychique est constituée par un état pathologique causé par la disparition du proche qui dépasse le deuil, lequel constitue une expérience humaine douloureuse mais normale[3]. Il s'agit donc de distinguer la maladie objectivement identifiable de la souffrance morale commune à tous

Transition. Les droits français et anglais procèdent tous deux à une distinction entre la souffrance morale résultant du décès d'un proche et le traumatisme psychique que peut subir la victime par ricochet. Il faut clarifier les conséquences de l'indemnisation distincte du traumatisme psychique.

§2. Les conséquences de l'indemnisation distincte du traumatisme psychique de la victime par ricochet

Les droits français et anglais ont adopté une méthodologie de l'indemnisation du traumatisme psychique distincte de celle utilisée pour la souffrance morale de la victime par ricochet. L'indemnisation du traumatisme psychique conduit à interroger le principe de la distinction entre victime principale et victime par ricochet.

Méthodologie de l'indemnisation de la souffrance morale non-pathologique. Les droits français et anglais indemnisent tous deux la souffrance morale de la victime par ricochet causée par la disparition de la victime directe. La méthodologie de l'indemnisation diffère toutefois d'un droit à l'autre. En droit anglais, le mécanisme est simple et rigide. Les personnes pouvant obtenir l'indemnisation de leur *bereavement* sont

---

[1] Cass. civ. 2ème, 27 avr. 2017, n° 16-14.414.

[2] C. QUÉZEL-AMBRUNAZ, M. VIGLINO, « Préjudice d'affection et deuil pathologique : illustration de la perfectibilité de la nomenclature des postes de préjudice », *RLDC* 2019, n° 173. V. aussi : S. PORCHY-SIMON, « La victime de dommage corporel : retour sur deux concepts fondamentaux du droit de la réparation », *D.* 2021, p. 296.

[3] D. LE GUAY, « La vulnérabilité des endeuillés », *Les cahiers de la justice* 2019, p. 581 ; *McLoughlin v O'Brian* [1983] 1 AC 410 (HL), spéc. Lord Bridge, p. 431.

énumérées limitativement dans la section 1A.(2). Lorsque la victime principale est majeure, seul son époux ou son *civil partner* peut obtenir une indemnité. Si la victime directe est mineure et n'a jamais été mariée, ses parents peuvent demander l'indemnité. L'indemnité est fixe et s'élève à £12.980[1] selon le paragraphe 1A.(3) de l'acte. Cette indemnité n'est versée qu'une fois par foyer, que ce soit pour l'époux seul ou pour les deux parents. Cette indemnité peut être révisée par décret du *Lord Chancellor*[2] conformément au paragraphe 1A.(5) du *Fatal Accidents Act* 1976. L'indemnisation du *bereavement* se fait en droit anglais de façon systématique et forfaitaire, sans que les cours ne disposent d'une marge de manœuvre. L'indemnité accordée a une vocation essentiellement satisfactoire et le concept de réparation intégrale n'y joue pas de rôle.

Le droit français indemnise un préjudice d'affection qui est en principe subjectif. Cela signifie qu'il peut bénéficier à n'importe quelle personne démontrant l'existence d'un lien d'affection avec la victime principale, et doit être évalué *in concreto*. Toutefois, la jurisprudence s'est largement reposée sur des présomptions pour identifier les proches pouvant être indemnisés. Les parents, enfants, frères et sœurs, et concubins ou époux de la victime directe bénéficieront d'une présomption de lien d'affection[3]. Comme le précise le rapport Dintilhac, « *En pratique, il y a lieu d'indemniser quasi-automatiquement les préjudices d'affection des parents les plus proches de la victime directe.* »[4] Cela a conduit à une cristallisation du droit en la matière. Celle-ci est aussi perceptible dans les indemnités accordées. La création en mars 2013 d'un référentiel commun des cours d'appel a conduit à une harmonisation, voire une uniformisation, des indemnités accordées pour le préjudice d'affection. Le référentiel inclut une liste d'indemnités dont les montants varient en fonction de la relation entre la victime principale et la victime par ricochet. Le référentiel identifie tout de même quelques éléments pouvant être pris en compte pour adapter le montant versé. Les montants s'étalent entre moins de 3.000€ pour un proche non répertorié ne bénéficiant pas de présomptions et 30.000€ pour les parents d'un enfant décédé ou l'enfant vivant au sein du foyer et ayant perdu son père ou sa mère. Lorsqu'à la suite du décès l'enfant devient orphelin, il est indiqué qu'il devrait alors bénéficier d'une majoration de son préjudice s'élevant entre 40% et 60% du montant du préjudice. Les autres éléments que le référentiel propose de prendre en compte sont la distance entre un enfant et ses grands-parents, selon la fréquence à laquelle ils se voient, ou encore si la victime par ricochet partageait le foyer de la victime directe, lorsque cette dernière est un frère ou une sœur de la victime par ricochet. Les montants accordés sont automatisés et la liste des bénéficiaires de

---

[1] Soit environ 14.970€ (taux au 5 sept. 2025).

[2] Ce terme désigne le Ministre de la Justice au sein du gouvernement britannique.

[3] V. par ex. : Cass. civ. 2ème, 20 juill. 1993, *JCP* 1993, IV, 2422.

[4] J.-P. DINTILHAC (dir.), *op. cit.*, spéc. p. 44.

l'indemnisation est limitée aux proches parents, sauf exception. L'idéal de la réparation intégrale se heurte au jeu des présomptions et des forfaits.

En principe, les droits français et anglais indemnisent la souffrance morale liée à la disparition d'un proche de façons très différentes. Le premier adopte une approche subjective tandis que le second préfère une approche objective. Cependant, en pratique, les modalités de l'indemnisation paraissent proches. Dans les deux cas, il y aura une liste des proches pouvant obtenir une indemnisation et une liste des indemnités liées aux différentes relations existantes. Le droit français maintient tout de même une certaine souplesse théorique qui le distingue du droit anglais. La rigidité anglaise provient du caractère légal de l'action pour *bereavement.* En toute hypothèse, la manière dont les deux droits indemnisent la souffrance morale non-pathologique de la victime par ricochet ne paraît pas adaptée à l'indemnisation d'un traumatisme psychique car elle ne prend pas en compte la dimension médicale de cette qualification.

Méthodologie d'indemnisation du traumatisme psychique. Les droits français et anglais indemnisent le traumatisme psychique de la même manière qu'une atteinte physique. Tant en droit français qu'en droit anglais, il est nécessaire de bien identifier la nature juridique du traumatisme psychique pour comprendre le régime à lui appliquer. En droit anglais, il ne fait aucun doute que le traumatisme psychique est un dommage, indemnisé *via* les chefs de préjudice que sont les *special damages* et les *general damages*. L'évaluation des *general damages* est fondée sur les recommandations des *Judicial College Guidelines* comme nous l'avons déjà évoqué[1]. En droit français, les choses sont plus complexes. La jurisprudence et la doctrine ont eu un temps tendance à parler de l'émergence d'un préjudice psychologique ou psychique plutôt que d'un dommage. Dans un arrêt du 1er avril 2008[2], le pourvoi demandait l'indemnisation distincte d'un « *préjudice psychologique* » en plus du préjudice d'affection. Dans l'arrêt de 2018, la deuxième chambre civile évoquait « *une atteinte à son intégrité psychique, préjudice distinct du préjudice moral déjà indemnisé* »[3]. Plus récemment, un auteur invitait la jurisprudence à distinguer le « *préjudice d'affection causé par les conséquences pathologiques du deuil* » du « *préjudice résultant de l'atteinte à l'intégrité psychique* »[4]. Ainsi, il a pu exister une confusion sur la nature de l'atteinte à l'intégrité psychique et sur sa place dans l'analyse. Cette confusion est aussi perceptible dans la critique d'un auteur qui avait argué que la distinction de l'atteinte psychique et du préjudice d'affection relevait de la même dynamique que la désintégration du préjudice moral[5]. Il était alors d'usage de désigner l'atteinte à l'intégrité psychique comme un préjudice spécifique. Pourtant, dans un second temps,

[1] V. *supra* p. 84-85.

[2] Cass. crim., 1er avr. 2008, n° 07-84.173.

[3] Cass. civ. 2ème, 18 janv. 2018, n° 16-28.392.

[4] A.-L. MÉANO, « Indemnisation des proches d'une victime décédée », *D.* 2019, p. 1568.

[5] M. DUPRÉ, *loc. cit.*

et de façon plus conforme à la distinction entre le dommage et le préjudice, cette atteinte a été identifiée comme un dommage. De ce dommage peut ensuite découler de nombreux préjudices. Cela est perceptible dans tous les arrêts où la Cour de cassation se réfère à plusieurs préjudices de la nomenclature Dintilhac pour indemniser l'atteinte à l'intégrité psychique. C'est aussi ce qu'expriment les auteurs qui estiment que les qualités de victime directe et de victime par ricochet peuvent se cumuler[1]. Comme l'explique très justement un auteur, il y a une « *autonomisation de l'indemnisation des victimes par ricochet* » plutôt que la reconnaissance de nouveaux préjudices[2]. Il s'agit donc, *in fine*, de distinguer un préjudice et un dommage, deux objets juridiques de natures différentes. Comme l'écrit un autre auteur, « *l'atteinte aux sentiments (préjudice moral par ricochet) ne se confond donc pas avec l'atteinte à la santé mentale (dommage psychique) que peuvent subir les proches de la victime du dommage corporel* »[3]. La comparaison avec la méthodologie de l'indemnisation du *nervous shock*, identique à la méthodologie d'indemnisation de tout dommage corporel, vient conforter l'analyse française actuelle. Le traumatisme psychique doit donc en principe être indemnisé comme toute atteinte corporelle, c'est-à-dire sur la base d'une expertise médicale et au regard de l'ensemble des préjudices inscrits dans la nomenclature Dintilhac. En effet, dans la mesure où il s'agit d'un dommage et non d'un préjudice, plusieurs préjudices peuvent en découler. Comme l'écrit un auteur, « *dès lors que le dommage psychique de la victime constitue une véritable maladie traumatique, il est justifié que ce dommage ouvre droit à réparation de l'intégralité des préjudices patrimoniaux et extrapatrimoniaux qu'il engendre.* »[4] La nomenclature Dintilhac intervient alors pour « *rétablir l'équilibre pré-traumatique* »[5]. La réparation intégrale du dommage corporel exige l'application d'une indemnisation poste par poste en droit français[6]. Le traumatisme psychique est un dommage, ce qui justifie l'indemnisation de toutes ses conséquences *via* les préjudices de la nomenclature Dintilhac. Les droits français et anglais utilisent tous deux la méthodologie d'indemnisation du dommage corporel pour indemniser le traumatisme psychique.

La méthodologie de l'indemnisation du traumatisme psychique a évolué pour rejoindre celle de l'indemnisation de toute atteinte physique en droit

---

[1] M. BACACHE, « Cumul de la qualité de victime principale et par ricochet », *JCP G* 2017, doctr. 1174 ; A. BASCOULERGUE, « La possibilité de cumuler la qualité de victime principale avec celle de victime par ricochet », *D.* 2017, p. 1409.

[2] A. BASCOULERGUE, *loc. cit.*

[3] P. LE TOURNEAU (dir.), *Droit de la responsabilité et des contrats*, 13ème éd., Dalloz, coll. Action, 2023, spéc. n° 2125.54.

[4] A. BASCOULERGUE, « Reconnaissance originale du besoin en aide humaine d'une victime par ricochet », *JCP G* 2014, 843.

[5] C. LORTON, « La perte d'un être cher et la réparation des préjudices : quand les larmes deviennent pathologiques », *BJDA* 2019, comm. 18.

[6] G. WESTER, « L'angoisse de mort imminente et le préjudice d'attente et d'inquiétude, deux nouveaux postes de préjudices consacrés par la Cour de cassation », *RLDC* 2022, n° 203.

français. En droit anglais, cela avait toujours été le cas depuis la création de la notion de *nervous shock*.

Distinction de la victime principale et de la victime par ricochet. La distinction du traumatisme psychique par rapport à la souffrance morale non-traumatique vient aussi interroger le principe de la distinction entre victime principale et victime par ricochet.

En droit français. En droit français, la victime par ricochet est la « *victime d'un dommage subi par répercussion d'un préjudice dont une première victime souffre directement* »[1]. La victime par ricochet souffre directement de l'état de la victime directe puisque « *le dommage subi par la victime directe est source d'un préjudice personnel* » pour la victime par ricochet[2]. Le critère de la distinction entre les victimes principales et les victimes par ricochet n'est pas modifié en droit français. Il demeure stable malgré l'indemnisation du traumatisme psychique de la victime par ricochet. C'est l'importance et la pertinence de la distinction qui est relativisée par l'indemnisation du traumatisme psychique. La distinction faisait déjà l'objet de critiques dans la mesure où tout préjudice, y compris le préjudice d'affection, est direct[3]. Reste que, comme le souligne un auteur, les qualités de victime par ricochet et de victime principale étaient généralement conçues comme opposées[4]. On estime que la victime par ricochet subit un préjudice découlant du dommage causé à la victime principale. Or, en matière de traumatisme psychique, comme nous l'avons souligné, le vocabulaire du préjudice est insatisfaisant. Il est nécessaire de prendre en compte le dommage subi par la victime par ricochet pour pouvoir en faire découler l'ensemble des préjudices que cette victime peut avoir subi et satisfaire au principe de réparation intégrale. Mais la victime par ricochet peut toujours demander l'indemnisation du préjudice d'affection ou d'accompagnement. Cela conduit à la possibilité pour un demandeur de cumuler les qualités de victime principale et de victime par ricochet[5]. Il existe plus largement un mouvement d'indemnisation du traumatisme psychique sans atteinte physique, y compris pour les victimes directes[6]. La volonté d'uniformiser et de renforcer l'indemnisation des atteintes psychiques conduit à relativiser l'importance de la distinction entre victime directe et victime par ricochet[7]. L'indemnisation du traumatisme psychique des victimes directes et des victimes par ricochet revêt ainsi des conditions communes pour les deux

[1] Ph. BRUN (dir.), *Le Lamy Droit de la Responsabilité*, *op. cit.*, spéc. n° 218-49.

[2] Ph. LE TOURNEAU (dir.), *loc. cit.*, spéc. n° 2123.161.

[3] C. BERNFELD, F. BIBAL, *op. cit.*

[4] A. BASCOULERGUE, « La possibilité de cumuler la qualité de victime principale avec celle de victime par ricochet », *loc. cit.*

[5] *Ibid.* V. aussi : M. BACACHE, « Cumul de la qualité de victime principale et par ricochet », *loc. cit.*

[6] Cass. crim., 21 oct. 2014, n° 13-87.669.

[7] Sur ce point, v. par ex. : C. BERNFELD, F. BIBAL, « Pour une égalité de traitement des dommages psychiques et physiques », *Gaz. Pal.* 15 févr. 2015, n° 213f7, p. 5.

catégories de victimes comme l'identification d'une pathologie psychique ou l'utilisation du mécanisme de l'évaluation médicale. En outre, les préjudices spécifiques aux victimes par ricochet comme le préjudice d'affection peuvent devenir, au regard du montant, très secondaires par rapport à l'indemnisation des préjudices découlant du traumatisme psychique. L'importance de la distinction entre victime principale et victime par ricochet est donc amoindrie par l'importance de plus en plus centrale de l'indemnisation du traumatisme psychique.

Une difficulté spécifique aux victimes par ricochet persiste toutefois en droit français. Le constat de la distinction entre l'indemnisation du deuil et le traumatisme psychique suppose de trouver la clé pratique de cette distinction. Le droit anglais n'indemnise pas, en principe, le préjudice moral seul en dehors d'une action légale spécifique comme le *bereavement*. Par conséquent, la distinction entre préjudice moral et traumatisme psychique est pratiquée de longue date. En droit français, ces deux souffrances sont indemnisables. Elles sont distinctes et coexistent[1]. Cependant, comme le pointe justement un auteur, « *la frontière entre ces deux types d'atteintes n'en sera pas moins délicate à tracer* »[2], dans la mesure où le deuil et la dépression peuvent être considérés comme deux notions de natures différentes ou comme une question de degré plutôt que de nature[3]. Toutefois cette question semble pouvoir être écartée car c'est le caractère pathologique qui permet de fonder la distinction du traumatisme psychique avec le préjudice moral. Cette distinction est suffisamment marquée et objective pour justifier un traitement différent. L'intervention d'un médecin justifie la distinction et lui confère son critère clé[4]. Un auteur a pu faire valoir que le droit devrait prendre en compte les distinctions plus fines de la médecine, comme la distinction entre le deuil avec traumatisme et le deuil traumatogène[5]. On peut contester cette tendance dans la mesure où le juriste semble bien mal armé pour manier de telles distinctions. Le caractère pathologique ou non du deuil, établi médicalement, semble suffire à fonder la distinction comme c'est le cas en droit anglais

Évolution du droit anglais. En droit anglais, la distinction entre les victimes primaires et les victimes secondaires est un élément caractéristique du *nervous shock*. Toutefois, la distinction n'est apparue clairement qu'à compter de l'arrêt *Alcock* en 1991, alors même que les victimes par ricochet ayant assisté à la mise en danger d'un proche pouvaient déjà obtenir une indemnisation depuis l'arrêt *Hambrook* de 1925. Longtemps, le droit anglais

---

[1] M. BACACHE, « Cumul de la qualité de victime principale et par ricochet », *loc. cit.*

[2] S. HOCQUET-BERG, « Distinction entre le préjudice d'affection et l'atteinte à l'intégrité psychique des proches », *Resp. civ. et assur.* 2020, chron. 2.

[3] P. LE TOURNEAU, *loc. cit.*, spéc. n° 2125-54.

[4] A. BASCOULERGUE, « La possibilité de cumuler la qualité de victime principale avec celle de victime par ricochet », *loc. cit.*

[5] Y. QUISTREBERT, « Le respect du principe de la réparation intégrale assuré par la distinction des souffrances psychologiques de la victime par ricochet », *Resp. civ. et assur.* 2019, étude 5.

a estimé qu'il n'était pas utile d'opérer une distinction formelle entre les victimes primaires et secondaires dans la mesure où il s'agissait dans les deux cas d'indemniser un traumatisme psychique[1]. Le seul critère d'appréciation de l'existence du devoir de prudence, commun aux victimes primaires et secondaires, était le caractère prévisible de l'atteinte, comme le rappelait l'arrêt *Hambrook* pour les victimes secondaires[2]. La distinction existait bien sûr dans l'appréciation des faits et les juges y faisaient référence depuis l'arrêt *Bourhill v Young*[3] pour apprécier ou non le caractère prévisible du dommage subi[4]. Elle n'avait cependant pas d'effet de principe depuis la récusation de l'*obiter dictum* de Lord Kennedy en 1925. L'arrêt *Alcock* a introduit une distinction plus formelle qui n'a pas tout de suite été relevée par la doctrine[5]. La Chambre des Lords a donné un effet de principe à cette distinction dans l'arrêt *Page v Smith*[6]. Désormais, la distinction permet de déterminer l'existence ou non d'un devoir de prudence de la part du défendeur[7]. Il a fallu alors identifier le critère de cette distinction

Critère de distinction. Dans l'arrêt *Alcock*, Lord Oliver propose une première classification des victimes de traumatismes psychiques. Il déclare que les affaires se divisent en deux catégories, « *les cas dans lesquels le demandeur blessé était impliqué, directement ou indirectement, en tant que participant, et les cas dans lesquels le demandeur n'était rien d'autre que le témoin passif et impuissant d'une blessure causée à un autre* »[8]. Il s'agit donc de distinguer entre les personnes ayant craint pour leur propre vie et les personnes ayant craint pour la vie d'un tiers. Ce qui importe alors est que le traumatisme psychique ait été relationnel ou non. La blessure de la victime secondaire ne naît que des « *circonstances de leur relation avec la victime primaire* »[9], c'est une « *blessure d'ordre secondaire causée par l'infliction d'une atteinte physique, ou d'un risque d'atteinte physique, sur une autre*

---

[1] En faveur de cette position, v. par ex. : H. TEFF, « Liability for negligently inflicted psychiatric harm : justifications and boundaries », *C.L.J.* 1998, p. 91-122.

[2] *Liability for psychiatric illness*, Law Commission Report n° 249, 9 mars 1998, spéc. p. 10.

[3] *Bourhill v Young* [1943] AC 92. Sur ce point, v. notamment : C. WITTING, « A Primer of the modern law of nervous shock », *Melb. U.L. Rev.* 1998, n° 22, p. 62, spéc. p. 67-68.

[4] F. A. TRINDADE, « Negligently caused nervous shock : An Antipodean perspective », *O.J.L.S.* 1985, n° 5(2), p. 305-311.

[5] H. TEFF, « Liability for psychiatric illness after Hillsborough », *O.J.L.S.* 1992, n° 12(3), p. 440-452 ; L. E BENG, « Vindication of the Three Proximities : Alcock & Ors. v. Chief Constable of the South Yorkshire Police », *S.J.L.S.* 1992, p. 528-541.

[6] *Page v Smith* [1996] AC 155 (HL).

[7] T. BINGHAM, « Post traumatic stress disorder: the claims of primary and secondary victims », *J.P.I.L.* 2000, p. 108-122.

[8] *Alcock v Chief Constable of South Yorkshire* (1992) 1 AC 310, spéc. Lord Oliver, p. 407 : « *those cases in which the injured plaintiff was involved, either mediately or immediately, as a participant, and those in which the plaintiff was no more than the passive and unwilling witness of injury caused to others* » (notre traduction).

[9] *Ibid.*, spéc. Lord Oliver, p. 410 : « *those whose injury arises only from the circumstances of their relationship to the primary victim* » (notre traduction).

personne »[1]. En suivant ce principe, la notion de victime primaire incluait plusieurs catégories de personnes selon les juges dans *Alcock*[2] : les personnes ayant craint pour leur vie, les sauveteurs ayant été sur le terrain pour secourir des personnes, et les personnes ayant cru être la cause d'un dommage à un tiers, aussi désignés sous les termes de « participants involontaires »[3]. Ce critère, comme en droit français, conduisait à pouvoir qualifier tout demandeur de victime primaire ou secondaire. Soit le demandeur avait craint pour sa propre vie et c'était une victime primaire, soit il avait craint pour la vie d'un autre et c'était une victime secondaire[4]. Pourtant, la distinction a été rendue « *brouillonne et confuse* »[5] par la décision de la Chambre des Lords dans l'arrêt *Page v Smith*[6]. Dans cet arrêt, les juges décident que toute personne se trouvant dans la zone de danger peut être considérée comme une victime primaire. Le critère de la qualification de victime primaire n'est donc plus d'avoir craint pour sa propre santé ou non, mais de s'être trouvé objectivement dans la zone de danger physique prévisible créé par la négligence du défendeur

Défauts de la distinction. Ce nouveau critère pose deux difficultés. D'abord, la distinction, subtile, conduit à raisonner à partir de deux critères de natures différentes. En effet, l'arrêt *Page* n'a pas modifié le critère d'identification des victimes secondaires. Par conséquent, la victime primaire est la personne se trouvant dans la zone objective de danger, tandis que la victime secondaire est la personne ayant subi un traumatisme psychique en étant le témoin de la souffrance d'un autre. L'un des critères est donc l'exposition objective à un danger, alors que l'autre critère est relationnel. Ces deux critères ne sont pas du même ordre[7]. Ils ne sont pas mutuellement exclusifs. Une partie peut d'ailleurs cumuler les deux qualités pour un même traumatisme psychique[8]. Ensuite, on constate la coexistence des critères d'*Alcock* et de *Page* encore aujourd'hui. Le critère de la zone de danger dans *Page*[9] est souvent réutilisé par la jurisprudence mais celle-ci se

---

[1] *Ibid.*, spéc. Lord Keith, p. 396 : « *it is a secondary sort of injury brought about by the infliction of physical injury, or the risk of physical injury, upon another person* » (notre traduction).

[2] R. MULHERON, *op. cit.*, §5.6.

[3] V. par ex. : *Dooley v Cammel Laird & Co Ltd* [1951] 1 Lloyd's Rep 271. Dans cette affaire, un employé souffrait d'un traumatisme psychique parce qu'il avait cru avoir causé l'écrasement d'un de ses collègues par sa négligence, alors que la cause du décès de ce dernier devait être trouvé dans une faute de son employeur.

[4] S. BAILEY, D. NOLAN, « The Page v Smith saga : a tale of inauspicious origins and unintended consequences », *C.L.J.* 2010, n° 69(3), p. 495-528, spéc. p. 518.

[5] R. MULHERON, *op. cit.*, spéc. §5.6.

[6] *Page v Smith* [1996] AC 155 (HL).

[7] R. MULHERON, *op. cit.*, spéc. §5.37.

[8] *W v Essex County Council* [2001] 2 AC 592 (HL) ; *Farrell v Merton, Sutton and Wandsworth HA* [2000] 57 BMLR 158 (QB) 164.

[9] *White v Chief Constable of South Yorkshire Police & others* [1999] 2 AC 455 ; *W v Essex County Council* [2001] 2 AC 592, 601 ; *Rothwell v Chemical and Insulating Co* [2007] UKHL 39.

tourne parfois vers le critère d'*Alcock* pour identifier une victime primaire[1]. Le critère de la distinction entre les victimes primaires et secondaires manque donc de clarté en droit anglais, et conduit à l'existence de catégories de demandeurs situées en dehors de la distinction. Un auteur identifie ainsi de nombreuses catégories distinctes avec leurs critères et leurs règles propres[2] : les victimes primaires, les victimes secondaires, les sauveteurs qui ont été partiellement exclus de la catégorie des victimes primaires suite à l'arrêt *White*, les participants involontaires dont le statut demeure incertain après l'arrêt *W. v Essex*, les demandeurs exposés à une substance dangereuse[3], les personnes exposées à des situations de stress au travail[4], les demandeurs ayant assisté à la destruction d'un de leurs biens[5], les demandeurs ayant assisté à la mort par suicide d'un proche[6]... La liste est longue et le droit manque de clarté, ce qui ne fait que nourrir, aujourd'hui encore, un contentieux complexe où les décisions paraissent arbitraires[7]. Des auteurs ont souligné que *Page* a étendu la catégorie des victimes primaires en y intégrant des personnes ayant subi un traumatisme psychique du fait de la crainte pour un tiers, comme dans l'hypothèse du participant involontaire[8]. En outre, le critère proposé ne prend en compte que les situations accidentelles, ce qui peut sembler excessivement limitatif. Le droit ayant évolué en suivant les catégories de victimes primaires et de victimes secondaires, les demandeurs ayant craint pour leur propre vie mais n'ayant pas été exposés à un risque immédiat de dommage peinent à obtenir une indemnisation[9]. La volonté du droit anglais de maintenir une distinction entre les victimes primaires et secondaires participe donc au manque de clarté du *nervous shock*, alors même que le droit anglais pratiquait avant une indistinction plus satisfaisante. Ce manque de clarté est surtout causé par un critère contestable d'identification de la victime primaire et non de la victime secondaire, mais cela a contribué à embrouiller l'ensemble du droit du *nervous shock*.

---

[1] *North Glamorgan NHS Trust v Walters* [2002] EWCA 1792.

[2] R. MULHERON, *op. cit.*, spéc. §5.5. V. aussi : D. NOLAN, « Psychiatric injury at the crossroads », *J.P.I.L.* 2004, n° 1, p. 1-20.

[3] *Creutzfeld Jakob Disease Litigation* [1997] EWCA Civ 2749 ; *Rothwell v Chemical and Insulating Co* [2008] 1 AC 281.

[4] *Hatton v Sutherland* [2002] EWCA Civ 76.

[5] *Attia v British Gas* [1988] 1 QB 304, [1987] EWCA Civ 8, [1987] 3 All ER 455.

[6] *Greatorex v Greatorex* [2000] EWHC 223 (QB), [2000] 4 All ER 769, [2000] 1 WLR 1970.

[7] H. TEFF, « Liability for negligently inflicted psychiatric harm : justifications and boundaries », *op. cit.*, spéc. p. 111-112. V. aussi par ex. : S. ALLEN, « Nervous shock : a most vexed tantalising topic... still », *J.P.I.L.* 2015, n° 1, p. 1-6 ; F. LEVERICK, « Counting the ways of becoming a primary victim: Anderson v Christian Salversen Plc. », *Edin L.R.* 2007, p. 258-264 ; N. TOMKINS, « Psychiatric injury - extra routes to recovery ? », *J.P.I. Law* 2006, p. 251-258 ; D. SHARPE, G. KELLY, « Psychiatric harm and the boundaries of primary victimhood », *M.L.J.I.* 2018, n° 24(1), p. 16-19.

[8] S. BAILEY, D. NOLAN, *loc. cit.*, spéc. p. 514-515.

[9] *Ibid.*, spéc. p. 521-522.

Conclusion de section. Les droits français et anglais ont tous les deux fait le choix d'indemniser le traumatisme psychique des victimes par ricochet de façon autonome par rapport à l'indemnisation de la souffrance morale causée par le décès de la victime principale. Cela s'est fait naturellement en droit anglais et plus progressivement en droit français. Le principe a été peu à peu affirmé par les juridictions à mesure qu'il est devenu clair que le traumatisme psychique ne pouvait pas être traité comme un préjudice mais constituait plutôt un dommage. Cette indemnisation autonome permet un meilleur respect du principe de réparation intégrale et une approche plus subjective des souffrances de la victime par ricochet. Toutefois, là où ce mouvement a conduit à relativiser l'importance de la distinction des victimes principales et des victimes par ricochet en droit français, l'indemnisation du traumatisme psychique a conduit à réaffirmer la distinction en droit anglais. Cette réaffirmation a conduit à complexifier le droit applicable. Le critère d'identification des victimes par ricochet demeure relationnel dans les deux droits

Transition. Les droits français et anglais, en prêtant une attention plus grande à l'indemnisation du traumatisme psychique, ont eu tendance à converger dans les critères d'indemnisation de ce traumatisme et dans les modalités de son indemnisation. Les spécificités des deux droits en matière d'indemnisation des victimes par ricochet en deviennent par contraste plus apparentes encore.

Section 2 : Le maintien des spécificités des droits français et anglais, une nuance à la convergence

Objet de la section. Les droits français et anglais conservent des spécificités qui leur sont propres en matière d'indemnisation des victimes par ricochet. Ils ne répondent pas de la même manière aux nouvelles demandes d'indemnisation malgré l'existence des concepts communs présentés ci-dessus. Le droit anglais conserve des principes d'indemnisation restreints

Plan. En droit anglais, l'indemnisation du traumatisme psychique des victimes par ricochet est assortie de règles particulières volontairement restrictives (§1). Le droit français se tourne quant à lui vers des préjudices spécifiques pour répondre aux nouveaux besoins d'indemnisation des victimes par ricochet (§2).

§1. Les spécificités de l'indemnisation du traumatisme psychique de la victime par ricochet en droit anglais

Le droit anglais a adopté des conditions d'indemnisation particulières et restrictives du traumatisme psychique des victimes par ricochet dont les justifications paraissent fragiles. Les règles spécifiques d'indemnisation des victimes par ricochet en droit anglais puisent leurs racines dans une justification théorique plus cosmétique que profonde. Les justifications de politique juridique paraissent bien plus centrales dans le raisonnement des juges.

Justifications théoriques. Comment justifier l'instauration d'une distinction entre les victimes directes et les victimes par ricochet en matière de traumatisme psychique en droit anglais ? En droit anglais, pour agir sur le fondement de la *negligence*, le demandeur doit démontrer que le défendeur lui devait un devoir de prudence. Dans son opinion minoritaire de l'arrêt *Hambrook*, Lord Sargant soulignait qu'il était inhabituel d'indemniser les victimes par ricochet en droit anglais, dans la mesure où il existait une distance causale plus forte entre la victime par ricochet et la faute du défendeur, ce qui rendait le dommage de la victime par ricochet plus imprévisible[1]. Toutefois, la majorité rappelait que l'exigence de prévisibilité était la seule qui devait être satisfaite pour qu'un demandeur puisse agir sur le fondement de la *negligence*[2], et pouvait l'être pour une victime par ricochet. En 1978, la Chambre des Lords rappelait dans l'arrêt *Anns v Merton London Borough Council*[3] que la preuve du caractère prévisible du dommage suffisait à apprécier l'existence ou non d'un devoir de prudence. Les juridictions avaient pu apprécier la proximité d'une personne à une situation dangereuse pour déterminer si elle pouvait obtenir une indemnisation de son traumatisme psychique mais cela servait essentiellement à déterminer si le traumatisme subi était prévisible[4]. Cependant, en 1990, la Chambre des Lords s'est à nouveau prononcée sur les critères d'appréciation de l'existence d'un devoir de prudence[5]. Elle décide alors que la preuve de l'existence d'un devoir de prudence suppose de montrer que le dommage était prévisible en fait, que les parties étaient dans une situation de proximité de droit[6], et qu'il était équitable, juste et raisonnable d'imposer un devoir de prudence au défendeur dans le cas d'espèce. L'exigence de proximité n'est donc plus à ce stade un élément d'appréciation secondaire mais un critère central qui doit être apprécié en droit et fait l'objet d'un contrôle de la Chambre des Lords. Les juges décident alors que, si la proximité de la victime primaire à la situation dangereuse n'a pas besoin d'être démontrée puisqu'elle y a participé, la victime secondaire doit satisfaire à des exigences spécifiques de proximité

---

[1] *Hambrook v Stokes Brothers* (1925) 1 KB 141, spéc. Lord Sargant, p. 163.

[2] Ce qui sera plus tard confirmé par l'arrêt *Donoghue v Stevenson* : *Donoghue v Stevenson* [1932] AC 562. Dans cet arrêt, l'opinion majoritaire sera rédigée par Lord Atkin qui avait déjà siégé dans *Hambrook*. La notion de proximité figure tout de même déjà dans *Donoghue* : K. AMIRTHALINGAM, « Clinical negligence and relational psychiatric injury », *L.Q.R.* 2022, n° 138(Jul), p. 370-375.

[3] *Anns v Merton London Borough Council* [1978] AC 728. Pour une proposition d'application en matière de droit singapourien du *nervous shock*, v. par ex. : T. K. LENG, « Duty of care for psychiatric harm : back to Anns », *P.N.* 2008, n° 24(3), p. 154-163.

[4] *Bourhill v Young* [1943] AC 92 ; *McLoughlin v O'Brian* [1983] AC 410.

[5] *Caparo Industries v Dickman* (1990) 2 AC 605.

[6] Avant cela, une décision australienne avait déjà fait du critère de proximité un critère essentiel en droit pour justifier l'existence d'un devoir de prudence : *Jaensch v Coffey* (1984) 155 CLR 549.

pour obtenir une indemnisation. Les conditions spécifiques d'indemnisation de la victime par ricochet pourraient donc trouver leurs racines dans l'importance renouvelée du critère de proximité[1]. Pourtant, le principe des tests visant à établir un devoir de prudence est largement critiqué et battu en brèche[2], et les juridictions tendent à préférer une approche incrémentale. En outre, on peut estimer qu'il est difficile voire impossible de distinguer la proximité de la prévisibilité et d'en faire un concept à part entière[3]. L'autre justification avancée par Lord Lloyd dans l'arrêt *Page* relève de l'appréciation du caractère prévisible du dommage. D'après ce juge, pour une victime primaire, il suffit de montrer qu'une atteinte physique était prévisible tandis que pour les victimes secondaires, il est nécessaire de montrer que le dommage prévisible était le traumatisme psychique lui-même[4]. Cette lecture de l'exigence de prévisibilité s'expliquerait par le fait qu'il serait injuste et peu conforme à la science de distinguer entre les atteintes physiques et psychiques. Cela justifierait de distinguer entre les deux catégories de victimes et d'appliquer à chaque catégorie des conditions spécifiques. Cet argument a fait l'objet d'au moins deux critiques. D'abord, cette approche de la prévisibilité ne se conformerait pas aux précédents en la matière[5]. Ensuite, il n'est pas inhabituel, et il est parfois justifié[6], de distinguer entre les atteintes physiques et psychiques en droit anglais, de telle sorte que la victime primaire pourrait avoir à démontrer qu'une atteinte psychique était prévisible, même en ayant été mise physiquement en danger. Ces deux justifications théoriques à l'établissement de conditions spécifiques pour les victimes par ricochet ne paraissent pas satisfaisantes car elles se fondent sur des concepts particulièrement critiqués. En 2024, dans l'arrêt *Paul*, il a été avancé que la possibilité pour les victimes par ricochet de demander une indemnisation constituerait une exception au principe selon lequel nul ne peut se prévaloir de la mort d'un tiers[7]. Cela justifierait l'existence de mécanismes de contrôle, puisque la réparabilité de ce genre de

---

[1] En ce sens, v. : H. TEFF, « Liability for psychiatric illness after Hillsborough », *op. cit.*, spéc. p. 440.

[2] V. par ex. : C. WITTING, « Duty of Care : An Analytical Approach », *O.J.L.S.* 2005, n° 25(1), p. 33-63 ; D. NOLAN, « Deconstructing the duty of care », *L.Q.R.* 2013, n° 129, p. 559-588.

[3] T. WEIR, *Tort Law*, OUP, 1ère éd., 2002, spéc. p. 34-35.

[4] *Page v Smith* [1996] 1 AC 155 (HL), spéc. Lord Lloyd, p. 187.

[5] S. BAILEY, D. NOLAN, *op. cit.*, spéc. p. 512. Le précédent visé est : *Overseas Tankship (UK) Ltd v Morts Dock and Engineering Co Ltd (The Wagon Mound n°1)* [1961] AC 388.

[6] T. K. FENG, « Nervous Shock to primary victims », *S.J.L.S.* 1995, p. 649-654 ; M. A. JONES, « Liability for Psychiatric Damage : Searching for a Path between Pragmatism and Principle », *in Emerging Issues in Tort Law*, J. Neyers, S. Pitel et E. Chamberlain (dir.), Bloomsbury, 2007, p. 113-139.

[7] *Paul v Royal Wolverhampton NHS Trust* [2024] UKSC 1 ; [2024] 2 WLR 417 (*Paul* (SC)), spéc. Lord Leggatt et Lady Rose, §2. V. *supra*. n° 205.

dommage ferait figure d'exception plutôt que de principe[1]. Cette position est contestée par Lord Burrows dans son opinion dissidente[2]. La justification essentielle de la distinction semble se trouver dans des arguments de politique juridique.

Justification de politique juridique. La mise en place de conditions spécifiques d'indemnisation pour les victimes par ricochet s'explique surtout par la volonté des juges anglais de limiter le champ potentiel de l'indemnisation, par peur de l'argument des *floodgates* que nous avions déjà rapidement évoqué à propos des victimes principales[3]. Cette volonté se fonde traditionnellement sur un double argument. D'une part, il y aurait un risque plus grand en matière de *nervous shock* d'actions en justice pour des dommages imaginaires. D'autre part, il existerait aussi un risque de responsabilité illimitée, c'est-à-dire une « *responsabilité d'un montant indéterminé pour une durée indéterminée à l'égard d'une classe indéterminée* »[4]. Ces justifications paraissent insatisfaisantes mais ont joué un rôle très important dans le développement du droit du *nervous shock*

La première affirmation de la crainte de demandes imaginaires remonte à l'opinion de Sir Couch dans l'arrêt *Victorian Railway Commissioners v Coultas*[5], un arrêt sur le *nervous shock* dans lequel une femme s'était vue refuser une indemnisation pour le traumatisme psychique causé par sa crainte pour sa propre vie. L'inquiétude des demandes imaginaires vise à cette époque toutes les demandes pour traumatisme psychique sans atteinte physique, et concerne donc tant les victimes primaires que secondaires. La crainte de demandes imaginaires reste très souvent évoquée par la doctrine, même si elle est généralement rapidement écartée[6]. Cette crainte des demandes imaginaires aurait été à l'époque ancrée dans une méfiance à l'égard de la psychiatrie qui serait encore aujourd'hui perceptible, notamment dans la façon dont les victimes secondaires sont traitées. Deux auteurs se sont attachés à démontrer que cet argument, désormais présenté comme caractéristique de la fin du XIXème siècle[7], n'avait à l'époque joué

---

[1] J. MORGAN, « Principles, accidents and exceptions: psychiatric injury in tort », *C.L.J.* 2024, n° 83(2), p. 214-217 ; R. STEVENS, « The Supreme Court and the ability to reason », *L.Q.R.* 2024, n° 140(Jul), p. 346-349.

[2] *Paul v Royal Wolverhampton NHS Trust* [2024] UKSC 1 ; [2024] 2 WLR 417 (*Paul* (SC)), spéc. Lord Burrows, §144.

[3] V. *supra* p. 67-68.

[4] *Ultramares Corporation v Touche* (1931) 255 New York 170, spéc. J. Cardozo, p. 179 : « *liability in an indeterminate amount for an indeterminate time to an indeterminate class* » (notre traduction). Cité dans : E. RUSSELL, « "Thus far and no further" - applying the control mechanisms in psychiatric injury claims », *S.L.T.* 2015, n° 37, p. 180-184.

[5] *Victorian Railways Commissioners v Coultas* (1888) 13 App. Cas. 222, spéc. Sir R. Couch, p. 226.

[6] D. NOLAN, « Psychiatric injury at the crossroads », *op. cit.*, spéc. p. 20.

[7] M.H. OGILVIE, « The Fly in the bottle and psychiatric damage in consumer law », *J.B.L.* 2010, n° 2, p. 85-100, spéc. p. 86 ; V. ZEPINIC, « Fear of the "Floodgate of Liability" and Acknowledgement of the Recognisable Psychiatric Damage Into English Law of Tort », *Canadian Social Science* 2015, n°11(4), p. 1-14.

presque aucun rôle et ne devait plus être pris en compte[1]. En effet, elles établissent que seul Sir Couch a exprimé une telle opinion à cette époque, et que plusieurs autres décisions ont pris le contrepied de *Coultas* et ont accepté d'indemniser des victimes sans que celles-ci n'aient subi d'atteinte physique[2]. Ces auteurs insistent sur le fait que l'état actuel du droit ne doit pas être justifié par un scepticisme à l'égard de la science médicale dans la mesure où ce scepticisme n'a jamais réellement existé. La crainte des demandes imaginaires apparaît donc comme un fondement particulièrement insatisfaisant.

La crainte d'une responsabilité trop étendue en matière de *nervous shock* s'inscrit dans un contexte plus large. D'abord, elle est intrinsèque à la *negligence*. En effet, le droit anglais ne connaît pas de clause générale de responsabilité et celle-ci est donc par essence limitée à des situations spécifiques[3]. Le caractère relationnel de la *tort law* joue le rôle d'une limite naturelle à cette responsabilité illimitée[4]. En matière de *nervous shock*, l'argument a été clairement exprimé par Lord Wilberforce dans l'arrêt *McLoughlin v O'Brian*. Il écrit : « *parce que le choc est par nature capable d'affecter un si grand nombre de personnes, il demeure un réel besoin de placer une limite sur l'étendue des actions possibles* »[5]. Cette position irrigue l'argumentaire de Lord Oliver dans *Alcock* et peut aussi expliquer la position de Lord Steyn dans l'arrêt *White* selon laquelle le droit ne doit « *pas aller plus loin* » en matière de *nervous shock*[6]. Cette crainte d'une responsabilité trop large ou illimitée est considérée comme compréhensible par une partie de la doctrine[7]. La *Law Commission* a ainsi estimé que le risque exigeait que des limitations spécifiques soient imposées[8]. L'argument n'a donc pas le même statut que la crainte des demandes imaginaires. Toutefois, le caractère excessif de la crainte de l'ouverture des *floodgates* a

---

1 I. GOOLD, C. KELLY, *op. cit.*

2 *Byrne v Great Southern and Western Railway Co*, unreported 1884 Court of Appeal (Ireland) ; *Bell v Great Northern Railway Co of Ireland* (1890) 26 Ir. L.R. 428 ; *Wilkinson v Downton* [1897] 2 QB 57.

3 Sur ce point, v. par ex. : J.-S. BORGHETTI, « Principes généraux de responsabilité ou droit des délits ? », *RDC* 2019, n° 116n0, p. 347.

4 E. WEINRIB, *The Idea of Private Law*, Harvard University Press, 1995, spéc. p. 159-164.

5 *McLoughlin v O'Brian* [1983] AC 410, spéc. Lord Wilberforce, p. 421-422 : « *there remains, in my opinion, because 'shock' in its nature is capable of affecting so wide a range of people, a real need for the law to place some limitation upon the extent of admissible claim* ».

6 *White v Chief Constable of South Yorkshire* [1999] 2 AC 455, spéc. Lord Steyn, p. 500 : « *Thus far and no further* ». Notre traduction : « *Jusqu'ici et pas plus loin.* »

7 S. ALLEN, *op. cit.*, spéc. l'exemple donné p. 2. V. aussi : T. K. FENG, *op. cit.*

8 *Liability for psychiatric illness*, Law Commission Report n° 249, 9 mars 1998, spéc. p. 83. V. sur ce point : H. TEFF, « Liability for Psychiatric Illness : Advancing cautiously », *M.L.R.* 1998, n° 61(6), p. 849-859.

été souligné de très nombreuses fois par les juges[1] et la doctrine[2] et l'argument a beaucoup perdu de sa force de conviction[3]. Lord Scarman a ainsi souligné la nécessité de juger sur la base de principes et non en se fondant sur des arguments politiques[4]. Comme le souligne un auteur, cette peur d'une responsabilité illimitée a conduit à complexifier le droit et donc à maintenir un flot constant d'actions en justice, ce qui est contre-productif[5].

En droit français. En droit français, la crainte d'une responsabilité illimitée n'existe pas et les inquiétudes anglaises ne sont pas partagées. Faut-il s'inquiéter d'une extension particulière du champ de la responsabilité du fait de l'indemnisation du traumatisme psychique des victimes par ricochet ? Un auteur a souligné le fait qu'une victime par ricochet souffrant d'un traumatisme psychique pouvait causer un préjudice par ricochet à la victime principale par un effet « boomerang »[6]. Il écrit : « *Si l'accident dont je suis victime plonge l'un de mes proches dans un état de dépression sévère, ce dernier subit bien entendu un dommage corporel qu'il convient de réparer (...), mais ce dommage peut également par ricochet me causer des préjudices patrimoniaux ou extrapatrimoniaux qu'il convient aussi d'indemniser* ». Cela ne paraît pas susceptible d'engendrer une responsabilité trop large lorsqu'on ne prend en compte que la victime principale et la victime par ricochet. Toutefois, on peut s'interroger sur l'opportunité d'indemniser les préjudices soufferts par ricochet par les proches du demandeur souffrant déjà d'un traumatisme psychique par ricochet. Une telle réaction en chaîne, plausible, nous semble devoir être maintenue sous contrôle.

Le droit anglais a développé des conditions d'indemnisation particulières pour les victimes par ricochet. Leurs justifications théoriques et de politiques juridiques paraissent fragiles. Ces mécanismes sont particulièrement contraignants et arbitraires.

---

[1] V. par ex. : *McLoughlin v O'Brian* [1983] AC 410, spéc. Lord Edmund-Davis, p. 425, et Lord Bridge, p. 442. V. aussi, en dehors du dommage corporel : *Malik v Bank of Credit and Commerce International SA* [1998] AC 20 (HL), spéc. Lord Nicholls, p. 42 ; *Three Rivers District Council v Governor and Company of the Bank of England (No 3)* [2000] 2 WLR 15 (CA), spéc. Lord Auld, p. 136. V. enfin, en matière de *nervous shock* en Nouvelle-Zélande : *Van Soest v Residential Health Management Unit* [2000] 1 NZLR 179, spéc. Thomas J., p. 179 et s.

[2] K. J. NASIR, « Nervous shock and Alcock : The Judicial Buck Stops Here », *M.L.R.* 1992, n° 55(5), p. 705-713 ; H. TEFF, « Liability for psychiatric illness after Hillsborough », *op. cit.*, spéc. p. 441 ; V. ZEPINIC, *loc. cit.* ; J. PATTERSON, « Negligently Caused Psychiatric Harm : Recovering Principle and Fairness after the Alcock-up at Hillsborough », *S.S.L.R.* 2016, n° 6, p. 23-35.

[3] Il reste parfois utilisé par les juges : *Creutzfeld Jakob Disease Litigation* [1997] EWCA Civ 2749.

[4] *McLoughlin v O'Brian* [1983] AC 410, spéc. Lord Scarman, p. 430. V. aussi : J. MORGAN, *op. cit.*

[5] H. TEFF, « Personal Injury : Righting mental harms », *N.L.J.* 2009, p. 1243.

[6] A. BASCOULERGUE, « La possibilité de cumuler la qualité de victime principale avec celle de victime par ricochet », *op. cit.*

Conditions d'indemnisation. En droit anglais, les conditions d'indemnisation du traumatisme psychique des victimes par ricochet trouvent leurs sources dans l'arrêt *Alcock*. Ces mécanismes sont insatisfaisants et ont pour conséquence de restreindre à l'excès les possibilités d'action des victimes secondaires.

Mécanismes de contrôle. Les victimes secondaires doivent satisfaire à un certain nombre de conditions pour pouvoir agir en indemnisation de leur traumatisme psychique. Certaines de ces conditions sont identiques à celles exigées des victimes primaires. Leur appréciation est toutefois adaptée aux victimes secondaires. Comme les victimes primaires, les victimes secondaires doivent prouver qu'elles souffrent d'une pathologie psychique identifiée. Elles doivent aussi satisfaire à l'exigence de prévisibilité en démontrant que leur atteinte psychique était prévisible chez une personne de résilience normale[1], alors que ce critère a été allégé pour les victimes primaires[2]. L'exigence de choc a été récemment écartée[3]. La victime secondaire doit avoir été témoin d'un accident, c'est-à-dire d'un évènement externe qui a causé un dommage à la victime directe[4]. Cette exigence nouvelle permettrait d'assurer une certaine sécurité juridique et serait un fondement intelligible pour distinguer entre les victimes secondaires pouvant obtenir une indemnisation et celles ne le pouvant pas[5]. Surtout, elle doit satisfaire aux trois conditions de proximité définies dans *Alcock*, aussi appelées les « mécanismes de contrôle » d'*Alcock*[6]. Il s'agit de la proximité relationnelle et affective[7], de la proximité de temps et de lieu[8], et de la proximité de perception[9].

La proximité relationnelle et affective fait référence à l'affection que la victime secondaire portait à la victime primaire. Quelles relations satisfont à l'exigence de proximité ? Il existe des présomptions dans le cas d'une relation parent / enfant ou époux / épouse[10]. Pour les autres situations, les juges doivent apprécier s'il existe une relation affective forte. Selon Lord Wilberforce, « *plus le lien est fort (non seulement en termes de relation, mais aussi en termes de soin), plus l'action en cause est solide* »[11]. Les juges

---

[1] R. MULHERON, *op. cit.*, spéc. §5.33.

[2] *Page v Smith* [1996] 1 AC 155 (HL).

[3] V. *supra* p. 113-114.

[4] *Paul v Royal Wolverhampton NHS Trust* [2024] UKSC 1 ; [2024] 2 WLR 417 (*Paul* (SC)), spéc. Lord Leggatt et Lady Rose, §105.

[5] *Ibid.*, spéc. Lord Leggatt et Lady Rose, §109.

[6] *White v Chief Constable of South Yorkshire* [1999] 2 AC 455.

[7] *Alcock v Chief Constable of South Yorkshire* (1992) 1 AC 310, spéc. Lord Keith, p. 397 et Lord Oliver, p. 411.

[8] *Ibid.*, spéc. Lord Ackner, p. 404, et Lord Oliver, p. 411.

[9] *Ibid.*, spéc. Lord Keith, p. 398, Lord Ackner, p. 405, et Lord Oliver, p. 411.

[10] *Ibid.*, spéc. Lord Ackner, p. 403.

[11] *McLoughlin v O'Brian* [1983] AC 410, spéc. Lord Wilberforce, p. 422 : « *The closer the tie (not merely in relationship, but in care) the greater the claim for consideration* » (notre traduction).

statuent donc en principe sur la base de règles souples[1]. Toutefois, les juridictions s'avèrent particulièrement exigeantes en la matière. Dans l'arrêt *Alcock*, confrontés à de nombreux types de relations différents, les juges ont écarté l'essentiel des actions de proches. Plus largement, la jurisprudence semble défavorable aux victimes par ricochet en-dehors des présomptions bien établies[2]. L'exigence de proximité affective est une extension de l'exigence de prévisibilité du dommage. Dans l'arrêt *Bourhill v Young*, il a ainsi été jugé qu'il n'était pas prévisible qu'une personne n'ayant pas de lien d'affection avec la victime d'un accident de la circulation subisse un traumatisme en assistant à celui-ci[3]. Notons que les sauveteurs situés en dehors de la zone de danger ne pourront pas obtenir d'indemnisation dans la mesure où aucun lien affectif ne les unit aux victimes directes selon l'arrêt *White*[4], ce qui contraste avec la pratique des juridictions traditionnellement favorables aux sauveteurs en droit anglais[5].

La proximité de temps et de lieu désigne la nécessité que le demandeur ait été « *personnellement présent sur les lieux de l'accident* » ou qu'il ait au moins été « *dans le voisinage plus ou moins immédiat de l'accident et qu'il ait été le témoin des suites de celui-ci* »[6]. Cette exigence s'ancre dans le principe selon lequel le traumatisme psychique doit être né de la confrontation avec un évènement traumatique. Lorsqu'un proche d'une victime est directement témoin de l'accident dans lequel la victime directe décède ou subit un dommage corporel, la question de la proximité spatiale ne se pose pas : la victime par ricochet est évidemment suffisamment proche. L'arrêt *Bourhill v Young*[7] éclaire sur l'étendue de la notion de proximité de temps et de lieu. Dans cette décision, une femme n'avait pas vu mais seulement entendu un accident mortel s'étant produit à bonne distance d'elle. Il a été jugé que le seul fait d'avoir entendu l'accident ne suffisait pas à satisfaire au critère de proximité de temps et de lieu. Toutefois, il est possible de demander une indemnisation dans l'hypothèse où le demandeur n'a pas assisté directement à l'accident en question mais a assisté aux suites directes

---

[1] L. E BENG, *op. cit.*, spéc. p. 533-534.

[2] V. par ex. : *Gregg v Ashbrae Ltd* [2005] NIQB 37, sur deux collègues de travail amis de longue date ; *Bici v Ministry of Defence* [2004] EWHC 786 (QB), sur deux cousins officiers situés sur le même théâtre d'opération.

[3] *Bourhill v Young* [1943] AC 92, spéc. Lord Porter, p. 117 : « *The driver of a car or vehicle, even though careless, is entitled to assume that the ordinary frequenter of the streets has sufficient fortitude to endure such incidents as may from time to time be expected to occur in them* ». Notre traduction : « *Le conducteur d'une voiture ou d'un véhicule, aussi négligent qu'il soit, est en droit d'estimer que le passant ordinaire est suffisamment résilient pour supporter un de ces accidents qui se produit dans la rue de temps en temps.* »

[4] *White v Chief Constable of South Yorkshire* [1999] 2 AC 455.

[5] R. MULLENDER, A. SPEIRS, « Negligence, Psychiatric Injury, and the Altruism Principle », *O.J.L.S.* 2000, n° 20(4), p. 645-666.

[6] *Alcock v Chief Constable of South Yorkshire* (1992) 1 AC 310, spéc. Lord Oliver, p. 411 : « *the plaintiff in each case was either personally present at the scene of the accident or was in the more or less immediate vicinity and witnessed the aftermath shortly afterwards* » (notre traduction). V. aussi Lord Ackner, p. 404.

[7] *Bourhill v Young* [1943] AC 92.

de celui-ci. C'est la notion de « *immediate aftermath* », ou suites immédiates de l'accident. Elle constitue une extension à la condition de proximité spatiale et temporelle plutôt qu'une exception à celle-ci[1]. Encore faut-il pouvoir apprécier l'étendue de la notion. L'arrêt *McLoughlin v O'Brian*[2] illustre l'hypothèse d'une indemnisation du choc causé par la perception des suites immédiates de l'accident. Dans cet arrêt, une femme arrive à l'hôpital plus d'une heure après un accident dans lequel son mari et trois de ses enfants étaient impliqués. Elle croise d'abord un de ses fils, qui n'était pas dans la voiture accidentée, lequel lui apprend que son plus jeune fils est décédé. Elle voit ensuite, par une fenêtre, sa fille avec les vêtements déchirés et couverte de coupures, puis entend son fils aîné crier plus loin. Elle va ensuite au chevet de son mari qui est lui aussi encore marqué physiquement par l'accident. La cour reconnaît qu'elle a assisté aux suites directes de l'accident dans la mesure où elle a vu les membres de sa famille dans un état très proche de celui où ils étaient juste après l'accident, sans qu'ils aient pu être lavés, changés et soignés. Les suites immédiates de l'accident peuvent aussi être constitués d'une série d'événements successifs[3]. Là encore, la condition de proximité de temps et de lieu est enracinée dans l'exigence de prévisibilité[4].

L'exigence de perception directe est aussi exprimée dans l'arrêt *McLoughlin v O'Brian* puisque Lord Wilberforce affirme que le choc doit « *provenir du fait d'avoir vu ou entendu l'évènement ou ses suites directes* »[5]. Cela conduit à écarter les actions de demandeurs dont le choc n'a été causé que par l'information donnée par un tiers[6]. Le père apprenant le décès *in utero* de son enfant par téléphone[7], l'épouse apprenant la maladie de son mari par téléphone[8], la mère apprenant par téléphone que sa fille a été retrouvée morte et mutilée[9], ou les parents ayant appris par téléphone que l'état de leur fille hospitalisée s'était gravement détérioré[10] n'ont ainsi pas pu obtenir d'indemnisation. Toutefois, exceptionnellement, une indemnisation

---

[1] *McLoughlin v O'Brian* [1983] AC 410, spéc. Lord Wilberforce, p. 418.

[2] *Ibid.* V. aussi : *Hinz v Berry* (1970) 2 QB 40.

[3] *Galli-Atkinson v Seghal* [2003] EWCA Civ 697, [2003] Lloyd's Rep Med. 285. V. aussi sur ce point : *Walters v North Glamorgan NHS Trust* [2002] EWCA 1792, [2003] PIQR 232.

[4] C'est ce que souligne Lord Ackner dans l'arrêt *Alcock. Alcock v Chief Constable of South Yorkshire* (1992) 1 AC 310, spéc. Lord Ackner, p. 404 : « *It is reasonably foreseeable that injury by shock can be caused to a plaintiff, not only through the sight or hearing of the event, but of its immediate aftermath* ». Notre traduction : « *Il est raisonnablement prévisible qu'un choc puisse être causé au demandeur, non seulement parce qu'il a vu ou entendu l'événement, mais parce qu'il a vu ou entendu ses suites immédiates.* »

[5] *McLoughlin v O'Brian* [1983] AC 410, spéc. Lord Wilberforce, p. 423 : « *the shock must come through sight or hearing of the event or its immediate aftermath* » (notre traduction).

[6] *White v Chief Constable of South Yorkshire* [1999] 2 AC 455, spéc. Lord Hoffman, p. 502.

[7] *Tan v East London and the City Health Authority* [1999] Lloyd's Rep Med 389 (Chelmsford CC).

[8] *Taylor v Somerset Health Authority* [1993] 4 Med LR 34 (QB) 37.

[9] *Palmer v Tees Health Authority* [1999] EWCA Civ 1533.

[10] *Brock v Northampton General Hospital NHS Trust* [2014] EWHC 4244 (QB).

est possible si le choc a été causé par la perception des suites immédiates de l'évènement. Par exemple, dans *McLoughlin v O'Brian*, Madame McLoughlin a été informée par un proche de l'accident mais son traumatisme est ensuite né des scènes qu'elle a vu à l'hôpital[1]. Dans *Alcock*, les juges se sont aussi interrogés sur l'indemnisation du choc né du fait d'avoir assisté à la scène *via* un média, comme des images télévisées par exemple[2]. Pour refuser une indemnisation dans ce cas, les juges ont avancé qu'aucune souffrance individuelle n'avait pu être montrée en direct car cela était contraire aux règles d'éthique de diffusion de contenus à la télévision. Cependant, il n'est pas exclu qu'avec la diffusion de plus en plus large de vidéos en direct sur internet, notamment dans le cas d'attentats par exemple, il puisse y avoir un revirement sur cette jurisprudence à l'avenir.

Critique des mécanismes de contrôle. Les mécanismes de contrôle spécifiques aux victimes par ricochet font l'objet de critiques constantes. Les règles ont été très souvent décrites comme donnant des résultats arbitraires[3], y compris par la *Law Commission*[4] et par les juges eux-mêmes[5]. D'autres ont affirmé que les règles étaient illogiques[6], voire déprimantes[7]. Un auteur a même affirmé que les règles du *nervous shock* sont largement considérées comme « *les règles les plus idiotes et les plus arbitraires du droit de la responsabilité civile* »[8]. Les conditions d'indemnisation du traumatisme psychique des victimes par ricochet sont très restrictives en droit anglais et conduisent à écarter des demandeurs paraissant méritants. Cela conduit à de nombreuses actions en justice et à une grande insécurité juridique qui confine à l'arbitraire.

Au-delà de ces critiques générales, on peut identifier plusieurs difficultés. Tout d'abord, les conditions d'indemnisation ne prennent pas assez en

---

[1] V. aussi, dans une situation comparable : *Galli-Atkinson v Seghal* [2003] EWCA Civ 697, [2003] Lloyd's Rep Med. 285.

[2] *Alcock v Chief Constable of South Yorkshire* (1992) 1 AC 310, spéc. Lord Keith, p. 398, Lord Ackner, p. 405 et Lord Jauncey, p. 423.

[3] L. E BENG, *op. cit.* ; J. de BONO, « The Ten Rules of Nervous Shock », AVMA Conference 2016, *in UK Healthcare Law Blog* [en ligne], 19 janvier 2017 [consulté le 23 mars 2023] ; R. MULHERON, *op. cit.*, spéc. §5.27.

[4] *Liability for psychiatric illness*, Law Commission Report n° 249, 9 mars 1998, spéc. p. 34, p. 85 et p. 87.

[5] V. par ex. : *White v Chief Constable of South Yorkshire* [1999] 2 AC 455, spéc. Lord Goff, p. 487 et Lord Hoffman, p. 502 ; *Taylor v A Novo (UK) Limited* [2014] QB 150, spéc. Lord Dyson ; *Liverpool Women's Hospital NHS Foundation Trust v Ronayne* [2015] EWCA Civ 588, spéc. Lord Tomlinson, n° [20]. Lord Tomlinson ajoute toutefois que les règles sont également pragmatiques.

[6] *Alcock v Chief Constable of South Yorkshire* (1992) 1 AC 310, spéc. Lord Oliver, p. 417-418 ; *Young v McVean* [2015] CSIH 70, 2016 SC 135, spéc. Lord Brodie.

[7] N. MULLANY, « English psychiatric injury law - Chronically depressing », *L.Q.R.* 1999, n° 115(Jan), p. 30-36.

[8] M. A. JONES, *op. cit.*, p. 113 : « *The rules on the recovery of compensation for negligently inflicted psychiatric harm are widely regarded as some of the silliest and most arbitrary in the law of torts* » (notre traduction).

compte les connaissances médicales actuelles[1]. Par exemple, la science médicale ne distingue pas selon que le traumatisme psychique a été causé par la confrontation à l'évènement ou que la personne a entendu parler de celui-ci. La médecine estime que les deux situations sont autant susceptibles de causer un traumatisme psychique. L'exigence de perception directe de l'évènement n'est donc pas conforme à la science médicale et conduit à écarter des demandeurs méritants[2]. Pourtant deux décisions antérieures à *Alcock* sur cette question ont été abandonnées du fait de cette exigence[3]. Ensuite, on constate que les juges eux-mêmes sont conscients des limites des conditions proposées. Dans *Alcock*, les juges ont reconnu que la condition de proximité affective pourrait être écartée si un demandeur avait assisté à l'accident particulièrement terrifiant d'une personne qu'il ne connaissait pas[4]. Cela laisse entendre que les juges eux-mêmes ne sont pas convaincus par les règles qu'ils ont établies. Enfin, on constate que les conditions d'indemnisation proposées ne sont adaptées que dans l'exemple paradigmatique de l'accident[5]. En matière de responsabilité médicale, l'identification de l'évènement pertinent dont le demandeur doit avoir été témoin est particulièrement difficile. D'une part, le contexte hospitalier conduit à éviter que le demandeur soit exposé à des images choquantes. D'autre part, les suites d'une faute médicale, comme une erreur de diagnostic, peuvent n'intervenir que très longtemps après la faute. Il existe par conséquent un intervalle de temps entre la faute du médecin et l'évènement traumatisant, et il est difficile de déterminer lequel de ces évènements doit avoir suscité un choc[6]. Les mécanismes de contrôle en matière de *nervous shock* paraissent inadaptés aux demandes en matière

[1] I. GOOLD, C. KELLY, « Time to start de Novo : the Paul, Purchase and Polmear litigation and the temporal gap problem in secondary victim claims for psychiatric injury », *P.N.* 2023, n° 39(1), p. 24-40.

[2] A. BURROWS, J. BURROWS, « A Shocking Requirement in the law on negligence liabilty for psychiatric illness : Liverpool Women's Hospital NHS Foundation Trust v Ronayne », *Medical Law Review* 2016, n° 24, p. 278-285.

[3] *Hevican v Ruane* [1991] All E.R. 65 ; *Ravenscroft v Rederiaktiebolaget Transatlantic* [1992] 2 All ER 470. Sur ce dernier arrêt, v. : J. STEELE, « Two cheers for Caparo : Ravenscroft v Rederiaktiebolaget Transatlantic », *M.L.R.* 1993, n° 56(2), p. 244-247.

[4] *Alcock v Chief Constable of South Yorkshire* (1992) 1 AC 310, spéc. Lord Keith, p. 397, Lord Ackner, p. 403 et Lord Oliver, p. 416.

[5] *Taylor v A Novo (UK) Limited* [2014] 3 QB 150, spéc. Lord Dyson.

[6] Sur ce point, v. tout particulièrement les commentaires de l'arrêt *Paul v Royal Wolverhampton NHS Trust* [2023] QB 149. V. par ex : R. BAKER, « Secondary victims : Accidents and clinical negligence », *J.P.I. Law* 2020, n° 1, p. 1-10 ; R. BAKER, « Secondary victims : defining temporal proximity in cases arising from clinical negligence », *P.N.* 2021, n° 37(2), p. 102-107 ; I. GOOLD, C. KELLY, « Time to start de Novo : the Paul, Purchase and Polmear litigation and the temporal gap problem in secondary victim claims for psychiatric injury », *loc. cit.* ; R. MILLIGAN, « Primary victims, secondary victims, nervous shock and possible reform », *Rep. B.* 2022, n° 165, p. 2-6. Sur la décision de première instance, v. : J. McQUATER, « Paul v Royal Wolverhampton NHS Trust (2019) », *J.P.I. Law* 2020, n° 1, p. 7-13.

médicale[1], et à toutes les demandes en dehors du cas de l'accident auquel la victime secondaire a assisté[2].

En droit français. Le droit français ne connaît pas de mécanisme de contrôle particulier en matière de traumatisme psychique. La victime par ricochet sera traitée de la même façon que la victime directe. Cela contraste avec les trésors de complexité déployés par le droit anglais dans une logique purement restrictive.

Transition. Le droit anglais maintient des conditions d'indemnisation spécifiques aux victimes par ricochet. Ces conditions nombreuses et arbitraires visent essentiellement à limiter l'indemnisation. A l'inverse, en droit français, de nouveaux préjudices spécifiques aux victimes par ricochet apparaissent et viennent s'ajouter aux mécanismes déjà existant.

§2. L'apparition de préjudices spécifiques aux victimes par ricochet en droit français

En parallèle de l'indemnisation spécifique du traumatisme psychique, de nouveaux préjudices extérieurs à la nomenclature Dintilhac sont apparus pour indemniser les victimes par ricochet, ce qui est caractéristique de la dynamique du droit français.

Préjudice moral de l'enfant conçu. L'accueil du préjudice moral de l'enfant conçu mais non-encore né au moment du décès d'un proche - aussi appelé préjudice d'absence définitive[3] - est récent. La façon dont son indemnisation est justifiée est contestable mais il répond indéniablement à une demande spécifique d'indemnisation. Le droit anglais ne connaît pas de préjudice moral pour la victime par ricochet dans des circonstances similaires.

Rejet initial du préjudice. Les juges français se sont attachés à déterminer si l'enfant non-né pouvait obtenir une indemnisation pour la souffrance morale causée par le décès d'un proche ou par son handicap dès 2005. La position de rejet de la jurisprudence restait ferme quelles que soient les circonstances de la demande[4], la nature des relations avec la victime

---

[1] S. McKINLEY, « The difficulty of bringing claims for secondary victims in clinical negligence cases », *J.P.I. Law* 2018, n° 2, p. 105-112.

[2] Sur ce dernier point, v. notamment : J. FULBROOK, « Sarah Jane Young v John Anthony Downey », *J.P.I. Law* 2021, n° 2, p. 82-86.

[3] C. GARDETTE, « Le préjudice d'absence définitive de l'enfant à naître », *Resp. civ. et assur.* 2024, étude 4.

[4] Pour la victime directe décédée, v. : Cass. civ. 2ème, 24 mai 2006, n° 05-18.663 - Cass civ. 2ème, 5 oct. 2006, n° 05-18.494 - Cass. civ. 2ème, 4 nov. 2010, n° 09-68.903 - Cass. civ. 2ème, 3 mars 2011, n° 10-16.284 - Cass. civ. 2ème, 4 oct. 2012, n° 11-22.764 - Cass. civ. 2ème, 18 avr. 2013, n° 12-18.199. Pour la victime directe handicapée, v. : Cass. civ. 2ème, 24 févr. 2005 n° 02-11.999.

principale[1] ou la formulation du dommage[2]. Le préjudice moral de l'enfant non-né ne faisait alors pas partie des préjudices réparables en droit français. La Cour de cassation se fondait sur une absence de lien de causalité entre l'accident et le préjudice allégué[3]. Cependant, les juges du fond étaient réticents à appliquer cette ligne jurisprudentielle, ce qu'un jugement du TGI de Niort a pu rappeler[4]. Pour la Cour de cassation, la naissance de l'enfant venait couper le lien de causalité existant entre le fait générateur et le préjudice subi par l'enfant. Cette position étonne à l'époque tant la Cour de cassation avait habitué la doctrine à une approche très souple du lien de causalité. La plupart des auteurs salue toutefois le refus de la Cour de cassation d'indemniser un nouveau préjudice. Ils s'appuient sur des raisons de politique juridique tenant soit à la protection de l'édifice d'indemnisation déjà constitué[5], soit au souci de la viabilité économique du système de responsabilité civile français[6] et à l'adage « *de minimis non curat praetor* ». Des auteurs soulignent toutefois que les motifs de la Cour de cassation sont insatisfaisants, et que celle-ci aurait pu tout simplement affirmer que l'enfant seulement conçu au moment du décès d'un proche ne subissait pas de préjudice[7].

Accueil du préjudice. Dans un arrêt du 14 décembre 2017, la Cour de cassation procède à un revirement de jurisprudence[8]. La Cour juge que « *l'enfant peut demander réparation du préjudice résultant du décès accidentel de son père survenu alors qu'il était conçu* » puisqu'il souffre de l'absence définitive de son père. En 2020, la chambre criminelle rejoint la deuxième chambre civile[9]. Elle juge que l'absence d'un père auprès de son fils « *sera toujours ressentie douloureusement par l'enfant qui devra se*

---

[1] Pour le père de l'enfant, v. : Cass. civ. 2ème, 24 févr. 2005 n° 02-11.999 - Cass civ. 2ème, 5 oct. 2006, n° 05-18.494 - Cass. civ. 2ème, 4 nov. 2010, n° 09-68.903. Pour un grand-parent de l'enfant, v. : Cass. civ. 2ème, 24 mai 2006, n° 05-18.663 - Cass. civ. 2ème, 3 mars 2011, n° 10-16.284 - Cass. civ. 2ème, 4 oct. 2012, n° 11-22.764 - Cass. civ. 2ème, 18 avr. 2013, n° 12-18.199.

[2] Pour un préjudice d'affection, v. : Cass. civ. 2ème, 24 févr. 2005 n° 02-11.999 - Cass. civ. 2ème, 24 mai 2006, n° 05-18.663 - Cass civ. 2ème, 5 oct. 2006, n° 05-18.494 - Cass. civ. 2ème, 4 nov. 2010, n° 09-68.903 - Cass. civ. 2ème, 18 avr. 2013, n° 12-18.199. Pour la perte de chance de connaître un proche, v. : Cass. civ. 2ème, 3 mars 2011, n° 10-16.284, *RTD Civ.* 2012, p. 110, obs. J. HAUSER ; Cass. civ. 2ème, 4 oct. 2012, n° 11-22.764.

[3] Ce fondement était critiqué : S. HOCQUET-BERG, « Préjudice moral des enfants d'une personne handicapée, nés après l'accident », *Resp. civ. et assur.* 2005, comm. 145 ; F. CHÉNÉDÉ, « Pas de réparation du préjudice subi du fait d'être né d'un parent handicapé », *D.* 2005, p. 671 ; P. JOURDAIN, « Lien de causalité : les limites de l'équivalence des conditions », *RTD Civ.* 2005, p. 404.

[4] TGI Niort, 17 sept. 2012, n° 11/01855, *RTD Civ.* 2013, p. 345, obs. J. HAUSER.

[5] S. HOCQUET-BERG, « Préjudice moral des enfants d'une personne handicapée, nés après l'accident », *loc. cit.*

[6] P. JOURDAIN, « Lien de causalité : les limites de l'équivalence des conditions », *loc. cit.*

[7] F. CHÉNÉDÉ, *loc. cit.* ; P. JOURDAIN, « Lien de causalité : les limites de l'équivalence des conditions », *loc. cit.*

[8] Cass. civ. 2ème, 14 déc. 2017, n° 16-26.687.

[9] Cass. crim., 10 nov. 2020, n° 19-87.136.

contenter des souvenirs de sa mère et de ceux de ses proches pour connaître son père et construire son identité », ce qui permet d'en déduire un préjudice moral. En 2021, la deuxième chambre civile a étendu l'indemnisation au cas du décès du grand-père de l'enfant déjà conçu. Le préjudice moral se déduirait du fait que la demanderesse a été privée « *de la présence de son grand-père dont elle avait vocation à bénéficier, souffrait nécessairement de son absence définitive, sans avoir à justifier qu'elle aurait entretenu des liens particuliers d'affection avec lui* ». La Cour de cassation a toutefois réaffirmé que l'enfant non-conçu au moment du décès d'un proche ne peut pas bénéficier d'une indemnisation, même si cette disparition a marqué sa famille[1]. La jurisprudence semble donc avoir opéré des distinctions et définit strictement le champ de l'indemnisation du préjudice moral de l'enfant conçu. Comme nous l'avons déjà montré, le préjudice moral indemnisé est autonome et distinct du préjudice d'affection[2].

Justifications du revirement. Le revirement de la Cour de cassation s'explique d'abord par la reconnaissance d'une souffrance morale que le préjudice a vocation à indemniser, et que la jurisprudence considère comme évidente. La Cour de cassation a ainsi accepté d'indemniser un préjudice moral que les cours d'appel avaient caractérisé en identifiant que l'enfant « *souffrait de l'absence définitive de son père* »[3]. La souffrance est présumée, comme une évidente conséquence de l'absence. En 2020, la chambre criminelle a estimé que la douleur de l'enfant est liée au fait qu'il « *devra se contenter des souvenirs de sa mère et de ceux de ses proches pour connaître son père et construire son identité* ». Cette élaboration vise à caractériser la souffrance morale du demandeur, mais elle nous rappelle surtout combien nous sommes proches de la sphère du dommage existentiel[4] dont un auteur a dressé une critique convaincante[5]. Surtout, l'arrêt de la deuxième chambre civile du 11 février 2021 se fonde sur le fait que l'enfant avait « *vocation à bénéficier* » de la présence et de l'affection de son grand-père dont elle a été privée pour identifier le préjudice moral. Ce vocabulaire presque patrimonial peut surprendre dans ce contexte particulier d'une victime par ricochet n'ayant jamais connu la victime directe avec qui elle aurait dû développer une relation affective.

Le revirement s'explique aussi par une approche plus classique de la causalité. De 2005 à 2017, l'absence de lien de causalité était affirmée en toutes circonstances. À partir de 2017, son existence est affirmée ici dès lors que l'enfant était déjà conçu. Comme l'écrit Madame Hocquert-Berg, « *il n'y avait aucune raison de ne pas considérer que l'accident est à l'origine de l'impossibilité pour cet enfant de partager une communauté de vie et de*

---

[1] Cass. civ. 2ème, 11 mars 2021, n° 19-17.384 et 19-17.385.
[2] V. *supra* p. 171-174.
[3] Cass. civ. 2ème, 14 déc. 2017, n° 16-26.687.
[4] P. BRUN, « Le préjudice né de la perte d'un père que l'on n'a pas connu : variations sur un dilemme juridico- philosophique », *D.* 2019, p. 38.
[5] M. FABRE-MAGNAN, « Le dommage existentiel », *D.* 2010, p. 2376.

nouer une relation affective avec son père prédécédé »[1]. La cohérence de ce revirement avec la jurisprudence de la Cour de cassation en matière de transfusion sanguine par exemple[2] permet d'expliquer pourquoi cet arrêt n'appelle pas une motivation complexe. Cette affirmation démontre cependant combien, pour limiter l'extension du champ de l'indemnisation, le fondement de la causalité s'avère fragile. Notons que c'est l'outil qu'utilise encore la jurisprudence pour limiter le champ de la responsabilité en matière de préjudice moral de l'enfant conçu puisque, lorsque l'enfant n'était pas conçu, la Cour continue à affirmer l'absence de lien de causalité entre l'accident et le préjudice allégué[3]. La limite posée à la réparation du préjudice moral de l'enfant non-né reste le lien de causalité. Or, utiliser le lien de causalité pour encadrer le champ de la réparation du préjudice moral de l'enfant conçu revient à utiliser un concept fragile et malléable[4].

Une partie importante de la doctrine a trouvé dans l'adage *infans conceptus pro nato habetur*[5] un fondement au rétablissement du lien causal entre l'accident et le préjudice allégué. D'autres auteurs sont plus nuancés[6]. Un adage juridique est toujours une notion difficile à manipuler[7]. *Infans conceptus* peut être formulé ainsi : « *l'enfant simplement conçu, s'il naît vivant et viable, est considéré comme s'il était né chaque fois qu'il y va de son intérêt* »[8]. Il s'agit d'une fiction juridique qui permet d'attribuer à l'enfant conçu la personnalité juridique de façon anticipée. La maxime exige aussi que l'enfant soit né vivant et viable pour que l'attribution de la personnalité juridique puisse rétroagir. L'adage permettrait de supprimer « *la naissance dans l'enchaînement des causalités et permet de considérer qu'au*

---

[1] S. HOCQUET-BERG, « Toi, le père que je n'ai jamais eu… », *Resp. civ. et assur.* 2018, étude 3.

[2] V. notamment Cass. civ. 2ème, 2 juill. 2002, n° 00-15.848 et 00-16.126.

[3] Cass. civ. 2ème, 11 mars 2021, n° 19-17.384 et n° 19-17.385.

[4] V. par ex. : P. JOURDAIN, « Le préjudice moral de l'enfant né après le décès d'un parent (suite) », *RTD Civ.* 2021, p. 415.

[5] M. BACACHE, « Nouveau préjudice moral pour l'enfant conçu au jour du décès accidentel de son père », *D.* 2018, p. 386 ; B. de BERTIER-LESTRADE, « Le préjudice moral de l'enfant à naître lors du décès de son père », *LPA* 24 mai 2018, n° 135x8, p. 19 ; J.-R. BINET, « Le préjudice de l'enfant conçu privé de son père ? », *JCP G* 2018, 204 ; I. CORPART, « Accident mortel du père et préjudice moral pour l'enfant né seulement après le décès », *LPA* 11 févr. 2021, n° 158p5, p. 7 ; A. GUÉGAN, « Le préjudice d'affection ouvert à l'enfant né après le décès de son père dès lors qu'il était conçu au jour de ce décès », *D.* 2018, p. 2153 ; L. MARY, « L'enfant peut demander réparation du préjudice résultant du décès accidentel de son père survenu alors qu'il était conçu », *AJ Famille* 2020, p. 679 ; D. MAZEAUD, « Une application inédite par la Cour de cassation de l'adage *Infans conceptus pro nato habetur quoties de commodis ejus habetur* », *RTD Civ.* 2018, p. 72.

[6] P. JOURDAIN, « Le préjudice moral de l'enfant né après le décès d'un parent (suite) », *loc. cit.* ; M. DUPRÉ, « La perte de l'être cher mais à jamais inconnu », *Gaz. Pal.* 23 janv. 2018, n° 311j4, p. 18 ; S. HOCQUET-BERG, « Toi, le père que je n'ai jamais eu… », *loc. cit.* ; C. QUÉZEL-AMBRUNAZ, « Des préjudices de l'orphelin de naissance », *RLDC* 2018, n° 159.

[7] Comme l'écrit avec facétie un auteur, « *l'adage juridique ne sert pas à rendre compréhensible une règle de droit* » : J.-B. CRABIÈRES, « Comment rejoindre la confrérie du "Cochon poulet" ? », *Dalloz IP/IT* 2022, p. 168.

[8] D. MAZEAUD, *loc. cit.*

jour du décès l'enfant était déjà né, parce qu'il y va de son intérêt. »[1] Il éviterait aussi d'avoir à s'interroger sur la personnalité de l'embryon[2]. *Infans conceptus* aurait donc un rôle déterminant à jouer pour certains auteurs, puisque l'adage permettrait la naissance de la créance et l'affirmation du lien de causalité. On peut s'étonner de ces deux analyses. D'une part, comme en conviennent la plupart des auteurs qui pourtant se réfèrent à *infans conceptus*, l'affirmation du lien de causalité ne nécessite pas la mise en œuvre de l'adage. Il est possible de s'appuyer sur la théorie de l'équivalence des conditions pour affirmer le lien de causalité, ce qui serait sans doute moins inhabituel. En outre, comme le souligne habilement un auteur, un préjudice n'apparaît pas nécessairement de façon concomitante au fait générateur. Pour le Professeur Quézel-Ambunaz, « *il faut être une personne pour que naisse dans son patrimoine une créance de réparation mais cette naissance de la créance dans son principe est concomitante à la réalisation du préjudice - ici, le préjudice réfléchi - et non à la réalisation de l'atteinte initiale* »[3]. Il peut exister un décalage temporel entre le fait générateur et la réalisation du préjudice, de telle sorte qu'il n'est pas nécessaire que l'enfant conçu ait un patrimoine dès le moment du fait générateur pour qu'il subisse un préjudice. Le préjudice qu'il subira au moment de sa naissance fera naître dans son patrimoine une créance de réparation sans que la référence à *infans conceptus* ne s'avère utile.

En droit anglais. Le droit français accueille donc un préjudice *sui generis* visant à réparer l'absence définitive d'un proche de l'enfant conçu mais non-encore né au moment du décès de ce proche. Le droit anglais ne connaît pas de préjudice de ce type. La liste des personnes pouvant bénéficier d'une indemnisation au titre du *Fatal Accidents Act* est fixe et n'intègre pas l'enfant non-né. Le *nervous shock* est évidemment inadapté à un enfant non-né dans la mesure où il suppose la présence de la victime par ricochet sur la scène de l'accident. Les conditions de proximité à la fois affective, spatiale et temporelle rendent parfaitement irrecevable une demande formulée par un enfant non-né, même s'il arrivait à prouver l'existence d'une souffrance pathologique que lui causerait l'absence d'un proche.

Le droit français a identifié un besoin spécifique d'indemnisation dans le cas particulier de l'enfant ayant perdu un proche alors qu'il n'était pas encore né et a créé un préjudice autonome pour l'indemniser. Il a également souhaité indemniser le préjudice situationnel d'angoisse et d'inquiétude des proches de victimes d'attentats de manière autonome.

Préjudice situationnel de la victime par ricochet - contexte. À l'image du préjudice situationnel d'angoisse des victimes directes, le préjudice

[1] M. BACACHE, « Nouveau préjudice moral pour l'enfant conçu au jour du décès accidentel de son père », *loc. cit.*

[2] J. HAUSER, « Le droit dans les limbes », *RTD Civ.* 2013, p. 345.

[3] C. QUÉZEL-AMBRUNAZ, « Des préjudices de l'orphelin de naissance », *loc. cit.*

situationnel d'attente et d'inquiétude est apparu en droit français dans le cadre du questionnement plus large sur l'indemnisation des victimes d'attentats. Cela a pris la forme d'un « Livre Blanc sur les préjudices subis lors des attentats » publié par le Barreau de Paris en novembre 2016 et du rapport sur « L'indemnisation des préjudices situationnels des victimes directes et de leurs proches » du groupe dirigé par le Professeur Porchy-Simon rendu en février 2017. Ces deux documents, remarquables par leur approche interdisciplinaire et la place laissée aux témoignages de victimes et de spécialistes, proposent d'indemniser un préjudice « spécifique » ou « situationnel » d'attente et d'inquiétude des proches. Comme le rappellent ces documents, un préjudice comparable avait déjà été indemnisé par des juridictions du fond. Le tribunal correctionnel de Thonon-les-Bains a par exemple insisté sur l'existence d'un préjudice spécifique des victimes par ricochet distinct du préjudice d'affection et lié au caractère collectif de l'accident dans le cadre du procès sur la tragédie d'Allinges[1]. Ce préjudice prenait en compte l'attente, l'inquiétude et l'incertitude des victimes par ricochet par rapport au sort des victimes principales. D'autres juridictions avaient choisi d'indemniser des préjudices spécifiques d'attente et d'inquiétude dans l'hypothèse d'un accident de car transportant de nombreux enfants[2], d'une explosion de gaz[3] ou d'un crash aérien[4]. Cette tendance jurisprudentielle a rejoint une volonté de la Cour de cassation de mieux reconnaître les préjudices des victimes d'attentats dans le contexte des procès faisant suite aux attentats de Paris du 13 novembre 2015 et de Nice du 14 juillet 2016[5]. Il s'agissait aussi d'harmoniser le droit applicable dans la mesure où le FGTI avait accepté d'indemniser ce préjudice d'attente et d'inquiétude sans en consacrer l'autonomie, puisqu'il indemnisait ce préjudice *via* une majoration du préjudice d'affection[6].

Accueil du préjudice. Dans un arrêt du 25 mars 2022, la chambre mixte de la Cour de cassation a reconnu l'existence d'un « *préjudice spécifique d'attente et d'inquiétude* » des victimes par ricochet[7]. L'arrêt constate que les proches d'une personne apprenant que celle-ci est en train d'être exposée à un drame collectif, ressentent une inquiétude qui survient « *antérieurement à la connaissance de la situation réelle de la personne exposée au péril et qui naît de l'attente et de l'incertitude* ». Le préjudice alors subi est spécifique du fait de sa nature et de sa gravité et la Cour affirme qu'en cela, il ne se confond pas avec le préjudice d'affection. Le préjudice spécifique d'attente

---

1 T. corr. Thonon-les-Bains, 26 juin 2013, n° 683/2013.

2 TGI Chalon-sur-Saône, 30 oct. 2015. V. : « Livre Blanc sur les préjudices subis lors des attentats », Barreau de Paris, nov. 2016, spéc. p. 47-48.

3 CA Lyon, 14 janv. 2016. V. : « Livre Blanc sur les préjudices subis lors des attentats », Barreau de Paris, nov. 2016, spéc. p. 49.

4 CA Aix-en-Provence, 30 juin 2016, n° 15/16199.

5 V. notamment : Rapport du Conseiller BESSON, Arrêt n° 288 du 25 mars 2022 - Chambre mixte, pourvoi n° 20-17-072, spéc. p. 5.

6 S. PORCHY-SIMON, « Vingt fois sur le métier remettez votre ouvrage », *D.* 2017, p. 2265.

7 Cass. ch. mixte, 25 mars 2022, n° 20-17.072.

et d'inquiétude constitue donc un préjudice autonome distinct des postes de la nomenclature Dintilhac[1]. Sa spécificité est aussi temporelle puisqu'il est constitué « *entre la découverte de l'évènement par les proches et leur connaissance de son issue* »[2]. L'autonomie du préjudice d'attente et d'inquiétude par rapport au préjudice d'affection semble indéniable dans la mesure où ce-dernier vise à indemniser la disparition d'un lien d'affection tandis qu'ici, c'est la souffrance morale de la victime par ricochet placée dans une situation incertaine qui est visée. L'indemnisation de ce préjudice est assortie de conditions. Tout d'abord, il est naturellement nécessaire que le proche ait eu connaissance de la situation de la victime directe au moment de l'évènement. La Cour précise aussi de façon plus surprenante que ce préjudice « *ouvre droit à indemnisation lorsque la victime directe a subi une atteinte grave ou est décédée des suites de cet événement* ». Cela n'exclut évidemment pas mécaniquement l'indemnisation du préjudice d'attente et d'inquiétude de la victime par ricochet comme l'a rappelé la deuxième chambre civile[3]. On peut toutefois s'étonner avec la doctrine de ce que ce préjudice ne soit indemnisé que dans le cas où la victime directe subi une atteinte grave, alors même que la spécificité du préjudice en question tient justement au caractère incertain de la situation et à la souffrance morale que cette incertitude suscite[4]. Le fait que la victime directe soit en fait en bonne santé n'enlève rien à l'inquiétude ressentie pendant le déroulement de la situation dramatique. En outre, le critère de gravité ne pourra que susciter des difficultés quant à son appréciation[5]. Cette exigence apparaît comme une limite artificielle à la réparation[6] qu'il aurait sans doute été préférable de ne pas mentionner.

Méthodologie de l'indemnisation. Dans son arrêt du 25 mars 2022, la Cour de cassation n'a pas éclairé les modalités de l'indemnisation du préjudice d'attente et d'inquiétude. Le « Livre blanc sur les préjudices subis

---

[1] L. BLOCH, « Reconnaissance de l'autonomie des préjudices de mort imminente et du préjudice d'attente et d'inquiétude », *Resp. civ. et assur.* 2022, comm. 120.

[2] Ph. BRUN, « Le préjudice d'angoisse de mort imminente et le préjudice d'attente et d'inquiétude sont des chefs de préjudice à part entière », *D.* 2023, p. 34.

[3] Cass. civ. 2ème, 27 oct. 2022, n° 21-24.424, n° 21-24.425 et n° 21-24.426, *Dalloz actualité* 30 novembre 2022, obs. R. BIGOT et A. CAYOL ; *Resp. civ. et assur.* 2022, comm. 271, obs. S. HOCQUET-BERG ; *Gaz. Pal.* 17 janv. 2023, n° GPL444h5, obs. Z. JACQUEMIN ; *LEDA* janv. 2023, n° DAS201b7, obs. T. DOUVILLE.

[4] Ph. BRUN, « Le préjudice d'angoisse de mort imminente et le préjudice d'attente et d'inquiétude sont des chefs de préjudice à part entière », *loc. cit.* ; P. JOURDAIN, « L'autonomie consacrée du préjudice d'angoisse de mort imminente des victimes directes et du préjudice d'attente et d'inquiétude des victimes par ricochet », *JCP G* 2022, 513.

[5] S. PORCHY-SIMON, « Reconnaissance de l'autonomie des préjudices d'angoisse de mort imminente de la victime principale et d'attente et d'inquiétude des proches par la chambre mixte de la Cour de cassation », *D.* 2022, p. 774 ; A. GUÉGAN, « La nature indicative de la nomenclature Dintilhac consacrée par la chambre mixte de la Cour de cassation », *Gaz. Pal.* 10 mai 2022, n° GPL435u7.

[6] V. RIVOLLIER, « L'autonomie du préjudice d'angoisse de mort imminente et du préjudice d'attente et d'inquiétude : jusqu'où aller dans la déclinaison des préjudices ? », *Hebdo édition privée*, avril 2022.

lors des attentats » propose quant à lui seize critères d'évaluation et cinq niveaux d'intensité par critère pour essayer de saisir la souffrance spécifique de la victime par ricochet. Ces critères sont notamment le lien affectif entre les victimes principale et par ricochet, le moment et le mode de connaissance de l'attentat et de la présence du proche sur les lieux, l'éventuelle présence de la victime par ricochet aux abords des lieux, les informations sur la santé du proche, ou encore le mode de reconnaissance du proche[1]. Le rapport Porchy-Simon propose quant à lui deux critères généraux d'évaluation, la proximité du lien affectif d'une part et la durée et les conditions de l'attente d'autre part. D'autres critères spécifiques à l'évènement en question pourront être ajoutés. On constate que dans les deux cas, à l'image de l'indemnisation du préjudice situationnel d'angoisse, l'évaluation ne se fait pas sur des critères médicaux. Elle se fera en principe sur la base de critères objectifs[2]. Par conséquent, l'indemnisation du préjudice d'attente et d'inquiétude n'a pas vocation à indemniser le traumatisme psychique éventuellement subi par la victime par ricochet suite à l'attentat. Il s'agit plutôt d'un préjudice situationnel qui a vocation à indemniser la souffrance morale ressentie pendant la situation dommageable[3]. S'il découle de cette situation une pathologie psychique, celle-ci devra être indemnisée comme tout traumatisme psychique.

En droit anglais. Le droit anglais n'indemnise pas de préjudice d'attente et d'inquiétude de la victime par ricochet. Il n'indemnise le traumatisme psychique des victimes secondaires que *via* le *nervous shock*, même dans l'hypothèse d'une catastrophe collective, comme c'était le cas dans l'arrêt *Alcock*. La prohibition de l'indemnisation de la souffrance morale non-pathologique rend impossible l'indemnisation d'un préjudice comparable au préjudice d'attente et d'inquiétude au sein de la *negligence*. Comme pour les victimes primaires, une victime secondaire ne pourra demander une indemnisation à la *Criminal Injuries Compensation Authority* que dans le cas où elle satisfait aux conditions du droit commun. Encore une fois, le droit français a créé un préjudice spécifique face à un besoin d'indemnisation alors que le droit anglais n'a pas estimé utile de répondre à ce besoin.

Conclusion de section. Les droits français et anglais, malgré d'évidentes zones de convergence, conservent des approches spécifiques de l'indemnisation des victimes par ricochet. Le droit anglais maintient ainsi des limites spécifiques à l'indemnisation du traumatisme psychique des victimes par ricochet. Ces limites sont justifiées par des considérations théoriques, mais surtout par une volonté politique de limiter le champ de l'indemnisation et la crainte d'une situation de responsabilité illimitée. Le droit français, qui ne partage pas cette inquiétude, indemnise le traumatisme psychique des victimes par ricochet de la même manière que celui des

[1] « Livre Blanc sur les préjudices subis lors des attentats », Barreau de Paris, nov. 2016, spéc. p. 59-67.

[2] V. RIVOLLIER, *loc. cit.*

[3] Sur ce point, v. *supra* p. 161 et s.

victimes principales. Le droit français maintient tout de même lui aussi des spécificités. On a ainsi vu apparaître récemment deux nouveaux préjudices spécifiques aux victimes par ricochet et qui ne se confondent ni avec le préjudice d'affection, ni avec l'indemnisation du traumatisme psychique. Il s'agit du préjudice moral de l'enfant conçu mais non-encore né au moment du décès d'un proche et du préjudice situationnel d'attente et d'inquiétude des victimes par ricochet. Ces deux préjudices, très particuliers, ne connaissent pas d'équivalents en droit anglais.

Conclusion de chapitre. L'étude des évolutions récentes de l'indemnisation des victimes par ricochet en droit français et en droit anglais permet de mettre en lumière un double mouvement. On constate que les deux droits convergent autour de l'indemnisation autonome du traumatisme psychique de la victime par ricochet. Tous les deux conçoivent ce traumatisme de la même manière qu'une atteinte physique. Ils la distinguent de la souffrance morale causée par la disparition du lien d'affection ou aux troubles dans les conditions d'existence à la suite du décès ou au handicap de la victime principale qui sont indemnisés *via* des préjudices particuliers. Toutefois, nous avons montré que chacun des deux droits conserve ses spécificités. Le droit français continue à indemniser de nouveaux préjudices spécifiques et autonomes lorsqu'un besoin d'indemnisation est exprimé. Le droit anglais maintient une position de prudence à l'égard de l'indemnisation du traumatisme psychique et en limite l'indemnisation, particulièrement pour les victimes par ricochet. En cela, l'étude de l'indemnisation des victimes par ricochet en droit français et en droit anglais permet de mettre en lumière les points communs et les spécificités des deux droits.

Conclusion de titre. La confrontation d'un demandeur à une situation particulièrement traumatisante a justifié la création de nouveaux préjudices en droit français, tant au bénéfice des victimes directes que des victimes par ricochet. Ces préjudices sont autonomes par rapport à ceux figurant dans la nomenclature Dintilhac, et par rapport à l'indemnisation du traumatisme psychique. Cette autonomisation s'explique par une approche situationnelle objective du préjudice qui fait de la situation vécue le siège d'une atteinte distincte de l'atteinte physique subie ou de la souffrance morale ressentie. Toutefois, le préjudice d'angoisse de mort imminente et le préjudice moral de l'enfant conçu mais non encore né au moment de la mort d'un proche ne s'intègrent pas de façon satisfaisante à cette approche situationnelle. Le droit anglais a pris le parti de ne pas indemniser la situation dans laquelle le demandeur se trouve placé. Il estime que cette situation n'est que la source potentielle de l'atteinte physique ou psychique indemnisable. Elle ne crée pas d'autres préjudices distincts en elle-même. L'atteinte physique et le traumatisme psychique sont donc les éléments clés de l'indemnisation en droit anglais en cas de confrontation à une situation particulièrement traumatisante. Toutefois, la volonté des juges anglais de limiter le champ de l'indemnisation a conduit à la mise en place de distinctions insatisfaisantes, notamment entre les victimes primaires et secondaires. Par conséquent, les droits français et anglais s'accordent sur le principe de l'indemnisation des victimes directes et par ricochet en cas de confrontation à une situation traumatisante, mais n'ont pas la même pratique de cette indemnisation. Le droit français ajoute une strate supplémentaire à l'indemnisation de l'atteinte physique ou psychique avec les préjudices liés à la situation de la victime. Par conséquent, si on constate un rapprochement des deux droits autour de la figure du traumatisme psychique, l'indemnisation va cependant au-delà de celui-ci en droit français.

Conclusion de partie. Il ne fait aucun doute que les droits français et anglais ont adopté des solutions divergentes face aux nouvelles demandes d'indemnisation. Là où le droit français a accueilli de plus en plus largement ces demandes d'indemnisation *via* de nouveaux préjudices spécifiques, quitte à diluer la notion, le droit anglais a cherché à fixer des limites au champ de l'indemnisation, quitte à adopter des solutions arbitraires. La source principale de cette différence de dynamique se trouve dans le contraste existant entre le principe d'équivalence en droit français et la hiérarchie des intérêts protégés en droit anglais. Cette divergence est la plus forte concernant les situations où aucune atteinte physique ne peut être identifiée. La confrontation d'un demandeur à un risque fera l'objet d'une indemnisation spécifique en droit français alors que la *negligence* s'avère particulièrement mal adaptée pour répondre à une telle demande. Lorsque le demandeur a été confronté à une atteinte physique ou à un risque immédiat d'atteinte physique, les deux droits divergent moins fortement. Ils convergent même autour de la figure du traumatisme psychique, indemnisé comme une atteinte physique dans les deux cas. Le droit français a toutefois choisi d'indemniser spécifiquement les demandeurs confrontés à une situation traumatisante du seul fait de cette exposition. D'autres figures de préjudices sont plus difficiles à justifier en droit français, et font figure de palliatifs.

Plus largement, les droits français et anglais indemnisent des préjudices appréciés tantôt objectivement et tantôt subjectivement. L'analyse des réponses données par les droits français et anglais aux nouvelles demandes d'indemnisation permet de constater leurs divergences de solutions, mais révèle aussi un potentiel rapprochement conceptuel autour du concept de dommage.

SECONDE PARTIE : LA POSSIBLE CONVERGENCE CONCEPTUELLE DES DROITS FRANÇAIS ET ANGLAIS S'AGISSANT DES PRÉJUDICES ÉMOTIONNELS

Objet de la partie. Les droits français et anglais divergent quant aux solutions qu'ils adoptent face à de nouvelles demandes d'indemnisation. Il s'agit maintenant de montrer qu'ils partagent tout de même une approche comparable du concept de dommage qui pourrait servir d'appui à une convergence des deux droits. Cette proximité conceptuelle est mise en lumière par l'analyse comparée des préjudices émotionnels autonomes et de leurs équivalents anglais. Il ressortira de cette analyse, qui s'apparente à un pas de recul, qu'un dommage peut être formulé soit comme une interférence avec un intérêt, soit comme la détérioration d'une situation antérieure, et que ces deux formulations coexistent dans les deux droits. Sur le fondement de la distinction observée, on pourra proposer une rationalisation de la réponse aux nouveaux besoins d'indemnisation, tout en conservant à l'esprit les caractéristiques de chaque droit. Cette proximité conceptuelle peut intuitivement sembler contraire à la divergence des deux droits observée. Pourtant, c'est bien les désaccords entre les droits français et anglais sur le champ de l'indemnisation qui permettent de mettre en lumière l'existence de la distinction, et la manière dont celle-ci est accueillie. Ces désaccords permettent d'abord de clarifier la notion de dommage elle-même. Il est ressorti de notre étude que le droit français tend à répondre favorablement aux nouvelles demandes d'indemnisation tandis que le droit anglais est attaché à maintenir des limites au champ de l'indemnisation. Il a également été démontré que le droit français indemnisait un certain nombre de préjudices émotionnels de façon autonome, en dehors de la nomenclature Dintilhac et parfois en l'absence de toute atteinte physique identifiée. Or, l'indemnisation autonome de ces préjudices suppose d'identifier le dommage fondant l'action en justice, conformément à la distinction entre le dommage et le préjudice. Il s'agit d'une opportunité pour éclairer plus avant la définition du dommage dans les deux droits.

Intérêt. Le concept de dommage est devenu l'élément clé de la responsabilité civile, sa condition pivotale. C'est aussi la racine de tout préjudice. Éclairer sa définition et la façon dont le dommage est conçu, c'est donc essayer de comprendre la pratique des juridictions et participer à en assurer la cohérence. La mise en lumière de cette proximité conceptuelle permet également de nourrir les droits français et anglais d'enseignements provenant de l'autre droit sur des points communs, tout en prenant en compte les caractéristiques particulières à chacun. Cela permet aussi de s'assurer que chaque droit adopte une pratique cohérente de l'indemnisation par rapport à la manière dont il conçoit le dommage. Nous chercherons à démontrer que le droit français fait coexister au sein d'un seul préjudice plusieurs formulations du dommage. Il faudra aussi montrer en quoi la pratique de la limitation du champ de l'indemnisation en droit anglais n'est pas cohérente avec les principes de ce droit. Le dommage est très peu défini et n'a fait que récemment l'objet d'une attention particulière en droit français et en droit anglais. L'expansion du champ de l'indemnisation ou sa limitation ne se sont donc pas fondées sur des bases conceptuelles solides, mais plutôt sur des pratiques de politique juridique. Clarifier la notion de dommage s'avère donc nécessaire mais périlleux.

Plan. Dans un premier temps, il s'agira de démontrer qu'il existe une distinction perceptible au sein des préjudices émotionnels autonomes, et coexistant dans les deux droits, entre le dommage-détérioration et le dommage-interférence (**Titre 1**). Dans un second temps, nous étudierons en quoi la distinction constatée peut servir de voie de rationalisation de l'indemnisation des préjudices émotionnels autonomes et de leurs équivalents anglais (**Titre 2**).

Titre 1 : La coexistence de deux conceptions du dommage au sein des préjudices émotionnels

Objet du titre. L'analyse des préjudices émotionnels autonomes dans leur globalité révèle qu'il existe en eux une tension autour du dommage qu'ils visent à indemniser. Il s'agit d'étudier cette tension pour mettre en lumière une définition duale du dommage commune aux droits français et anglais de la responsabilité civile. La tension identifiée réside dans la coexistence au sein de chacun de ces préjudices d'approches à la fois objective et subjective du dommage qui paraissent incompatibles. Cela est notamment dû au fait que ces préjudices ont vocation à répondre à plusieurs fonctions de la responsabilité civile à la fois. Il ressort de notre analyse des préjudices émotionnels autonomes et de leurs équivalents anglais qu'un dommage peut être conçu de deux manières alternatives. Il peut être saisi de façon objective comme une interférence avec un intérêt protégé du demandeur. De manière subjective, il peut être compris comme la détérioration d'une situation antérieure ou qui aurait dû se produire. Cette distinction est particulièrement apparente aux marges du champ de l'indemnisation, là où se trouvent les préjudices émotionnels autonomes et leurs équivalents anglais. L'analyse de ces préjudices nous permettra de démontrer que la distinction proposée existe sans être identifiée. Il s'agira ensuite de tenter d'appliquer cette distinction aux préjudices créé en réponse à de nouveaux besoins d'indemnisation pour former une typologie des préjudices émotionnels autonomes et de leurs équivalents anglais. Cela nous permettra de montrer que les préjudices émotionnels autonomes visent plutôt à indemniser des interférences avec des intérêts que la détérioration d'une situation de fait.

Intérêt. L'idée d'une convergence conceptuelle des droits français et anglais autour d'une conception duale du dommage peut sembler en contradiction avec la divergence des solutions que nous avons identifiée. L'approche binaire du dommage dont nous défendons l'existence permettrait toutefois de mieux expliquer les racines conceptuelles de cette divergence. En effet, la façon dont chaque droit reçoit la distinction proposée influe sur sa pratique de l'indemnisation. L'identification de cette distinction vient éclairer le sens de la distinction du dommage et du préjudice, ses limites, et permet de rechercher un vocabulaire plus précis en matière de responsabilité civile. Il faut répondre à la difficulté liée au fait que les préjudices émotionnels autonomes et leurs équivalents anglais résistent à une systématisation sur la base de la notion de dommage, et qu'il est difficile d'identifier le dommage qu'ils visent à indemniser. Il s'agira de répondre à ce problème en proposant une distinction pouvant saisir les dommages indemnisés dans le cadre de ces différents préjudices et de leurs équivalents anglais.

Plan. Dans un premier temps, nous démontrerons l'existence de deux conceptions du dommage, le dommage-détérioration et le dommage-interférence, au sein des préjudices émotionnels autonomes et de leurs équivalents anglais (Chapitre 1). Dans un second temps, nous chercherons à appliquer la distinction prxoposée aux préjudices émotionnels autonomes et à leurs équivalents anglais (Chapitre 2).

Chapitre 1 :
La mise en évidence de la distinction du dommage-détérioration et du dommage-interférence

Objet du chapitre. L'apparition de nouveaux préjudices émotionnels autonomes a constitué une extension du champ de l'indemnisation en droit français et donc un élargissement du contenu de la notion de dommage. Les juges anglais ont aussi eu à préciser les contours du dommage en *tort law* face à ces nouvelles demandes d'indemnisation, quoique l'élargissement ait été plus maîtrisé. Selon nous, le dommage est une atteinte à un intérêt protégé, mais cette définition manque de précision[1]. L'enrichissement du concept de dommage permet de mettre en lumière les limites pratiques de la notion mais également d'en préciser la définition. Pour comparer de manière pertinente la façon dont les droits français et anglais répondent aux nouveaux besoins d'indemnisation exprimés par les demandeurs, nous devrons préciser le sens que chaque droit donne à la notion de dommage. Il faudra veiller, en droit anglais, à adopter une approche dépassant la seule *negligence*. On constate l'existence d'une incertitude quant aux dommages réparés par les préjudices émotionnels autonomes et il s'agit de la résoudre. Nous chercherons à montrer que la source de cette incertitude se trouve dans l'existence d'une distinction entre deux formulations différentes du dommage perceptible au sein des préjudices émotionnels autonomes et de leurs équivalents anglais. Nous constaterons en effet que le dommage peut être soit formulé comme la détérioration concrète d'une situation, soit comme une interférence abstraite avec un intérêt.

Intérêt. Cette démonstration nous conduira à mettre en lumière une convergence des deux droits autour d'une définition similaire d'un concept commun, le dommage. Il s'agit de pouvoir décrire de façon plus précise et satisfaisante l'état du droit positif en France et en Angleterre. Il s'agit aussi d'enrichir l'étude des droits français et anglais pour améliorer la compréhension de leurs spécificités pratiques, et éventuellement de clarifier les justifications données aux limites du champ de l'indemnisation dans chaque droit. Il existe une tension conceptuelle au sein des préjudices émotionnels autonomes et de leurs équivalents anglais lorsqu'ils sont envisagés sous l'angle du dommage qu'ils ont vocation à indemniser. L'identification de ce qu'est un dommage dans les deux droits s'avère difficile, notamment au vu de la diversité des nouvelles situations saisies par le droit. Il sera nécessaire de clarifier ce qui constitue un dommage et donc de préciser le contenu et les limites d'une des conditions de la responsabilité civile pour répondre à cette tension.

---

[1] V. *supra* p. 34 et s.

Plan. L'étude des préjudices émotionnels autonomes et de leurs équivalents anglais conduit à constater l'existence d'une distinction entre la détérioration et l'interférence au sein du concept de dommage en germe dans les deux systèmes juridiques (Section 1). Il faut apprécier l'accueil qui est fait par chaque droit à cette distinction (Section 2).

Section 1 : Le constat d'une distinction au sein du concept de dommage en germe dans les deux droits

Objet de la section. Une première analyse des situations indemnisées en réponse aux nouvelles demandes d'indemnisation permet de constater le manque de clarté du concept de dommage en responsabilité civile. Ce n'est qu'en identifiant les causes de cette incertitude qu'une clarification du concept de dommage à la lumière des préjudices émotionnels est possible grâce à une analyse comparée.

Plan. Le dommage réparé en matière de préjudices émotionnels autonomes est souvent incertain (§1). Une distinction au sein de la notion de dommage permet d'éclairer cette ambiguïté (§2).

§1. L'incertitude portant sur le dommage réparé en matière de préjudices émotionnels

La notion de dommage, même définie comme une atteinte à un intérêt protégé, demeure marquée tant en droit français qu'en droit anglais par une certaine ambiguïté. Celle-ci rend difficile l'analyse des préjudices émotionnels autonomes et de leurs équivalents anglais. Cette ambiguïté tient aux incertitudes entourant la notion de dommage mais aussi à la pluralité des formulations du dommage pouvant être utilisées dans les deux droits.

Imprécision du concept de dommage. Il existe en droit français et en droit anglais une grande incertitude autour du vocabulaire pertinent en matière de dommage[1] qui grève les possibilités d'une analyse satisfaisante des préjudices émotionnels autonomes et de leurs équivalents anglais. Concernant ces préjudices plus spécifiquement, l'incertitude tient à ce qui constitue effectivement un dommage en droit français et en droit anglais. On peut évoquer la question du risque et la question de l'atteinte à un droit.

Risque et dommage. Dans l'hypothèse des préjudices d'angoisse et d'anxiété en droit français, une indemnisation est accordée à la suite d'une exposition à un risque. En matière d'impréparation, le demandeur est aussi exposé à un risque sans en être informé. Est-ce que l'exposition à un risque elle-même constitue un dommage permettant de fonder une action en responsabilité civile et en *tort law* ? Il est difficile de donner une réponse définitive à cette question dans les deux droits. Au premier abord, l'exposition à un risque ne constitue pas un dommage en soi mais seulement

---

[1] V. *supra* p. 30 et s. En droit anglais, v. particulièrement : D. NOLAN, « Rights, Damage and Loss », *O.J.L.S.* 2017, n° 37(2), p. 255-275.

la potentialité d'un dommage[1]. Pourtant, on peut constater qu'il existe tant en droit français qu'en droit anglais une tendance à considérer l'exposition à un risque comme un dommage pouvant fonder une action en responsabilité en doctrine et en jurisprudence.

En droit anglais. En principe, l'existence d'un risque de dommage seul ne peut pas fonder une action en *negligence* et il faudra démontrer que cette exposition a causé une atteinte physique ou psychique[2]. Pourtant, en *common law*, on s'est interrogé sur la possibilité de considérer le risque comme un dommage réparable. Ce questionnement a d'abord eu lieu en doctrine, notamment aux États-Unis. Le Professeur Finkelstein fait valoir qu'un risque est un dommage car il constitue la perte d'une chance de bénéfice et conduit donc à une diminution du bien-être. La jurisprudence américaine aurait accueilli cette conception du dommage en *negligence*[3]. Le Professeur Oberdiek a quant à lui proposé de consacrer un droit à ne pas être exposé à un risque qui serait fondé sur le fait que toute exposition à un risque constitue une atteinte à l'autonomie[4]. Une exposition à un risque constituerait donc un dommage même s'il ne se réalise pas dans la mesure où il y aurait une atteinte à un intérêt[5]. Une telle approche est résolument tournée vers l'avenir dans la mesure où l'atteinte à l'autonomie est une atteinte aux potentialités futures plutôt qu'à une situation qui aurait dû advenir. Un autre auteur estime que l'exposition à un risque est un dommage car cette exposition est nécessairement une atteinte à la dignité[6]. Ce courant s'inscrit plus largement dans une tendance doctrinale souhaitant élargir les intérêts protégés par la *negligence*[7].

Il a existé pendant un temps une tendance des juges anglais à considérer le risque de dommage comme un dommage en *negligence*. Celle-ci est apparue en matière de lien de causalité en cas d'exposition à un risque de dommage. En *negligence*, le droit anglais doit composer avec le *but-for test* qui est un critère d'appréciation de la causalité assez rigide. L'expression « condition *sine qua non* » est sa formulation la plus parlante pour le juriste

---

[1] J. OBERDIEK, « Towards a right against risking », *Law and Philosophy* 2009, n° 28(4), p. 367-392, spéc. p. 369.

[2] V. *supra* p. 55-56. Sur ce point, on peut noter que certains auteurs défendent l'idée que l'ensemble du système de l'indemnisation en *negligence* se fonde sur le principe selon lequel il est interdit d'exposer un tiers à un risque de dommage : T. HANDFIELD, T. PISCIOTTA, « Is the risk-liability theory compatible with negligence law ? », *L.T.* 2005, n° 11(4), p. 387-404.

[3] C. FINKELSTEIN, « Is Risk a Harm ? », *U.P.L.R.* 2003, n° 151(3), p. 963-1001, spéc. p. 975-986.

[4] J. OBERDIEK, *loc. cit.* Sur ce point, v. aussi : J. OBERDIEK, « The moral significance of risking », *L.T.* 2012, n° 18(3), p. 339-356, spéc. p. 350 et s.

[5] J. OBERDIEK, « Towards a right against risking », *loc. cit.*, spéc. p. 379-380 et 383-384.

[6] A. PLACANI, « When the risk of harm harms », *Law and Philosophy* 2017, n° 36(1), p. 77-100, spéc. p. 88.

[7] M. FORDHAM, « The protection of personal interests - Evolving form of damage in negligence », *SAcLJ* 2015, n° 27, p. 643 ; D. NOLAN, « Damage in the English Law of Negligence », *J.E.T.L.* 2013, n° 4(3), p. 259-281.

français. Les juges procèdent alors à une analyse détaillée des éventuelles causes du dommage, pour en identifier la cause effective[1], ce qui évoque la théorie de la causalité adéquate[2]. Le *but-for test* saisit difficilement les cas d'incertitude causale comme le cas du groupe de chasseur blessant une personne[3]. Ce test empêchait l'indemnisation des salariés ayant été exposés à l'amiante par plusieurs employeurs. Il était impossible de définir quelle exposition avait causé la maladie liée à l'amiante et les salariés risquaient donc d'être déboutés. En 2002, dans le cadre de ce contentieux, la Chambre des Lords a fait le choix de modifier les règles de causalité. Elle a jugé que l'employeur qui avait exposé un demandeur à un risque de dommage avait matériellement contribué à la réalisation de ce dommage[4]. Le fait d'avoir exposé le demandeur à un risque a donc été considéré comme suffisant pour fonder une action en *negligence*. Dans un arrêt subséquent sur le même sujet de l'indemnisation des salariés exposés à l'amiante, un juge a affirmé que le fondement de ce principe devait être trouvé dans le caractère dommageable de l'exposition à un risque[5]. Il écrit : « *(u)ne approche cohérente suggérerait que si le fondement de la responsabilité est la création fautive d'un risque ou d'une chance de causer une maladie, alors il faut considérer le dommage que le défendeur a causé comme la création de ce risque ou de cette chance* »[6]. Cela laissait entendre qu'un risque pouvait constituer un dommage en *negligence*. La Chambre des Lords est toutefois revenue sur cette analyse dans l'arrêt *Rothwell*. Dans cet arrêt, la Chambre énumère avec beaucoup de clarté plusieurs éléments ne pouvant pas constituer des dommages en soi en *negligence*, et vise notamment le risque de dommage

---

1 M. A. JONES (dir.), *Clerk & Lindsell on Torts*, Sweet & Maxwell U.K., 2020, 23ème éd., spéc. n° 2-09.

2 V. par ex. : *Barnett v Chelsea and Kensington Hospital Management Committee* [1969] 1 QB 428 ; *McWilliams v Sir William Arrol & Co Ltd* [1962] 1 WLR 295.

3 Sur l'absence de solution à cette question en droit anglais : L. HOFFMAN (LJ), « Fairchild and After », *in Judge and Jurist : Essays in Memory of Lord Rodger of Earlsferry*, A. Burrows, D. Johnston et R. Zimmerman (dir.), Oxford University Press, 2013, p. 63-70.

4 *Fairchild v Glenhaven Funeral Services Ltd & others* [2002] UKHL 22, [2003] 1 AC 32, [2002] Lloyds Rep Med 361, [2002] 3 All ER 305, [2002] PIQR P28, (2002) 67 BMLR 90, [2002] 3 WLR 89, [2002] ICR 798.

5 *Barker v Corus (UK) Ltd* [2006] UKHL 20, [2006] 2 AC 572.

6 *Barker v Corus (UK) Ltd*, [2006] UKHL 20, spéc. Lord Hoffman, n° 35 : « *Consistency of approach would suggest that if the basis of liability is the wrongful creation of a risk or chance of causing the disease, the damage which the defendant should be regarded as having caused is the creation of such a risk or chance* » (notre traduction). V. sur ce point : J. STEELE, « Pleural plaques in the House of Lords : the implications of Page v Smith », *C.L.J.* 2008, n° 67(1), p. 28-30.

futur[1]. Aujourd'hui, en *negligence*, une exposition à un risque de dommage ne peut pas être considérée comme un dommage en soi.

En droit français. En droit français aussi, il est difficile de déterminer si l'exposition à un risque de dommage suffit à constituer un dommage au sens de la responsabilité civile. Plusieurs juridictions ont accepté de consacrer l'indemnisation d'un risque préjudiciable[2], malgré l'apparence paradoxale d'une telle formulation[3]. Cette consécration est d'abord intervenue en matière de troubles anormaux du voisinage, en cas de risque d'inondation[4], de feu[5] ou d'éboulement[6]. C'est aussi cette justification qui a été avancée en matière d'antennes-relais. Pour certains auteurs, l'indemnisation du préjudice d'anxiété ou du préjudice d'angoisse s'ancre aussi dans l'idée du risque préjudiciable[7]. Comme le souligne le Professeur Jourdain, c'est rarement le risque lui-même qui est indemnisé mais bien les conséquences économiques ou émotionnelles de l'exposition au risque[8]. En droit anglais aussi, un auteur a défendu l'idée que les coûts causés par une exposition à un risque pouvaient être indemnisés, tout en soulignant que l'exposition elle-même ne constituait pas un dommage[9]. Si le risque préjudiciable est saisi *via* des atteintes économiques ou émotionnelles, on peut s'interroger sur le fait qu'un risque seul puisse être considéré comme un dommage fondant une action en justice. Ainsi, en droit français, la possibilité de traiter le risque de dommage comme un dommage en soi paraît incertain. Cette difficulté est donc souvent contournée.

Il existe en droit français et en droit anglais des tendances doctrinales et jurisprudentielles visant à traiter le risque de dommage comme un dommage pouvant fonder une action. Ces tendances demeurent minoritaires mais

---

[1] *Rothwell v Chemical and Insulating Co* [2007] UKHL 39, spéc. Lord Hoffman, spéc. n° 2 et n° 12. V. sur ce point : B. BARRETT, « Zero + zero + zero = zero », *J.B.L.* 2009, n° 3, p. 229-247 ; E. VOYIAKIS, « The Great Illusion : Tort Law and Exposure to Danger of Physical Harm », *M.L.R.* 2009, n° 72(6), p. 909-935. Sur la décision d'appel dans *Rothwell*, v. : S. GREEN, « Risk exposure and negligence », *L.Q.R.* 2006, n° 122(Jul), p. 386-390. Ce constat peut d'ailleurs être étendu à d'autres *torts* : *Rylands v Fletcher* [1868] UKHL 1, (1868) LR 3 HL 330. La règle issue de cet arrêt peut être fondée sur l'idée de risque mais il faudra tout de même prouver l'existence d'un dommage : *Stannard v Gore* [2012] EWCA Civ 1248. Sur l'arrêt *Rylands*, v. notamment : D. NOLAN, « The distinctiveness of Rylands v Fletcher », *L.Q.R.* 2005, n° 121, p. 421-451.

[2] Cette expression a une origine relativement récente : F.-G. TRÉBULLE, « Prise en compte du risque pour caractériser un trouble anormal de voisinage », *JCP G* 2005, II 10100.

[3] P. JOURDAIN, « Comment traiter le dommage potentiel ? », *Resp. civ. et assur.* 2010, dossier 11, spéc. n° 17.

[4] Cass. civ. 3ème, 17 déc. 2002, n° 01-14.179, *JCP G* 2005, I 101, obs. G. VINEY ; *RD imm.* 2003, p. 322, obs. F.-G. TRÉBULLE.

[5] Cass. civ. 2ème, 24 févr. 2005, n° 04-10.362, *JCP G* 2005, II 10100, obs. F.-G. TRÉBULLE.

[6] Cass. civ. 2ème, 15 mai 2008, n° 07-13.483, *JCP G* 2008, I, 186, obs. Ph. STOFFEL-MUNCK ; *RTD civ.* 2008, p. 679, obs. P. JOURDAIN ; *D.* 2008, p. 2894, obs. Ph. BRUN.

[7] P. JOURDAIN, « Les préjudices d'angoisse », *JCP G* 2015, doctr. 739, spéc. n° 13 ; A. CAYOL, « Retour sur les grands arrêts en dommage corporel », *BJDA* 2020, 1.

[8] P. JOURDAIN, « Comment traiter le dommage potentiel ? », *loc. cit.*, spéc. n° 17-19.

[9] E. VOYIAKIS, *loc. cit.*

viennent obscurcir le sens de la notion de dommage, notamment dans l'hypothèse des préjudices d'angoisse et d'anxiété.

Atteinte à un droit. Le dommage peut être défini comme une atteinte à un intérêt légitime juridiquement protégé. Une simple atteinte à un droit sans détérioration factuelle peut-elle être considérée comme un dommage au sens de la responsabilité civile ? C'est un sujet très vaste, et il ne s'agit que de montrer ici qu'il existe une incertitude dans les deux droits. Cette conception du dommage peut avoir une influence sur la manière dont le dommage est identifié en matière de préjudice d'impréparation mais aussi en matière de préjudice d'anxiété, ainsi que dans l'hypothèse des préjudices situationnels.

En droit anglais. En droit anglais, le sujet est rendu plus complexe par l'existence de plusieurs approches du dommage. En effet, les *rights theorists* traitent tout dommage, même factuel, comme une atteinte à un droit[1]. Par exemple, un auteur a proposé une analyse purement juridique du dommage dans certaines hypothèses où aucune détérioration factuelle et objective n'est perceptible[2]. La détérioration d'une situation de fait est aussi conçue par les *rights theorists* comme une atteinte au droit à ce que cette situation perdure. On constate tout de même qu'il existe des cas en *negligence* où une atteinte à un droit a pu être considérée comme un dommage. Dans l'arrêt *Rees v Darlington*[3] par exemple, le dommage fondant l'action est l'atteinte à l'autonomie causée par le fait que le médecin a commis une faute qui a conduit à la naissance d'un enfant non-désiré. Le droit anglais connaît aussi les *torts actionable per se*, c'est-à-dire des *torts* visant à l'indemnisation d'atteintes à des droits définis spécifiquement. C'est le cas par exemple de la *defamation* qui vise à protéger l'intérêt à la réputation[4]. C'est aussi le cas du *tort of nuisance* qui est caractérisé par une interférence avec le droit de propriété ou d'usage du demandeur[5]. De la même manière, le *tort of false imprisonment* est caractérisé par une interférence avec le droit à la liberté d'action et de mouvement du demandeur[6]. Ces *torts actionable per se* permettent de déclarer le défendeur responsable sans qu'il soit nécessaire de démontrer l'existence d'un dommage en fait, et l'interférence seule fonde l'action[7]. L'atteinte à un droit peut dans certaines circonstances fonder une action en *tort law* dans le cadre de certaines actions spécifiques. En *negligence*, la situation est moins tranchée mais il est arrivé qu'une atteinte à un droit soit traitée comme un dommage.

---

[1] R. STEVENS, *Torts and Rights*, OUP, 2007, p. 2.

[2] K. BARKER, « "Damages without loss" : Can Hofheld help ? », *O.J.L.S.* 2014, n° 34(1), p. 631-658.

[3] *Rees v Darlington Memorial Hospital NHS Trust* [2004] 1 AC 309. Sur cet arrêt, v. *supra* p. 104-105.

[4] Sur ce point, v. par ex. : E. DESCHEEMAEKER, « Protecting Reputation : Defamation and Negligence », *O.J.L.S.* 2009, n° 29(4), p. 603-641, spéc. p. 610 à 617.

[5] R. MULHERON, *Principles of Tort Law*, CUP, 2ème éd., 2020, spéc. §16.1.

[6] *Ibid.*, spéc. §14.13.

[7] *R (Lumba) v Secretary of State for the Home Department* [2012] AC 245, spéc. Lord Dyson, p. 274, Lord Hope, p. 302, et Lady Hale, p. 309

En droit français. En droit français aussi, il est possible de trouver des situations où l'indemnisation se fonde sur le constat d'une simple atteinte à un droit. Les cas les plus frappants en la matière sont les atteintes aux droits de la personnalité. Bien sûr, dans cette hypothèse, l'atteinte est constituée par un acte positif et peut causer une souffrance morale au demandeur. Ce n'est cependant pas sur cette souffrance morale que se concentre la jurisprudence pour caractériser le dommage. Dans un arrêt du 5 novembre 1995, la première chambre civile de la Cour de cassation a jugé que « *la seule constatation de l'atteinte à la vie privée ouvre droit à réparation* »[1]. La seule violation d'un droit à la vie privée suffit donc à fonder une action en responsabilité civile[2]. Les juges ont statué de la même façon en matière de droit à l'image[3]. On peut déduire de ces arrêts qu'en droit français, dans certains cas, une atteinte à un droit peut constituer un dommage dont découle automatiquement un préjudice et peut ainsi fonder une action en responsabilité sans qu'il soit nécessaire de démontrer un dommage factuel[4]. Certains auteurs ont refusé cette position. Il a pu être avancé que ce n'était pas l'atteinte elle-même qui était qualifiée de dommage mais que l'atteinte déclenchait la mise en œuvre d'une présomption de dommage[5]. Il a pu aussi être argué que ces actions sont extérieures à la responsabilité civile de telle sorte qu'il n'y est pas question de dommage, de lien de causalité, ou de faute. On peine toutefois à voir le fondement de l'action dans ce cas. Il semble exister un certain consensus pour affirmer qu'une atteinte à un droit peut constituer un dommage en responsabilité civile[6], ou au moins fonder une action, *via* le jeu de présomptions.

Tant en droit français qu'en droit anglais, il a été question de considérer une atteinte à un droit comme un dommage pouvant fonder une action en responsabilité civile ou en *tort law*. Il existe une certaine inquiétude quant au potentiel perturbateur sur la responsabilité civile d'une telle qualification[7].

---

[1] Cass. civ. 1ère, 5 nov. 1996, n° 94-14.798, *JCP G* 1997, doctr. 4025, obs. G. VINEY ; *ibid.*, II, 20805, obs. J. RAVANAS ; *D.* 1997, p. 289, obs. P. JOURDAIN ; *RTD Civ.* 1997, p. 633, obs. J. HAUSER. V. aussi : Cass. civ. 2ème, 18 mars 2004, n° 02-12.743.

[2] G. VINEY, « Les relations entre responsabilité civile et protection des droits subjectifs », *JCP G* 1997, doctr. 4025. Les références à l'article 1382 ancien du Code civil dans ces arrêts souligne l'appartenance de ces actions au droit de la responsabilité civile.

[3] Cass. civ. 1ère, 5 juill. 2006, n° 05-14.738.

[4] J.-S. BORGHETTI, « Le préjudice économique pur et l'atteinte au cours normal des choses », *in Mélanges en l'honneur du professeur Suzanne Carval*, IRJS Éditions, 2021, p. 113-140, spéc. p. 123.

[5] Ph. LE TOURNEAU (dir.), *Droit de la responsabilité et des contrats*, Dalloz, coll. Action, 13ème éd., 2023, spéc. n° 2122.22 ; J.-C. SAINT-PAU, « Qualification de droits subjectifs », *in Droits de la personnalité*, J.-C. Saint-Pau (dir.), LexisNexis, Traités, 2013, p. 227-272, spéc. p. 271 ; M. BACACHE-GIBEILI, *Les obligations : la responsabilité civile extracontractuelle*, t. 5, Economica, 4ème éd., 2021, spéc. n° 375 ; M. FABRE-MAGNAN, *Droit des obligations t. 2 - Responsabilité civile et quasi-contrats*, PUF, 5ème éd., 2021, spéc. n° 109.

[6] J.-C. SAINT-PAU, *loc. cit.*, spéc. p. 267-268.

[7] T. AZZI, « Les relations entre la responsabilité civile délictuelle et les droits subjectifs », *RTD Civ.* 2007, p. 227 ; D. NOLAN, « Negligence and Human Rights Law : The Case for Separate Development », *M.L.R.* 2013, n° 76(2), p. 286-318.

Tension conceptuelle en droit français. Le contenu exact de la notion de dommage demeure incertain, en droit français plus qu'en droit anglais. Les préjudices français semblent quant à eux marqués par une tension conceptuelle qu'il s'agira d'éclairer.

Préjudices moraux objectifs et subjectifs. Le préjudice moral français porte en lui une tension entre une approche subjective et objective de l'indemnisation, à tel point qu'un auteur a proposé de distinguer le préjudice moral objectif du préjudice moral subjectif[1]. L'objectivation conduit à ne plus apprécier le ressenti de la victime pour établir et évaluer son préjudice moral[2]. Le préjudice moral est au premier abord et en apparence profondément subjectif. L'intrusion de l'objectivité au sein de la notion de préjudice moral a au moins deux sources. La première cause de celle-ci tient au fait que, très tôt, le préjudice moral a été perçu comme une modalité d'extension de l'indemnisation. Des approches objectives du préjudice moral sont donc apparues. On pense bien évidemment au préjudice moral des personnes morales qui est indemnisé alors même qu'on peine à saisir quelle souffrance émotionnelle celles-ci peuvent ressentir[3]. Cette possibilité, ouverte par la jurisprudence[4], divise la doctrine[5]. Elle démontre surtout qu'il n'est pas nécessaire de souffrir dans son esprit pour obtenir l'indemnisation d'un préjudice moral, et que celui-ci peut être indemnisé en-dehors de toute approche subjective. On pense également à la jurisprudence constante selon laquelle « *l'état végétatif d'une personne humaine n'excluant aucun chef d'indemnisation, son préjudice doit être réparé dans tous ses éléments* »[6]. Ce principe a pu être amendé dans certaines situations, en cas de décès immédiat de la victime[7] ou dans le cadre de l'indemnisation de certains préjudices[8]. Toutefois, il permet de souligner que le préjudice moral peut, dans certaines hypothèses, s'apprécier de façon purement objective puisque dans l'hypothèse de l'état végétatif de la victime, il n'est pas possible d'établir clairement ce que le demandeur ressent[9]. On pense enfin à l'utilisation du préjudice moral en matière de droit de la concurrence. La

---

[1] H. GALI, *Le préjudice moral : étude de droit de la responsabilité civile*, thèse, Dalloz, Nouvelle Bibliothèque des Thèses, 2021, spéc. n° 417 et s.

[2] D. MAZEAUD, « Famille et responsabilité (Réflexions sur quelques aspects de "l'idéologie de la réparation") », *in Le droit privé français à la fin du XXe siècle, Etudes offertes à Pierre Catala*, Litec, 2001, p. 569-593.

[3] F. TERRÉ, Ph. SIMLER, Y. LEQUETTE, F. CHÉNÉDÉ, *Droit Civil, Les Obligations*, Dalloz, coll. Précis, 13ème éd., 2022, n° 939.

[4] Cass. crim., 2 avr. 1984, n° 83-92.626 - Cass. com. 9 févr. 1993, n° 91-12.258 - Cass. com., 15 mai 2012, n° 10-10.278.

[5] M. HOUSSIN, « Critique de la reconnaissance du préjudice moral des personnes morales », *D.* 2018, p. 366.

[6] Cass. civ. 2ème, 22 févr. 1995, n° 92-18.731 - Cass. civ. 2ème, 22 févr. 1995, n° 93-12.644,.

[7] Cass. crim., 5 oct. 2010, n° 10-81.743 - Cass. crim., 5 oct. 2010, n° 09-87.385.

[8] On pense ainsi aux préjudices spécifique de contamination et d'angoisse de mort imminente dont la jurisprudence a souligné le caractère éminemment subjectif.

[9] Ph. LE TOURNEAU (dir.), *loc. cit.*, spéc. n° 2125.42.

seconde cause de l'objectivation progressive du préjudice moral tient aux difficultés pratiques suscitées par la nécessité d'évaluer ce préjudice[1]. Le préjudice moral est généralement si personnel que les juges n'ont d'autre solution que de l'approcher *via* l'utilisation de barèmes, comme c'est le cas pour l'indemnisation du préjudice d'affection. Certains auteurs vont jusqu'à considérer le préjudice moral comme une peine privée, ce qui justifierait une indemnisation objective[2]. L'objectivation du préjudice moral conduit à sa désincarnation[3]. Plus largement, il ressort de cette courte présentation qu'il existe des approches objectives et subjectives du préjudice moral qui coexistent au sein de la notion, et qui viennent rendre difficile l'identification du dommage que le préjudice moral vient réparer.

Exemple du préjudice d'anxiété. Les approches subjectives et objectives du préjudice moral peuvent coexister au sein d'un même préjudice. C'est l'une des raisons pour lesquelles il est difficile d'identifier le dommage indemnisé par les préjudices émotionnels autonomes. En la matière, on assiste généralement à une hésitation entre ces deux approches. L'exemple du préjudice d'anxiété est intéressant. Au premier abord, le préjudice d'anxiété est un préjudice moral visant à indemniser la souffrance morale d'une personne causée par son exposition à un risque de dommage futur. Il est conçu ainsi à sa création, et cette approche en fait, en apparence, un préjudice moral subjectif ancré dans une appréciation de la souffrance émotionnelle du demandeur. Toutefois, les conditions de l'indemnisation de ce préjudice ont évolué. Comme nous l'avons indiqué, les travailleurs bénéficiaires de l'ACAATA profitent d'une présomption de préjudice d'anxiété du fait de l'inscription sur les listes ACAATA des établissements où ils ont été employés[4]. À un stade du développement de ce préjudice, après deux arrêts du 4 décembre 2012[5], comme l'avait écrit un auteur, « *(l)'exposition à un risque, indépendante de sa réalisation et sans autre condition, suffit à fonder l'indemnisation du préjudice spécifique d'anxiété* »[6]. Le manquement de l'employeur à son obligation de résultat était présumé par l'inscription sur les listes ACAATA qui suffisait à présumer l'exposition du salarié à l'amiante, et de là son préjudice d'anxiété. En outre, le renoncement à la preuve de la gravité de l'anxiété *via* des certificats médicaux a conduit à objectiver aussi l'évaluation en ne prenant pas en compte la durée ou la gravité de l'exposition au stade de l'indemnisation.

---

[1] M. FABRE-MAGNAN, « Le dommage existentiel », *D.* 2010, p. 2376.

[2] Ph. LE TOURNEAU (dir.), *loc. cit.*, spéc. n° 2125.11. Cette conception du préjudice moral comme une peine privée semble particulièrement pertinente en matière de concurrence déloyale. V. récemment, sur l'économie injustement réalisée : Cass. com., 12 févr. 2020, n° 17-31.614, *JCP E* 2020, 1363, obs. T. D'ALÈS et P. TIBERGHIEN.

[3] Cela est comparable à la désincarnation constaté par le professeur Cadiet trouvant sa source dans la socialisation du préjudice moral : L. CADIET, « Les Métamorphoses du préjudice », *in Les métamorphoses de la responsabilité*, P. Michaux (dir.), L.G.D.J., 1998, p. 37-64.

[4] V. *supra* p. 75.

[5] Cass. soc. 4 déc. 2012, n° 11-26.293 et 11-26.294.

[6] M. DEVELAY, « Du préjudice d'angoisse au préjudice d'exposition », *RLDC* 2013, n° 103, spéc. n° 1.

Comme le relève le même auteur, « *il s'agit d'un préjudice moral, de nature purement subjective, et les décisions étudiées, qui confient au pouvoir souverain des juges du fond l'appréciation du quantum de l'indemnisation, tendent, au contraire, au constat de son objectivation pure et simple* »[1]. De là, il note qu'il existe une tentation à voir dans le préjudice d'anxiété un préjudice d'exposition. Ce préjudice d'exposition n'aurait pas vocation à indemniser un préjudice moral subjectif mesuré à l'aune de l'anxiété ressentie par le demandeur mais un préjudice objectif lié à l'exposition du demandeur à un risque de dommage. Ce constat du caractère objectif du préjudice d'anxiété a été partagé par plusieurs auteurs[2] alors que d'autres ont rappelé l'importance de percevoir ce préjudice de manière subjective[3]. Or, la jurisprudence a pris le parti de modifier les conditions d'indemnisation du préjudice d'anxiété et a renoué avec une approche plus subjective de ce préjudice ancrée notamment dans la preuve individuelle de la réalité du préjudice[4]. Cependant, le régime lié à l'ACAATA persiste aussi à ce jour. La tension entre une approche subjective et objective du préjudice d'anxiété tient notamment au fait que la création d'un régime d'indemnisation praticable suppose d'objectiver, au moins partiellement, un préjudice subjectif pour permettre de le prouver et de procéder à son évaluation[5]. Cela conduit à mêler deux approches distinctes[6]. Force est de constater qu'il existe, au sein même du préjudice d'anxiété, une tension entre une approche objective et une approche subjective. Or, le choix de l'une ou de l'autre de ces approches peut conduire à apprécier le dommage indemnisé par le préjudice d'anxiété différemment[7]. Le préjudice d'anxiété, en mêlant des approches objectives et subjectives, rend difficilement lisible le dommage qu'il indemnise.

Extension du constat. Le constat d'une certaine hybridité du préjudice d'anxiété peut être étendu à l'ensemble des préjudices émotionnels autonomes. Pour chacun d'entre eux, la jurisprudence et la doctrine ont oscillé entre des approches objectives et subjectives. En matière de préjudice d'impréparation, cette oscillation s'exprime dans la valse-hésitation entre le choix de l'indemnisation de la souffrance morale et l'indemnisation d'un

---

[1] M. DEVELAY, « Amiante : exposition, contamination et anxiété », *RLDC* 2014, n° 111, spéc. n° 26.

[2] A. GUÉGAN-LÉCUYER, « La consécration du droit à réparation d'un préjudice spécifique d'anxiété globalisé au profit des salariés exposés à l'amiante », *D.* 2013, p. 2954, spéc. n° 5 et s. ; C. CORGAS, « Le préjudice d'anxiété et les victimes de l'amiante : confirmation de la politique juridique de la chambre sociale de la Cour de cassation », *Resp. civ. et assur.* 2015, étude 7, spéc. n° 7.

[3] L. BLOCH, « Le "désamiantage" du préjudice d'anxiété par la chambre sociale », *Resp. civ. et assur.* 2019, étude 11, spéc. n° 24 ; M. KEIM-BAGOT, « La cohérence retrouvée du préjudice d'anxiété », *SSL* 2019, n° 1857.

[4] V. *supra* p. 78-79.

[5] P. JOURDAIN, « Préjudice d'anxiété des travailleurs de l'amiante : l'extension de la réparation à tous les salariés », *D.* 2019, p. 922.

[6] M. RICHEVAUX, « Préjudice d'anxiété, encore un reflux », *LPA* nov. 2022, n° LPA201w9.

[7] M. DEVELAY, « Du préjudice d'angoisse au préjudice d'exposition », *loc. cit.*, spéc. n° 20.

préjudice inhérent au droit à l'information atteint[1]. L'oscillation est sans doute moins frappante quant aux préjudices liés à la situation de la victime directe ou de la victime par ricochet mais elle demeure bien réelle. La proximité du préjudice d'angoisse de mort imminente avec le *pretium mortis*, préjudice objectif par essence, est le marqueur de ce balancement. L'angoisse de mort imminente se trouve ainsi entre le *pretium mortis*, objectif, et le traumatisme psychique qui constitue un dommage purement subjectif. Il en va de même pour les préjudices situationnels d'angoisse, et d'attente et d'inquiétude, qui revêtent une dimension fortement objective[2]. Le préjudice moral de l'enfant conçu mais non encore né fait figure d'exception dans la mesure où il semble difficile de le qualifier de préjudice subjectif[3]. Les préjudices émotionnels autonomes sont donc caractérisés par une certaine hybridité dans la façon dont ils sont appréciés, entre approche objective et approche subjective. Cette tension qui existe au sein de leurs définitions et des modalités de leur indemnisation rend plus difficile l'identification du dommage qu'ils visent à indemniser.

En voulant identifier les dommages réparés en droit français et en droit anglais dans les circonstances couvertes par les préjudices émotionnels autonomes, on se heurte à un certain nombre de difficultés tenant au sens de la notion de dommage. Cette incertitude semble s'ancrer dans une double approche de cette notion.

§2. Une incertitude ancrée dans une distinction informulée du dommage

Pour expliquer l'ambiguïté entourant le dommage en matière de préjudices émotionnels autonomes et de leur équivalents anglais, on peut mettre en lumière une distinction ancrée dans la façon dont le dommage est formulé. Cela permet de montrer qu'il existe au moins deux formulations fondamentales du dommage possibles : le dommage-interférence et le dommage-détérioration.

Distinction selon la formulation du dommage. Comme nous l'avons déjà montré, le dommage peut être défini comme une atteinte à un intérêt juridiquement protégé, mais cette définition nous paraît insuffisante[4]. Des auteurs ont cherché à mettre en lumière qu'il existait au sein de la notion de dommage une distinction fondamentale qui éclairerait le sens de la notion et permettrait d'expliquer l'ambiguïté constatée au sein des préjudices émotionnels autonomes et de leurs équivalents anglais.

Existence d'une distinction. Selon la doctrine comparatiste, il existerait une distinction fondamentale entre deux façons de décrire le dommage en

---

[1] V. *supra* p. 106-107 et 110-112.

[2] Sur ce point, v. : V. RIVOLLIER, « L'autonomie du préjudice d'angoisse de mort imminente et du préjudice d'attente et d'inquiétude : jusqu'où aller dans la déclinaison des préjudices ? », *Hebdo édition privée*, avril 2022, spéc. n° 8.

[3] Une partie de la doctrine estime toutefois que ce préjudice est bien subjectif et qu'il indemnise la souffrance de grandir sans père.

[4] V. *supra* p. 34 et s.

droit de la responsabilité civile qui seraient en compétition au sein des différents droits européens[1]. La présentation la plus claire de cette dualité du dommage est proposée par le Professeur Descheemaeker[2]. Il part du différend existant entre les *rights theorists* et les *loss theorists* en droit anglais, c'est-à-dire entre les auteurs qui estiment que le droit de la responsabilité a vocation à restaurer l'intégrité d'un droit atteint et ceux qui estiment qu'il a vocation à réparer un dommage factuel. Selon lui, les termes de ce débat sont mal posés. Il s'agirait plutôt d'opposer « *deux manières de comprendre la relation existant entre le droit (...) d'un côté et le dommage de l'autre* »[3]. Il s'inspire en cela du droit romain et oppose deux modèles : les modèles bipolaire et unipolaire. D'abord, évoquons le modèle bipolaire de la responsabilité civile qui serait issu du *damnum iniuria datum* de la loi Aquilienne[4]. Ce modèle distingue l'atteinte[5] elle-même des conséquences de celle-ci. Il y a d'un côté l'atteinte à un droit ou un manquement à un devoir et de l'autre des préjudices qui découlent de l'atteinte ou du manquement[6]. L'atteinte initiale est transparente et l'indemnisation portera sur les conséquences de cette atteinte. En l'absence de conséquence, il n'y aura pas d'indemnisation. Ensuite, il existerait un modèle unipolaire de la responsabilité civile. Ce modèle est centré sur l'interférence à un droit ou à un intérêt et serait issu de l'*iniuria* latine. Le dommage qui fonde l'action est l'interférence au droit conçu de manière abstraite[7], et c'est cette interférence au droit qui est réparée. L'auteur prend l'exemple de l'atteinte à la vie privée. Cette atteinte provoque un « *loss of privacy* », un dommage à la vie privée, et ce dommage ne peut pas être distingué de l'interférence elle-même[8]. Les conséquences concrètes de l'atteinte peuvent faire l'objet d'une indemnisation dans ce cas mais il faut concevoir ces conséquences comme une composante de l'atteinte au droit, de la diminution de celui-ci[9]. Selon le Professeur Descheemaeker, le droit anglais favorise une approche bipolaire de la responsabilité civile mais se tourne parfois vers une approche unipolaire. Il s'agit d'opposer un modèle conséquentialiste du dommage où

[1] E. DESCHEEMAEKER, « Unravelling harms in Tort Law », *L.Q.R.* 2016, n° 132, p. 595-617 ; N. JANSEN, « Duties and Rights in Negligence : A Comparative and Historical Perspective on the European Law of Extracontractual Liability », *O.J.L.S.* 2004, n° 24(3), p. 443-469.

[2] E. DESCHEEMAEKER, « Unravelling harms in Tort Law », *loc. cit.*

[3] *Ibid.*, spéc. p. 595 : « *(the opposition) is between two different ways of understanding the relationship between the right (or the wrong) on the one hand and the loss or harm on the other* » (notre traduction).

[4] Sur ce point, v. E. DESCHEEMAEKER, « De la structure de la responsabilité : Réflexions comparatistes autour de *Torts and Rights* », *R.I.D.C.* 2013, n° 65(1), p. 51-74, spéc. p. 67-68.

[5] E. DESCHEEMAEKER, « Unravelling harms in Tort Law », *loc. cit.*, spéc. p. 597. Ici, l'auteur utilise la notion de « *wrong* » qui ne vise pas seulement l'atteinte au sens du dommage mais toute la situation fondant l'action en justice.

[6] *Ibid.*, spéc. p. 597.

[7] *Ibid.*, spéc. p. 598-599.

[8] *Ibid.*, spéc. p. 598.

[9] *Ibid.*, spéc. p. 600-601.

l'indemnisation ne sera possible qu'en présence d'une atteinte ayant des conséquences concrètes[1] et un modèle où le dommage est défini comme une atteinte à un intérêt indemnisable pour elle-même[2].

Un autre auteur propose une analyse comparable en soulignant que la responsabilité peut naître soit parce qu'un défendeur a violé le droit d'un demandeur soit parce que le défendeur a dégradé la situation du demandeur[3]. Il estime quant à lui que la majorité des droits européens préfère la deuxième approche mais que la première approche gagne progressivement en importance. Si on leur porte un premier regard superficiel, ces deux propositions paraissent satisfaisantes. Sans être identiques, elles font toutes les deux échos à la conception factuelle et subjective du dommage que nous avons évoquée[4] ainsi qu'à la question du dommage objectif qui prend forme dans une simple atteinte à un droit. Cette approche semble aussi être en germe dans les travaux d'autres auteurs. On peut la percevoir dans les écrits du Professeur Quézel-Ambrunaz lorsqu'il distingue les intérêts garantis, dont la seule atteinte conduit à une indemnisation, des intérêts protégés[5], chez Monsieur Calfayan lorsqu'il évoque la relation incertaine du préjudice avec l'idée de perte[6], ou encore chez le Professeur Borghetti lorsqu'il évoque l'idée qu'une simple atteinte au cours normal des choses puisse entraîner une indemnisation en responsabilité civile dans certains cas[7]. On la perçoit aussi en droit anglais chez le Professeur Nolan lorsqu'il propose de distinguer les concepts de « *damage* » et de « *loss* » pour souligner que tout dommage ne se caractérise pas par une perte[8]. Le mérite de l'analyse du Professeur Descheemaeker est de montrer que ces deux modèles visant à décrire le dommage en responsabilité civile sont parfois les deux faces d'une même pièce et permettent de décrire une même situation selon deux points de vue. La distinction proposée est intéressante mais il nous semble qu'elle pourrait être exprimée de façon plus simple et plus précise pour servir à l'analyse du dommage réparé par les préjudices émotionnels autonomes et leurs équivalents anglais. Pour cela, il s'agit d'essayer de donner des formulations praticables aux conceptions du dommage proposées.

Notion de formulation. Comment exploiter la distinction proposée ? Il existe sans doute de multiples manières de formuler le dommage subi dans une situation donnée. Pour les mêmes faits, pour un même dommage, il y a

---

1 *Ibid.*, spéc. p. 597.

2 *Ibid.*, spéc. p. 599.

3 N. JANSEN, *loc. cit.*, spéc. p. 443.

4 V. *supra* p. 31 et s.

5 C. QUÉZEL-AMBRUNAZ, « La responsabilité civile et les droits du titre I du livre I du code civil - A la découverte d'une hiérarchisation des intérêts protégés », *RTD Civ.* 2012, p. 251.

6 C. CALFAYAN, *Essai sur la notion de préjudice : Étude comparative en tort law et en droit français de la responsabilité civile délictuelle*, thèse, Université Paris I, 2007, spéc. n° 167.

7 J.-S. BORGHETTI, « Le préjudice économique pur et l'atteinte au cours normal des choses », *op. cit.*, spéc. p. 131.

8 D. NOLAN, « Rights, Damage and Loss », *op. cit.*, spéc. p. 256 et p. 270 et s.

plusieurs façons de désigner l'atteinte fondant l'action et faisant l'objet d'une réparation. Prenons l'exemple du préjudice d'anxiété des travailleurs exposés à l'amiante. Le dommage fondant l'action peut être décrit de plusieurs manières. On peut y voir une atteinte au droit à l'intégrité corporelle du travailleur qui a été exposé à un produit dangereux pour sa santé. On peut aussi estimer que c'est l'exposition au risque qui constitue le dommage dont découlerait alors un préjudice d'anxiété. On peut enfin identifier le dommage comme la souffrance émotionnelle causée par l'exposition à un risque de dommage. Ces trois formulations alternatives peuvent permettre de décrire le dommage subi par le demandeur devant une juridiction. Dans tous les cas, il s'agit de décrire une même situation dommageable mais ces trois approches divergent. La première se concentre sur le droit atteint, c'est-à-dire sur une notion abstraite et objective. La deuxième formulation s'intéresse à l'exposition au risque, et donc à l'acte fautif du défendeur et au risque que celui-ci a créé. La troisième formulation met l'accent sur l'état psychologique et émotionnel du demandeur et sur une approche subjective du dommage. Ces différentes formulations potentielles sont trois manières différentes de décrire un même dommage, de le nommer et donc de l'identifier. Prenons aussi l'exemple du propriétaire d'une voiture dont le véhicule est détruit par un tiers. L'atteinte peut être décrite comme une atteinte au droit de propriété ou plus directement comme la destruction de la chose. L'objectif ici n'est pas de décrire l'intérêt atteint même si cette étape est très importante et a beaucoup attiré l'attention de la doctrine[1]. Il s'agit plutôt de décrire la manière dont l'intérêt en question a été atteint comme le fait le Professeur Descheemaeker dans son article. Il s'agit de décrire la relation entre l'atteinte et l'intérêt. Cette dualité vient donc préciser la définition du dommage comme une atteinte à un intérêt protégé en décrivant la relation entre les deux éléments de la définition.

L'importance de la formulation du dommage ressort notamment du droit anglais. Dans un article fondateur pour le renouvellement de l'étude du dommage en droit anglais, le Professeur Stapleton soulignait l'importance de la façon dont le dommage est formulé et le lien existant entre la formulation du dommage et l'appréciation de la causalité[2]. Comme en France, la doctrine se concentre généralement sur les nouveaux dommages indemnisés et sur les différents intérêts protégés[3]. L'étude de différentes formulations d'un même dommage intervient notamment dans les cas où un auteur tente de justifier ou de nier l'existence d'un dommage dans une situation donnée. En matière d'exposition à un risque par exemple, plusieurs auteurs ont proposé des

---

[1] M. LACROIX, « Une théorisation du préjudice sous le prisme des intérêts protégés en droit privé québécois », *Les Cahiers Portalis* 2022, n° 9, p. 57-74, spéc. p. 58.

[2] J. STAPLETON, « The gist of negligence : Part 1 Minimal actionable damage », *L.Q.R.* 1988, n° 104(Apr), p. 213-238, notamment p. 235 et s.

[3] K. AMIRTHALINGAM, « The Changing Face of the Gist of Negligence », *in Emerging Issues in Tort Law*, J. Neyers, S. Pitel et E. Chamberlain (dir.), Bloomsbury, 2007, p. 467-486 ; D. NOLAN, « New Forms of Damage in Negligence », *M.L.R.* 2007, n° 70(1), p. 59-88.

formulations différentes du dommage[1]. Formuler le dommage peut s'avérer important pour en établir la réparabilité. Par exemple, un auteur a cherché à proposer une formulation d'un dommage qui serait réparable dans l'hypothèse d'un homme allergique aux œufs et qui en aurait consommé à son insu lors d'un mariage du fait de l'omission d'un traiteur sikh de mentionner la présence d'œufs dans ses plats alors que ce produit fait l'objet d'un interdit alimentaire dans la culture sikh[2]. Notons ici que nous ne sommes pas particulièrement attachés à la notion de « formulation » d'un point de vue conceptuel. Ce terme pourrait être remplacé par celui d'expression du dommage par exemple. Ce qui importe, c'est d'une part de désigner la façon dont le lien entre une atteinte et un intérêt est décrit, et d'autre part de constater que pour une même situation dommageable, il existe plusieurs descriptions possibles de ce lien. Le mot formulation semble être le plus adapté pour cela.

Des auteurs ont proposé une distinction au sein de la notion de dommage et la mise en œuvre de cette distinction passe par une double formulation de la notion. L'intérêt d'une telle analyse n'est pas que théorique puisque déterminer la formulation du dommage préférée pourrait influer directement sur la façon dont les juges réparent le dommage, ainsi que sur les règles qu'on souhaite lui appliquer.

Il s'agit ici de proposer l'existence d'une distinction entre deux formulations possibles du dommage, le dommage-détérioration et le dommage-interférence, et de présenter brièvement les caractéristiques de ces deux formulations.

Deux formulations du dommage. Nous avons défini le dommage comme une atteinte à un intérêt juridiquement protégé. Nous souhaitons maintenant proposer une distinction inspirée des modèles bipolaire et unipolaire du Professeur Descheemaeker et des concepts comparables existant chez d'autres auteurs, afin d'enrichir la définition du dommage. D'abord, dans le modèle bipolaire tel qu'il est décrit par cet auteur, le dommage est une détérioration factuelle et concrète dont il faut identifier les conséquences afin de les indemniser. Il n'y a pas de dommage si on ne peut pas constater une détérioration factuelle de la situation du demandeur. On pourra donc parler de dommage-détérioration. Cette expression désignera un dommage fondant une action en responsabilité civile et constitué par la détérioration d'un état de fait. Ensuite, dans le modèle unipolaire, l'attention du juriste se concentre sur l'atteinte au droit ou à l'intérêt en question, et il n'est pas nécessaire d'identifier les conséquences de cette atteinte. Comme le dommage est déjà défini de manière générale comme une atteinte à un intérêt, on préférera ici le terme d'interférence pour décrire la spécificité de

[1] C. FINKELSTEIN, *op. cit.* ; J. OBERDIEK, « Towards a right against risking », *op. cit.* ; A. PLACANI, *op. cit.*

[2] T. KEREN-PAZ, « Liability for consequences, duty of care and the limited relevance of specific reliance : new insights on Bhamra v Dubb », *P.N.* 2016, n° 32(1), p. 50-67.

la formulation du dommage dans le modèle unipolaire[1]. On pourra donc utiliser le terme de dommage-interférence. Ces deux expressions sont les deux formulations potentielles d'une atteinte à un intérêt juridiquement protégé, deux manières de décrire la façon dont l'intérêt en question a été atteint. Elles doivent être placées sur le même plan dans la mesure où ces deux termes sont deux points de vue différents sur une même situation. Ces deux formulations peuvent souvent être utilisées de manière alternative pour décrire une même situation dommageable. Nous proposons l'hypothèse selon laquelle il existerait en droit français et en droit anglais deux formulations du dommage distinctes. Cette dualité des formulations pourrait nous aider à clarifier l'analyse des dommages indemnisés en matière de préjudices émotionnels autonomes. Il faut d'abord décrire le contenu de ces deux formulations.

Dommage-détérioration. Le dommage-détérioration consiste à concevoir le dommage comme une détérioration concrète de la position du demandeur par rapport à une situation antérieure. C'est au fond la définition la plus classique du dommage en responsabilité civile. On la retrouve notamment dans l'idée d'un retour au *statu quo ante* en droit français. D'origine doctrinale[2], cette définition du rôle de la responsabilité civile a été reprise de nombreuses fois par la Cour de cassation qui juge : « *Le propre de la responsabilité civile est de rétablir aussi exactement que possible l'équilibre détruit par le dommage et de replacer la victime, aux dépens du responsable, dans la situation où elle se serait trouvée si l'acte dommageable n'avait pas eu lieu* »[3]. On retrouve cette conception dans des définitions contemporaines du dommage en droit français[4]. C'est une définition du dommage tournée vers le passé, puisqu'il s'agit de restaurer une situation de fait qui existait ou aurai dû exister et d'annuler du mieux possible les conséquences concrètes de l'atteinte[5]. L'atteinte est réparée *via* le rétablissement de l'équilibre antérieur au fait dommageable, c'est-à-dire en faisant disparaître ses conséquences. Cette conception du dommage, ancrée dans l'idée de réparation, existe évidemment aussi en droit anglais. Par exemple, un juge a pu écrire que « *l'objectif de la tort law est*

---

[1] C'est le terme utilisé par le Professeur Nolan dans un article où il décrit deux conceptions du dommage en *negligence* chez les *rights theorists*, et pointe l'existence d'une distinction proche de celle proposée par le Professeur Descheemaeker, dans un contexte plus précis : D. NOLAN, « Rights, Damage and Loss », *op. cit.*, spéc. p. 256-257.

[2] Ph. LE TOURNEAU (dir.), *op. cit.*, spéc. n° 2122.24.

[3] Cass. civ. 2ème, 28 oct. 1954, *JCP* 1955, II, 8765, obs. R. SAVATIER ; *RTD Civ.* 1955, p. 324, obs. H. et L. MAZEAUD. V. aussi : Cass. civ. 1ère, 17 juill. 1996, n° 94-18.181 - Cass. com., 20 mai 2003, n° 99-20.169 - Cass. civ. 3ème, 3 juin 2004, n° 03-11.475.

[4] M. POUPARD, « La distinction entre le dommage et le préjudice », *R.J.O.*, 2005-2, p. 187-223, spéc. p. 222-223, n° 87 : « *il est selon nous qu'une obligation légale qui est de réparer les conséquences dommageables de ses actes* » (nous soulignons).

[5] R. STEVENS, *Torts and Rights*, *op. cit.* L'auteur distingue souvent le dommage conçu comme un droit du « *consequential loss* », notamment au chapitre 3 de son ouvrage (nous soulignons).

d'indemniser la perte subie »[1]. L'utilisation du vocabulaire de la perte ou de la blessure est d'ailleurs particulièrement fréquent en matière de *negligence*[2]. Le dommage-détérioration fait référence aux idées de perte, de destruction, de détérioration d'une chose ou d'un état. Si on fait ici écho aux définitions naturaliste du dommage[3], le dommage-détérioration est un fait brut. Cela ne signifie pas pour autant que la notion renvoie nécessairement aux mêmes situations de fait dans les différents droits. Comme le souligne un auteur anglais évoquant la notion de dommage selon une approche factuelle, « *(c)omme pour beaucoup de catégories juridiques, le cœur [de la notion] est indubitable mais ses alentours sont vagues* »[4]. Il y aura des différences entre les droits français et anglais sur la définition de la détérioration pour plusieurs raisons, et notamment car il est nécessaire de procéder à des jugements de valeur pour apprécier la détérioration. Le dommage-détérioration n'est donc pas identique au dommage conçu comme un fait puisqu'il suppose parfois des jugements de valeur, mais il s'en approche. Dans la typologie dont nous nous proposons de démontrer l'existence, le dommage-détérioration vise le dommage conçu comme la détérioration concrète d'une situation de fait.

Dommage-interférence. En droit français comme en droit anglais, il existe de nombreux dommages faisant l'objet d'une indemnisation qui ne peuvent pas être définis comme une détérioration par rapport à un état antérieur. Pourtant, il s'agit bien de dommages au sens de la responsabilité civile, c'est-à-dire d'atteintes à un intérêt légitime juridiquement protégé permettant de fonder une action en justice. Dans l'hypothèse où l'atteinte ne se définit pas comme la détérioration d'une situation de fait, il est possible de définir abstraitement le dommage comme une interférence avec un intérêt protégé. La définition se concentre alors sur la faute du défendeur, et sur l'intérêt avec lequel il a interféré. Par exemple, le Professeur Leduc en évoquant la distinction du dommage et du préjudice avait souligné qu'appliquer la distinction « *mènerait à situer le dommage dans l'atteinte au droit au respect de la vie privée, envisagée en elle-même, indépendamment de ses conséquences morales ou économiques* », ce qui conduirait à absorber le dommage dans la faute[5]. Notons que cette formulation du dommage n'est pas particulièrement tournée vers le passé puisque cela dépend de l'intérêt qui est considéré comme suffisamment légitime pour être protégé par le

---

[1] *Devenish Nutrition Ltd v Sanofi-Aventis SA (France) (Rev 1)* [2008] EWCA Civ 1086, [2009] Ch 390, spéc. Lord Arden, n° [2] : « *[t]he aim of the law of tort is to compensate for loss suffered* » (notre traduction). Cité dans : R. MULHERON, *op. cit.*, spéc. §1.4.

[2] Par exemple : *Donoghue v Stevenson* [1932] AC 562, spéc. Lord Atkin : « *You must take reasonable care to avoid acts or omissions which you can reasonably foresee would be likely to injure your neighbour* » (nous soulignons).

[3] M. FABRE-MAGNAN, « Le dommage existentiel », *op. cit.*

[4] J. MORGAN, « The outer limits of "personal injury" », *C.L.J.* 2018, n° 77(3), p. 461-464, spéc. p. 461 : « *As with so many legal categories the core is indubitable but the penumbra hazy* » (notre traduction).

[5] F. LEDUC, « Faut-il distinguer le dommage et le préjudice ? : point de vue privatiste », *Resp. civ. et assur.* 2010, dossier 3, spéc. n° 10.

droit. Cette conception du dommage découle en droit anglais de l'idée selon laquelle « *les délits doivent être compensés* »[1] qui fait écho à une fonction recognitive voire punitive de la responsabilité civile. Par ailleurs, les conséquences concrètes éventuelles de l'interférence ne sont pas nécessairement exclues du champ de l'indemnisation mais ne participent pas à définir et donc à identifier le dommage. Enfin, il est important de constater que toute atteinte, y compris la détérioration d'une situation antérieure, peut en soi être définie comme un dommage-interférence, alors que l'inverse n'est pas vrai. La définition du dommage-interférence est donc potentiellement plus large que celle du dommage-détérioration. Dans ce cas, le dommage-interférence se confond avec la définition du dommage comme une atteinte à un intérêt protégé. Cependant, on pourrait définir le dommage-interférence de façon plus restreinte comme l'atteinte à un intérêt qui n'est pas la détérioration d'une situation antérieure. On aurait alors systématiquement une alternative entre les deux formulations. Ces deux manières de concevoir les choses sont envisageables et la préférence pour l'une ou l'autre dépendra sans doute de la façon dont la distinction est reçue dans chacun des droits. En tous cas, donner une existence et une définition propre au dommage-interférence est nécessaire pour montrer la dualité des formulations du dommage et l'existence de dommages définis soit comme une détérioration soit comme une interférence au sein des droits français et anglais. Le dommage-interférence peut donc être défini comme une interférence avec un intérêt légitime juridiquement protégé pouvant fonder une action en responsabilité civile.

Conclusion de section. L'identification des dommages indemnisés par les préjudices émotionnels autonomes et leurs équivalents anglais est rendue difficile par les incertitudes entourant la définition de la notion de dommage. Il existe au sein des préjudices émotionnels autonomes une tension entre approche objective et subjective du préjudice qui est propre au droit français. Cette tension peut trouver sa source dans une distinction existant en germe dans les droits français et anglais et venant préciser la définition du dommage comme une atteinte à un intérêt protégé : il s'agit de distinguer le dommage-détérioration qui est constitué par la détérioration concrète d'une situation de fait et le dommage-interférence caractérisé par une interférence de n'importe quelle nature avec un intérêt légitime juridiquement protégé.

Transition. L'étude des préjudices émotionnels autonomes et de leurs équivalents anglais semble révéler l'existence d'une distinction au sein de la notion de dommage. Avant d'appliquer cette distinction en matière de préjudice émotionnels autonomes, on peut s'interroger sur l'accueil fait à la distinction dans les deux systèmes juridiques.

---

[1] A. ROBERTSON, « On the Function of the law of Negligence », *O.J.L.S.* 2013, n° 33(1), p. 31-57, spéc. p. 37-38 : « *wrongs should be remedied* » (notre traduction).

Section 2 : L'accueil de la distinction du dommage en matière de préjudices émotionnels

Objet de la section. Nous allons chercher à démontrer que la distinction du dommage-détérioration et du dommage-interférence pourrait permettre d'éclairer le dommage indemnisé par chaque préjudice émotionnels autonomes et dans les situations équivalentes en droit anglais. Il sera montré que la distinction n'est pas directement accueillie dans les deux droits mais qu'un tel accueil pourrait s'avérer pertinent.

Plan. Il s'agira d'abord de déterminer dans quelle mesure la distinction est déjà accueillie dans les deux droits (§1) avant d'étudier l'opportunité d'accueillir plus avant la distinction en matière de préjudices émotionnels autonomes (§2).

§1. Un accueil imparfait de la distinction en droit positif

La distinction proposée existe-t-elle déjà dans le droit positif, ou n'est-elle qu'une construction doctrinale ? Nous allons étudier cette question en droit anglais et français.

Droit anglais. Le droit anglais distingue les *torts* nécessitant la preuve d'un dommage des *torts actionable per se*. Il existe donc deux types d'atteintes pouvant fonder une action qui semblent correspondre à la distinction du dommage-interférence et du dommage-détérioration. La façon dont la distinction est accueillie reste incertaine.

Dommage-détérioration et *negligence*. La définition judiciaire la plus connue et commentée du dommage en *negligence* est celle le définissant comme « *la notion abstraite de subir un détriment* »[1]. La notion de détérioration, ou *impairment*, est aussi parfois visée, notamment dans la loi[2]. Cela implique l'idée d'une perte ou d'une diminution, et fait évidemment écho au dommage-détérioration. La référence au caractère abstrait pose cependant question. La définition du dommage en *negligence* a été clarifiée dans trois arrêts successifs traitant de la question de l'atteinte physique constituant un dommage. Il ressort de ces arrêts qu'un dommage en *negligence* est nécessairement un dommage-détérioration.

Dans l'arrêt *Cartledge*[3], les demandeurs agissaient contre leur ancien employeur pour des pneumoconioses liées à leur exposition à des poussières dans le cadre de leur emploi. Il s'agissait de déterminer à quel moment le

---

[1] *Rothwell v Chemical and Insulating Co* [2007] UKHL 39, spéc. Lord Hoffman : « *the abstract notion of being worse-off* » (notre traduction). V. aussi, en matière de *negligence* et de dommage économique : *Nykredit Plc v Edward Erdman Group Ltd* [1997] 1 WLR 1627, spéc. Lord Hoffman, p. 1638.

[2] *Limitation Act* 1980, §38(1) : « *"personal injuries" includes any disease and any impairment of a person's physical or mental condition* » (nous soulignons).

[3] *Cartledge v E Jopling & Sons Ltd* [1963] AC 758.

dommage avait été subi, et donc à quel moment l'action en *negligence* avait été complète, pour apprécier la prescription. La pneumoconiose est une maladie qui peut abîmer fortement les poumons du malade longtemps avant que ses effets ne se fassent ressentir. Les juges décidèrent alors que le dommage avait été constitué lorsque leurs poumons avaient été abîmés, avant que les salariés n'en aient eu connaissance. L'atteinte physique seule avait été considérée comme un dommage, sans qu'aucune détérioration concrète de son état n'ait été ressentie par le salarié exposé. Quarante ans plus tard, dans l'arrêt *Rothwell*, la Chambre des Lords a pris une position très différente. Elle a jugé que l'apparition de plaques pleurales suite à l'exposition répétée d'un salarié à l'amiante ne constituait pas un dommage. Ces plaques révélaient seulement une exposition particulièrement forte à un produit dangereux et donc un risque de dommage futur. Or, pour les juges, un dommage en *negligence* suppose une détérioration actuelle de l'état du demandeur qui n'avait pas été prouvée en l'espèce. Selon les juges de la majorité, la modification d'une caractéristique corporelle, si elle est asymptomatique, ne saurait constituer un dommage. Une altération physique ne constitue donc pas nécessairement un dommage en *negligence*. Il faut qu'elle cause un détriment pour que le dommage soit constitué. Cette décision a été largement saluée par la doctrine[1]. Si, à cette occasion, la définition n'a pas bénéficié aux salariés exposés, il s'agit d'un revirement par rapport à *Cartledge*. Enfin, dans l'arrêt *Dryden*[2], les juges anglais ont estimé que l'exposition répétée de salariés au platine qui les a conduit à développer une allergie au platine constituait un dommage corporel dans la mesure où cette allergie avait obligé les salariés à changer de poste au sein de leur entreprise et à accepter des emplois moins bien rémunérés. Cette décision est advenue alors même que cette allergie n'avait aucune conséquence au quotidien pour les salariés, et alors même que le changement de poste avait pour but de les protéger d'une aggravation de leur état. Cette conception de la détérioration est surprenante puisque les salariés en question avaient fait l'objet d'un contrôle de routine et ne subissaient aucune conséquence du fait de leur allergie au platine[3]. Seule une exposition additionnelle aurait pu avoir des effets sur leur santé. Les contrôles opérés visaient justement à limiter le risque de dommage futur, et à protéger ces salariés. La définition proposée de la détérioration serait alors trop large, car trop subjective et dépendante de la situation du demandeur pour un auteur[4].

---

[1] B. BARRETT, *op. cit.* ; M. FORDHAM, « Risk and Anxiety - Defining damage in the tort of negligence : Rothwell v Chemical & Insulating Co. Ltd & Anor. », *S.J.L.S.* July 2008, p. 193-204 ; S. GREEN, *op. cit.* ; M. A. JONES, « Liability for fear of future disease », *P.N.* 2008, n° 24(1), p. 13-26 ; J. MORGAN, « Asbestos and Anxiety », *C.L.J.* 2006, n° 65(2), p. 269-272 ; J. STEELE, « Pleural plaques in the House of Lords : the implications of Page v. Smith », *op. cit.*

[2] *Dryden v Johnson Matthey plc* [2018] UKSC 18.

[3] *Contra.* : E. VOYIAKIS, « Is asymptomatic sensitisation actionable harm? », *P.N.* 2015, n° 31(3), p. 199-202, spéc. p. 201.

[4] J. MORGAN, « The outer limits of "personal injury" », *op. cit.*

Dans l'arrêt *Dryden*, c'est l'existence d'un préjudice économique qui permet de considérer l'atteinte physique comme un dommage[1].

Comment consolider ces décisions en une définition du concept de dommage en *negligence* ? Deux éléments font consensus : il faut que le demandeur ait subi une détérioration concrète de son état[2] et il faut que le demandeur satisfasse à l'adage *de minimis non curat praetor*[3]. Monsieur Purshouse le résume ainsi : « p*our qu'un dommage réparable soit établi en negligence, le demandeur doit prouver que le comportement du défendeur l'a mis dans une position objectivement, et suffisamment, moins bonne qu'elle n'aurait dû l'être* »[4]. Un dommage est réparable en *negligence* à deux conditions : le constat d'un détriment apprécié objectivement[5], lequel est suffisant, c'est-à-dire qu'il dépasse la limite posée par l'adage. L'appréciation objective du dommage pourra éventuellement dépendre de conventions sociales et l'approche de l'idée de détérioration variera[6], notamment quand le détriment n'est pas aisément identifiable objectivement. Cela ressort notamment de l'arrêt *Dryden*. En tous cas, le dommage en *negligence* est toujours un dommage-détérioration.

Dommage-interférence et *torts actionable per se*. Il existe en droit anglais des *torts* ne nécessitant pas la preuve d'un dommage-détérioration pour ouvrir droit à une action[7]. Les *torts actionable per se* remplissent une fonction de *vindication*, c'est-à-dire de protection d'un droit[8]. Ils peuvent avoir, selon leur régime, des fonctions préventives ou punitives mais ce n'est pas leur rôle essentiel. Le terme *vindication* se traduit par les expressions de justification ou de confirmation. Il s'agit donc d'affirmer que le demandeur avait un droit et que ce droit a été atteint[9]. Les *torts actionable per se* ont donc une fonction recognitive. Ils ouvrent droit à une indemnisation sans qu'une détérioration ne soit constatée. L'élément essentiel de l'action n'est

---

[1] E. VOYIAKIS, « Is asymptomatic sensitisation actionable harm? », *loc. cit.*

[2] C. WITTING, « Physical Damage in Negligence », *C.L.J.* 2002, n° 61(1), p. 189-207, spéc. p. 190, note n° 9 ; J. STAPLETON, « Cause in fact and the scope of liability for consequences », *L.Q.R.* 2003, n° 119 (Jul), p. 388-425, spéc. p. 413 ; D. NOLAN, « Damage in the English Law of Negligence », *op. cit.*, spéc. p. 271 ; T. WEIR, « What is personal injury anyway ? », *J.P.I.L.* 2018, n° 4, p. 263-270, spéc. p. 269 ; J. HUANG, « The Boundaries of Actionable Damage », *M.L.R.* 2019, n° 84(2), p. 737-750, spéc. p. 740 ; S. STEEL, « Damages without loss », *L.Q.R.* 2023, n° 139(Apr), p. 219-242.

[3] R. MULHERON, *op. cit.*, spéc. §8.3.

[4] C. PURSHOUSE, « Liability for Lost Autonomy in negligence : Undermining the coherence of Tort law ? », *Torts Law Journal* 2015, n° 22(3), p. 226-249, spéc. p. 236 : « *for actionable damage to be suffered in negligence a claimant must show that the defendant's conduct has made them objectively, and more than minimally, worse off than they otherwise would be* » (notre traduction).

[5] *Contra* : D. NOLAN, « Damage in the English Law of Negligence », *op. cit.* L'auteur questionne la nécessité que l'appréciation du dommage soit objective.

[6] C. WITTING, « Physical Damage in Negligence », *loc. cit.*

[7] R. MULHERON, *op. cit.*, spéc. §1.3.

[8] *Ibid.*

[9] T. WEIR, *Tort Law*, OUP, 2002, spéc. p. 15-17.

pas la suppression du détriment mais la reconnaissance de l'atteinte[1]. En cela, l'atteinte qui fonde l'action est comparable au dommage-interférence de notre typologie. Les *torts actionable per se* sont des actions en justice spécifiques, définies avec précision, et permettant à un demandeur d'agir dès lors qu'une atteinte à un de ses droits est avérée sans que le défendeur ne puisse s'exonérer en prouvant son absence de faute[2]. Par exemple, le *trespass* est l'action dont le propriétaire d'un terrain dispose à l'encontre d'une personne étant entrée sur ce terrain sans son autorisation. La seule atteinte à son droit de propriété lui ouvre droit à réparation. Il en va de même en cas d'emprisonnement sans cause[3] ou de diffamation par exemple. Il n'y a pas besoin de prouver l'existence d'un dommage-détérioration pour fonder l'action[4]. Il suffira de démontrer l'interférence avec l'intérêt. Les juristes anglais n'utilisent pas tous dans cette hypothèse le terme de « dommage »[5] mais c'est effectivement l'interférence avec un intérêt protégé qui fonde l'action. L'expression de dommage-interférence décrit donc plutôt fidèlement la situation.

Incertitudes. Au premier abord, le droit anglais pratique la distinction du dommage-détérioration et du dommage-interférence. En *negligence*, aucune indemnisation n'est possible sans la preuve d'un dommage-détérioration. Les *torts actionable per se* nécessitent quant à eux la preuve d'une interférence avec l'intérêt qu'ils visent à protéger. La distinction serait donc appliquée et chaque formulation du dommage aurait son application dans des *torts* distincts. Toutefois, le droit anglais ne semble pas avoir conscience qu'il accueille cette distinction. Le vocabulaire utilisé en matière de dommage manque de constance pour s'assurer que la distinction est intégrée[6]. Il existe aussi d'autres *torts* où la distinction semble moins pertinente. Par exemple, un auteur a souligné qu'en *private nuisance*, la notion de dommage vise seulement une « *interférence substantielle avec l'utilisation et la jouissance d'une terre* » alors même qu'il ne s'agit pas

---

[1] J. VARHUAS, « The Concept of vindication in the Law of Torts : Rights, Interests and Damages », *O.J.L.S.* 2014, n° 34(2), p. 253-293, spéc. p. 261 et s.

[2] *Ibid.*, spéc. p. 263.

[3] Cela contraste avec la nécessité de prouver un dommage si le demandeur souhaite agir sur le fondement de la *negligence* en cas d'emprisonnement négligent, quand les conditions du *tort of false imprisonment* ne sont pas réunies : D. NOLAN, « New Forms of Damage in Negligence », *op. cit.*, spéc. p. 62 et s.

[4] R. MULHERON, *op. cit.*, spéc. §14.13.

[5] G. VINEY, B. MARKESINIS, *La Réparation du dommage corporel, Essai de comparaison des droits anglais et français*, Economica, 1985, spéc. n° 6.

[6] D. NOLAN, « Rights, Damage and Loss », *op. cit.*, spéc. p. 255 ; H. COOPER, « The minimum actionable physical damage in negligence », *T.L.J.* 2019, n° 25, p. 128-151, spéc. p. 129 et s.

d'un *tort actionable per se*[1]. Le fait de viser l'idée d'interférence dans le cadre d'un *tort* qui n'est pas en principe *actionable per se* conduit à brouiller la distinction de l'interférence et de la détérioration. Par ailleurs, une autre incertitude peut naître du fait que, même dans le cadre de certains *torts actionable per se*, l'ensemble des conséquences concrètes de l'interférence au droit peuvent faire l'objet d'une indemnisation, y compris la souffrance morale par exemple[2]. En matière de *negligence*, on constate deux difficultés au plein accueil de la distinction. D'abord, des auteurs estiment que définir le dommage seulement comme une détérioration pose problème dans la mesure où il n'existe pas de clause générale en droit anglais conférant un droit général à ne pas subir la détérioration d'un état existant[3]. Une atteinte peut même être bénéfique au demandeur. Le Professeur Nolan prend ici l'exemple d'une peinture saccagée sans demander la permission… par un peintre de grand talent, ce qui conduit à une augmentation de la valeur de la toile[4]. Une action en *negligence* sera possible alors même que le demandeur fait un gain, ce qui entre en contradiction avec la définition du dommage comme une détérioration. L'identification d'une détérioration ne suffirait donc pas à décrire le dommage réparable en *negligence*. Ensuite, des auteurs ont contesté la nécessité que le dommage en *negligence* soit nécessairement une détérioration. Ils ont souligné qu'on assistait à un élargissement des intérêts protégés par la *negligence* et notamment à l'avènement d'indemnisations du seul fait d'une interférence à un droit comme dans les arrêts *Rees v Darlington* ou *Chester v Afshar*[5]. Un mouvement consistant à porter une attention plus grande à l'interférence à un droit plutôt qu'à la détérioration serait à l'œuvre[6]. Il existe donc des incertitudes et des débats en droit anglais qui conduisent à se questionner sur l'accueil clair et effectif de la distinction de la détérioration et de l'interférence.

Le droit anglais semble accueillir la distinction entre le dommage-détérioration et le dommage-interférence dans son droit sans nécessairement en avoir conscience, ce qui conduit à d'éventuelles incohérences. Le droit français reste dans une situation d'indistinction.

---

[1] D. NOLAN, « Rights, Damage and Loss », *op. cit.*, spéc. p. 275 : « *sometimes (damage) really means nothing at all, as in the tort of private nuisance, where the concept of damage is synonymous with (and so adds nothing to) the central idea of a substantial interference with the use and enjoyment of land* » (notre traduction). L'auteur démontre ce point dans un autre article : D. NOLAN, « "A Tort Against Land" : Private Nuisance as a Property Tort », *in Rights and Private Law*, D. Nolan et A. Robertson (dir.), Hart Publishing, 2011, p. 459-490.

[2] E. DESCHEEMAEKER, « Rationalising recovery for emotional harm », *L.Q.R.* 2018, n° 134(Oct.), p. 602-626, spéc. p. 612.

[3] D. NOLAN, « Rights, Damage and Loss », *op. cit.*, spéc. p. 240 et s.

[4] *Ibid.*, spéc. p. 243.

[5] D. NOLAN, « New Forms of Damage in Negligence », *op. cit.*, spéc. p. 70 et s. ; M. FORDHAM, « The protection of personal interests - Evolving form of damage in negligence », *op. cit.*, spéc. p. 645 et s. et 650 et s.

[6] G. C. KEATING, « The Priority of Respect over repair », *L.T.* 2012, n° 18(3), p. 293-337. Dans le même sens , v. par ex. : K. AMIRTHALINGAM, « The Changing Face of the Gist of Negligence », *op. cit.*

Droit français. La distinction du dommage-détérioration et du dommage-interférence fait écho à des situations existant en droit français. Toutefois, l'attention du droit français à l'idée de risque et l'indemnisation du préjudice moral créent une situation d'indistinction entre les deux types de dommages.

Existence de la distinction. L'existence d'un concept de dommage-détérioration en droit français est indéniable, et cela fait écho à l'ensemble de la doctrine favorable à une approche naturaliste du dommage[1]. C'est la conception la plus largement partagée du dommage en droit français[2]. La détérioration observable d'une situation conduit à reconnaître l'existence d'un dommage.

De la même manière, il fait peu de doute que le dommage est parfois conçu comme une simple interférence avec un intérêt en droit français de la responsabilité civile, même si ce cas paraît plus exceptionnel. C'est le cas en matière d'atteinte aux droits de la personnalité par exemple. Comme nous l'avons déjà expliqué, une atteinte à un droit de la personnalité ouvre droit à une action en droit français sans qu'il soit nécessaire de prouver l'existence d'un dommage[3]. C'est le cas en matière d'atteinte à la vie privée, d'atteinte au droit à l'image ou encore d'atteinte au droit à la présomption d'innocence[4]. Le dommage est alors soit considéré comme présumé[5], soit comme inutile[6]. L'interférence avec le droit de la personnalité suffit à fonder une action. Dans cette hypothèse, la responsabilité civile est utilisée à la fois comme un outil de prévention, « *un instrument incontournable de régulation des comportements* »[7], et comme un mécanisme permettant de reconnaître l'importance d'un droit puisqu'elle permet l'apparition de nouveaux droits subjectifs[8]. On est donc bien dans la sphère d'action du dommage-interférence. De la même façon, en matière de concurrence déloyale, le droit français estime qu'il existe nécessairement un trouble commercial réparable[9]. Par conséquent, la Cour de cassation juge que « *l'existence d'un préjudice s'infère nécessairement des actes déloyaux constatés* »[10]. Dans cette hypothèse aussi, le dommage est déduit de la faute, l'existence du dommage se déduit de la seule interférence avec un intérêt juridiquement

---

[1] V. *supra* p. 31 et s.

[2] V. par ex. : M. FABRE-MAGNAN, *Droit des obligations t. 2 - Responsabilité civile et quasi-contrats*, *op. cit.*, spéc. n° 106.

[3] V. *supra* p. 219.

[4] Ph. BRUN (dir.), *Le Lamy Droit de la Responsabilité* [en ligne], Wolters Kluwer, spéc. n° 222-79 ; P. JOURDAIN, G. VINEY, S. CARVAL, *Traité de droit civil - Les Conditions de la responsabilité*, L.G.D.J., 4ème éd., 2013, spéc. n° 256 et s.

[5] P. JOURDAIN, G. VINEY, S. CARVAL, *loc. cit.*, spéc. n° 247-3.

[6] M. FABRE-MAGNAN, *Droit des obligations t. 2 - Responsabilité civile et quasi-contrats*, *op. cit.*, spéc. n° 109.

[7] T. AZZI, *op. cit.*, spéc. n° 36.

[8] *Ibid.*, spéc. n° 7 à 12.

[9] Ph. LE TOURNEAU (dir.), *op. cit.*, spéc. n° 2214-33.

[10] Cass. com., 22 févr. 2000, n° 97-18.728.

protégé[1]. On a une multiplication en droit français des situations où l'existence d'un dommage se déduit d'une faute[2]. Dans ces hypothèses, le droit français semble indemniser un dommage-interférence.

Il existe des situations où le droit français indemnise un dommage qui est conçu comme la détérioration d'une situation de fait, et d'autres situations où il indemnise un dommage qui n'est conçu que comme une interférence avec un intérêt légitime juridiquement protégé. Cependant, le droit français n'identifie pas deux conceptions distinctes du dommage. Le vocabulaire de la présomption ou du fait générateur prend souvent le dessus sur l'analyse du dommage. Cela est notamment dû au principe d'équivalence du droit français selon lequel on ne peut pas distinguer entre différents types de dommages indemnisés[3]. Il rend plus difficile l'identification d'une distinction du dommage en droit français. Cela ne devrait pas être amélioré par une éventuelle réforme de la responsabilité civile dans la mesure où ce principe a vocation à perdurer.

Risque et indistinction. La distinction du dommage-détérioration et du dommage-interférence semble exister en droit français mais elle n'est pas clairement identifiée. Il n'y a pas d'action dont on peut dire qu'elle n'indemnise que des dommages-détérioration ou que des dommages-interférence. Il existe même des situations où règne une véritable indistinction. Il est alors difficile d'identifier comment est formulé le dommage que les juges indemnisent. C'est le cas en matière d'exposition à un risque de dommage. Le droit français indemnise parfois le risque préjudiciable avant que celui-ci ne se réalise. Il indemnise aussi les préjudices d'angoisse ou d'anxiété. Parfois, il s'agit de faire cesser une situation illicite, c'est-à-dire une exposition à un risque de dommage futur. Cette dernière hypothèse est extérieure à la responsabilité civile, et il n'est pas nécessaire de prouver un dommage. Dans certains cas, il s'agit d'indemniser un dommage-détérioration caractérisé par la perte de valeur d'un terrain du fait du risque pesant sur lui, et qui grève sa valeur. Dans d'autres cas, l'identification du dommage s'avère moins aisée. La notion de risque porte en elle une incertitude quant au dommage effectivement réparé. Celui-ci peut tantôt être le dommage futur, la souffrance morale causée par le risque, ou encore une atteinte à la tranquillité, voire au « *cours normal des choses* »[4]. Par le passé, la théorie du risque a conduit à limiter l'importance de la faute en matière de responsabilité civile[5]. L'avènement du principe de précaution conduit aujourd'hui à un appel à modifier l'appréciation du dommage[6]. Les philosophes Hans Jonas et Paul Ricoeur ont proposé de

---

[1] L. GRATTON, « Le dommage déduit de la faute », *RTD Civ.* 2013, p. 275.

[2] Ph. LE TOURNEAU (dir.), *op. cit.*, spéc. n° 2214-33.

[3] V. *supra* p. 60-61.

[4] J.-S. BORGHETTI, « Le préjudice économique pur et l'atteinte au cours normal des choses », *op. cit.*

[5] Ph. LE TOURNEAU (dir.), *op. cit.*, spéc. n° 0121.11.

[6] A. SIMON, « Sanctionner la mise en danger grâce aux jeux de la causalité - Perspectives comparées des responsabilités civile et pénale en matière sanitaire », *RTD Civ.* 2019, p. 477.

conférer à la responsabilité civile une dimension prospective, tournée vers l'avenir[1]. Or, comme le souligne le Professeur Jourdain, l'admission du principe de précaution conduirait à « *admettre une responsabilité susceptible d'être engagée avant tout dommage et en l'absence même de toute certitude sur l'existence d'un dommage* »[2]. Il vise ici le dommage-détérioration, un dommage apprécié de façon concrète. Pourtant, si c'est de responsabilité civile qu'il s'agit, il faudra bien identifier un dommage fondant l'action en responsabilité. C'est vers un dommage-interférence qu'on se tournera alors. À ce stade, le principe de précaution ne peut pas fonder une action en responsabilité civile[3]. Toutefois, son influence théorique sur le droit de la responsabilité civile est indéniable[4], et cette influence peut brouiller l'analyse du dommage effectivement indemnisé dans le cas où celui-ci est constitué ou causé par une exposition à un risque de dommage.

Préjudice moral et indistinction. L'indistinction entre le dommage-détérioration et le dommage-interférence est particulièrement frappante en matière de préjudice moral, particulièrement dans le cas des préjudices émotionnels autonomes. En effet, la notion de préjudice moral est utilisée à la fois dans l'hypothèse de l'indemnisation d'une souffrance morale et dans l'hypothèse de l'indemnisation d'une interférence avec un intérêt légitime juridiquement protégé. Un ouvrage, pour lister les préjudices moraux indemnisables, vise à la fois les atteintes directes aux droits de la personnalité et les conséquences non-économiques concrètes d'une atteinte à l'intégrité corporelle[5]. Des auteurs utilisent la notion de préjudice moral à la fois pour faire référence à « *la douleur subie à la mort d'un être cher* » et « *en cas d'atteinte à l'honneur et à la considération* »[6]. Un autre auteur estime que le préjudice moral peut à la fois résulter d'une atteinte à l'intégrité corporelle ou d'une atteinte aux droits de la personnalité[7]. La notion de préjudice moral recouvre donc à la fois des cas où il s'agit d'indemniser une souffrance psychique ou physique et des cas où il s'agit seulement d'indemniser une interférence avec un intérêt. Ce préjudice indemnise donc parfois des dommages-détérioration et parfois des dommages-interférence. Il est transversal par rapport à la distinction proposée. Cela est par exemple perceptible en matière de concurrence déloyale. La Cour de cassation a pu juger « *qu'il s'infère nécessairement des actes déloyaux constatés, (...), l'existence d'un préjudice, fût-il seulement*

---

[1] C. THIBIERGE, « Avenir de la responsabilité, responsabilité de l'avenir », *D.* 2004, p. 577.

[2] P. JOURDAIN, « Principe de précaution et responsabilité civile », *LPA* 30 nov. 2000, n° PA200023905, p. 51.

[3] V. *supra* p. 72. V. aussi : B. PARANCE, « Le principe de précaution sous la férule des règles de la responsabilité civile », *RLDC* 2011, n° 86.

[4] V. par ex. : C. THIBIERGE, « Libre-propos sur l'évolution du droit de la responsabilité civile (vers un élargissement de la fonction de la responsabilité civile ?) », *RTD Civ.* 1999, p. 561 ; M. MEKKI, « Le droit privé de la preuve ... à l'épreuve du principe de précaution », *D.* 2014, p. 1391 ; A. SIMON, *loc. cit.*

[5] P. JOURDAIN, G. VINEY, S. CARVAL, *loc. cit.*, spéc. n° 257 et s.

[6] F. TERRÉ, Ph. SIMLER, Y. LEQUETTE, F. CHÉNÉDÉ, *op. cit.*, spéc. n° 937.

[7] Ph. PIERRE, « L'indemnisation du préjudice moral en droit français », intervention orale.

moral »[1]. Un préjudice moral peut découler d'une interférence avec un intérêt sans qu'il soit nécessaire de démontrer l'existence d'un dommage-détérioration en cas de concurrence déloyale. L'indistinction est aussi perceptible par exemple en matière de préjudice d'anxiété. L'anxiété se caractérise généralement par la peur de mourir, c'est-à-dire par une souffrance psychique[2], ce qui nous place dans le champ du dommage-détérioration. En même temps, l'anxiété a pu être qualifié de « *trouble à la tranquillité* », ce qui est plus proche du dommage-interférence[3]. Cette hésitation fait écho à la tension existant au sein des préjudices émotionnels autonomes entre approches objectives et subjectives du préjudice[4]. Le préjudice moral se trouve au carrefour des deux types de dommages et rend la distinction moins facilement perceptible. Ce constat participe d'ailleurs sans doute à l'imprécision de la notion de préjudice moral décrite par Monsieur Gali[5]. Cela permet aussi de mieux comprendre l'extension incessante du champ des préjudices moraux indemnisés. La désintégration va en effet au-delà d'un préjudice moral « *divisé en autant de morceaux que de façons dont peut s'exprimer la souffrance humaine* »[6] : il n'est pas seulement question de souffrance humaine mais aussi plus largement de toute interférence avec un intérêt légitime juridiquement protégé. Le préjudice moral participe à une psychologisation du dommage qui s'opère alors de façon désordonnée, sans unité, et sans possibilité de définir avec clarté le dommage que ce préjudice vise effectivement à réparer[7], entre souffrance morale concrète et « diminution » abstraite d'un droit. Il tranche à travers les formulations du dommage proposées et conduit le droit français à une situation d'indistinction entre dommage-détérioration et dommage-interférence. Cette indistinction rend l'analyse du dommage indemnisé en matière de préjudices émotionnels autonomes particulièrement ardue. Il pourrait exister un enjeu pour le droit français à sortir de cette situation d'indistinction, notamment pour permettre une analyse plus satisfaisante des dommages indemnisés par les préjudices émotionnels autonomes.

Transition. Les deux formulations du dommage semblent avoir cours en droit français et en droit anglais, sans que l'accueil fait à la distinction ne soit clair ou admis. Dans les situations concernées par les préjudices émotionnels autonomes, l'accueil de la distinction nous semble souhaitable pour améliorer l'analyse du dommage réparé.

---

[1] Cass. com., 25 avr. 2001, n° 98-19.670.

[2] A. MORIN TRUDELLE, *Le préjudice d'anxiété*, thèse, Université d'Angers, 2022, spéc. n° 89.

[3] P. ADAM, J. BOURDOISEAU, « Controverse : Que penser de l'extension du préjudice d'anxiété ? », *Revue droit du travail* 2019, p. 756.

[4] V. *supra* p. 220 et s.

[5] H. GALI, *op. cit.*, spéc. n° 22 et s.

[6] J. KNETSCH, « La désintégration du préjudice moral », *D.* 2015, p. 443.

[7] N. MOLFESSIS, « La psychologisation du dommage », *in Quel avenir pour la responsabilité civile ?*, Y. Lequette et N. Molfessis (dir.), Dalloz, 2015, p. 39-55, spéc. p. 48.

§2. Un accueil souhaitable de la distinction en matière de préjudice émergents

Il paraît souhaitable d'appliquer la distinction proposée aux préjudices émotionnels autonomes et à leurs équivalents anglais dans la mesure où elle permettrait une clarification du droit positif.

La distinction du dommage-détérioration et du dommage-interférence vient aussi éclairer les liens entre le dommage et le préjudice, et justifier les situations de dommage sans préjudice ou de préjudice sans dommage concret qui semblent se multiplier, notamment parmi les préjudices émotionnels autonomes et leurs équivalents de droit anglais.

Clarification du sens de l'indemnité. En droit de la responsabilité civile et en *tort law*, il existe des situations où des dommages et intérêts sont accordés à un demandeur alors même qu'il n'a subi aucune perte identifiable, aucune détérioration factuelle de sa situation. On parle en droit anglais de *damages without loss*. Le concept de dommage-interférence offre un cadre et une justification à ce type d'indemnité.

En droit français, il existe des dommages et intérêts sans détérioration lorsqu'un dommage a été déduit d'une faute, c'est-à-dire lorsqu'il a été présumé de la faute. Il existerait deux types d'hypothèses différentes où un dommage est déduit d'une faute selon un auteur[1]. Dans certains cas, le dommage sera déduit de la faute mais un préjudice devra tout de même être démontré[2]. Dans d'autres cas, on déduira directement de la faute du défendeur un préjudice moral sans s'attarder sur le dommage intermédiaire[3]. L'auteur illustre cette hypothèse par le préjudice moral résultant d'une atteinte au droit à l'information médicale créé par l'arrêt du 3 juin 2010[4]. En tous cas, dans les deux hypothèses, un dommage est déduit de la faute, alors que le préjudice n'est pas forcément présumé. Selon l'auteur, lorsque c'est le dommage qui est déduit de la faute, un droit à réparation est ouvert et le demandeur devra prouver la réalité de son préjudice. Dans le second cas, l'octroi d'une réparation est imposé, et prend « *les allures d'une peine privée* »[5]. La distinction proposée ne paraît pas pleinement satisfaisante. En effet, il est de jurisprudence constante qu'un dommage identifié doit faire l'objet d'une indemnisation, de telle sorte que la distinction proposée par l'auteur semble fragile. Au-delà de la pertinence de la distinction proposée, l'auteur met tout de même en lumière qu'il existe des cas où le dommage et

---

[1] L. GRATTON, *op. cit.*

[2] En matière d'atteinte à la vie privée, v. par ex. : TGI Paris, 3 déc. 1997, *Cellura c/ SA Conception de presse*, *JCP G* 1998. II. 10067. Dans cette affaire, le tribunal a jugé qu'il existait un dommage constitué par l'atteinte à la vie privée, mais que le demandeur ne démontrait pas la réalité de son préjudice.

[3] V. notamment, en droit du travail, en droit de la concurrence et en droit des marques, les exemples proposés par le Professeur Gratton : L. GRATTON, *op. cit.*

[4] Cass. civ., 1ère, 3 juin 2010, n° 09-13.591. Le droit applicable depuis beaucoup évolué : sur ce point, v. *supra* p. 110-112.

[5] L. GRATTON, *op. cit.*

le préjudice sont présumés. Or, au moins dans le cas où c'est le préjudice moral qui est présumé, on peut estimer que le dommage intermédiaire est un dommage-interférence. En effet, aucune détérioration factuelle n'a besoin d'être identifiée et le dommage résulte d'une interférence avec une obligation légale ou avec un intérêt légitime. En droit public aussi, il existe des cas où des dommages et intérêts sans préjudice sont accordés, par exemple en cas de « *violation du droit à un délai raisonnable de jugement* »[1]. Là aussi, c'est une interférence avec un droit qui est indemnisée en l'absence de tout préjudice. Toutefois, cette réalité est obscurcie par la référence au préjudice moral. Selon le Professeur Gratton, « *parce qu'elle possède les qualités d'abstraction et de plasticité nécessaires, la catégorie de préjudice moral est, au fond, la seule susceptible d'embrasser toutes les hypothèses dans lesquelles l'existence du préjudice est déduite de celle de la faute.* »[2] Le préjudice indemnisé en cas de dommages et intérêts sans détérioration serait donc nécessairement un préjudice moral. Cela renforce notre conviction que la notion de préjudice moral est caractéristique de la situation d'indistinction du droit français entre les deux formulations. Or, on assiste à une multiplication de ces présomptions de préjudice qui ne demandent pas de preuve d'une détérioration[3]. Dans ces hypothèses où des dommages et intérêts sont accordés sans perte concrète, il nous semble que la jurisprudence indemnise un dommage-interférence derrière la référence au préjudice moral.

De la même façon, en droit anglais, on peut identifier des cas où des dommages et intérêts sans détérioration sont accordés. Comme l'écrit le Professeur Steel, « *une indemnité ne visera pas à compenser une détérioration si l'existence présente ou future de cette détérioration n'est pas une condition nécessaire pour que l'indemnité soit accordée* »[4]. L'auteur propose plusieurs exemples de dommages et intérêts sans détérioration[5]. Il cite l'indemnité accordée au demandeur dans l'hypothèse d'une causalité surdéterminée, dans le cas où plusieurs tireurs sont les responsables potentiels du tir subi par le demandeur. Il cite également l'indemnité accordée à un demandeur dans le cas où il aurait été opéré à une jambe sans son consentement par un chirurgien qui n'est pas responsable du défaut d'information. Il cite enfin le cas de la divulgation non-intentionnelle de photographies d'un demandeur sans son consentement. Il propose plusieurs justifications à ces indemnités : le devoir moral de répondre à une atteinte ;

---

[1] C. PAILLARD, « Faut-il distinguer le dommage et le préjudice ? : point de vue publiciste », *Resp. civ. et assur.* 2010, dossier 4, spéc. n° 33.

[2] *Ibid.*

[3] A. BOURGOIN, C. GIRAUD, « Les caractères du préjudice », *in Droits privé et public de la responsabilité extracontractuelle*, N. Albert-Moretti, F. Leduc et O. Sabard (dir.), LexisNexis, 2017, p. 109-128, spéc. p. 117-118.

[4] S. STEEL, « Damages without loss », *op. cit.*, spéc. p. 220 : « *An award will not aim to compensate for loss if the present or future existence of a loss is not a necessary condition of the award being made* » (notre traduction).

[5] *Ibid.*, spéc. p. 223-225.

l'équité ; l'affirmation de la violation d'un droit[1]. A l'exception de l'équité, les deux autres propositions sont cohérentes avec une définition du dommage subi comme un dommage-interférence. Il serait sans doute possible de formuler le dommage réparé de telle sorte qu'on pourrait identifier une détérioration. Un auteur a ainsi proposé une définition simplifiée de la détérioration comme la diminution de la valeur de l'intérêt atteint afin d'augmenter la plasticité de la notion de *loss*[2]. Un autre auteur a aussi évoqué l'idée d'un *normative loss*, ou détérioration normative[3], qui serait un mouvement de valeur se produisant sur le plan abstrait et qui semble en cela plus proche de l'interférence que de la détérioration. Le vocabulaire de la détérioration vient cependant nuire à la compréhension du but de l'indemnisation accordée. Ici aussi, on peut estimer que c'est plutôt l'interférence avec un intérêt, même lorsqu'elle est non-fautive, qui est indemnisée par les dommages et intérêts accordés.

Tant en droit français qu'en droit anglais, la référence au dommage-interférence en matière de dommages et intérêts sans détérioration semble avoir deux mérites. D'abord, cela permet de mieux faire ressortir le caractère abstrait de l'atteinte subie et évite donc toute recherche factuelle d'une détérioration qui n'existe pas ou qui ne pourra être définie qu'abstraitement. Ensuite, cela permet d'identifier plus simplement et plus clairement la justification de l'indemnisation. L'indemnité accordée est ancrée dans l'interférence avec l'intérêt et a une vocation vindicatoire[4]. Les dommages et intérêts accordés visent à communiquer au demandeur et à la société le fait que le défendeur a violé un intérêt protégé du demandeur.

Clarification conceptuelle. La distinction du dommage-détérioration et du dommage-interférence permet de faire apparaître plus clairement la justification et le contenu du dommage indemnisé dans les hypothèses d'indemnisation d'un dommage sans préjudice. Elle permet aussi, en droit français, de clarifier le sens et les limites de la distinction du dommage et du préjudice dans l'hypothèse où des dommages et intérêts sont accordés sans constat d'une détérioration. Dans un article qui a fait date, le Professeur Leduc avait souhaité montrer les limites de la pertinence de la distinction du dommage et du préjudice[5]. Selon cet auteur, lorsqu'un jugement de valeur est nécessaire pour identifier une atteinte, la notion de dommage « *n'est plus une donnée matérielle qui se constate mais devient un véritable construit juridique, au même titre que le fait générateur de responsabilité et le préjudice, tant et si bien qu'il risque de se confondre peu ou prou avec l'un ou l'autre de ces deux éléments* »[6]. L'auteur citait plusieurs exemples ayant

[1] *Ibid.*, spéc. p. 229-230.

[2] A. TETTENBORN, « What is a Loss ? », *in Emerging Issues in Tort Law*, J. Neyers, S. Pitel et E. Chamberlain (dir.), Bloomsbury, 2007, p. 442-466, spéc. p. 457.

[3] K. BARKER, *op. cit.*, spéc. p. 641.

[4] S. STEEL, « Damages without loss », *op. cit.*, spéc. p. 235.

[5] F. LEDUC, « Faut-il distinguer le dommage et le préjudice ? : point de vue privatiste », *op. cit.*

[6] *Ibid.*, spéc. n° 7.

vocation à démontrer le manque de pertinence de la distinction du dommage et du préjudice dans cette hypothèse, et notamment la concurrence déloyale, l'atteinte à la vie privée, ou encore les troubles anormaux du voisinage[1]. Or, dans toutes ces hypothèses, on peut avancer que l'indemnisation est accordée sur la base d'un dommage-interférence. En matière de concurrence déloyale et d'atteinte à la vie privée, il n'est pas nécessaire d'identifier l'existence d'une détérioration pour qu'une indemnisation soit accordée. Il s'agit d'exemples de dommages et intérêts accordés en l'absence de toute détérioration. En matière de troubles anormaux du voisinage aussi, le trouble identifié peut être considéré comme une interférence avec un intérêt puisqu'il ne faut pas nécessairement identifier une conséquence néfaste mais seulement un risque de dommage[2]. S'il fallait faire des troubles anormaux du voisinage un élément de la responsabilité civile, le dommage identifié ne pourrait pas être un dommage-détérioration. Le critère d'anormalité vient en effet ajouter une dimension objective à l'appréciation des effets de la lésion[3]. La distinction du dommage-détérioration et du dommage-interférence permet ainsi de déterminer le champ de la pertinence de la distinction du dommage et du préjudice. Dans le cas d'un dommage-détérioration, la notion de préjudice est essentielle car le dommage se définit par l'existence de ses conséquences concrètes et donc par la possibilité d'identifier des préjudices découlant du dommage. En matière de dommage-interférence en revanche, l'indemnisation n'est pas justifiée par l'existence de conséquences suivant l'atteinte. Le préjudice se fait donc plus discret en prenant la forme d'un préjudice moral, lequel se confond en réalité avec le dommage. La notion de préjudice reprend alors sa position secondaire par rapport au dommage. Si la dualité du dommage et du préjudice paraît inutile dans ces hypothèses, cela n'affaiblit pas la distinction pour autant. Cela permet seulement de souligner que la distinction du dommage et du préjudice ne s'applique pas dans certaines hypothèses car il s'agit d'une caractéristique de certains dommages de pouvoir être indemnisés sans qu'un préjudice ne soit

---

[1] *Ibid.*, spéc. n° 9 à 11. Nous écartons ici deux exemples qui se situent plus loin de notre sujet, la rupture fautive des pourparlers et la responsabilité contractuelle. Toutefois, ces exemples pourrait être traités de la même façon. Dans ces deux cas aussi, le dommage peut être caractérisé par l'interférence avec un intérêt du demandeur. Cet intérêt serait alors fondé dans les attentes légitimes du demandeur, attentes nées de la relation préalable entretenue entre le demandeur et le défendeur.

[2] C. QUÉZEL-AMBRUNAZ, « Antennes-relais : distinguer risque, trouble et préjudice sur fond de principe de précaution », *RLDC* 2009, n° 59. *Contra.* : J.-Ph. FELDMAN, « Le trouble voisinage du principe de précaution », *D.* 2009, p. 1369. L'auteur défend la nécessité de prouver l'existence d'un dommage et donc d'un préjudice en matière de troubles anormaux du voisinage.

[3] F. BLANCO, D. CHENU, « La distinction du dommage et du préjudice », *in Droits privé et public de la responsabilité extracontractuelle*, N. Albert-Moretti, F. Leduc et O. Sabard (dir.), LexisNexis, 2017, p. 81-100, spéc. p. 97-98.

identifié[1]. Pour mieux identifier cela, il nous semble souhaitable de préférer le vocabulaire du dommage à celui du préjudice dans les hypothèses où un dommage-interférence est indemnisé.

La distinction du dommage-détérioration et du dommage-interférence permet d'éclairer certaines caractéristiques des droits français et anglais dans les cas où ils accordent des dommages et intérêts sans détérioration. Le caractère alternatif des formulations pourrait permettre de résoudre l'ambiguïté entourant les préjudices émotionnels autonomes.

Caractère alternatif des formulations. Dans de nombreux cas, la situation dommageable pourrait être analysée alternativement comme un dommage-interférence ou comme un dommage-détérioration. C'est le cas en matière de préjudices émotionnels autonomes en droit français, puisque les notions de risque et de préjudice moral conduisent à une certaine indistinction. Comme l'explique le Professeur Descheemaeker, un même dommage peut parfois être décrit *via* l'une ou l'autre des formulations[2]. Or, selon l'auteur, entre ces deux approches, « *le droit doit faire un choix* »[3]. Il y a deux alternatives. D'une part, le droit de la responsabilité civile pourrait choisir l'un des deux modèles, unipolaire ou bipolaire, et abandonner totalement l'autre, ce qui reviendrait à préférer définitivement et dans toutes les situations une formulation du dommage par rapport à l'autre. Il n'y aurait plus alors à s'interroger sur la formulation utilisée dans le contexte précis. D'autre part, le droit de la responsabilité civile pourrait choisir de faire coexister les formulations du dommage au sein du droit mais de choisir entre une formulation ou l'autre en fonction des situations. Nous évoquerons d'abord la question de la coexistence des modèles unipolaire et bipolaire. Nous ferons ensuite quelques remarques sur la question du choix de la formulation du dommage à préférer dans une situation donnée.

Coexistence des modèles. Le Professeur Descheemaeker estime que les modèles unipolaire et bipolaire sont concurrents et cherchent à expliquer l'entièreté du droit de la responsabilité civile. Par conséquent, les deux types de formulations ne peuvent que décrire de façons différentes un même dommage. Il serait nécessaire de n'en choisir qu'un. Pour l'auteur, « *parce qu'il n'y a qu'une seule blessure qu'on peut regarder selon deux perspectives différentes, il ne devrait y avoir qu'une seule indemnité - pas deux* »[4]. C'est le sens exact donné à cette indemnité qui varie d'un modèle à l'autre. Dans le modèle bipolaire, les dommages et intérêts accordés ont une visée compensatoire, ce qui est cohérent avec l'idée du dommage perçu

---

[1] Sur ce point, notre proposition à la présentation de la distinction du *danno-evento* et du *danno-conseguenza* en droit italien faite par le Professeur Sirena : P. SIRENA, « Les concepts de "dommage" dans les droits français et italien de la responsabilité civile », *RDC* 2019, n° 116n0, p. 235.

[2] E. DESCHEEMAEKER, « Unravelling harms in Tort Law », *op. cit.*, spéc. p. 600 et s.

[3] *Ibid.*, spéc. p. 614 : « *the law must make a choice* » (notre traduction).

[4] *Ibid.*, spéc. p. 604 : « *Because there is only one injury that can be looked at from two different perspectives, there should be only one award—not two* » (notre traduction).

comme une détérioration. Il est indéniable que les juges peuvent accorder des dommages et intérêts compensatoires. On peut les définir comme « *les dommages et intérêts qui sont accordés pour la perte subie par le demandeur* »[1]. Ces dommages et intérêts seraient donc calculés sur la base des conséquences du dommage et viseraient à assurer un retour au *statu quo ante*. La façon dont l'auteur conçoit les dommages et intérêts dans le modèle unipolaire est moins claire. Lorsqu'il n'y a pas de détérioration factuelle, l'indemnité visera à représenter l'interférence avec le droit. En droit anglais, on parle de « *nominal damages* » et la somme accordée est généralement faible[2]. Toutefois, pour être un modèle expliquant l'entièreté du droit, le modèle unipolaire doit aussi pouvoir expliquer pourquoi des dommages et intérêts sont accordés lorsque le demandeur subit des détriments concrets[3]. Le détriment doit alors être défini abstraitement et serait donc inclus dans l'interférence au droit, ce qui conduirait à accorder une indemnité substantielle[4]. C'est le sens donné à cette indemnité qui serait différente. L'auteur fait en quelque sorte référence aux dommages et intérêts vindicatoires en droit anglais. Ces dommages et intérêts viseraient à représenter le droit atteint[5]. Il faudrait choisir entre ces deux conceptions du dommage.

Critique du refus de la coexistence des modèles. Ces deux modèles sont-ils nécessairement alternatifs ? Le Professeur Descheemaeker adopte une vision prospective du droit puisqu'il reconnaît que l'un ou l'autre des deux modèles et l'une ou l'autre des deux formulations du dommage sont utilisées alternativement en fonction des situations de fait en droit anglais[6]. Force est de constater que, tant en droit français qu'en droit anglais, les deux formulations du dommage sont utilisées. Décrire le droit positif nécessite de reconnaître cette coexistence des formulations en droit français et en droit anglais[7]. Il nous paraît plus utile à ce stade de reconnaître l'existence de la distinction et de laisser une place à celle-ci que de chercher à atteindre péniblement une certaine pureté du droit de la responsabilité civile. En outre, en l'état du droit anglais, il existe deux difficultés tenant aux types de dommages et intérêts accordés qui rendent nécessaire la coexistence des deux modèles. En effet, le droit anglais reconnaît exceptionnellement l'existence de dommages et intérêts nominaux qui visent à représenter

[1] J. GOUDKAMP, D. NOLAN, *Winfield & Jolowicz on Tort*, Sweet & Maxwell U.K., 20ème éd., 2020, spéc. n° 23-009 : « *Compensatory damages are damages that are awarded in respect of the claimant's loss* » (notre traduction).

[2] *Ibid.*, spéc. n° 23-008.

[3] E. DESCHEEMAEKER, « Unravelling harms in Tort Law », *op. cit.*, spéc. p. 600.

[4] *Ibid.*, spéc. p. 601.

[5] J. GOUDKAMP, D. NOLAN, *loc. cit.*, spéc. n° 23-039.

[6] E. DESCHEEMAEKER, « Unravelling harms in Tort Law », *op. cit.*, spéc. p. 614 : « *We cannot continue to meander, whether consciously or not, between these various definitions depending on the type of factual circumstances we are facing.* » Notre traduction : « *Nous ne pouvons pas continuer de errer, que ce soit consciemment ou non, entre ces différentes définitions en fonction des circonstances de fait auxquelles nous faisons face.* »

[7] S. STEEL, « Damages without loss », *op. cit.*, spéc. p. 240.

l'interférence à un droit par une indemnité modeste[1]. Dans le même temps, il refuse l'existence de dommages et intérêts vindicatoires plus substantiels[2]. Il ne semble donc pas possible de concevoir un modèle unipolaire complet qui fonctionnerait sans aucune référence aux dommages et intérêts compensatoires. À l'inverse, il est aussi difficile de justifier l'existence de dommages et intérêts nominaux si le dommage-interférence n'existe pas. Par conséquent, en l'état du droit anglais, les deux formulations du dommage doivent coexister. Il en va de même en droit français où les dommages et intérêts sont indéniablement considérés comme compensatoires, conformément au principe de réparation intégrale, mais où il existe pourtant des dommages sans détérioration. Décrire fidèlement le droit de la responsabilité civile aujourd'hui suppose de faire coexister plusieurs formulations du dommage en reconnaissant que chaque modèle permet d'expliquer certaines caractéristiques de la responsabilité civile sans l'expliquer dans son ensemble. Comme avec les fonctions de la responsabilité civile[3], une théorie unitaire du dommage semble vouée à l'échec. Il s'agit plutôt de définir pourquoi et comment les juges doivent choisir entre les formulations proposées.

Choix de la formulation. Si choisir entre les deux modèles ne paraît pas nécessaire, il semble utile que les juges choisissent une des deux formulations au moment d'indemniser un dommage. Il s'agit en effet de ne décrire la situation dommageable que d'une seule façon. On constate que le dommage peut toujours être formulé comme une interférence avec un intérêt dans la mesure où le modèle unipolaire confond le fait générateur de responsabilité et le dommage. En revanche, il ne peut pas toujours être décrit comme une détérioration dans la mesure où il faudrait alors d'identifier des conséquences factuelles à l'atteinte. Par conséquent, les dommages résultant d'une atteinte matérielle, d'une atteinte à l'intégrité physique ou psychique, ou d'une atteinte au droit à la vie privée peuvent tous être formulés sous la forme d'un dommage-interférence, alors qu'on ne peut pas forcément tous

---

[1] V. par ex. : *Rees v Darlington* [2003] UKHL 52 ; [2004] 1 A.C. 309.

[2] *R. (Lumba) v Secretary of State for the Home Department* [2011] UKSC 12 ; [2012] 1 AC 245. Il faut toutefois préciser que le champ exact de la prohibition des dommages et intérêts vindicatoires énoncée par cet arrêt n'est pas très clair. V. pour une critique de cet arrêt : J. VARUHAS, *op. cit.*, spéc. p. 279 et s. On peut aussi s'interroger plus largement sur l'utilité de ces dommages et intérêts dans la mesure où les dommages et intérêts nominaux, compensatoires et aggravés existent déjà en droit anglais. Sur ce point, v. : J. GOUDKAMP, D. NOLAN, *loc. cit.*, spéc. n° 23-039.

[3] Les doctrines française et anglaise ont proposé plusieurs théories de la responsabilité civile centrées sur une seule de ses fonctions. En droit français, une de ces théories fait de la réparation la seule fonction de la responsabilité civile. Ces théories unitaires se sont révélées incapables d'expliquer la totalité du droit de la responsabilité civile, tel qu'il existe aujourd'hui en droit français qu'en droit anglais. Ces théories ont nécessairement une dimension prospective. Sur ce point, v. par ex. : M. MEKKI, « Les fonctions de la responsabilité civile à l'épreuve des fonds d'indemnisation des dommages corporels », *LPA* 2005, n° PA200500801, p. 3 ; R. BIGOT, « La fonction normative de la responsabilité civile et le comportement de l'assuré », *RGDA* mai 2020, n° 117k8, p. 14 ; J. GOUDKAMP, J. MURPHY, « The Failure of universal theories of tort law », *L.T.* 2015, n° 21(2), p. 47-85.

les décrire comme des dommages-détérioration. Parfois, un dommage ne pourra être décrit que comme une interférence. Souvent, il y aura la possibilité d'utiliser alternativement l'une ou l'autre des formulations du dommage pour décrire une situation dommageable. Or, la façon dont le juge décrit le dommage influe sur la façon dont son indemnisation est comprise et justifiée. La formulation choisie pourrait aussi avoir des conséquences sur la façon dont le juge va apprécier le lien de causalité entre le fait générateur et le dommage[1], ainsi que sur les modalités de l'indemnisation[2]. L'indistinction qui prévaut en matière de préjudice moral et touche ainsi les préjudices émotionnels autonomes conduit au développement de compréhensions parallèles et concurrentes du sens de chaque préjudice et de son indemnisation. Choisir entre les formulations pourrait contribuer à une approche cohérente de l'indemnisation et ainsi à éviter les variations et les incertitudes. Le juge est face à une alternative. Une partie de la solution pourrait provenir de la relation de subsidiarité existant entre les formulations.

Subsidiarité des formulations. Comme nous l'avons déjà relevé, toute situation dommageable pourrait être décrite sous le format du dommage-interférence, alors qu'on ne peut identifier un dommage-détérioration que dans l'hypothèse où l'atteinte a des conséquences concrètes. On pourrait au premier abord estimer que la formulation de dommage-interférence pourrait prendre le relais du dommage-détérioration en l'absence de toute conséquence concrète. En effet, la fonction de *vindication* n'est pas forcément remplie par des dommages et intérêts spécifiquement vindicatoires. Lord Collins juge ainsi que « *(a)ccorder une indemnité séparée pour des dommages et intérêts vindicatoires, c'est confondre la fonction des dommages et intérêts et leur nature* »[3]. Il nous semble que la fonction de *vindication*, la fonction recognitive de la responsabilité, peut être satisfaite par des dommages et intérêts compensatoires et par la réparation d'un dommage-détérioration. Comme l'écrit un auteur anglais, si l'objet de l'intérêt atteint est d'être protégé contre une détérioration factuelle d'une situation, alors « *la fonction recognitive est aussi satisfaite par l'indemnisation de la perte subie* »[4]. Le Professeur Finkelstein a défendu l'idée qu'une exposition à un risque constitue un dommage dans la mesure

---

[1] J. STAPLETON, « The gist of negligence : Part 2 the relationship between "damage" and causation », *L.Q.R.* 1988, n° 104(Jul), p. 389-409, spéc. p. 389 : « *the causation issue is subordinate to and defined by the question of what forms the gist of the action.* » Notre traduction : « *la question de la causalité est subordonnée à et définie par la question de ce qui forme la clé de l'action.* » La clé de l'action est une expression pour désigner le dommage.

[2] V. *infra* p. 342 et s.

[3] *R. (Lumba) v Secretary of State for the Home Department* [2012] 1 AC 245, spéc. Lord Collins, p. 320 : « *To make a separate award for vindicatory damages is to confuse the purpose of damages awards with the nature of the award.* » (Notre traduction.)

[4] S. STEEL, « Damages without loss », *op. cit.*, spéc. p. 239 : « *if the rationale of the victim's right is their being protected from loss, then expressive vindication is pro tanto achieved by compensation for counterfactual loss* » (notre traduction). Dans le même sens, v. : G. C. KEATING, *op. cit.*, spéc. p. 336-337 ; G. TURTON, « Causation and risk in negligence and human rights law », *C.L.J.* 2020, n° 79(1), p. 148-176, spéc. p. 163.

où il s'agit d'une interférence avec un intérêt légitime[1]. Ce dommage serait un dommage-interférence dans notre typologie. Elle constate ensuite qu'en cas de réalisation du risque et de déclaration de la maladie par exemple, un second dommage vient se superposer sur le dommage-interférence. Elle estime alors qu'il existerait un risque de double indemnisation à donner deux indemnités pour les deux formulations successives du dommage[2]. Selon elle, la seule indemnisation du dommage-détérioration suffit puisque celui-ci absorbe l'atteinte au droit préalable[3]. L'indemnité réparant les conséquences du dommage vient aussi compenser l'interférence avec l'intérêt et reconnaître l'existence de cette atteinte injustifiée. En indemnisant les conséquences d'une atteinte, on reconnaît donc aussi l'existence d'une interférence à un intérêt. Comme l'écrit un auteur, « *les droits sont reconnus par la tort law dans le simple sens que celle-ci affirme leur existence en reconnaissant une action en cas d'atteinte à un droit* »[4]. Choisir la formulation du dommage-détérioration permet de reconnaître l'existence d'une atteinte à un intérêt en indemnisant les conséquences de cette atteinte. À l'inverse, la formulation du dommage-interférence semble moins satisfaisante pour prendre en compte la détérioration d'une situation de fait dans la mesure où le dommage est conçu abstraitement, et non en fonction des conséquences de l'atteinte. Un auteur a défendu l'idée que les dommages et intérêts accordés dans le cadre de *torts actionable per se*, qui constituent des dommages-interférence dans notre nomenclature, ont une dimension compensatoire[5]. Par ailleurs, il est possible d'imaginer des cas où l'interférence à un intérêt a aussi des conséquences concrètes évaluables, mais secondaires par rapport à l'intérêt atteint - en cas d'atteinte à la réputation du demandeur lui causant des pertes de revenus par exemple[6]. Cela ne veut toutefois pas dire qu'utiliser systématiquement la formulation du dommage-interférence dans le cas où l'atteinte a des conséquences concrètes serait satisfaisant. En effet, cela conduirait à ne pas placer au centre de la discussion les conséquences concrètes de l'atteinte. Il existe ainsi une forme de subsidiarité naturelle des formulations dans la mesure où le dommage-détérioration semble devoir être privilégié dès lors que l'atteinte a eu des conséquences concrètes, ou du moins lorsque ce sont ces conséquences qui forment le cœur de l'action et justifient l'indemnisation. Cette subsidiarité pourrait constituer une piste à explorer en cas d'indistinction.

[1] C. FINKELSTEIN, *op. cit.*

[2] *Ibid.*, spéc. p. 990.

[3] *Ibid*, spéc. p. 994-995.

[4] J. VARUHAS, *op. cit.*, spéc. p. 258 : « *Legal rights are vindicated by tort law in the basic sense that the law affirms the existence of the right through recognition of an action for breach* » (notre traduction).

[5] *Ibid.*, spéc. p. 268 et s.

[6] Sur ce point, v. par ex. : E. DESCHEEMAEKER, « Protecting Reputation : Defamation and Negligence », *op. cit.*, spéc. p. 614.

Conclusion de section. Les droits français et anglais indemnisent tous les deux des dommages pouvant être formulés soit comme la détérioration d'une situation de fait, soit comme une interférence avec un intérêt protégé. Ils tendent à converger autour d'une conception plutôt factuelle du dommage, à laquelle s'ajoute une approche plus abstraite venant en complément de la première. Toutefois, les deux droits n'accueillent pas la distinction de la même façon. En droit anglais, le dommage indemnisé en *negligence* est nécessairement un dommage-détérioration tandis que les *torts actionable per se* indemnisent des dommages-interférence. En droit français, le concept de préjudice moral mêle les deux approches. Cette distinction semble tout de même avoir le potentiel d'enrichir et de clarifier la notion de dommage, et ainsi de résoudre les difficultés analytiques entourant le dommage en matière de préjudices émotionnels autonomes. L'application de la distinction à notre sujet d'étude va supposer de préférer l'une ou l'autre des formulations en fonction du préjudice étudié dans la mesure où ces formulations semblent alternatives, ce qui permettrait de lever l'ambiguïté actuelle qui prévaut souvent dans notre champ d'étude.

Conclusion de chapitre. Les difficultés entourant l'identification du dommage réparé dans une situation donnée en droit de la responsabilité civile tiennent à l'imprécision du concept de dommage. Ces difficultés s'avèrent particulièrement prégnantes dans le cas des préjudices émotionnels autonomes du fait de leur proximité avec les notions de risque et de préjudice moral. Cette incertitude semble enracinée dans la concurrence entre deux modèles au sein de la responsabilité civile, les modèles bipolaire et unipolaire, et plus particulièrement dans les deux formulations du dommage qu'ils proposent. Nous avons cherché à montrer que la distinction du dommage-détérioration et du dommage-interférence permettait de décrire deux conceptions du dommage coexistant au sein des droits français et anglais. À notre sens, l'identification de cette distinction permet d'enrichir l'analyse du dommage et de constater l'existence d'une convergence conceptuelle des deux droits étudiés. Elle nous donne aussi des pistes pour clarifier le sens donné à l'indemnisation des différents préjudices émotionnels autonomes. Il semble envisageable et souhaitable d'étudier le dommage indemnisé dans chacune des situations correspondant à ces préjudices à travers la distinction proposée. L'inégal accueil de la distinction par les droits français et anglais permet aussi, en comparant la formulation du dommage préférée par chaque droit dans une même situation, de s'interroger sur la pertinence des choix de formulation dans chaque cas. En tous cas, il s'agira de lever en partie l'ambiguïté entourant les différents préjudices émotionnels autonomes.

Chapitre 2 : L'identification des dommages indemnisés par les préjudices émotionnels à l'aune de la distinction

Objet du chapitre. Les préjudices émotionnels autonomes sont indemnisables de façon autonome, et il faut maintenant tenter d'identifier les dommages qu'ils visent à indemniser. Il faut identifier aussi les dommages réparables en droit anglais dans les mêmes situations. Cela revient à déterminer la formulation qui s'impose ou qui semble préférable pour définir le dommage indemnisé dans chacune de ces situations. Comme nous l'avons relevé les formulations de dommage-détérioration et de dommage-interférence sont alternatives. En droit anglais, les dommages-interférence ne peuvent pas être saisis par la *negligence*, ce qui nous permet d'explorer les limites de la notion de détérioration, et d'expliquer certains refus d'indemnisation. En droit français, la question est plus complexe dans la mesure où les préjudices extrapatrimoniaux étudiés participent à l'indistinction des formulations du fait de leur hybridité. Il faudra déterminer quelle formulation devra être préférée. Cela suppose d'abord d'identifier la façon dont le dommage indemnisé par un préjudice est défini par les juges. Ensuite, lorsque ce travail s'avère insuffisant, il faut identifier l'objectif d'indemnisation assigné à ce préjudice. On pourra alors rechercher la formulation la plus cohérente avec les fonctions de la responsabilité civile auxquelles ce préjudice a vocation à répondre. Dans certains cas, il faudra avancer des arguments de politique juridique pour identifier la formulation la plus adéquate, lorsque les arguments conceptuels et de fonction ne suffisent pas. En proposant une formulation du dommage, on proposera inévitablement une nouvelle façon de comprendre chaque préjudice étudié. L'identification du dommage indemnisé sera l'occasion de corriger certaines incohérences tant en droit français qu'en droit anglais.

Intérêt. Identifier le dommage indemnisé par chaque préjudice émotionnels autonomes permettra de définir plus aisément et plus clairement le sens de la réparation de chacun de ces préjudices. Cela nous permettra ensuite de discuter de la pertinence de l'indemnisation de ces préjudices et de proposer des modifications des modalités d'indemnisation de chacun d'entre eux. La distinction interroge cependant la limite entre le traumatisme psychologique et l'atteinte émotionnelle, et entre ce dernier type de souffrance morale et l'interférence avec un droit. En effet, l'ensemble de ces éléments peuvent être saisis par les préjudices extrapatrimoniaux. Cela participe à l'hybridité des préjudices étudiés et conduit à traiter de la même façon des dommages très différents. Pour choisir une formulation du dommage adéquate, il semble nécessaire de trancher entre ce qui relève intrinsèquement de chacun de ces préjudices et ce qui n'en relève pas.

Plan. Pour identifier les dommages indemnisés en matière de préjudices émotionnels autonomes, il faut d'abord souligner le classicisme du traumatisme psychique (Section 1). Une fois que cette question aura été écartée, nous pourrons défendre que les dommages fondant l'indemnisation des préjudices émotionnels autonomes étudiés sont à notre sens des dommages-interférence (Section 2).

Section 1 : Le traumatisme psychique, un dommage-détérioration classique

Objet de la section. Le lien entre les préjudices émotionnels autonomes ou leurs équivalents anglais et la notion de traumatisme psychique est mis en lumière par le droit anglais du *nervous shock.* Il apparaît aussi dans la tendance actuelle du droit français à distinguer ces concepts. Il semble nécessaire de souligner que le traumatisme psychique se distingue des cas indemnisés par les préjudices émotionnels autonomes et leurs équivalents anglais. Le cadre conceptuel de l'indemnisation du traumatisme psychique est classique et tranche avec les spécificités des préjudices émotionnels autonomes.

Plan. La relation entre le traumatisme psychique et les préjudices émotionnels autonomes, lesquels sont situés aux confluents des atteintes morales, des droits de la personnalité et du dommage corporel, a toujours été confuse (§1). Il s'agit donc de démontrer que le traumatisme psychique est un dommage-détérioration classique qui doit être indemnisé indépendamment des préjudices émotionnels autonomes étudiés (§2).

§1. La relation confuse entre le traumatisme psychique et les préjudices émotionnels

L'indemnisation du traumatisme psychique peut être distinguée de l'atteinte émotionnelle. Le traumatisme psychique est pourtant un élément du dommage indemnisé par certains des préjudices émotionnels autonomes et par leurs équivalents anglais.

Traumatisme psychique et atteinte émotionnelle. Le traumatisme psychique désigne l'atteinte psychologique ayant une dimension pathologique[1]. La distinction du traumatisme psychique et de l'atteinte émotionnelle est rarement énoncée de manière formelle. Il s'agit pourtant de deux concepts différents. Le droit anglais met en œuvre cette distinction tandis que le droit français peine à l'identifier.

Distinction critiquée en droit anglais. Comme nous l'avons déjà expliqué[2], en droit anglais en matière de *nervous shock*, seule la souffrance morale pathologique est indemnisable. La souffrance morale non-pathologique, la simple atteinte émotionnelle, ne peut pas constituer un

---

[1] V. *supra* p. 57 et s. et p 175-176.

[2] V. *supra* p. 57 et s.

dommage permettant de fonder une action en *negligence*. La distinction de l'atteinte émotionnelle et du traumatisme psychique est donc mise en œuvre par le droit. Elle fait toutefois l'objet de nombreuses critiques.

Tout d'abord, la distinction s'organise selon certains juges et auteurs autour d'un vocabulaire daté et contesté. La notion de « choc nerveux » est « *l'expression consacrée* »[1] pour évoquer les conditions de la réparation du dommage psychique pathologique mais cette expression a été critiquée. Un juge l'a ainsi qualifiée de fallacieuse et d'imprécise[2]. En effet, ce n'est pas le choc qui fait l'objet d'une indemnisation mais la souffrance psychologique qui en résulte[3]. Surtout, ce vocabulaire serait dépassé par rapport au vocabulaire médical moderne[4]. Il en va de même de la distinction entre l'atteinte émotionnelle et la pathologie psychologique reconnaissable, dans la mesure où elle n'aurait pas de fondements médicaux[5]. Cela signifierait que la distinction qu'applique le droit a nécessairement une dimension arbitraire et qu'elle n'est pas parfaitement scientifique. Elle serait uniquement fondée sur la volonté des juges de limiter le champ des demandeurs potentiels[6]. L'exigence de la preuve d'une pathologie psychique reconnaissable a ainsi été considérée comme un standard de preuve excessivement exigeant[7]. Il a aussi été avancé par un auteur que la différence entre l'atteinte émotionnelle et le traumatisme psychique était une différence de degré et non de nature, dans la mesure où ces deux concepts auraient la même étiologie[8]. Plusieurs auteurs ont donc plaidé pour l'indemnisation du traumatisme psychique mais aussi de toute atteinte émotionnelle anormale, en faisant référence à la seule nécessité de satisfaire à l'adage *de minimis non curat praetor*[9]. Ce critère d'anormalité conduirait à maintenir une distinction entre une atteinte émotionnelle non-réparable et une atteinte émotionnelle réparable tout en écartant la référence médicale qui serait arbitraire et trop contraignante.

Ces critiques ont pris appui sur de rares arrêts n'ayant pas retenu la nécessité de prouver une pathologie identifiable pour démontrer l'existence d'un dommage en matière de *nervous shock*. C'est le cas de l'arrêt *Whitmore*

---

[1] *McLoughlin v O'Brian* [1983] 1 AC 410, spéc. Lord Wilberforce, p. 418 : « *Nervous shock is the hallowed expression* » (notre traduction).

[2] *Attia v British Gas Plc* [1988] QB 304, spéc. Lord Bingham, p. 317.

[3] *Behrens v Bertram Mills Circus Ltd* [1957] 2 QB 1, spéc. Lord Devlin, p. 27-28. Cette formulation fait d'ailleurs écho à la distinction entre le dommage et le préjudice, ou l'atteinte et ses conséquences.

[4] N. MULLANY, P. HANDFORD, *Tort Liability for Psychiatric Damage*, Law Book Company, 1993, spéc. p. 15.

[5] *Ibid.*, spéc. p. 25. Sur ce point, v. notamment : *Dickie v Flexcon Glenrothes Ltd* 2009 G.W.D. 35-602, spéc. n° 165.

[6] R. MULHERON, « Rewriting the requirement for a recognized psychiatric injury in negligence claims », *O.J.L.S.* 2012, n° 32 (1), p. 77-112, spéc. p. 82.

[7] V. *supra* p. 79-81.

[8] R. MULHERON, *loc. cit.*, spéc. p. 100.

[9] *Ibid.*, spéc. p. 107 et s.

v Euroways Express Coaches Ltd de 1984[1]. Dans celui-ci, un juge a distingué le choc « ordinaire » qui n'a pas besoin d'être prouvé par une analyse médicale du choc « psychiatrique »[2]. Le juge se prononçait sur le dommage d'une femme ayant été impliquée dans un accident de bus en France et qui avait été témoin de la grave blessure subie par son mari. Il a décidé de lui accorder des dommages et intérêts pour son choc « *dans le sens ordinaire, général, commun du mot et non dans un sens médical ou psychiatrique* »[3]. Cette décision est très controversée[4], ce qui peut s'expliquer par le fait que le juge qui l'a rendue assumait de se détacher de la technique juridique pour adopter une approche de bon sens des questions qui lui étaient soumises[5]. Des auteurs ont tout de même fait valoir que la demanderesse n'avait pas été indemnisée pour une simple atteinte émotionnelle mais pour le choc profond qu'elle avait subi et qui se situait à mi-chemin entre une atteinte émotionnelle normale et un traumatisme psychique[6]. Le choc subi semble ainsi revêtir une dimension anormale. Au-delà de cette décision anglaise isolée, la distinction est contestée dans plusieurs juridictions de *common law*[7]. L'exigence d'une pathologie psychique a ainsi été écartée en droit australien à plusieurs reprises[8]. En droit canadien, la distinction a aussi fait l'objet de critiques. Un auteur a notamment fait valoir que l'exigence de la preuve d'un traumatisme psychique médicalement identifié n'avait jamais été adoptée en droit canadien[9], ce que serait venu confirmer l'arrêt *Mustapha v Culligan*[10]. L'arrêt *Saadati v Moorhead* a définitivement confirmé l'abandon d'une preuve médicale en droit canadien, tout en maintenant l'exigence de la preuve d'une atteinte émotionnelle anormale[11]. Il y aurait donc une tendance à remettre en cause la distinction juridique établie en droit anglais entre l'atteinte émotionnelle et le traumatisme psychique. Toutefois, malgré ces

---

[1] *Whitmore v Euroways Express Coaches Ltd*, *The Times* 4 may 1984 (non-rapporté).

[2] N. MULLANY, P. HANDFORD, *loc. cit.*, spéc. p. 18-19. V. aussi, sur cet arrêt et la référence au choc ordinaire : F.A. TRINDADE, « The Principles governing the recovery of damages for negligently caused nervous shock », *C.L.J.* 1986, n° 45(3), p. 476-500, spéc. p. 477.

[3] Rapporté dans : M. JANSSENS, « Nervous shock liability : A comparative study of the law governing the principles of nervous shock in England, the Netherlands, Germany and France », *European Review of Private Law* 1998, n° 6, p. 77-104, spéc. p. 79.

[4] V. notamment le rapport : *Liability for psychiatric illness*, Law Commission Report n° 249, 9 mars 1998, spéc. p. 10.

[5] N. MULLANY, P. HANDFORD, *loc. cit.*, spéc. p. 19.

[6] *Ibid.*

[7] *Ibid.*

[8] *Brown v Mount Barker Soldiers' Hospital* [1930] SASR 128 ; *Swan v Williams (Demolition) Pty Ltd* (1987) 9 NSWLR 172.

[9] L. BÉLANGER-HARDY, « Reconsidering the "Recognizable Psychiatric Illness" Requirement in Canadian Negligence Law », *Queen's Law Journal* 2013, n° 38, p. 583-616.

[10] *Mustapha v Culligan of Canada Ltd* 2008 SCC 27 ; [2008] 2 SCR 114.

[11] *Saadati v Moorhead* 2017 SCC 28. Sur cet arrêt, v. notamment : M. McINNES, « Negligent infliction of mental harm in the Supreme Court of Canada », *L.Q.R.* 2018, n° 134 (Jan), p. 1-4.

critiques récurrentes, le droit anglais n'a pas évolué et la distinction de l'atteinte émotionnelle et du traumatisme psychique demeure le principe applicable.

Distinction incertaine en droit français. En droit français, la distinction du traumatisme psychique et de l'atteinte émotionnelle n'est que rarement évoquée, notamment au vu du principe d'équivalence qui conduit les juges français à ne pas distinguer entre les différents types de dommages[1]. À la différence du droit anglais, le droit français considère qu'une atteinte émotionnelle constitue en principe toujours un dommage réparable, ce qui signifie qu'il n'a jamais eu besoin de distinguer ce qui relèverait du traumatisme psychique d'une part de ce qui constituerait une atteinte émotionnelle d'autre part. Le droit français ne propose donc pas de distinction formelle entre différentes souffrances psychologiques existantes. En effet, comme nous l'avons déjà souligné, une victime par ricochet ayant perdu un proche peut demander à la fois l'indemnisation de son préjudice d'affection - une souffrance émotionnelle - et celle de son traumatisme psychique[2]. Un auteur a fait valoir qu'il s'agissait d'indemniser *via* des mécanismes différents deux souffrances de natures différentes[3]. Quelle que soit l'interprétation que l'on fait de cette distinction, force est de constater que le droit français distingue la souffrance émotionnelle ressentie à la suite du décès d'un proche d'une part et le traumatisme psychique causé par ce décès d'autre part. Cela semble signifier que l'atteinte émotionnelle et le traumatisme psychique peuvent être distinguées en droit français, même si cette distinction est rarement énoncée et mise en œuvre. Prendre conscience de cette distinction paraît souhaitable au moment d'analyser les préjudices émotionnels autonomes.

L'atteinte émotionnelle et le traumatisme psychique sont, malgré la discrétion de la distinction et son caractère controversée, deux concepts distincts. Ils peuvent coexister au sein de certains préjudices émotionnels autonomes.

Traumatisme psychique et préjudices émotionnels. Les besoins d'indemnisation auxquels répondent les préjudices émotionnels autonomes et leurs équivalents anglais sont très proches du traumatisme psychique. Celui-ci constitue un élément essentiel de l'indemnisation de ces situations en droit anglais. En droit français, l'indemnisation du traumatisme psychique *via* les préjudices émotionnels autonomes est accidentelle.

Élément essentiel en droit anglais. Parmi les différents préjudices émotionnels autonomes que nous avons identifiés, l'indemnisation de la majorité d'entre eux ne peut être envisagée en droit anglais qu'à travers le concept de *nervous shock*, c'est-à-dire *via* l'indemnisation d'un traumatisme

---

[1] V. *supra* p. 60-62.

[2] V. *supra* p. 176-178.

[3] Y. QUISTREBERT, « Le respect du principe de la réparation intégrale assuré par la distinction des souffrances psychologiques de la victime par ricochet », *Resp. civ. et assur.* 2019, étude 5, spéc. n° 4 et s.

psychique. C'est le cas de l'atteinte psychique causée par une exposition à un risque de dommage futur[1]. C'est également le cas en matière de souffrance morale causée par une confrontation à la mort[2]. Il en va aussi de même pour le traumatisme psychique de la victime par ricochet causé par le décès d'un proche[3]. Le prisme du *nervous shock* a aussi été utilisé comme référence par les juges anglais pour l'indemnisation de la souffrance morale causée par la non-révélation d'un risque de dommage dans un contexte médical[4]. En droit anglais, toutes les situations visées par les préjudices émotionnels autonomes du droit français sont donc appréciées à travers le concept du *nervous shock* et la notion de traumatisme psychique. Cela fait du traumatisme psychique la composante essentielle de l'indemnisation, le principal dommage réparable, dans toutes les hypothèses embrassées par les préjudices émotionnels autonomes.

Dans certaines des hypothèses décrites, des actions spécifiques secondaires ont pu être créées et mobilisées pour offrir une indemnisation au demandeur. C'est le cas de l'action pour *bereavement* du *Fatal Accidents Act* en droit anglais qui vient offrir une indemnisation minime et symbolique aux proches d'une victime décédée. L'indemnisation d'autres types de dommages a ainsi pu être envisagée dans certaines des hypothèses décrites. On peut ainsi évoquer l'atteinte à l'autonomie en cas de non-révélation d'un risque médical qui a été envisagée comme une atteinte susceptible d'être indemnisée de manière indépendante en l'absence de tout traumatisme psychique[5]. Toutefois, cette proposition n'a jamais été formellement adoptée. Il apparaît que dans les différentes situations traitées par les préjudices émotionnels autonomes, le droit anglais s'attache à déterminer s'il existe un traumatisme psychique à indemniser. Affirmer que le traumatisme psychique est un élément essentiel en la matière est en fait un euphémisme. L'indemnisation du traumatisme psychique est généralement la seule voie d'indemnisation ouverte dans les hypothèses d'exposition à un risque, de non-révélation d'un risque de dommage, ou de confrontation à sa propre mort ou à la mort d'un proche. Or, cette voie s'avère particulièrement étroite puisque l'indemnisation du *nervous shock* est assortie de nombreuses conditions particulières. En effet, en cas d'exposition à un risque de dommage futur[6] ou de décès d'un proche causé par une faute de diagnostic[7], le *nervous shock* ne sera généralement pas considéré comme réparable du

---

[1] V. *supra* p. 57 et s.

[2] V. *supra* p. 144-145.

[3] V. *supra* p. 175-176.

[4] V. *supra* p. 113.

[5] *Chester v Afshar* [2005] 1 AC 134, spéc. Lord Steyn, p. 146.

[6] J. STEELE, « Pleural plaques in the House of Lords : the implications of Page v Smith », *C.L.J.* 2008, n° 67(1), p. 28-30, spéc. p. 29. V. aussi : *Grieves v FT Everard & Sons Ltd* [2008] 1 AC 281, spéc. Lord Hope, p. 301-302.

[7] I. GOOLD, C. KELLY, « Time to start de Novo : the Paul, Purchase and Polmear litigation and the temporal gap problem in secondary victim claims for psychiatric injury », *P.N.* 2023, n° 39(1), p. 24-40, spéc. p. 35 et s.

fait de l'absence de tout événement traumatisant. Cela est lié aux origines de la notion, ancrées dans l'idée d'accident[1]. Cela signifie que le traumatisme psychique est le seul dommage éventuellement réparable dans les différentes hypothèses visées mais qu'il ne sera généralement pas indemnisé.

Confusion en droit français. Le traumatisme psychique est-il une composante centrale de l'indemnisation des préjudices émotionnels autonomes ? Le vocabulaire utilisé en droit français peut laisser supposer que ces différents préjudices visent à indemniser des traumatismes psychiques. Prenons l'exemple des préjudices d'angoisse et d'anxiété. D'abord, il faut constater que ces termes ont un sens en matière médicale, ce qui nous rapproche de l'idée de l'indemnisation d'une pathologie psychique[2]. Ensuite, notons que la jurisprudence pointe dans cette direction lorsqu'il est jugé que le préjudice d'anxiété indemnise « *l'ensemble des troubles psychologiques, y compris ceux liés au bouleversement dans les conditions d'existence* »[3]. Enfin, la doctrine pointe aussi parfois dans cette direction. Un auteur a ainsi écrit que les termes d'anxiété et d'angoisse visent « *la résonance psychique, à des degrés divers, du risque, voire du danger, ressenti par la victime d'un dommage* »[4]. Un autre auteur proposant l'indemnisation d'un préjudice d'angoisse découlant de la conscience du caractère inéluctable du réchauffement climatique insiste sur le fait que l'éco-anxiété constitue une pathologie psychique, et considère qu'un préjudice d'angoisse en la matière permettrait d'indemniser ce traumatisme[5]. Tous ces éléments semblent pointer dans la direction de l'indemnisation d'un traumatisme psychique. Toutefois, toujours en matière de préjudice d'angoisse et d'anxiété, plusieurs éléments permettent de démontrer que l'indemnisation du traumatisme psychique n'est pas l'objet essentiel de ces préjudices émotionnels autonomes. Tout d'abord, l'angoisse ne constitue pas en elle-même une pathologie selon les spécialistes[6]. Il ne s'agit toutefois que d'un indice du fait que les préjudices en question n'indemnisent pas un traumatisme psychique, puisque les juristes n'adoptent pas nécessairement le

---

[1] M. JANSSENS, *op. cit.*, spéc. p. 82 et s.

[2] A. ABELHAUSER, P.-P. COSTANTINI, « Anxiété, peur, angoisse : point de vue psychopathologique », *R.J.O.*, n° spécial 2014, actes du colloque du 3 octobre 2014, p. 49-55.

[3] Cass. soc., 25 sept. 2013, n° 12-12.110, n° 12-20.912, n° 12-12.883, n° 12-20.157, n° 11-20.948.

[4] A. VIGNON-BARRAULT, « L'anxiété : le regard du civiliste », *Resp. civ. et assur.* 2019, étude 4.

[5] C. DELAHAIS, « L'éco-anxiété face à l'urgence écologique : nouvelle source de préjudice d'angoisse ? », *Revue juridique de l'environnement* 2022, n° spécial, p. 117-132, spéc. p. 119-120.

[6] A. ABELHAUSER, P.-P. COSTANTINI, *loc. cit.* ; E. CAILLON, « Les troubles psycho-traumatiques chez l'adulte », *Gaz. Pal.* 15 févr. 2015, n° 213k8, p. 14.

sens médical des notions qu'ils utilisent[1]. Un autre indice est perceptible dans le fait que, en matière de préjudice d'anxiété et d'angoisse, si la dangerosité du produit auquel le demandeur a été exposé doit être démontrée, ce-dernier ne doit pas prouver qu'il a fait l'objet d'un suivi médical particulier. Concernant le préjudice d'anxiété, dès 2012, la chambre sociale a abandonné la référence à des contrôles et examens médicaux réguliers évoqués dans l'arrêt de 2010[2]. A compter de 2012, elle juge que le préjudice d'anxiété est réparable, que le salarié « *se soumette ou non à des contrôles et examens médicaux réguliers* »[3] . Dès l'origine du préjudice d'anxiété, la preuve médicale a donc été écartée. Le préjudice d'anxiété ne vise pas à indemniser une pathologie et le traumatisme psychique n'en constitue pas un élément essentiel, mais il existe une certaine confusion dans le débat en droit français. Il s'agit plutôt d'indemniser un préjudice moral, une souffrance psychologique.

Cette analyse peut être étendue aux autres préjudices émotionnels autonomes, qu'il s'agisse des préjudices situationnels des victimes par ricochet, du préjudice d'impréparation ou du préjudice moral de l'enfant conçu mais non encore né au moment du décès d'un proche. Le préjudice d'angoisse de mort imminente peut susciter plus de doutes dans la mesure où il suppose notamment de démontrer la conscience de la victime au moment de son décès[4]. Cependant, cette exigence ne suffit pas à en faire un préjudice indemnisant spécifiquement un traumatisme psychique. La nécessité de prouver que le demandeur est décédé pour obtenir l'indemnisation du préjudice d'angoisse de mort imminente semble démontrer que le traumatisme psychique n'est pas au cœur de l'indemnisation puisqu'il ne s'agit pas de réparer une pathologie à long terme découlant de l'événement traumatique. Surtout, comme le souligne un auteur, le préjudice d'angoisse de mort imminente n'a pas vocation à indemniser une blessure psychique sans atteinte physique, et une atteinte physique demeure nécessaire[5]. Le traumatisme psychique n'est donc pas un élément essentiel des préjudices émotionnels autonomes, même s'il semble très proche de ces préjudices.

Composante accidentelle de l'indemnisation. Cela signifie-t-il que ces préjudices n'ont aucun lien avec le traumatisme psychique ? L'exemple du droit anglais qui, dans toutes les situations couvertes par les préjudices émotionnels autonomes, préfère chercher à identifier un traumatisme psychique met en lumière la grande proximité existant entre l'indemnisation

---

[1] P.-P. COSTANTINI, A. ABELHAUSER, « Prévenir l'angoisse ou la créer ? L'angoisse peut-elle être l'objet d'un droit ? », *R.J.O.* 2014, n° spécial, p. 167-172. Pour une critique de cette incapacité à utiliser les termes dans leur dimension médicale, v. par ex. : Y. QUISTREBERT, « Le respect du principe de la réparation intégrale assuré par la distinction des souffrances psychologiques de la victime par ricochet », *loc. cit.*, étude 5.

[2] Cass. soc., 11 mai 2010, n° 09-42.241 et s.

[3] Cass. soc., 4 déc. 2012, n° 11-26.294.

[4] V. *supra* p. 153 et s.

[5] G. WESTER, « L'angoisse de mort imminente et le préjudice d'attente et d'inquiétude, deux nouveaux postes de préjudices consacrés par la Cour de cassation », *RLDC* 2022, n° 203.

d'un préjudice moral et le traumatisme psychique, et le possible glissement de l'un à l'autre. Cette proximité confine parfois à l'indistinction. Prenons encore l'exemple du préjudice d'angoisse. Souvent, les juridictions accordent une même somme à l'ensemble des salariés d'une même entreprise ayant été exposés à une substance dangereuse. Pourtant, un médecin a étudié la question du lien entre exposition et maladie psychique en matière d'exposition à l'amiante dans un cadre professionnel et a montré que les conséquences psychiques d'une exposition au sein d'une cohorte de salariés variaient énormément[1]. Il ressort de cette étude que près de cinquante sept pour cent des personnes interrogées avaient un score d'anxiété inférieur à sept, ce qui signifie qu'elles n'avaient pas de symptômes. Vingt-trois pour cent des personnes avaient un score d'anxiété situé entre huit et dix, montrant des symptômes légers. Enfin, vingt pour cent des personnes avaient un score d'anxiété supérieur à onze, ce qui est le marqueur de symptômes lourds. Par ailleurs, soixante-douze pour cent des personnes interrogées ne présentaient pas de symptômes de dépression, tandis que dix-huit pour cent d'entre elles présentaient des symptômes légers, et dix pour cent des symptômes lourds. S'il faut, en tant que juriste, manier ces chiffres avec délicatesse, il en ressort tout de même une diversité des réponses psychiques face à une exposition à un risque de dommage futur. Or, tous ces travailleurs issus d'une même entreprise, s'ils agissaient, seraient indemnisés par un préjudice d'anxiété. L'indemnité reçue serait sans doute la même pour tous. Par conséquent, ce préjudice saisit des situations très variées, et peut, de manière accidentelle, indemniser un traumatisme psychique dans la mesure où l'indemnisation des demandeurs se limite généralement au préjudice d'anxiété. Ce constat peut être étendu aux autres préjudices. Par exemple, il est tout à fait envisageable qu'une personne se réveillant à la suite d'une opération et constatant la réalisation d'un risque dont elle n'avait pas été informée souffre ensuite d'un traumatisme psychique[2], au-delà du seul préjudice d'impréparation. Ces préjudices peuvent tous, de manière accidentelle, indemniser des traumatismes psychiques du fait de leurs larges champs d'indemnisation. Une certaine confusion persiste en droit français sur les liens entre le traumatisme psychique et l'indemnisation des préjudices émotionnels autonomes étudiés.

Transition. Le traumatisme psychique est le principal et souvent le seul dommage réparable dans les situations couvertes par les préjudices émotionnels autonomes en droit anglais, tandis qu'il s'agit d'un élément plutôt distinct de ces préjudices en droit français. La distinction est

---

[1] I. MOUNCHETROU NJOYA, *Exposition professionnelle à l'amiante et déterminants du retentissement psychologique*, thèse, Médecine humaine et pathologie, Université de Lorraine, 2016.

[2] L'idée de l'existence d'un traumatisme causé par le défaut d'information médicale est évoqué chez plusieurs auteurs : P. SARGOS, « L'information du patient et de ses proches et l'exclusion contestable du préjudice moral », *D.* 2008, p. 192, spéc. n° 8 ; M. BACACHE, « Le défaut d'information sur les risques de l'intervention : quelles sanctions ? Pour une indemnisation au-delà de la perte de chance », *D.* 2008, p. 1908, spéc. n° 14.

cependant rarement identifiée et soulignée. En outre, le traumatisme psychique est parfois indemnisé de manière accidentelle au sein des préjudices émotionnels autonomes. Il semble pourtant nécessaire dans les deux droits d'isoler l'indemnisation du traumatisme psychique qui sera indemnisé comme un dommage corporel classique de l'indemnisation des préjudices émotionnels autonomes.

§2. Le traumatisme psychique, un dommage-détérioration indépendant des préjudices émotionnels

Indemniser un traumatisme psychique revient à indemniser un dommage corporel. Ce n'est pas forcément le cas de l'atteinte émotionnelle et il paraît nécessaire d'émonder les préjudices émotionnels autonomes de toute référence au traumatisme psychique en adoptant la distinction anglaise.

Importance de la notion de dommage corporel. Au cours des années 1990, notamment sous l'impulsion du Professeur Lambert-Faivre, le droit français a vu apparaître la figure du droit du dommage corporel, d'abord sujet d'étude[1] et de débats[2] puis véritable discipline à part entière[3]. L'expression, titre d'un ouvrage paru dans sa première édition en 1990[4], vise désormais l'ensemble des règles de droit positif et de droit souple concernant l'indemnisation du dommage corporel. L'émergence de ce droit spécial s'ancre dans le caractère universel de la protection de l'intégrité physique de la personne humaine[5]. Elle prend de nombreuses formes comme celle du développement des règles de bioéthique ou l'apparition de règles spécifiques sur le recours des tiers-payeurs. En matière de responsabilité civile, le droit du dommage corporel est apparu *via* la multiplication de régimes d'indemnisation spécifiques comme celui de la loi Badinter en faveur des victimes d'accidents de la circulation ou le régime d'indemnisation des personnes subissant une infection nosocomiale. Il est aussi apparu à travers le développement d'outils spécifiques comme la nomenclature Dintilhac, outil de droit souple[6] apparu en 2005, ou encore le référentiel commun des cours d'appel. Le droit du dommage corporel s'est développé dans un certain

---

[1] V. par ex., sur le dommage corporel comme prisme d'analyse de la jurisprudence : Y. LAMBERT-FAIVRE, « Dommage corporel : l'esprit et la lettre dans la réparation des préjudices extra-patrimoniaux », *D.* 1998, p. 59.

[2] V. par ex. : M. BOURRIÉ-QUENILLET, « Pour une réforme conférant un statut juridique à la réparation du préjudice corporel », *JCP G* 1996, doctr. 3919.

[3] Ph. BRUN, « Le dommage corporel en droit français », *in Le préjudice : entre tradition et modernité, Journées franco-japonaises*, t. 1, D. Mazeaud, M. Mekki et N. Kanayama (dir.), Larcier-Bruylant, 2015, p. 75-79, spéc. p. 76.

[4] Y. LAMBERT-FAIVRE, *Droit du dommage corporel, Systèmes d'indemnisation*, Dalloz, 1ère éd., 1990.

[5] Y. LAMBERT-FAIVRE, S. PORCHY-SIMON, *Droit du dommage corporel, Systèmes d'indemnisation*, Dalloz, coll. Précis, 9ème éd., 2022, spéc. p. 1.

[6] *Contra.* : M. ROBINEAU, « Le statut normatif de la nomenclature Dintilhac des préjudices », *JCP G* 2010, doctr. 612.

désordre qui a conduit au constat d'une crise de la matière[1], ce qui a mené à des appels à une rationalisation de celle-ci[2]. Les différents avant-projets de réforme de la responsabilité civile ont pris en compte cette volonté de rationalisation, et l'indemnisation des préjudices consécutifs à un dommage corporel a vocation à faire l'objet de modalités d'indemnisation spécifiques[3]. La proposition de loi sénatoriale du 29 juillet 2020 prévoit ainsi une sous-section sur les « *(r)ègles particulières à la réparation des préjudices résultant d'un dommage corporel* » qui concernent l'évaluation des préjudices, le versement des dommages et intérêts et les recours des tiers-payeurs. L'objectif de ce statut particulier du dommage corporel est d'accorder un traitement privilégié aux victimes de dommage corporel[4]. Cette rationalisation supposera cependant de préciser le sens des notions en cause.

Le droit anglais n'ignore pas l'idée d'une branche spécifique du droit concernée par l'indemnisation du dommage corporel[5]. On parle ainsi de *personal injury law*. En effet, il est relativement classique en droit anglais de traiter de manière distincte des dommages de natures différentes. Or, l'intégrité corporelle constitue un intérêt tout particulièrement protégé[6]. Par conséquent, le droit fait preuve de plus de souplesse lorsqu'il s'agit d'indemniser une atteinte à l'intégrité physique. En outre, il ne fait aucun doute qu'il existe une partie de la doctrine s'intéressant spécifiquement aux modalités d'indemnisation du dommage corporel. L'existence d'une publication trimestrielle sur la question, le *Journal of Personal Injury Law*, en témoigne. Dans les années 1990, un ouvrage du Professeur Atiyah avait d'ailleurs suscité d'importants débats en la matière. Dans *The Damages Lottery*, il défendait l'idée que la *tort law* était un mécanisme insatisfaisant pour indemniser le dommage corporel, et qu'il serait préférable de la

[1] Ph. BRUN (dir.), *Le Lamy Droit de la Responsabilité* [en ligne], Wolters Kluwer, spéc. n° 224-5.

[2] S. PORCHY-SIMON, « Plaidoyer pour une construction rationnelle du droit du dommage corporel », *D.* 2011, p. 2742.

[3] P. BRUN, « La réparation des préjudices consécutifs à un dommage corporel dans le projet de réforme du droit de la responsabilité civile », *Archives de Philosophie du droit* 2021, n° 63, p. 403-410.

[4] S. GARNIER, « Des évolutions nécessaires en matière de dommage corporel : à propos du projet de réforme de la responsabilité civile », *LPA* 6 févr. 2018, n° 132f7, p. 5.

[5] Dès 1985, un ouvrage de droit comparé français et anglais s'intéressait d'ailleurs directement à la question de la réparation du dommage corporel : G. VINEY, B. MARKESINIS, *La Réparation du dommage corporel, Essai de comparaison des droits anglais et français*, Economica, 1985.

[6] J. MURPHY, « Tort's hierarchy of protected interests », *C.L.J.* 2022, n° 81(2), p. 356-383, spéc. p. 358.

remplacer par un système d'assurance obligatoire sans responsabilité[1]. Ce courant doctrinal en faveur de la création d'un régime spécifique d'indemnisation de l'ensemble des dommages corporels, qui existe toujours[2], s'inspire notamment de la pratique d'autres pays de *common Law*[3]. En plus d'une doctrine spécialisée en la matière, le droit anglais a aussi développé des outils adaptés à ce type de dommage comme le barème des *Judicial College Guidelines* par exemple[4]. Il existe donc bien également un droit du dommage corporel en droit anglais.

En droit français. Une approche rationnelle du droit du dommage corporel passe notamment par l'utilisation de concepts plus précis. Une difficulté apparaît d'emblée. En droit français, le concept de dommage corporel n'a pas de définition. Il a été écrit que la notion « *a pendant longtemps semblé si évidente qu'elle pouvait se passer de définition* »[5], et le terme figure dans le Code civil sans plus de précision, à l'article 2226 par exemple. Ce sentiment d'évidence semble aujourd'hui contestable. Il ne fait cependant pas de doute que l'atteinte à l'intégrité psychique est un élément du dommage corporel au même titre que l'atteinte à l'intégrité physique.

Le cœur de la notion ne fait, comme souvent, pas débat. Ainsi, les atteintes à l'intégrité physique font tout naturellement partie du dommage corporel. Toutefois, il apparaît bien vite que le dommage corporel ne se résume pas à cela. Il a été souligné que la distinction entre les souffrances physiques et les souffrances psychiques doit être relativisée[6]. Dès 2003, le rapport du Professeur Lambert-Faivre puis le rapport Dintilhac en 2005 définissent le dommage corporel comme « *toute atteinte à l'intégrité physique ou psychique de la personne* ». Une agression violente peut en effet

---

[1] P. S. ATIYAH, *The Damages Lottery*, Hart Publishing, 1997. L'auteur souligne l'extension du droit de la responsabilité civile, et notamment des catégories de dommages réparables, sous l'effet de la compassion exprimée par les juges et de la généralisation de l'assurance de responsabilité. Pour éviter une déstructuration du droit de la *negligence* sous l'effet du droit du dommage corporel, il propose d'établir des régimes spéciaux d'indemnisation pour ce type de dommage.

[2] V. par ex. : J. SUMPTION, « Abolishing personal injuries law : a project », *P.N.* 2018, n° 34(3), p. 113-121. *Contra.* : J. MORGAN, « Abolishing personal injuries law ? A response to Lord Sumption », *P.N.* 2018, n° 34(3), p. 122-142. En réponse à la proposition de Lord Sumption, l'auteur souligne les effets secondaires du droit du dommage corporel, et notamment les fonctions recognitive, préventive ou punitive que cette branche du droit endosse parfois.

[3] Cette approche est celle qu'a adopté la Nouvelle-Zélande en 1974. Sur ce point, v. par ex. : K. OLIPHANT, « Accident Compensation in New Zealand », *in Risques, Assurances, Responsabilités - Les Limites de la Réparation* (CD-ROM), F. EWALD (éd.), Droit in-situ. V. aussi : V. RIVOLLIER, « Le modèle néo-zélandais de la prise en charge du dommage corporel d'origine accidentelle », *in Quelle prise en charge des dommages corporels au XXIème siècle ?*, Actes du colloque du 27 nov. 2018, p. 59-68. Si le mécanisme en question a vocation en principe à prendre en charge tous les types d'accidents, il connaît tout de même certaines limites, notamment en cas de maladie.

[4] V. *supra* p. 85 et p. 142-143.

[5] Y. LAMBERT-FAIVRE, S. PORCHY-SIMON, *loc. cit.*, spéc. p. 2.

[6] M. FABRE-MAGNAN, *Droit des obligations t. 2 - Responsabilité civile et quasi-contrats*, PUF, 5ème éd., 2021, spéc. n° 139.

ne causer qu'une atteinte physique limitée tout en ayant des conséquences psychologiques très importantes. Dès 2014, la Cour de cassation a jugé qu'il était possible d'envisager l'existence de « *préjudices corporels en l'absence de blessures* »[1], ce qui exprimait maladroitement qu'un traumatisme psychique peut constituer un dommage corporel sans atteinte à l'intégrité physique[2]. Cette réalité a été prise en compte dans la proposition de loi sénatoriale du 29 juillet 2020. Elle adopte une définition large de la notion et prévoit à son article 1269 que « *(t)oute atteinte à l'intégrité physique ou psychique de la personne est un dommage corporel.* » C'est également la position exprimée par la CJUE dans un arrêt *Laudamotion Gmbh* du 22 octobre 2022[3]. Le dommage corporel se compose donc à la fois des atteintes à l'intégrité physique et des atteintes à l'intégrité psychique, ce qui est désormais largement accepté par les juges et par la doctrine[4]. Le traumatisme psychique est donc un dommage corporel.

En droit anglais. En droit anglais aussi, l'étendue de la notion de dommage corporel interroge. Le droit anglais n'y attache pas de conséquences techniques importante. Cependant, le rattachement de l'atteinte à l'intégrité psychique au dommage corporel pourrait conduire à conférer une meilleure situation aux victimes de telles atteintes. Le régime de l'indemnisation de l'atteinte morale pure en droit anglais implique de traiter de manière différente les atteintes physiques et les atteintes psychiques. Or cette approche qui conduit à faire de l'atteinte à l'intégrité psychique un dommage de moindre rang que l'atteinte à l'intégrité physique a suscité des critiques. Des juges ont ainsi pris position en faveur du rapprochement du traitement des atteintes physique et psychique[5]. En doctrine aussi, des critiques ont été exprimées. Un auteur a ainsi tenté de rattacher directement l'atteinte psychique à une modification corporelle. Il a fait valoir qu'un choc conduisait à des transformations chimiques dans le cerveau, ce qui permettait de mettre en avant le lien entre l'atteinte psychique et l'atteinte physique[6]. Cette dimension physique était d'ailleurs prise en considération par les juges au début du XIXème siècle selon deux auteurs[7]. Il existe une critique plus radicale encore du traitement des atteintes morales qui consiste à contester l'existence d'un dualisme entre le corps et

---

1 Cass. crim., 21 oct. 2014, n° 13-87.669.

2 P. JOURDAIN, « Les préjudices d'angoisse », *JCP G* 2015, doctr. 739, spéc. n° 29.

3 CJUE, 20 oct. 2022, aff. C-111/21, *Laudamotion Gmbh*, *RDC* 2023, n° RDC20111, obs. J. KNETSCH ; *Resp. civ. et assur.* 2023, comm. 32, obs. L. BLOCH ; *JCP G* 2023, doctr. 752, obs. J. KNETSCH.

4 S. PORCHY-SIMON, « La victime de dommage corporel : retour sur deux concepts fondamentaux du droit de la réparation », *D.* 2021, p. 296. Pour une critique nuancée de cette intégration, v. notamment : J. KNETSCH, « Qu'est-ce qu'un dommage corporel ? », *D.* 2022, p. 1815.

5 *Page v Smith* [1995] 2 All ER 736, spéc. Lord Lloyd, p. 758-759.

6 K. WHEAT, « Nervous shock : proposals for reform », *J.P.I. Lit.* 1994, p. 207-214, spéc. p. 210.

7 I. GOOLD, C. KELLY, « Who's afraid of imaginary claims ? », *L.Q.R.* 2022, n° 138(Jan), p. 58-78, spéc. p. 63-64.

l'esprit et donc d'une distinction juridique de ces atteintes[1]. Toutes ces critiques viennent remettre en question le traitement différencié des atteintes physique et psychique, et plaident en faveur d'une conception élargie du dommage corporel incluant ces deux types d'atteintes. Cet élargissement a plusieurs conséquences. Tout d'abord, il interdit catégoriquement de faire droit à l'idée selon laquelle il faudrait abolir le droit du *nervous shock* parce qu'il serait trop complexe et insatisfaisant de telle sorte qu'il nuirait à la légitimité de la *tort law*[2]. Cette proposition n'est plus en vogue mais a pu être mise en avant dans les années 1990. Le constat que l'atteinte psychique fait partie intégrante du dommage corporel rend bien peu souhaitable une telle abolition qui laisserait un intérêt particulièrement important sans protection. Ensuite, cela conduit à s'interroger sur la différence de traitement entre les deux types d'atteintes, et notamment les nombreux mécanismes de contrôle applicables en cas d'atteinte psychique en droit anglais[3]. Il faut donc apprécier à nouveau les modalités d'indemnisation du *nervous shock* au prisme de l'importance de l'intérêt en cause en matière d'atteinte psychique. Il faut s'interroger encore sur la pertinence du maintien d'une distinction dans les modalités pratiques d'indemnisation des atteintes physiques et psychiques, ainsi qu'au sein de l'atteinte psychique[4].

Autant en droit français qu'en droit anglais, le traumatisme psychique est désormais clairement considéré comme une composante du dommage corporel. Ce n'est pas nécessairement le cas des atteintes émotionnelles et il semble donc nécessaire de distinguer le traumatisme psychique des préjudices émotionnels autonomes compris comme des atteintes émotionnelles.

Le droit anglais distingue déjà le traumatisme psychique des atteintes émotionnelles, alors que les deux notions peuvent se trouver mêlées au sein des préjudices émotionnels autonomes en droit français. Il semble important de ne pas indemniser un traumatisme psychique de manière accidentelle au sein de ces préjudices et de l'indemniser de façon autonome, *via* la diversité des préjudices de la nomenclature Dintilhac.

Dommage corporel et dommage-détérioration. L'atteinte à l'intégrité psychique est l'une des deux composantes du dommage corporel. En quoi cela nous informe-t-il sur la formulation à préférer en matière de traumatisme psychique ? Nous pouvons d'abord nous tourner vers le droit anglais. À l'inverse de l'atteinte émotionnelle, le traumatisme psychique est

---

[1] A. GUTIÉRREZ, « "Weakness" in the context of the compensation of non-pecuniary losses in English and French law », *in La Faiblesse en droit*, M. K. Kiapekaki, S. Gakis, N. K. Okyay, R. Place et M. Perrin (dir.), Mare & Martin, 2020, p. 71-83, spéc. p. 80 et s.

[2] J. STAPLETON, « In Restraint of Tort », *in Frontiers of Liability*, P. Birks (éd.), OUP, 1994, p. 83-102, spéc. p. 94-96.

[3] M. JANSSENS, *op. cit.*, spéc. p. 103 et 104.

[4] M. A. JONES, « Liability for Psychiatric Damage : Searching for a Path between Pragmatism and Principle », *in Emerging Issues in Tort Law*, J. Neyers, S. Pitel et E. Chamberlain (dir.), Bloomsbury, 2007, p. 113-139, spéc. p. 135 et s.

une composante du dommage corporel indemnisable au titre de la *negligence*. Or, comme nous l'avons déjà vu, la *negligence* n'indemnise que des dommages-détérioration[1]. L'indemnisation du dommage corporel en général, et du traumatisme psychique en particulier, passe en droit anglais pas la formulation du dommage-détérioration. Par conséquent, le traumatisme psychique, une fois qu'il est réparable, est considéré comme un dommage corporel « classique », indemnisé *via* la méthodologie propre à ce type de dommage. Le droit anglais indemnisera donc toutes les conséquences de la pathologie, qu'elles soient patrimoniales ou extrapatrimoniales. Y a-t-il d'autres éléments permettant d'établir un lien entre le dommage corporel et le dommage-détérioration en droit français ? L'indemnisation du dommage corporel se concentre sur la suppression des conséquences de l'atteinte, comme en atteste la référence à la nomenclature Dintilhac. En matière de dommage corporel, la distinction du dommage et du préjudice est particulièrement pertinente, puisque cette distinction « *est toujours praticable lorsque le siège de l'atteinte a une existence physique* »[2]. Or, le fait que l'étude du dommage passe notamment par l'étude des préjudices en découlant est un élément caractéristique du dommage-détérioration par rapport au dommage-interférence. D'ailleurs, on peut observer qu'un auteur invité à écrire sur « *le dommage corporel en droit français* » a procédé à une étude des différents préjudices indemnisables, ce qui revient à étudier les conséquences du dommage[3]. On constate aussi que la proposition de loi sénatoriale du 29 juillet 2020 sur la réforme de la responsabilité civile insiste aux articles 1271 à 1273 sur les préjudices indemnisables en cas de dommage corporel. Tous ces éléments pointent dans la direction du dommage corporel comme un dommage-détérioration. Il semble souhaitable que le dommage corporel soit toujours formulé comme un dommage-détérioration afin que les juges se concentrent sur les conséquences concrètes du dommage dans l'existence du demandeur, notamment en indemnisant les différents préjudices figurant dans la nomenclature Dintilhac. Il nous paraît donc possible d'affirmer qu'un dommage corporel et, par conséquent, l'atteinte à l'intégrité psychique sont toujours des dommages-détérioration.

Enjeu. Si le traumatisme psychique est toujours un dommage-détérioration, les préjudices émotionnels autonomes indemnisent quant à eux des dommages caractérisés par une certaine hybridité en droit français. L'importance toute particulière de l'intégrité corporelle comme intérêt protégé[4] justifie qu'un traumatisme psychique ne soit pas indemnisé de

---

[1] V. *supra* p. 231 et s.

[2] F. LEDUC, « Faut-il distinguer le dommage et le préjudice ? : point de vue privatiste », *Resp. civ. et assur.* 2010, dossier 3, spéc. n° 5.

[3] Ph. BRUN, « Le dommage corporel en droit français », *op. cit.*

[4] J.-S. BORGHETTI, « Les intérêts protégés et l'étendue des préjudices réparables en droit de la responsabilité civile extra-contractuelle », in *Etudes offertes à Geneviève Viney*, L.G.D.J., 2008, p. 145-171, spéc. p. 168 : « *le caractère réparable de tous les préjudices résultant d'atteintes à l'intégrité physique des personnes ne saurait être remis en cause* ».

manière accidentelle à l'occasion de l'indemnisation d'un préjudice résultant d'un dommage hybride. Ce dommage doit être pris en compte dans sa totalité, et toutes ses conséquences doivent être réparées. À notre sens, le traumatisme psychique est un dommage corporel comme les autres, mais il semble qu'une confusion persiste autour de la relation entre les préjudices émotionnels autonomes et le traumatisme psychique. Par exemple, la personne ayant été exposée à de l'amiante et souffrant de ce fait d'une dépression devra être indemnisée de nombreux éléments. En effet, on peut imaginer que l'indemnisation de cette dépression implique des frais médicaux, des pertes de revenus, mais aussi des conséquences extrapatrimoniales sur le quotidien du demandeur, à savoir sa vie familiale et sexuelle, son quotidien et bien sûr des souffrances endurées. Il serait profondément insuffisant de ne l'indemniser que du préjudice d'anxiété, et il semble par conséquent pertinent de constater et d'affirmer que le préjudice d'anxiété ne vise pas à indemniser le traumatisme psychique subi par le demandeur. L'exemple du préjudice d'angoisse de mort imminente illustre aussi la confusion qui peut exister parfois entre ces préjudices et le traumatisme psychique. Comme le relève le Professeur Jourdain, une personne exposée à un risque immédiat de dommage peut subir un traumatisme psychique[1]. Il ajoute que « *le traumatisme psychique est réellement un préjudice corporel qui relève des postes de la nomenclature Dintilhac.* »[2] Dans un autre article, le Professeur Jourdain déplore que l'indemnisation du préjudice d'angoisse de mort imminente soit conditionné à ce que le demandeur souffre de blessures physiques[3], et souligne qu'une angoisse peut être causée en l'absence de toute atteinte physique. Il rappelle alors le principe de l'indemnisation du traumatisme psychique même sans atteinte physique qui est acquis pour les victimes directes[4] et les victimes par ricochet[5]. Il déclare alors qu'il devrait en aller de même pour l'angoisse de mort imminente, qui devrait être indemnisable même sans atteinte physique. Il est parfaitement juste que l'angoisse peut résulter d'une simple exposition à un risque immédiat de dommage sans que le demandeur ne soit blessé. Toutefois, il faut souligner que les conditions attachées au préjudice d'angoisse de mort imminente démontrent que ce préjudice n'a pas vocation à réparer un traumatisme psychique, et la comparaison du Professeur Jourdain peut entretenir, à notre sens, une confusion entre un préjudice émotionnels autonomes et le traumatisme psychique. Il semble nécessaire que les préjudices émotionnels autonomes étudiés soient émondés de tout élément lié au traumatisme psychique. Il est en effet préférable que ce traumatisme soit indemnisé de façon autonome comme une blessure physique classique plutôt qu'indemnisé dans un cadre mal-adapté. Il s'agit

---

[1] P. JOURDAIN, « Les préjudices d'angoisse », *loc. cit.*, spéc. n° 26.

[2] *Ibid.*, spéc. n° 30.

[3] P. JOURDAIN, « Une restriction temporelle à la réparation du préjudice d'angoisse de mort imminente », *RTD Civ.* 2019, p. 877.

[4] V. *supra* p. 144-145.

[5] V. *supra* p. 175-176.

en effet d'un intérêt particulièrement important. On pourrait évidemment envisager que le demandeur souffrant d'une dépression soit indemnisé non seulement des nombreux préjudices de la nomenclature, mais aussi d'un préjudice d'anxiété[1]. Il faut en revanche s'assurer que le juge ne répare pas le traumatisme psychique d'un demandeur *via* le seul préjudice d'anxiété, en estimant que c'est le préjudice qui répond à ce dommage. En séparant clairement le traumatisme psychique des préjudices émotionnels autonomes, il sera possible d'analyser l'essence de ces préjudices sans être gêné par l'indemnisation accidentelle d'un dommage important. Est-il possible de séparer strictement ces deux notions afin d'évacuer cette tension comme le fait déjà le droit anglais ? Pour cela, il semble nécessaire d'écarter les simples atteintes émotionnelles et les préjudices émotionnels autonomes étudiés du champ du dommage corporel.

Distinction envisageable en droit français. Nous avons souligné que le dommage corporel se compose à la fois de l'atteinte à l'intégrité physique et de l'atteinte à l'intégrité psychique. Toutefois, des auteurs ont montré que cela n'épuisait pas la question de la définition de ce concept[2]. Il s'agit en effet de déterminer plus précisément ce qui constitue une atteinte psychique au sein du dommage corporel.

Présentons d'abord brièvement la conception la plus large de la notion de dommage corporel. Selon certains auteurs, tous les préjudices pouvant être subis par une personne dans sa chair ou son esprit résultent nécessairement d'un dommage corporel[3]. Monsieur Prévost écrit : « *(l)'atteinte corporelle trouve son expression la plus unitaire dans l'atteinte à la personne elle-même, qui englobe des dimensions qui vont au-delà du dualisme corps/psyché.* »[4] Cet auteur va même plus loin puisque selon lui, il ne faut pas s'arrêter à la distinction du corps et de l'esprit, et toute atteinte à la personne est au fond une atteinte corporelle. Il s'appuie sur la sacralité de la personne humaine pour justifier d'écarter l'orthodoxie juridique au nom du « *désir de justice* ». En suivant cette logique, tous les préjudices émotionnels autonomes, en ce qu'ils sont des préjudices moraux, résulteraient nécessairement d'un dommage corporel. Cette position est partagée par une partie de la doctrine. Ainsi, ces préjudices sont souvent, et tout naturellement, étudiés au sein de chroniques traitant spécialement du dommage corporel[5]. Le vocabulaire utilisé fait aussi référence à la

---

[1] V. *infra* p. 352 et s.

[2] S. PORCHY-SIMON, « La victime de dommage corporel : retour sur deux concepts fondamentaux du droit de la réparation », *op. cit.* ; J. KNETSCH, « Qu'est-ce qu'un dommage corporel ? », *op. cit.*

[3] A. BARRELLIER, « Vers la reconnaissance d'un préjudice de confrontation à la mort ? », *Gaz. Pal.* 8 oct. 2019, n° 360q9, p. 78.

[4] J.-B. PREVOST, « Déclin et renouveau du préjudice moral », *Gaz. Pal.* 4 mai 2021, n° 421i2.

[5] Nous pensons ici aux chroniques des Professeurs Bacache et Porchy-Simon de Madame Guégan au Recueil Dalloz, ainsi qu'aux chroniques de Madame Cayol et aux chroniques de Monsieur Bibal et de Madame Bernfeld dans la Gazette du Palais.

« *souffrance psychique* » en matière de préjudice d'anxiété et d'angoisse de mort imminente par exemple[1]. Plus spécifiquement, un auteur a soutenu que le préjudice d'angoisse réparait un dommage corporel[2]. Une partie de la doctrine défend donc aujourd'hui une approche large de la notion de dommage corporel intégrant à la fois le traumatisme psychique et l'ensemble des préjudices moraux émotionnels autonomes. Dans ce cas-là, il n'est pas possible de traiter différemment ces situations diverses, et donc de répondre à l'enjeu de clarification que nous avons souligné. Cela conduit en effet à intégrer au sein du dommage corporel des dommages hybrides, entre détérioration et interférence.

Sans remettre en cause l'intégration de l'atteinte à l'intégrité psychique au sein de la notion de dommage corporel, une conception aussi large du dommage corporel ne semble pas permettre de remédier à la tension identifiée et à « *l'insuffisante fermeté des concepts mis en œuvre* »[3]. À vrai dire, la sollicitude bienvenue à l'égard des victimes d'atteintes psychiques justifie même une définition plus précise de la notion d'atteinte psychique, et donc de dommage corporel. Intégrer des éléments au dommage corporel aujourd'hui, c'est exprimer le souhait de faciliter leur indemnisation et de leur donner un statut privilégié au sein de la responsabilité civile. La qualification a aussi des conséquences concrètes, quant à la possibilité d'agir devant le Fonds de Garantie des victimes d'actes de terrorisme par exemple. Selon un auteur, les atteintes à l'intégrité psychique, « *lorsqu'elles causent un véritable traumatisme* », doivent être considérées comme un dommage corporel[4]. Le Professeur Porchy-Simon, afin de donner des contours clairs à la notion, distingue les troubles psycho-traumatiques, qui constituent une atteinte à l'intégrité psychique médicalement constatable, des simples réactions émotionnelles, lesquelles doivent « *être écartées de la qualification de dommage corporel* ». Cela n'empêche pas l'indemnisation de ces atteintes émotionnelles mais elles ne bénéficieront pas de la protection de la qualification de dommage corporel. La solution proposée par le Professeur Porchy-Simon se rapproche beaucoup de la notion de *recognised psychiatric illness* anglaise. Si celle-ci a montré des limites déjà évoquées, il s'agit sans doute de l'élément du *nervous shock* le mieux accepté. Le principal mérite

---

1 P. COMBLE DE NAYVES, « L'angoisse de la mort imminente est un préjudice indemnisable », *AJ Pénal* 2012, p. 657 ; P. JOURDAIN, « Préjudice spécifique d'anxiété des travailleurs de l'amiante et troubles dans les conditions d'existence : ces préjudices sont-ils distincts ? », *RTD Civ.* 2013, p. 844. V. aussi : M. BACACHE, « Le préjudice d'anxiété : à la conquête de nouvelles expositions professionnelles », *JCP G* 2019, 1024. Dans cet article, le Professeur Bacache présente explicitement le préjudice d'anxiété comme une atteinte corporelle.

2 P. JOURDAIN, « Le préjudice d'anxiété d'une victime du DES est autonome par rapport aux souffrances endurées et au déficit fonctionnel permanent », *RTD Civ.* 2020, p. 113. V. par ex., sur l'angoisse de mort imminente : P. JOURDAIN, « Une restriction temporelle à la réparation du préjudice d'angoisse de mort imminente », *loc. cit.*

3 Ph. BRUN (dir.), *Le Lamy Droit de la Responsabilité*, *op. cit.*, spéc. n° 224-5.

4 S. PORCHY-SIMON, « La victime de dommage corporel : retour sur deux concepts fondamentaux du droit de la réparation », *op. cit.*

de cette approche à nos yeux est de distinguer clairement le traumatisme psychique des atteintes émotionnelles, et de souligner qu'il s'agit de concepts distincts qui justifient des prises en charge différentes par le droit. Cela permet aussi de sortir de la situation d'indistinction suscitée par la notion de préjudice moral, et de séparer la notion de traumatisme psychique du préjudice moral. Un auteur, favorable à l'adoption d'une définition plus précise de l'atteinte à l'intégrité psychique mais se méfiant d'une approche trop médicale de la notion a proposé d'établir « *un seuil de gravité en deçà duquel une souffrance, une affliction ou un désagrément sont exclus de la catégorie des dommages réparables* »[1]. C'est la position qu'a adopté notamment la CJUE[2]. Dans l'arrêt *Laudamotion Gmbh* du 20 octobre 2022[3] portant sur les conditions de mise en œuvre de la Conférence de droit aérien de Montréal de 1999, elle a jugé qu'un traumatisme psychique constitue une « *lésion corporelle* » lorsqu'elle affecte « *l'état général de santé du demandeur* » et quand la lésion « *ne peut s'estomper sans traitement médical* ». L'approche est différente de celle proposée par le Professeur Porchy-Simon puisqu'il s'agit de distinguer entre les attéintes psychiques réparables et non-réparables, et pas seulement entre celles intégrées au dommage corporel et celles qui ne le sont pas. Cette proposition est proche de celle d'un auteur anglais estimant que toute atteinte émotionnelle « anormale » devrait être réparable[4]. L'approche du Professeur Porchy-Simon, dont le défaut est effectivement la forte implication du médecin-expert, paraît plus conforme aux usages du droit français dans la mesure où elle ne conduit pas à exclure du champ de l'indemnisation certains dommages. Elle semble aussi plus claire, et donc plus praticable. En toute hypothèse, le traumatisme psychique est une composante du dommage corporel. Une approche restrictive de la notion de dommage corporel permettant à la fois d'y intégrer le traumatisme psychique et d'en exclure les préjudices émotionnels autonomes étudiés nous paraît souhaitable.

Conclusion de section. Nous avons cherché à établir qu'il existe une différence de nature juridique entre le traumatisme psychique et l'atteinte émotionnelle. Le premier désigne une affliction pathologique tandis que la seconde désigne une souffrance morale. Il faut d'abord souligner que les deux concepts tendent à être mêlés au sein des préjudices émotionnels autonomes. Il s'agit aussi de montrer qu'une analyse précise des préjudices émotionnels autonomes suppose de souligner que ceux-ci ne peuvent pas avoir vocation à réparer un traumatisme psychique, à l'image de la distinction proposée par le droit anglais. Nous ne souhaitons cependant pas tirer les mêmes conséquences de cette distinction que le droit anglais sur la

---

[1] J. KNETSCH, « Qu'est-ce qu'un dommage corporel ? », *op. cit.*, spéc. n° 17.

[2] J. KNETSCH, « La réparation des dommages psychologiques devant la CJUE : l'indemnisation des victimes d'accidents aériens et la question du seuil de gravité », *RDC* 2023, n° RDC20111.

[3] CJUE, 20 oct. 2022, aff. C-111/21, *Laudamotion Gmbh.*

[4] R. MULHERON, « Rewriting the requirement for a recognized psychiatric injury in negligence claims », *op. cit.*, spéc. p. 107 et s.

réparabilité des différents types d'atteintes. En effet, le traumatisme psychique est nécessairement un dommage-détérioration autonome qui ne peut pas être intégré à un concept hybride. La mise en œuvre de la distinction passe notamment par une définition plus limitée de la notion de dommage corporel permettant de souligner cette différence de nature.

Transition. Une fois qu'il a été établi que les préjudices émotionnels autonomes ne doivent pas indemniser un traumatisme psychique, il faut déterminer si ces préjudices indemnisent des dommages-détérioration ou des dommages-interférence. Pour tous ces préjudices, la formulation de dommage-interférence semble s'imposer ou devoir être préférée.

Section 2 : Les préjudices émotionnels et la distinction des formulations du dommage

Objet de la section. Une fois que les préjudices émotionnels autonomes ont été débarrassés de tout lien accidentel avec l'indemnisation du traumatisme psychique, il faut tout de même résoudre la question de leur hybridité et déterminer s'ils résultent de dommages-interférence ou de dommages-détérioration.

Plan. Certains préjudices émotionnels autonomes qui ne réparent pas des atteintes émotionnelles indemnisent nécessairement des dommages-interférence (§1). Pour les préjudices réparant des atteintes émotionnelles, les deux formulations peuvent s'avérer pertinentes, mais il semble préférable d'analyser le dommage indemnisé comme un dommage-interférence (§2).

§1. Les préjudices émotionnels indemnisant nécessairement un dommage-interférence

En droit français, les préjudices situationnels n'indemnisent pas une atteinte émotionnelle, et le dommage indemnisé semble être nécessairement un dommage-interférence. En droit anglais, l'atteinte à l'autonomie constitue aussi nécessairement un dommage-interférence exclu du champ de la *negligence*.

Préjudices situationnels. Les préjudices situationnels sont des préjudices apparus récemment en droit français dont la dimension objective semble renvoyer directement au dommage-interférence. Cela permet de souligner que le fondement de ces préjudices est l'interférence avec un intérêt plutôt que la souffrance morale causée par l'exposition à une situation dangereuse.

Le droit français a imaginé deux types de préjudices situationnels distincts issus des travaux des avocats du Barreau de Paris compilés dans le « Livre Blanc sur les préjudices subis lors des attentats » publié en novembre 2016 et du rapport de février 2017 rendu par le groupe de travail sur l'indemnisation des victimes du terrorisme dirigé par le Professeur Porchy-Simon. Ces deux préjudices situationnels sont le préjudice situationnel d'angoisse des victimes directes[1] et le préjudice situationnel d'attente et d'inquiétude des victimes par ricochet[2]. Nous avions souligné que le préjudice d'angoisse de mort imminente se trouvait à mi-chemin entre l'indemnisation d'une souffrance morale appréciée subjectivement, voire de la réparation d'un traumatisme psychique, et du préjudice situationnel d'angoisse. Dans la mesure où le traumatisme psychique peut être indemnisé de manière autonome, et où le préjudice d'angoisse de mort imminente revêt également un caractère éminemment situationnel, il devrait, selon nous, être entièrement assimilé au préjudice situationnel d'angoisse[3]. Comment formuler le dommage réparé en matière de préjudice situationnel d'angoisse ? La référence à la notion d'angoisse semble pointer dans un premier temps dans la direction de la réparation d'une souffrance morale, d'une atteinte à l'intégrité psychique[4], c'est-à-dire vers la détérioration d'une situation de fait. La dimension situationnelle du préjudice peut cependant plutôt orienter la réflexion vers l'interférence avec un intérêt légitime juridiquement protégé.

Caractère objectif. Ce qui fait la spécificité des préjudices situationnels, tant de la victime directe que de la victime par ricochet, c'est l'attention portée à la manière dont l'atteinte à l'intérêt du demandeur s'est produite. Ce sont les circonstances de l'atteinte, et non les conséquences de celle-ci sur le demandeur, qui guident l'indemnisation. En effet, comme l'écrit le Professeur Porchy-Simon, « *(l)eur contenu irréductible est donc cette angoisse "situationnelle" inhérente à la seule durée de l'événement* »[5] qui implique que l'indemnisation est due « *quelle que soit l'issue de l'événement pour les victimes envisagées* »[6]. Les conséquences de l'atteinte ne sont pas prises en compte. Comme le souligne Monsieur Rivollier, la façon dont les préjudices situationnels sont indemnisés est incompatible avec une évaluation concrète et individualisée des préjudices subis[7]. Cela nous éloigne du dommage-détérioration pour nous rapprocher du dommage-interférence. En effet, le dommage-interférence se définit justement par l'atteinte elle-même, par le fait que l'intérêt ait été atteint et par la façon dont l'atteinte s'est produite. En matière de préjudice situationnel, le dommage et le préjudice se confondent dans la mesure où les deux se définissent par la situation à laquelle le demandeur a été exposé. Le dommage indemnisé semble donc être un dommage-interférence.

---

[1] V. *supra* p. 161 et s.

[2] V. *supra* p. 203 et s.

[3] V. *supra* p. 164-166.

[4] S. PORCHY-SIMON (dir.), « L'indemnisation des préjudices situationnels d'angoisse des victimes directes et de leurs proches. Rapport du groupe de travail dirigé par Stéphanie Porchy-Simon », févr. 2017, spéc. p. 51.

[5] S. PORCHY-SIMON, « Vingt fois sur le métier remettez votre ouvrage », *D.* 2017, p. 2265.

[6] *Ibid.*

[7] V. RIVOLLIER, « L'autonomie du préjudice d'angoisse de mort imminente et du préjudice d'attente et d'inquiétude : jusqu'où aller dans la déclinaison des préjudices ? », *Hebdo édition privée*, avril 2022.

Fonction recognitive. L'importance jouée par la fonction recognitive de la responsabilité civile, ou *vindication*, nous semble renforcer l'appartenance des préjudices situationnels au champ des dommages-interférence. Nous avions souligné cette réalité en matière de préjudice d'angoisse de mort imminente[1]. Elle s'étend bien entendu aux préjudices situationnels, destinés à indemniser les victimes d'attentats terroristes. La réparation des préjudices de ces victimes relève du droit de la sécurité sociale et de la solidarité nationale. La façon dont l'indemnisation est assurée dit quelque chose de la façon dont la communauté nationale a ressenti dans sa chair les conséquences d'un attentat terroriste. Le but de la réparation est de reconnaître la souffrance de la victime et de lui réaffirmer la solidarité de la communauté nationale, ainsi que de redire son appartenance à celle-ci[2]. Cette dimension symbolique extrêmement lourde justifie l'apparition de préjudices situationnels dans des circonstances particulières et la nécessité d'offrir une indemnisation particulière venant reconnaître l'horreur de la situation dans laquelle la victime a été placée. On indemnise ainsi un dommage-interférence caractérisé par le fait d'avoir été placé dans une situation d'horreur. Il s'agit en quelque sorte d'une action spécifique située à la limite du champ de la responsabilité civile. Un auteur s'est récemment interrogé sur la possibilité d'analyser les dommages psychologiques ne résultant pas d'une atteinte à l'intégrité physique *via* une qualification qui se fonderait « *sur les causes du traumatisme plutôt que sur ses manifestations* »[3]. L'identification des préjudices situationnels comme le résultat de dommages-interférence s'inscrirait dans cette logique où ce qui prévaut, ce sont les circonstances de l'interférence plutôt que la souffrance qui en résulte. Les préjudices situationnels visent l'angoisse vécue pendant l'événement traumatique[4]. La qualification de dommage-interférence se concentre plutôt sur la façon dont la situation s'est produite, c'est-à-dire sur la cause de l'angoisse plutôt que sur l'angoisse elle-même. Cette dernière n'est qu'un élément secondaire de la qualification, car elle est difficile à saisir et à apprécier. La lecture la plus satisfaisante des préjudices situationnels permettant de mettre en avant leur spécificité et leur autonomie par rapport aux préjudices de la nomenclature Dintilhac est selon nous de les comprendre comme le mode d'indemnisation de dommages-interférence.

Si en droit français, les préjudices situationnels semblent nécessairement relever du dommage-interférence, il en va de même de l'atteinte à l'autonomie en droit anglais qui doit donc être définitivement exclue du champ de la *negligence*.

---

[1] V. *supra* p. 160-161.

[2] H. MUSCAT, « La reconnaissance des différentes victimes et la spécificité des dommages », *RDSS* 2019, p. 265.

[3] J. KNETSCH, « Qu'est-ce qu'un dommage corporel ? », *op. cit.*, spéc. n° 18.

[4] S. PORCHY-SIMON, « Vingt fois sur le métier remettez votre ouvrage », *loc. cit.*

Dommage d'autonomie en *negligence*. À partir du milieu des années 2000, une partie de la doctrine anglaise a proposé de considérer une atteinte à l'autonomie comme un dommage en *negligence*. Les juges se sont prononcés sur cette question dans au moins deux hypothèses : en matière de défaut d'information médicale dans l'arrêt *Chester v Afshar*[1] et en matière de fertilité dans *Rees v Darlington*[2]. Dans l'arrêt *Chester*, la proposition était restée une hypothèse, et l'arrêt *Shaw v Kovac* est venu confirmer plus tard l'impossibilité d'indemniser une atteinte à l'autonomie en matière de défaut d'information médicale[3]. Dans l'arrêt *Rees* en revanche, une indemnité avait été accordée à une femme qui avait eu un enfant à la suite d'une stérilisation ratée[4]. Les juges estimaient sans doute qu'ils indemnisaient un dommage dans le cadre usuel de la *negligence* en accordant cette indemnité puisqu'on constate que plusieurs d'entre eux ont mobilisé le champ lexical de la détérioration à travers les termes *loss* ou *injury*[5]. Cette indemnisation, qui ne peut être accordée que dans l'hypothèse où l'enfant est né[6], semble toujours avoir cours en droit anglais. Elle s'inscrit dans le cadre particulier du droit de la *wrongful conception*, c'est-à-dire dans l'hypothèse où une demanderesse conçoit un enfant alors même qu'elle avait fait l'objet d'une procédure médicale visant à empêcher la conception d'un enfant à l'avenir. Dans ce cas, les juges anglais ont estimé que les parents demandeurs ne pouvaient pas obtenir l'indemnisation de l'ensemble des coûts liés à la subsistance et à l'éducation de l'enfant jusqu'à sa majorité[7]. Des dommages et intérêts avaient été accordés pour les souffrances liées à la grossesse, l'inconfort de devoir subir une nouvelle opération de stérilisation, et les coûts directement liés à la naissance de l'enfant. En revanche, dans l'hypothèse où un enfant handicapé naît de la grossesse suivant la stérilisation ratée, les coûts spécifiquement liés au handicap font l'objet d'une indemnisation[8]. L'indemnité accordée dans *Rees* a été conçue dans ce contexte comme l'indemnisation d'un dommage d'autonomie puisque les parents n'ont pas pu librement limiter la taille de leur famille comme ils le souhaitaient, et alors qu'ils en avaient le droit. L'arrêt *Shaw*, rendu par une juridiction de rang inférieur, n'a pas remis en cause l'existence de l'indemnité accordée dans *Rees* mais a refusé de l'étendre à d'autres circonstances[9]. Il existe donc encore au moins une situation où une atteinte à l'autonomie est considérée comme un dommage en *negligence*. L'hypothèse d'extensions futures

---

[1] V. *supra* p. 104-105.

[2] *Ibid.*

[3] V. *supra* p. 109-110.

[4] V. *supra* p. 104-105.

[5] D. NOLAN, « New Forms of Damage in Negligence », *M.L.R.* 2007, n° 70(1), p. 59-88, spéc. p. 79.

[6] *Less v Hussain* [2012] EWHC 3513.

[7] *McFarlane v Tayside Health Board* [2000] 2 AC 59.

[8] *Parkinson v St James and Seacroft University Hospital NHS Trust* [2001] 3 WLR 376, [2002] QB 266.

[9] R. MULHERON, *Principles of Tort Law*, CUP, 2ème éd., 2020, spéc. §11.3.

demeure très improbable même si un auteur a fait valoir que la jurisprudence *Montgomery* ouvrait involontairement la possibilité d'une indemnisation d'un dommage d'autonomie en *negligence*[1].

Potentiel d'un dommage d'autonomie. En tout état de cause, le potentiel d'un dommage d'autonomie en *negligence* est très important. Le concept d'autonomie est « *familier* » mais aussi particulièrement large, avec un contenu incertain et controversé[2]. La souplesse naturelle du concept permettrait ainsi de le mobiliser dans de très nombreuses situations. Par exemple, il pourrait permettre d'offrir une indemnité à une personne dont la liberté de mouvement avait été indûment limitée. Dans l'arrêt *Reilly v Merseyside Regional Health Authority*[3], un couple a été coincé dans un ascenseur pendant une heure vingt du fait du mauvais entretien de l'ascenseur par son propriétaire. Agissant contre celui-ci, ils sont déboutés de leur action pour l'inconfort subi dans la mesure où ils ne peuvent pas justifier d'un dommage physique ou d'une pathologie psychique. Si un dommage d'autonomie était indemnisable en *negligence*, il aurait été envisageable d'indemniser ces demandeurs dont la liberté de mouvement a été indûment limitée[4]. On pourrait évidemment envisager de mobiliser l'autonomie en matière de défaut d'information médicale. Plus largement, un dommage à l'autonomie peut être concevable dans presque toutes les situations d'atteinte à un intérêt corporel ou matériel[5]. L'influence de la notion en matière de causalité et de devoir de prudence est aussi très importante[6], ce qui renforce la conviction que le potentiel de l'autonomie comme dommage serait important. Ce potentiel explique le soutien qu'une partie de la doctrine a montré à cette proposition[7]. Il s'agit cependant d'un argument à double tranchant. Un auteur a ainsi fait valoir que la reconnaissance d'un dommage d'autonomie pourrait « *faire peser un fardeau trop lourd sur les défendeurs potentiels, puisqu'il existe une grande variété*

---

[1] S. FULHAM-McQUILLAN, « Infringement of autonomy as damage in medical negligence », *L.Q.R.* 2023, n° 139(Jan), p. 126-152.

[2] J. COGGON, J. MIOLA, « Autonomy, Liberty, and Medical Decision-Making », *C.L.J.* 2011, n° 70(3), p. 523-547, spéc. p. 524.

[3] *Reilly v Merseyside Regional Health Authority* 1994 WL 1060665.

[4] Sur la possibilité d'indemniser l'atteinte subie sur le fondement du *tort of false imprisonment*, v. : D. NOLAN, « New Forms of Damage in Negligence », *loc. cit.*, spéc. p. 61 et s.

[5] C. PURSHOUSE, « Liability for lost autonomy in negligence : undermining the coherence of tort law ? », *T.L.J.* 2015, n° 22(3), p. 226-249, spéc. p. 231.

[6] V. par ex. : K. MASON, D. BRODIE, « Bolam, Bolam - wherefore are thou Bolam ? », *Edin. L.R.* 2005, n° 9(2), p. 298-306 ; T. ELLIOTT, « A break with the past ? Or more of the same ? », *P.N.* 2015, n° 31(3), p. 190-194 ; M. ROBSON, K. SWIFT, « Risk disclosure, causation and the role of Chester », *P.N.* 2019, 35(4), p. 207-229 ; L. SUTHERLAND, « Montgomery : myths, misconceptions and misunderstanding », *J.P.I. Lit.* 2019, n° 3, p. 157-167.

[7] K. AMIRTHALINGAM, « Causation and the gist of negligence », *C.L.J.* 2005, n° 64(1), p. 32-35 ; J. COGGON, J. MIOLA, « Autonomy, Liberty, and Medical Decision-Making », *op. cit.*

d'actions qui pourrait affecter l'autonomie d'une autre personne »[1]. Il s'agit d'un argument de politique juridique contre la reconnaissance d'un dommage d'autonomie, et centré sur l'idée que l'imposition d'une responsabilité constitue une contrainte sur la liberté du défendeur qui doit en cela être suffisamment limitée et justifiée. En tout état de cause, et au-delà des éventuels arguments de politique juridique, établir si l'atteinte à l'autonomie peut constituer un dommage en *negligence* suppose de déterminer si une telle atteinte peut être conçue comme un dommage-détérioration.

Rejet d'un dommage d'autonomie en *negligence*. Pour qu'un dommage-détérioration soit constitué, il faut identifier la détérioration concrète et objective d'une situation par rapport à ce qu'elle était antérieurement[2]. Il nous semble impossible de considérer qu'une atteinte à l'autonomie puisse constituer un dommage-détérioration pour au moins trois raisons.

Tout d'abord, comme l'a souligné un auteur, il n'y a pas de consensus sur la définition de ce qu'est l'autonomie d'une personne[3]. Cela rend difficile la description concrète de la détérioration en cause. Une telle difficulté n'existe pas en cas d'atteinte matérielle ou physique, et même en cas d'atteinte psychique. Cette incertitude rend presque impossible l'identification objective d'un dommage. L'imprécision sémantique de l'autonomie est même un « *argument décisif* » contre l'accueil d'un dommage d'autonomie en *negligence* selon le Professeur Nolan[4]. Notons en outre que la difficulté de l'identification d'une détérioration objective est exacerbée si on adopte la conception libérale de la notion d'autonomie selon laquelle un choix autonome est un choix parfaitement libre, sans que soit apprécié la rationalité de ce choix. En effet, il n'existe alors pas de référence autre que le choix de la personne elle-même pour déterminer si elle a subi un dommage[5]. Cela a deux conséquences : d'une part un élargissement indu de ce qui constitue un dommage à tout ce qu'une personne considère comme bon pour elle ; et d'autre part une définition désincarnée du dommage, ancrée uniquement dans un jugement de valeur individuel. Cette imprécision sémantique constitue un premier argument contre la reconnaissance d'un dommage d'autonomie en *negligence*.

Ensuite, un tel dommage peut réunir et qualifier des situations où d'autres dommages de natures différentes sont déjà indemnisés en *negligence*[6], ce qui

[1] D. NOLAN, « Negligence and Autonomy », *S.J.L.S.* 2022, p. 356-383, spéc. p. 366 : « *this may be unduly burdensome for potential defendants, since there are such a wide range of actions which may affect another person's autonomy* » (notre traduction).
[2] V. *supra* p. 228-229.
[3] D. NOLAN, « Negligence and Autonomy », *loc. cit.*, spéc. p. 365.
[4] *Ibid.*, spéc. p. 366.
[5] C. PURSHOUSE, « Liability for lost autonomy in negligence : undermining the coherence of tort law ? », *loc. cit.*, spéc. p. 235-236 ; S. FULHAM-McQUILLAN, « Infringement of autonomy as damage in medical negligence », *loc. cit.*, spéc. p. 132 et s.
[6] *ACB v Thompson Medical Pte Ltd* [2017] SGCA 20, spéc. n° 123 et s.

évoque la figure du dommage-interférence. Comme le souligne le Professeur Nolan, il est difficile de distinguer l'atteinte à l'autonomie du dommage corporel ou d'une atteinte matérielle[1]. Cela expose le défendeur au risque de devoir une double indemnisation, mais cela nous oriente surtout dans la direction du dommage-interférence puisque nous avons démontré que cette formulation peut potentiellement absorber n'importe quel dommage formulé comme un dommage-détérioration[2]. Nous avions d'ailleurs évoqué l'idée d'une subsidiarité naturelle des formulations[3] qu'énonce aussi le Professeur Nolan en matière d'autonomie, puisqu'il estime qu'un dommage d'autonomie pourrait être indemnisé dans le cas où aucun autre dommage-détérioration n'est indemnisable en *negligence*[4]. On constate donc une proximité de fonctionnement entre un dommage d'autonomie et le dommage-interférence, indiquant la probable appartenance du premier au second.

Enfin, il paraît difficile de concevoir les modalités d'évaluation de l'indemnisation d'une atteinte à l'autonomie sans se concentrer sur la façon dont l'intérêt a été atteint plutôt que sur les conséquences de cette atteinte[5]. On peut d'ailleurs constater que dans l'arrêt *Rees*, les juges ont accordé une somme forfaitaire visant à représenter l'atteinte elle-même. L'influence de la fonction de *vindication* sur la façon dont un dommage d'autonomie est conçu rapproche celui-ci du dommage-interférence[6] Le fait que l'indemnisation vise à réparer l'interférence elle-même pointe à nouveau dans la direction du dommage-interférence.

Par conséquent, il est difficile de concevoir le dommage d'autonomie comme un dommage-détérioration indemnisable en *negligence*. Sa proximité théorique avec le dommage-interférence semble trop importante. Plus largement l'utilité d'un tel dommage semble contestable dans la mesure où l'intérêt d'autonomie est indirectement protégé *via* l'indemnisation du dommage corporel ou du dommage matériel[7]. Des demandeurs ont toutefois proposé des formulations nouvelles afin que le dommage d'autonomie puisse être indemnisé dans certains cas particuliers en *negligence*.

***Caveat* sur l'utilisation de formulations alternatives.** Dans des situations spécifiques, certaines juridictions et des auteurs ont proposé de concevoir des dommages dérivés de l'atteinte à l'autonomie et permettant d'accorder une indemnisation. Cela pourrait être envisageable pour un

---

[1] D. NOLAN, « Negligence and Autonomy », *loc. cit.*, spéc. p. 366.

[2] V. *supra* p. 229-230.

[3] V. *supra* p. 247-248.

[4] D. NOLAN, « Negligence and Autonomy », *loc. cit.*, spéc. p. 366. L'auteur écarte immédiatement cette idée dans la mesure où cette proposition conduirait à des désordres dans l'indemnisation en écartant les limites au champ de l'indemnisation établi par les juges anglais.

[5] *Ibid.*, spéc. p. 367.

[6] *ACB v Thompson Medical Pte Ltd* [2017] SGCA 20, spéc. n° 120 et s.

[7] C. PURSHOUSE, « Liability for lost autonomy in negligence : undermining the coherence of tort law ? », *loc. cit.*, spéc. p. 231.

« *dommage d'autonomie d'une nature particulière* »[1]. Le terrain le plus propice en la matière semble être la perte d'autonomie reproductive, lorsque des parents sont privés de la possibilité de limiter la taille de leur famille par la faute d'un médecin[2]. L'exemple singapourien permet toutefois de montrer les écueils à éviter[3]. Deux parents avaient procédé à une fécondation *in vitro* et, à la suite d'une erreur de manipulation de la clinique, l'enfant né n'avait pas la même couleur de peau que ses parents, ce qui prouvait notamment que le sperme de l'époux n'avait pas été utilisé contrairement à ce qui était prévu. Comme il n'était pas envisageable d'indemniser les coûts liés à l'éducation et à la subsistance de l'enfant, la juridiction singapourienne a cherché une voie alternative d'indemnisation. Elle refuse alors de reconnaître l'existence d'un dommage d'autonomie mais accepte d'indemniser le couple pour sa « *perte d'affinité génétique* » avec l'enfant[4]. Le dommage serait constitué par le fait que les parents souhaitaient avoir *leur* enfant, ce que la faute de la clinique a rendu impossible. Le dommage reste cependant bien trop conceptuel puisqu'il serait « *le résultat de l'amalgame complexe de facteurs biologique, sociaux, éthique et historique* »[5]. La détérioration de leur situation est difficile à identifier, et s'exprime de manière nécessairement conceptuelle. La différence avec un dommage général d'autonomie est difficile à identifier[6]. Surtout, le calcul de l'indemnité a été arbitrairement fixé à une partie des coûts liés à l'éducation et à la subsistance de l'enfant, ce qui ne semble pas cohérent avec la façon dont le dommage a été défini[7], la Cour le reconnaissant d'ailleurs elle-même[8]. En voulant éviter d'indemniser un dommage d'autonomie, les juges singapouriens ont indemnisé un dommage qu'on peine à identifier et à distinguer de l'autonomie, et ils lui ont assigné une méthodologie d'indemnisation contestable. Créer des formulations alternatives adaptées à la *negligence* en cas d'atteinte à l'autonomie pourra s'avérer exigeant pour les juges, et supposera une analyse précise des circonstances afin de conserver la cohérence de la matière. Le lien entre l'autonomie et le dommage-interférence semble en effet trop profond pour être aisément contourné.

---

[1] D. NOLAN, « Negligence and Autonomy », *loc. cit.*, spéc. p. 371 : « *the specific nature of the autonomy loss* » (notre traduction).

[2] C. THORNE, « What Price Parenthood ? The Value we place on family - Part II », *J.P.I.L.* 2019, n° 2, p. 126-133, spéc. p. 133.

[3] *ACB v Thompson Medical Pte Ltd* [2017] SGCA 20.

[4] *Ibid.*, spéc. n° 125 et s : « *The "real loss" : genetic affinity* » (notre traduction).

[5] *Ibid.*, spéc. n° 135 : « *the loss suffered (...) is the result of a complex amalgam of biological, social, ethical and historical factors* » (notre traduction).

[6] J. ENGLISH, M. J. HAFEEZ-BAIG, « ACB v Thompson Medical Pte Ltd. Recovery of Upkeep Costs, Claims for Loss of Autonomy and Loss of Genetic Affinity: Fertile Ground for Development ? », *Melb. U.L.Rev.* 2018, n° 41, p. 1360, spéc. p. 1380.

[7] T. FOXTON, « Inaccurate conception : ACB v Thomson Medical », *M.L.R.* 2018, n° 81(2), p. 337.

[8] *ACB v Thompson Medical Pte Ltd* [2017] SGCA 20, spéc. n° 149.

Transition. Les préjudices situationnels français et l'atteinte à l'autonomie en droit anglais relèvent selon nous indéniablement des dommages-interférence pour les raisons invoquées. Pour les préjudices émotionnels autonomes indemnisant des atteintes émotionnelles, la formulation de dommage-interférence semble également devoir être préférée.

§2. Le dommage-interférence préféré à la détérioration en matière d'atteinte émotionnelle

Certains préjudices émotionnels autonomes indemnisent ce qu'on peut identifier au premier abord comme des atteintes émotionnelles. Dans ces hypothèses, il nous semble pourtant qu'il faut préférer la formulation de dommage-interférence. C'est le cas lorsque la souffrance émotionnelle découle d'une atteinte à un droit ou non.

Souffrance émotionnelle et atteinte à un droit. Deux préjudices émotionnels autonomes étudiés entretiennent un lien particulier avec la notion d'atteinte à un droit. Il s'agit du préjudice d'impréparation d'une part et du préjudice moral de l'enfant conçu mais non encore né au moment du décès d'un proche d'autre part. En matière d'impréparation et de défaut d'information médicale, la jurisprudence a envisagé sérieusement la possibilité d'indemniser un préjudice inhérent au droit violé[1] qui aurait indéniablement constitué un dommage-interférence. La Cour de cassation a finalement préféré indemniser un préjudice d'impréparation[2]. Comme nous l'avions relevé, le lien entre le préjudice d'impréparation et la notion d'atteinte à un droit subjectif demeure fort, y compris en jurisprudence[3]. En cela, le préjudice d'impréparation semble être l'épitome de la position hybride du préjudice moral en droit français, entre atteinte à un droit subjectif et souffrance émotionnelle. Le préjudice moral de l'enfant conçu mais non encore né au moment du décès d'un proche se trouve également dans cet espace incertain entre l'indemnisation d'une souffrance émotionnelle et l'indemnisation d'une atteinte à un droit subjectif. L'accueil de l'indemnisation de ce préjudice a été le résultat d'un long processus[4]. En la matière, la jurisprudence évoque la souffrance morale causée par le fait de grandir sans un proche[5] mais cette explication paraît insatisfaisante, et il nous semble que le préjudice vise plutôt à indemniser une atteinte à un droit subjectif[6]. Le dommage indemnisé par ces deux préjudices pourrait donc soit être formulé comme la détérioration de l'état émotionnel du demandeur causée par une atteinte à un droit, soit être formulé plus directement comme l'interférence avec un droit du demandeur justifiant son indemnisation.

---

[1] V. *supra* p. 106-107.
[2] V. *supra* p. 110-112.
[3] V. *supra* p. 115-116.
[4] V. *supra* p. 199 et s.
[5] Cass. crim., 10 nov. 2020, n° 19-87.136.
[6] V. *supra* p. 222-223.

Il faut, pour prendre parti entre ces deux formulations, d'abord évaluer le rôle joué par la subsidiarité naturelle existant entre les formulations du dommage[1]. En effet, nous avions relevé qu'une atteinte pouvait toujours être formulée comme un dommage-interférence. Par conséquent, il semblerait logique de privilégier la formulation de dommage-détérioration dès lors qu'il existe des conséquences concrètes prouvées à indemniser. Le dommage-interférence agit alors comme une formulation générale pouvant saisir toutes les situations ne relevant pas du dommage-détérioration. Dans le cas des préjudices émotionnels autonomes en question, les deux formulations sont potentiellement disponibles, et on pourrait donc privilégier une analyse centrée sur le dommage-détérioration au vu de cette subsidiarité naturelle. Toutefois, à notre sens, celle-ci ne devrait avoir vocation à jouer s'il n'existe un motif suffisant de privilégier la formulation de dommage-interférence dans un cas donné. Dans cette hypothèse, et si une conséquence concrète est prouvée, il est possible d'imaginer qu'elle fasse l'objet d'une indemnisation même si la formulation de dommage-interférence est préférée. Ce motif suffisant peut tenir au fait que la notion d'interférence joue un rôle plus important que l'idée de détérioration dans la mise en œuvre du préjudice en question parce que celui-ci remplit une fonction particulière distincte de l'indemnisation. En l'espèce, il s'agit donc de déterminer si le préjudice est conçu plutôt comme un outil d'indemnisation d'une atteinte à un droit ou plutôt comme le mode de réparation d'une atteinte émotionnelle, puisque ces deux éléments coexistent. Préférer l'une ou l'autre des formulations emportera des conséquences sur la façon dont le dommage est conçu en la matière et sur les modalités de son indemnisation. Il s'agit de sortir de cette situation d'hybridité, et donc d'indistinction.

Rôle central de la fonction recognitive. Les indemnisations du préjudice d'impréparation et du préjudice moral de l'enfant conçu mais non encore né au moment du décès d'un proche sont toutes les deux justifiées par la volonté d'exprimer le soutien de la société à l'égard du demandeur et la reconnaissance que celui-ci a subi une atteinte injuste.

Le fondement éthique de l'indemnisation du préjudice d'impréparation[2] est souvent mis en avant par les auteurs favorables à son indemnisation, et la Cour de cassation y fait encore explicitement référence en plaçant les articles 16 et 16-3 du Code civil au visa de ses décisions[3] malgré la distance prise avec l'idée d'un préjudice inhérent au droit atteint. Le Professeur Bacache défend ainsi que la fonction punitive joue « *un rôle principal* » en matière de défaut d'information médicale[4] et que ce rôle se joue à travers des « *dommages de substitution* »[5]. Par conséquent, il faudrait selon cet auteur

---

[1] V. *supra* p. 247-248.

[2] V. *supra* p. 90 et s.

[3] V. par ex. : Cass. civ. 1ère, 9 déc. 2020, n° 19-22.055.

[4] M. BACACHE, « L'information médicale et la fonction punitive de la responsabilité civile », *in Mélanges en l'honneur du professeur Suzanne Carval*, IRJS Éditions, 2021, p. 71-83, spéc. p. 73.

[5] *Ibid.*, spéc. p. 74.

qu'une atteinte à ces droits emporte « *reconnaissance corrélatif d'un droit à réparation* »[1]. La réalisation d'une telle proposition s'incarnerait dans la préférence pour la formulation de dommage-interférence. Le Professeur Bacache estime que ces deux approches peuvent coexister au sein d'un même préjudice mais nous ne partageons pas cette analyse. L'idée qu'il est nécessaire de sanctionner le défaut d'information médicale pour éviter que celui-ci ne soit vide de sens demeure centrale en la matière, ce qui fait directement écho aux fonctions punitive et recognitive de la responsabilité civile. L'exemple du droit anglais permet aussi de mettre en avant l'importance de la fonction recognitive en matière de défaut d'information médicale. La façon dont le droit anglais a fait référence à la notion d'atteinte à l'autonomie en cas de défaut d'information médicale permet d'illustrer le lien très fort existant entre le dommage indemnisé dans cette hypothèse et la fonction recognitive de la responsabilité civile. En effet, l'indemnisation d'un dommage d'autonomie, qui constitue un dommage-interférence[2], viserait clairement à reconnaître l'atteinte subie par le demandeur en l'absence de conséquences concrètes indemnisables causées par le défaut d'information médicale. En droit anglais, la question du respect de la dignité et de l'autonomie du demandeur est l'enjeu central de l'indemnisation en matière de défaut d'information médicale[3]. Cela illustre bien que cet enjeu existe et qu'il est central dans les circonstances faisant l'objet d'une indemnisation *via* le préjudice d'impréparation.

En matière de préjudice moral de l'enfant conçu mais non encore né au moment du décès d'un proche aussi, la fonction recognitive de la responsabilité civile joue aussi un rôle central. La détérioration subie est considérée comme évidente sans que cette détérioration n'ait besoin d'être décrite ou spécifiée[4]. Le préjudice semble fondé sur l'hypothèse qu'il existe nécessairement un intérêt à avoir un père, et le préjudice moral serait la conséquence automatique d'une atteinte à cet intérêt. Il s'agit aussi d'assurer un traitement similaire aux différents enfants d'une même famille quel que soit le moment de leur naissance[5]. La création du préjudice moral de l'enfant conçu permettrait d'éviter que l'enfant conçu et l'enfant déjà né soient traités différemment. Comme l'écrit un auteur, « *(i)l est (...) choquant, au sein*

---

[1] *Ibid.*, spéc. p. 80.

[2] V. *supra* p. 273 et s.

[3] V. par ex. : K. AMIRTHALINGAM, « Causation and the gist of negligence », *op. cit.* ; C. MILLER, « Negligent failure to warn: why is it so difficult ? », *P.N.* 2012, n° 28(4), p. 266-280 ; T. ELLIOTT, *op. cit.* ; M. ROBSON, K. SWIFT, *op. cit.*

[4] M. BACACHE, « Nouveau préjudice moral pour l'enfant conçu au jour du décès accidentel de son père », *D.* 2018, p. 386 ; A. GUÉGAN, « Le préjudice d'affection ouvert à l'enfant né après le décès de son père dès lors qu'il était conçu au jour de ce décès », *D.* 2018, p. 2153 ; A.-M. LEROYER, « La perte d'un père est pour l'enfant un préjudice moral, même s'il ne l'a pas connu », *RTD Civ.* 2018, p. 92.

[5] M. DUPRÉ, « La perte de l'être cher mais à jamais inconnu », *Gaz. Pal.* 23 janv. 2018, n° 311j4, p. 18.

d'une même fratrie, de traiter différemment les enfants du défunt »[1]. Cet argument est tout à fait compréhensible mais il procède tout de même d'une confusion, puisque le dommage subi par l'enfant né et celui subi par l'enfant conçu sont perçus comme parfaitement identiques. Chez un auteur, l'argument se double même d'une certaine dimension punitive : « *cet alignement est tout à fait favorable à l'enfant car il serait injuste de faire une distinction en fonction de la date de sa naissance. En effet, dans tous les cas, il va souffrir d'être orphelin de père, (...) du fait des agissements inconsidérés de la conductrice d'un véhicule terrestre à moteur* »[2]. Il s'agit donc de reconnaître la souffrance de l'enfant et d'assurer un traitement identique des enfants d'une même famille *via* un préjudice morale spécifique. L'existence de la détérioration elle-même ne fait pas l'objet d'une analyse particulière.

Préférence pour le dommage-interférence. Tant en matière de préjudice d'impréparation qu'en matière de préjudice moral de l'enfant conçu mais non-encore né au moment du décès d'un proche, l'objet central de l'indemnisation semble être l'atteinte à un droit et la nécessité de reconnaître l'existence de cette atteinte. Les conséquences effectives de l'atteinte ne jouent qu'un rôle secondaire dans l'analyse. En matière de préjudice d'impréparation, ces conséquences sont évoquées par certains auteurs lorsqu'il est envisagé de donner à la qualification une dimension patrimoniale[3] mais la jurisprudence peine à donner une épaisseur à cette idée[4]. Il est parfaitement envisageable de prendre en considération ces conséquences concrètes dans l'indemnisation du préjudice d'impréparation, mais elles ne semblent pas constituer le cœur de l'indemnisation de ce préjudice et ce qui en fait la spécificité. La question des conséquences n'est pas évoquée, et pour cause, en matière de préjudice moral de l'enfant conçu mais non encore né au moment du décès d'un proche. Se concentrer dans ces deux hypothèses sur un dommage-interférence, c'est donner à chaque qualification son sens plein. En cas de défaut d'information médical, il semble donc souhaitable, à l'image de ce qu'a proposé une partie de la doctrine, d'indemniser un préjudice inhérent à la violation du droit à l'information médicale plutôt qu'un préjudice d'impréparation auquel on peine à donner toute sa portée. Le préjudice moral de l'enfant conçu mais non encore né au moment du décès d'un proche doit se comprendre comme

---

[1] B. de BERTIER-LESTRADE, « Le préjudice moral de l'enfant à naître lors du décès de son père », *LPA* 24 mai 2018, n° 135x8, p. 19.

[2] I. CORPART, « Accident mortel du père et préjudice moral pour l'enfant né seulement après le décès », *LPA* 11 févr. 2021, n° 158p5, p. 7.

[3] M. PENNEAU, « Le défaut d'information en médecine », *D.* 1999, p. 46. La dimension patrimoniale potentielle du préjudice d'impréparation semble avoir été accueilli par les juridictions administratives : CE, 10 oct. 2012, M. B. et Mme L., n° 350426. Sur ce point, v. notamment : D. CRISTOL, « Défaut d'information dans les établissements publics de santé : une nouvelle pierre à l'édifice jurisprudentiel », *RDSS* 2013, p. 92.

[4] En droit public, le Conseil d'État a consacré formellement la possibilité d'indemniser les préjudices résultant du défaut d'information : CE, 16 juin 2016, n° 382479, *D.* 2016, p. 1501, obs. F. VIALLA ; *ibid.*, p. 2187, obs. M. BACACHE.

une atteinte à un droit. C'est seulement en proposant des définitions claires des dommages indemnisés par chacun de ces préjudices qu'on peut s'interroger sur la nécessité de les indemniser et sur les modalités d'une telle indemnisation.

Les préjudices émotionnels autonomes proches d'une atteinte à un droit seraient mieux compris si on reconnaissait clairement qu'ils ont vocation à indemniser des dommages-interférence. Il en va de même pour les préjudices indemnisant une souffrance émotionnelle n'équivalant pas à un traumatisme psychique.

Données du problème. L'expression de préjudices d'angoisse, au pluriel[1], s'est imposée en doctrine et en jurisprudence pour désigner les préjudices moraux autonomes visant à réparer la crainte face à un risque de dommage. La jurisprudence a eu, en la matière, à traiter de situations très variées et le champ d'épanouissement des préjudices d'angoisse semble sans limite dans notre société du risque[2]. Il faut identifier la formulation du dommage qu'il faut préférer en la matière. Le dommage indemnisé semble être une atteinte émotionnelle causée par l'exposition à un risque de dommage futur. La formulation de dommage-détérioration semble donc devoir être préférée au premier abord. Toutefois, en matière d'exposition à un risque futur, un auteur a proposé l'hypothèse d'une indemnisation du seul fait de cette exposition à un risque de dommage[3]. Plus largement, il est toujours possible de formuler le dommage subi sous la forme d'un dommage-interférence, du fait de la grande souplesse de cette notion. Là encore, et *a fortiori* par rapport à un cas où il existe une atteinte à un droit, la subsidiarité des formulations devrait conduire à préférer une formulation de dommage-détérioration. En l'espèce, il nous semble exister cependant un motif suffisant de politique juridique tenant à la nécessité de ne pas indemniser de traumatisme psychique de façon accidentelle *via* les qualifications de préjudice d'angoisse et de préjudice d'angoisse de mort imminente. On pourra éventuellement estimer qu'il existe une interférence à un droit à ne pas être exposé à un risque grave et avéré de dommage immédiat ou futur en matière de préjudice d'angoisse. Cette préférence pour la formulation de dommage-interférence même en cas de souffrances émotionnelles tient d'abord au caractère insatisfaisant de l'indemnisation de l'atteinte émotionnelle en l'espèce.

Limites de l'indemnisation de l'atteinte émotionnelle. Concevoir l'indemnisation du préjudice d'angoisse comme l'indemnisation d'une pure souffrance émotionnelle, c'est chercher à indemniser un dommage fuyant. Une partie de la doctrine fait valoir que la prise en compte de la souffrance

---

[1] Comme l'avait très justement observé le Professeur Jourdain, « *pour apprécier la pertinence de la jurisprudence qui accepte la réparation de ce préjudice, il est sans doute souhaitable d'en distinguer plusieurs espèces* », P. JOURDAIN, « Les préjudices d'angoisse », *op. cit.*, spéc. n° 3.

[2] V. *supra* p. 51 et s.

[3] M. DEVELAY, « Du préjudice d'angoisse au préjudice d'exposition », *RLDC* 2013, n° 103.

psychologique est un progrès de notre droit[1]. Cela est indéniable mais on peut, avec le Professeur Molfessis, se réjouir de la psychologisation du dommage tout en contestant la façon dont celle-ci prend forme juridiquement[2]. Par contraste, par réaction sans doute, avec les habitudes passées, le vocabulaire psychologique prend une place de plus en plus importante dans notre droit. Lorsque ce vocabulaire est utilisé sans aucun support médical ou spécialisé, il semble perdre en précision et en pertinence. Ce constat est tout à fait perceptible en matière d'angoisse. Comme le relèvent deux psychanalystes, l'angoisse « *semble la chose la mieux partagée du monde* »[3]. Il s'agit d'une notion au contenu incertain et au sens imprécis, même d'un point de vue médical, de telle sorte que vouloir l'identifier concrètement chez un demandeur et définir son lien à la faute semble difficile[4]. Cette utilisation trop importante de concepts médicaux tend à leur faire perdre leur sens et paraît vaine. Vouloir faire de l'angoisse un élément caractéristique d'un préjudice, c'est donc se heurter à la difficulté d'identifier clairement le dommage chez le demandeur. Il y a dans l'angoisse en particulier, et dans la souffrance émotionnelle plus largement, une forme de « *résistance du fait au droit* » faisant écho à l'idée de non-droit chez Jean Carbonnier[5]. En formulant le dommage indemnisé par les préjudices d'angoisse comme une souffrance émotionnelle, le droit donne l'impression de pouvoir réparer un dommage diffus, fuyant, et qui semble pourtant le dépasser tout à fait. Comme le relève un psychanalyste, l'ambition du droit en matière d'angoisse est démesurée puisqu'il s'agit de répondre à une souffrance profonde, presque existentielle, en « *prenant ainsi une place qui n'est décidément pas la sienne* »[6]. L'auteur estime même que le droit risque *in fine* de contribuer à l'angoisse du sujet en assumant une place qu'il ne peut pas remplir. Cela fait écho à certaines critiques doctrinales estimant que le droit fait preuve d'une ambition démesurée, ambition qui en outre vient affaiblir la norme juridique[7]. L'indemnisation de la souffrance émotionnelle, notamment en matière d'angoisse, suscite donc d'importantes difficultés quant à l'identification du dommage réparé. Une approche plus juridique du dommage, celle du dommage-interférence, semble préférable en la matière afin de s'éloigner de l'appréciation factuelle d'un dommage fuyant. Cela permettrait en outre de se concentrer sur les circonstances ayant suscité cette

---

[1] V. WESTER-OUISSE, « Le dommage anormal », *RTD Civ.* 2019, p. 531.
[2] N. MOLFESSIS, « La psychologisation du dommage », *in Quel avenir pour la responsabilité civile ?*, Y. Lequette et N. Molfessis (dir.), Dalloz, 2015, p. 39-55, spéc. p. 41.
[3] A. ABELHAUSER, P.-P. COSTANTINI, « Anxiété, peur, angoisse : Point de vue psychopathologique », *op. cit.*, spéc. p. 51.
[4] *Ibid.*, spéc. p. 55 : « *L'angoisse vient de nulle part alors que rien ne nous est plus proche.* »
[5] J. CARBONNIER, « L'hypothèse du non-droit », *in Flexible Droit*, L.G.D.J., 2001, p. 25-47, spéc. p. 31 et s.
[6] P.-P. COSTANTINI, A. ABELHAUSER, « Prévenir l'angoisse ou la créer ? L'angoisse peut-elle être l'objet d'un droit ? », *op. cit.*, spéc. p. 172.
[7] V. par ex. la référence du Professeur Le Tourneau à un « *humanitarisme dissolvant* » : Ph. LE TOURNEAU (dir.), *Droit de la responsabilité et des contrats*, 13ème éd., Dalloz, coll. Action, 2023, spéc. n° 0124-19.

souffrance émotionnelle, qui sont au cœur des justifications de l'indemnisation.

Rôle des préjudices d'angoisse. Nous avons déjà souligné l'importance que joue la fonction recognitive de la responsabilité civile en matière de préjudice d'angoisse de mort imminente[1]. Le préjudice spécifique d'anxiété et le préjudice d'angoisse sont aussi marqués par cette dimension recognitive et instrumentale. À l'image du préjudice d'angoisse de mort imminente, ces deux préjudices semblent constituer le plus souvent un palliatif à l'absence de préjudice indemnisable en cas d'exposition à un risque de dommage futur. Cela est particulièrement frappant concernant le préjudice spécifique d'anxiété. Plusieurs auteurs ont fait valoir que celui-ci constituait un palliatif au refus de réparer le préjudice économique des demandeurs. Un auteur avance notamment que ce palliatif représente un coût minime, une goutte d'eau par rapport à l'indemnisation de la perte de salaire de dizaines de milliers de salariés pendant plusieurs années[2]. Un autre auteur écrit que « *le préjudice d'anxiété est venu corriger l'insuffisance du dispositif de préretraite* » et qu'il a « *même été un instrument de correction des réductions d'activité dans certains bassins d'emploi* »[3]. Il semble indéniable que des fortes considérations de politique juridique ont justifié la création de ce préjudice. Dans le cadre de ce préjudice particulier, marqué par le droit du travail, la fonction punitive de la responsabilité civile joue aussi un rôle important. En effet, la preuve de la faute s'inscrit désormais dans le cadre particulier de l'obligation de sécurité de l'employeur[4], tel que défini par l'arrêt *Air France*[5]. Le mérite de cette approche est de redonner un sens à l'idée de faute en la matière. L'objectivation pure et simple de la faute, prouvée par la seule inscription de l'établissement où travaillait le demandeur sur les listes ACAATA, et dont le défendeur ne pouvait pas s'exonérer, empêchait de conférer au préjudice d'anxiété une dimension punitive. Depuis l'arrêt *Air France*, les employeurs sont incités à adopter de bonnes pratiques pour protéger leurs salariés[6] et les manquements à ces bonnes pratiques peuvent conduire à l'éventuelle indemnisation du préjudice d'anxiété du salarié lésé. L'employeur est encouragé à adopter au niveau de son entreprise des comportements vertueux, qui, *in fine*, assurent une

---

[1] V. *supra* p. 160-161.

[2] Une goutte d'eau qui coûtera tout de même à l'Agence de Garantie des Salaires 680 millions d'euros, selon un auteur, ce qui permet d'entrevoir l'ampleur potentielle du contentieux : M. KEIM-BAGOT, « Préjudice d'anxiété : la Cour de cassation referme la boîte de Pandore », *Dr. soc.* 2015, p. 360.

[3] D. ASQUINAZI-BAILLEUX, « Préjudice d'anxiété des travailleurs d'établissements non classés : l'avancée jurisprudentielle », *Dr. soc.* 2019, p. 456.

[4] Cass. ass. plén., 5 avr. 2019, n° 18-17.442. V. notamment : A. DEJEAN DE LA BÂTIE, « Préjudice d'anxiété : le retour en force de l'obligation de sécurité - Vers une consécration de la culture de la prévention », *CLCSE* 2019, n° 197.

[5] Cass. soc. 25 nov. 2015, n° 14-24.444.

[6] M. KEIM-BAGOT, « La cohérence retrouvée du préjudice d'anxiété », *SSL* 2019, n° 1857 ; R. QUINQUIS, « La prévention des risques au cœur du préjudice d'anxiété », *SSL* 2019, n° 1857.

meilleure protection des salariés, et une diminution du risque auxquels ils sont exposés. Le préjudice d'anxiété ne revêt donc pas qu'une fonction compensatoire. Sa fonction préventive est aussi importante. Plus récemment, la fonction recognitive du préjudice d'anxiété a aussi été illustrée par une décision de la chambre sociale de la Cour de cassation. Dans un arrêt du 8 février 2023, dans un cas où l'action sur le fondement du préjudice d'anxiété était prescrite, celle-ci a estimé que l'exposition à l'amiante de salariés par leur employeur constituait une atteinte à leur dignité et a réparé le préjudice en découlant[1]. Le lien établi entre exposition à l'amiante et dignité renvoie à la fonction recognitive de la responsabilité civile, à la reconnaissance et à la protection d'un droit. En dehors du droit du travail, et plus largement en matière de préjudice d'angoisse, la volonté de reconnaître l'inquiétude du demandeur pour son avenir semble être un levier important de justification de l'indemnisation.

Préférence pour le dommage-interférence. Les difficultés liées à l'indemnisation de la souffrance émotionnelle et l'influence limitée mais certaine de la fonction recognitive en matière de préjudices d'angoisse peuvent nous inciter à préférer la formulation de dommage-interférence. L'interférence serait constituée par l'exposition à un risque sérieux et avéré de dommage futur. Une telle approche aurait le mérite de définir juridiquement le dommage visé sans référence à l'atteinte émotionnelle. Cela permettrait aussi de définir le dommage en fonction des circonstances de l'atteinte plutôt que de ses conséquences. Celles-ci demeurent difficiles à identifier, et cela permet de souligner la fonction préventive de ce préjudice. Cette préférence permettrait d'éviter la confusion entre l'indemnisation du traumatisme psychique et l'indemnisation de l'exposition à un risque de dommage. Enfin, cela permettrait d'expliquer les « impuretés » du régime d'indemnisation par rapport à la responsabilité civile[2]. Cette préférence pour la formulation du dommage-interférence peut cependant être discutée, et il serait aussi possible de formuler le dommage comme une souffrance émotionnelle, c'est-à-dire comme une détérioration[3]. En toute hypothèse, il serait utile que les juges arrêtent leur choix sur l'une ou l'autre des formulations et appliquent des modalités d'indemnisation cohérentes avec la formulation retenue.

Conclusion de section. Il s'agissait de déterminer la formulation du dommage à préférer pour chacun des préjudices émotionnels autonomes, afin de pouvoir proposer une sorte de typologie de ces préjudices. D'abord,

---

[1] Cass. soc., 8 févr. 2023, n° 21-14.451, *Gaz. Pal.* 14 mars 2023, n° GPL446x0, obs. D. ASQUINAZI-BAILLEUX ; *ibid.* 23 mai 2023, n° GPL449i4, obs. J. TRAULLÉ ; *BJT* avril 2023, n° BJT202i5, obs. S. RANC ; *JCP G* 2023, act. 419, obs. J. KNETSCH.

[2] Sur ce point, v. notamment : C. WILLMANN, « Préjudice d'anxiété des salariés : régime complexe et bilan modeste », *in Mélanges en l'honneur du professeur Suzanne Carval*, IRJS Éditions, 2021, p. 927-940.

[3] Dans cette perspective, la pratique du droit administratif semble intéressante : H. MUSCAT, C. PAILLARD, « Le préjudice d'anxiété dans la jurisprudence administrative », *JCP A* 2019, 2171.

nous constatons que certains préjudices indemnisent nécessairement un dommage-interférence. Il s'agit des préjudices situationnels, dont la spécificité est de se concentrer sur la façon dont l'intérêt a été atteint et pas sur les conséquences de cette atteinte. Le préjudice d'angoisse de mort imminente est à notre sens un préjudice situationnel indemnisant un dommage-interférence. De la même façon en droit anglais, il nous est apparu impossible de formuler une atteinte à l'autonomie autrement que *via* l'idée d'interférence, ce qui place un tel dommage en dehors de la *negligence*. Concernant les préjudices visant au premier abord à indemniser une souffrance émotionnelle, et constituant donc apparemment le mode d'indemnisation d'un dommage-détérioration, nous avons proposé de distinguer les préjudices ayant un lien fort avec la notion d'atteinte à un droit des préjudices d'angoisse. Les préjudices ayant ce lien fort avec la notion d'atteinte à un droit sont le préjudice d'impréparation et le préjudice moral d'un enfant conçu mais non-encore né au moment du décès d'un proche. Ces deux préjudices nous semblent devoir être formulés comme des dommages-interférence. Il faudrait alors sans doute préférer un vocabulaire plus adapté à une telle approche et modifier les termes utilisés pour les désigner. Enfin, en matière de préjudice d'angoisse, nous sommes plus nuancés. Il nous semble préférable de formuler le dommage comme une interférence à l'intérêt de ne pas être exposé à un risque grave et avéré de dommage corporel, mais il est aussi envisageable de persister dans l'indemnisation de la souffrance émotionnelle causée par cette exposition. En toute hypothèse, il faudra déterminer les modalités d'indemnisation de ces préjudices en fonction de la formulation préférée.

Conclusion de chapitre. Le droits français et le droit anglais analysent les dommages découlant des situations traitées par les préjudices émotionnels autonomes depuis des points de vue radicalement différents. En droit anglais, ces situations sont analysées en règle générale *via* le prisme du *nervous shock* et de la réparation du traumatisme psychique. En droit français, le traumatisme psychique n'intervient que de façon exceptionnelle et accidentelle. Ces préjudices indemnisent des dommages moraux de nature incertaine. Le mérite de l'approche anglaise est de distinguer clairement la réparation du traumatisme psychique d'avec la question des atteintes émotionnelles et de maintenir une approche plutôt concrète. En droit français, la confusion entre ces notions est fréquente et problématique. Il nous semblerait préférable d'exclure l'atteinte morale non-pathologique du champ du dommage corporel, et de traiter les deux concepts *via* des approches juridiques distinctes. Une fois cette distinction clarifiée, nous pouvons rechercher la meilleure formulation du dommage pour chacun des préjudices émotionnels autonomes sans être limités par la coexistence avec le traumatisme psychique, qui constitue indéniablement un dommage corporel, et donc un dommage-détérioration. Cela nous permet d'établir une courte typologie des préjudices émotionnels autonomes. À notre sens, le préjudice d'impréparation, le préjudice moral de l'enfant conçu mais non encore né, et les préjudices situationnels, y compris le préjudice d'angoisse de mort imminente, indemnisent des dommages-interférence. Les préjudices d'angoisse pourraient quant à eux indemniser soit un dommage-interférence, soit un dommage-détérioration, et il faudra procéder à un choix entre ces qualifications. Nous préférons la formulation d'interférence mais les deux voies devront être explorées. Cette typologie ouvre la voie à la rationalisation de l'indemnisation des préjudices émotionnels autonomes et de leurs équivalents anglais. On peut envisager une mise en cohérence des modalités d'indemnisation de chacun de ces préjudices à la formulation du dommage qu'ils visent à indemniser.

Conclusion de titre. Lorsque l'on tente d'identifier le dommage que chaque préjudice émotionnels autonomes et son équivalent anglais vise à indemniser, on se heurte aux limites de la définition du concept de dommage et à l'hybridité apparente des préjudices en question. Les deux droits partagent la définition du dommage comme une atteinte à un intérêt juridiquement protégé, mais cette définition s'avère limitée pour mieux saisir les préjudices discutés. Ceux-ci sont souvent marqués par une tension entre des approches objective ou subjective du préjudice. Notre étude permet de mettre en lumière l'existence en droit français et en droit anglais de deux formulations potentielles du dommage qui coexistent. Il s'agit d'une part de la détérioration concrète d'une situation de fait et d'autre part de l'interférence avec un intérêt protégé. Nous avons désigné ces formulations sous les termes de dommage-détérioration et de dommage-interférence afin de faire ressortir leur caractère alternatif et leur ancrage commun dans le concept de dommage. L'existence de cette distinction en droit français et en droit anglais semble avérée, mais elle n'est pas pour autant accueillie formellement et identifiée par les deux droits. Il est possible d'analyser les dommages indemnisés par les préjudices émotionnels autonomes à travers le prisme de cette distinction. C'est le fait que ces préjudices indemnisent souvent des dommages hybrides, entre les deux formulations, qui permet d'expliquer la tension en leur sein en droit français. En droit anglais, cette hybridité est plus rare, ce qui explique en partie la divergence des solutions des deux droits. On constate aussi que le traumatisme psychique est, en tant que dommage corporel, un dommage-détérioration classique alors que les autres préjudices émotionnels autonomes tendent plutôt à indemniser des interférences injustes avec des intérêts juridiquement protégés. Le droit anglais semble conscient de cette réalité et isole l'indemnisation du traumatisme psychique, mais ce n'est pas le cas du droit français qui mêle différentes approches du dommage au sein des préjudices émotionnels autonomes. Il semble souhaitable de mieux mettre en œuvre cette distinction au sein des deux droits.

La distinction du dommage-détérioration et du dommage-interférence est un outil analytique utile, et pourrait ainsi constituer une voie de rationalisation de l'indemnisation des préjudices émotionnels autonomes et de leurs équivalents anglais.

Titre 2 : La dualité du dommage, voie de rationalisation de l'indemnisation des préjudices émotionnels

Objet du titre. L'identification du dommage réparé en matière de préjudices émotionnels autonomes peut s'avérer difficile car ces préjudices sont caractérisés par une certaine hybridité. Celle-ci est à notre sens le reflet de la distinction de l'interférence et de la détérioration. Cette distinction vient préciser la notion de dommage, et peut ainsi éclairer le sens donné à l'indemnisation ou non de nouveaux préjudices en droit français et anglais. Elle ouvre ainsi des voies de rationalisation de l'indemnisation du dommage, à la fois d'un point de vue conceptuel et d'un point de vue pratique. D'abord, d'un point de vue conceptuel, elle pourrait permettre de fixer des limites plus claires au champ de l'indemnisation en précisant les limites de la notion de dommage en droit français et en droit anglais. Ensuite, d'un point de vue pratique, elle pourrait permettre de conférer à chaque préjudice des modalités d'indemnisation adaptées au dommage qu'il a vocation à indemniser, que ce soit en matière de preuve ou d'évaluation de l'indemnisation. Aujourd'hui, en droit français, pour chacun des préjudices étudiés, il existe plusieurs courants doctrinaux divergents qui n'analysent pas de la même façon le dommage réparé. En droit anglais, le droit de la *negligence* est marqué par de nombreuses incohérences en matière d'indemnisation du traumatisme psychique qui viennent obscurcir une structure de la responsabilité plutôt cohérente et organisée autour de la séparation du dommage-détérioration et du dommage-interférence. Il s'agit d'identifier en quoi la distinction constatée pourrait nous aider à corriger ces défauts en ordonnant les modalités de l'indemnisation à la formulation du dommage identifiée.

Intérêt. Nous souhaitons proposer des voies de rationalisation de l'indemnisation des préjudices émotionnels autonomes et de leurs équivalents anglais fondées sur un outil conceptuel qui existe déjà, à notre sens, dans les deux droits. Il s'agit de se saisir à la fois des problèmes de désintégration et de désincarnation du préjudice moral tout en évitant de s'appuyer sur des distinctions arbitraires. Cela nous conduit à baliser la voie pour une potentielle convergence des deux droits autour d'une architecture comparable de l'indemnisation. Le sens de l'indemnisation des préjudices émotionnels autonomes et de leurs équivalents anglais n'est pas suffisamment clair, ce qui entraîne à la fois des incohérences dans la façon dont le droit traite ces préjudices et des désaccords doctrinaux. Cette perte de sens prend ses racines dans l'impossibilité d'identifier de façon suffisamment claire les dommages indemnisés dans chaque cas.

Plan. Il s'agira d'étudier d'abord les modalités d'une rationalisation conceptuelle de l'indemnisation des préjudices émotionnels autonomes et de leurs équivalents anglais à l'aune de la distinction (Chapitre 1). Ensuite, toujours sur la base de la distinction constatée, nous chercherons à établir les modalités d'une rationalisation pratique de l'indemnisation des préjudices émotionnels autonomes et de leurs équivalents anglais (Chapitre 2).

Chapitre 1 :
La rationalisation conceptuelle de l'indemnisation des préjudices émotionnels

Objet du chapitre. Le développement des préjudices émotionnels autonomes a été caractérisé par une véritable effusion jurisprudentielle parfois désordonnée en droit français. Le droit anglais a aussi connu des phases d'expansion de la notion de dommage accompagnées d'intenses débats doctrinaux et judiciaires. La multiplication des préjudices émotionnels autonomes s'accompagne du sentiment que l'expansion du champ de l'indemnisation pourrait s'avérer infinie. En droit français, des auteurs appellent encore régulièrement à l'extension de préjudices existants ou à la consécration de nouveaux préjudices autonomes émotionnels autonomes[1]. En droit anglais aussi, on constate encore un afflux de nouvelles demandes d'indemnisation et une volonté de faire évoluer le droit du *nervous shock*[2]. La désintégration du préjudice s'accompagne par ailleurs d'une désincarnation de celui-ci qui vient interroger le rapport de l'indemnisation au réel et aux limites que celui-ci comporte nécessairement. La distinction du dommage-détérioration et du dommage-interférence nous permet de renouveler notre analyse des limites du champ de l'indemnisation en affinant notre définition du dommage. Il s'agira d'éprouver cette hypothèse du caractère potentiellement infini du champ de l'indemnisation en matière de préjudice extrapatrimonial sur la base de la distinction proposée. Nous pourrons déterminer si la distinction permet une rationalisation conceptuelle de l'extension du champ de l'indemnisation.

Intérêt. Confrontés à de nouvelles demandes d'indemnisation, les juges français et anglais manquent d'outils conceptuels pour définir les limites du champ de l'indemnisation sans tomber dans un mode de décision arbitraire.

---

[1] V. par ex. : C. DELAHAIS, « L'éco-anxiété face à l'urgence écologique : nouvelle source de préjudice d'angoisse ? », *Revue juridique de l'environnement* 2022, n° spécial, p. 117-132. Des préjudices apparaissent aussi de façon épisodique dans la jurisprudence de cours d'appel comme le préjudice religieux par exemple : S. FRAISSE, F. BIBAL, « Le préjudice religieux », *Gaz. Pal.* 25 févr. 2014, n° 167p9 ; G. HILGER, « L'indemnisation du préjudice religieux au prisme de la nomenclature des postes de préjudices corporels », *Gaz. Pal.* 26 sept. 2017, n° 303b7, p. 23. On peut aussi évoquer la question de l'angoisse suscitée par l'épidémie de Covid-19 : C. WILLMANN, « L'angoisse du salarié face à la mort », *Dr. soc.* 2020, p. 883. V. aussi pour des développements sur le principe de personnalisation de la réparation et l'attention aux spécificités catégorielles des victimes : M. et J.-D. LE ROY, F. BIBAL, *L'évaluation du préjudice corporel*, LexisNexis, 21ème éd., 2018, spéc. n° 23 et s.

[2] Sur ce point, v. récemment : S. TOFARIS, « Limping into the future : negligence liability for mental injury to secondary victims », *C.L.J.* 2022, n° 81(3), p. 452-456 ; I. GOOLD, C. KELLY, « Time to start de Novo : the Paul, Purchase and Polmear litigation and the temporal gap problem in secondary victim claims for psychiatric injury », *P.N.* 2023, n° 39(1), p. 24-40 ; R. MULHERON, « The perils of tinkering with temporal proximity in negligence claims for psychiatric injury », *J.P.I. Law* 2023, n° 3, p. 93-111.

Il s'agit ici de proposer une approche renouvelée de ces demandes afin de clarifier les limites de l'indemnisation et de mettre un frein tant à la désintégration qu'à la désincarnation du préjudice moral consécutives à la multiplication de préjudices extrapatrimoniaux autonomes. La difficulté de cette démarche est de définir des limites théoriques praticables et cohérentes alors qu'il ne semble pas en exister lorsque l'on n'a pas constaté la distinction de la détérioration et de l'interférence.

Plan. En étudiant les limites potentielles du champ de l'indemnisation face à de nouvelles demandes sur la base de la distinction du dommage-détérioration et du dommage-interférence, on peut mettre en évidence l'existence d'un modèle anglais (Section 1). Cela nous permet de chercher à concevoir un modèle français des limites du champ de l'indemnisation (Section 2).

Section 1 : La mise en évidence d'un modèle anglais des limites de l'indemnisation

Objet de la section. La distinction du dommage-détérioration et du dommage-interférence permet d'éclairer les raisons pour lesquelles le droit anglais répond rarement favorablement aux nouvelles demandes d'indemnisation. Il s'agit d'étudier le droit anglais de la *tort law* en s'intéressant aux interactions entre les *torts* qui la compose.

Plan. Il s'agit d'abord de présenter le modèle anglais et ses limites (§1) avant de tirer des enseignements de ce modèle (§2).

§1. Un modèle imparfait

Les limites du champ de l'indemnisation en droit anglais sont fixées par la combinaison et la séparation des formulations du dommage qui laisse peu d'espace à l'apparition de nouveaux préjudices autonomes. Ces limites apparaissent parfois arbitraires, ce à quoi il semble nécessaire de remédier.

Rapports entre les formulations. Face à la pression liée à l'émergence de nouvelles demandes d'indemnisation, le droit anglais a connu une expansion beaucoup plus lente et raisonnée, voire timorée, que le droit français[1]. Ce mouvement s'ancre dans un certain nombre de constats théoriques concernant la définition du dommage mais aussi dans une volonté judiciaire de limiter le champ du dommage réparable, notamment en *negligence*. À la faveur d'une série de décisions de justice concernant ces

[1] Cela contraste avec le constat fait en 1985 par deux auteurs selon lequel, sur la question des préjudices indemnisables, « *les ressemblances entre les deux droits sont beaucoup plus importantes que leurs différences* » : G. VINEY, B. MARKESINIS, *La Réparation du dommage corporel, Essai de comparaison des droits anglais et français*, Economica, 1985, spéc. n° 40.

nouvelles demandes d'indemnisation[1], le *tort of negligence* s'est ancré de plus en plus profondément dans une définition concrète du dommage. Il ressort de l'analyse de ces arrêts que seul un dommage-détérioration permet de fonder une action en *negligence*[2]. Or, les nouvelles demandes d'indemnisation ne portent pas sur des dommages-détérioration « classiques », dans la mesure où ce type de dommage ne pose pas de problème juridique nouveau. La seconde spécificité du dommage en *negligence* tient au fait que la détérioration d'une situation de fait subie doit dépasser un seuil de gravité minimum pour être réparable[3]. Ce seuil de gravité prend, en matière d'atteinte psychologique, une forme plus précise puisqu'il interdit l'indemnisation de toute atteinte psychique non-pathologique. Enfin, le droit anglais n'indemnise pas, au sein de la *negligence*, de dommages-interférence. Ceux-ci peuvent éventuellement faire l'objet d'une indemnisation dans un cadre spécifique, au sein d'un *tort actionable per se*[4]. Par ailleurs, il existe une volonté judiciaire assez nette de limiter le champ de l'indemnisation par crainte d'une extension incontrôlée du champ de l'indemnisation[5]. Cela est par exemple perceptible dans l'opinion de Lord Staughton qui écrit dans l'arrêt *Sion v Hampstead Health Authority* que « *(l)a common law doit choisir une frontière entre ceux dont les demandes réussissent et ceux qui échouent.* »[6] Ces différents constats constituent les éléments de base d'une analyse du champ de l'indemnisation en *tort law*.

Séparation des formulations. Le droit anglais combine des embryons de limites conceptuelles du champ de l'indemnisation et une volonté de conserver ces limites, voire de les renforcer. Il a aussi la possibilité technique d'isoler les différentes formulations du dommage l'une de l'autre. Chaque *tort* est une action spécifique, un délit civil assorti de ses conditions et de son régime. Les *torts* visent à protéger des intérêts variés selon des modalités spécifiques à chacun de ces intérêts[7]. Cela permet notamment d'isoler les *torts* visant à protéger le demandeur contre la détérioration d'une situation factuelle des *torts* visant à protéger le demandeur contre une interférence à

[1] *Cartledge v E Jopling & Sons Ltd* [1963] AC 758 ; *Rothwell v Chemical and Insulating Co* [2007] UKHL 39 ; *Dryden v Johnson Matthey plc* [2018] UKSC 18.

[2] V. *supra* p. 231 et s.

[3] V. *supra* p. 233.

[4] V. *supra* p. 233-234.

[5] V. *supra* p. 67-68 et p. 191 et s.

[6] *Sion v Hampstead Health Auhtority* [1994] 4 Med LR 170 CA, spéc. Lord Staughton : « *The common law has to choose a frontier, between those whose claims succeed and those who fail.* » (Notre traduction). Il ajoute : « *Even the resources of insurance companies are finite, although some jurists are slow to accept that. Nor is it in the public interest that every misfortune in this life, even if caused by the negligence of another, should lead to litigation and damages.* » Notre traduction : « *Même les ressources des compagnies d'assurance sont limitées, même si certains juristes peinent à accepter cela. Et il n'est pas non plus dans l'intérêt général que toutes les infortunes de la vie, même celles causées par la négligence d'un autre, mènent à un procès et à des dommages et intérêts.* »

[7] J. MURPHY, « Tort's hierarchy of protected interests », *C.L.J.* 2022, n° 81(2), p. 356-383.

un intérêt prédéfini. Comme l'écrit le Professeur Steel, « *(s)i la raison d'être d'une obligation est de protéger une personne contre une détérioration, alors il est logique que l'obligation découlant de l'atteinte soit limitée à l'indemnisation de cette détérioration* »[1]. Il y a la possibilité en droit anglais d'adapter la formulation du dommage choisie en fonction du *tort* en question et de l'intérêt qui est défendu. C'est déjà ce que fait le droit anglais en définissant le dommage en *negligence* comme une détérioration et les *torts actionable per se* comme des *torts* visant à indemniser une interférence avec un intérêt[2]. On constate par exemple qu'une action peut être menée en matière d'atteinte à la vie privée sans la preuve d'une détérioration[3]. Toutefois, il semblerait souhaitable de formaliser plus clairement le lien entre les *torts* et les différentes formulations du dommage. En effet, il existe par exemple plusieurs tendances quant à la définition du dommage en *negligence*. La cohabitation de ces analyses est rendue possible par l'absence du choix définitif d'une unique formulation et conduit à obscurcir la définition du dommage en la matière. Certains voudraient par exemple donner une dimension plus vindicatoire à la notion. D'autres ont souhaité utiliser la *negligence* pour punir les atteintes au *Human Rights Act*, malgré le fait que ces atteintes n'aient parfois pas de conséquences concrètes[4]. Plus récemment, le développement du concept d'autonomie a conduit certains auteurs à proposer la protection de cet intérêt au sein de la *negligence* en considérant l'atteinte à l'autonomie comme un dommage[5], ce qui pose également la question du lien entre dommage et détérioration[6]. Il n'existe pas d'obstacle à la séparation des formulations au sein de différentes actions en droit anglais et cela serait utile de le faire pour définir plus clairement les limites du champ de l'indemnisation. Une plus grande formalisation des relations entre formulation du dommage et nature de l'action permettrait de clarifier l'architecture de la réparation.

Combinaison des formulations. Au-delà de la séparation des délits et donc des formulations, c'est la combinaison de ces actions qui permet de

[1] S. STEEL, « Damages without loss », *L.Q.R.* 2023, n° 139(Apr), p. 219-242, spéc. p. 238 : « *If the rationale of an obligation is to protect a person from loss, then it makes sense that the secondary obligation will be restricted to recovery of loss* » (notre traduction).

[2] V. *supra* p. 231 et s.

[3] *Gulati v MGN Limited* [2015] EWHC 1482 (Ch). Dans cette hypothèse, les juges ont estimé que l'indemnité accordée au demandeur correspondait à la fois à l'atteinte à la vie privée, à l'autonomie et à la dignité qu'il avait subi, ainsi qu'à la souffrance morale qui en découle. Sur ce point, v. notamment : J. SKILLEN, « Damage in the Supreme Court », *C.L.J.* 2022, n° 81(1), p. 14-17.

[4] Pour une critique de cette proposition, v. notamment : D. NOLAN, « Negligence and Human Rights Law : The Case for Separate Development », *M.L.R.* 2013, n° 76(2), p. 286-318.

[5] V. par ex. : S. TODD, « Common law protection for injury to a person's reproductive autonomy », *L.Q.R.* 2019, n° 135, p. 635-659.

[6] C. PURSHOUSE, « Liability for lost autonomy in negligence : undermining the coherence of tort law ? », *T.L.J.* 2015, n° 22(3), p. 226-249 ; D. NOLAN, « Negligence and Autonomy », *S.J.L.S.* 2022, p. 356-383 ; S. FULHAM-McQUILLAN, « Infringement of autonomy as damage in medical negligence », *L.Q.R.* 2023, n° 139(Jan), p. 126-152.

fixer les limites de l'indemnisation. Le droit anglais de la responsabilité civile ne s'orchestre pas sur le fondement d'une clause générale de responsabilité et « *chaque tort constitue ainsi un îlot de responsabilité dans un océan de non-responsabilité* »[1]. L'existence de cet « océan de non-responsabilité » permet de clarifier les limites du champ de l'indemnisation, puisque celles-ci dépendent du champ d'application de chaque *tort*. Il n'existe pas de responsabilité générale en dehors d'eux. Pour déterminer les limites du champ de l'indemnisation, il faut donc s'interroger sur la combinaison du champ d'action des différents *torts* et sur la combinaison du champ d'application des différentes formulations du dommage. Le *tort of negligence* transcende les limites des autres *torts* dans la mesure où il n'a pas vocation à protéger un intérêt particulier mais plutôt à indemniser tout dommage-détérioration dès lors qu'il a été causé par la *negligence* du défendeur[2]. Cela peut poser des difficultés si on définit le dommage si largement que la *negligence* se comporte comme une clause générale de responsabilité, comme le craint le Professeur Stevens[3]. Cette crainte a pu être exprimée face à l'expansion très importante du champ du dommage en *negligence* au cours des XXème et XXIème siècles[4]. Cependant, la clarification du sens de la notion de dommage a conduit à réduire l'étendue et la portée de la notion. Par ailleurs, le dommage-interférence n'est en principe indemnisable qu'exceptionnellement dans le cadre d'un *tort actionable per se* autonome. On peut donc déjà établir que d'un côté, le dommage-détérioration pourra toujours constituer un dommage réparable en *negligence* tandis que seuls certains dommages-interférence visés par un *tort* spécifique pourront être indemnisés. Existe-t-il la possibilité d'une zone de contact entre les deux formulations ? En droit français, la notion de préjudice moral est hybride[5] et semble se trouver à mi-chemin entre l'indemnisation du dommage-détérioration et du dommage-interférence. Une interférence à un intérêt légitime est parfois décrite comme la source d'une atteinte émotionnelle indemnisable[6]. La possibilité d'indemniser la souffrance émotionnelle non pathologique permet donc théoriquement d'étendre le champ de l'indemnisation à n'importe quelle interférence. En droit anglais, la combinaison de l'exigence d'une détérioration et du critère de gravité du dommage qui interdit l'indemnisation d'un préjudice moral autonome permet d'éviter de voir des dommages-interférence indemnisés *via* une

---

[1] J.-S. BORGHETTI, « Principes généraux de responsabilité ou droit des délits ? », *RDC* 2019, n° 116n0, p. 347.

[2] E. DESCHEEMAEKER, « De la structure de la responsabilité : Réflexions comparatistes autour de *Torts and Rights* », *R.I.D.C.* 2013, n° 65(1), p. 51-74, spéc. p. 58 et s.

[3] *Ibid.*, spéc. p. 61.

[4] Sur ce point, v. par ex. : J. STAPLETON, « The gist of negligence : Part 1 Minimal actionable damage », *L.Q.R.* 1988, n° 104(Apr), p. 213-238 ; D. NOLAN, « New Forms of Damage in Negligence », *M.L.R.* 2007, n° 70(1), p. 59-88.

[5] V. *supra* p. 238-239.

[6] P. PIERRE, « L'indemnisation du préjudice moral en droit français », intervention orale [en ligne] (consulté le 21 sept. 2023), spéc. p. 1.

souffrance émotionnelle bénigne. On a donc une architecture relativement claire de la responsabilité civile où dommage-détérioration et dommage-interférence sont séparés dans deux sphères distinctes. D'une part, la *negligence* a un champ d'application très large et concerne tous les dommages-détérioration dès lors qu'ils satisfont au critère de gravité. D'autre part, les autres *torts* assurent l'indemnisation dans les hypothèses où l'intérêt a été considéré comme suffisamment important pour faire l'objet d'une protection particulière. Le champ de l'indemnisation est ainsi limité par la nécessité de constater la détérioration d'une situation de fait. C'est la combinaison des différentes formulations du dommage et le fait qu'elles sont séparées dans différents *torts* qui permet de poser des limites au champ de l'indemnisation, et qui donne des éléments de réponse aux juges anglais face à de nouvelles demandes d'indemnisation. Cela ne signifie pas pour autant que le champ de l'indemnisation est figé[1] mais qu'il est au moins borné en droit anglais.

La mise en lumière de la distinction du dommage-détérioration et du dommage-interférence, ainsi que de leur place dans l'architecture de la *tort law* permet d'identifier des limites rationnelles au champ de l'indemnisation en droit anglais. Il serait donc souhaitable que le lien entre formulation et *tort* soit formalisé et mis en œuvre plus clairement par les juges. Ce constat est cependant obscurci par la persistance de limites arbitraires dans certains aspects de la *negligence*.

Limites arbitraires du *nervous shock*. Les limites du champ de l'indemnisation en *negligence* font souvent l'objet de critiques. Ces limites seraient arbitraires et produiraient des résultats incohérents. Il faut clarifier le droit en la matière et proposer des corrections pour s'assurer que le droit anglais de la *negligence* adopte une approche cohérente du dommage-détérioration, et pour protéger l'architecture de l'indemnisation de la *tort law* contre d'éventuelles volontés de réformes plus approfondies.

Rappel du contexte. Le traumatisme psychique fait l'objet d'un traitement particulier en droit anglais. Les victimes doivent prouver une pathologie psychique identifiable[2] pour satisfaire au critère de gravité du dommage[3]. Par ailleurs, l'indemnisation du traumatisme psychique est

---

[1] Dans l'arrêt *Dryden* par exemple, la définition de la détérioration a fait l'objet d'un débat judiciaire. Dans cet arrêt, les circonstances particulières du demandeur ont été pris en compte pour décrire la détérioration subie de telle sorte que le dommage est défini partiellement par sa situation propre. Pour une critique sur ce point, v. notamment : J. HUANG, « *Dryden* v *Johnson Matthey* : The Boundaries of Actionable Damage », *M.L.R.* 2019, n° 84(2), p. 737-750, spéc. p. 744-745. Cela fait écho à l'idée d'un dommage physique socialement construit qui figure notamment chez le Professeur Witting. Sur ce point, v. : C. WITTING, « Physical Damage in Negligence », *C.L.J.* 2002, n° 61(1), p. 189-207.

[2] R. MULHERON, *Principles of Tort Law*, CUP, 2ème éd., 2020, spéc. §5.2.

[3] *Contra.* : R. MULHERON, « Rewriting the requirement for a recognized psychiatric injury in negligence claims », *O.J.L.S.* 2012, n° 32 (1), p. 77-112. Selon cet auteur, on pourrait satisfaire au critère de gravité du dommage en adoptant un seuil de gravité plus bas et plus souple que la nécessité de prouver une « maladie psychique identifiable ».

limitée en droit anglais par plusieurs mécanismes. Une victime doit nécessairement démontrer que le dommage qu'elle a subi était raisonnablement prévisible[1] mais le sens donné à cette exigence est imprécis. En principe, la victime directe n'a pas besoin de démontrer qu'elle a subi un choc[2]. En revanche, de nombreux obstacles se dressent sur la voie des victimes par ricochet puisque les juges anglais ont établi plusieurs mécanismes de contrôle visant expressément à limiter le nombre de demandeurs potentiels[3]. Ces mécanismes de contrôle sont l'exigence de choc mais aussi les trois proximités d'*Alcock*[4], c'est-à-dire la proximité relationnelle et affective, la proximité de temps et de lieu, et la proximité de perception. Ces mécanismes ont fait l'objet de nombreuses critiques[5] mettant en avant leur caractère arbitraire, leur manque de justification scientifique[6] et le fait qu'ils conduisaient nécessairement à laisser des demandeurs méritants sans indemnisation. Plus largement, au-delà du seul cas des victimes par ricochet, l'état du droit anglais du traumatisme psychique semble peu satisfaisant notamment à cause de sa grande complexité et des nombreux recours que celle-ci suscite[7]. La jurisprudence a procédé à des nombreuses distinctions difficiles à justifier qui rendent le droit applicable confus et incertain[8]. Dans le même temps, nous avons pu constater que le traumatisme psychique est considéré comme une composante du droit du dommage corporel en droit anglais[9]. Cela signifie que l'intérêt atteint est particulièrement important et mérite une protection spécifique. Les mécanismes de contrôle appliqués aux victimes par ricochet donnent l'impression que le droit les considère comme des demanderesses moins méritantes alors même que ces victimes ont subi un dommage corporel[10]. Les mécanismes de contrôle posent des limites au « principe du prochain » tel qu'il a été conçu par Lord Atkin dans *Donoghue v Stevenson*[11] et sont

---

[1] R. MULHERON, *Principles of Tort Law*, *loc. cit.*, spéc. §5.17 et §5.25.

[2] *Ibid.*, spéc. §5.24.

[3] V. *supra* p. 194 et s. V. aussi : T. BINGHAM, « Post traumatic stress disorder: the claims of primary and secondary victims », *J.P.I.L.* 2000, p. 108-122, spéc. p. 110.

[4] *Alcock v Chief Constable of South Yorkshire* [1992] 1 AC 310.

[5] V. *supra* p. 197 et s.

[6] N. MULLANY, P. HANDFORD, « Recognisable psychiatric damage », *in Tort Liability for Psychiatric Damage*, Law Book Company, 1993, p. 14-58.

[7] Cette critique est récurrent depuis l'arrêt *Alcock* il y a trente ans. V. par ex. : N. MULLANY, « English psychiatric injury law - Chronically depressing », *L.Q.R.* 1999, n° 115(Jan), p. 30-36, spéc. p. 32.

[8] V. par ex. : R. MULHERON, *Principles of Tort Law*, *loc. cit.*, spéc. §5.5 et s. Dans cet ouvrage, l'auteur souligne l'existence de six catégories de demandeurs distincts pour déterminer ou non l'existence d'un devoir de prudence. Au sein de chacune de ces catégories, le sens exact des termes utilisés et donc les frontières de chaque catégorie ainsi que les exigences dont celles-ci sont assorties ne sont pas précises.

[9] V. *supra* p. 263-264.

[10] H. TEFF, « Liability for negligently inflicted psychiatric harm : justifications and boundaries », *C.L.J.* 1998, p. 91-122, spéc. p. 114 ; W. XINRUI, « Tort and psychiatric injury », *Cov. L.J.* 2021, n° 26(1), p. 150-152.

[11] T. BINGHAM, *op. cit.*, spéc. p. 110.

donc des exceptions au droit commun qui doivent faire l'objet de justifications particulières. Les justifications proposées à ces mécanismes spécifiques ne paraissent pourtant pas suffisantes[1], et les limites en sont donc arbitraires. Il semble nécessaire de les écarter en tant que contraintes strictes auxquelles le demandeur doit satisfaire pour obtenir une indemnisation. Le droit anglais devrait se concentrer sur l'importance de la prévisibilité en matière de *nervous shock*, que ce soit pour les victimes primaires ou pour les victimes secondaires.

Rôle de la prévisibilité. L'exigence de prévisibilité est un des fondements du droit de la *negligence*. Pour déterminer si un défendeur doit à un demandeur un devoir de prudence, les juges anglais cherchent à savoir s'il était raisonnablement prévisible que le comportement du défendeur cause au demandeur le dommage qu'il a subi[2]. Il existe aujourd'hui un mouvement en droit anglais favorable à ce que la prévisibilité soit la seule clé de l'indemnisation en matière de *nervous shock* tout comme elle l'est dans le reste de la *negligence*. Ce mouvement prend racine dans l'opinion de Lord Bridge dans l'arrêt *McLoughlin v O'Brian*[3]. Prenant appui sur l'arrêt californien *Dillon v Legg*[4], Lord Bridge défend dans son opinion que la prévisibilité est le seul critère rationnel satisfaisant en matière de *nervous shock*[5] comme dans le reste du droit de la *negligence*. Il estime qu'il s'agit d'une question de fait qui devrait être appréciée par un juge s'appuyant sur des expertises médicales[6]. Il juge également que les arguments de politique juridique qui justifieraient l'application de contraintes plus importantes sur les demandeurs, y compris l'argument des *floodgates*, sont insuffisants en la matière[7]. Les positions de Lord Bridge n'ont pas été suivies par la jurisprudence qui a décidé de mettre en œuvre des mécanismes de contrôle spécifiques à compter de l'arrêt *Alcock*. Elles sont toutefois reprises par une partie importante de la doctrine[8] qui défend l'abandon des mécanismes de contrôle appliqués aux victimes secondaires, une clarification du critère de la distinction des victimes primaires et secondaires[9], et la seule application du critère de prévisibilité en matière de *nervous shock* à tous les demandeurs.

[1] V. *supra* p. 197 et s.

[2] *Donoghue v Stevenson* [1932] AC 562, spéc. Lord Atkin, p. 580.

[3] *McLoughlin v O'Brian* [1983] AC 410.

[4] *Dillon v Legg* 68 Cal.2d 728.

[5] *McLoughlin v O'Brian* [1983] AC 410, spéc. Lord Bridge, p. 431 et s.

[6] *Ibid.*, spéc. Lord Bridge, p. 432.

[7] *Ibid.* spéc. Lord Bridge, p. 441.

[8] V. notamment : H. TEFF, « Liability for psychiatric illness after Hillsborough », *O.J.L.S.* 1992, n° 12(3), p. 440-452, spéc. p. 442 ; N. MULLANY, P. HANDFORD, *Tort Liability for Psychiatric Damage*, Law Book Company, 1993, spéc. p. 309 ; M. A. JONES, « Liability for Psychiatric Damage : Searching for a Path between Pragmatism and Principle », *in Emerging Issues in Tort Law*, J. Neyers, S. Pitel et E. Chamberlain (dir.), Bloomsbury, 2007, p. 113-139, spéc. p. 135 et s. ; B. RODGER, « Recovery for nervous shock », *Edin. L.R.* 1998, n° 2(1), p. 100-107, spéc. p. 105 et s.

[9] V. *supra* p. 184 et s.

Cette position consistant à appliquer un critère de droit commun aux actions en *nervous shock* paraît tout à fait justifiée et nous y souscrivons.

Sens de la notion. Il faut cependant préciser ce qu'on entend par la prévisibilité. La notion est au cœur de débats sur son sens exact. Le Professeur Nolan estime, dans la lignée de l'opinion de Lord Bridge dans *McLoughlin*, que la question de la prévisibilité correspond à la question de l'existence du devoir de prudence en fait. Il s'agit de déterminer si « *le risque de dommage à ce demandeur en particulier était un des risques qui rendait le comportement du défendeur négligent* »[1]. Il faut déterminer si une personne raisonnable aurait dû prévoir que son comportement pouvait causer au demandeur le dommage en question. Il est donc important de savoir comment le dommage est défini dans la situation donnée. Comme nous l'avons déjà relevé, certains auteurs estiment qu'il suffit qu'un dommage corporel quelconque ait été prévisible pour que l'exigence de prévisibilité soit satisfaite, tandis que d'autres arguent qu'il faut, plus spécifiquement, qu'un traumatisme psychique ait été prévisible[2]. Les auteurs préférant l'approche selon laquelle il suffit qu'un dommage corporel soit prévisible font valoir qu'on ne peut pas justifier médicalement la distinction entre l'atteinte physique et l'atteinte psychique. Les autres trouvent des mérites dans la distinction, notamment au vu du caractère insaisissable du dommage psychique et du risque de responsabilité illimitée qui l'accompagne[3]. À notre sens, de façon pragmatique, il ne paraît pas souhaitable d'abolir toute distinction entre les atteintes physiques et les atteintes psychiques[4]. D'un point de vue conceptuel, cela conduirait à maintenir la distinction entre les personnes s'étant trouvées dans la zone de danger et celles ne s'y étant pas trouvées établie dans *Page v Smith.* Or, en matière de traumatisme psychique, cela peut conduire à traiter différemment deux défendeurs se plaignant d'un dommage similaire sur une base arbitraire parce que l'un se trouvait en fait dans la zone de danger et pas l'autre[5], ce qui maintient en l'état une distinction insatisfaisante. Une définition plus précise de ce qui doit être prévisible permet aussi au défendeur de se représenter plus clairement le comportement qu'il aurait dû adopter, ce qui est une justification importante de la responsabilité en *negligence*[6]. C'est d'ailleurs

---

[1] D. NOLAN, « Deconstructing the duty of care », *L.Q.R.* 2013, n° 129, p. 559-588, spéc. p. 567 : « *the question is whether the risk of injury to this particular claimant was one of the risks that made the defendant's conduct negligent* » (notre traduction).

[2] V. *supra* p. 70.

[3] K. AMIRTHALINGAM, « Clinical negligence and relational psychiatric injury », *L.Q.R.* 2022, n° 138(Jul), p. 370-375, spéc. p. 371.

[4] M. A. JONES, *loc. cit.*, spéc. p. 137. Dans le même sens en droit français, v. notamment : M. FABRE-MAGNAN, *Droit des obligations t. 2 - Responsabilité civile et quasi-contrats*, PUF, 5ème éd., 2021, spéc. n° 139. L'auteur souligne que la distinction du corps et de l'esprit peut sans doute être relativisée mais qu'elle permet de constituer des catégories juridiques pertinentes.

[5] B. RODGER, *loc. cit.*, spéc. p. 106.

[6] S. BAILEY, D. NOLAN, « The Page v Smith saga : a tale of inauspicious origins and unintended consequences », *C.L.J.* 2010, n° 69(3), p. 495-528, spéc. p. 525.

ainsi qu'est appliquée l'exigence de prévisibilité en matière de maladie psychique causée par la pression au travail, puisque le demandeur doit prouver qu'il était prévisible pour l'employeur que le salarié en question subisse une maladie psychique[1]. C'est aussi la façon dont les juridictions canadiennes et australiennes apprécient la condition de prévisibilité[2]. Par ailleurs, il est impossible, même en faisant référence à la question de la prévisibilité, de chasser définitivement toute argument de politique juridique[3]. La nécessité de démontrer que le dommage psychiatrique était prévisible est un standard assez exigeant qui permet de limiter le champ de la responsabilité[4] tout en conservant une position fondée sur des principes solides[5]. Le standard de la prévisibilité devrait donc constituer la seule exigence pour déterminer si un devoir de prudence existe en matière de *nervous shock* pour les victimes primaires et secondaires, à l'image de ce qui se pratique pour les autres types de dommages. En supprimant ces mécanismes de contrôle, on renforce la légitimité de l'indemnisation du traumatisme psychique[6] tout en maintenant en l'état l'architecture de l'indemnisation de la *tort law* et ses bornes au champ de l'indemnisation.

Transition. Le droit anglais de la *tort law* se fonde sur une architecture qui a permis de borner assez précisément le champ de l'indemnisation. Les limites plus arbitraires ajoutées en matière de *nervous shock* viennent nuire à la légitimité et à la clarté de cette architecture. On peut tirer plusieurs enseignements de ce modèle anglais.

§2. Les enseignements du modèle anglais

L'architecture anglaise du champ de l'indemnisation permet de souligner le lien entre le dommage-interférence et la désincarnation du dommage et nous conduit à constater le caractère insaisissable du dommage-interférence. En précisant que le dommage en *negligence* est la détérioration d'une situation de fait, le droit anglais a permis d'illustrer le lien entre dommage-interférence et désincarnation.

Tendance initiale à la désincarnation en *negligence*. Au cours des années 1990 et 2000, les juges anglais ont adopté plusieurs solutions pour étendre le champ de l'indemnisation en *negligence*. Nous avons déjà évoqué ces élargissements mais il est intéressant de les rappeler ensemble dans la

---

[1] V. par ex. : *Walker v Northumberland County Council* [1995] 1 All ER 737.

[2] En Australie : *Tame v New South Wales* [2002] HCA 35. Au Canada : *Mustapha v Culligan of Canada Ltd.* 2008 SCC 27.

[3] V. par ex. : K. AMIRTHALINGAM, « Lord Atkin and the Philosopher's Stone : the search for a universal test for duty », *S.J.L.S.* 2007, p. 350-360.

[4] E. LEMAIRE, « The Fear of Future Illness : An Analytical Comparison of English and French Law », *J.E.T.L.* 2016, n° 7(1), p. 1-31, spéc. p. 27. Pour cet auteur, ce mécanisme est si puissant qu'il permettrait aussi de justifier l'indemnisation de la souffrance psychique non-pathologique.

[5] M. A. JONES, *loc. cit.*, spéc. p. 137.

[6] Sur cette question, v. notamment : J. STAPLETON, « In Restraint of Tort », *in Frontiers of Liability*, P. Birks (éd.), OUP, 1994, p. 83-102, spéc. p. 94-96.

mesure où cela démontre qu'il a existé une tendance du droit anglais à faire de la *negligence* un *tort* protégeant des droits spécifiques en l'absence de toute détérioration. En 2007, le Professeur Amirthalingam a constaté la multiplication de décisions accueillant des arguments fondés sur des atteintes à des droits en *negligence*[1]. Il s'agissait pour le droit anglais d'élargir le champ de ce qui est considéré comme un dommage en *negligence* dans certains cas, et d'adapter la notion de dommage pour faciliter l'identification d'un lien de causalité dans d'autres cas. Dans l'arrêt *Rees v Darlington*[2], en 2004, les juges anglais ont accordé une indemnité visant à indemniser l'atteinte au droit à l'autonomie d'une femme qui avait eu un enfant après une stérilisation ratée. Certains juges ont utilisé le vocabulaire du dommage-détérioration et ont estimé que la somme accordée était compensatoire mais il est difficile d'identifier le dommage-détérioration réparé[3]. Dans l'arrêt *Chester*[4], il a aussi été argué qu'une atteinte à l'autonomie pouvait constituer un dommage en *negligence*, et il existe toujours une tentation à suivre cette voie en droit anglais. Dans les arrêts *Fairchild*[5] et *Barker*[6], il a été jugé que l'accroissement d'un risque de dommage pouvait être considéré comme un dommage fondant une action en *negligence*, alors que la jurisprudence estimait que l'exposition au risque elle-même n'avait pas causé le dommage final subi. Selon le Professeur Amirthalingam, ces différentes décisions s'intégraient dans un mouvement naturel d'adaptation de la *negligence* à la modernité, alors que nous entrions dans l'époque « *des droits et des attentes* »[7]. En-dehors de l'Angleterre, cet élargissement de la notion de dommage est aussi perceptible dans d'autres pays de *common law*. Par exemple, les juridictions singapouriennes ont accepté d'indemniser un couple sino-européen qui avait eu un enfant *via* une fécondation *in vitro* dans le cadre de la *negligence*[8]. Cette tendance à se fonder sur des arguments tendant à protéger les droits des demandeurs a conduit à une certaine

---

[1] K. AMIRTHALINGAM, « The Changing Face of the Gist of Negligence », *in Emerging Issues in Tort Law*, J. Neyers, S. Pitel et E. Chamberlain (dir.), Bloomsbury, 2007, p. 467-486, spéc. p. 469.

[2] *Rees v Darlington Memorial Hospital NHS Trust* [2004] 1 AC 309, [2003] 4 All ER 987. V. *supra* p. 104-105.

[3] D. NOLAN, « New Forms of Damage in Negligence », *op. cit.*, spéc. p. 79-80.

[4] *Chester v Afshar* [2004] 4 All ER 587, [2005] AC 134.

[5] *Fairchild v Glenhaven Funeral Services Ltd & others* [2002] UKHL 22, [2003] 1 AC 32.

[6] *Barker v Corus (UK) Ltd* [2006] UKHL 20, [2006] 2 AC 572.

[7] K. AMIRTHALINGAM, « The Changing Face of the Gist of Negligence », *loc. cit.*, spéc. p. 486 : « *We are now in the era of rights and expectations, and once again the tort of negligence is rising to the challenge* ». Notre traduction : « *Nous sommes désormais dans l'ère des droits et des attentes, et le tort of negligence doit à nouveau répondre à ce défi.* » Dans le même sens, v. aussi : M. FORDHAM, « The protection of personal interests - Evolving form of damage in negligence », *SAcLJ* 2015, n° 27, p. 643-665, spéc. p. 663 et s.

[8] *ACB v Thompson Medical Pte Ltd* [2017] SGCA 20, [2017] 1 SLR 918. Sur cet arrêt, v. notamment : T. FOXTON, « Inaccurate conception : ACB v Thomson Medical », *M.L.R.* 2018, n° 81(2), p. 337 ; J. ENGLISH, M. J. HAFEEZ-BAIG, « ACB v Thompson Medical Pte Ltd. Recovery of Upkeep Costs, Claims for Loss of Autonomy and Loss of Genetic Affinity: Fertile Ground for Development ? », *Melb. U.L.Rev.* 2018, n° 41, p. 1360.

désincarnation du dommage réparé, alors souvent conçu plutôt comme un dommage-interférence que comme la détérioration d'une situation de fait.

Recul de la désincarnation en droit anglais. Le droit de la *negligence* connaît désormais une période de reflux. Comme nous l'avons déjà souligné, l'idée selon laquelle l'indemnisation d'un dommage en *negligence* suppose nécessairement la preuve de l'existence d'une détérioration a été renforcée par plusieurs décisions récentes[1]. Cette préférence pour le dommage-détérioration a conduit la doctrine et les juges à critiquer le mouvement d'élargissement des années 1990 et 2000. Les arrêts *Fairchild* et *Barker* qui pavaient la voie à la reconnaissance du risque comme un dommage ont fait l'objet de critiques[2], y compris de la part d'un juge ayant participé à l'élaboration de ces décisions[3]. Ces arrêts demeurent applicables dans la mesure où ils aménagent une exception au *but-for test* dans certaines hypothèses bien définies[4] mais l'approche du dommage qu'ils proposaient a été désavouée. En effet, l'arrêt *Rothwell* est venu affirmer qu'une exposition à un risque de dommage ne constitue pas un dommage réparable en *negligence*[5]. De la même manière, les dommages et intérêts normatifs et non-compensatoires accordés à la demanderesse dans l'arrêt *Rees v Darlington* font figure d'anomalie au sein du droit de la *negligence*. Un auteur a ainsi souligné que, dans cet arrêt et dans l'arrêt *Chester v Afshar*, il était difficile d'identifier le dommage indemnisé et que celui-ci paraissait inorthodoxe car il ne s'agissait pas d'une détérioration[6]. L'arrêt *Chester* aussi a fait l'objet de très nombreuses critiques[7]. L'exception au *but-for test* que cet arrêt a créée n'a jamais été élargie. La doctrine ne souhaite pas son élargissement à l'avenir[8] et l'exception demeure particulièrement restreinte.

---

[1] V. *supra* p. 231-233.

[2] M. HOGG, « Re-estabilishing orthodoxy in the realm of causation », *Edin. L. R.* 2007, n° 11(1), p. 8-30 ; A. BURROWS, « Uncertainty about uncertainty: damages for loss of a chance », *J.P.I.L.* 2008, n° 1, p. 31-43 ; S. GREEN, « Between a rock of uncertainty and a hard case », *L.Q.R.* 2016, n° 132 (Jan), p. 25-31 ; S. STEEL, D. IBBETSON, « More grief on uncertain causation in tort », *C.L.J.* 2011, n° 70(2), p. 451-468.

[3] L. HOFFMAN, « Fairchild and After », *in Judge and Jurist : Essays in Memory of Lord Rodger of Earlsferry*, A. Burrows, D. Johnston et R. Zimmerman (dir.), Oxford, Oxford University Press, 2013, p. 63-70.

[4] V. par ex. : J. STAPLETON, « The Fairchild doctrine : Arguments on breach and materiality », *C.L.J.* 2012, n° 71(1), p. 32-34.

[5] M. FORDHAM, « Risk and Anxiety - Defining damage in the tort of negligence : Rothwell v Chemical & Insulating Co. Ltd & Anor. », *S.J.L.S.* July 2008, p. 193-204, spéc. p. 194.

[6] C. PURSHOUSE, « Judicial reasoning and the concept of damage: Rethinking medical negligence cases », *Medical Law International* 2015, n° 15(2-3), p. 155-181.

[7] R. STEVENS, « An Opportunity to reflect », *L.Q.R.* 2005, n° 121, p. 189-194 ; T. CLARK, D. NOLAN, « A critique of Chester v Afshar », *O.J.L.S.* 2014, n° 34(4), p. 659-692 ; C. PURSHOUSE, « Causation, coincidences and Chester v Afshar », *P.N.* 2017, n° 33(3), p. 220-224. Sur ce point, v. *supra* p. 95-96.

[8] V. par ex. : M. ASHLEY, S. KEYDEN, « Causation, loss of chance and the troublesome case of Crossman », *J.P.I.L.* 2019, n° 1, p. 51-58, spéc. p. 55 et s.

La règle tendrait même à disparaître selon un auteur[1]. Par conséquent, on peut estimer avec un auteur que les juges anglais ont souhaité mettre « *une bride aux tendances libérales de ces dernières années* »[2]. Les juges anglais se fondent sur une approche plus réaliste de l'indemnisation[3]. Malgré cette bride, les arguments fondés sur une atteinte à un droit demeurent influents en *negligence*, et la série d'arrêts évoqués a laissé une marque profonde et définitive sur la matière[4]. Reste que la préférence du droit anglais pour le dommage-détérioration en *negligence* a conduit les juges à mettre un frein à la désincarnation du dommage. Cela permet de souligner le lien entre dommage-interférence et désincarnation, et entre désincarnation et extension du champ de l'indemnisation.

Désincarnation du dommage en droit français. Le mouvement de reflux de la *negligence* contraste avec la désincarnation progressive du dommage en droit français. Le Professeur Cadiet a d'abord perçu ce mouvement de désincarnation au sein de l'affaiblissement du caractère personnel de l'intérêt lésé[5]. Il constatait aussi l'affaiblissement du caractère certain du dommage et pointait le risque que le droit de la responsabilité civile soit absorbé par la théorie des droits de la personnalité[6]. Le Professeur Mazeaud a lui aussi fait référence à une « *dépersonnalisation* » contestable du dommage[7]. La désincarnation du dommage se caractérise par une approche de plus en plus abstraite du dommage en droit, que ce soit dans sa définition, sa preuve, ou quant à l'évaluation des préjudices en découlant. Cette désincarnation du dommage est aujourd'hui renforcée par la « *désintégration* » du préjudice moral[8] et par la multiplication des préjudices émotionnels autonomes. Nous avons déjà pu évoquer un par un les différents préjudices en question et souligner leur lien avec la notion de dommage-interférence[9]. Il s'agit de préjudices moraux et ils participent en cela à une

---

[1] F. McDONALD, « Consent, remoteness, and the prolonged death of the Chester exception: Diamond v Royal Devon & Exeter NHS Foundation Trust », *J.P.I.L.* 2017, n° 4, p. 212-216.

[2] M. FORDHAM, « Loss of chance - A lost opportunity ? », *S.J.L.S* July 2005, p. 204-217, spéc. p. 217 : « *they now wish to rein in the liberal tendencies of the last few years* » (notre traduction). L'auteur estimait qu'il était trop tôt pour le dire. Plus de quinze ans plus tard, la volonté des juges anglais semble plus claire, et une bride a en effet été mise à l'expansion du champ de l'indemnisation.

[3] E. LEMAIRE, *Risques sanitaires sériels et responsabilité civile : étude comparée des droits français et anglais*, thèse, L'Harmattan, Logiques Juridiques, 2021, spéc. n° 876.

[4] Par exemple, sur l'influence de *Chester* dans l'avènement de l'arrêt *Montgomery v Lanarkshire Health Board*, v. : S. FULHAM-McQUILLAN, *op. cit.*

[5] L. CADIET, « Les Métamorphoses du préjudice », *in Les métamorphoses de la responsabilité*, L.G.D.J., 1998, P. Michaux (dir.), p. 37-64, spéc. p. 42.

[6] *Ibid.*, spéc. p. 50.

[7] D. MAZEAUD, « Famille et responsabilité (Réflexions sur quelques aspects de "l'idéologie de la réparation") », *in Le droit privé français à la fin du XXe siècle, Etudes offertes à Pierre Catala*, Litec, 2001, p. 569-593, spéc. p. 583-584.

[8] J. KNETSCH, « La désintégration du préjudice moral », *D.* 2015, p. 443.

[9] V. *supra* p. 270 et s.

certaine « *psychologisation* » du dommage[1], ce qui ne conduit pas nécessairement à une désincarnation du dommage. Toutefois, ces préjudices moraux se trouvent, pour certains d'entre eux, au point d'équilibre entre la réparation d'une souffrance morale psychologique d'une part et la réparation d'une interférence avec un intérêt d'autre part. C'est le cas par exemple du préjudice d'anxiété[2] ou du préjudice d'impréparation[3]. Ils se trouvent sur une ligne de crête et d'indistinction entre le dommage-détérioration et le dommage-interférence, c'est-à-dire entre une formulation concrète et une formulation abstraite du dommage. Cette incertitude contraste avec l'architecture du droit anglais et permet encore de souligner le renforcement de la notion d'interférence en droit français. Avec le Professeur Cadiet, on peut penser que tout cela conduit à « *un excès d'abstraction et d'intellectualisme dont on peut douter qu'il marque un progrès pour le droit* »[4]. La désincarnation du dommage *via* la désintégration du préjudice moral est désormais ancrée dans la pratique du droit français et rend difficile l'identification de limites au champ de l'indemnisation. Le droit anglais illustre qu'il est possible de lutter contre cette désincarnation.

La réaffirmation de la primauté du dommage-détérioration en *negligence* a permis de lutter contre la désincarnation du dommage en droit anglais, et donc de fixer des limites plus claires à l'indemnisation. Cela tient au caractère insaisissable du dommage-interférence.

Le dommage-interférence est insaisissable, et le choix du droit anglais de ne l'indemniser que dans certaines circonstances particulières lui permet de borner son indemnisation. Le droit français a la possibilité de s'inspirer de cette approche anglaise.

Champ indéterminé. Le droit anglais arrive à borner le champ de l'indemnisation du dommage en *tort law* et à justifier le refus de répondre favorablement à de nouvelles demandes d'indemnisation en séparant les formulations du dommage. Cela lui permet notamment d'admettre de manière générale la réparation du dommage-détérioration d'une part et de limiter l'indemnisation du dommage-interférence d'autre part. Il s'agit d'un avantage si on souhaite limiter le champ de l'indemnisation car le dommage-interférence peut par nature saisir un nombre illimité de situations de droit pour au moins deux raisons. D'abord, d'un point de vue conceptuel, le dommage-interférence ne se limite pas à la seule atteinte à un droit subjectif mais s'étend à toute interférence à un intérêt jugé légitime[5]. Or, la notion d'intérêt est omniprésente, imprécise, infiniment malléable et subversive[6].

---

[1] N. MOLFESSIS, « La psychologisation du dommage », *in Quel avenir pour la responsabilité civile ?*, Y. Lequette et N. Molfessis (dir.), Dalloz, 2015, p. 39-55.

[2] V. *supra* p. 77.

[3] V. *supra* p. 115 et s.

[4] L. CADIET, « Les Métamorphoses du préjudice », *loc. cit.*, spéc. p. 50.

[5] V. *supra* p. 229-230.

[6] M. LACROIX, « Une théorisation du préjudice sous le prisme des intérêts protégés en droit privé québécois », *Les Cahiers Portalis* 2022, n° 9, p. 57-74, spéc. p. 60-61.

Par conséquent, le dommage défini sur la base de cette notion est nécessairement insaisissable et abstrait. Cette abstraction le fait rentrer dans le champ de la responsabilité illimitée et indéfinie : illimitée car elle peut toujours être étendue à de nouvelles situations ; indéfinie car on ne peut pas concevoir toutes les situations potentiellement couvertes par la notion. Ensuite, d'un point de vue plus pratique, le contenu de la notion de dommage-interférence ne peut pas être fixé définitivement car le dommage n'est pas défini sur la base d'un fait observable et tangible. Il résulte *in fine* nécessairement d'un choix des juges, d'un jugement de valeur quant à l'importance sociale de l'intérêt en question[1]. L'intérêt légitime, c'est en effet celui auquel on reconnaît une valeur sociale particulière. Dans une approche minimaliste, on peut même estimer que l'intérêt légitime est celui qui ne contrevient pas aux bonnes mœurs[2]. Comme l'a relevé le Professeur Nolan concernant la question de l'autonomie en droit anglais, il faut se garder d'une approche de l'intérêt qui conduirait le demandeur à définir pour lui-même ce qu'il considère comme son intérêt[3]. En toute hypothèse, le contenu de la notion de dommage-interférence est nécessairement évolutif et dépend des fluctuations sociales. Un principe général d'indemnisation du dommage-interférence impliquerait nécessairement un champ indéterminé de l'indemnisation.

Perspectives en droit anglais. Ce problème n'existe pas en droit anglais puisqu'il n'existe pas de principe général d'indemnisation du dommage-interférence. Peut-on cependant imaginer l'émergence de nouveaux *torts* spécifiques face aux nouvelles demandes d'indemnisation ? La seule preuve d'une interférence avec l'intérêt suffit à justifier une indemnisation dans le cadre des *torts actionable per se*[4]. Ce type d'approche pourrait être adéquat pour répondre à certains angles morts du droit anglais. En effet, on pourrait concevoir un cadre pour indemniser l'exposition à un risque de dommage futur ou la non-révélation d'un risque en matière médical alors que l'indemnisation est rare dans ces hypothèses. Il faudrait alors définir un intérêt pouvant faire l'objet d'une protection particulière. L'interférence avec cet intérêt entraînerait une indemnisation. Certains débats contemporains permettent de nourrir de telles hypothèses. En matière de non-révélation d'un risque de dommage, on peut évidemment évoquer les arrêts où des dommages et intérêts ont été accordés en cas d'atteinte à l'autonomie. Un dommage d'autonomie n'a pas sa place en *negligence*[5] mais l'atteinte à l'autonomie pourrait constituer le fondement d'un *tort* spécifique en cas de

---

[1] F. LEDUC, « Faut-il distinguer le dommage et le préjudice ? : point de vue privatiste », *Resp. civ. et assur.* 2010, dossier 3, spéc. n° 7 et s.

[2] B. DUBUISSON, « Dommage ou préjudice : le poids des mots dans les réformes du droit français et du droit belge de la responsabilité civile », *in Mélanges en l'honneur du professeur Suzanne Carval*, IRJS Éditions, 2021, p. 329-350, spéc. p. 343. On peut ajouter que le contenu de cette notion de bonnes mœurs est de plus en plus incertain et contesté.

[3] D. NOLAN, « Negligence and Autonomy », *op. cit.*, spéc. p. 365.

[4] V. *supra* p. 233-234.

[5] V. *supra* p. 275 et s.

défaut d'information médicale. Un auteur a d'ailleurs souligné qu'il existait potentiellement une rupture de cohérence entre la *negligence* et le défaut d'information médicale[1], et qu'il pourrait être souhaitable de consommer cette rupture afin que le droit en soit clarifié[2]. Des auteurs ont aussi proposé d'élargir le champ du *tort* de l'arrêt *Wilkinson v Downton*[3]. Dans cet arrêt, les juges ont créé un *tort* spécifique « *d'infliction intentionnelle d'une souffrance émotionnelle* »[4] après qu'un homme avait fait une blague de mauvais goût en faisant croire à une femme que son mari avait été impliqué dans un très grave accident. Ce *tort*, qui s'ancre dans une atteinte à la dignité[5], refait l'objet de débats[6]. Il pourrait selon certains auteurs être modernisé et élargi pour répondre à des situations d'atteintes émotionnelles modernes[7]. Cela supposerait cependant d'adapter un certain nombre de spécificités de ce *tort*, y compris l'exigence de preuve d'une pathologie psychique. En l'état, ce *tort* n'est pas *actionable per se*, et les débats entourant le *tort* de *Wilkinson* illustre seulement les incertitudes existant en matière d'atteinte émotionnelle en droit anglais. Il semble peu probable que ces débats aboutissent à la création d'un nouveau *tort actionable per se*. De telles actions n'apparaissent plus spontanément en jurisprudence et le droit s'est consolidé autour d'un certain nombre d'hypothèses qui ne correspondent pas aux situations couvertes par les préjudices émotionnels autonomes.

Perspectives en droit français. Est-il envisageable de limiter les cas où un dommage-interférence est indemnisable en droit français ? Le principe d'équivalence ne semble pas constituer une contrainte en la matière. Selon Madame Wester, ce principe a deux dimensions. D'une part, « *(i)l implique que toute lésion est a priori réparable, quelle que soit sa nature* » et, d'autre part, il « *dispose que toutes les natures de préjudices se valent* » et « *ont égale vocation à être réparées* »[8]. Ce principe interdit *a priori* de se fonder sur une hiérarchisation des intérêts protégés pour rationaliser l'indemnisation malgré ce qu'avancent certains auteurs[9]. Cela conduit un auteur à affirmer qu'il n'existe pas d'outil en droit français pour déclarer qu'un dommage est

---

[1] D. NOLAN, « Negligence and Autonomy », *op. cit.*, spéc. p. 374 et s.

[2] *Ibid.*, spéc. p. 381.

[3] *Wilkinson v Downton* [1897] EWHC 1 (QB), [1897] 2 QB 57.

[4] L'arrêt évoque la « *intentional infliction of emotional distress* » (notre traduction).

[5] D. RÉAUME, « Indignities : Making a Place for Dignity in Modern Legal Thought », *Queen's Law Journal* 2002, n° 28, p. 61-94.

[6] V. par ex. : C. HUNT, « Wilkinson v Downton Revisited », *C.L.J.* 2015, n° 74(3), p. 392-395.

[7] R. MULHERON, « Modernising the tort of Wilkinson v Downton », *J.P.I. Law* 2023, n° 1, p. 13-35.

[8] G. WESTER, *Les principes de la réparation confrontés au dommage corporel*, thèse, L.G.D.J., coll. Thèses, 2023, spéc. n° 45 et s.

[9] V. notamment : J.-S. BORGHETTI, « Les intérêts protégés et l'étendue des préjudices réparables en droit de la responsabilité civile extra-contractuelle », *in Etudes offertes à Geneviève Viney*, L.G.D.J., 2008, p. 145-171.

non-réparable en soi[1]. Toutefois, il paraît sans objet en matière de dommage-interférence. Celui-ci implique une appréciation, un jugement de valeur sur la nécessité ou non de protéger l'intérêt en question. Les juges peuvent donc, sans s'interroger sur l'application ou non du principe d'équivalence, juger qu'il n'existait pas d'intérêt digne de protection dans la situation en question. En l'absence d'intérêt, il n'y aura pas de dommage et donc pas de réparation sans qu'il soit porté atteinte au principe d'équivalence. C'est en partie cette approche qui semble avoir été adoptée pour refuser l'indemnisation du préjudice d'avilissement par exemple. Le préjudice d'avilissement est un préjudice dont l'indemnisation autonome a été demandée par des personnes ayant été victimes de faits de prostitution forcée. Les demandeurs estimaient que les faits dont ils avaient été victimes constituaient une atteinte particulière à la dignité humaine et à la liberté, ce qui leur causait un préjudice spécifique autonome. Le préjudice avait vocation à saisir le « *sentiment de flétrissure, d'humiliation, de perte de dignité, de ravalement à un objet ou de souillure* »[2]. La Cour de cassation a refusé à plusieurs reprises d'indemniser ce préjudice de manière autonome[3]. Elle a traité le préjudice d'avilissement comme un préjudice moral découlant d'une souffrance psychologique déjà réparée dans le cadre des préjudices de la nomenclature Dintilhac[4]. Pour certains auteurs, il s'agissait d'un préjudice « *atypique* »[5], « *né de la déshumanisation et de l'atteinte à la dignité des victimes d'esclavage sexuel* »[6], et qui aurait eu vocation à reconnaître l'atteinte à la dignité des victimes. La Cour, en refusant d'autonomiser ce préjudice, a indirectement, refusé de reconnaître l'existence d'un intérêt particulier atteint justifiant l'existence d'un dommage-interférence. Plus largement, il pourrait paraître souhaitable de refuser l'indemnisation du dommage-interférence. Le dommage-interférence nous paraît inorthodoxe, mais il a indéniablement gagné une place particulière et importante aujourd'hui en droit français[7]. La vivacité de la doctrine et de la jurisprudence rend parfaitement irréaliste une interdiction radicale de l'indemnisation du dommage-interférence en droit français. En outre, il serait possible de

---

[1] M. FABRE-MAGNAN, *op. cit.*, spéc. n° 162.

[2] CIVI Nantes, 16 nov. 2012, n° 11/00254 ; CIVI Nantes, 15 févr. 2013, n° 12/00154. Cités dans : S. PORCHY-SIMON, « Rejet par la Cour de cassation de l'indemnisation autonome du préjudice d'avilissement », *D.* 2019, p. 182.

[3] Cass. civ. 2ème, 5 mars 2015, n° 14-13.045 - Cass. civ. 2ème, 13 déc. 2018, n° 17-28.716 - Cass. civ. 2ème, 13 déc. 2018, n° 18-10.276 - Cass. civ. 2ème, 13 déc. 2018, n° 18-10.277 - Cass. civ. 2ème, 28 mars 2019, n° 18-13.351 - Cass. civ. 2ème, 4 juill. 2019, n° 18-19.592.

[4] L. BLOCH, « Le préjudice exceptionnel d'avilissement n'existe pas », *Resp. civ. et assur.* 2019, alerte 4.

[5] A. GUÉGAN, « Le préjudice d'avilissement : refus d'une réparation autonome à quelque titre que ce soit », *D.* 2019, p. 2058.

[6] P. JOURDAIN, « Le préjudice dit "d'avilissement" n'a pas d'existence autonome », *RTD Civ.* 2019, p. 341 ; C. QUÉZEL-AMBRUNAZ, « Quand sont niées les atteintes à la dignité humaine des victimes d'esclavage sexuel et de traite des êtres humains », *D.* 2020, p. 40.

[7] P. JOURDAIN, G. VINEY, S. CARVAL, *Les Conditions de la responsabilité*, 4ème édition, L.G.D.J., Traités, 2013, spéc. n° 247-3.

outre, il serait possible de contourner cette interdiction *via* l'indemnisation du préjudice moral et de la souffrance émotionnelle. Cela signifie que la prohibition de l'indemnisation ce type de dommage ne conduirait qu'à maintenir la confusion que nous avons identifié, plutôt que la résoudre. S'il est possible de limiter l'indemnisation du dommage-interférence, il paraît vain de chercher à prohiber cette indemnisation.

D'un point de vue théorique, il ne semble pas contraire aux principes directeur du droit de la responsabilité civile de refuser d'indemniser un dommage-interférence, et ainsi de limiter l'indemnisation de ce type de dommage. On peut toutefois se demander s'il n'existe pas un intérêt général au « *cours normal des choses* »[1] dont la seule atteinte suffirait à recevoir une indemnisation ? Cela conduirait à constater l'existence d'un dommage-interférence général dont les limites seraient plus difficiles à identifier. On pourrait en effet considérer toute espérance légitime comme un intérêt protégé et donc toute interférence avec un tel intérêt comme un dommage. Ce dommage-interférence général soulève un certain nombre de difficultés. Le Professeur Borghetti relève l'argument des *floodgates* et celui de l'inégale valeur sociale des intérêts[2]. Ces deux arguments plaident contre un traitement identique de toutes les atteintes au cours normal des choses. La reconnaissance d'un intérêt général conduirait aussi à donner une dimension définitivement prospective à la responsabilité civile en assurant l'avenir, puisque toute espérance serait alors considérée comme un intérêt[3]. Le dommage-interférence joue un rôle distinct du dommage-détérioration et est effectivement plutôt tourné vers le présent et l'avenir. Cependant, l'admission d'un dommage-interférence limité à certains intérêts, alors que toute situation peut faire l'objet d'une détérioration, permet de contenir cette rupture comme l'illustre le droit anglais. L'admission d'un droit au cours normal des choses conduirait à une déstructuration de la responsabilité civile en remettant en cause cette concentration sur les atteintes concrètes. Il conduirait à reconnaître un dommage-interférence général et donc une responsabilité indéterminée. Ce n'est pas la pratique du droit français puisque les juges refusent parfois d'indemniser des préjudices nouveaux[4] comme l'avilissement. Surtout, comme nous le montre l'architecture de l'indemnisation en droit anglais, cela n'est pas souhaitable si on souhaite concevoir un droit de la responsabilité civile dont le champ de l'indemnisation serait limité.

Conclusion de section. L'analyse du droit anglais des *torts* sous l'angle de la distinction du dommage-interférence et du dommage-détérioration

---

[1] J.-S. BORGHETTI, « Les intérêts protégés et l'étendue des préjudices réparables en droit de la responsabilité civile extra-contractuelle », *loc. cit.*, spéc. p. 165 ; J.-S. BORGHETTI, « Le préjudice économique pur et l'atteinte au cours normal des choses », *in Mélanges en l'honneur du professeur Suzanne Carval*, IRJS Éditions, 2021, p. 113-140.

[2] J.-S. BORGHETTI, « Le préjudice économique pur et l'atteinte au cours normal des choses », *loc. cit.*, spéc. p. 126-128.

[3] *Ibid.*, spéc. p. 128.

[4] M. FABRE-MAGNAN, *op. cit.*, spéc. n° 161 et s.

permet de révéler l'existence d'un modèle anglais quant aux limites du champ de l'indemnisation. Ce modèle naît de la séparation des formulations du dommage et de la combinaison de leurs champs d'application respectifs. Il est obscurci par le fait que les formulations du dommage ne sont pas clairement accueillies en droit anglais, ce qui implique parfois des incohérences de pratique, et que d'autres limites plus arbitraires existent en *negligence* en matière d'atteinte psychique. Ce dernier point peut être amélioré en traitant l'atteinte psychique comme un dommage-détérioration classique. Ce modèle se caractérise aussi par l'absence de lieux de superposition entre le dommage-interférence et le dommage-détérioration. On peut tirer de ce modèle plusieurs enseignements sur le lien entre la notion d'interférence et la désincarnation du dommage, et donc sur le caractère nécessairement indéterminé d'un droit général à l'indemnisation du dommage-interférence.

Transition. Le modèle anglais de limitation et de détermination du champ de l'indemnisation nous donne des pistes à explorer afin de concevoir et d'affiner un modèle français des limites de l'indemnisation.

Section 2 : La conception d'un modèle français quant aux limites de l'indemnisation

Objet de la section. Face à l'effusion des préjudices émotionnels autonomes, il paraît souhaitable de fixer des limites rationnelles au champ de l'indemnisation. Il s'agit de déterminer, avec l'aide de la distinction du dommage et l'exemple du droit anglais, si une telle rationalisation conceptuelle est possible en droit français.

Plan. Pour concevoir un modèle de détermination du champ de l'indemnisation, il faut d'abord porter un regard renouvelé sur la structure de la responsabilité civile (§1) puis s'interroger sur l'identification du dommage-interférence en droit français (§2).

§1. Un regard renouvelé sur la structure de la responsabilité

Comme la *tort law*, et malgré des caractéristiques différentes, le droit français de la responsabilité civile est un droit des délits ce qui influe sur les limites de l'indemnisation. Dans l'optique de limiter la superposition des formulations, le traitement particulier de la souffrance morale non-pathologique en droit français pose question.

Droit des délits. Les formulations du dommage coexistent au sein de la responsabilité civile et on a pu constater qu'il était difficile de démêler celles-ci en matière de préjudices émotionnels autonomes[1]. Idéalement, elles sont alternatives de telle sorte que les juges devraient choisir s'ils formulent le dommage réparé comme la détérioration d'une situation concrète ou

---

[1] V. notamment *supra* p. 236 et s.

comme une interférence avec un intérêt, ce qui n'est pas le cas à ce jour. Le champ de l'indemnisation peut être borné en droit anglais car les formulations sont strictement séparées dans des actions particulières. En droit français, l'existence de la distinction n'est pas relevée. Cela contribue directement au caractère apparemment illimité et indéterminé du champ de l'indemnisation en droit français, et donc à l'émergence fréquente de nouveaux préjudices autonomes. Une séparation des formulations dans des actions distinctes comme en droit anglais est-elle envisageable en droit français ?

Obstacle à la séparation. Le droit français de la responsabilité civile se fonde sur une clause générale de responsabilité inscrite à l'article 1240 du Code civil. Elle donne un aspect unitaire et cohérent à ce droit. Serait-il possible d'imaginer l'utilisation séparée des formulations distinctes du dommage dans des actions spécifiques ? Comment déterminer le champ d'application de chaque formulation ? En principe, la clause générale de responsabilité ne permet pas de distinguer différents types d'actions en justice en fonction de la nature du dommage réparé[1]. À l'inverse du droit anglais qui se caractérise par une non-responsabilité de principe et une exception de responsabilité, la clause générale de responsabilité française constitue « *la protection minimale mise à la disposition de toutes les victimes qui ne disposent pas d'un instrument plus efficace.* »[2] Par conséquent, il ne paraît pas possible de distinguer des champs d'action pour les différentes formulations du dommage. Toutefois, cela ne signifie pas qu'il n'existe pas des règles spécifiques d'indemnisation en droit français dépendant de situations particulières. L'une des difficultés causée par la généralité de la clause de responsabilité est qu'il est difficile de tracer une limite entre le régime général et les régimes spéciaux d'indemnisation[3]. Cela est vrai pour les régimes spéciaux d'origine légale. C'est encore plus marquant pour les situations particulières définies en jurisprudence. Ainsi, il existe une incertitude quant à la place au sein du régime général ou non des atteintes aux droits de la personnalité[4] mais aussi des actions en matière de concurrence déloyale, ou plus largement de la responsabilité contractuelle[5]. Le régime général tend à absorber ceux qui l'entourent, tout en laissant se développer en son sein des *pseudos* régimes spécifiques d'indemnisation, des régimes disposant d'un certain nombre de spécificités liées à la nature de l'interférence justifiant l'indemnisation ou aux circonstances de celle-ci mais qui demeurent parties de ce régime général et qui s'appuient sur l'article 1240 du Code civil.

---

[1] G. VINEY, « Pour ou contre un principe général de responsabilité civile pour faute », *Osaka University Law Review* 2002, n° 49, p. 33-48, spéc. p. 35.

[2] *Ibid.*, spéc. p. 36.

[3] *Ibid.*, spéc. p. 45.

[4] G. VINEY, « Les relations entre responsabilité civile et protection des droits subjectifs », *JCP G* 1997, doctr. 4025.

[5] V. par ex. : Ph. RÉMY, « La "responsabilité contractuelle" : histoire d'un faux concept », *RTD Civ.* 1997, p. 323.

Existence de régimes particuliers. Cette difficulté ne signifie pas que le droit français de la responsabilité civile est monolithique pour autant. Comme le souligne le Professeur Borghetti, la responsabilité civile française est en apparence d'une grande simplicité mais il existe de nombreuses distinctions, y compris en fonction des intérêts atteints, de telle sorte qu'il n'est pas illégitime d'évoquer un droit des délits comparable à la *tort law*[1]. Il est indéniable que le droit français traite de plus en plus fréquemment certains intérêts particuliers de façon spécifique. Cette tendance pourrait s'accentuer avec l'avant-projet de réforme de la responsabilité civile. Il s'agirait de consacrer des règles particulières applicables au droit du dommage corporel[2], comme cela est déjà le cas en jurisprudence[3]. On constate aussi que les atteintes aux droits de la personnalité forment une catégorie de situations variées dans lesquelles le dommage indemnisé est un dommage-interférence, et l'indemnisation de ces atteintes est soumise à des modalités spécifiques[4]. Ces distinctions entre les différents types d'intérêts ne permettent pas forcément d'affirmer qu'il existerait une hiérarchie des intérêts protégés clairement établie, et nous estimons que cette voie de rationalisation de l'indemnisation, bien que tentante, se heurte à des oppositions trop fortes pour être satisfaisante. En revanche, la multiplication des modalités particulières d'indemnisation en fonction des intérêts atteints démontre à notre sens qu'il existe un glissement d'une clause générale seule à une clause générale assortie de délits spéciaux[5].

Séparation envisageable. Ce glissement ouvre la possibilité de définir plus précisément le champ d'application de chacune des formulations. Cela passera par la définition de situations ou de catégories de situations correspondant plutôt à l'une ou l'autre des formulations. À notre sens, la clause générale aurait alors vocation à s'appliquer en matière de dommage-détérioration tandis que les dommages-interférence reconnus par le droit figureraient comme un ensemble d'actions spécifiques aux modalités de preuve et d'indemnisation particulières. Dans cette optique, à chaque fois qu'ils consacreraient un nouveau dommage-interférence, les juges français créeraient en quelque sorte un nouveau délit spécifique. L'évolution envisagée en droit français fait écho au mouvement du droit anglais, lequel est passé de délits spéciaux seuls à une série de délits spéciaux assortie d'un

---

[1] J.-S. BORGHETTI, « Principes généraux de responsabilité ou droit des délits ? », *op. cit.*

[2] La proposition de loi portant réforme de la responsabilité civile du 29 juillet 2020 prévoit une Sous-Section 1 englobant les articles 1269 à 1280 intitulée « *Règles particulières à la réparation des préjudices résultant d'un dommage corporel.* »

[3] V. par ex. récemment : Cass. civ. 1ère, 5 juill. 2023, n° 22-18.914, *RLDC* 2023, n° 217, obs. C. PEREIRA. Dans cet arrêt, la Cour de cassation a jugé que le délai de prescription ne commence à courir en matière de dommage corporel que lorsque la consolidation est acquise.

[4] P. JOURDAIN, G. VINEY, S. CARVAL, *op. cit.*, spéc. n° 256 et s.

[5] J.-S. BORGHETTI, « Principes généraux de responsabilité ou droit des délits ? », *op. cit.* ; v. aussi : C. QUÉZEL-AMBRUNAZ, « Clauses générales ou délits spéciaux », 2014, intervention orale, Journées de l'association Henri Capitant. V. aussi : C. QUÉZEL-AMBRUNAZ, « Fault, Damage, and the Equivalence Principle in French Law », *J.E.T.L.* 2012, n° 3, p. 21-43.

délit bien plus large, la *negligence*. Alors que traditionnellement, on a eu tendance à opposer les modèles français et anglais[1], il paraît possible d'imaginer une convergence des deux droits par la généralité de la conception du dommage en *negligence* d'une part et par l'avènement de délits spéciaux en droit français d'autre part. Cette convergence permet d'envisager la possibilité de séparer les formulations en droit français et donc de limiter le champ de l'indemnisation. Chaque droit conserve cependant ses particularités. La création de nouveaux *torts actionable per se* par les juges ne semble pas d'actualité en droit anglais et il existe au fond un nombre fini de délits spéciaux. En droit français, la multiplication des préjudices émotionnels autonomes, et notamment de préjudices réparant à notre sens des dommages-interférence, témoigne de la vivacité de la jurisprudence. L'émergence de préjudices très particuliers comme les préjudices situationnels témoigne aussi de la grande créativité de la doctrine et des juges. Il est difficile d'imaginer que la réparation du dommage-interférence soit prohibée en droit français, ou qu'elle se fige autour d'un nombre très limité de situations, et cette effusion du dommage-interférence signifie que les limites du champ de l'indemnisation demeurent indéterminées en droit français.

À l'image du droit anglais, et malgré leurs différences, le droit français de la responsabilité civile est un droit des délits, et il est possible d'envisager une séparation des formulations du dommage en son sein. Cependant, cette séparation se heurte au problème posé par l'indemnisation de la souffrance morale non-pathologique.

Problème de la souffrance morale non-pathologique. En droit anglais, il est possible d'identifier des limites au champ de l'indemnisation car il n'existe pas d'action où se produit un chevauchement des formulations du dommage rendant difficile l'identification du dommage effectivement indemnisé. En droit français, cette difficulté existe dans la mesure où il est possible d'indemniser le préjudice moral découlant d'une souffrance morale non-pathologique ou d'une interférence avec un droit, sans que ces deux situations ne soient clairement séparées. Si on souhaite fixer des limites identifiables au champ de l'indemnisation en droit français, il est souhaitable de se prononcer sur l'opportunité de soumettre la réparabilité de la souffrance morale non-pathologique à un seuil de gravité. Cela permettrait

---

[1] S. WHITTAKER, « Un cadre commun pour la responsabilité civile ? », *RDC* 2019, n° 116n0, p. 145.

d'éviter que des interférences soient indemnisées *via* cette souffrance morale[1].

Gravité ou anormalité. L'indemnisation de la souffrance émotionnelle suscite, de longue date, une certaine inquiétude chez une partie de la doctrine française. Au-delà des débats entourant l'indemnisation du préjudice moral, cette inquiétude porte sur l'immensité potentielle du champ de la réparation si toute souffrance émotionnelle subie pouvait à elle seule constituer un dommage au sens de la responsabilité civile[2]. Des auteurs ont donc proposé de soumettre la réparation du dommage en droit français, et notamment la réparation de l'atteinte émotionnelle, à des mécanismes de contrôle. En la matière, au moins deux propositions alternatives existent. Le Professeur Knetsch défend la mise en place d'un seuil de gravité minimal en deçà duquel le dommage ne serait pas indemnisable[3]. Madame Wester-Ouisse a quant à elle proposé de n'indemniser en responsabilité civile que le dommage anormal[4]. Selon cet auteur, cette notion permettrait de ne pas écarter l'ensemble des « *situations d'angoisse, de tristesse ou de contrariété* »[5], mais d'utiliser le filtre de l'anormalité pour distinguer entre les demandes méritantes et celles qui ne le sont pas. L'auteur souligne notamment que la notion de dommage anormal joue déjà un rôle en droit français. Il prend l'exemple de la solidarité nationale, dans la mesure où l'ONIAM n'indemnise que les dommages dépassant un certain seuil de gravité. Dans cette optique, il reviendrait au juge de distinguer entre les dommages réparables et ceux qui ne le sont pas. Ce serait au demandeur de prouver que l'atteinte qu'il a subie constitue effectivement un dommage. À notre sens, et cela est perceptible dans la jurisprudence sur les accidents

---

[1] Notons qu'il serait aussi envisageable de proposer tout simplement le refus de l'indemnisation de la souffrance morale non-pathologique. Certains auteurs contemporains ont déjà souligné les limites inévitables et les excès attachés à la volonté de réparer toutes les souffrances morales. Sur ce point, v. par ex. : M. FABRE-MAGNAN, « Le dommage existentiel », *D.* 2010, p. 2376 ; J.-S. BORGHETTI, « Les intérêts protégés et l'étendue des préjudices réparables en droit de la responsabilité civile extra-contractuelle », *op. cit.* Nous partageons leurs inquiétudes et leurs doutes quant à la pertinence d'une telle indemnisation. Toutefois, un abandon pur et simple de l'indemnisation de la souffrance morale non-pathologique à l'image de la pratique anglaise serait à la fois choquant pour la majorité des juristes français et une rupture brutale par rapport aux usages de notre droit. Une telle approche semble donc vouée à l'échec, et susciterait une grande incompréhension.

[2] Sur ce point, l'exemple italien est particulière pertinent : M. FABRE-MAGNAN, « Le dommage existentiel », *loc. cit.*

[3] J. KNETSCH, « Qu'est-ce qu'un dommage corporel ? », *D.* 2022, p. 1815, spéc. n° 17. En 2015, le Professeur Knetsch avait aussi évoqué la nécessité d'établir un seuil de gravité minimum en matière de préjudice réparable : J. KNETSCH, « La désintégration du préjudice moral », *op. cit.*

[4] V. WESTER-OUISSE, « Le dommage anormal », *RTD Civ.* 2019, p. 531.

[5] *Ibid.*

médicaux[1], on peut distinguer conceptuellement le critère de gravité du critère d'anormalité. L'idée de gravité semble plus objective et s'intégrerait relativement aisément au dommage-détérioration dans la mesure où elle fait écho aux conséquences de l'atteinte. Le critère d'anormalité semble plus large, plus subjectif - ou du moins plus incertain. Un standard juridique de normalité et d'anormalité paraît éminemment critiquable. Qu'est-ce qu'une vie normale ? Les juges se sont heurtés à cette difficulté dans l'affaire *Perruche*[2] et les débats qui ont suivi sont le témoin des nombreuses difficultés que porte cette question. Il ne paraît pas souhaitable que les juges s'engagent dans un tel débat[3]. Comme nous l'avons déjà souligné, et comme le constate Madame Wester-Ouisse, « *l'idée que des magistrats jaugent une éventuelle anormalité du dommage reste sensible* »[4]. En outre, il paraît difficile de considérer que l'angoisse puisse être « normale ». Certes, c'est une expérience partagée par tous mais ça n'en fait pas un sentiment normal pour autant. En outre, la résilience de chacun est très différente et ce qui est normal pour l'un peut être exceptionnel pour un autre. Au fond, le critère d'anormalité du dommage vient occulter le fait que l'anormalité fait partie intégrante de l'expérience humaine. Le critère de gravité paraît quant à lui avoir deux avantages. D'abord, il renvoie au dommage-détérioration, ce qui permet de placer plus clairement la souffrance morale non-pathologique dans le giron d'une formulation. Ensuite, ce critère semble plus facile à apprécier de manière objective.

Difficultés. L'établissement d'un seuil de gravité en droit français pose cependant au moins deux difficultés qui ne paraissent pas insurmontables. D'une part, il existe un doute quant à la possibilité de concilier cette proposition avec les principes généraux du droit français de la responsabilité civile. La proposition de l'établissement d'un seuil de gravité paraît au premier abord contraire au principe d'équivalence. Le droit français ne distingue pas entre les dommages en fonction de leur gravité. On fait souvent référence en la matière au discours du Tribun Tarrible selon lequel l'article 1382 du Code civil « *embrasse dans sa vaste latitude tous les genres de dommages et les assujettit à une réparation uniforme* »[5]. Les juridictions se

---

[1] P. JOURDAIN, « L'anormalité du dommage n'est pas synonyme de gravité », *RTD Civ.* 2023, p. 386. L'auteur analyse un arrêt de la première chambre civile - Cass. civ. 1ère, 14 déc. 2022, n° 21-23.032 - et constate que le critère d'anormalité en matière d'accident médical se fonde sur le croisement de la gravité du dommage et de l'intensité du risque auquel le demandeur était exposé. V. aussi : L. BLOCH, « Réflexions sur le normal et l'anormal en matière de responsabilité médicale », *Resp. civ. et assur.* 2022, étude 8.

[2] Cass. ass. plén., 17 nov. 2000, n° 99-13.701. Sur ce point, v. notamment : P. JOURDAIN, G. VINEY, S. CARVAL, *op. cit.*, spéc. n° 249-4 et s.

[3] Sur ce point, v. notamment : J.-S. BORGHETTI, « Le préjudice de vie handicapée et les nouvelles fonctions de la responsabilité civile », *D.* 2010, p. 419. *Contra.* : P.-Y. GAUTIER, « "Les distances du juge" à propos d'une débat éthique sur la responsabilité civile », *JCP G* 2001, doctr. 287.

[4] V. WESTER-OUISSE, « Le dommage anormal », *loc. cit.*

[5] Cité dans : C. CORGAS-BERNARD, « Le préjudice extrapatrimonial à l'épreuve des réformes », *Resp. civ. et assur.* 2012, étude 5.

sont d'ailleurs toujours montrées réticentes à distinguer entre les dommages sur la base de la gravité et semblent appliquer strictement le principe d'équivalence dès lors qu'une détérioration est constatée[1]. En la matière, il semble cependant souhaitable d'écarter le principe d'équivalence pour éviter que le champ d'indemnisation soit d'une ampleur indéterminée[2]. Le principe d'équivalence est un principe directeur qui peut connaître des exceptions. En l'espèce, l'enjeu d'une séparation satisfaisante des formulations du dommage pour définir plus largement les limites à fixer aux nouvelles demandes d'indemnisation du dommage nous semble suffisamment important pour justifier que ce principe soit écarté. D'autre part, il existe un problème d'appréciation du critère de gravité, même si ce problème est moins présent qu'en matière d'anormalité. Il paraît difficile d'établir une pratique de ce critère qui ne soit pas marquée par un certain arbitraire en matière émotionnelle, dans la mesure où il n'est pas possible de faire référence à un seuil objectif de perte. L'utilisation d'un critère de gravité nécessitera sans doute une adaptation des pratiques judiciaires[3]. Cette difficulté pratique ne constitue cependant pas un empêchement radical à la mise en place de ce critère, lequel pourrait théoriquement être utilisé.

Architecture du champ de l'indemnisation. En droit français, il paraît envisageable et souhaitable de soumettre le caractère réparable d'une souffrance morale non-pathologique à un seuil de gravité minimum. Il s'agit d'une limite d'indemnisation moins exigeante que l'exigence de preuve d'un traumatisme psychique du droit anglais, et ce standard semble mieux à même de respecter les spécificités du droit français en matière d'indemnisation de la souffrance morale[4]. L'établissement de cette limite permettrait tout de même d'insister sur la place de la souffrance morale non-pathologique au sein des dommages-détérioration. Le critère de gravité conduirait aussi à borner l'indemnisation de la souffrance morale, qui peut théoriquement s'étendre à n'importe quelle contrariété de l'existence en l'absence d'un tel critère. Il permettrait de s'assurer que le dommage indemnisé est un dommage-détérioration. Il s'agira aussi d'éviter d'accorder une indemnisation en se référant à la souffrance morale négligeable causée par une interférence à un droit plutôt qu'à l'interférence elle-même. Cela ouvre enfin et surtout la possibilité de mieux identifier l'architecture de la responsabilité en droit français en assurant la séparation des formulations du dommage en droit français. On pourrait alors envisager les contours d'un modèle français quant aux limites du champ de l'indemnisation. Dans ce modèle, tout dommage-détérioration pourrait faire l'objet d'une

---

[1] On pense ici à l'arrêt *Lunus* dans lequel la souffrance morale causée par la mort d'un animal de compagnie avait été considérée comme un dommage réparable, alors que la gravité d'une telle situation paraît toute relative : Cass. civ. 1ère, 16 janv. 1962, Bull. civ. 1962, I, n° 33.

[2] J. KNETSCH, « Qu'est-ce qu'un dommage corporel ? », *loc. cit.*, spéc. n° 17.

[3] Sur ce point, v. *infra* p. 339 et s.

[4] Sur la nécessité de trouver une position d'équilibre sur le champ de l'indemnisation du dommage moral entre le droit anglais, v. par ex. : E. LEMAIRE, « The Fear of Future Illness : An Analytical Comparison of English and French Law », *op. cit.*, spéc. p. 31.

indemnisation à l'exception de la souffrance morale non-pathologique ne satisfaisant pas au critère de gravité. L'indemnisation d'un dommage-interférence ne serait possible que dans le cadre d'une action spécifique assortie de ses propres conditions, sans que le nombre de ces actions ne soit limité en droit français, au vu de la vivacité de la jurisprudence sur ce point. Comme nous l'avons déjà évoqué, le champ de l'indemnisation serait alors nécessairement indéterminé, puisque les limites du dommage-interférence sont insaisissables[1]. En effet, les juges français acceptent régulièrement de répondre à de nouveaux besoins d'indemnisation en la matière et le champ de l'indemnisation possède nécessairement des limites mouvantes et indéterminées en droit français.

Transition. Pour achever l'exploration des limites potentielles de la notion de dommage en droit français, il faut encore établir les modalités d'identification d'une interférence dommageable et encadrer ainsi l'indemnisation du dommage-interférence.

§2. L'identification du dommage-interférence

La seule limite à l'indemnisation du dommage-interférence en droit français semble tenir à l'importance de l'intérêt atteint[2]. Pour déterminer si l'intérêt atteint mérite une protection, et pour pouvoir mieux exprimer les justifications de ce choix, les juges français pourraient s'appuyer sur un faisceau d'indices dégagé *via* l'analyse des dommages-interférence déjà indemnisés. Il existerait à la fois des indices théoriques et des indices de politique juridique permettant de justifier l'indemnisation d'un dommage-interférence.

Indices théoriques. Pour déterminer si un demandeur a effectivement subi une interférence à un intérêt constituant un dommage, les juges pourront s'interroger sur l'existence d'arguments juridiques permettant d'établir que l'intérêt en question a une consistance particulière et mérite ainsi une protection particulière. Il s'agit ici d'explorer trois pistes de justification théorique du dommage-interférence.

Lien à un droit subjectif. Lorsque l'intérêt atteint a un lien direct avec un droit subjectif, il est possible de reconnaître et de justifier l'existence d'un dommage-interférence. La notion de droit subjectif est fuyante et incertaine, et a fait l'objet de nombreuses définitions alternatives[3]. Il ne s'agit pas ici de

---

[1] V. *supra* p. 304 et s.

[2] Certains auteurs évoquent en la matière la question de la légitimité de l'intérêt : M. LACROIX, « Une théorisation du préjudice sous le prisme des intérêts protégés en droit privé québécois », *op. cit.* ; B. DUBUISSON, *op. cit.* Le caractère légitime est le caractère du dommage le plus controversé en droit français : P. JOURDAIN, G. VINEY, S. CARVAL, *op. cit.*, spéc. n° 272. Nous ne souhaitons pas nous référer ici à la notion de caractère légitime du dommage du fait de cette controverse, et dans la mesure où cela rendrait plus complexe la comparaison avec le droit anglais.

[3] J.-C. SAINT-PAU, « Qualification de droits subjectifs », *in Droits de la personnalité*, J.-C. Saint-Pau (dir.), LexisNexis, Traités, 2013, p. 227-272, spéc. p. 228 et s.

débattre sur le sens exact de cette notion mais simplement de souligner que les notions d'intérêt protégé et de droit subjectif sont bien distinctes[1]. Tous les intérêts protégés par la responsabilité civile ne sont pas nécessairement des droits subjectifs. Certains intérêts protégés ont cependant un lien particulièrement fort avec la notion de droit subjectif. Prenons par exemple la figure emblématique du dommage-interférence, c'est-à-dire l'atteinte à un droit de la personnalité. Selon le Professeur Saint-Pau, que nous approuvons, les droits de la personnalité correspondent idéalement à la définition des droits subjectifs comme des « *pouvoirs à contenu déterminé ayant pour objet des intérêts sociaux, exercés par une volonté autonome et protégés par une action en justice.* »[2] Ce lien profond de l'intérêt atteint avec la notion de droit subjectif explique la nécessité que l'action en responsabilité civile remplisse son rôle en reconnaissant l'atteinte au droit[3], même en l'absence de toute détérioration constatable. Selon un auteur, l'existence d'un intérêt s'apprécie en fonction de sa consistance et de sa légitimité[4]. Lorsque l'intérêt en débat a un lien particulier avec un droit subjectif déjà sanctionné et préexistant, l'intérêt possède nécessairement une consistance et une légitimité certaine. Parfois, l'intervention du dommage-interférence sera inutile car le dommage-détérioration est efficace pour sanctionner l'atteinte au droit subjectif, comme l'ont relevé des auteurs anglais[5]. C'est le cas en matière de dommage corporel ou d'atteinte au droit de propriété[6]. Cependant, quand cette sanction ne peut être assurée *via* le dommage-détérioration, il devient de plus en plus fréquent que le dommage-interférence prenne le relais. L'influence de la notion de droit subjectif sur les juges et la doctrine en matière de nouvelles demandes d'indemnisation est particulièrement perceptible dans la figure du préjudice d'impréparation. Comme nous l'avons déjà souligné, le préjudice d'impréparation a un lien profond avec le droit du patient à l'information, qui découle du droit à l'intégrité corporelle[7]. Ce lien a conduit une partie de la doctrine à défendre l'idée qu'un préjudice pouvait nécessairement être présumé de l'atteinte de cet intérêt[8], lequel trouvait ses racines au sein d'un droit subjectif. Cela explique aussi notre faveur aujourd'hui pour une analyse du préjudice

---

[1] *Ibid.*, spéc. p. 267. V. aussi : M. LACROIX, « Le dommage en matière de responsabilité civile extracontractuelle : *continuum* de la lésion d'un intérêt à la lésion d'un droit », *Revue juridique Thémis de l'Université de Montréal* 2012, n° 46(2), p. 293-332, spéc. p. 300 et s. ; B. DUBUISSON, *op. cit.*, spéc. p. 342.

[2] J.-C. SAINT-PAU, *loc. cit.*, spéc. p. 259.

[3] *Ibid.*, spéc. p. 264.

[4] M. LACROIX, « Le dommage en matière de responsabilité civile extracontractuelle : *continuum* de la lésion d'un intérêt à la lésion d'un droit », *loc. cit.*, spéc. p. 317.

[5] V. *supra* p. 247-248.

[6] T. AZZI, « Les relations entre la responsabilité civile délictuelle et les droits subjectifs », *RTD Civ.* 2007, p. 227, spéc. n° 22 et s.

[7] V. *supra* p. 115-116.

[8] M. BACACHE, « Le défaut d'information sur les risques de l'intervention : quelles sanctions ? Pour une indemnisation au-delà de la perte de chance », *D.* 2008, p. 1908, spéc. n° 22.

d'impréparation comme un dommage-interférence[1], car ce préjudice remplit une fonction recognitive, punitive même selon un auteur[2], particulière. Plus le lien entre l'intérêt et le droit subjectif est direct et évident, plus la légitimité du recours au dommage-interférence est forte. L'influence de la notion de droit subjectif en matière de dommage-interférence est d'ailleurs perceptible dans la façon dont les demandeurs exprimant de nouvelles demandes d'indemnisation tentent d'établir un lien entre leur demande et un droit subjectif. En matière de préjudice d'avilissement par exemple, les demandeurs et la doctrine favorable à la reconnaissance de ce préjudice ont ainsi tenté de souligner le lien direct entre l'intérêt atteint et le droit à la dignité[3]. Les juges ont cependant refusé d'indemniser un tel préjudice de manière autonome. Ce refus nous permet de constater que le lien au droit subjectif doit être clair et avéré. Nous avons déjà souligné l'importance de la consistance de l'intérêt. Lorsque le droit subjectif sur lequel l'intérêt s'appuie est trop général et imprécis, la consistance de ce-dernier en est amoindrie. Les droits à la dignité en droit français ou à l'autonomie en droit anglais semblent ainsi constituer des droits trop imprécis[4], au contenu trop variable pour servir d'appui à la consécration d'un dommage-interférence, et ce malgré la consécration du droit à la dignité dans la loi. Le lien de l'intérêt atteint avec un droit subjectif constitue en tous cas un indice conceptuel important pour les juges en faveur de l'indemnisation autonome d'une interférence.

Existence d'une relation spécifique. Un autre indice permet de donner de la consistance et de la légitimité à l'intérêt atteint. Il s'agit de l'existence ou non d'une relation juridique spécifique entre le demandeur et le défendeur. Cet indice est rarement évoqué en doctrine mais il semble pouvoir jouer un rôle. En droit anglais, en matière de préjudice psychique pur, l'existence d'une relation juridique particulière entre le demandeur et le défendeur peut influer sur l'appréciation de l'existence d'un devoir de prudence pesant sur le défendeur[5]. Dans ce cas, le juge constate que le défendeur s'était engagé à limiter la souffrance psychique du demandeur et que le défendeur s'était fié à cet engagement. L'existence d'une relation entre un employeur et son salarié peut aussi entraîner l'application de standards particuliers à l'appréciation de l'existence du devoir de prudence[6]. Cette idée de confiance dans une déclaration joue aussi un rôle en matière de

---

[1] V. *supra* p. 281-282.

[2] M. BACACHE, « L'information médicale et la fonction punitive de la responsabilité civile », *in Mélanges en l'honneur du professeur Suzanne Carval*, IRJS Éditions, 2021, p. 71-83.

[3] J. DECHEPY-TELLIER, « L'influence croisée du préjudice d'avilissement et du droit pénal », *in Mélanges en l'honneur du professeur Suzanne Carval*, IRJS Éditions, 2021, p. 253-268, spéc. p. 263 et s.

[4] M. FABRE-MAGNAN, « Le Statut juridique du principe de dignité », *Droits* 2013, n° 58, p. 167-196 ; D. NOLAN, « Negligence and Autonomy », *op. cit.*, spéc. p. 365.

[5] R. MULHERON, *Principles of Tort Law*, *op. cit.*, spéc. § 5.47.

[6] V. par ex. : *Hatton v Sutherland* [2002] EWCA Civ 76 ; *Barber v Somerset County Council* [2004] UKHL 13, [2004] 1 WLR 1089.

préjudice économique pur[1]. C'est aussi cette idée de l'existence d'une relation spécifique entre le demandeur et le médecin qui semble jouer un rôle dans le contentieux de la fertilité en droit anglais[2]. En effet, le médecin s'est engagé à l'égard du demandeur et le manquement à cet engagement justifie potentiellement une indemnisation. En droit français, la relation entre le demandeur et le défendeur contribue à l'appréciation de la consistance de l'intérêt atteint. En matière de préjudice d'impréparation, la relation entre le médecin et le patient fonde le droit à l'information du patient, et donc le droit subjectif atteint. La relation donne un cadre juridique et une consistance à un intérêt qui n'existait qu'abstraitement jusque-là. En matière de préjudice d'angoisse ou d'anxiété, la question du rôle de la relation entre l'employeur et son salarié peut aussi se poser. Le préjudice d'anxiété dans sa version postérieure à 2019 est très marqué par l'influence du droit du travail. La preuve de la faute s'inscrit dans le cadre de l'obligation de sécurité de l'employeur depuis l'arrêt *Air France*[3]. Depuis cet arrêt, l'idée de prévention semble avoir une place centrale en matière d'obligation de sécurité[4]. En matière de préjudice d'anxiété, la relation de travail ancre l'intérêt du salarié atteint dans un cadre juridique particulièrement protecteur, ce qui pourrait constituer une justification à une préférence pour le dommage-interférence en la matière et à une indemnisation du seul fait de la violation de l'obligation de sécurité[5]. Plus généralement, l'identification d'une relation juridique particulière permet de donner de la consistance à l'intérêt atteint, et ainsi de justifier qu'une simple interférence puisse faire l'objet d'une une indemnisation. Cela peut servir, en fonction du degré de protection prévu par cette relation, de justification à l'indemnisation d'une simple interférence sans détérioration. Cela peut aussi permettre de poser des limites au champ de l'indemnisation d'un préjudice particulier en constatant que le dommage-interférence n'est indemnisable que dans le cadre de l'existence d'une relation particulière.

Existence d'actions alternatives. Un troisième indice juridique pourrait jouer un rôle en défaveur de l'indemnisation du dommage-interférence dans une situation donnée, en diminuant la légitimité de la référence à cette formulation. Il s'agit de l'existence d'actions alternatives permettant de protéger l'intérêt atteint. Cet argument joue un rôle important dans toutes les hypothèses où un préjudice de la nomenclature Dintilhac semble déjà assurer

---

[1] *Hedley Byrne & Co. Ltd v Heller & Partners* [1964] AC 465, [1963] 2 All ER 575, [1963] 3 WLR 101, [1963] UKHL 4. un auteur souligne que ces relations spécifiques ne sont pas en elles-mêmes les sources de devoirs de prudence : R. MULHERON, *Principles of Tort Law*, *op. cit.*, spéc. §4.3 et § 5.47.

[2] *ACB v Thompson Medical Pte Ltd* [2017] SGCA 20, spéc. n° 49.

[3] Cass. soc., 25 nov. 2015, n° 14-24.444.

[4] R. QUINQUIS, « La prévention des risques au coeur du préjudice d'anxiété », *SSL* 2019, n° 1857.

[5] Cette relation protectrice est si forte qu'un auteur conteste la pertinence du maintien du préjudice d'anxiété au sein de la responsabilité civile : C. WILLMANN, « Préjudice d'anxiété des salariés : régime complexe et bilan modeste », *in Mélanges en l'honneur du professeur Suzanne Carval*, IRJS Éditions, 2021, p. 927-940, spéc. p. 939.

une indemnisation dans la situation donnée, et plus largement dès lors qu'il est possible d'indemniser de façon « classique » un dommage-détérioration. L'autonomisation du préjudice et l'indemnisation de la seule interférence doivent alors être justifiées par des considérations particulières. C'est le cas en matière de préjudices situationnels des victimes directes et des victimes par ricochet par exemple, lesquels semblent indemniser des dommages déjà indemnisés au sein de la nomenclature, *via* le préjudice d'affection ou les souffrances endurées. Il a fallu donner des justifications à l'indemnisation autonome de ces préjudices. À l'inverse, les préjudices d'impréparation ou d'anxiété sont plus clairement distincts des préjudices de la nomenclature. Il a donc été plus aisé de justifier leur autonomie. L'argument, qui ne semble pas avoir joué, peut être avancé en matière de préjudice d'impréparation dans la mesure où le manquement du médecin au devoir d'information peut conduire à une action devant la juridiction ordinale[1]. Il a joué un rôle en revanche en matière de préjudice d'avilissement. La Cour de cassation a en effet estimé que ce préjudice était déjà indemnisé dans le cadre des souffrances endurées, et qu'il n'était pas utile ou pertinent de consacrer un préjudice autonome en la matière[2]. En toute hypothèse, l'existence d'actions ou de solutions d'indemnisation alternatives sera un argument en défaveur de l'indemnisation particulière d'un dommage-interférence.

Les juges pourront s'appuyer sur plusieurs indices théoriques pour identifier un nouveau dommage-interférence à l'avenir. Ils pourront aussi faire référence à des arguments de politique juridique ayant déjà été utilisés.

Indices de politique juridique. Le choix d'indemniser un dommage-interférence semble être justifié dans certaines hypothèses par des arguments de politique juridique. Il s'agit d'identifier les indices auxquels les juges pourraient faire référence face à de nouvelles demandes d'indemnisation.

Importance sociale de l'intérêt. Au moment de déterminer s'il faut répondre au besoin d'indemnisation exprimé par le demandeur *via* l'indemnisation de la seule interférence, lorsqu'il n'y a pas de dommage-détérioration identifiable, les juges semblent souvent se référer à la valeur sociale accordée à l'intérêt, à son importance aux yeux de l'opinion publique. Dans les cas où il paraît évident que l'intérêt en question est important aux yeux de la société, les juges semblent plus favorables à reconnaître un dommage-interférence. Il s'agit d'éviter que se produise ce qui pourrait être perçu comme un déni de justice. Un auteur insiste ainsi sur la nécessité de répondre au « *désir de justice* » des demandeurs sans être contraint par une technique juridique[3]. Cet auteur estime même qu'un conflit entre la technique juridique et le « *souci de justice* » devrait être résolu en

---

[1] L. BERNARD DE LA GATINAIS, « Obligation d'information du médecin : la clarification », *D.* 2014, p. 584.

[2] S. PORCHY-SIMON, « Rejet par la Cour de cassation de l'indemnisation du préjudice d'avilissement », *D.* 2019, p. 182.

[3] J.-B. PRÉVOST, « Déclin et renouveau du préjudice moral », *Gaz. Pal.* 4 mai 2021, n° 421i2.

faveur du second[1]. Cette position nous semble critiquable. Si on voit dans la justice un « *désir* » individuel, il existe un risque que l'équité triomphe sur la technique et que l'idée de justice perde toute consistance. La technique juridique a notamment vocation à assurer la cohérence des décisions de justice, et ainsi à assurer une justice entre les différents demandeurs et défendeurs. Un droit incohérent perdrait en légitimité[2]. Cette idée selon laquelle il faudrait répondre au « *désir de justice* » exprimé par les demandeurs ou par la société doit donc être manipulée avec délicatesse. Il est toutefois clair que l'importance sociale et collective de l'intérêt joue fréquemment un rôle dans les décisions des juges d'indemniser un nouveau préjudice, et *a fortiori* un préjudice réparant un dommage-interférence. Dans certaines hypothèses, il existe même un consensus social sur la nécessité d'accorder aux demandeurs une indemnisation. C'est le cas en matière de préjudices situationnels. Ces préjudices portent en eux une forte composante recognitive[3]. Il s'agit d'accorder le soutien de la Nation à des personnes ayant été exposées à une situation extrême de violence et d'inquiétude[4]. Le contexte exceptionnel de rédaction du Livre Blanc sur les préjudices subis lors des attentats de novembre 2016, qui a fait suite aux attentats du 13 novembre 2015 ayant fait cent trente victimes à Paris, permet de souligner la portée sociale importante des préjudices décrits. Comme le souligne le rapport, le fait terroriste « *se caractérise notamment par l'émoi de tout un peuple sidéré par l'événement* »[5]. Ce contexte est aussi souligné dans le rapport Porchy-Simon sur les préjudices situationnels[6]. Les préjudices situationnels d'angoisse et d'attente sont ainsi une réponse à un besoin social d'indemnisation faisant globalement consensus au sein de la communauté nationale. L'importance sociale de l'intérêt joue également un rôle en matière de préjudice d'anxiété, dans la mesure où le scandale de l'amiante a été d'une gravité qui a conduit à l'expression d'une demande de justice au niveau national[7]. Cet appel a sans doute influé sur la façon dont le préjudice d'anxiété a été conçu. Face à de nouvelles demandes d'indemnisation d'un dommage-interférence, les juges pourront s'interroger sur l'importance de l'intérêt atteint aux yeux de la société pour déterminer si une telle indemnisation est souhaitable.

Ampleur du contentieux. L'indemnisation d'un dommage-interférence peut aussi être envisagée par les juges dans l'hypothèse où le contentieux en

---

[1] *Ibid.*

[2] J. STAPLETON, « In Restraint of Tort », *op. cit.*, spéc. p. 94-95.

[3] V. *supra* p. 272.

[4] J. ANDREI, « L'indemnisation des victimes du terrorisme », *AJ Pénal* 2017, p. 22. Cet auteur souligne l'exposition des demandeurs à une « *véritable scène de guerre* ».

[5] « Livre Blanc sur les préjudices subis lors des attentats », Barreau de Paris, nov. 2016, spéc. p. 12.

[6] S. PORCHY-SIMON (dir.), « L'indemnisation des préjudices situationnels d'angoisse des victimes directes et de leurs proches. Rapport du groupe de travail dirigé par Stéphanie Porchy-Simon », févr. 2017, spéc. p. 6.

[7] V. *supra* p. 65-66.

question est d'une ampleur particulièrement importante[1]. Dans ce cas, les juges peuvent en effet souhaiter choisir une technique juridique permettant de rendre plus efficace le traitement du contentieux. Le dommage-interférence a la particularité d'être indemnisable du seul fait du constat d'une interférence avec un intérêt sans qu'il soit nécessaire de prouver une détérioration. Par conséquent, il s'agit d'un concept juridique particulièrement pratique pour gérer un contentieux de grande ampleur. Le contentieux de l'amiante est un bon exemple d'un tel raisonnement. En droit anglais, face à ce contentieux ample et complexe, les juges anglais ont fait le choix de simplifier les règles de causalité à travers l'arrêt *Fairchild*. En droit français, l'ampleur du contentieux a joué un rôle dans la façon dont le préjudice d'anxiété a été conçu par les juges, notamment au moment où seuls les bénéficiaires du régime ACAATA pouvait prétendre à son indemnisation. C'est à ce moment-là qu'un auteur a constaté que le préjudice d'anxiété pouvait être décrit comme un simple préjudice d'exposition[2]. Faire du préjudice d'anxiété le mode d'indemnisation d'un dommage-interférence rattaché au régime ACAATA a permis à la fois de faciliter le traitement du contentieux et de limiter son ampleur. Aujourd'hui que le préjudice d'anxiété a été détaché du régime ACAATA, il n'est plus certain qu'il indemnise un dommage-interférence, même si nous préférons cette qualification[3]. On constate toutefois que le traitement du contentieux, et notamment de la preuve, en a été rendu plus complexe et suscite des débats[4]. En matière de préjudices situationnels d'angoisse et d'inquiétude aussi, la question de l'ampleur du contentieux à la suite d'un attentat terroriste ou d'un accident collectif se pose et a sans doute pu jouer un rôle dans la conception d'un préjudice indemnisant, à notre sens, un dommage-interférence[5]. En tous cas, l'ampleur du contentieux susceptible de se développer dans le contexte où la nouvelle demande d'indemnisation est formulée peut influer sur le choix des juges d'indemniser ou non un dommage-interférence.

Identité du créancier et du débiteur. Une autre considération peut entrer en ligne de compte dans le choix des juges de reconnaître l'existence d'un dommage-interférence ou non. Il s'agit de l'identité du créancier et du débiteur. L'identité du créancier joue dans l'hypothèse où ce n'est pas la victime directe qui sera créancière de l'indemnité accordée dans la mesure où celle-ci sera soit dans l'incapacité d'utiliser la somme d'argent reçue, en

[1] Sur cette question, selon un auteur, le raisonnement du droit français en la matière est qu'il « *faut réparer un dommage, donc cela justifie de modifier les conditions classiques de responsabilité civile* » : E. LEMAIRE, *Risques sanitaires sériels et responsabilité civile : étude comparée des droits français et anglais*, *op. cit.*, spéc. n° 875.

[2] M. DEVELAY, « Du préjudice d'angoisse au préjudice d'exposition », *RLDC* 2013, n° 103.

[3] V. *supra* p. 285.

[4] Sur ce point, v. par ex. : M. BACACHE, « Le préjudice d'anxiété : à la conquête de nouvelles expositions professionnelles », *JCP G* 2019, 1024 ; L. BLOCH, « Le "désamiantage" du préjudice d'anxiété par la chambre sociale », *Resp. civ. et assur.* 2019, étude 11 ; M. RICHEVAUX, « Préjudice d'anxiété, encore un reflux », *LPA* nov. 2022, n° LPA201w9.

[5] V. *supra* p. 270 et s.

cas d'état végétatif par exemple, soit décédée de telle sorte que seuls ses ayant-droits bénéficieront de l'indemnité. Cette considération a été relevée en matière de dommage corporel par le Professeur Lambert-Faivre qui estime que « *faire profiter indûment quelqu'un d'autre* » que la victime directe n'est pas satisfaisant[1]. Nous estimons qu'elle pourrait aussi jouer un rôle dans les hypothèses de dommage-interférence. Force est de constater que cet argument n'a joué qu'un rôle très limité pour contester l'autonomie du préjudice d'angoisse de mort imminente, alors même que ce préjudice a été reconnu seulement dans l'hypothèse où la victime de l'accident était mort, de telle sorte que le bénéficiaire de l'indemnité n'était jamais la victime de l'accident. Comme le souligne pourtant un auteur, « *la réparation remplit certainement mieux son office lorsqu'elle est octroyée à la victime qui prolonge son séjour parmi les vivants plutôt qu'à ceux qui exercent l'action héréditaire* »[2]. Il nous paraîtrait donc utile de prendre en compte l'identité du créancier avant d'accorder une indemnisation pour un dommage-interférence. L'identité du débiteur peut quant à elle jouer un rôle plus indirect dans l'esprit des juges face à une nouvelle demande d'indemnisation d'un dommage-interférence. Lorsque le débiteur final est un fonds d'indemnisation dépendant de la solidarité nationale ou un assureur, les juges peuvent parfois se montrer plus généreux[3] pour deux raisons distinctes. En effet, la solidarité nationale semble accomplir son office lorsqu'elle permet d'indemniser des demandeurs que la société considère comme méritants. En matière de préjudices situationnels par exemple, le FGTI sera généralement en charge de l'indemnisation des victimes, et la fonction recognitive de l'indemnisation sera d'autant plus claire que le débiteur de l'indemnité incarne la solidarité nationale[4]. Lorsque c'est un assureur qui sera le débiteur final de l'indemnité accordée par les juges, il est possible que ceux-ci considèrent ce versement comme indolore[5], et soient plus susceptibles de répondre favorablement à la demande d'indemnisation, même si cet argument est très controversé[6]. L'identité du débiteur et du créancier de l'indemnité peut donc influencer les juges de plusieurs manières.

---

[1] Y. LAMBERT-FAIVRE, « Le droit et la morale dans l'indemnisation des dommages corporels », *D.* 1992, p. 165. V. aussi : P. JOURDAIN, G. VINEY, S. CARVAL, *op. cit.*, spéc. n° 265-5.

[2] C. QUÉZEL-AMBRUNAZ, « Errances jurisprudentielles au Royaume d'Hadès », *RLDC* 2018, n° 158.

[3] Ce point peut s'avérer influent dans l'évolution des droits français et anglais. En effet, la multiplicité des fonds d'indemnisation et l'importance de l'assurance sont des points communs des droits français et anglais : G. VINEY, B. MARKESINIS, *op. cit.*, n° 18 et s.

[4] Cette réalité est cependant rendue moins pertinente par le fait que, solidarité nationale ou non, les fonds d'indemnisation comme le FGTI se heurtent aux limites de leurs moyens financiers.

[5] Y. LAMBERT-FAIVRE, S. PORCHY-SIMON, *Droit du dommage corporel, Systèmes d'indemnisation*, Dalloz, coll. Précis, 9ème éd., 2022, spéc. n° 28 et s.

[6] Ph. LE TOURNEAU (dir.), *Droit de la responsabilité et des contrats*, 13ème éd., Dalloz, coll. Action, 2023, spéc. n° 0122-16.

Autres considérations. D'autres arguments de politique juridique pourraient entrer en ligne de compte pour accepter la reconnaissance ou non de l'existence d'un dommage-interférence. On peut penser notamment à la précision et à la consistance de l'intérêt atteint. Par exemple, un auteur a défendu la consécration d'un préjudice d'angoisse en matière d'éco-anxiété[1]. Si cette proposition est intéressante, la difficulté tient au caractère imprécis et éthéré de l'intérêt défendu dans la mesure où il s'agit plutôt d'un intérêt collectif que d'un intérêt personnel. Les juges peuvent aussi s'interroger sur le sens courant des termes qu'ils utilisent, et sur les éventuels connotations négatives de ceux-ci. Les débats entourant l'indemnisation du préjudice de Nicolas Perruche permettent d'illustrer cette question. Les termes utilisés par les juristes, pour technique qu'ils sont, expriment aussi la façon dont notre société conçoit le monde. Ainsi, lorsqu'il considère un handicap congénital comme un préjudice, le juge exprime un jugement de valeur de la société qui peut éventuellement être mal perçu par les personnes handicapées[2]. Les décisions de justice peuvent ainsi transmettre des messages à la société, et les juges doivent prendre en compte la portée sociale potentielle des décisions qu'ils prennent. Un autre exemple réside dans l'établissement en droit d'un lien causal entre sclérose en plaque et hépatite B malgré l'absence de preuve scientifique, ce qui peut influer sur la perception sociale des vaccins. La consécration d'un dommage découlant de l'exposition à un vaccin pourrait ainsi conduire à une certaine défiance à l'égard des vaccins, et le choix d'indemniser un tel dommage devra donc être solidement justifié[3]. On peut aussi évoquer le fait que certaines études ont démontré qu'un procès pouvait allonger le délai de guérison d'un traumatisme psychique[4]. Ces considérations variées ne s'opposent pas nécessairement de manière définitive à l'accueil de l'indemnisation d'un nouveau dommage-interférence mais illustrent le fait que les juges doivent apprécier les conséquences potentielles de leur décision, qu'elles soient concrètes ou symboliques. De nombreuses considérations de politique juridique peuvent ainsi influer sur la décision des juges de consacrer ou non un dommage-interférence.

Conclusion de section. Il est possible de concevoir, en suivant l'exemple du modèle anglais que nous avons proposé, un modèle français des limites du champ de l'indemnisation. Le droit français de la responsabilité civile semble évoluer vers un droit des délits où le dommage-détérioration serait toujours indemnisable tandis que les juges créeraient des actions spécifiques

---

[1] C. DELAHAIS, *op. cit.*

[2] J.-S. BORGHETTI, « Le préjudice de vie handicapée et les nouvelles fonctions de la responsabilité civile », *op. cit.*

[3] L'épidémie de Covid-19 nous a rappelé l'importance sociale d'une solide confiance collective dans les déclarations des scientifiques, et particulièrement l'importance des vaccins dans nos politiques de santé publique. Les juges ont à cet égard une responsabilité politique lorsque leurs décisions influent sur la perception collective des questions scientifiques.

[4] Sur ce point, v. par ex. : C. ESSERT, « Tort Law and Happiness », *Queen's Law Journal* 2010, n° 36(1), p. 1-30.

pour les différents dommages-interférence. Cette évolution, si elle venait à se concrétiser de manière plus formelle, permettrait de séparer les formulations du dommage au sein d'actions spécifiques. Il serait ainsi possible d'imaginer un champ de l'indemnisation qui soit, sinon déterminé, du moins délimité. Le dommage-détérioration, délimité par le réel, serait toujours indemnisable, tandis que les juges devraient justifier sur la base d'un faisceau d'indices l'indemnisation autonome d'un nouveau dommage-interférence, dans une approche incrémentale. Sans figer le droit français, cela permettrait de le rendre plus lisible.

Conclusion de chapitre. Il s'agissait de déterminer, en fondant notre analyse sur la distinction du dommage-détérioration et du dommage-interférence, si le champ de l'indemnisation était effectivement illimité en droit français, comme le laissait supposer l'apparition des préjudices émotionnels autonomes. Il s'agissait aussi de déterminer si des limites pouvaient être identifiées en droit anglais. Nous avons cherché à démontrer que l'accueil et la prise en compte de la distinction pourrait permettre de mieux identifier les limites de l'indemnisation dans les deux droits, *via* la séparation et la combinaison des formulations dans des actions spécifiques. Le droit anglais paraît avoir posé des limites au champ de l'indemnisation en définissant de façon restreinte le dommage en *negligence* et en ne s'appuyant que sur un nombre limité de *torts actionable per se*. Le champ de l'indemnisation n'est pas figé mais il est aujourd'hui déterminé. Le droit français est lui plus créatif et accepte fréquemment l'indemnisation de nouveaux dommages-interférence, et le champ de l'indemnisation est par conséquent nécessairement indéterminé, car la notion d'interférence est aussi fluctuante que la notion d'intérêt. En toute hypothèse, la distinction de la détérioration et de l'interférence semble rendre possible et souhaitable une convergence des deux droits autour d'une structure comparable de la responsabilité rendant plus lisible le contexte et les limites de l'indemnisation. Cette lisibilité pourrait faciliter le travail des juges au moment de faire face à de nouvelles demandes d'indemnisation.

Chapitre 2 : La rationalisation pratique de l'indemnisation des préjudices émotionnels

Objet du chapitre. Les préjudices émotionnels autonomes et leurs équivalents anglais sont apparus dans des situations ayant toutes leurs spécificités. Sur la base d'une distinction des dommages-interférence et des dommages-détérioration et à la lumière du droit comparé, nous avons cherché à identifier le dommage réparable dans chacune de ces situations. Cela nous a permis de proposer une voie de rationalisation conceptuelle du champ de l'indemnisation en identifiant les limites de la notion de dommage dans les deux droits. Maintenant, il s'agit de déterminer comment les formulations du dommage peuvent participer à une rationalisation pratique de l'indemnisation en conduisant à appliquer à chaque préjudice des conditions d'indemnisation adaptées au dommage réparé. Il ressort de notre étude une typologie des préjudices, séparés entre dommage-détérioration et dommage-interférence. Il faut explorer les conséquences de la préférence pour l'une ou l'autre des formulations sur la pratique de l'indemnisation des juges. Cela permet de replacer le sens de la réparation visée au cœur de l'analyse des conditions d'indemnisation. Il s'agit de faire dialoguer la question du sens de l'indemnisation et les modalités pratiques de celle-ci, qu'il s'agisse de la preuve ou des modes de réparation.

Intérêt. Il est pertinent de définir des modalités d'indemnisation des préjudices émotionnels autonomes et de leurs équivalents anglais conformes à la formulation du dommage préférée dans chaque cas car cela renforce le sens de l'indemnisation accordée. Cela permet de rationaliser l'indemnisation de ces préjudices en s'assurant que leur indemnisation est justifiée, que le dommage réparé est prouvé, et que les modalités de la réparation sont adaptées au dommage subi. Les droits français et anglais ont peiné à adapter les principes directeurs de l'indemnisation à des situations nouvelles, et il s'agit donc d'une exploration de droit prospectif. Le droit français ne tient pas suffisamment compte du sens donné à la réparation de dommages de natures différentes, tandis que le droit anglais a placé des limites injustifiées à l'indemnisation. Il s'agit de proposer des modifications des deux droits afin de participer à la correction de ces incohérences, et d'adapter le régime applicable lorsque nous proposons de préférer une formulation plutôt qu'une autre dans une situation donnée.

Plan. Afin de clarifier les conditions d'indemnisation des différents préjudices émotionnels autonomes et de leurs équivalents anglais, nous évoquerons d'abord la question de la preuve (Section 1) puis celle des modes d'indemnisation au premier rang desquels les dommages et intérêts (Section 2).

Section 1 : La preuve des préjudices émotionnels à la lumière de la distinction

Objet de la section. La question de la preuve couvre à la fois la question de ce qui doit être prouvé, et du standard à atteindre pour que la preuve soit apportée. Il faut s'interroger sur la preuve dans des hypothèses de dommages-détérioration et dans des hypothèses de dommages-interférence.

Plan. Nous étudierons la question de la preuve dans le cas particulier du traumatisme psychique (§1), puis en matière d'atteinte émotionnelle (§2).

§1. La preuve en cas de traumatisme psychique

Le traumatisme psychique est un dommage-détérioration pouvant exister dans les situations où un préjudice émotionnels autonomes est indemnisé. Il s'agit de prendre au sérieux le fait qu'il s'agit d'un dommage-détérioration afin d'adapter les exigences de preuve à cette formulation en matière de traumatisme psychique en droit anglais et en droit français.

Preuve du traumatisme psychique en droit anglais. Depuis l'arrêt *Alcock*, l'identification d'un devoir de prudence en matière de traumatisme psychique des victimes par ricochet suppose de satisfaire à un certain nombre de conditions qui constituent des restrictions juridiques particulières[1]. Cette approche a été préférée à une approche plus simple fondée sur le seul caractère prévisible du traumatisme psychique dans les faits de l'espèce[2]. L'avènement des mécanismes de contrôle a complexifié l'analyse du devoir de prudence et limité l'indemnisation de ce type de dommage-détérioration. Il nous semblerait utile d'abandonner ces contraintes pour traiter le traumatisme psychique comme n'importe quel dommage-détérioration en *negligence*[3]. Aujourd'hui, plusieurs auteurs estiment qu'il ne faut plus attendre une réforme législative en matière de traumatisme psychique[4], alors que celle-ci a longtemps été espérée après le rapport de la *Law Commission* sur le traumatisme psychique du 9 mars 1998[5]. Une opportunité de réforme judiciaire s'est présentée lorsque la *UK Supreme Court* a entendu en 2023 des appels contre les décisions *Paul v*

---

[1] V. *supra* p. 194.

[2] D. NOLAN, « Deconstructing the duty of care », *L.Q.R.* 2013, n° 129, p. 559-588, spéc. p. 571.

[3] V. *supra* p. 296 et s.

[4] R. MULHERON, « The perils of tinkering with temporal proximity in negligence claims for psychiatric injury », *J.P.I. Law* 2023, n° 3, p. 93-111, spéc. p. 111 ; S. TOFARIS, « Limping into the future : negligence liability for mental injury to secondary victims », *C.L.J.* 2022, n° 81(3), p. 452-456, spéc. p. 456.

[5] *Liability for psychiatric illness*, Law Commission Report n° 249, 9 mars 1998. Sur ce rapport, v. notamment : T. SUTTON, « Liability for psychiatric illness », *C.J.Q.* 1995, n° 14(Jul), p. 158-162.

Royal Wolverhampton NHS Trust[1], *Polmear v Royal Cornwall Hospitals NHS Trust*[2] et *Purchase v Ahmed*[3]. La Cour n'a cependant pas souhaité modifier son approche du traumatisme psychique des victimes par ricochet en *negligence*[4]. À défaut, elle s'est limitée à clarifier certains points[5]. Dans son opinion dissidente, Lord Burrows a défendu une approche du devoir de prudence fondée sur l'étude des précédents d'une part et sur le caractère prévisible de l'atteinte subie d'autre part[6]. Cela aurait permis de faire du traumatisme psychique un dommage-détérioration « classique » en droit. Une telle approche, qui n'est pas celle préférée par les juridictions anglaises à ce jour, suppose d'explorer la question de l'appréciation de la prévisibilité en matière de traumatisme psychique des victimes par ricochet.

Appréciation de la prévisibilité. Pour déterminer si un devoir de prudence existe en *negligence* dans une situation donnée, les juges se tourneront traditionnellement vers les précédents déjà existant et vers une appréciation de la situation de fait[7]. Dans l'arrêt *McLoughlin v O'Brian*, Lord Bridge proposait de concevoir les différents concepts ensuite érigés en mécanismes de contrôle comme un faisceau d'indice du caractère prévisible ou non de l'atteinte[8]. Dans son opinion majoritaire, Lord Wilberforce avait relevé trois critères pertinents, trois « proximités »[9] : la relation entre le demandeur et la victime directe ; la proximité du demandeur avec l'événement ; et la manière dont le choc a été causé[10]. Il ressort de son opinion qu'il ne considérait pas non plus que ces critères devaient être appliqués strictement mais devaient faire l'objet d'une appréciation dans les circonstances de l'espèce[11]. Si l'on décide de refaire de la prévisibilité l'élément-clé de l'appréciation du devoir de prudence, les différents mécanismes de contrôle pourraient retrouver un rôle plus subtil dans la mise en œuvre de la *negligence* en matière de traumatisme psychique. Il s'agira de

---

[1] *Paul v Royal Wolverhampton NHS Trust* [2022] 2 WLR 917, [2023] QB 149, [2022] EWCA Civ 12, (2022) 184 BMLR 20.

[2] *Polmear v Royal Cornwall Hospitals NHS Trust* [2021] EWHC 196 (QB) ; [2021] 2 WLUK 65 (QBD).

[3] *Purchase v Ahmed* [2020] 2 WLUK 249 (CC (Birmingham)).

[4] *Paul v Royal Wolverhampton NHS Trust* [2024] UKSC 1 ; [2024] 2 WLR 417 (*Paul* (SC)).

[5] E. RUSSELL, « Psychiatric injury claims by secondary victims: clarification and correcting wrong turnings », *Jur. Rev.* 2024, n° 2, p. 57-76 ; M. LEITCH, « Accidents, crises and events in the Supreme Court », *M.L.R.* 2025, n° 88(3), p. 585-597.

[6] *Paul v Royal Wolverhampton NHS Trust* [2024] UKSC 1 ; [2024] 2 WLR 417 (*Paul* (SC)), spéc. Lord Burrows, §144-150.

[7] D. NOLAN, « Deconstructing the duty of care », *loc. cit.*, spéc. p. 571.

[8] *McLoughlin v O'Brian* [1983] AC 410, spéc. Lord Bridge, p. 442.

[9] L. E BENG, « Vindication of the Three Proximities : Alcock & Ors. v. Chief Constable of the South Yorkshire Police », *S.J.L.S.* 1992, p. 528-541.

[10] *McLoughlin v O'Brian* [1983] AC 410, spéc. Lord Wilberforce, p. 422.

[11] *Ibid. Contra.* : H. TEFF, « Liability for psychiatric illness after Hillsborough », *O.J.L.S.* 1992, n° 12(3), p. 440-452, spéc. p. 445. Dans cet article, l'auteur estime que l'apparente flexibilité défendue par Lord Wilberforce ne signifie pas que la limite proposée n'est pas ferme.

refaire de la proximité un élément d'appréciation et de définition des limites de la prévisibilité[1]. Par exemple, plus la proximité affective est grande entre le demandeur et la victime directe, plus le traumatisme pourra être considéré comme prévisible. La doctrine semble s'accorder sur l'importance particulière du critère de proximité affective[2]. De façon constante depuis l'arrêt *Bourhill v Young*, le défendeur peut estimer qu'il n'est pas prévisible qu'un passant sans lien affectif avec la victime directe subisse un traumatisme psychique du fait d'avoir assisté à l'accident[3]. De la même manière, le fait d'avoir assisté à l'événement traumatique, à ses suites immédiates[4] ou de ne pas y avoir assisté doit pouvoir influer sur la façon dont la prévisibilité est appréciée. La proximité de perception semble devoir jouer quant à elle un rôle plus limité, notamment du fait de l'immédiateté des moyens de communication moderne qui conduisent à pouvoir percevoir une scène sans y assister directement et sans le filtre d'une production de télévision par exemple[5]. Il est en tous cas possible de considérer les éléments traités aujourd'hui comme des mécanismes de contrôle d'une manière différente. Il s'agirait d'y voir des indices de la prévisibilité du dommage subi ou non dont l'appréciation serait plus souple et moins déterminante dans la décision des juges.

Illustration : la proximité temporelle en matière médicale. Le droit du *nervous shock* s'est développé autour de la figure classique de l'accident soudain et dramatique dans lequel est impliquée la victime directe. Cela a conduit à l'apparition d'exigences rendant l'indemnisation presque impossible en-dehors de cette hypothèse. La question du devoir de prudence en matière de traumatisme psychique de la victime par ricochet se pose ainsi en des termes particuliers lorsque ce traumatisme est causé par une erreur de diagnostic médical à l'égard de la victime directe. Les juridictions ont plusieurs fois eu à se prononcer sur le cas où un médecin commet une erreur de diagnostic de telle sorte que son patient vit avec un problème de santé non-détecté. Après un temps, ce problème se manifeste par une maladie subite et fatale se produisant dans des circonstances traumatisantes pour les proches assistant à la scène. Ces derniers subissent alors un traumatisme

---

1 H. TEFF, « Liability for negligently inflicted psychiatric harm : justifications and boundaries », *C.L.J.* 1998, p. 91-122, spéc. p. 117.

2 L. E BENG, *loc. cit.*, spéc. p. 539-540 ; K. WHEAT, « Nervous shock: proposals for reform », *J.P.I. Lit.* 1994, p. 207-214, spéc. p. 213 ; S. TOFARIS, *loc. cit.*, spéc. p. 456.

3 *Bourhill v Young* [1943] AC 92, spéc. Lord Wright, p. 108-109.

4 L. E BENG, *loc. cit.*, spéc. p. 537. Cet auteur souligne que la question de la proximité temporelle devrait permettre de prendre en compte l'état physique et émotionnel de la victime de l'accident au moment où le demandeur la voit, et si elle se trouve encore dans un état particulièrement proche de celui qui a résulté de l'accident. Sur ce qui peut être considéré comme les suites immédiates d'un accident, v. notamment : S. ALLEN, « Nervous shock : a most vexed tantalising topic… still », *J.P.I.L.* 2015, n° 1, p. 1-6.

5 Cet argument avait été avancé dans *Alcock* pour juger que les demandeurs qui n'étaient pas sur les lieux mais avaient assisté à la retransmission télévisée de l'événement ne pouvait déclarer une proximité de perception : *Alcock v Chief Constable of South Yorkshire* [1992] 1 AC 310, spéc. Lord Jauncey, p. 423.

psychique[1]. Cela pose la question des limites des suites immédiates et de l'évènement auquel le proche doit avoir assisté[2]. Le médecin a-t-il manqué à son devoir de prudence à l'égard des proches de son patient ? L'arrêt *Taylor v A Novo* prévoit qu'il faut qu'il existe une proximité temporelle entre le manquement, c'est-à-dire l'erreur de diagnostic, et la maladie psychique de la victime par ricochet[3]. Dans les affaires *Paul*, *Polmear* et *Purchase* un juge a précisé en appel qu'il se serait écarté du précédent de *Taylor* s'il n'avait pas été lié par lui[4]. La règle de *Taylor* fait l'objet de critiques de la doctrine du fait de sa grande rigueur pour les demandeurs[5]. En même temps, juger de la proximité temporelle sur la base d'un événement défini comme la déclaration de la maladie plutôt que comme la faute du défendeur conduit à étendre significativement le champ de l'indemnisation[6]. La Cour Suprême n'est pas revenue sur l'arrêt *Taylor*. Elle a toutefois indiqué qu'aucune exigence de proximité temporelle entre la négligence et l'accident qui a causé la blessure psychiatrique n'était imposée par le droit[7]. La victime secondaire doit avoir été témoin d'un accident qui a causé une blessure à la victime directe. C'est sur ce point que la question des proximités s'applique.

Si la Cour s'écarte d'une appréciation stricte des proximités temporelle et de perception, voire si elle revient sur l'idée même des mécanismes de contrôle, comment pourra-t-elle apprécier ces affaires ? Même en jugeant que l'approche fondée sur la prévisibilité doit prévaloir, cela n'épuise pas les problèmes que ces situations très particulières posent. Des auteurs estiment qu'il existe un dommage subi personnellement par la victime par ricochet, ce qui justifierait une indemnisation[8]. Toutefois, comme le relève le Professeur Mulheron, il faudra démontrer que le défendeur avait un devoir de prudence à l'égard de la victime par ricochet[9]. Or, dans ce cas, plus la distance temporelle entre l'erreur de diagnostic du défendeur et le traumatisme

---

[1] Cette description des faits correspond à ceux des arrêts *Paul*, *Polmear* et *Purchase*. Les juges ont déjà eu à se prononcer sur des situations comparables : *Taylor v Somerset Health Authority* [1993] PIQR 262 ; *North Glamorgan NHS Trust v Walters* [2002] EWCA Civ 1792 ; *Taylor v A Novo (UK) Ltd* [2013] EWCA Civ 194 ; [2014] QB 150 ; [2013] 3 WLUK 448 (CA (Civ Div)). Dans l'arrêt *Walters*, il existait une certaine proximité temporelle entre l'erreur de diagnostic et la déclaration de la maladie de l'enfant qui avait permis de discuter l'affaire dans le cadre des « suites immédiates ».

[2] R. ENGLISH, « Nervous shock : Before the Aftermath », *C.L.J.* 1993, n° 52(2), p. 204-206.

[3] R. MULHERON, *loc. cit.*, spéc. p. 93.

[4] *Paul v Royal Wolverhampton NHS Trust* [2022] EWCA Civ 12, spéc. Lord Underhill, n° 103.

[5] S. McKINLEY, « The difficulty of bringing claims for secondary victims in clinical negligence cases », *J.P.I. Law* 2018, n° 2, p. 105-112 ; R. BAKER, « Secondary victims : Accidents and clinical negligence », *J.P.I. Law* 2020, n° 1, p. 1-10.

[6] K. AMIRTHALINGAM, « Clinical negligence and relational psychiatric injury », *L.Q.R.* 2022, n° 138(Jul), p. 370-375, spéc. p. 375.

[7] C. PURSHOUSE, « Secondary victims in the Supreme Court », *P.N.* 2024, n° 40(3), p. 139-143.

[8] I. GOOLD, C. KELLY, *loc. cit.*, spéc. p. 39.

[9] R. MULHERON, *loc. cit.*, spéc. p. 101 et s.

psychique du demandeur sera grande, plus il sera difficile de démontrer le caractère prévisible du dommage et d'établir ce devoir de prudence. En effet, comme le relève cet auteur, il sera impossible pour le défendeur d'imaginer les limites de la classe des demandeurs potentiels au moment de la faute et d'identifier ces demandeurs[1]. Par conséquent, même en s'écartant d'une exigence ferme de proximité temporelle et de perception, la distance temporelle jouera inévitablement dans l'appréciation du caractère prévisible de l'atteinte. L'exemple du traumatisme psychique en matière médicale permet d'illustrer que, même en s'appuyant sur la seule notion de prévisibilité, les mécanismes de contrôle actuels pourraient continuer à jouer le rôle d'indices, et demeurer des contraintes permettant de limiter le champ de l'indemnisation. La prévisibilité demeure en effet un standard exigeant.

Potentiel face aux nouveaux besoins d'indemnisation. Les règles d'indemnisation du traumatisme psychique sont aujourd'hui mal adaptées aux situations concernées par les nouveaux besoins d'indemnisation saisis dans les préjudices français émotionnels autonomes. Favoriser la prévisibilité comme critère d'appréciation du devoir de prudence permet de rendre le droit plus clair, et de diminuer l'influence des arguments de politique juridique au profit de limites factuelles à l'indemnisation[2], ce qui est conforme à l'usage en droit anglais[3]. Une telle évolution du droit le rendrait plus cohérent et permettrait éventuellement d'élargir raisonnablement le champ de l'indemnisation. L'abolition des mécanismes de contrôle devrait permettre d'ouvrir plus largement l'indemnisation des demandeurs dans le cas d'un traumatisme psychique causé par l'exposition à un risque de dommage[4] pour les victimes par ricochet, mais cette extension n'aurait pas de véritable influence pour l'indemnisation des victimes directes. Elle devrait permettre de faciliter l'indemnisation des proches de victimes exposées à un drame de grande ampleur, comme la catastrophe d'Hillsborough qui avait été au cœur de l'établissement des mécanismes de contrôle. Plus fondamentalement, il s'agirait de rendre le droit anglais plus cohérent en appuyant l'indemnisation dans ces situations sur les principes généralement applicables en matière de dommage-détérioration.

Les éléments à prouver en matière de traumatisme psychique en droit anglais devraient à notre sens évoluer pour que le droit du *nervous shock* trouve une place plus cohérente au sein de la *negligence*. La question du contenu et des modalités de la preuve se pose aussi en droit français en matière de traumatisme psychique.

---

[1] *Ibid.*, spéc. p. 103 et s.

[2] M. A. JONES, « Liability for Psychiatric Damage : Searching for a Path between Pragmatism and Principle », *in Emerging Issues in Tort Law*, J. Neyers, S. Pitel et E. Chamberlain (dir.), Bloomsbury, 2007, p. 113-139, spéc. p. 137.

[3] E. LEMAIRE, *Risques sanitaires sériels et responsabilité civile : étude comparée des droits français et anglais*, thèse, L'Harmattan, Logiques Juridiques, 2021, spéc. n° 876.

[4] E. LEMAIRE, « The Fear of Future Illness : An Analytical Comparison of English and French Law », *J.E.T.L.* 2016, n° 7(1), p. 1-31, spéc. p. 30-31.

Preuve du traumatisme psychique en droit français. En étudiant les préjudices émotionnels autonomes, nous avons constaté qu'ils s'appliquaient à des situations où il était possible que le demandeur ait subi un traumatisme psychique. Par conséquent, il nous est apparu nécessaire de distinguer ces préjudices de l'indemnisation du traumatisme psychique. *A fortiori*, cette distinction semble pertinente dans la mesure où elle permet d'intégrer le traumatisme psychique au champ du dommage corporel tout en excluant de celui-ci les dommages psychologiques d'une gravité moindre[1]. Il faut donc déterminer comment prouver que le dommage subi est un traumatisme psychique et non une simple atteinte émotionnelle. Le traumatisme psychique, en tant que dommage corporel, est un dommage-détérioration, ce qui n'est pas nécessairement le cas des simples atteintes émotionnelles. Il faut déterminer si cela joue sur le standard de preuve applicable. En toute hypothèse, nous devons explorer ces questions pour nous assurer que la distinction entre le traumatisme psychique et les préjudices émotionnels autonomes est applicable de façon satisfaisante.

Application de la distinction avec l'atteinte émotionnelle. Comme nous l'avons déjà expliqué, il a été proposé de distinguer le traumatisme psychique de la simple souffrance émotionnelle et de n'intégrer que le premier au sein du dommage corporel[2]. Reste toutefois à déterminer les modalités d'une telle distinction. Comment appliquer la distinction du traumatisme psychique et l'atteinte émotionnelle ? L'expérience anglaise peut nous éclairer sur ce point. En effet, cette approche est comparable à la distinction qu'opère le droit anglais pour définir si l'atteinte psychologique constitue ou non un dommage réparable. Le rôle assigné à la distinction en droit français ne serait donc pas le même qu'en droit anglais, mais son principe - distinguer les maladies psychiques des souffrances émotionnelles - serait identique. Il n'est pas question de limiter le champ du dommage réparable en droit français mais plutôt de définir plus clairement les limites de la notion de dommage corporel.

En droit anglais, comme nous l'avons déjà relevé, la preuve de l'atteinte psychique pathologique pose plusieurs difficultés liées au maniement de concepts médicaux par les juges. L'analyse du dommage subi par le demandeur se fait sur la base des nomenclatures de diagnostic publiées par l'*American Psychiatric Association* et de l'Organisation Mondiale de la Santé, le DSM-V et l'ICD-10[3]. Ces deux nomenclatures sont connues pour leur grande souplesse et pour leur constante évolution[4]. Cela rend leur utilisation par les juges difficile, ce qui serait rédhibitoire selon certains auteurs[5]. Le rôle exact joué par les nomenclatures en matière médicale n'est

---

[1] V. *supra* p. 267 et s.

[2] S. PORCHY-SIMON, « La victime de dommage corporel : retour sur deux concepts fondamentaux du droit de la réparation », *D.* 2021, p. 296.

[3] V. *supra* p. 80-81.

[4] M. A. JONES, *loc. cit.*, spéc. p. 131 et s.

[5] *Ibid.*, spéc. p. 137. V. aussi R. MULHERON, « Rewriting the requirement for a recognized psychiatric injury in negligence claims », *O.J.L.S.* 2012, n° 32 (1), p. 77-112.

pas évident à définir et il ne s'agit pas d'outils de diagnostic permettant d'atteindre une solution certaine et indéniable[1]. Une autre difficulté dans le maniement de ces outils tient au rôle joué par les experts médicaux en droit anglais. Ceux-ci ne sont considérés que comme des témoins et ils n'ont pas de statut particulier. Les juges font souvent preuve de déférence à leur égard[2] mais la souplesse des nomenclatures utilisées et leur apparente simplicité conduit parfois les juges à s'y référer directement sans l'aide d'experts ou pour trancher directement entre les positions de deux experts en désaccord[3]. Des juges ont ainsi fait une application « de bon sens » des nomenclatures[4], ce qui peut sembler cavalier. L'avis de l'expert médical peut donc être écarté ou ne pas être sollicité alors qu'il devrait en principe être le point de départ de la discussion[5]. Le droit anglais témoigne donc d'un certain nombre d'écueils à éviter pour les juges dans le maniement d'éléments médicaux de preuve.

Si le droit français faisait le choix de distinguer l'atteinte psychique pathologique et l'atteinte émotionnelle pour préciser le champ du dommage corporel, il faudrait que les juges apprennent à manier les éléments de preuve médicale pour mettre en œuvre cette distinction. Traditionnellement, les juges français n'ont pas pour habitude de faire preuve d'une déférence particulière à l'égard des spécialistes scientifiques. Le droit français a toujours approché la science comme un outil au service du droit dans le cadre judiciaire. Les juges ne s'interdisent pas d'avoir une lecture particulière de données scientifiques, une lecture juridique de la preuve scientifique[6]. En même temps, la pratique de l'expertise médicale est désormais bien ancrée en matière de dommage corporel[7]. L'expérience anglaise nous montre qu'il semble nécessaire que les juges s'appuient sur les connaissances des experts médicaux avec lesquels les juges français ont plus souvent l'habitude de traiter. Dans certains cas, l'utilisation du mécanisme de l'expertise judiciaire, inconnu du droit anglais, pourrait s'avérer pertinente. Il semble également nécessaire de disposer d'outils particuliers permettant à la connaissance scientifique d'être passée au tamis du droit. Sur ce point aussi, le droit français dispose d'une certaine expérience avec l'utilisation de référentiels d'indemnisation dans l'évaluation du dommage

---

[1] R. MULHERON, « Rewriting the requirement for a recognized psychiatric injury in negligence claims », *loc. cit.*, spéc. p. 89 et s.

[2] *White (Frost) v Chief Constable of South Yorkshire Police* [1999] 2 AC 455, spéc. Lord Steyn, p. 491.

[3] R. MULHERON, « Rewriting the requirement for a recognized psychiatric injury in negligence claims », *loc. cit.*, spéc. p. 92 ; R. ORR, « Speaking with different voices: the problems with English law and psychiatric injury », *L.S.* 2016, n° 36(4), p. 547-565.

[4] V. par ex. : *Calvert v William Hill Credit Ltd* [2008] EWHC 454.

[5] R. MULHERON, « Rewriting the requirement for a recognized psychiatric injury in negligence claims », *loc. cit.*, spéc. p. 93.

[6] V. par exemple, sur la question de l'appréciation du lien de causalité : Ph. BRUN, « Causalité juridique et causalité scientifique », *RLDC* 2007, n° 40.

[7] Y. LAMBERT-FAIVRE, S. PORCHY-SIMON, *Droit du dommage corporel, Systèmes d'indemnisation*, Dalloz, coll. Précis, 9ème éd., 2022, spéc. n° 63 et s.

corporel qui ont permis une normalisation des procédés utilisés par les experts médicaux et de la forme des rapports d'expertise[1]. Cette normalisation, si elle pose certaines difficultés, rend l'appréciation de la preuve médicale plus accessible aux juges. En toute hypothèse, la mise en œuvre de la distinction ne pourra passer que par une preuve médicale, et donc sans doute par l'adoption par les juges et les experts d'outils communs.

Modes de preuve de la détérioration. La preuve du traumatisme psychique ne peut que relever d'une expertise médicale. Cela permet non seulement de distinguer ce traumatisme d'une simple atteinte émotionnelle mais également d'identifier la gravité du dommage corporel subi. Un médecin-expert a par exemple présenté la distinction entre le deuil normal et le deuil pathologique[2]. Il met en lumière le fait que l'identification du caractère pathologique du deuil ne peut qu'être le fait d'un médecin. Ce constat peut sans doute être élargi aux autres pathologies psychiques. Plus largement, et dans la mesure où le traumatisme psychique constitue un dommage-détérioration, il faut pouvoir identifier en fait les conséquences découlant du dommage subi. Cela suppose donc de prouver ce dommage dans les faits *via* une expertise permettant de décrire précisément la réalité. Alors qu'elles sont fréquemment utilisées en matière de préjudice moral[3], l'utilisation de présomptions de fait semble devoir être limitée au maximum, dans la mesure où elles conduisent à avoir une appréciation plus juridique que factuelle du dommage subi. Le concept de dommage-détérioration conduit à insister sur la dimension concrète du dommage subi.

Transition. La preuve de ce qui constitue un traumatisme psychique passe essentiellement, en droit français et anglais, par un avis médical et par son adaptation au cas particulier du traumatisme psychique. La preuve du dommage en matière d'atteinte émotionnelle pose des difficultés différentes.

§2. La preuve en matière d'atteinte émotionnelle

La question du contenu et des modalités de la preuve en matière d'atteinte émotionnelle dépendra de la façon dont le dommage est formulé. Il faut adapter l'analyse selon que le dommage est formulé comme une interférence ou comme une détérioration.

L'atteinte émotionnelle prise comme une interférence. Les préjudices émotionnels autonomes étudiés ont vocation à répondre à des situations variées mais revêtent tout de même certaines caractéristiques communes. Tous sont des préjudices extrapatrimoniaux, des préjudices moraux ayant vocation à indemniser une atteinte émotionnelle. Aucun n'a vocation à indemniser directement une atteinte psychique. Par conséquent, tous sont

---

[1] Sur ce point, v. par ex. : B. MAUROY, « L'expertise médicale judiciaire au XXIème siècle », *RLDC* 2023, n° 211.

[2] E. CAILLON, « Deuil normal et deuil pathologique : aspects médico-légaux », *Gaz. Pal.* 29 déc. 2009, n° 363, p. 33.

[3] V. par ex. : M. FABRE-MAGNAN, *Droit des obligations t. 2 - Responsabilité civile et quasi-contrats*, PUF, 5ème éd., 2021, spéc. n° 205.

entourés d'une certaine ambiguïté caractéristique de la notion de préjudice moral[1] quant au dommage qu'ils ont vocation à indemniser[2]. Nous défendons que l'ensemble des préjudices situationnels des victimes directes et des victimes par ricochet, y compris le préjudice d'angoisse de mort imminente, visent à indemniser des dommages-interférence. Il en va de même pour le préjudice moral de l'enfant conçu mais non encore né au moment du décès d'un proche et pour le préjudice d'impréparation. Nous préférons aussi, essentiellement pour des raisons de politique juridique, la formulation de dommage-interférence en matière de préjudice d'angoisse et d'anxiété. Il faut déterminer les conséquences de cette formulation en matière de preuve.

Contenu variable de la preuve. Tous les préjudices cités visent à indemniser un dommage-interférence, ce qui signifie à notre sens que chacun de ces préjudices constitue en quelque sorte une action particulière[3]. En matière de preuve, ces préjudices ont un point commun. Lorsqu'ils sont conçus comme des modes d'indemnisation de dommages-interférence, tous constituent des préjudices nécessaires, à l'équilibre entre une règle de fond et une présomption irréfragable de préjudice[4]. Il n'est pas nécessaire de démontrer l'existence et la consistance du dommage et du préjudice dans la mesure où cela découle de l'interférence avec l'intérêt en question. Le dommage est nécessaire, il est impliqué dans l'interférence[5]. On trouve trace de cette incertitude entre présomption irréfragable de dommage et condition substantielle de l'indemnisation en matière de préjudice d'anxiété dans son régime spécifique aux demandeurs bénéficiant de l'ACAATA[6] ou en matière de préjudice d'impréparation lorsqu'il est analysé comme inhérent à l'atteinte à un droit[7]. On peut deviner l'influence de l'idée d'un préjudice nécessaire ou présumé irréfragablement en matière de préjudice moral de l'enfant conçu mais non encore né au moment du décès d'un proche ainsi qu'en matière de préjudices situationnels d'angoisse et d'attente et d'inquiétude. La multiplication de ces présomptions peut s'expliquer selon Madame Traullé par une volonté de renforcer les fonctions punitives et dissuasives de la responsabilité civile par l'intégration de considérations politiques dans l'établissement des présomptions[8]. À notre sens, il s'agit de

---

[1] V. *supra* p. 238-239.

[2] V. *supra* p. 220 et s.

[3] V. *supra* p. 309 et s.

[4] F. ROUVIÈRE, « Le préjudice, notion de fait ou de droit ? », *RTD Civ.* 2022, p. 760.

[5] Il s'agit d'un pastiche de Jean Carbonnier qui évoquait de cette façon le dommage en matière contractuelle, cité dans : P. JOURDAIN, G. VINEY, S. CARVAL, *Traité de droit civil - Les Conditions de la responsabilité*, L.G.D.J., 4ème éd., 2013, spéc. n° 247-3.

[6] M. KEIM-BAGOT, « Préjudice d'anxiété : sortir de l'impasse », *Cah. soc.* mai 2018, n° 123d0, p. 13.

[7] P. SARGOS, « Deux arrêts historiques en matière de responsabilité civile médicale générale et de responsabilité particulière liée au manquement d'un médecin à son devoir d'information », *D.* 2010, p. 1522.

[8] J. TRAULLÉ, « Le renouveau des présomptions en droits de la responsabilité civile », *D.* 2021, p. 360. Dans le même sens, v. : P. JOURDAIN, G. VINEY, S. CARVAL, *loc. cit.*

renforcer la fonction recognitive de la responsabilité civile en soulignant que, dans les situations en question, le demandeur a subi une interférence avec un intérêt que la société considère comme injuste et digne d'indemnisation, malgré l'absence de toute détérioration. Il s'agit d'une explication commune à l'usage d'une présomption irréfragable ou d'un préjudice nécessaire mais les conditions de l'indemnisation de ces préjudices varient d'une situation à l'autre. En toute hypothèse, la référence à la notion de présomption fait référence à la dimension objective de l'analyse : la réunion des conditions entraîne nécessairement un dommage qui est apprécié objectivement. Le contenu de ce qui doit être prouvé pour démontrer l'existence de l'intérêt atteint et de l'interférence varie en fonction de l'intérêt en question. Chaque action particulière est assortie de conditions spécifiques à l'image de ce qui se pratique en droit anglais.

Exemple du droit anglais. Pour agir sur le fondement d'un *tort actionable per se*, il faut démontrer que les conditions spécifiques à ce *tort* sont réunies. Prenons l'exemple du *tort of false imprisonment.* Il se définit comme une privation de liberté injustifiée du demandeur causée par une contrainte imposée par le défendeur sur la liberté de mouvement du demandeur[1]. Pour pouvoir agir sur le fondement de ce *tort*, il faut réunir trois éléments[2] : une contrainte sur la liberté de mouvement du demandeur[3] ; l'intention de commettre l'acte et de limiter la liberté de mouvement du demandeur[4] ; l'acte du défendeur doit avoir causé la contrainte et pas seulement avoir créé l'occasion qu'elle se produise[5]. Ce *tort* est donc soumis à des conditions spécifiques différentes des conditions de la *negligence*, et on ne retrouve pas ici non plus les trois conditions classiques de la responsabilité civile. Il en va de même pour les autres *torts actionable per se*, que ce soit le *tort of assault*[6], le *tort of battery*[7] ou le *tort of defamation*[8] par exemple qui sont tous assortis de leurs propres conditions. En droit français aussi, en matière de préjudices indemnisant un dommage-interférence, on perçoit ou on peut imaginer l'avènement de conditions spécifiques à chaque préjudice.

Régimes spécifiques. Pour chacun des préjudices visant à indemniser un dommage-interférence, et à l'image des *torts actionable per se* anglais, il ne s'agit pas de prouver le dommage lui-même mais l'interférence avec l'intérêt. On est très proche de l'idée de présomption en la matière, y

---

[1] R. MULHERON, *Principles of Tort Law*, CUP, 2ème éd., 2020, spéc. §14.13 et s. Cette définition est issue de l'arrêt *Collins v Wilcock* [1984] 1 WLR 1172 (HL).

[2] *R (Lumba) v Secretary of State for the Home Department* [2012] AC 245

[3] R. MULHERON, *Principles of Tort Law*, *loc. cit.*, spéc. §14.14.

[4] *Ibid.*, spéc. §14.18.

[5] *Ibid.*, spéc. §14.20.

[6] *Ibid.*, spéc. §14.4.

[7] *Ibid.*, spéc. §14.9.

[8] *Ibid.*, spéc. §15.1.

compris en droit anglais[1]. On peut distinguer ici les préjudices émotionnels autonomes ayant déjà toutes les caractéristiques d'un dommage-interférence en droit positif de ceux dont le régime devra être adapté si on souhaite qu'ils correspondent mieux à cette qualification. Quant aux préjudices n'ayant pas besoin d'adaptation, on peut évoquer l'impréparation. En la matière, il faudra démontrer la réunion de deux conditions spécifiques : le manquement du médecin à son obligation d'information médicale ; et la réalisation du risque dont le patient aurait dû être informé[2]. La réunion de ces conditions permettra d'en déduire une interférence à un intérêt. Pour le préjudice moral de l'enfant conçu mais non encore né au moment du décès d'un proche, il faudra satisfaire à une unique condition. En effet, le demandeur devra seulement démontrer qu'il était conçu au moment du décès du proche pour pouvoir obtenir l'indemnisation de ce préjudice[3]. Concernant le préjudice d'angoisse de mort imminente, et même si nous préférerions son abandon dans sa forme actuelle[4], en l'état il faut que le demandeur démontre la réunion de trois conditions pour obtenir une indemnisation : un dommage corporel grave ; le décès de la victime ; et l'état de conscience de la victime entre l'accident qu'elle a subi et son décès[5]. Concernant le préjudice situationnel d'angoisse des victimes directes, le rapport Porchy-Simon cite « *deux éléments fondamentaux* »[6] : le caractère situationnel du préjudice subi ; et une « *situation ou des circonstances exceptionnelles résultant d'un acte soudain et brutal* »[7]. Il faudra donc démontrer : la survenance d'une situation exceptionnelle ; la confrontation du demandeur à cette situation ; et la conscience de cette confrontation. Pour le préjudice situationnel d'attente et d'inquiétude des victimes par ricochet, on peut conclure du rapport Porchy-Simon qu'il faudra démontrer : la survenance d'une situation exceptionnelle ; la confrontation d'une victime directe à cette situation ; la proximité affective du demandeur avec la victime directe ; et la conscience de l'exposition du proche au danger[8]. On peut enfin évoquer les préjudices d'anxiété et d'angoisse dont le régime devra faire l'objet d'une adaptation si

---

[1] J. VARUHAS, « The Concept of vindication in the Law of Torts : Rights, Interests and Damages », *O.J.L.S.* 2014, n° 34(2), p. 253-293, spéc. p. 277-278. L'idée d'une présomption s'applique plutôt aux *damages*, c'est-à-dire à l'indemnisation accordée.

[2] Cass. civ. 1ère, 25 janv. 2017, n° 15.27-898 : « *le non-respect, par un professionnel de santé, de son devoir d'information cause à celui auquel l'information était due, lorsque ce risque se réalise, un préjudice moral résultant d'un défaut de préparation aux conséquences d'un tel risque, qui, dès lors qu'il est invoqué, doit être réparé* ».

[3] Cass. civ. 2ème, 11 févr. 2021, n° 19-23.525 : « *L'enfant qui était conçu au moment du décès de la victime directe de faits présentant le caractère matériel d'une infraction peut demander réparation du préjudice que lui cause ce décès.* »

[4] V. *supra* p. 164-166.

[5] Cass. ch. mixte, 25 mars 2022, n° 20-15.624.

[6] S. PORCHY-SIMON (dir.), « L'indemnisation des préjudices situationnels d'angoisse des victimes directes et de leurs proches. Rapport du groupe de travail dirigé par Stéphanie Porchy-Simon », févr. 2017, spéc. p. 49.

[7] *Ibid.*, spéc. p. 50.

[8] *Ibid.*, spéc. p. 54-55.

on souhaite y voir le mode d'indemnisation d'un dommage-interférence. Concernant les demandeurs revendiquant d'avoir travaillé dans des établissements listés par le dispositif ACAATA, la preuve de cet emploi suffira pour obtenir l'indemnisation de leur préjudice d'anxiété, puisque ce régime dérogatoire persiste[1]. L'indemnisation du préjudice d'angoisse dans le cadre du droit commun a été assorti d'un certain nombre de conditions dont certaines évoquent le dommage-détérioration. Les conditions à réunir sont les suivantes : une « *exposition à une substance nocive ou toxique* »[2] ; le fait que cette exposition génère un risque élevé de développer une pathologie grave[3] ; et une souffrance morale personnellement subie[4]. Si on souhaite faire du préjudice d'angoisse le mode d'indemnisation d'un dommage-interférence, exiger la preuve de la souffrance morale n'est pas pertinent, et les conditions tenant à la preuve du caractère toxique de la substance en cause, de l'exposition du demandeur à celle-ci et du risque élevé de développer une pathologie grave paraissent suffisantes. Il faudra en effet déjà éclairer les notions de « *substances toxiques ou nocives* » et définir ce qui constitue un risque *élevé* et une pathologie *grave*[5]. En tous cas, on peut percevoir en quoi ces préjudices peuvent être conçus comme différentes actions en justice potentielles visant, dans des situations particulières, à protéger des interférences avec des intérêts bien définis.

En matière de dommage-interférence, le demandeur devra prouver l'interférence à un intérêt, ce qui prend la forme de conditions particulières propres à chaque préjudice. L'exigence de preuve portera sur d'autres éléments en cas d'atteinte émotionnelle considérée comme une détérioration.

L'atteinte émotionnelle prise comme une détérioration. En droit français, il est fréquent de traiter l'atteinte émotionnelle comme la détérioration concrète d'une situation antérieure, c'est-à-dire comme un dommage-détérioration pouvant à lui seul fonder une action en responsabilité civile. Cette position contraste avec celle du droit anglais de la *negligence*. En matière de préjudices émotionnels autonomes, il est possible de considérer que le préjudice d'angoisse répare un dommage de ce type, même si ce n'est pas la position qui a notre préférence sur la question. Il faut donc déterminer le contenu et les modalités de la preuve en matière de souffrance émotionnelle.

Problème du critère de gravité. Dans l'hypothèse où le droit français souhaiterait établir un critère de gravité pour déterminer quelles souffrances émotionnelles sont réparables, il faudra déterminer des modalités

---

[1] C. WILLMANN, « Préjudice d'anxiété des salariés : régime complexe et bilan modeste », *in Mélanges en l'honneur du professeur Suzanne Carval*, IRJS Éditions, 2021, p. 927-940.

[2] Cass. soc., 11 sept. 2019, n° 17-25.300 et s.

[3] Cass. ass. plén., 5 avr. 2019, n° 18-17.442.

[4] *Ibid.*

[5] Nous soulignons ces termes. Sur les difficultés qu'ils posent, v. notamment : L. BLOCH, « Le "désamiantage" du préjudice d'anxiété par la chambre sociale », *Resp. civ. et assur.* 2019, étude 11, spéc. n° 28 à 31.

d'appréciation de ce critère. Nous avons estimé que cela serait possible d'un point de vu conceptuel et souhaitable car cela permettrait d'éviter que des dommages-interférence soient indemnisés *via* une atteinte émotionnelle bénigne[1]. Encore faut-il que la mise en œuvre d'un tel critère de gravité soit possible en pratique. Une proposition en la matière serait de suivre la tendance qui semble apparaître en droit européen avec l'arrêt *Laudamotion Gmbh* du 22 octobre 2022[2]. Cet arrêt consacre un seuil de gravité en prévoyant deux conditions : que l'atteinte à l'intégrité psychique affecte l'état général de santé du demandeur ; et qu'elle ne puisse s'estomper sans traitement médical[3]. Si la première condition semble trop vague[4], la seconde pourrait être pertinente. Pour établir un seuil de gravité en matière d'atteinte émotionnelle, il semble cependant difficile de se fonder sur celle-ci dans la mesure où nous souhaiterions déjà que l'argument médical ait cours pour distinguer le traumatisme psychique, composante du dommage corporel, de l'atteinte émotionnelle[5]. En la matière, l'exemple du droit anglais ne peut pas beaucoup nous apporter non plus. En effet, en cas d'atteinte psychique ou émotionnelle, le droit anglais fixe le seuil de gravité à la preuve d'une maladie psychique, un seuil élevé qui a le même défaut que celui existant en droit européen d'être déjà notre clé de distinction du traumatisme psychique et de l'atteinte émotionnelle. Il ressort de ces deux constats qu'en essayant d'établir un seuil de gravité du dommage en matière émotionnelle, le droit français pourrait créer une confusion avec la distinction proposée entre atteinte émotionnelle et traumatisme psychique. Dans la mesure où nous estimons que cette seconde distinction est particulièrement importante, une telle confusion n'est pas souhaitable. À notre sens, le droit français pourrait maintenir la possibilité de réparer toute atteinte émotionnelle sans exigence de gravité tout en soumettant la réparation d'une telle atteinte à un standard de preuve plus exigeant qu'aujourd'hui. Cela permettrait de s'assurer que le dommage indemnisé est bien un dommage-détérioration, et d'éviter ainsi les cas de chevauchement entre les formulations du dommage[6].

Standard de preuve. Si on veut prendre au sérieux le fait que le dommage réparé en matière de préjudice d'angoisse et d'anxiété en-dehors du dispositif ACAATA est un dommage-détérioration, la solution la plus satisfaisante en principe et en pratique semble être d'exiger *in concreto* la preuve de l'angoisse ressentie. En matière de préjudice émotionnels autonomes, et notamment en matière de préjudice d'anxiété[7], les juges se sont efforcés pendant un temps de simplifier la preuve de l'atteinte par la

[1] V. *supra* p. 315-316.

[2] CJUE, 20 oct. 2022, aff. C-111/21, *Laudamotion Gmbh.*

[3] J. KNETSCH, « La réparation des dommages psychologiques devant la CJUE : l'indemnisation des victimes d'accidents aériens et la question du seuil de gravité », *RDC* 2023, n° RDC20111.

[4] *Ibid.*

[5] V. *supra* p. 267 et s.

[6] V. *supra* p. 312 et s.

[7] V. *supra* p. 77.

référence à des présomptions de droit. Cela démontre *a contrario* que l'exigence de preuve est perçue comme un filtre déjà efficace. Comme l'avait relevé un auteur « *un dommage psychologique ne saurait être réparé que parce qu'il est simplement possible mais parce qu'il existe* »[1]. Madame Lemaire a proposé d'exiger la preuve concrète de l'atteinte en matière d'anxiété en soulignant que cela permettrait de rétablir un certain équilibre dans le droit applicable[2]. Il s'agit de prouver un fait, et la preuve pourrait se faire par tous moyens. Exiger une telle preuve dans les faits plutôt que d'appliquer des présomptions de droit semble être une manière efficace de limiter le champ de l'indemnisation et permettra aussi d'apprécier concrètement la validité de la demande. Comme le relève Madame Wester, « *(l)a preuve est un moyen de cantonner les demandes minimes ou anormales qui n'emporteraient pas la conviction du juge.* »[3] Un standard de preuve exigeant et l'absence d'utilisation de moyens de facilitation de la preuve dans les cas des préjudices émotionnels autonomes permettrait de s'assurer de la consistance concrète des dommages subis dans ces hypothèses. Des auteurs ont d'ailleurs souligné que l'exigence de prouver *in concreto* l'existence d'un dommage en matière d'anxiété conduirait à souvent en écarter l'indemnisation, car la preuve serait difficile à rapporter[4]. S'il s'agissait d'une critique du nouveau régime sous leurs plumes, cela permet de montrer qu'un standard de preuve exigeant est aussi une modalité de rationalisation de l'indemnisation. En matière de préjudice d'angoisse, et dans la mesure où le traumatisme psychique fait l'objet d'une indemnisation spécifique, rien ne semble selon nous justifier un traitement spécifique et simplifié des demandes. Il n'y a pas de besoin d'indemnisation impératif dans la mesure où aucune atteinte physique ou psychique n'a encore été constatée. C'est d'ailleurs dans cette voie plus exigeante que la jurisprudence semble s'engager. Dans une série d'arrêts du 29 mars 2023, la chambre sociale de la Cour de cassation a jugé que « *(l)e salarié doit justifier d'un préjudice d'anxiété personnellement subi résultant d'un tel risque* » de telle sorte que des pièces collectives montrant que de nombreux salariés ont été exposés à une substance dangereuse et ont été atteints d'affections diverses

---

[1] N. MOLFESSIS, « La psychologisation du dommage », *in Quel avenir pour la responsabilité civile ?*, Y. Lequette et N. Molfessis (dir.), Dalloz, 2015, p. 39-55, spéc. p. 55.

[2] E. LEMAIRE, « The Fear of Future Illness : An Analytical Comparison of English and French Law », *op. cit.*, spéc. p. 26.

[3] G. WESTER, *Les principes de la réparation confrontés au dommage corporel*, thèse, L.G.D.J., coll. Thèses, 2023, spéc. n° 243.

[4] M. BACACHE, « Le préjudice d'anxiété lié à l'amiante : une victoire en demi-teinte », *JCP G* 2019, 508 ; M. RICHEVAUX, « Préjudice d'anxiété, encore un reflux », *LPA* nov. 2022, n° LPA201w9.

ne suffisait pas à prouver le préjudice d'anxiété personnellement subi[1]. En dehors des salariés bénéficiant du régime de l'ACAATA, la Cour de cassation se tourne donc vers l'exigence d'une preuve personnelle et concrète de l'anxiété. La preuve peut être apportée par tous moyens mais les juridictions sont invitées à constater *in concreto* l'existence de l'angoisse[2]. En se conformant à cette approche, les juridictions prennent au sérieux la qualification de dommage-détérioration et permettent de rationaliser en pratique l'indemnisation de ce préjudice.

Conclusion de section. Les distinctions du dommage-interférence et du dommage-détérioration ainsi que de l'atteinte émotionnelle et du traumatisme psychique nous ont obligé à repenser le contenu et les modalités de la preuve dans différentes situations. En matière de traumatisme psychique, en droit anglais, il s'agit de remettre au cœur de l'analyse la notion de prévisibilité. En droit français, il faudra développer une pratique de la distinction avec l'atteinte émotionnelle. En matière de dommage-détérioration, qu'il s'agisse d'atteinte émotionnelle ou de traumatisme psychique, il est important d'insister sur la preuve *in concreto* de la souffrance effectivement ressentie. Enfin, en matière de dommage-interférence, il faudra démontrer de manière objective une interférence avec un intérêt, ce qui passera par la réunion de conditions spécifiques propres à la situation envisagée. On se dirigerait en la matière vers un véritable droit des délits.

Transition. La distinction du dommage-interférence et du dommage-détérioration influe sur les modalités de preuve des dommages mais interroge aussi les modalités de leur indemnisation.

Section 2 : Les modes d'indemnisation des préjudices émotionnels à la lumière de la distinction

Objet de la section. La préférence pour les formulations de dommage-interférence ou de dommage-détérioration en matière de préjudices émotionnels autonomes conduit à se concentrer sur des fonctions différentes de la responsabilité civile et donc à privilégier des modes d'indemnisation différents.

Plan. Il s'agit d'abord d'étudier les modes de réparation appliqués lorsque le préjudice répare un dommage-détérioration (§1) puis ceux utilisés dans l'hypothèse où le dommage est une interférence (§2).

---

[1] Cass. soc., 29 mars 2023, n° 21-13.988, n° 21-13.989, n° 21-13.990, n° 21-13.991, n° 21-13.993, n° 21-13.994, n° 21-13.995, n° 21-13.996, n° 21-13.997, n° 21-13.998, n° 21-13.999, n° 21-14.000, n° 21-14.001, n° 21-14.002, n° 21-14.003, n° 21-14.004, n° 21-14.005, n° 21-14.006, n° 21-14.007, n° 21-14.008, n° 21-14.009, n° 21-14.010, n° 21-14.011, n° 21-14.013, et n° 21-14.014, *Resp. civ. et assur.* 2023, comm. 154, obs. L. BLOCH.

[2] Il en va de même en droit administratif où la preuve de l'anxiété ressentie doit se faire *in concreto* : H. MUSCAT, C. PAILLARD, « Le préjudice d'anxiété dans la jurisprudence administrative », *JCP A* 2019, 2171, spéc. n° 6.

§1. La réparation des dommages-détérioration

Afin de déterminer comment un dommage-détérioration doit être réparé, il faut d'abord établir le sens que l'on donne aux dommages et intérêts en la matière puis évoquer les modalités de leur évaluation.

Sens donné aux dommages et intérêts. Lorsqu'un préjudice vient répondre à l'existence d'un dommage-détérioration, il est généralement indemnisé *via* des dommages et intérêts, c'est-à-dire par une somme d'argent visant à réparer le dommage par équivalent[1]. En principe, le but de la responsabilité civile est de rétablir le demandeur dans la situation dans laquelle il se trouvait avant le fait générateur de responsabilité civile. Il s'agit donc d'accorder au demandeur une somme d'argent individualisée, adaptée au dommage qu'il a subi. Il est difficile de donner un sens unique à l'ensemble des dommages et intérêts accordés pour les préjudices extrapatrimoniaux subis en cas de dommage corporel. Le sens donné à l'indemnisation accordée en cas de préjudice moral peut varier. Il faut déterminer quel rapport entretient le dommage-détérioration avec le principe de réparation intégrale puis évoquer la question de la standardisation des dommages et intérêts.

Rapport au principe de réparation intégrale. Le principe de réparation intégrale s'applique en principe à tous les dommages et à toutes les circonstances en droit français. Ce principe est dominant, il « *semble éclipser tous les autres en droit de la responsabilité civile* » et en résume le sens[2], à tel point qu'il « *est devenu le fil directeur du droit de la réparation* »[3]. C'est aussi un instrument de contrôle[4] qui a ses faiblesses et ses fragilités, notamment en matière de dommage corporel[5]. Le principe de réparation intégrale a deux dimensions. D'une part il s'agit de réparer l'ensemble des conséquences d'un dommage, et donc d'identifier l'ensemble des préjudices découlant du dommage. D'autre part, il s'agit d'évaluer l'ensemble de ces préjudices de la façon la plus satisfaisante possible. L'un des corollaires de la réparation intégrale est le principe de réparation *in concreto*[6] et donc d'individualisation de la réparation. Identifier l'existence d'un préjudice d'angoisse et accorder des dommages et intérêts ne suffit pas : encore faut-il

---

[1] F. TERRÉ, Ph. SIMLER, Y. LEQUETTE, F. CHÉNÉDÉ, *Droit Civil, Les Obligations*, Dalloz, coll. Précis, 13ème éd., 2022, spéc. n° 863. V. aussi, en droit anglais : *Liesbosch Dredger v Edison Steamship* [1933] AC 449.

[2] Ph. BRUN, « Le droit en "principes" : la réparation intégrale en droit du dommage corporel », *RLDC* 2013, n° 110.

[3] G. WESTER, *loc. cit.*, spéc. n° 52.

[4] Z. JACQUEMIN, « La réparation sans perte ni profit selon la Cour de cassation ou l'art de transformer une maxime en instrument de contrôle », *RDC* 2019, n° 115y4, p. 187.

[5] A. GAYTE-PAPON DE LAMEIGNÉ, *La notion de préjudice corporel*, thèse, Université Clermont Auvergne, 2018, spéc. n° 437 et s.

[6] G. WESTER, *loc. cit.*, spéc. n° 68 et s.

respecter la prohibition des dommages et intérêts symboliques[1]. En matière de préjudices d'angoisse et d'anxiété par exemple, le principe d'individualisation est souvent remis en question. Ainsi, les sept cent vingt-sept mineurs de charbon lorrains concernés par un arrêt de la Cour de cassation du 11 septembre 2019[2] ont tous reçu une indemnité de dix mille euros en réparation de leur préjudice d'anxiété. De même, deux cents anciens agents EDF ont également reçu dix mille euros chacun en réparation de leur préjudice. Il y a donc, en apparence, un manquement au principe de réparation intégrale dans la mesure où les évaluations ne sont pas individualisées[3]. Est-ce que la nature morale et extrapatrimoniale du préjudice subi justifie une telle uniformisation de l'indemnisation ? Bien sûr, il a été souvent mentionné que l'indemnisation d'un préjudice moral ne pouvait qu'être insatisfaisante, notamment parce que « *l'argent dans ce domaine ne peut rien compenser* »[4]. En même temps, un auteur a fait valoir que la distinction du dommage patrimonial et extrapatrimonial devait être relativisée[5]. Il a défendu que tout dommage était nécessairement extrapatrimonial dans la mesure où il s'agissait toujours d'une perte de bonheur[6], de telle sorte que l'argent pouvait toujours y répondre. Un autre a rappelé que l'indemnisation de tels préjudices était une « *exigence éthique* »[7]. Il semble pourtant nécessaire que le principe de réparation intégrale trouve à s'appliquer en matière d'atteintes psychiques constituant un dommage-détérioration, et ce pour au moins deux raisons. D'abord, cette hypothèse dépasse le seul préjudice moral et concerne également toutes les conséquences pouvant découler de l'atteinte psychique. Ces conséquences ne seront pas très nombreuses si l'atteinte n'est qu'émotionnelle mais on peut imaginer de nombreux préjudices qui seraient indemnisables en cas de traumatisme psychique. Ensuite, il s'agit de prendre au sérieux la formulation de dommage-détérioration. Si l'atteinte psychique se caractérise par la détérioration d'une situation antérieure, et si on exige du demandeur qu'il prouve concrètement cette atteinte, alors il semble nécessaire de

---

[1] Cette prohibition doit être relativisée, et la jurisprudence accorde souvent des dommages et intérêts ayant une dimension symbolique : *Ibid.*, spéc. n° 450.

[2] Cass. soc., 11 sept. 2019, n° 17-24.879 et s.

[3] C. CORGAS, « Le préjudice d'angoisse : état des lieux », *R.J.O.*, n° spécial 2014, actes du colloque du 3 octobre 2014, p. 29-34, spéc. p. 32.

[4] Ph. LE TOURNEAU (dir.), *Droit de la responsabilité et des contrats*, 13ème éd., Dalloz, coll. Action, 2023, spéc. n° 0124.19.

[5] E. DESCHEEMAEKER, « Pecuniary and non-pecuniary loss : a reinterpretation », *L.Q.R.* 2022, n° 138(Janv), p. 79-100. Dans le même sens, sur l'idée que la distinction de la patrimonialité et de l'extrapatrimonialité est moins une dichotomie qu'une gradation, v. : H. GALI, *Le préjudice moral : étude de droit de la responsabilité civile*, thèse, Dalloz, Nouvelle Bibliothèque des Thèses, 2021, spéc. n° 338 et s.

[6] *Ibid.*, spéc. p. 79.

[7] C. CABARRUS (de), « La réparation intégrale, un principe régulateur », *in Mélanges en l'honneur du professeur Suzanne Carval*, IRJS Éditions, 2021, p. 241-252, spéc. p. 248.

prendre en compte l'ensemble de ses conséquences et de les indemniser[1]. Les atteintes psychiques, à l'image de tout dommage-détérioration, doivent rester soumises au principe de réparation intégrale, tant concernant l'identification des préjudices que concernant leur évaluation.

Standardisation des dommages et intérêts. La mise en œuvre du principe de réparation intégrale en matière d'atteinte psychique suppose de s'interroger sur le « *sempiternel débat* » de la standardisation ou de la forfaitisation des dommages et intérêts[2]. En droit français, on parle parfois de barémisation, c'est-à-dire la technique « *qui attribue une valeur monétaire, déterminée par un barème, à un étalonnage médical des préjudices* »[3], même si ce terme désigne une forme particulière de standardisation. La standardisation semble au premier abord profondément contraire au principe de réparation intégrale[4]. Pourtant, elle est entrée dans la pratique judiciaire en matière extrapatrimoniale, tant en droit français qu'en droit anglais. Comment expliquer ce décalage ? On peut trouver une réponse à cette difficulté chez le Professeur Descheemaeker[5]. Selon cet auteur, le concept de standardisation ou de forfaitisation consiste à accorder à un demandeur une indemnité qui ne correspond pas strictement à sa situation de fait mais qui correspond à la situation dans laquelle se serait trouvé un demandeur raisonnable subissant la même atteinte[6]. Écartons d'emblée les dommages et intérêts pour le préjudice patrimonial faisant suite à une atteinte psychique, et concentrons-nous sur la seule question de la standardisation en matière d'atteinte extrapatrimoniale. Dans cette hypothèse, il y a une situation de standardisation lorsque les dommages et intérêts accordés au demandeur ne reflètent pas la situation du demandeur en fait. On peut évoquer ici la question du préjudice moral de la victime en état végétatif, et dont le préjudice est nécessairement objectivé[7]. Il y a également l'hypothèse de l'utilisation d'un barème d'indemnisation, ou encore la question de la prise en compte ou non de la sensibilité et de la résilience particulière du demandeur au moment du calcul des dommages et intérêts[8]. La standardisation peut avoir plusieurs causes. Elle peut parfois résulter d'un

---

[1] *A contrario*, la présomption est « *un pis-aller car elle n'éclaire pas la façon de penser le dommage et son évaluation* » : F. ROUVIÈRE, *op. cit.*

[2] Ph. BRUN, « Le droit en "principes" : la réparation intégrale en droit du dommage corporel », *loc. cit.*

[3] Y. LAMBERT-FAIVRE (dir.), « Rapport sur l'indemnisation du dommage corporel », 2003, cité dans : Y. LAMBERT-FAIVRE, S. PORCHY-SIMON, *op. cit.*, spéc. n° 39.

[4] Sur ce point, v. par ex. la réaction de deux avocats en droit du dommage corporel suite à l'adoption officieuse par les juridictions d'un référentiel d'indemnisation : C. BERNFELD, F. BIBAL, « In Memoriam », *Gaz. Pal.* 16 févr. 2013, n° 118y7. V. aussi : S. YAMTHIEU, « Les dommages et intérêts forfaitaires à l'épreuve de l'exigence de la réparation intégrale », *LPA* 21 déc. 2016, n° 123c0, p. 12.

[5] E. DESCHEEMAEKER, « The Standardisation of Tort Damages », *M.L.R.* 2021, n° 84(1), p. 2-29.

[6] *Ibid.*, séc. p. 2.

[7] M. FABRE-MAGNAN, *op. cit.*, spéc. n° 151.

[8] E. DESCHEEMAEKER, « The Standardisation of Tort Damages », *loc. cit.*, spéc. p. 9 et s.

choix politique consistant à accorder à un demandeur une somme fixe sans étudier son préjudice en particulier. Le Professeur Descheemaeker parle dans ce cas de standardisation ontologique[1]. Elle peut aussi résulter d'une adaptation méthodologique face à l'impossibilité d'évaluer fidèlement un préjudice du fait de sa nature particulière : c'est la standardisation épistémique[2]. Selon l'auteur, ce second cas de standardisation est acceptable dans la mesure où il est accidentel et où il est justifié par des contraintes pratiques. En matière de préjudice extrapatrimonial, il est indéniable que des difficultés méthodologiques d'évaluation existent. En effet, déterminer ce qui équivaut à la souffrance morale subie s'avère difficile. Les préjudices extrapatrimoniaux ne peuvent pas être évalués par une logique de marché, ce qui fait d'ailleurs leur spécificité[3], et par conséquent il n'existe pas de référence objective permettant de justifier le montant accordé. On se trouve dans une situation de standardisation épistémique. D'autres arguments peuvent être mis en avant en faveur d'une standardisation dans l'hypothèse de l'évaluation de préjudices extrapatrimoniaux. Elle permet notamment une harmonisation des indemnisations qui assure à la fois un traitement équitable des demandeurs en évitant l'arbitraire[4] et une certaine sécurité juridique aux défendeurs. Enfin, la standardisation *via* des barèmes ou des référentiels peut, de façon plus controversée, faciliter le travail du juge face à un flux de contentieux toujours plus important[5]. On peut donc comprendre l'existence d'une forme de standardisation quant aux conséquences extrapatrimoniales d'une atteinte psychique. Des auteurs ont d'ailleurs plaidé en faveur de la consécration plus directe de barèmes en droit français afin qu'ils puissent faire l'objet de débats[6]. Cette standardisation ne doit pas conduire à adopter des dommages et intérêts « symboliques » ou « normatifs » en cas de dommage-détérioration dans la mesure où le but de la réparation demeure l'indemnisation complète, et non simplement une reconnaissance de l'atteinte subie.

En matière de dommage-détérioration, les dommages et intérêts accordés au demandeur visent à réparer intégralement l'atteinte subie. Si une standardisation est tolérable, la méthodologie d'évaluation adoptée par les juges doit permettre d'indemniser le plus fidèlement possible le demandeur, tant en droit français qu'en droit anglais.

---

[1] *Ibid.*, spéc. p. 3.

[2] *Ibid.*

[3] E. DESCHEEMAEKER, « Pecuniary and non-pecuniary loss : a reinterpretation », *loc. cit.*, spéc. p. 89 et s.

[4] C. CORGAS-BERNARD, « Le préjudice d'angoisse consécutif à un dommage corporel : quel avenir ? », *Resp. civ. et assur.* 2010, étude 4, spéc. n° 33.

[5] S. GERRY-VERNIÈRES, Y. JOSEPH-RATINEAU, M. PICQ, « La barémisation de la justice ? Les enseignements d'une recherche collective de terrain », *D.* 2022, p. 368, spéc. n° 5.

[6] *Ibid.*, spéc. n° 16.

Méthode d'évaluation des dommages et intérêts. En matière psychique, de la même façon que pour tout autre type de dommage, la formulation de dommage-détérioration et le principe de réparation intégrale impliquent d'identifier l'ensemble des conséquences de l'atteinte puis d'évaluer les dommages et intérêts équivalents à l'atteinte.

Dommage-détérioration et nomenclature. En matière de dommage corporel, le recours des tiers payeurs se fait poste de préjudice par poste de préjudice depuis la loi n° 2006-1640 du 21 décembre 2006. Si cette notion manque encore d'une définition précise, elle suppose en tous cas une « *ventilation fine* » de l'indemnisation[1]. Cette loi a constitué une « *aubaine* »[2] pour le développement et la popularisation de la nomenclature Dintilhac. Elle a permis d'effectuer cette indemnisation par poste[3]. L'indemnisation poste par poste, si elle a pu faire débat dans un premier temps[4], a été définitivement adoptée par les juridictions françaises, y compris par les juridictions administratives. La nomenclature n'a jamais fait l'objet d'une consécration dans la loi et une telle consécration ferait débat[5], même s'il en est encore question dans les projets de réforme de la responsabilité civile. Son statut normatif[6] et sa vitalité sont cependant indéniables[7]. La multiplication des préjudices qu'a impliquée la mise en œuvre de la nomenclature a pu être critiquée car la notion de préjudice aurait été instrumentalisée au service d'une politique d'indemnisation. En toute hypothèse, et malgré ces critiques, la méthodologie de la nomenclature a définitivement triomphé en droit français dans la mesure où elle permet aux différents professionnels du droit, y compris les experts médicaux, de parler un même langage. Il s'agit de la modalité naturelle d'analyse d'un dommage-détérioration en droit français puisqu'elle met l'accent sur les conséquences de l'atteinte. Il faut toutefois s'interroger sur l'utilisation de la nomenclature Dintilhac en matière d'atteinte psychique. Nous avons distingué l'indemnisation du traumatisme psychique d'une part, qu'il s'agisse de celui de la victime directe ou de celui de la victime par ricochet, et l'indemnisation de l'atteinte émotionnelle d'autre part. Leurs rapports à la nomenclature Dintilhac ne sont pas les mêmes. Le traumatisme psychique est un dommage corporel qui doit être indemnisé en faisant référence aux différents préjudices de la nomenclature Dintilhac. C'est désormais la

---

[1] A. VIGNON-BARRAULT, « Quelle typologie des postes de préjudices ? La notion de poste de préjudice », *Resp. civ. et assur.* 2010, dossier 5.

[2] A. COVIAUX, « La nomenclature Dintilhac, quelle aubaine ! », *AJ Pénal* 2017, p. 8.

[3] J.-C. BIZOT, « Quelle typologie des postes de préjudices ? La nomenclature des postes de préjudices : point de vue du juge judiciaire », *Resp. civ. et assur.* 2010, dossier 9.

[4] V. par ex. : M. FABRE-MAGNAN, « Le dommage existentiel », *D.* 2010, p. 2376.

[5] O. GOUT, S. PORCHY-SIMON, « Plaidoyer pour la défense des nomenclatures en droit du dommage corporel », *D.* 2015, p. 1499.

[6] M. ROBINEAU, « Le statut normatif de la nomenclature Dintilhac des préjudices », *JCP G* 2010, doctr. 612.

[7] *Contra.* : C. COUSIN, « Les nomenclatures des préjudices corporels : comment ressusciter l'esprit du rapport Dintilhac ? », *RLDC* 2017, n° 147. Cet auteur estime que la nomenclature est désormais limitée dans son objet.

position de la Cour de cassation, tant pour les victimes directes[1] que pour les victimes par ricochet[2]. Pour satisfaire au principe de réparation intégrale en la matière, il est nécessaire de faire référence à la nomenclature. Ce n'est pas le cas pour le préjudice d'angoisse, s'il est conçu comme un dommage-détérioration. Il s'agit en effet d'un préjudice *sui generis* extérieur à la nomenclature Dintilhac venant indemniser une émotion désagréable. Un tel préjudice ne semble pas, à notre sens, avoir sa place au sein de la nomenclature Dintilhac dans la mesure où il ne vise pas à indemniser un dommage corporel. En outre, à la différence de l'essentiel des autres préjudices de la nomenclature, il ne pourrait pas s'appliquer pour tout dommage corporel. En effet, il n'est indemnisable que dans des circonstances particulières où le dommage n'est pas encore réalisé. Il pourrait avoir une place en tant que préjudice spécifique à l'image du préjudice spécifique de contamination, mais ce dernier semble lié plus directement à un dommage corporel et se distingue en cela du préjudice d'angoisse[3]. Par ailleurs, si on estime que ce préjudice vient indemniser un dommage-détérioration, on constate une certaine forme de globalisation. Le dommage émotionnel d'angoisse n'a qu'une seule conséquence selon la jurisprudence : le préjudice d'angoisse. Cela s'explique sans doute par la faible gravité de l'atteinte subie. Il n'apparaît pas nécessaire d'intégrer le préjudice d'angoisse à la nomenclature Dintilhac, ni de faire référence à cette nomenclature au moment d'indemniser un dommage émotionnel d'angoisse.

Utilisation d'un référentiel. Après avoir déterminé le ou les préjudices réparables dans une situation donnée, il est nécessaire de procéder à l'évaluation des dommages et intérêts accordés pour chaque préjudice. C'est le deuxième volet de la réparation intégrale. En droit anglais, en matière extrapatrimoniale, l'utilisation des *Judicial College Guidelines* est entrée dans la pratique et ne fait pas l'objet de critique particulière[4]. En droit français, les juges tendent de plus en plus souvent à utiliser des référentiels indicatifs. Ces référentiels, comme celui de l'ONIAM ou le référentiel commun des cours d'appel, ont vocation à donner des directives ou des fourchettes d'évaluation pour chaque type de préjudice en cas de dommage corporel. Les référentiels sont différents de barèmes car ils n'ont pas vocation à être prescriptifs et le juge reste libre de son évaluation[5]. La

---

[1] Cass. crim., 21 oct. 2014, n° 13-87.669.

[2] Cass. civ. 2ème, 23 mars 2017, n° 16-13.350 - Cass. crim., 2 avr. 2019, n° 18-81.917.

[3] V. *supra* p. 82.

[4] V. *supra* p. 85.

[5] Y. LAMBERT-FAIVRE, S. PORCHY-SIMON, *op. cit.*, spéc. n° 39. Cela tient selon des auteurs à la prohibition des arrêts de règlement : Ph. LE TOURNEAU (dir.), *op. cit.*, spéc. n° 2321.61. Cet auteur défend la mise en place de référentiels d'indemnisation impératifs permettant de renforcer l'harmonisation de l'indemnisation : Ph. LE TOURNEAU (dir.), *op. cit.*, spéc. n° 0124.15.

technique du barème fait l'objet de critiques récurrentes[1] alors que les référentiels semblent mieux acceptés par les praticiens. Ceux-ci font tout de même l'objet de critiques dans la mesure où ils contribueraient à une certaine « *taylorisation* » de la justice[2], empêcheraient l'individualisation de l'indemnisation, et déposséderaient les juges d'une partie de leurs fonctions. Ces référentiels participent indéniablement à une certaine standardisation ou forfaitisation de l'indemnisation. La normalisation de l'indemnisation contribue à donner à celle-ci l'apparence d'un prix[3], et à donner une dimension patrimoniale au dommage corporel[4]. On peut d'ailleurs constater que l'avant-projet Terré de réforme de la responsabilité civile et le projet de la Chancellerie incluait la mise en place officielle d'un référentiel mais que cette proposition potentiellement polémique a été abandonnée dans le projet de loi sénatorial de 2020. Cette standardisation se justifie tout de même pour les préjudices extrapatrimoniaux par les difficultés inextricables que leur évaluation soulève. L'utilisation de référentiels indicatifs s'est profondément ancrée dans la pratique en droit français. Il semble toutefois nécessaire de s'assurer que les référentiels évoluent pour refléter la pratique des juridictions, et ce afin d'éviter de leur conférer une dimension prescriptive. L'utilisation de référentiels repose sur une évaluation médicale, ce qui implique qu'ils ne sont pas pertinents pour tous les types de dommage. Ils ont toute leur place en matière de traumatisme psychique mais ne sont pas adaptés au dommage émotionnel d'angoisse. En matière d'atteinte émotionnelle, sans éléments permettant d'objectiver la souffrance ressentie, l'utilisation d'un référentiel paraît plus difficile. Il en va différemment de l'utilisation d'une base de données.

Utilisation de bases de données. Pour harmoniser les indemnisations accordées en matière de préjudice extrapatrimonial, des auteurs ont proposé de longue date l'utilisation de bases de données qui permettraient aux juges d'avoir accès à l'ensemble des décisions de justice sur un thème, et donc aux indemnités accordées aux demandeurs dans des situations similaires. L'utilisation d'une base de données est supposée offrir un support aux juges tout en évitant les difficultés que posent les référentiels. L'Association Nationale des Avocats de Victimes de Dommages Corporels (ANADAVI), qui est férocement opposée aux référentiels, est ainsi favorable à l'utilisation d'une base de données en matière d'indemnisation du dommage corporel[5].

---

[1] Sur ce point, v. : Y. LAMBERT-FAIVRE, S. PORCHY-SIMON, *op. cit.*, spéc. n° 39 ; Ph. BRUN (dir.), *Le Lamy Droit de la Responsabilité*, [en ligne], Wolters Kluwer, spéc. n° 224-165.

[2] C. COUSIN, « Le débat sur le référentiel indicatif de l'indemnisation du préjudice corporel des cour d'appel à l'heure des bases de données », *JCP G* 2017, doctr. 483, spéc. n° 8.

[3] Sur ce point, v. notamment : M. J. SANDEL, *What Money Can't Buy, The moral limits of markets*, FSG, 2012.

[4] Y. LAMBERT-FAIVRE, « Le droit et la morale dans l'indemnisation des dommages corporels », *D.* 1992, p. 165.

[5] C. COUSIN, « Le débat sur le référentiel indicatif de l'indemnisation du préjudice corporel des cour d'appel à l'heure des bases de données », *loc. cit.*, spéc. n° 16.

Le projet d'instauration d'une base de données nationale a été enclenché par la publication du décret n° 2020-356 du 27 mars 2020 portant création d'un traitement automatisé de données à caractère personnel dénommé « *DataJust* » mais il a finalement été abandonné en juillet 2022 face aux critiques et à la complexité du chantier. La principale inquiétude de la doctrine tenait à la dimension prédictive d'une éventuelle base de données qui aurait contribué à une certaine déshumanisation du droit de la responsabilité civile[1]. Une base de données aurait permis au magistrat d'entrer des éléments très fins de l'affaire à juger pour obtenir l'indemnité la plus précise possible, ce qui semble une bonne chose. Paradoxalement la précision autorisée par l'outil risquait aussi de limiter considérablement la liberté du juge[2], notamment si la Cour de cassation estimait de son ressort de contrôler l'évaluation des dommages et intérêts accordés[3]. Un auteur a aussi relevé un risque de perte de souveraineté dans la mesure où il n'est pas certain que l'État ait les compétences techniques en interne pour assurer le fonctionnement d'une telle base de données et soit obligé de se tourner vers des prestataires privés[4]. Par conséquent, une méthodologie centrée sur une base de données semble à ce stade peu souhaitable. On pourrait cependant utiliser une base de données des décisions de justice pour améliorer les outils déjà en place. En la matière, les pratiques des droits anglais et français sont comparables. En effet, les *Judicial College Guidelines* sont établies sur la base d'une moyenne des sommes accordées dans des cas identiques pendant une période. Par conséquent, il s'agit d'un référentiel indicatif établi sur la base d'une collection de décisions. De la même façon, le référentiel commun des cours d'appel est prévu pour s'adapter en fonction des décisions de justice. En matière d'atteinte émotionnelle, on peut imaginer l'établissement d'un barème - et non d'un référentiel - proposant une fourchette d'indemnisation établie sur la base de la pratique des juridictions, *via* une base de données. Une telle approche permettrait une indemnisation à la fois individualisée pour chaque demandeur et cohérente entre les différents demandeurs.

Transition. La réparation d'un dommage-détérioration vise à replacer le demandeur dans la situation dans laquelle il aurait été sans le fait générateur et l'analyse des préjudices doit se faire *in concreto*. Les exigences sont différentes en matière de dommage-interférence dans la mesure où ce type de dommage joue un rôle spécifique en responsabilité civile.

---

[1] M. MEKKI, « Les fonctions de la responsabilité civile à l'épreuve du numérique : l'exemple des logiciels prédictifs », *Dalloz IP/IT* 2020, p. 672.

[2] C. COUSIN, « Le débat sur le référentiel indicatif de l'indemnisation du préjudice corporel des cour d'appel à l'heure des bases de données », *loc. cit.*, spéc. n° 17.

[3] Sur ce point, v. par ex. : A. DANIS-FATÔME, « La mesure des dommages et intérêts : question de fait ou question de droit ? Pour un renforcement du contrôle de la motivation des juges du fond », *RDC* 2019, n° 115y2, p. 160.

[4] E. FILIOL, « Les risques concernant l'utilisation des algorithmes dits prédictifs dans le domaine sensible de la justice », *Archives de philosophie du droit* 2018, n° 60, p. 147-152, spéc. p. 151.

§2. La réparation des dommages-interférence

La majorité des préjudices émotionnels autonomes visent à notre sens à indemniser des dommages-interférence. Pour établir comment ces dommages devraient être réparés, il faut d'abord étudier le sens donné à leur réparation pour ensuite proposer des modes de réparation adéquat.

Fonction recognitive. Le dommage-interférence consiste en une interférence avec un intérêt légitime juridiquement protégé. Cette interférence suffit à fonder une action en responsabilité civile sans qu'il soit nécessaire de prouver l'existence d'une détérioration en fait. Il s'agit de participer à la fonction normative de la responsabilité civile[1] en reconnaissant l'existence d'un intérêt et une atteinte à celui-ci. Il est parfois d'usage d'évoquer l'idée d'une fonction punitive de la responsabilité civile lorsqu'on évoque les préjudices « nécessaires » comparables aux atteintes aux droits de la personnalité[2]. L'absence d'institutions permettant de mettre effectivement en œuvre cette fonction punitive en responsabilité civile et le développement de l'assurance affaiblit cependant cette idée d'une « *peine privée* »[3]. En matière de dommage-interférence, la fonction de la responsabilité civile mise en avant en priorité est selon nous la fonction recognitive[4], laquelle demeure tournée vers le demandeur plutôt que vers le fautif. Il s'agit de reconnaître publiquement et solennellement dans le cadre du procès l'existence de l'intérêt et l'interférence subie par le demandeur, ce qui participe à la satisfaction du demandeur. Cette fonction de la responsabilité suppose de prendre en compte l'acte du défendeur. L'interférence, le dommage et le préjudice forment un seul et même concept et sont transparents de telle sorte que ce qui est subi concrètement par le demandeur n'est pas nécessairement pris en compte. On utilise donc ici le terme « réparation » par convention au sens d'une sorte de fonction générale de la responsabilité civile. Cette fonction générale englobe et unit toutes les autres, c'est-à-dire au moins l'indemnisation, la punition, la prévention et la reconnaissance. Il ne s'agit pas ici d'indemniser un préjudice concret ou d'identifier les conséquences de l'interférence. Ce qui caractérise l'acte du défendeur, ce n'est pas qu'il a causé des préjudices découlant de son fait générateur mais bien qu'il a interféré avec un intérêt légitime. Cet intérêt doit avoir été identifié dans la situation de fait et doit faire l'objet d'une protection particulière.

Fonction recognitive et principes de la réparation. Après avoir défini les dommages-interférence comme des délits civils, il nous paraît légitime de s'interroger sur l'applicabilité ou non des principes de la réparation, et

---

[1] M. MEKKI, « Les fonctions de la responsabilité civile à l'épreuve du numérique : l'exemple des logiciels prédictifs », *loc. cit.*

[2] P. JOURDAIN, G. VINEY, S. CARVAL, *op. cit.*, spéc. n° 247-3.

[3] M. FABRE-MAGNAN, *Droit des obligations t. 2 - Responsabilité civile et quasi-contrats*, *op. cit.*, spéc. n° 41.

[4] V. *supra* p. 229-230.

notamment du principe de réparation intégrale, à ces dommages-interférence. La réponse à cette question influera sur les modes de réparation adoptés et sur la méthodologie de l'indemnisation.

Rapport au principe d'équivalence. Évoquons d'abord rapidement le principe d'équivalence. Les préjudices réparant un dommage-interférence sont purement juridiques et, de ce fait, ils entretiennent un rapport inhabituel avec le principe d'équivalence. En effet, ils n'existent que si le juge estime que l'intérêt existe, et le refus de reconnaître l'existence de celui-ci permet de ne pas accorder de réparation sans manquer au principe d'équivalence[1]. Le juge n'est pas invité à constater l'existence d'un dommage et de préjudices mais à se prononcer sur les caractères certain et légitime de l'intérêt atteint. On pourra éventuellement considérer que le principe d'équivalence jouera dès lors qu'il existera un « précédent », c'est-à-dire dans l'hypothèse où, dans une situation donnée, la Cour de cassation aura jugé qu'il existe une interférence à un intérêt protégé. Dans les situations similaires à celle déjà jugée, le principe d'équivalence exigera du juge qu'il reconnaisse l'existence de l'intérêt et qu'il constate le dommage-interférence, à moins de pouvoir distinguer la situation jugée de celle sur laquelle la Cour de cassation s'était prononcée. Ce constat permet de souligner la très forte juridicité du dommage-interférence qui ne peut qu'avoir des conséquences sur les modalités de sa réparation.

Rapport au principe de réparation intégrale. Le principe de réparation intégrale a-t-il vocation à s'appliquer en matière de dommage-interférence ? Ce principe a deux dimensions. La première de ces dimensions est le fait que l'ensemble des préjudices découlant du dommage doivent être réparés. Il découle d'un dommage-interférence un préjudice qui se confond avec le dommage subi, lequel se confond avec l'interférence. Le principe de réparation intégrale commande d'indemniser ce préjudice dès lors que le dommage-interférence est constaté. Il n'y a pas de raison de ne pas appliquer la première dimension du principe de réparation intégrale au dommage-interférence. Constater l'existence d'un dommage-interférence et refuser de réparer le préjudice qui en est présumé constituerait un déni de justice. La réunion des conditions de la responsabilité civile doit conduire à une réparation. Notons aussi que si le demandeur arrive à démontrer que l'interférence lui a aussi causé un préjudice concret, il pourra en obtenir la réparation en matière de *torts actionable per se* en droit anglais[2]. Cela permettrait notamment de prendre en compte les conséquences patrimoniales de l'impréparation à la réalisation d'un risque de dommage si elles sont démontrées tout en considérant que le préjudice d'impréparation indemnise un dommage-interférence. Il sera nécessaire de prouver ce préjudice particulier, et cette approche trouvera essentiellement à s'appliquer lorsque l'interférence aura des conséquences patrimoniales, ce qui peut aussi s'imaginer en cas d'atteinte à certains droits de la personnalité. Il ne paraît

[1] V. *supra* p. 306-308.
[2] R. MULHERON, *Principles of Tort Law*, *op. cit.*, spéc. §14.37.

pas souhaitable de permettre l'indemnisation d'éléments ayant une dimension extrapatrimoniale en plus du préjudice indemnisant déjà le dommage-interférence, dans la mesure où il sera difficile de distinguer ces deux éléments. En revanche, la seconde dimension du principe de réparation intégrale selon laquelle l'indemnisation accordée doit être la plus proche possible du préjudice subi ne semble pas avoir vocation à s'appliquer en principe en matière de dommage-interférence. En effet, le préjudice subi n'a pas d'existence concrète. Même la souffrance morale éventuellement ressentie n'a pas vocation à être appréciée *in concreto* en la matière puisque les conséquences de l'interférence ne sont pas directement l'objet de la réparation. À vrai dire, il ne paraît même pas obligatoire d'utiliser des dommages et intérêts pour réparer une interférence. Le refus d'appliquer le principe de réparation intégrale quant à la question du *quantum* en matière de dommage interférence va au-delà de l'impossibilité de trouver une juste évaluation comme c'est le cas en matière de préjudice extrapatrimonial. Il s'agit surtout de souligner qu'indemniser n'est pas le but de la démarche[1]. En matière de dommage-interférence, il ne s'agit pas de restaurer une situation dans son état antérieur par une indemnité constituant un équivalent monétaire dans la mesure où la référence à la situation antérieure n'est pas particulièrement pertinente pour définir le dommage. Les modes de réparation choisis doivent être ceux permettant le plus efficacement possible de reconnaître et de faire reconnaître l'interférence subie par le demandeur. Les dommages et intérêts sont donc une option de réparation parmi d'autres. Même si on choisit d'utiliser des dommages et intérêts, leur caractère indemnitaire est contestable, comme c'est le cas en matière d'atteinte aux droits de la personnalité[2]. Le demandeur n'a pas subi une perte dont il demande qu'elle soit comblée mais une interférence qu'il souhaite voir reconnue.

En l'absence d'une perte, l'évaluation individualisée et le principe de réparation intégrale perdent leur sens.

Modes de réparation du dommage-interférence. Cela ouvre cependant le débat des modes de réparation à adopter en matière de dommage-interférence.

Dommages et intérêts. L'option d'accorder des dommages et intérêts est celle la plus fréquemment adoptée par les juges français. Encore faut-il déterminer le sens de ces dommages et intérêts et s'interroger sur leur évaluation. On peut aussi évoquer le problème d'éventuels dommages et intérêts punitifs.

---

[1] On peut prendre l'exemple de la pratique de l'indemnité limitée à un euro symbolique. Elle tient en effet une place particulière en matière de diffamation, dans la mesure où cette indemnité permet de signifier, selon un auteur, que l'honneur du demandeur n'a pas de prix : M. FABRE-MAGNAN, *Droit des obligations t. 2 - Responsabilité civile et quasi-contrats, op. cit.*, spéc. n° 158.

[2] G. VINEY, « Les relations entre responsabilité civile et protection des droits subjectifs », *JCP G* 1997, doctr. 4025.

Les dommages et intérêts accordés en cas de dommage-interférence n'ont pas de vocation indemnitaire. Comme nous l'avons déjà relevé, donner un sens spécifique aux dommages et intérêts peut s'avérer difficile dans la mesure où plusieurs fonctions de la responsabilité civile s'entremêlent autour de cet outil[1]. Un auteur écrit par exemple que, parfois, « *(l)'euro symbolique (...) assure la réalisation de la fonction indemnitaire.* »[2] Cela montre le mélange des approches des différentes fonctions de la responsabilité civile et la relation de ces fonctions avec les dommages et intérêts. L'auteur semble exprimer ici que les dommages et intérêts symboliques n'ont pas de vocation indemnitaire à proprement parler mais participent tout de même à la réparation du dommage. Cette position est caractéristique de l'approche française consistant à ne pas reconnaître officiellement l'existence de dommages et intérêts ayant une vocation autre qu'indemnitaire[3]. Elle permet aussi de souligner qu'il n'y a pas de frontières imperméables entre les différentes fonctions de la responsabilité civile et donc entre les différents outils utilisés pour y répondre. Ce constat est partagé très nettement en droit anglais, puisque différentes approches des dommages et intérêts existent en *tort law*[4], et donnent corps aux différentes fonctions de ce droit[5]. Les différentes fonctions de la responsabilité civile coexistent constamment au sein des différents concepts de la responsabilité civile, sans qu'il soit possible d'assigner à celle-ci un unique principe explicatif[6]. Quel est le sens donné aux dommages et intérêts en matière de dommage-interférence ? Comme l'avait relevé un auteur anglais en matière de dommage-détérioration, en *negligence*, accorder des dommages et intérêts non-compensatoires est contradictoire[7]. En revanche, en dehors de la sphère du dommage-détérioration, l'idée d'accorder ce que le droit anglais appelle des dommages et intérêts « normatifs » ou « nominaux » paraît envisageable[8]. Comme l'écrit un auteur, « *Les délits civils exigent des réponses diverses* »[9] et l'indemnisation n'est qu'une seule de ces réponses potentielles. Conceptuellement, une fois que le principe de réparation intégrale a été écarté quant au *quantum*, aucun principe ne semble interdire de se référer aux dommages et intérêts normatifs. Deux auteurs soulignent même qu'en matière de *torts actionable per se* dont l'objet est « *la défense des droits*

---

[1] V. par ex. *supra* p. 240-241, sur la question des dommages sans préjudice.

[2] G. WESTER, *op. cit.*, spéc. n° 450.

[3] G. VINEY, B. MARKESINIS, *La Réparation du dommage corporel, Essai de comparaison des droits anglais et français*, Economica, 1985, spéc. n° 33.

[4] J. GOUDKAMP, D. NOLAN, *Winfield & Jolowicz on Tort*, Sweet & Maxwell U.K., 20ème éd., 2020, spéc. n° 23-006 et s.

[5] V. par ex. : A.I. OGUS, « Damages for lost amenities for a foot, a feeling or a function ? », *M.L.R.* 1972, n° 35(1), p. 1-17.

[6] Sur ce point, v. : J. GOUDKAMP, J. MURPHY, « The Failure of universal theories of tort law », *L.T.* 2015, n° 21(2), p. 47-85.

[7] J. VARUHAS, *op. cit.*, spéc. p. 269.

[8] J. GOUDKAMP, D. NOLAN, *loc. cit.*, spéc. n° 23-008.

[9] P. BIRKS, « Rights, Wrongs and Remedies », *O.J.L.S.* 2000, n° 20(1), p. 1-37, spéc. p. 6 : « *Civil wrongs elicit diverse responses* ». (Notre traduction).

transgressés », les dommages et intérêts sont nécessairement symboliques[1]. Notons tout de même qu'en droit anglais, il n'est pas possible d'accorder à la fois des dommages et intérêts nominaux et des dommages et intérêts compensatoires dans la mesure où les premiers nécessitent la preuve d'un préjudice alors que les seconds non[2]. Dans ce cas, on considère que les dommages et intérêts compensatoires indemnisent la totalité de l'atteinte. À ce stade de l'analyse, la comparaison des deux droits paraît cependant moins pertinente dans la mesure où le droit français ne reconnaît pas à proprement parler des dommages et intérêts de différentes natures ayant des régimes spécifiques[3]. En droit français, on fera éventuellement référence à la notion de dommages et intérêts symboliques en matière de dommage-interférence[4]. Ceux-ci ont vocation à signifier l'interférence subie. Traditionnellement, les dommages et intérêts symboliques ne jouent qu'un rôle très limité en droit français dans la mesure où ils semblent contraire au principe de réparation intégrale et où la Cour de cassation opère un contrôle de la motivation de l'évaluation de l'indemnité[5]. Les droits de la personnalité sont cependant le terrain privilégié de ces dommages et intérêts symboliques[6] et ce constat peut être étendu à l'ensemble des dommages-interférence. Le caractère symbolique de ces dommages et intérêts n'oblige pas les juges à n'accorder qu'un euro symbolique pour autant. On peut donc s'interroger sur les composantes de l'évaluation des dommages et intérêts en cas d'interférence seule. On pourra parler de dommages et intérêts normatifs.

Évaluation des dommages et intérêts normatifs. Le droit français a développé depuis le début des années 2000 une méthodologie complexe et précise de l'évaluation des dommages et intérêts en cas de dommage corporel. L'évaluation se fait poste par poste, en se référant à des standards définis en conjonction par les juges, les tiers-payeurs et les médecins et à la jurisprudence. Cette méthodologie a une influence sur l'ensemble du droit français de la réparation. En même temps, en matière de dommage-interférence, les enjeux de la réparation ne sont pas les mêmes. En effet, les demandeurs se plaignant d'une interférence à un même intérêt peuvent légitimement exiger d'être indemnisés de façon similaire ou du moins comparable. Il existe plusieurs modèles possibles d'évaluation en fonction de l'intérêt atteint, permettant de satisfaire à cette exigence de sécurité juridique et d'égalité entre les demandeurs.

---

[1] G. VINEY, B. MARKESINIS, *loc. cit.*, spéc. n° 35.

[2] J. GOUDKAMP, D. NOLAN, *loc. cit.*, spéc. n° 23-006.

[3] La doctrine distingue sans doute l'indemnisation compensatoire de l'indemnisation satisfactoire, mais elle ne donne pas à cette distinction d'effets particuliers : Y. LAMBERT-FAIVRE, S. PORCHY-SIMON, *op. cit.*, spéc. n° 35 et 36. En matière de responsabilité contractuelle, on distingue tout de même parfois les dommages et intérêts compensatoires des dommages et intérêts moratoires : Ph. LE TOURNEAU (dir.), *op. cit.*, spéc. n° 2312-21.

[4] S. CARVAL, *La Responsabilité civile dans sa fonction de peine privée*, thèse, L.G.D.J., 1995, spéc. n° 28. Cet auteur constate la proximité entre les concepts de *nominal damages* et de dommages et intérêts symboliques.

[5] G. WESTER, *op. cit.*, spéc. n° 450.

[6] H. GALI, *op. cit.*, spéc. n° 278 et s.

Somme fixe. La première approche possible est celle d'accorder une somme fixe similaire à tous les demandeurs agissant pour une même interférence à un même intérêt. Par exemple, en matière de préjudice moral de l'enfant conçu mais non encore né au moment du décès d'un proche, et même si on peut contester la réparation d'un tel dommage-interférence, il paraîtrait normal d'accorder une indemnisation identique à tous les demandeurs placés dans une même situation. Chacun des demandeurs a subi la même interférence, celle d'être privé d'un père ou d'un grand-père, et il n'y a pas de raison que cet intérêt n'ait pas la même valeur pour tous, à moins d'entrer dans des considérations particulières au parent perdu[1], son caractère ou sa richesse, qui paraissent critiquables et étrangères à l'idée d'un dommage-interférence et à l'objet de ce préjudice. Au premier abord, une somme unique et similaire pour tous semble donc être un mode d'indemnisation satisfaisant assurant une certaine égalité entre les demandeurs. C'est le choix du droit anglais dans l'hypothèse de l'arrêt *Rees v Darlington*. En la matière, les juges ont accordé la somme de £15.000 et cette indemnité s'apparente à une indemnisation standardisée[2]. Lord Millett précise d'ailleurs que, selon lui, « *le montant devrait être purement conventionnel et ne pas être susceptible d'augmentation ou de diminution en fonction des circonstances particulières de l'affaire.* »[3] Le montant choisi avait vocation dans cette affaire à représenter l'interférence subie, et Lord Bingham a précisé que £5.000 était une somme insuffisante pour remplir l'objectif conféré à cette indemnité[4]. Les juges français pourraient, dans certaines hypothèses, choisir d'indemniser un dommage-interférence par référence à un montant unique, à vocation recognitive, sans que cela ne signifie que cette somme soit nécessairement faible. Lorsque l'intérêt atteint est un intérêt commun et similaire pour tous, cette approche semble pertinente.

Circonstances de l'interférence. Une seconde approche déjà adoptée par le droit français dans certains cas consiste à s'intéresser aux modalités de l'interférence et à la façon dont celle-ci s'est produite pour évaluer les dommages et intérêts à accorder. Cette approche est celle adoptée en matière de préjudices situationnels des victimes directes et des victimes par ricochet dans le rapport Porchy-Simon et dans le « Livre blanc sur les préjudices subis lors des attentats » du Barreau de Paris[5]. Le Livre blanc met en avant sept critères d'évaluation pour les victimes directes et seize critères pour les victimes par ricochet dans une « *méthodologie multifactorielle* »[6]. Il attache

---

[1] Sur les façon d'aborder le dommage en la matière, v. par ex. : L. DUPIN, « Toi, le grand-père que je n'ai jamais eu... », *Droit de la famille* 2021, comm. 70.

[2] E. DESCHEEMAEKER, « The Standardisation of Tort Damages », *op. cit.*, spéc. p. 13.

[3] *Rees v Darlington* [2004] 1 AC 309, spéc. Lord Millett, p. 350 : « *the figure should be a purely conventional one which should not be susceptible of increase or decrease by reference to the circumstances of the particular case.* » (Notre traduction).

[4] *Rees v Darlington* [2004] 1 AC 309, spéc. Lord Bingham, p. 317.

[5] V. *supra* p. 161 et s.

[6] « Livre blanc sur les préjudices subis lors des attentats », novembre 2016, spéc. p. 33.

à chacun de ces critères des degrés de gravité. Le rapport Porchy-Simon relève quant à lui trois « *critères généraux d'évaluation* »[1]. Ces trois critères sont la durée de l'exposition à la situation, la proximité physique du demandeur au danger et les circonstances particulières entourant l'acte. Ce troisième critère regroupe les circonstances spécifiques à la victime comme la présence sur les lieux d'un proche dont le demandeur serait séparé par exemple. Il s'agit, sur la base de ces critères, de composer une grille d'indemnisation spécifique à chaque événement, qu'il s'agisse d'un accident collectif ou d'un attentat par exemple. Tous les demandeurs concernés par une même situation seraient alors indemnisés sur la base d'une même grille d'indemnisation. On constate ici l'influence de la méthodologie de l'indemnisation poste par poste avec une appréciation de l'évaluation *via* des critères objectivables. Cette méthode d'évaluation vise à assurer un traitement similaire des victimes sur la base de critères objectifs et à faciliter le travail des tiers-payeurs en cas d'accident de masse. Dans une telle hypothèse, c'est bien l'interférence avec un intérêt qui est indemnisé mais l'évaluation repose sur l'objectivation des modalités de cette interférence.

Gravité de l'interférence. Une troisième approche de l'évaluation pourrait consister à prendre en compte la gravité de l'acte du défendeur et donc la gravité de l'interférence qu'il a causée. Par exemple, la gravité du comportement fautif du défendeur pourrait jouer un rôle en matière de préjudice d'angoisse pris comme un dommage-interférence. Elle joue déjà un rôle dans l'appréciation de l'existence d'un dommage-interférence. La Cour de cassation a en effet reconnu l'existence d'un préjudice d'atteinte à la dignité du salarié[2] « *lorsque l'employeur a manqué gravement à ses obligations de bonne foi dans l'exécution du contrat de travail* »[3]. On peut estimer qu'en exposant sciemment un demandeur à une substance dangereuse ou en n'adoptant pas un comportement permettant de limiter le risque d'exposition, le défendeur a commis une interférence d'une gravité particulière justifiant une indemnité plus importante. L'influence de la gravité de la faute du défendeur pose cependant plusieurs difficultés. D'abord, elle est difficile à apprécier dans l'évaluation du préjudice d'angoisse ou d'anxiété tant les juges et la doctrine insistent sur le pouvoir souverain d'évaluation des juges du fond[4]. Surtout, la prise en compte de la

---

[1] S. PORCHY-SIMON (dir.), « L'indemnisation des préjudices situationnels d'angoisse des victimes directes et de leurs proches. Rapport du groupe de travail dirigé par Stéphanie Porchy-Simon », *op. cit.*, spéc. p. 52.

[2] Cass. soc., 8 févr. 2023, n° 20-23.312, et Cass. soc., 8 févr. 2023, n° 21-14.451, *JCP G* 2023, act. 419, obs. J. KNETSCH ; *Bulletin Joly Travail* 2023, n° BJT202i5, obs. S. RANC ; *Gaz. Pal.* 14 mars 2023, n° GPL446x0, obs. D. ASQUINAZI-BAILLEUX ; *ibid.* 23 mai 2023, n° GPL449i4, obs. J. TRAULLÉ.

[3] D. ASQUINAZI-BAILLEUX, « Vers de nouvelles réparations pour les salariés exposés à l'amiante : préjudice d'anxiété et d'atteinte à la dignité », *Gaz. Pal.* 14 mars 2023, n° GPL446x0.

[4] M. BACACHE, « Le préjudice d'anxiété lié à l'amiante : une victoire en demi-teinte », *JCP G* 2019, 508 ; C. WILLMANN, « Préjudice d'anxiété : un revirement de jurisprudence… anxiogène », *RDSS* 2019, p. 539.

gravité de la faute du défendeur en matière d'évaluation pose la question de la possibilité d'accorder des dommages et intérêts punitifs en matière de dommage-interférence. En effet, une indemnisation en fonction de la gravité de l'atteinte risquerait de contrevenir au principe de réparation intégrale, lequel interdit aussi que la victime ne s'enrichisse[1]. Le débat entourant cette question en droit français revient fréquemment sur le devant de la scène juridique. Le projet de réforme de la responsabilité civile de la Chancellerie proposait déjà à son article 1266-1 que le juge puisse condamner le défendeur au paiement d'une amende civile « *lorsque l'auteur du dommage a délibérément commis une faute en vue d'obtenir un gain ou une économie* ». Ce mécanisme n'a pas été retenu dans la proposition de loi sénatoriale de 2020[2]. Cette proposition visait notamment à punir les médias procédant à des « *atteintes volontaires aux droits de la personnalité* »[3], une hypothèse de dommage-interférence. L'amende civile se distingue des dommages et intérêts punitifs en ce que la somme que le défendeur est condamné à payer n'est pas versée au demandeur mais à l'État. Si les dommages et intérêts punitifs sont écartés en droit français car ils constituent un manquement au principe de réparation intégrale, l'amende civile pose moins de difficultés[4]. Cela est d'autant plus vrai en matière de dommage-interférence dans la mesure où le principe de réparation intégrale y joue un rôle plus relatif. En revanche, en tant que punition, les dommages et intérêts punitifs doivent être maniés avec délicatesse dans la mesure où certains principes directeurs comme le principe de légalité des délits et des peines sont susceptibles de s'y appliquer[5]. Une évaluation fondée sur la gravité de la faute du défendeur ne pourrait pas se faire sans un aménagement des règles de droit applicables en l'état. La controverse autour de ce mode d'évaluation et de réparation en droit privé permet d'affirmer qu'une évolution du droit en la matière est envisageable mais peu probable.

La relativité du principe de réparation intégrale en matière de dommage-interférence permet aussi d'explorer d'autres modes de réparation.

Modes alternatifs de réparation. L'objectif de la réparation en matière de dommage-interférence étant de reconnaître l'interférence subie, il serait possible d'envisager d'autres modes de règlement du conflit en tant que complément ou comme alternative à des dommages et intérêts. Il existe plusieurs modes alternatifs de réparation envisageables.

Rôle du jugement. D'abord, il faut envisager la force recognitive du jugement lui-même, c'est-à-dire de la déclaration par les juges de l'existence d'une interférence avec un intérêt protégé. En effet, le jugement a en lui-

[1] C. CHARBONNEAU, « La réparation intégrale du dommage, un principe à nuancer », *RLDC* 2013, n° 107.

[2] Sur ce point, v. : Ph. PIERRE, « Au-delà de la réparation : les nouvelles sanctions », *Archives de philosophie du droit* 2021, n° 63, p. 393-401.

[3] E. JUEN, « Vers la consécration des dommages-intérêts punitifs en droit français », *RTD Civ.* 2017 p. 565.

[4] Ph. LE TOURNEAU (dir.), *op. cit.*, spéc. n° 221.17.

[5] E. JUEN, *loc. cit.*

même une portée symbolique en ce qu'il peut constituer la proclamation solennelle d'une interférence[1]. Cette confiance dans la force symbolique du jugement est perceptible en droit anglais, où les juges expriment souvent leur compassion à l'égard des demandeurs[2]. La force déclaratoire d'un jugement n'est pas négligeable et le rôle des mots, du langage et de l'expression publique de la souffrance est sans doute important pour les demandeurs. En affirmant que le demandeur a subi une interférence avec un intérêt important, les juges reconnaissent publiquement la qualité de victime du demandeur. L'affirmation de l'existence d'une interférence peut par ailleurs se doubler d'une publication de la décision. La Cour de cassation a expressément indiqué que les juges du fond appréciaient souverainement les modalités de réparation d'un préjudice, et la publication d'un jugement peut être une composante de cette réparation[3]. En cas d'événement collectif, l'affirmation du jugement n'est qu'une des expressions de la reconnaissance sociale de la souffrance, puisqu'elle peut aussi prendre la forme de commémorations et d'hommages dans les cas les plus graves[4]. Il s'agit de satisfaire le besoin de reconnaissance des victimes. Cette déclaration ne peut pas être suffisante en matière de dommage corporel[5] puisqu'il s'agit d'un dommage-détérioration devant être indemnisé dans toutes ses composantes. Elle pourrait sembler plus suffisante et satisfaisante en matière de dommage-interférence. En droit anglais, les juges ont cependant souligné l'importance d'assortir de telles déclarations de dommages et intérêts. Dans l'arrêt *Re Lumba*, Lord Hope précise ainsi que reconnaître l'interférence est utile mais n'est pas suffisant et que des dommages et intérêts demeurent nécessaires pour insister sur l'importance de l'atteinte subie[6]. La seule affirmation par voie de jugement de l'existence d'une interférence sans dommages et intérêts risque de causer chez le demandeur une certaine confusion et de susciter un sentiment d'impunité chez le défendeur. Il semble important que les juges reconnaissent solennellement et par un vocabulaire adapté l'existence de l'interférence mais il paraît impossible de se passer entièrement de dommages et intérêts.

Excuses publiques. Les excuses publiques protégées peuvent constituer un mode de réparation en matière de dommage-interférence. Il existe aux Etats-Unis ou en Australie des mécanismes d'excuses forcées ou d'incitation aux excuses officielles. Ces mécanismes visent à mettre en avant la

---

[1] Sur ce point, et sur la façon dont des dommages et intérêts peuvent nuire à cette portée symbolique, v. : J.-S. BORGHETTI, « Les intérêts protégés et l'étendue des préjudices réparables en droit de la responsabilité civile extra-contractuelle », in *Etudes offertes à Geneviève Viney*, L.G.D.J., 2008, p. 145-171, spéc. p. 169.

[2] V. par ex. : *Hicks v Chief Constabulary of South Yorkshire* [1992] PIQR 433, spéc. Lord Bridge, p. 434 ; *Alcock v Chief Constable of South Yorkshire* [1992] 1 AC 310, spéc. Lord Stocker, p. 380 et Lord Ackner, p. 398.

[3] C. CHARBONNEAU, *loc. cit.*

[4] G. WESTER, *op. cit.*, spéc. n° 461 et s.

[5] *Ibid.*, spéc. 467 et s.

[6] *R (Lumba) v Secretary of State for the Home Department* [2012] AC 245, spéc. Lord Hope, p. 303.

dimension morale de la responsabilité civile et les vertus des excuses : restauration de la dignité, apaisement des conflits et restauration de la relation blessée[1]. En matière d'interférence, des excuses paraissent particulièrement pertinentes car le demandeur a subi une atteinte à un intérêt dont il souhaite la reconnaissance. En s'excusant, le défendeur reconnaît son fait. Cependant, les excuses publiques de ce type sont marquées par plusieurs difficultés. Elles souffrent d'une faiblesse intrinsèque liée au fait qu'elles obligent le défendeur à affirmer sa responsabilité, et donc à abandonner toute défense devant un tribunal. C'est pourquoi il est utile de réfléchir à un mode de protection des excuses[2]. Cependant, la protection des excuses peut aussi conduire le défendeur à profiter d'une incitation à s'excuser pour échapper à d'autres modes de réparation, ce qui retire aux excuses leur sincérité, et donc leurs effets bénéfiques d'un point de vue moral. L'excuse semble donc relever d'une sphère purement morale, et ne pouvoir jouer qu'un rôle très limité en matière de responsabilité civile.

Justice restaurative. La justice restaurative est une pratique apparue dans des pays étrangers puis en droit pénal[3]. L'article 10-1 du Code de procédure pénale la définit comme « *toute mesure permettant à une victime ainsi qu'à l'auteur d'une infraction de participer activement à la résolution des difficultés résultant de l'infraction, et notamment à la réparation des préjudices de toute nature résultant de sa commission* ». La justice restaurative prend souvent la forme de groupes de parole ou de témoignage entre des demandeurs et des défendeurs. Il s'agit pour les premiers de pouvoir exprimer le ressentiment ou la souffrance causés par une atteinte - un crime ou un délit en matière pénale. En matière de dommage-interférence, on pourrait envisager des espaces d'échange et de rencontre entre des défendeurs ayant fautivement exposés des demandeurs à une substance dangereuse et les demandeurs en question. Il s'agirait alors de montrer au défendeur que ses actes ont eu pour d'autres des conséquences graves. En droit anglais, ce type de démarche commence à apparaître en matière civile. Par exemple, il a été rapporté par les médias que l'accord transactionnel étant intervenu entre les défendeurs et les demandeurs concernant l'incendie de la tour Grenfell à Londres le 14 juin 2017 comprenait le financement par les défendeurs d'une « *semaine de témoignage* »[4]. Cette initiative pourrait désigner un mécanisme de justice restaurative consistant dans la possibilité pour les demandeurs, des personnes ayant été touchées par le feu, de s'exprimer devant des représentants des défendeurs. En matière d'accident collectif causant des

---

[1] P. VINES, « The protected apology as the modern response to the moral question at the heart of Donoghue v Stevenson : what if Stevenson had apologised ? », *Jur. Rev.* 2013, n° 3, p. 483-500.

[2] *Ibid.*

[3] G. WESTER, *op. cit.*, spéc. n° 436 et s.

[4] En anglais, « *testimony week* » (notre traduction) : « Judge approves £150 million settlement of Grenfell compensation claims », *Bracknell News*, 2 mai 2023, en ligne (lien), consulté le 19 juillet 2023.

préjudices situationnels par exemple, il s'agirait d'une façon supplémentaire de reconnaître l'interférence grave à un intérêt protégé subi par les demandeurs. On pourrait aussi envisager d'utiliser la justice restaurative en cas d'exposition à une substance dangereuse, afin d'insister sur l'humanité et la dignité des travailleurs exposés. Il s'agit en tous cas d'une voie disposant d'un certain potentiel en matière d'interférence.

Conclusion de section. L'indemnisation des préjudices émotionnels autonomes doit varier en fonction de la formulation du dommage réparé et donc de la fonction de la responsabilité civile dominante pour chaque cas. En matière de dommage-détérioration, les dommages et intérêts sont la modalité reine de l'indemnisation, et celle-ci doit être la plus intégrale possible. Cela suppose de veiller à une juste utilisation des outils méthodologiques d'indemnisation pour s'assurer de la complétude de l'indemnisation et de l'évaluation la plus précise possible des dommages et intérêts. En matière de dommage-interférence, la fonction recognitive de la responsabilité civile joue un rôle prioritaire. Le lien avec le principe de réparation intégrale est donc plus relatif et les dommages et intérêts sont nécessairement symboliques ou normatifs. L'objectif de reconnaissance permet d'explorer d'autres modes de réparation du dommage-interférence qui viendraient en complément de dommages et intérêts.

Conclusion de chapitre. La formulation du dommage préférée doit à notre sens influer sur les modalités d'indemnisation des préjudices émotionnels autonomes, comme cela semble déjà être le cas en droit anglais, et permettre ainsi une certaine rationalisation pratique de l'indemnisation. Le dommage-détérioration apparaît comme la forme la plus classique du dommage en droit français et en droit anglais. En droit français, les principes de la réparation se sont formés et consolidés autour de cette figure. L'indemnisation d'un dommage-détérioration doit satisfaire à ces principes. Cela signifie que la preuve du dommage-détérioration doit se faire *in concreto*, afin que le dommage soit clairement identifié. Il en va de même pour l'identification des préjudices subis par le demandeur et pour leur évaluation. L'objectif central de la réparation en matière de dommage-détérioration dans les deux droits est le retour au *statu quo ante*. Le dommage-interférence est une figure plus récente et plus inhabituelle en droit français qui occupe une place de plus en plus secondaire en *tort law*. Les préjudices indemnisant un dommage de ce type figurent comme des actions particulières, et le lien avec les principes de la réparation semble distendu. Ces préjudices sont prouvés *via* des présomptions, et il faut dégager les conditions de chaque action particulière. La réparation du dommage-interférence passe souvent par des dommages et intérêts. Toutefois, on peut écarter le principe de réparation intégrale dans sa dimension quantitative en la matière ce qui permet d'une part d'envisager une évaluation plus symbolique des dommages et intérêts et d'autre part d'étudier d'autres modes de réparation potentiels. Nous avons exploré l'application de cette distinction aux différents préjudices émotionnels autonomes afin d'illustrer l'utilité de la distinction et ses effets pour rationaliser la réparation du dommage.

Conclusion de titre. La multiplication des nouvelles demandes d'indemnisation en droit français et en droit anglais ainsi que la diversité des réponses apportées par les juges dans une approche au cas par cas ont pu obscurcir le sens de l'indemnisation. L'étude des préjudices émotionnels autonomes et de leurs équivalents anglais a toutefois permis de mettre en lumière une distinction au sein du dommage entre détérioration et interférence. Cette distinction est un outil conceptuel possédant un certain potentiel de rationalisation de l'indemnisation. D'abord, d'un point de vue théorique, elle permet d'explorer les limites à poser à l'accueil de nouvelles demandes d'indemnisation. Cela permet de mettre en lumière que les deux droits ont des champs de l'indemnisation qui ne sont pas illimités, mais dont les limites sont mouvantes et difficiles à déterminer. Cela est dû à la plasticité du dommage-interférence. Il paraît souhaitable de traiter l'indemnisation des dommages-interférence comme des délits civils particuliers assortis de leurs conditions propres. Ensuite, d'un point de vue pratique, la distinction permet de chercher à mettre en conformité les modalités de l'indemnisation d'un préjudice avec la formulation du dommage qui est réparé. La preuve se fera *in concreto* en matière de dommage-détérioration, et en fonction de conditions particulières à chaque situation en matière de dommage-interférence. L'indemnisation devra être intégrale et personnalisée en matière de détérioration alors qu'elle aura une dimension plutôt recognitive en matière d'interférence. On constate donc la coexistence de préjudices indemnisant une forme très concrète de dommage avec des préjudices indemnisant un dommage défini plus abstraitement.

Conclusion de partie. Les droits français et anglais n'ont pas adopté les mêmes solutions en *tort law* et en responsabilité civile face à de nouvelles demandes d'indemnisation. Pourtant, l'étude des préjudices émotionnels autonomes et de leurs équivalents anglais semble mettre en lumière une convergence potentielle des deux droits autour d'une architecture comparable de la responsabilité civile. En effet, nous avons cherché à démontrer que les deux droits réparent à la fois des dommages-détérioration et des dommages-interférence, deux formulations distinctes du dommage. Dans les deux systèmes, le dommage-détérioration semble avoir une certaine primauté et constituer la formulation autour de laquelle le droit de l'indemnisation a été bâti. Le dommage-interférence apparaît plus nettement en matière de préjudices émotionnels autonomes car il s'agit justement dans ces cas-là de dépasser le cadre traditionnel de l'indemnisation. Ce constat nous a permis d'identifier que les préjudices émotionnels autonomes du droit français ont essentiellement vocation à indemniser des interférences avec des intérêts particuliers que la société trouve trop injuste pour ne pas les réparer, alors même qu'aucune détérioration concrète de l'état du demandeur n'a été constatée. Nous avons cherché à montrer qu'il était pertinent dans les deux droits de distinguer plus clairement les dommages-détérioration des dommages-interférences, notamment face à de nouvelles demandes d'indemnisation. Il s'agissait de montrer qu'il serait utile de faire converger les architectures des droits français et anglais, non pas pour répondre aux enjeux d'une quelconque harmonisation, mais car cela permettrait dans les deux cas de donner plus de clarté conceptuelle et de sens à l'indemnisation. La distinction pourrait en effet permettre d'éclairer le juge sur les limites du champ de l'indemnisation, et lui permettre également d'apprécier où une nouvelle demande d'indemnisation s'inscrit dans ce champ. Elle pourrait également permettre d'appliquer des modalités d'indemnisation adaptées au dommage réparé. Il nous semble ainsi possible d'envisager l'avènement d'un droit des délits en droit français et un renforcement de la *pseudo*-clause générale de la *negligence* en droit anglais, ce qui constituerait indéniablement une convergence des droits français et anglais.

CONCLUSION GÉNÉRALE

L'objet de notre travail était d'étudier les préjudices émotionnels autonomes apparus en droit français et de les comparer avec les concepts ayant été utilisés pour répondre aux mêmes nouvelles demandes d'indemnisation en droit anglais Nous avons identifié plusieurs préjudices autonomes en droit français : les préjudices d'angoisse et d'anxiété ; le préjudice d'impréparation ; le préjudice d'angoisse de mort imminente ; le préjudice situationnel d'angoisse ; le préjudice situationnel d'attente et d'inquiétude ; et le préjudice moral de l'enfant conçu mais non encore né au moment du décès d'un proche. Nous avons aussi exploré la notion de traumatisme psychique, du fait de sa proximité avec la notion de préjudice émotionnel, et de la récente consécration de l'indemnisation autonome du traumatisme psychique des victimes par ricochet d'autre part. Nous avons comparé ces concepts de droit français avec plusieurs concepts de la *tort law* en général et du *tort of negligence* en particulier. Nous avons ainsi exploré le traitement de la souffrance morale pure en *negligence*, parfois désignée sous les termes de *nervous shock*, ainsi que la question du dommage d'autonomie, et plus largement la définition du dommage en *negligence*. Nous avons aussi étudié les particularités des *torts actionable per se*. Nous avons ainsi pu identifier les réponses du droit anglais aux problèmes juridiques posés par les préjudices émotionnels autonomes.

L'objectif de cette comparaison était de démontrer que la spécificité des préjudices émotionnels autonomes tient au fait qu'ils ont pour la plupart vocation à assurer au demandeur une indemnisation dans des circonstances où la société estime que celui-ci a subi une interférence à un intérêt trop injuste pour ne pas être indemnisée, et non à réparer un dommage apprécié de façon concrète. Il s'agissait ensuite d'évaluer les conséquences de ce constat.

Nous avons d'abord opté pour une approche thématique de la question, préjudice par préjudice, afin de pouvoir clairement identifier les différents préjudices émotionnels autonomes du droit français et les concepts ayant été mobilisés par le droit anglais dans chacune des situations auxquelles ces préjudices répondent. Cela nous a permis de formuler les problèmes juridiques posés par les situations où de nouvelles demandes d'indemnisation sont apparues, et les raisons théoriques pour lesquelles des réponses nouvelles étaient nécessaires pour répondre à ces demandes. Nous avons ainsi distingué les préjudices résultant d'une confrontation à un risque des préjudices résultant d'une confrontation à la mort. Dans le premier cas, il n'y a pas d'atteinte physique pouvant servir d'appui au préjudice tandis que dans le second cas, il faut distinguer le préjudice autonome identifié d'un préjudice déjà indemnisé en cas d'atteinte physique et inclus dans la nomenclature Dintilhac. Nous avons pu constater que le droit français fait preuve d'une bien plus grande souplesse conceptuelle pour répondre favorablement à de nouvelles demandes d'indemnisation, au prix cependant d'une certaine désintégration et désincarnation de la notion de préjudice. À l'inverse, le champ de l'indemnisation en droit anglais demeure plutôt clairement borné, et les juges anglais ont refusé d'indemniser les demandeurs ne démontrant pas qu'ils avaient subi une atteinte physique ou psychique suffisamment grave. Cependant, nous avons aussi constaté que ces bornes pouvaient s'avérer insatisfaisantes et qu'elles semblaient avoir été fixées arbitrairement en droit anglais. Il est ressorti de notre étude que la divergence des solutions des droits français et anglais tient autant à des différences conceptuelles qu'à des arguments de politique juridique.

Nous avons ensuite fait le choix d'une approche synthétique visant à déterminer s'il était possible d'inscrire les réponses des droits français et anglais aux nouvelles demandes d'indemnisation dans un cadre conceptuel plus large. Notre approche s'est centrée autour de l'idée qu'un préjudice indemnisé de manière autonome doit nécessairement avoir pour vocation de réparer un dommage et, à partir de là, nous avons souhaité identifier les dommages réparés par l'indemnisation des préjudices émotionnels autonomes. Nous avons constaté l'existence, en droit comparé de la responsabilité civile, d'une distinction ancrée dans le droit romain entre deux formulations du dommage. Celui-ci est conçu tantôt comme une interférence avec un intérêt légitime et tantôt comme la détérioration d'une situation de fait. Nous avons retrouvé cette distinction en droit anglais dans la *negligence* qui nécessite la preuve d'une détérioration d'une part, et dans les *torts actionable per se* où la preuve d'une détérioration n'est pas nécessaire d'autre part. En revanche en droit français, si nous avons identifié des incarnations des deux types de formulations dans le droit positif, il n'a pas été possible de retrouver de traces conceptuelles de la distinction, notamment du fait de l'importance du principe d'équivalence. Plus spécifiquement, nous avons cherché à démontrer que la notion de préjudice moral portait nécessairement en elle des traces des deux formulations du dommage. Sur la base de la distinction proposée, et en nous appuyant sur l'exemple du droit anglais, nous avons établi une typologie des préjudices émotionnels autonomes. En droit anglais et en droit français, nous avons pu identifier la spécificité du traumatisme psychique, lequel est un dommage-détérioration et un véritable dommage corporel, qui doit être indemnisé dans le cadre de la nomenclature Dintilhac. Nous avons tenté de démontrer que l'ensemble des préjudices émotionnels autonomes étudiés visaient plutôt à réparer des dommages-interférence que des dommages-détérioration, ce qui explique notamment leur relative désincarnation.

L'identification de la distinction du dommage-détérioration et du dommage-interférence, ainsi que de la place particulière de l'interférence en matière de préjudices émotionnels autonomes, nous conduit à formuler plusieurs propositions de thèse visant à assurer une meilleure cohérence des droits français et anglais face à ces nouvelles demandes d'indemnisation.

Pour rationaliser l'indemnisation des préjudices émotionnels autonomes, et pour guider le travail des juges face à de nouvelles demandes d'indemnisation, nous proposons :

1. de distinguer le traumatisme psychique de la simple atteinte émotionnelle sur des bases médicales en droit français afin d'éviter que le traumatisme psychique ne soit indemnisé au sein de préjudices inadaptés et afin de n'intégrer que le premier au champ du dommage corporel, comme le fait déjà le droit anglais ;

2. de séparer les formulations du dommage dans des actions différentes en droit français et en droit anglais, c'est-à-dire au sein de la clause générale de responsabilité civile ou de la *negligence* pour le dommage-détérioration, et au sein d'actions spécifiques pour le dommage-interférence, afin de clarifier les limites du champ de l'indemnisation et de faciliter le travail des juges au moment de répondre à de nouvelles demandes d'indemnisation, notamment lorsqu'il s'agit de reconnaître l'existence d'un dommage-interférence ;

3. d'adapter les modalités de preuve et de réparation des préjudices émotionnels autonomes et de leurs équivalents anglais aux formulations du dommage qu'ils visent à indemniser afin d'améliorer la cohérence du droit de la responsabilité civile d'une part et de redonner un sens plus clair à la réparation d'autre part.

L'objectif de cette thèse était de faire dialoguer les droits français et anglais de la responsabilité civile et d'améliorer la compréhension que nous avons de ces deux droits. Cela nous a conduit à proposer des modifications de chacun d'entre eux, afin d'en améliorer la cohérence et la clarté. Ces pistes de rationalisation de l'indemnisation ont été conçues en particulier pour proposer une amélioration du droit de la responsabilité civile en matière de préjudices émotionnels autonomes, afin que soit pris en compte le fait que ces préjudices indemnisent à notre sens des interférences à des intérêts plutôt que la détérioration de situations de fait. Toutefois, cette étude n'épuise pas le potentiel de la distinction du dommage-détérioration et du dommage-interférence, que ce soit dans une perspective nationale ou en droit comparé. La distinction que nous avons mise en lumière semble dépasser la seule question des préjudices extrapatrimoniaux, tant en droit français qu'en droit anglais. Elle pourrait sans doute se déployer plus largement au sein du droit de la responsabilité civile, mais cela nous conduirait à dépasser le champ de notre étude.

BIBLIOGRAPHIE CHOISIE

Droit Français :

Manuels et ouvrages généraux :

BRUN, Phillipe (dir.) :
- *Le Lamy Droit de la Responsabilité*, [en ligne], Wolters Kluwer.

FABRE-MAGNAN, Murielle :
- *Droit des obligations t. 2 - Responsabilité civile et quasi-contrats*, Paris, PUF, Thémis droit, 5ème éd., 2021, 624 pages.

LAMBERT-FAIVRE, Yvonne, et PORCHY-SIMON, Stéphanie :
- *Droit du dommage corporel. Systèmes d'indemnisation*, Paris, Dalloz, Précis, 9ème éd., 2022, 916 pages.

LE TOURNEAU, Philippe (dir.) :
- *Droit de la responsabilité et des contrats - Régimes d'indemnisation*, Paris, Dalloz, Dalloz Action, 13ème éd., 2023, 2970 pages.

SAINT-PAU, Jean-Christophe (dir.) :
- *Droits de la personnalité*, Paris, Lexis Nexis, Traités, 2013, 1410 pages.

VINEY, Geneviève, JOURDAIN, Patrice, et CARVAL, Suzanne :
- *Les conditions de la responsabilité*, Paris, L.G.D.J., Traités, 4ème éd., 2013, 1320 pages.

Thèses :

AUGIER-FRANCIA, Émeline :
- *Les nomenclatures de préjudices en droit de la responsabilité civile*, thèse, Bayonne, Institut Francophone pour la Justice et la Démocratie, 2021, dir. S. Porchy-Simon, 714 pages.

BASCOULERGUE, Adrien :
- *Les caractères du préjudice réparable*, thèse, Aix-en-Provence, PUAM, 2014, 481 pages.

BOURDOISEAU, Julien :
- *L'influence perturbatrice du dommage corporel en droit des obligations*, thèse, Paris, L.G.D.J., Thèses, 2010, préf. F. Leduc, 550 pages.

CALFAYAN, Christian :
- *Essai sur la notion de préjudice : Étude comparative en tort law et en droit français de la responsabilité civile délictuelle*, thèse, Université Paris 1, 2007, dir. H. Muir-Watt, 416 pages.

DUGUÉ, Marie :
- *L'intérêt protégé en droit de la responsabilité civile*, thèse, Paris, L.G.D.J., Thèses, 2019, dir. P. Jourdain, 504 pages.

GALI, Hakim :
- *Le préjudice moral. Étude de droit de la responsabilité civile*, thèse, Paris, Dalloz, Nouvelle bibliothèque des thèses, 2021, dir. L. Neyret, 564 pages.

LEMAIRE, Emmanuelle :
- *Risques sanitaires sériels et responsabilité civile : étude comparée des droits français et anglais*, thèse, L'Harmattan, Logiques Juridiques, 2021, dir. M. Goré et D. Mazeaud, 684 pages.

QUISTREBERT, Yohann :

- *Pour un statut fondateur de la victime psychologique en droit de la responsabilité civile*, thèse, Université de Rennes, 2018, dir. P. Pierre.

VIGLINO, Manon :

- *L'indemnisation des préjudices en cas de décès de la victime directe*, thèse, Université Savoie Mont-Blanc, 2020, dir. C. Quézel-Ambrunaz, 611 pages.

WESTER, Guillemette :

- *Les principes de la réparation confrontés au dommage corporel*, thèse, Paris, L.G.D.J., Thèses, 2023, dir. S. Porchy-Simon, 494 pages.

<u>*Articles*</u> :

ALT-MAES, Françoise :

- « La réparation du défaut d'information médicale : Métamorphose et effets pervers », *JCP G* 2013, doctr. 547.

AZZI, Tristan :

- « Les relations entre la responsabilité civile délictuelle et les droits subjectifs », *RTD Civ.* 2007, p. 227.

BACACHE, Mireille :

- « Le défaut d'information sur les risques de l'intervention : quelles sanctions », *D.* 2008, p. 1908.
- « Responsabilité médicale : évolution ou régression ? », *D.* 2012, p. 2277.
- « La nomenclature : une norme ? », *Gaz. Pal.* 27 décembre 2014, n° 202u5, p. 7.
- « L'information médicale et la fonction punitive de la responsabilité civile », *in Mélanges en l'honneur du professeur Suzanne Carval*, IRJS Éditions, 2021, p. 71-83.

BARY, Marion :

- « Vers la consécration du préjudice d'angoisse face aux risques hypothétiques par la responsabilité civile ? », *Revue Juridique de l'Ouest*, 2014, n° spécial, actes du colloque du 3 octobre 2014, p. 93-114.

BASCOULERGUE, Adrien :

- « Réparation du défaut d'information en matière médicale : retour à l'orthodoxie », *JCP G* 2014, 446.

BERNFELD, Claudine, et BIBAL, Frédéric :

- « Pour une égalité de traitement des dommages psychiques et physiques », *Gaz. Pal.* 15 février 2015, n° 213f7, p. 5.

BLANCO, Florent, et CHENU, Damien :

- « La distinction du dommage et du préjudice », *in Droits privé et public de la responsabilité extracontractuelle*, N. Albert-Moretti, F. Leduc et O. Sabard (dir.), LexisNexis, 2017, p. 81-100.

BLOCH, Laurent :

- « Préjudices corporels : de l'imagination des plaideurs à l'empathie du juge », *Resp. civ et assur.* 2013, alerte 1.
- « Réflexions sur le normal et l'anormal en matière de responsabilité médicale », *Resp. civ. et assur.* 2022, étude 8.

BORGHETTI, Jean-Sébastien :

- « Les intérêts protégés et l'étendue des préjudices réparables en droit de la responsabilité civile extra-contractuelle », *in Etudes offertes à Geneviève Viney*, L.G.D.J., 2008, p. 145-171.

- « Le préjudice économique pur et l'atteinte au cours normal des choses », *in Mélanges en l'honneur du professeur Suzanne Carval*, IRJS Éditions, 2021, p. 113-140.

BOURGOIN, Audrey, et GIRAUD, Camille :

- « Les caractères du préjudice », *in Droits privé et public de la responsabilité extracontractuelle*, N. Albert-Moretti, F. Leduc et O. Sabard (dir.), LexisNexis, 2017, p. 109-128.

BOURRIÉ-QUENILLET, Marthe :

- « Pour une réforme conférant un statut juridique à la réparation du préjudice corporel », *JCP G* 1996, doctr. 3919.

BRUN, Phillipe :

- « Personnes et préjudices », *RGD* 2003, vol. 33, n° 2, p. 187-209.
- « Causalité juridique et causalité scientifique », *RLDC* 2007, n° 40.
- « Le droit en “principes” : la réparation intégrale en droit du dommage corporel », *RLDC* 2013, n° 110.
- « Le dommage corporel en droit français », *in Le préjudice : entre tradition et modernité, Journées franco-japonaises*, t. 1, D. Mazeaud, M. Mekki et N. Kanayama (dir.), Larcier-Bruylant, 2015, p. 75-79.

CABARRUS (de), Charlotte :

- « La réparation intégrale, un principe régulateur », *in Mélanges en l'honneur du professeur Suzanne Carval*, IRJS Éditions, 2021, p. 241-252.

CADIET, Loïc :

- « Les Métamorphoses du préjudice », *in Les métamorphoses de la responsabilité*, P. Michaux (dir.), L.G.D.J., 1998, p. 37-64.

CANSELIER, Guillaume :

- « De l'explication causale en droit de la responsabilité civile délictuelle », *RTD Civ.* 2010, p. 41.

CARBONNIER, Jean :

- « L'hypothèse du non-droit », *in Flexible Droit*, L.G.D.J., 2001, p. 25-47.

CHARBONNEAU, Cyril :

- « La réparation intégrale du dommage, un principe à nuancer », *RLDC* 2013, n° 107.

CORGAS, Cristina :

- « Le préjudice d'angoisse : état des lieux », *Revue Juridique de l'Ouest*, 2014, n° spécial, actes du colloque du 3 octobre 2014, p. 29-34.

CORGAS-BERNARD, Cristina :

- « Le préjudice d'angoisse consécutif à un dommage corporel : quel avenir ? », *Resp. civ. et assur.* 2010, étude 4.
- « Le préjudice extrapatrimonial à l'épreuve des réformes », *Resp. civ. et assur.* 2012, étude 5.

COUSIN, Clément :

- « Les nomenclatures des préjudices corporels : comment ressusciter l'esprit du rapport Dintilhac ? », *RLDC* 2017, n° 147.

DELAHAIS, Caroline :

- « L'éco-anxiété face à l'urgence écologique : nouvelle source de préjudice d'angoisse ? », *Revue juridique de l'environnement* 2022, n° spécial, p. 117-132.

DEVELAY, Matthieu :

- « Du préjudice d'angoisse au préjudice d'exposition », *RLDC* 2013, n° 103.

FABRE-MAGNAN, Murielle :
- « Le dommage existentiel », *D.* 2010, p. 2376.
- « Le Statut juridique du principe de dignité », *Droits* 2013, n° 58, p. 167-196.

GOUT, Olivier, et PORCHY-SIMON, Stéphanie :
- « Plaidoyer pour la défense des nomenclatures en droit du dommage corporel », *D.* 2015, p. 1499.

GRATTON, Laurène :
- « Le dommage déduit de la faute », *RTD Civ.* 2013, p. 275.

HILGER, Geoffroy :
- « L'indemnisation du préjudice religieux au prisme de la nomenclature des postes de préjudices corporels », *Gaz. Pal.* 26 septembre 2017, n° 303b7, p. 23.
- « L'angoisse de mort imminente et les souffrances endurées : éléments de réflexion pour une indemnisation efficiente des victimes », *Gaz. Pal.* 4 septembre 2018, n° 329u7, p. 13.

HOCQUET-BERG, Sophie :
- « La sanction du défaut d'information en matière médicale », *Gaz. Pal.* 1998, n° 2, p. 1121.
- « L'affaire dite du distilbène, figure de proue de l'indemnisation des victimes de produits de santé ? », *Resp. civ. et assur.* 2019, étude 10.
- « La douleur des proches », *in Mélanges en l'honneur du professeur Suzanne Carval*, IRJS Éditions, 2021, p. 417-431.

HOURSON, Sébastien :
- « L'indemnisation de la douleur morale », *AJDA* 2018, p. 2062.

JACQUEMIN, Zoé :
- « La réparation sans perte ni profit selon la Cour de cassation ou l'art de transformer une maxime en instrument de contrôle », *RDC* 2019, n° 115y4, p. 187.

JOURDAIN, Patrice :
- « Comment traiter le dommage potentiel ? », *Resp. civ. et assur.* 2010, dossier 11.
- « Les préjudices d'angoisse », *JCP G* 2015, doctr. 739.

KEIM-BAGOT, Morane :
- « Préjudice d'anxiété : la Cour de cassation referme la boîte de Pandore », *Dr. soc.* 2015, p. 360.
- « Préjudice d'anxiété : sortir de l'impasse », *Cah. soc.* mai 2018, n° 123d0, p. 13.
- « La cohérence retrouvée du préjudice d'anxiété », *SSL* 2019, n° 1857.

KNETSCH, Jonas :
- « La désintégration du préjudice moral », *D.* 2015, p. 443.
- « Qu'est-ce qu'un dommage corporel ? », *D.* 2022, p. 1815.

LAMBERT-FAIVRE, Yvonne :
- « Le droit et la morale dans l'indemnisation des dommages corporels », *D.* 1992, p. 165.
- « Dommage corporel : l'esprit et la lettre dans la réparation des préjudices extra-patrimoniaux », *D.* 1998, p. 59.

LANTERO, Caroline :
- « Réflexions sur la fondamentalisation des droits des patients. L'exemple de la violation du consentement », *RDSS* 2022, p. 216.

LASSERRE, Valérie :
- « Le risque », *D.* 2011, p. 1632.

LEDUC, Fabrice :
- « Faut-il distinguer le dommage et le préjudice ? : point de vue privatiste », *Resp. civ. et assur.* 2010, dossier 3.

MOLFESSIS, Nicolas :
- « La réparation du préjudice extrapatrimonial », *in Les Limites de la réparation du préjudice*, F. Ewald (dir.), Dalloz, 2009, p. 395-443.
- « La psychologisation du dommage », *in Quel avenir pour la responsabilité civile ?*, Y. Lequette et N. Molfessis (dir.), Dalloz, 2015, p. 39-55.

MOURY, Jacques :
- « Le droit confronté à l'omniprésence du risque », *D.* 2012, p. 1020.

MUSCAT, Hélène :
- « La reconnaissance des différentes victimes et la spécificité des dommages », *RDSS* 2019, p. 265.

PELLEGRINI, Cécile :
- « Le préjudice d'angoisse de mort imminente », *Resp. civ. et assur.* 2015, étude 9.

PENNEAU, Michel :
- « Le défaut d'information en médecine », *D.* 1999, p. 46.

PIERRE, Phillipe :
- « L'indemnisation du préjudice moral en droit français », intervention orale [en ligne].
- « Du traumatisme psychique, de l'angoisse et autres souffrances morales », *RLDC* 2015, n° 132.

PORCHY-SIMON, Stéphanie :
- « Plaidoyer pour une construction rationnelle du droit du dommage corporel », *D.* 2011, p. 2742.
- « Qualification de la qualité de victime par ricochet et de victime directe », *D.* 2017, p. 2224.
- « L'indemnisation des préjudices d'angoisse en droit français », *RGD* 2020, vol. 50, n° 2, p. 407-422.
- « La victime de dommage corporel : retour sur deux concepts fondamentaux du droit de la réparation », *D.* 2021, p. 296.

POUPARD, Myriam :
- « La distinction entre le dommage et le préjudice », *Revue Juridique de l'Ouest*, 2005-2, p. 187-223.

PREVOST, Jean-Baptiste :
- « Déclin et renouveau du préjudice moral », *Gaz. Pal.* 4 mai 2021, n° 421i2.

QUÉZEL-AMBRUNAZ, Christophe :
- « La responsabilité civile et les droits du titre I du livre I du code civil - A la découverte d'une hiérarchisation des intérêts protégés », *RTD Civ.* 2012, p. 251.
- « Errances jurisprudentielles au Royaume d'Hadès », *RLDC* 2018, n° 158.

QUÉZEL-AMBRUNAZ, Christophe et VIGLINO, Manon :
- « Préjudice d'affection et deuil pathologique : illustration de la perfectibilité de la nomenclature des postes de préjudice », *RLDC* 2019, n° 173.

QUISTREBERT, Yohann :

- « La spécificité du préjudice d'angoisse face aux risques hypothétiques », *Revue Juridique de l'Ouest*, 2014, n° spécial, actes du colloque du 3 octobre 2014, p. 57-90.
- « Le respect du principe de la réparation intégrale assuré par la distinction des souffrances psychologiques de la victime par ricochet », *Resp. civ. et assur.* 2019, étude 5.

RIVOLLIER, Vincent :

- « L'autonomie du préjudice d'angoisse de mort imminente et du préjudice d'attente et d'inquiétude : jusqu'où aller dans la déclinaison des préjudices ? », *Hebdo édition privée*, avril 2022.

ROBINEAU, Marion :

- « Le statut normatif de la nomenclature Dintilhac des préjudices », *JCP G* 2010, doctr. 612.

ROUVIÈRE, Frédéric :

- « Le préjudice, notion de fait ou de droit ? », *RTD Civ.* 2022, p. 760.

SAINT-PAU, Jean-Christophe :

- « Qualification de droits subjectifs », *in Droits de la personnalité*, J.-C. Saint-Pau (dir.), LexisNexis, Traités, 2013, p. 227-272.

TRAULLÉ, Julie :

- « Le renouveau des présomptions en droits de la responsabilité civile », *D.* 2021, p. 360.

VIGNON-BARRAULT, Aline :

- « Quelle typologie des postes de préjudices ? La notion de poste de préjudice », *Resp. civ. et assur.* 2010, dossier 5.
- « L'anxiété : le regard du civiliste », *Resp. civ. et assur.* 2019, étude 4.

VINEY, Geneviève :

- « Pour ou contre un principe général de responsabilité civile pour faute », *Osaka University Law Review* 2002, n° 49, p. 33-48.
- « Le contentieux des antennes relais », *D.* 2013, p. 1489.

WESTER-OUISSE, Véronique :

- « Le dommage anormal », *RTD Civ.* 2019, p. 531.

Droit Anglais :

Manuels et ouvrages généraux :

GOUDKAMP, James, et NOLAN, Donal :

- *Winfield & Jolowicz on Tort*, Londres, Sweet & Maxwell U.K., 20ème éd., 2020, 944 pages.

GUTIÉRREZ RAYMONDOVA, Arantxa :

- *The Taxonomy of non-pecuniary losses in English Tort Law*, thèse, Université d'Edimbourg, 2020, 295 pages.

JONES, Michael A. (dir.) :

- *Clerk & Lindsell on Torts*, Londres, Sweet & Maxwell U.K., 23ème éd., 2020, 2400 pages.

MULHERON, Rachael :

- *Principles of Tort Law*, Cambridge, Cambridge University Press, 2ème éd., 2020, 1204 pages.

MULLANY, Nicholas, et HANDFORD, Peter :

- *Tort Liability for Psychiatric Damage*, Sydney, Law Book Company, 1993, 315 pages.

STEVENS, Robert :

- *Torts and Rights*, Oxford, Oxford University Press, 2007, 361 pages.

WEINRIB, Ernest :

- *The Idea of Private Law*, Cambridge, Harvard University Press, 1995, 231 pages.

<u>*Articles*</u> :

AMIRTHALINGAM, Kumaralingam :

- « Medical non-disclosure, causation and autonomy », *Law Quarterly Review* 2002, vol. 118, p. 540-544.
- « Causation and the gist of negligence », *Cambridge Law Journal* 2005, vol. 64, n° 1, p. 32-35.
- « The Changing Face of the Gist of Negligence », *in Emerging Issues in Tort Law*, J. Neyers, S. Pitel et E. Chamberlain (dir.), Bloomsbury, 2007, p. 467-486.

BAILEY, Stephen, et NOLAN, Donal :

- « The Page v Smith saga: a tale of inauspicious origins and unintended consequences », *Cambridge Law Journal* 2010, vol. 69, n° 3, p. 495-528.

BARKER, Kit :

- « “Damages without loss” : Can Hofheld help ? », *Oxford Journal of Legal Studies* 2014, vol. 34, n° 1, p. 631-658.

CLARK, Tamsyn, et NOLAN, Donal :

- « A Critique of Chester v Afshar », *Oxford Journal of Legal Studies* 2014, vol. 34, n° 4, p. 659-692.

COGGON, John, et MIOLA, José :

- « Autonomy, Liberty, and Medical Decision-Making », *Cambridge Law Journal* 2011, vol. 70, n° 3, p. 523-547.

COOPER, Henry :

- « The minimum actionable physical damage in negligence », *Torts Law Journal* 2019, vol. 25, p. 128-151.

CORBETT, Val :

- « The promotion of human dignity : a theory of tort law », *Irish Jurist* 2017, n° 58, p. 121-152.

DESCHEEMAEKER, Eric :

- « Unravelling Harms in tort law », *Law Quarterly Review*, 2016, vol. 132, p. 595-617.
- « Rationalising recovery for emotional harm in tort law », *Law Quarterly Review* 2018, vol. 134, p. 602-626.
- « The Standardisation of Tort Damages », *Modern Law Review* 2021, vol. 84, n° 1, p. 2-29.
- « Pecuniary and non-pecuniary loss : a reinterpretation », *Law Quarterly Review* 2022, vol. 138, p. 79-100.

ESSERT, Christopher :

- « Tort Law and Happiness », *Queen's Law Journal* 2010, vol. 36, n° 1, p. 1-30.

FINKELSTEIN, Claire :

- « Is Risk a Harm ? », *University of Pennsylvania Law Review* 2003, vol. 151, n° 3, p. 963-1001.

FORDHAM, Margaret :
- « Psychiatric injury, secondary victims and the "sudden shock" requirement », *Singapore Journal of Legal Studies July* 2014, p. 41-58.
- « The protection of personal interests - Evolving form of damage in negligence », *The Singapore Academy of Law Journal* 2015, n° 27, p. 643-665.

FULHAM-McQUILLAN, Sarah :
- « Infringement of autonomy as damage in medical negligence », *Law Quarterly Review* 2023, vol. 139, p. 126-152.

GOOLD, Imogen, et KELLY, Catherine :
- « Who's afraid of imaginary claims ? », *Law Quarterly Review* 2022, vol. 138, p. 58-78.

GREEN, Sarah :
- « Risk exposure and negligence », *Law Quarterly Review* 2006, vol. 122, p. 386-390.

HANDFIELD, Toby, et PISCIOTTA, Trevor :
- « Is the risk-liability theory compatible with negligence law ? », *Legal Theory* 2005, vol. 11, n° 4, p. 387-404.

HILSON, Chris :
- « Let's Get Physical: Civil Liability and the Perception of Risk », *Journal of Environmental Law*, 2009, vol. 21, n° 1, p. 33-57.

HOFFMAN, Lennie (Lord Justice) :
- « Fairchild and After », *in Judge and Jurist : Essays in Memory of Lord Rodger of Earlsferry*, A. Burrows, D. Johnston et R. Zimmerman (dir.), Oxford, Oxford University Press, 2013, p 63-70.

HOGG, Martin :
- « Duties of care, causation, and the implications of Chester v Afshar », *Edinburgh Law Review* 2005, vol. 9, n° 1, p. 156-167.
- « Re-estabilishing orthodoxy in the realm of causation », *Edinburgh Law Review* 2007, vol. 11, n° 1, p. 8-30.

HUANG, Jarrett J. :
- « The Boundaries of Actionable Damage », *Modern Law Review* 2019, vol. 82, p. 737-750.

JONES, Michael A. :
- « Liability for Psychiatric Damage : Searching for a Path between Pragmatism and Principle », *in Emerging Issues in Tort Law*, J. Neyers, S. Pitel et E. Chamberlain (dir.), Bloomsbury, 2007, p. 113-139.
- « Liability for fear of future disease ? », *Professional Negligence* 2008, vol. 24, n° 1, p. 13-26.

McGREGOR, Harvey :
- « Loss of chance: where has it come from and where is it going? », *Professional Negligence* 2008, vol. 24, n° 1, p. 2-12.

MILLER, Chris :
- « Negligent failure to warn: why is it so difficult ? », *Professional Negligence* 2012, vol. 28, n° 4, p. 266-280.

MORGAN, Jonathan :
- « Abolishing Personal injuries law ? A response to Lord Sumption », *Professional Negligence*, 2018, vol. 34, n° 3, p. 122-142.

MULHERON, Rachael :

- « Rewriting the requirement for a "recognized psychiatric injury" in negligence claims », *Oxford Journal of Legal Studies* 2012, vol. 32, n° 1, p. 77-112.
- « The perils of tinkering with temporal proximity in negligence claims for psychiatric injury », *Journal of Personal Injury Law* 2023, n° 3, p. 93-111.

MULLANY, Nicholas :
- « English psychiatric injury law - Chronically depressing », *Law Quarterly Review* 1999, vol. 155, p. 30-36.

MURPHY, John :
- « Rights, Reductionism and Tort Law », *Oxford Journal of Legal Studies* 2008, vol. 28, n° 2, p. 393-407.
- « Tort's hierarchy of protected interests », *Cambridge Law Journal* 2022, vol. 81, n° 2, p. 356-383.

NOLAN, Donal :
- « New Forms of Damage in Negligence », *Modern Law Review* 2007, vol. 70, n° 1, p. 59-88.
- « Causation and The Goals of Tort Law », *in The Goals of Private Law*, A. Robertson et H. W. Tang (dir.), Oxford, Hart Publishing, 2009, p. 165-190.
- « Negligence and Human Rights Law : The Case for Separate Development », *Modern Law Review* 2013, vol. 76, n° 2, p. 286-318.
- « Damage in the English Law of negligence », *Journal of European Tort Law* 2013, vol. 4, n° 3, p. 259-281.
- « Rights, Damage and Loss », *Oxford Journal of Legal Studies* 2017, vol. 37, n° 2, p. 255-275.
- « Negligence and Autonomy », *Singapore Journal of Legal Studies* 2022, p. 356-383.

OBERDIEK, John :
- « Towards a right against risking », *Law and Philosophy* 2009, vol. 28, n° 4, p. 367-392.
- « The moral significance of risking », *Legal Theory* 2012, vol. 18, n° 3, p. 339-356.

OGUS, Anthony I. :
- « Damages for lost amenities: for a foot, a feeling or a function ? », *Modern Law Review* janvier 1972, vol. 35, n° 1, p. 1-16.

ORR, Russell :
- « Speaking with different voices: The Problems with English law and psychiatric injury », *Legal Studies* 2016, vol. 36, p. 547-565.

PLACANI, Adriana :
- « When the risk of harm harms », *Law and Philosophy* 2017, vol. 36, n° 1, p. 77-100.

PURSHOUSE, Craig :
- « Liability for lost autonomy in negligence : Undermining the coherence of Tort law ? », *Torts Law Journal* 2015, vol. 22, p. 226-249.
- « Judicial reasoning and the concept of damage: Rethinking medical negligence cases », *Medical Law International* 2015, n° 15(2-3), p. 155-181.

ROBERTSON, Andrew :
- « On the Function of the law of Negligence », *Oxford Journal of Legal Studies*, 2013, vol. 33, n° 1, p. 31-57.

ROBSON, Mark et SWIFT, Karen :

- « Risk disclosure, causation and the role of Chester », *Professional Negligence* 2019, vol. 35, n° 4, p. 207-229.

STAPLETON, Jane :

- « The gist of negligence : Part 1 Minimal actionable damage », *Law Quarterly Review* 1988, vol. 104, p. 213-238.
- « The gist of negligence : Part 2 the relationship between "damage" and causation », *Law Quarterly Review* 1988, vol. 104, p. 389-409.
- « In Restraint of Tort », *in Frontiers of Liability*, P. Birks (éd.), Oxford, OUP, 1994.

STEEL, Sandy :

- « Damages without loss », *Law Quarterly Review* 2023, vol. 139, p. 219-242.

STEVENS, Robert :

- « An Opportunity to reflect », *Law Quarterly Review* 2005, vol. 121, p. 189-194.

SUMPTION, Jonathan (Lord Justice) :

- « Abolishing Personal injuries law - a project », *Professional Negligence*, 2018, vol. 34, n° 3, p. 113-121.

TEFF, Harvey :

- « Liability for psychiatric illness after Hillsborough », *Oxford Journal of Legal Studies* 1992, vol. 12, n° 3, p. 440-452.
- « Liability for negligently inflicted psychiatric harm : justifications and boundaries », *Cambridge Law Journal* 1998, vol. 57, n° 1, p. 91-122.
- « Liability for Psychiatric Illness : Advancing cautiously », *Modern Law Review* 1998, vol. 61, n° 6, p. 849-859.
- « Personal injury : Righting mental harms », *New Law Journal* septembre 2009, vol. 159, p. 1243.

TETTENBORN, Andrew :

- « What is a Loss ? », *in Emerging Issues in Tort Law*, J. Neyers, S. Pitel et E. Chamberlain (dir.), Bloomsbury, 2007, p. 442-466.

TURTON, Gemma :

- « Defining Damage in the House of Lords », *Modern Law Review* 2008, vol. 71, n° 6, p. 1009-1014.
- « Causation and risk in negligence and human rights law », *Cambridge Law Journal* 2020, vol. 79, n° 1, p. 148-176.

VARUHAS, Jason N. E. :

- « The Concept of vindication in the Law of Torts : Rights, Interests and Damages », *Oxford Journal of Legal Studies* 2014, vol. 34, n° 2, p. 253-293.

VOYIAKIS, Emmanuel :

- « The Great Illusion : Tort Law and Exposure to Danger of Physical Harm », *Modern Law Review* 2009, vol. 72, n° 6, p. 909-935.

WHEAT, Kay :

- « Nervous shock : proposals for reform », *Journal of personal Injury Litigation* 1994, p. 207-214.

WITTING, Christopher :

- « A Primer of the modern law of nervous shock », *Melbourne University Law Review* 1998, vol. 22, p. 62.
- « Physical Damage in Negligence », *Cambridge Law Journal* 2002, vol. 61, n° 1, p. 189-207.

<u>Droit comparé</u> :

<u>Ouvrages spécialisés</u> :
VINEY, Geneviève, et MARKESINIS, Basil :
- *La Réparation du dommage corporel: essai de comparaison des droits anglais et français*, Paris, Economica, 1985, 179 pages.

<u>Articles</u> :
BORGHETTI, Jean-Sébastien :
- « Principes généraux de responsabilité ou droit des délits ? », *RDC* 2019, n° 116n0, p. 347.

DESCHEEMAEKER, Éric :
- « De la structure de la responsabilité : Réflexions comparatistes autour de *Torts and Rights* », *R.I.D.C.* 2013, vol. 65, n° 1, p. 51-74.

DUBUISSON, Bernard :
- « Dommage ou préjudice : le poids des mots dans les réformes du droit français et du droit belge de la responsabilité civile », *in Mélanges en l'honneur du professeur Suzanne Carval*, IRJS Éditions, 2021, p. 329-350.

JANSEN, Nils :
- « Duties and Rights in Negligence : A Comparative and Historical Perspective on the European Law of Extracontractual Liability », *Oxford Journal of Legal Studies* 2004, vol. 24, n° 3, p. 443-469.

LACROIX, Mariève :
- « Le dommage en matière de responsabilité civile extracontractuelle : *continuum* de la lésion d'un intérêt à la lésion d'un droit », *Revue juridique Thémis de l'Université de Montréal* 2012, vol. 46, n° 2, p. 293-332.
- « Une théorisation du préjudice sous le prisme des intérêts protégés en droit privé québécois », *Les Cahiers Portalis* 2022, n° 9, p. 57-74.

LECZYKIEWICZ, Dorota :
- « Le préjudice et sa réparation de le projet de réforme de la responsabilité civile », *RDC* 2019, n° 116n0, p. 223.

LEMAIRE, Emmanuelle :
- « The Fear of Future Illness : An analytical comparison of English and French law », *Journal of European Tort Law*, 2016, vol. 7, n° 1, p. 1-31.

QUÉZEL-AMBRUNAZ, Christophe :
- « Fault, Damage and the Equivalence Principle in French Law », *Journal of European Tort Law,* 2012, vol. 3, n° 1, p. 21-43.
- « Clauses générales ou délits spéciaux », 2014, intervention orale, Journées de l'association Henri Capitant.

WHITTAKER, Simon :
- « Un cadre commun pour la responsabilité civile ? », *RDC* 2019, n° 116n0, p. 145.

TABLE DES MATIÈRES

Sommaire **5**

Préface **9**

Introduction générale **13**

Première Partie : Le constat de la divergence des solutions des droits français et anglais s'agissant des préjudices émotionnels...45

Titre 1 : Les préjudices nés de la confrontation à un risque de dommage **47**

Chapitre 1 : L'exposition à un risque de dommage **49**

Section 1 : Le principe de l'indemnisation d'une exposition à un risque *50*

§1. L'accueil de l'indemnisation du préjudice résultant d'une exposition à un risque 51

§2. La justification de l'indemnisation de l'exposition à un risque de dommage 60

Section 2 : Les conditions de l'indemnisation des préjudices résultant d'une exposition à un risque *68*

§1. Le risque de dommage 69

§2. L'indemnisation d'une atteinte morale 76

Chapitre 2 : La non-révélation d'un risque de dommage **87**

Section 1 : Le contexte de l'indemnisation du préjudice d'impréparation *88*

§1. La difficile sanction du défaut d'information médicale 89

§2. La recherche de préjudices alternatifs satisfaisants 97

Section 2 : Le préjudice d'impréparation, une synthèse *105*

§1. Du préjudice moral sui generis à l'impréparation 106

§2. L'influence persistante du préjudice moral sui generis sur l'impréparation 115

Titre 2 : Les préjudices nés de la confrontation directe à la mort **127**

Chapitre 1 : Les préjudices de la victime directe confrontée à la mort **129**

Section 1 : L'indemnisation de la confrontation à la mort de la victime directe *130*

§1. Le contexte de l'indemnisation : le rejet du pretium mortis ..131

§2. Le principe de l'indemnisation de la confrontation à la mort 139

Section 2 : La spécificité du préjudice d'angoisse de mort imminente 147

§1. La spécificité contestable de la souffrance morale ressentie..147

§2. La spécificité de la situation de la victime 157

Chapitre 2 : Les préjudices de la victime par ricochet confrontée à la mort..169

Section 1 : L'indemnisation du traumatisme psychique de la victime par ricochet, source de convergence..171

§1. L'autonomisation de l'indemnisation du traumatisme psychique 171

§2. Les conséquences de l'indemnisation distincte du traumatisme psychique de la victime par ricochet...179

Section 2 : Le maintien des spécificités des droits français et anglais, une nuance à la convergence 188

§1. Les spécificités de l'indemnisation du traumatisme psychique de la victime par ricochet en droit anglais 188

§2. L'apparition de préjudices spécifiques aux victimes par ricochet en droit français..199

Seconde Partie : La possible convergence conceptuelle des droits français et anglais s'agissant des préjudices émotionnels............209

Titre 1 : La coexistence de deux conceptions du dommage au sein des préjudices émotionnels 211

Chapitre 1 : La mise en évidence de la distinction du dommage-détérioration et du dommage-interférence 213

Section 1 : Le constat d'une distinction au sein du concept de dommage en germe dans les deux droits...214

§1. L'incertitude portant sur le dommage réparé en matière de préjudices émotionnels...214

§2. Une incertitude ancrée dans une distinction informulée du dommage..223

Section 2 : L'accueil de la distinction du dommage en matière de préjudices émotionnels...231

§1. Un accueil imparfait de la distinction en droit positif............231

§2. Un accueil souhaitable de la distinction en matière de préjudice émergents 240

Chapitre 2 : L'identification des dommages indemnisés par les préjudices émotionnels à l'aune de la distinction 251

Section 1 : Le traumatisme psychique, un dommage-détérioration classique 252

§1. La relation confuse entre le traumatisme psychique et les préjudices émotionnels 252

§2. Le traumatisme psychique, un dommage-détérioration indépendant des préjudices émotionnels 260

Section 2 : Les préjudices émotionnels et la distinction des formulations du dommage 270

§1. Les préjudices émotionnels indemnisant nécessairement un dommage-interférence 270

§2. Le dommage-interférence préféré à la détérioration en matière d'atteinte émotionnelle 278

Titre 2 : La dualité du dommage, voie de rationalisation de l'indemnisation des préjudices émotionnels 289

Chapitre 1 : La rationalisation conceptuelle de l'indemnisation des préjudices émotionnels 291

Section 1 : La mise en évidence d'un modèle anglais des limites de l'indemnisation 292

§1. Un modèle imparfait 292

§2. Les enseignements du modèle anglais 300

Section 2 : La conception d'un modèle français quant aux limites de l'indemnisation 309

§1. Un regard renouvelé sur la structure de la responsabilité 309

§2. L'identification du dommage-interférence 316

Chapitre 2 : La rationalisation pratique de l'indemnisation des préjudices émotionnels 327

Section 1 : La preuve des préjudices émotionnels à la lumière de la distinction 328

§1. La preuve en cas de traumatisme psychique 328

§2. La preuve en matière d'atteinte émotionnelle 335

Section 2 : Les modes d'indemnisation des préjudices émotionnels à la lumière de la distinction 342

§1. La réparation des dommages-détérioration 343

§2. La réparation des dommages-interférence 351

Conclusion générale 365

Bibliographie choisie **369**

Table des matières **381**

Structures éditoriales du groupe L'Harmattan

L'Harmattan Italie
Via degli Artisti, 15
10124 Torino
harmattan.italia@gmail.com

L'Harmattan Hongrie
Kossuth l. u. 14-16.
1053 Budapest
harmattan@harmattan.hu

L'Harmattan Sénégal
10 VDN SICAP AMITIE 3
BP 45034 Dakar-Fann
direction@senharmattan.com

L'Harmattan Cameroun
Tsinga/Derrière polyclinique FECAFOOT
BP 11486 Yaoundé
Jacques.koukam@harmattan.fr

L'Harmattan Burkina Faso
Villa 281, secteur 23 623, rue 14.32
Ouagadougou
zagbie@outlook.fr

L'Harmattan Guinée
Almamya, rue KA 028 OKB Agency
BP 3470 Conakry
harmattanguinee@yahoo.fr

L'Harmattan RDC
185, avenue Nyangwe
Commune de Lingwala – Kinshasa
matangilamusadila@yahoo.fr

L'Harmattan Congo
219, avenue Nelson Mandela
BP 2874 Brazzaville
deunovmikhael@gmail.com

L'Harmattan Mali
Immeuble Mgr Jean Marie Cissé
Aci Hamadallaye
BP 145 Bamako
syllaka@yahoo.fr

L'Harmattan Togo
Djidjole – Maison Amela
face EPP BATOME
02 BP 20680 Lomé
didieramela11@gmail.com

L'Harmattan Côte d'Ivoire
Résidence Karl – Cité des Arts
Abidjan-Cocody
03 BP 1588 Abidjan
harmattan.ivoire@gmail.com

L'Harmattan Bénin
Rue 604, (Immeuble à l'entrée
de la rue UCAO- Cite de Saint-Jean)
Cotonou
stepcorpus@gmail.com

Nos librairies en France

Librairie internationale
16, rue des Écoles
75005 Paris
librairie.internationale@harmattan.fr
01 40 46 79 11
www.librairieharmattan.com

Librairie des savoirs
21, rue des Écoles
75005 Paris
librairie.sh@harmattan.fr
01 46 34 13 71
www.librairieharmattansh.com

www.ingramcontent.com/pod-product-compliance
Lightning Source LLC
LaVergne TN
LVHW011144061026
849535LV00003B/596
* 9 7 8 2 3 3 6 5 8 1 3 3 0 *